本书受到国家社科基金重大项目（18ZDA056）"新时代加强中国中小微企业国际竞争力的模式与路径研究"、国家社会科学基金一般项目（24BGL045）"AI大模型加快驱动中小企业'专精特新'发展的新模式、新机制与政策支持研究"支持。

Research on Facilitating Specialized and
Sophisticated Enterprises with Digitalization

数字化赋能
专精特新企业研究

刘淑春　刘昱　著

人民出版社

目　录

第一篇 ｜ 基础篇

第二篇 | 机理篇

第三篇 | 实践篇

引　言

专精特新①企业的发展问题是备受党中央、国务院高度关注的重大议题，习近平总书记明确强调，"希望专精特新中小企业聚焦主业，精耕细作，在提升产业链供应链稳定性、推动经济社会发展中发挥更加重要的作用"②。党的二十大报告指出，支持专精特新企业发展，推动制造业高端化、智能化、绿色化发展，这为中国专精特新企业迈向高质量发展之路指明了新的方向。专精特新企业是制造业高质量发展的重要支撑，也是推动实体经济向纵深迈进的关键力量，在锻造产业链供应链韧性、构建现代化产业体系、加快培育新质生产力中起着至关重要的作用。以数字化为战略方向的新一代信息技术，赋能专精特新企业转型升级，有利于驱动企业质量变革、效率变革、动力变革，真正迈上高质量发展之路。

专精特新企业的高质量发展得到了社会各界的广泛关注，尤其在宏观经济"需求收缩、供给冲击、预期转弱"三重压力之下，各地都在寻找助推中小企业纾困解难和高质量发展的突破路径。专精特新企业作为我国中小企业的"塔尖"，其发展质量和水平事关我国产业链供应链韧性和安全水平，如何借助数字化赋能进而实现专精特新企业的高质量发展成为迫在眉睫的重大问题。

---

① "专精特新"是指企业具有专业化、精细化、特色化、新颖化的发展特征。德国著名管理学家赫尔曼·西蒙曾提出"隐形冠军"概念，指那些不为公众所熟知，但在某一细分领域或行业具有全球影响力的中小企业。根据工信部有关政策界定，本书中提到的专精特新企业主要包括创新型中小企业、专精特新中小企业、专精特新"小巨人"企业。

② 《着力在推动企业创新上下功夫　激发涌现更多专精特新中小企业》，《人民日报》2022年9月9日。

从国际上看,普遍认为中小企业的数字化问题是增强产业链供应链韧性和提升经济竞争力的重要基础,亚太经合组织(APEC)领导人非正式会议已连续多年向全球发出号召与呼吁。2024 年 9 月,第 30 次 APEC 中小企业部长会议主题是"赋能、包容、增长",强调通过加强政策支持、完善公共服务、强化示范引领等一系列举措,推动中小企业数字化、智能化、绿色化、国际化发展,审议通过的《2024 年亚太经合组织中小企业部长会议普卡尔帕声明》,将中国政府代表团提出的"中小微企业专精特新发展""开发'小快轻准'数字化产品和解决方案"等中方倡议纳入声明。第 26 次 APEC 中小企业部长会议审议通过了《2020 年 APEC 中小企业部长声明》要求各成员国和地区就支持中小企业数字化变革、共同应对数字化变革机遇和挑战达成共识。历届"APEC 中小企业数字经济发展大会"聚焦中小企业数字化面临的现实问题。2021 年 11月,第 28 次 APEC 领导人非正式会议提出加快中小企业数字转型,《2021 年APEC 中小企业部长声明》指出,采用数字化解决方案不再是中小企业备选方案,而是必要的商业工具。2022 年 6 月,APEC 经济体深入讨论通过数字化技术推动中小企业转型和发展问题,面向全球发布了《2021 年中小企业数字化指数报告》和"支持亚太中小企业数字化转型的倡议"。全球不少国家纷纷针对中小企业数字化制定实施了战略计划,如德国政府推出了"中小企业数字化转型行动计划",韩国实施数字代金券计划、"大中小企业双赢型"智能工厂计划等,日本实施"经济增长战略行动计划",新西兰政府通过了"数字化解决方案"战略,西班牙政府启动"数字工具包"计划,等等。

中小企业是中国经济的"毛细血管"和市场主体"金字塔"的塔基,全国4842 万户企业(市场主体 1.5 亿户)之中,99% 是中小企业,具有"五六七八九"典型特征[①],通过数字化变革推动中小企业高质量发展是现代化经济体系建设和提升产业链供应链韧性必须十分重视的重要问题。在数字经济爆发式增长以及数实融合的发展背景下,数字化变革推动中小企业高质量发展越来越得到理论界及社会各界广泛关注。我国《"十四五"数字经济发展规划》中

---

① "五六七八九"典型特征,即贡献了 50% 以上的税收,60% 以上的 GDP,70% 以上的技术创新,80% 以上的城镇劳动就业,90% 以上的企业数量。

明确提出实施中小企业数字化赋能专项行动,国家《"十四五"促进中小企业发展规划》提出实施中小企业数字化促进工程;2020 年 3 月,国家印发《中小企业数字化赋能专项行动方案》,通过"13 项重点任务"和"4 项推进措施"助推中小企业通过数字化赋能实现复工复产。数字化变革不仅影响宏观生产率,变革产业组织形式,也重塑了企业内部流程,改变甚至重新定义了企业竞争模式、机制和边界(金碚,2021;吕铁等,2021;陈冬梅等,2020;Porter 和 Heppelmann,2014)①②③④,数字化变革对中小企业发展具有"双刃剑"效应。一方面,将数字技术引入现有企业生产管理架构,基于数据归集、数据分析、数据共享实现更高效的生产管理,提升了中小企业创造价值的能力和效率(任保平,2020;刘世锦,2017)⑤⑥;另一方面,数字化变革带来的网络效应提升了企业内部规模经济和范围经济,催生了平台企业的迅猛发展,一定程度上影响甚至挤压了中小企业的生存空间(Wu 等,2019;陈晓红等,2022;陈剑等,2020)⑦⑧⑨。而且,中小企业数字基础薄弱,加之资源与能力的约束,数字化变革进程相对缓慢,转型程度远低于大型企业(张夏恒,2020)⑩,在

---

① 金碚:《网络信息技术深刻重塑产业组织形态——新冠疫情后的经济空间格局演变态势》,《社会科学战线》2021 年第 9 期。

② 吕铁、李载驰:《数字技术赋能制造业高质量发展——基于价值创造和价值获取的视角》,《学术月刊》2021 年第 4 期。

③ 陈冬梅、王俐珍、陈安霓:《数字化与战略管理理论——回顾、挑战与展望》,《管理世界》2020 年第 5 期。

④ Porter,M.E. and Heppelmann,J.E.,"How Smart,Connected Products Are Transforming Competition",*Harvard Business Review*,Vol.11,2014,pp.96-114.

⑤ 任保平:《数字经济引领高质量发展的逻辑、机制与路径》,《西安财经大学学报》2020 年第 2 期。

⑥ 刘世锦:《推动经济发展质量变革、效率变革、动力变革》,《中国发展观察》2017 年第 21 期。

⑦ Wu,J.,Huang,L. and Zhao,J.L.,"Operationalizing Regulatory Focus in the Digital Age:Evidence from an E-commerce Context",*MIS Quarterly*,Vol.43,No.3,2019,pp.745-764.

⑧ 陈晓红、李杨扬、宋丽洁等:《数字经济理论体系与研究展望》,《管理世界》2022 年第 2 期。

⑨ 陈剑、黄朔、刘运辉:《从赋能到使能——数字化环境下的企业运营管理》,《管理世界》2020 年第 2 期。

⑩ 张夏恒:《中小企业数字化转型障碍、驱动因素及路径依赖——基于对 377 家第三产业中小企业的调查》,《中国流通经济》2020 年第 12 期。

新的竞合态势中处于不利地位。鉴于此,推进数字化变革成为中小企业适应"三重压力"之下市场竞争必须作出的战略抉择,亦然是中小企业实现高质量发展的核心变量之一,其理论逻辑、内在机理、模式创新、实现路径等成为亟须关注的重大命题与实践问题。

专精特新企业是中小企业的"领头羊",也是未来行业领军企业的生力军。新兴数字技术的迅猛发展推动生产方式转变,成为专精特新企业解决生存和发展问题的"一剂良药"。无论是传统行业还是新兴行业,通过数字化寻求新的发展机遇、重塑价值创造力,是企业从小到大、由大变强必须跨越的一道关。然而,数字化进程对大型企业、中型企业和小微企业的影响是截然不同的①,数字化重塑企业价值创造力的理论依据、内在机理、典型模式和实践路径等也存在显著差异。尤其是,数字化重塑建立在数字化转型基础之上,基于新一代数字技术带来的创新管理、业务变革、价值链重构和全新的知识迭代,对企业核心业务进行系统性、穿透式的重新定义,驱动企业商业模式创新和生态系统建构,旨在探索富有活力、竞争力和可持续发展能力的价值创造路径。

相较于大型企业,专精特新企业存在变革思维缺失、数字化能力不足和技术设施落后等问题,限制了其数字化重塑价值创造力的步伐;相较于一般中小企业,尽管专精特新企业具备较强实力并积累了一定的数字化基础②,但其数字化过程往往投入更大,容易陷入数字化转型的两难困境,即"不转"会丧失市场竞争力和市场效率,"转"则面临投入大、见效慢和风险大等难题。依赖专业化、精细化、特色化、新颖化发展获取竞争优势的专精特新企业,需要利用数字技术迭代升级原有生产模式、组织架构和经营方式,不断深挖产品和服务的未来潜力、附加属性、升值空间,通过先进工艺运用、高端研发设计和技术改

---

① 根据中国电子技术标准化研究院《中小企业数字化转型分析报告(2021)》的分析,大型企业因资金、技术、人才资源丰富,半数以上企业已进入数字化转型的应用践行和深度应用阶段;而中小企业囿于各类资源限制,尚有近80%的企业处于数字化转型的初步探索阶段。

② 根据工业和信息化部印发的《优质中小企业梯度培育管理暂行办法》的分析,专精特新企业、专精特新"小巨人"企业认定标准均在精细化指标中涉及数字化水平,其中专精特新"小巨人"企业,要求"注重数字化、绿色化发展,在研发设计、生产制造、供应链管理等环节,至少1项核心业务采用信息系统支撑"。

造提升等努力,提供更高品质、更加稳定、更可靠性能的产品和服务,实现从微笑曲线的中低端向两侧提升。但是,专精特新企业往往面临着内生数字化转型、稳健保守经营等多元化选择的难题,存在转型与风险、稳健与变革的利弊权衡。况且,对专精特新企业而言,通过数字化创造多维价值进而提升绩效的过程仍是一只"黑箱"。本书通过对专精特新企业的数字化赋能效应及机制进行探讨,探索数字化重塑过程中需要考量的因素、存在的症结以及行之有效的实践路径,进而提出符合理论与实践的相关政策建议。

　　本书坚持实事求是、科学严谨、问题导向、精益求精的学术态度,基于比较长期的大量一线调查研究、数据穿透分析、学术头脑风暴、征询专家意见等过程完成撰写,这一过程中得到了教育部社会科学司、国家哲学社会科学规划办公室、国家自然科学基金委员会管理科学部、浙江省哲学社会科学规划办公室等有关指导,得到了学术同仁金洁研究员、潘李鹏副教授、闫津臣研究员、李扬研究员、林洲钰副教授、张思雪研究员、林汉川教授和陈畴镛教授等积极参与和无私帮助,使得本研究顺利进行并得以完成。但同时,囿于能力学识以及时间所限,书中难免不妥与纰漏之处,敬请各位专家和同仁批评、赐教!

绪　　论

从支撑整个宏观经济体系的微观市场主体看,专精特新企业具有与众不同的鲜明独特性,尽管从规模视角方面看属于中小企业,但其在产业链供应链中的地位和作用不可替代,伴随着国内外竞争环境日趋激烈,此类企业必然向着更专、更精、更特、更新的方向发力,毫无疑问数字化赋能是实现这一战略方向的必然路径。由于数字基础薄弱与诸多资源与能力约束,专精特新企业进行数字化变革的现实基础、理论依据、发展逻辑、实践路径都完全不同于大型企业,如何探索一条真正适合专精特新企业以数字化变革推动高质量发展之路成为亟须研究解决的国家重大战略问题。囿于中小企业转型基础薄弱、数字化技改投入大、投资回收期长、平台经济挤压等因素影响,中小企业普遍面临数字化转型"不敢转""不愿转""不会转""无能力转""转不好""转得慢""转不动"等现实困境。现实中,数字化变革对不同企业的影响存在巨大差异,不同行业、不同领域、不同规模的中小企业数字化变革效应存在显著异质性(Timothy 等,2002;刘飞,2020;Zeng 等,2021)[1][2][3]。

对于处于中小企业"头部"的专精特新企业而言,不少理论和现实问题亟须深入探究:其一,数字化变革究竟给专精特新企业高质量发展带来何种挑战

---

[1]　Bresnahan,Timothy F.,Brynjolfsson,Erik and Hitt,Lorin M.,"Information technology,workplace organization,and the demand for skilled labor:Firm-level evidence",*The Quarterly Journal of Economics*,Vol.117,No.1,2002,pp.339-376.

[2]　刘飞:《数字化转型如何提升制造业生产率——基于数字化转型的三重影响机制》,《财经科学》2020 年第 10 期。

[3]　Tan,Y.,J.Xiao,Zeng,C.C. and Zou,H.,"What's in a Name? The Valuation Effect of Directors Sharing of Surnames",*Journal of Banking & Finance*,Vol.122,No.3,2021.

与机遇？数字化变革仍主要集中于头部企业、大型企业，专精特新企业虽然具有强烈的数字化变革意愿，但数字化进程相对滞后。其二，如何通过数字化变革推动专精特新企业高质量发展？其理论逻辑与实践逻辑具体如何？数字化变革推动专精特新企业高质量发展的新机理、新经验已经产生，但其中的内在机理、动力机制、新鲜经验总结提炼等问题亟须探索。其三，数字化变革推动专精特新企业高质量发展的新业态与新模式如何表现？数字技术创新应用形成的商业新形态、业务新环节、产业新组织、价值新链条，是专精特新企业高质量发展的活力因子，如何总结具有普适意义又可切实帮助专精特新企业提升专业性和灵活度的新业态、新模式是关键问题。其四，数字化变革推动专精特新企业高质量发展的运行机制如何？效果怎样评价？需要建立指标体系和评价模型对其效果和效率进行评估分析，以判断推动水平、层次、特点和潜力。其五，专精特新企业数字化治理制度和保障机制应如何进一步完善？现行监管制度、税收制度、要素制度等与层出不穷的数字经济新业态、新模式的不适应性日益凸显，亟须建设数字化赋能专精特新企业新生态体系。由此可见，在新发展阶段背景下，深入研究通过数字化变革推动专精特新企业发展实现高质量发展已成为亟待研究解决的重大理论命题和实践问题。

正是在此背景下，本书围绕数字化赋能专精特新企业的理论框架、动力机制、推进模式、评价体系、实现路径及其相关政策建议进行梳理研究，其研究意义和研究价值主要体现在以下方面。

一、学术意义

着力构建新发展格局下数字化变革推动专精特新企业高质量发展的理论逻辑，为数字化变革推动专精特新企业高质量发展提供系统且富有解释力的基础理论体系。通过相关文献综述可知，学者们对企业数字化变革、企业高质量发展已有较丰富的研究，但新发展格局下，如何通过数字化变革推动专精特新企业高质量发展，尚未形成成熟的理论模式与实践总结。本书深入研究数字经济背景下专精特新企业高质量发展的新动力和新思路，构建数字化变革推动专精特新企业高质量发展的理论分析框架，是对专精特新企业理论的丰富和拓展。

着力揭示数字化变革推动专精特新企业高质量发展的机制、模式与路径的理论框架,进一步丰富数字化变革推动专精特新企业高质量发展的实践理论。本书将重点研究数字化变革与专精特新企业高质量发展之间的逻辑关系与内在机理,揭示数字变革推动专精特新企业高质量发展的内外动因、系统探析机制、模式与路径的分析框架,从而为加快专精特新企业高质量发展探索新模式、新路径与新方法。探索我国数字化赋能专精特新企业的内在机理、动力机制、新鲜经验和评价体系,可极大发展中国特色数字经济理论体系;本书将极大地丰富数字化变革与企业高质量发展实践层面的理论框架与理论基础。

着力拓展与促进新发展格局下战略管理、经济学与信息科学管理学等研究领域与研究方法的创新。数字化变革推动专精特新企业高质量发展是一个多学科交叉的综合研究课题,本书将专精特新企业高质量发展与大数据、互联网、数字经济、数字治理等新机理、新模式、新路径深度交叉融合展开研究,是对管理学、经济学、社会学与信息科学研究领域与研究方法的补充和发展。从更广泛的意义而言,本书也是对企业管理理论和发展经济学理论研究的丰富与拓展。

二、社会意义

聚焦国家重大战略任务,为推进数字中国建设,数字化变革推动专精特新企业高质量发展提供新思路及坚实的学理支撑。在国家深度发展数字经济的新时代背景下,本书创新性地探索构建数字化变革推动专精特新企业高质量发展的理论分析框架,运用多学科交叉和定性定量方法有机结合的手段,深入探索数字化赋能专精特新企业的理论依据、内在机理、典型模式、测度方法、推进机制、实现路径等突出问题,本书将为数字化变革推动专精特新企业高质量发展提供坚实的学理支撑。

揭示数字化变革推动专精特新企业高质量发展的新思路、新业态、新模式、新路径,为我国广大专精特新企业进一步推进数字化变革提供理论指引与实践指导。发展模式和路径选择的正确性,关乎数字化推动专精特新企业高质量发展的顺利推进,也决定着经济高质量发展的最终成效。本书揭示数字化变革推动专精特新企业高质量发展的典型模式,总结探讨我国数字化变革推动专精特新企业高质量发展特有的个性化定制、网络共享与协同制造、双线O2O等"互联网+"新模式,能够为我国数字化变革推动专精特新企业高质量发展提供发展模式和路径选择方面的理论指引和参考。

阐释我国数字化变革推动专精特新企业高质量发展的新举措、新方法,为我国数字化变革推动专精特新企业高质量发展提供政策建议。本书通过实践调查和深度访谈,构建数字化赋能专精特新企业的测度方法;梳理德国隐形冠军企业、日本高利基企业、韩国中坚企业、美国利基企业的相关政策措施,以及北京、上海、深圳等地的创新发展经验,进而为我国数字化变革推动专精特新企业高质量发展的保障机制和政策支持体系构建理论指引和参考。

聚焦世界专精特新企业数字化变革发展的现实趋势,为各国(特别是发展中国家)通过数字化变革推动专精特新企业高质量发展提供一套系统的新理论、新思路与新方案,为专精特新企业高质量发展提供"中国智慧"。数字经济时代背景下专精特新企业的数字化变革发展已成为全球趋势。然而,各国专精特新企业数字化变革发展的实践基本处于探索与试验阶段,缺乏系统的理论指引和成功的参考模式。本书的研究成果,聚焦数字化时代专精特新企业由以往数量发展向高质量发展问题,并提出相关政策建议,为工信部、国家发展改革委、科技部以及地方政府等制定相关政策提供理论支撑,也是我国向其他发展中国家以及 G20、APEC 等国际组织展现专精特新企业高质量发展的"中国样板""中国模式""中国智慧"的实践指南。

三、理论创新价值

聚焦 APEC 等国际组织的重要号召与呼吁,为各国利用数字化变革推动专精特新企业高质量发展战略提供一套系统的新理论、新思路与新举措。亚太经合组织领导人非正式会议已连续 8 年向全球发出号召与呼吁,把加快专精特新企业数字化变革作为世界经济增长的核心问题;历届"APEC 中小企业数字经济发展大会"聚焦共商中小企业数字经济面临的现实问题,探讨中小企业数字化变革的发展策略。为响应 APEC 号召和呼吁,本书选择了数字化变革推动专精特新企业高质量发展的理论与实践创新问题,通过新问题、新思路、新业态、新模式、新举措、新路径等六个角度对这一问题展开详细研究。

聚焦国家重大战略任务,为我国数字化赋能专精特新企业高质量发展提供系统深入的理论体系。我国《"十四五"促进中小企业发展规划》提出实施中小企业数字化促进工程,引导中小企业应用先进技术、工艺等,加快数字化、网络化、智能化、绿色化转型步伐;2020年3月,国家印发实施《中小企业数字化赋能专项行动方案》,通过"13项重点任务"和"4项推进措施"助推中小企业通过数字化网络化智能化赋能实现复工复产,以数字化赋能中小企业可持续发展。目前,国内外学者对企业数字化变革及其对高质量发展的效应、路径、趋势已有较丰富的研究,但中小企业进行数字化变革的现实基础、动力机制、模式路径、评价体系、政策诉求与大企业相去甚远,现有文献对不同企业类型、产业结构、发展阶段的内在机理、模式创新与推进机制的异质性尚缺乏深入系统性研究,难以形成适合中小企业特色的成熟理论模式与应用路径。本书从国内外经济发展新形势出发,率先提出基于经济学、管理学、信息学等学科交叉视角的全面研究数字化变革推动中小企业高质量发展的理论框架。

聚焦由高速增长阶段转向高质量发展阶段的专精特新企业正面临转变发展方式、优化经济结构、转换增长动力的战略靶向问题,探索提出数字化解决方案和政策组合拳。加快专精特新企业数字化变革,提升其产业链供应链协同配套能力,既是顺应数实融合发展趋势的必要之举,也是中小企业增强"造血"功能、实现高质量发展的必由之路。然而,关于数字化变革推动专精特新企业高质量发展的研究尚未形成系统的理论体系,在理论与实务方面都处于研究探索与试验阶段。本书的研究将极大地丰富中国特色专精特新企业发展理论体系。

聚焦数字技术加速融入经济社会发展全领域全过程的时代大势,提出真正适合专精特新企业与互联网、大数据、人工智能等深度融合驱动转型升级的路径、机制和中国方案。当前,各国经济体依托自身优势形成特色专精特新企业数字化发展道路,比如"美国模式"依托持续领先的技术创新,巩固数字经济全球竞争力;"欧盟模式"以数字治理规则的领先探索,打造统一的数字化生态;"德国模式"依托强大的制造优势,打造全球制造业数字化变革标杆。因此,本书在总结美、德、日、韩等国主要模式的基础上,构建具有中国特色的、适合专精特新企业的数字化变革路径与机制,实现我国专精特新企业的高质量发展。

四、政策创新价值

探索提出新发展阶段数字化变革推动专精特新企业高质量发展的模式创新与路径优化新方案,为国际组织提供"中国学术智慧"。以数字化变革推动专精特新企业高质量发展已经成为国际共识。由本书研究背景可知,APEC等国际组织已连续 8 年向全球发出号召与呼吁把加快中小企业数字化变革作为世界经济增长的核心问题,而本书所创建的新方案、新路径,将直接为我国不同区域及广大专精特新企业提供理论支撑与实践指导,为工信部、发展改革委等政府部门制定精准政策提供决策支撑,也为其他国家和地区提供了理论框架与理论基础,是对 APEC 等国际组织提供的"中国学术智慧"。

探索提出新发展阶段数字化赋能专精特新企业的新思路、新模式、新路径、新政策以及系统阐释。本书拟从专精特新企业的数字化技术变革、数字化产业变革、数字化模式变革,以及数字化治理变革等方面归纳总结数字化推动专精特新企业高质量发展过程面临的新问题,探讨专精特新企业在关键业务流程的"互联网+"中形成的"小单快反"模式、个性化定制模式、网络化共享与协同制造模式及双线 O2O 模式等新模式;深入探讨平台多元赋能,轻量微型数字化改造,"N+X"改造,个性化定制和柔性化服务延伸,产业大脑+未来工厂,产业链供应链耦合、以大带小融通发展等新路径,在此基础上从规划、财政、税收、金融、要素、标准、安全等各方面对数字化赋能专精特新企业提出政策组合拳。

探索分析专精特新企业不同于大企业数字化变革的现实基础、内在机理、战略进路、政策诉求和保障等。数字化变革推动专精特新企业高质量发展终究要落到实处,本书聚焦数字化变革推动专精特新企业高质量发展这一战略问题,通过基础理论构建、实地调查研究、计量分析与模型构建研究等,根据不同规模、不同行业、不同数字化水平的专精特新企业的资源禀赋差异,分析探讨了数字化变革推动专精特新企业高质量发展的模式创新,进而提出专精特新企业以数字化变革推动高质量发展的运行机制、实现路径与合宜模式,极大丰富了国内在实践层面推进专精特新企业数字化变革进而实现高质量发展的话语体系。

第一篇

基础篇

基础篇是全书的总揽和基础,旨在为理解数字化赋能专精特新企业提供总体的理论框架和理论依据。本篇基本上遵循"概念界定→文献梳理→理论基础"的逻辑思路展开。具体而言,首先,介绍了数字化赋能专精特新企业研究的现实背景和理论背景,指出数字化赋能专精特新企业研究的现实意义和理论意义;其次,在借鉴相关理论的基础上,结合专精特新企业特征,按照专精特新企业价值创造的流程剖析数字化赋能专精特新企业的内在机理;最后,对国内外数字化赋能专精特新企业的典型模式进行梳理,介绍了当前数字化赋能专精特新企业测度方法和理论依据,为本书后续开展数字化赋能专精特新企业的机理研究和实践研究奠定基础。

第一章 数字化赋能专精特新企业的相关概念界定和研究动态

第一节 研究背景

一、现实背景

（一）我国专精特新企业发展面临着巨大的挑战

中小企业拥有组织结构柔性、机制灵活、市场适应性强、敢于创新变革等比较优势，是当前产业链上数量最多、吸纳就业最多、最具发展活力的一支企业群体，贡献了60%以上的国内生产总值、70%以上的技术创新以及80%以上的城镇劳动就业，为我国经济平稳运行奠定了坚实基础（徐怀宁，2024）[1]。然而，当今中小企业所处的市场环境充满复杂性、挑战性和动态性，逆全球化、贸易壁垒、技术封锁等因素影响了我国产业链供应链的稳定，中小企业的竞争优势也因此受到威胁。在这种情境中，若想要突破瓶颈、打造可靠安全的产业链供应链，关键是要培育一批能够突围的领军型中小企业，毫无疑问专精特新企业就是其中的典型代表。

工信部早在2013年发布的《关于促进中小企业"专精特新"发展的指导意见》中，就明确指出要"促进中小企业走专业化、精细化、特色化、新颖化发展之路"。2018年工信部办公厅发布了《关于开展专精特新"小巨人"企业培

---

① 徐怀宁：《智慧供应链建设与中小企业"专精特新"发展研究》，《现代经济探讨》2024年第8期。

育工作的通知》。2021 年,财政部等印发《关于支持"专精特新"中小企业高质量发展的通知》,明确提出进一步推动提升专精特新"小巨人"企业数量和质量,助力实体经济特别是制造业做实做强做优。由此看出,聚焦核心主业、精耕细作、创新能力强、质量效益优等是专精特新企业发展的战略方向和共性所在。例如国家专精特新"小巨人"企业数码大方,开发了自主可控的 CAD 集合内核,填补了国产三维 CAD 软件核心技术的软件缺口,并且在每个发展阶段都将专业化深入、精细化集成和生态化协作为企业成长重心,并同步发挥了卡位补链、耦合固链和联动强链的产业链能动作用(赵晶等,2023)。①

由上述分析可知,面临全球产业链和供应链重塑的变革挑战,激发专精特新企业创新动力,助推其向"专、精、特、新"方向纵深推进,是打造现代化产业体系、促进经济高质量发展以及培育发展新质生产力的强力支撑。然而不容忽视的是,受到初始资源禀赋、市场竞争环境等因素的制约,专精特新企业发展仍处于劣势地位。特别值得关注的是,专精特新企业面临着"成长的烦恼",关键核心技术掌握、品牌影响力和市场渠道拓展等皆受到国际竞争的压制,如何突破价值链低端锁定、构筑国际市场竞争优势,成为专精特新企业高质量发展亟待破解的核心问题。

(二)数字化浪潮为促进专精特新企业提质增效提供了重要机遇

这些年来,数字经济已成为继农业经济、工业经济之后增强发展动能的重要引擎,中国信息通信研究院发布的《中国数字经济发展研究报告(2024年)》结果表明,我国数字经济占 GDP 的比重达 42.8%,数字经济增长对 GDP 增长的贡献率达 66.4%,有力支撑了宏观经济增长。为更好地形成富有国际竞争力的数字经济战略发展体系,我国陆续颁布了《"十四五"数字经济发展规划》《数字中国建设整体布局规划》《关于推进"上云用数赋智"行动 培育新经济发展实施方案》等多项政策文件,明确要营造良好数字生态,明确整体数字化战略部署。在全球数字技术浪潮和政策催化下,作为数字经济与实体经济深度融合的直接体现,数字化转型已然从维持部分行业领先企

---

① 赵晶、孙泽君、程栖云、尹曼青:《中小企业如何依托"专精特新"发展实现产业链补链强链——基于数码大方的纵向案例研究》,《中国工业经济》2023 年第 7 期。

业稳定经营的"可选项"转变为更多行业、更多企业为获得可持续竞争优势的"必选项"。

尤其对专精特新企业而言,党的二十大报告特别强调了"支持专精特新企业发展,推动制造业高端化、智能化、绿色化发展"。数字化的迅猛发展推动生产方式发生转变,成为专精特新企业解决生存和发展问题的"一剂良药"。一方面,专精特新企业借助数字化将数据驱动思想引入业务流程,这种专业化流程的搭建不仅帮助企业实现了精细化管理,还基于市场需求动态变化制定了更加精准的营销策略和产品开发计划,通过应用开发平台、流程开发平台和数据治理与分析平台,改善传统基于经验进行数据治理带来的随意性,解决了工厂和产业园管理长期存在的感觉决策、蒙眼决策、延期决策等问题,增加了决策的准确性与及时性。另一方面,数字化帮助专精特新企业更好地融入创新网络,便于吸收网络中溢出的知识和资源,通过数字技术优化资源编排帮助中小企业突破规模和资源约束的限制,进而创造出更具有特色的产品和服务(余可发、陈颖康,2024)。[①]

综上,从现有的实践背景分析可知,专精特新企业的高质量发展与数字化赋能密不可分。数字化技术帮助专精特新企业优化生产流程、精准管理资源、加速产品创新,同时增强市场响应速度和决策能力,从而推动企业在激烈的市场竞争中脱颖而出。

二、理论背景

"专精特新"这一概念的源头可以追溯到赫尔曼·西蒙在 1992 年提出"隐形冠军"(Hidden Champions),将其定义为主营业务在所处细分领域中位于龙头地位但不为外界所关注的中小企业。目前,聚焦于专精特新企业的研究相对较少,现有研究重点讨论企业发展的内涵界定、作用效应、管理战略与经营模式、影响因素等,特别是聚焦在创新绩效、专业化锁定、产业链韧性和价值创造等方面。其中,在创新方面,培育专精特新企业可以探索新的技术范式

---

① 余可发、陈颖康:《资源编排、动态能力与"专精特新"中小企业迭代成长——以 t-Motor 公司为例》,《企业经济》2024 年第 4 期。

和未知的知识领域,实现突破式创新(湛泳、马从文,2024)[①];在专业化锁定方面,专精特新企业通过"资源借力"和"资源放大"的杠杆化行动聚合力量,丰富了自身要素禀赋,降低了企业搜索成本,成为企业突破专业化锁定的强力引擎(许晖等,2023)[②];在产业链韧性方面,企业采取专业化协同资源、精细化定制配套、生态化技术和产品跨界分享,实现产业链强链补链(赵晶等,2023)[③];在价值共创方面,企业通过突破关键核心技术,重新确立组织身份与编排技术资源,助推自身打破资源约束和链条边界(李树文等,2024)[④]。专精特新企业发展的诸多优势已成为共识,但实现专精特新企业高质量发展并非易事。例如很多企业在细分领域的自主研发和原始创新能力不强,仍处在产业链的中低端;另外突破细分领域形成竞争优势的同时,也容易遭受因其高度聚焦而细分市场容量有限的压制。尤其在当今科技发展"卡脖子"环境下,专精特新企业更需要依赖内外部因素抵御多元化诱惑和不断进行突破式创新,以维持自身高质量发展。

现有研究大多将如何促进专精特新发展的视角设定在企业边界内,主要关注了企业家特征(郭嫱、蔡双立,2024)[⑤]、创业导向(葛宝山、赵丽仪,2024)[⑥]、组织双元学习(齐昕等,2024)[⑦]、管理创新(李瑞达等,2024)[⑧]等内

---

① 湛泳、马从文:《专精特新"小巨人"企业培育对突破式创新的影响研究》,《管理学报》2024年第4期。

② 许晖、李阳、刘田田、谢丹丹:《"专精特新"企业如何突破专业化"锁定"困境?——创新搜寻视角下的多案例研究》,《外国经济与管理》2023年第10期。

③ 赵晶、孙泽君、程栖云、尹曼青:《中小企业如何依托"专精特新"发展实现产业链补链强链——基于数码大方的纵向案例研究》,《中国工业经济》2023年第7期。

④ 李树文、罗瑾琏、张志菲:《从定位双星到布局寰宇:专精特新企业如何借助关键核心技术突破实现价值共创》,《南开管理评论》2024年第3期。

⑤ 郭嫱、蔡双立:《企业家冒险倾向对专精特新"小巨人"企业持续创新的影响及其作用机制》,《科技管理研究》2024年第10期。

⑥ 葛宝山、赵丽仪:《创业导向如何影响专精特新企业绩效?——创业拼凑和组织韧性的多重中介作用》,《科学学研究》2024年第4期。

⑦ 齐昕、刘洪、李忻悦:《组织双元学习对"专精特新"企业韧性的适配效应——基于华东地区297家企业的调查数据》,《华东经济管理》2024年第4期。

⑧ 李瑞达、王钧力、郑莉、彭迪:《管理创新对专精特新企业创新绩效的实证研究》,《现代管理科学》2024年第1期。

部组织因素,以及减税降费(马克和、刘晓梦,2024)①、财政补贴(武琼等,2023)②、产业政策(曹虹剑等,2022)③、营商环境(夏清华、朱清,2023)④等外部环境因素对专精特新企业高质量发展的影响,通过梳理中小企业在发展过程中面临的问题(管理模式、价值链、行业壁垒等)提出针对性的政策建议。考虑到数字技术的可编程性、开放性和高精度性等特征,数字化转型可以为资源和能力注入新要素,还能通过与其他前因的耦合与融合产生协同作用,专精特新企业技术创新也更加活跃。然而目前国内外学者研究数字化与专精特新企业发展关系的文献相对较少,已有相关研究也多是定性阐述数字化的赋能效应(胡海波、毛纯兵,2024;李晓梅等,2023)⑤⑥,数字化赋能专精特新企业发展的过程仍是"黑箱",亟须对其与大企业显著不同的理论依据、内在机理、适用模式、实践路径进行系统研究,量身定制符合专精特新企业发展特点的数字化赋能方案以实现高质量发展目标。

第二节　概念界定与文献综述

一、数字化赋能的相关研究

(一) 数字化赋能的内涵

纵观企业数字化赋能的研究历程,发现其学术根源可以追溯到 20 世纪 80 年代,当时主要研究了信息技术对组织结构、创新和绩效的影响。到 20 世

---

① 马克和、刘晓梦:《税收优惠对专精特新企业创新的影响机制》,《税务研究》2024 年第 7 期。

② 武琼、徐涛、柳扬、刘孟晖:《"诅咒"还是"福音":政府补贴如何影响专精特新企业投资决策?》,《系统管理学报》2023 年第 2 期。

③ 曹虹剑、张帅、欧阳峣、李科:《创新政策与"专精特新"中小企业创新质量》,《中国工业经济》2022 年第 11 期。

④ 夏清华、朱清:《增量提质:营商环境生态与专精特新企业——基于模糊集定性比较分析》,《经济与管理研究》2023 年第 8 期。

⑤ 胡海波、毛纯兵:《数智赋能专精特新》,《企业管理》2024 年第 4 期。

⑥ 李晓梅、李焕焕、王梦毫:《人工智能时代"专精特新"企业高质量发展进化机制》,《科学管理研究》2023 年第 6 期。

纪 90 年代,伴随着互联网的进步和信息技术的创新,其在组织转型背景下的相关性重新焕发活力。关于信息技术驱动组织转型的研究起源于信息系统领域,企业早期最关心的是如何普及固定电话、传真等 ICT 技术以及部署内部管理信息系统(如企业资源规划或客户关系管理)。该时期的数字化赋能仅限于信息系统的应用,旨在改善组织边界内的业务流程,以实现企业生产效率和资源配置能力的提升。而数字化赋能更侧重数字技术与各类型生产要素的深层次融合,其核心底层技术框架可以概括为人工智能、区块链、云计算、大数据等"ABCD"技术,数字技术的蓬勃发展几乎可以影响现代企业的方方面面,包括但不仅限于生产、组织层次结构以及合作伙伴、供应商和客户的关系。它改变着组织的沟通方式和思维方式,使得生产、消费和服务方式等变得更加灵活,唤起了企业对转型和持续性创新的需求。从这个角度看,企业数字化赋能的范围更加全面,是较之于信息化转型而言更为高阶的变革过程(Vial,2019)①。

学者们的已有研究普遍地从技术驱动视角和组织变革视角来阐述企业数字化赋能的内涵。从技术驱动视角来看,数字化赋能可以描述为应对数字技术带来的机遇和挑战而在企业中产生战略、运营变革以及价值创造的重塑。阿比奥登等(Abiodun 等,2023)的研究表明,数字化赋能是通过采用颠覆性技术来提高生产力、创造价值和社会福利的过程。② 戚聿东、肖旭(2020)③认为基于数字技术而建立的企业数字化赋能打破了组织内外部的边界,引起了组织结构、生产模式、产品设计、研发模式以及用工模式的全方位变革。曾德麟等(2021)④指出数字化赋能是以数字化基础设施为支撑起点,进而引发的组织在管理方式上的深刻变革。杨金玉等(2022)⑤指出企业数字化赋能是指由信息、计算、通信和连接技术的结合,触发组织结构间跨职能协作、企业文化变

① Vial,G.,"Understanding Digital Transformation:A Review and a Research Agenda",*Journal of Strategic Information Systems*,Vol.28,No.2,2019,pp.118-144.

② Abiodun,T.,Rampersad,G. and Brinkworth,R.,"Driving Industrial Digital Transformation",*Journal of Computer Information Systems*,Vol.63,No.6,2023,pp.1345-1361.

③ 戚聿东、肖旭:《数字经济时代的企业管理变革》,《管理世界》2020 年第 6 期。

④ 曾德麟、蔡家玮、欧阳桃花:《数字化转型研究:整合框架与未来展望》,《外国经济与管理》2021 年第 5 期。

⑤ 杨金玉、彭秋萍、葛震霆:《数字化转型的客户传染效应——供应商创新视角》,《中国工业经济》2022 年第 8 期。

迁以及领导者角色重新定义等。

从组织变革视角来看,数字化赋能超越了数码化和数字化阶段中组织流程和任务的简单变化,而是彻底改变了整个企业的业务逻辑或价值创造方式(Verhoef 等,2021)①。刘淑春等(2021)认为企业数字化管理变革是组织管理、生产管理、商业管理等模式在内的一系列变革,这个变革过程改变了原有企业管理思维,打破传统工业化管理情形下的路径依赖,从而可以带来企业管理范式和管理制度的颠覆式创新。② 纳德卡尼和普吕格(Nadkarni 和 Prügl,2021)研究发现,为了实现成功组织层面的数字化赋能,必须在组织各个层面都发生变革,包括核心业务的适应、资源和能力的交换、流程和结构的重新配置、领导层的调整以及数字文化的实施。③

通过对相关文献的梳理发现,国内外学者均认同企业数字化赋能过程并不是一蹴而就的,是一个涉及企业治理结构、内部管控、运营机制等方面的组织变革,转型的结果会致使企业整体运营流程的重新塑造以及价值创造的重新定义。另外,企业数字化赋能是一个跨学科概念,供应链、市场营销、信息系统、组织创新等领域主要关注的是企业业务层面的转型,而组织创新领域的研究则基于整体视角下探索企业数字化活动所引发的管理模式创新(李树文等,2022)。④ 鉴于此,本书认为数字化赋能是基于数字技术对现有业务模式和流程进行再造,驱使生产智能化、销售精准化、资源管理高效化,最终完成管理范式革新和管理制度重构的过程(黄群慧等,2019;肖静华等,2021)。⑤⑥

---

① Verhoef, P. C., Broekhuizen, T. L., et al., "Digital Transformation: A Multidisciplinary Reflection and Research Agenda", *Journal of Business Research*, Vol.122,2021,pp.889-901.

② 刘淑春、闫津臣、张思雪、林汉川:《企业管理数字化变革能提升投入产出效率吗》,《管理世界》2021 年第 5 期。

③ Nadkarni,S. and Prügl, R., "Digital Transformation: A Review, Synthesis and Opportunities for Future Research", *Management Review Quarterly*, Vol.71, No.2,2021,pp.233-341.

④ 李树文、罗瑾琏、胡文安:《从价值交易走向价值共创:创新型企业的价值转型过程研究》,《管理世界》2022 年第 3 期。

⑤ 黄群慧、余泳泽、张松林:《互联网发展与制造业生产率提升:内在机制与中国经验》,《中国工业经济》2019 年第 8 期。

⑥ 肖静华、吴小龙、谢康、吴瑶:《信息技术驱动中国制造转型升级——美的智能制造跨越式战略变革纵向案例研究》,《管理世界》2021 年第 3 期。

（二）数字化赋能的影响因素

企业数字化赋能会受到来自社会、经济、文化、政策等各方面因素的影响，尤其是随着数字经济和数字科技的深入发展，影响企业数字化赋能的因素更加复杂多变，国内外学者主要从企业内部和外部两个方面对数字化赋能的驱动因素进行探讨。

从企业数字化赋能内部影响因素来看，数字基础设施为创建新业务以及现有业务的分支机构从线下环境转向线上环境提供支持（范合君、吴婷，2022）[1]，由工业物联网、云计算、大数据分析、网络安全和机器人技术可以凭借一种特殊的方式实现组织数据的收集、整合、处理或使用，并与其他互补的人力和组织资源一起赋能企业生产经营各环节数字化发展（Battistoni 等，2023；郑勇华等，2022）[2][3]。数字技术还为与客户和其他利益相关者进行信息互动的新渠道，催生了新的商业模式和服务业态（Li，2020）[4]。成功的数字化赋能不仅需要获取和部署技术资源，而且可能更重要的是需要解决管理问题（Besson 和 Rowe，2012）[5]，在数字化工作进行中，高层管理人员负责确定业务转型的战略方向，他们的特质和类型对于确保企业数字化赋能成功发挥着尤其重要的作用（Wessel 等，2021）[6]。例如，李等（Li 等，2018）研究发现一个拥有足够社会和人力资本的高层管理团队更有可能感知和抓住市场机会，并利用它

---

① 范合君、吴婷：《新型数字基础设施、数字化能力与全要素生产率》，《经济与管理研究》2022 年第 1 期。

② Battistoni, E., Gitto, S., Murgia, G. and Campisi, D., "Adoption Paths of Digital Transformation in Manufacturing SMEs", *International Journal of Production Economics*, Vol.255, 2023.

③ 郑勇华、孙延明、尹剑峰：《工业互联网平台数据赋能、吸收能力与制造企业数字化转型》，《科技进步与对策》2023 年第 11 期。

④ Li, F., "The Digital Transformation of Business Models in the Creative Industries: A Holistic Framework and Emerging Trends", *Technovation*, Vol.92-93, 2020.

⑤ Besson, P. and Rowe, F., "Strategizing Information Systems-Enabled Organizational Transformation: A Transdisciplinary Review and New Directions", *The Journal of Strategic Information Systems*, Vol.21, No.2, 2012, pp.103-124.

⑥ Wessel, L., Baiyere, A., et al., "Unpacking the Difference Between Digital Transformation and IT-Enabled Organizational Transformation", *Journal of the Association for Information Systems*, Vol.22, No.1, 2021, pp.102-129.

们来激励和启动数字化赋能等战略变革。① 宋敬等(2022)指出异质性的高管团队会形成不同的观点,能够减少单一短视和群体思维,从而促进数字化商业模式的创新。② 张延林等(2021)指出变革型领导战略 IT 知识、政治悟性和网络能力技能的积累是寻求领导力的具体抓手,有助于积极影响企业数字化创新水平。③ 王永伟等(2022)认为企业 CEO 变革型领导行为能够通过灵敏地识别出数字情境下的新技术和新资源,来实现企业内部的数字化运营和数字化创新。④

　　关于影响企业数字化赋能的外部因素,现有研究主要从企业的利益相关者行为引导和政府政策支持两方面展开探讨。一方面,企业的利益相关者包括政府、客户、消费者以及竞争对手等。具体实践中,政府通过加大对企业的财政支出(吴非等,2021)⑤、税收优惠(成琼文、丁红乙,2022)⑥、创新补贴(陈和、黄依婷,2022)⑦等以缓解企业融资约束、改善企业财务状况、优化内部创新人才资源,最终赋能企业实现数字化。市场竞争和消费者诉求在不断演进,行业内竞争对手形成较高的产业化数字水平,致使出现新的行业产出规范、竞争规则,因此企业为了有效缓解竞争压力、降低决策风险,开始模仿与学习竞争对手的技术行为,积极引进数字技术更新自己的工作程序(陈庆江等,2021)⑧。作为对新一代信息技术的回应,客户的消费行为由线下购买转移到网上商店选购,在新的搜索引擎和社交媒体的帮助下,消费者对商品的全貌变得

---

① Li,L.,Su,F.,Zhang,W. and Mao,J.-Y.,"Digital Transformation by SME Entrepreneurs:A Capability Perspective",*Information Systems Journal*,Vol.28,No.6,2018.

② 宋敬、张卓、叶涛:《高管团队异质性与数字商业模式创新——基于 A 股上市公司的经验分析》,《技术经济》2022 年第 5 期。

③ 张延林、邓福祥、唐洪婷:《CIO 自身技能、需求方领导力与数字化创新》,《管理评论》2021 年第 11 期。

④ 王永伟、李彬、叶锦华、刘雨展:《CEO 变革型领导行为、数字化能力与竞争优势:环境不确定性的调节效应》,《技术经济》2022 年第 5 期。

⑤ 吴非、常曦、任晓怡:《政府驱动型创新:财政科技支出与企业数字化转型》,《财政研究》2021 年第 1 期。

⑥ 成琼文、丁红乙:《税收优惠对资源型企业数字化转型的影响研究》,《管理学报》2022 年第 8 期。

⑦ 陈和、黄依婷:《政府创新补贴对企业数字化转型的影响——基于 A 股上市公司的经验证据》,《南方金融》2022 年第 8 期。

⑧ 陈庆江、王彦萌、万茂丰:《企业数字化转型的同群效应及其影响因素研究》,《管理学报》2021 年第 5 期。

更加知情,进而需求也就更加多元化(Kannan,2017)①,这倒逼企业借助数字技术完成精准、敏捷的产品或服务供应,并允许客户参与到产品的设计和制造中来,加快了企业数字化赋能的进程(Vial,2019)②。另一方面,企业数字化赋能需要与制度环境和优惠政策相匹配,相关政策的出台为企业数字化赋能带来了便利。例如,任晓怡等(2022)探讨了自由贸易试验区建设带来了深度的市场化变革,使得企业能够在较为优化的环境中进行数字化赋能升级。③ 侯林岐等(2023)研究发现,在我国大力推行大数据综合试验区政策下,绝大多数企业的数字基础薄弱、利润低迷困境和上下游数字化产业模式割裂等多重困境得以有效缓解。④ 申明浩等(2022)研究表明科技金融政策的推行能够缓解信息匮乏、提升企业商业信用以及引发人才集聚效应,最终赋能企业完成数字化赋能。⑤

综上,学者们对数字化转型的驱动因素从多个角度进行了探讨,现有研究多从数字基础设施、高层管理者、利益相关者和政策支持等方面分析了推动企业数字化赋能的因素。

(三) 数字化赋能的作用效应

愈来愈多的企业把数字化赋能作为高质量发展的路径选择,在转型升级过程和创新能力提升过程中扮演着举足轻重的角色(Canhoto 等,2021;卢宝周等,2022)。⑥⑦ 基于微观层面考察,已有大量研究从不同角度研究数字化赋

---

① Kannan, P. K., " Digital Marketing: A Framework, Review and Research Agenda ", *International Journal of Research in Marketing*, Vol.34, No.1, 2017, pp.22–45.

② Vial, G., "Understanding Digital Transformation: A Review and a Research Agenda", *Journal of Strategic Information Systems*, Vol.28, No.2, 2019, pp.118–144.

③ 任晓怡、苏雪莎、常曦、汤子隆:《中国自由贸易试验区与企业数字化转型》,《中国软科学》2022 年第 9 期。

④ 侯林岐、程广斌、王雅莉:《国家级大数据综合试验区如何赋能企业数字化转型》,《科技进步与对策》2023 年第 21 期。

⑤ 申明浩、谭伟杰、杨永聪:《科技金融试点政策赋能实体企业数字化转型了吗?》,《中南大学学报(社会科学版)》2022 年第 3 期。

⑥ Canhoto, A.I., Quinton, S., Pera, R., Molinillo, S. and Simkin, L., "Digital Strategy Aligning in SMEs: A Dynamic Capabilities Perspective", *The Journal of Strategic Information Systems*, Vol.30, No.3, 2021.

⑦ 卢宝周、尹振涛、张妍:《传统企业数字化转型过程与机制探索性研究》,《科研管理》2022 年第 4 期。

能推动企业发展的影响。

就企业经济效应而言,基本上可以归纳为宏观效应和微观效应两个层面,其中,在宏观层面主要体现在对经济、社会和产业的影响研究,例如,王春云、王亚菲(2019)则从全产业角度量化了数字化资本在全社会以及行业资本回报率中的作用①;黄群慧等(2019)研究发现,互联网发展赋能生产者在产品制造过程中分工均衡,以此提高制造业生产率水平②;王开科等(2020)深入分析了我国数字经济与传统经济融合发展问题,表明数字技术应用会显著提升社会生产效率③。在微观层面,数字化赋能的积极影响主要体现在对效益的提升。例如,彭和陶(Peng 和 Tao,2022)认为企业数字化赋能通过降低生产成本、扩大市场份额以及强化用户需求等方式来提升企业的财务绩效。④ 吴非等(2021)指出企业数字化赋能能够在一定程度上映射到资本市场中,股票流动性是价格发现、信息流动、资源配置等资本市场功能的基础,在企业数字化赋能的驱动下表现出显著的活力。⑤

就企业治理效应而言,传统工业情形中,由于缺乏清晰的职责界定,不同部门或岗位之间可能会存在职能交叉和重叠的情形,而企业数字化可以降低外部交易成本,充分发掘市场分工潜力,推动企业专业化分工(袁淳等,2021)。⑥ 与此同时,企业的基层权力得以增加,即在数字化条件下,企业积累了指数级、海量式的大数据资源,导致高管在业务决策过程中丧失了优势,而借助数字化技术,企业能够快速响应市场需求和增强信息处理能力,从而有效

①　王春云、王亚菲:《数字化资本回报率的测度方法及应用》,《数量经济技术经济研究》2019 年第 12 期。

②　黄群慧、余泳泽、张松林:《互联网发展与制造业生产率提升:内在机制与中国经验》,《中国工业经济》2019 年第 8 期。

③　王开科、吴国兵、章贵军:《数字经济发展改善了生产效率吗》,《经济学家》2020 年第 10 期。

④　Peng,Y. and Tao,C.,"Can Digital Transformation Promote Enterprise Performance? —from the Perspective of Public Policy and Innovation", *Journal of Innovation & Knowledge*, Vol.7, No.3, 2022.

⑤　吴非、胡慧芷、林慧妍、任晓怡:《企业数字化转型与资本市场表现——来自股票流动性的经验证据》,《管理世界》2021 年第 7 期。

⑥　袁淳、肖土盛、耿春晓、盛誉:《数字化转型与企业分工:专业化还是纵向一体化》,《中国工业经济》2021 年第 9 期。

避免了权力过度集中在高管手中(刘政等,2020)①。数字化赋能还通过优化人力资本结构、推动先进制造业和现代化服务融合发展等方式推动企业从"工业化管理模式"向"数字化管理模式"的转变,这一举措使得企业管理效率和生产效率产生大幅提升(刘淑春等,2021;赵宸宇等,2021)。②③ 更为关键的是,尽管当前企业市场竞争激烈以及各类短长期风险叠加并存,数字化依然可以将处于单元与单元间碎片化的状态重新建立连接(陈小辉、张红伟,2021)④,帮助企业准确识别与开发与自身相适应的全域客户群体,确保企业在危机中的正常经营(单宇等,2021)。⑤

关于创新绩效方面,数字化赋能提供了更高效的信息流动、数据驱动的决策和开拓新业务模式的机会,从而激发了企业不同类型的创新活力。例如,李(Li,2020)研究得出,数字技术通过创造和获取价值的新方式、新的交换机制和新的跨越边界的组织形式,成为驱动商业模式创新的重要推手。⑥ 池毛毛等(2020)认为数字化赋能提高了企业的研发能力和探索能力,有利于进一步提升新产品的开发和创新。⑦ 杨金玉等(2022)指出数字化赋能在上下游供应链间具有传染效应,客户与供应商在合作的过程中存在知识流动和溢出,客户数字化赋能能够显著地提高供应商的创新水平。⑧

通过梳理相关文献可知,数字化赋能作为企业生存和可持续发展的新动

---

① 刘政、姚雨秀、张国胜、匡慧姝:《企业数字化、专用知识与组织授权》,《中国工业经济》2020 年第 9 期。

② 刘淑春、闫津臣、张思雪、林汉川:《企业管理数字化变革能提升投入产出效率吗》,《管理世界》2021 年第 5 期。

③ 赵宸宇、王文春、李雪松:《数字化转型如何影响企业全要素生产率》,《财贸经济》2021 年第 7 期。

④ 陈小辉、张红伟:《数字经济如何影响企业风险承担水平》,《经济管理》2021 年第 5 期。

⑤ 单宇、许晖、周连喜、周琪:《数智赋能:危机情境下组织韧性如何形成?——基于林清轩转危为机的探索性案例研究》,《管理世界》2021 年第 3 期。

⑥ Li, F., "The Digital Transformation of Business Models in the Creative Industries: A Holistic Framework and Emerging Trends", *Technovation*, Vol.92-93, 2020.

⑦ 池毛毛、叶丁菱、王俊晶、翟姗姗:《我国中小制造企业如何提升新产品开发绩效——基于数字化赋能的视角》,《南开管理评论》2020 年第 3 期。

⑧ 杨金玉、彭秋萍、葛震霆:《数字化转型的客户传染效应——供应商创新视角》,《中国工业经济》2022 年第 8 期。

能已经成为共识,然而现有研究多聚焦的是规模较大的上市企业,而对中小企业,尤其是专精特新企业高质量发展的研究较为欠缺。

二、专精特新企业的发展相关研究

(一) 专精特新企业的概念界定与辨析

1.概念界定

从我国相关研究看,专精特新企业的规范性概念最早由我国工信部在2011 年发布的《中国产业发展和产业政策报告》提出,2013 年工信部发布的《关于促进中小企业"专精特新"发展的指导意见》,进一步提出了"专精特新"中小企业的基本内涵。目前,学术界一般认为,专精特新发展是指中小企业在成长中,兼具"专业化、精细化、特色化、新颖化"特征,且创新能力强、竞争优势突出的体现。具体而言,"专业化"是指聚焦于一个或多个特定产业链、供应链的某个核心环节,具有专业的技艺或其产品有专门用途;"精细化"是指具有精细的生产技术、有效的管理方式、高品质产品服务等特征,往往在细分市场占据优势地位;"特色化"是指具有独特的配方原料、工艺技术等;"新颖化"是指提供具有创新性的产品或服务满足客户需求,创新能力突出(刘昌年、梅强,2015)。[①] 2021 年,工信部规划了专精特新企业梯度培育体系,根据"专—精—特—新"程度差异,由低到高依次划分为创新型中小企业、专精特新企业、专精特新"小巨人"3 个层次,进一步制造业"单项冠军"是专精特新"小巨人"的高阶发展,可以被视为更高层次的专精特新企业。在学界中,有学者利用企业成长理论,将专精特新企业的成长过程与一般中小企业积累资源和知识的竞争优势获取过程进行类比,发现二者具有相同之处,即其核心均是通过持续创新获得关键核心技术及其所触发的新市场机会,这种机会能够实现技术的社会物质性和产品与客户体验的应用场景可供性相结合,激发专精特新企业围绕关键核心技术开发适用多元应用场景的产品或服务(李

[①] 刘昌年、梅强:《"专精特新"与小微企业成长路径选择研究》,《科技管理研究》2015 年第 5 期。

平、孙黎,2021)①,从而不断突破狭窄细分市场规模所带来的成长边界和资源简单叠加的成长瓶颈,实现基于创新驱动的长期成长。

因此,结合专精特新企业的系列政策文件和研究现状,本书认为专精特新企业是指具有"专业化、精细化、特色化、新颖化"特征,创新能力强、竞争优势突出的中小企业,其成长过程可以视为中小企业沿着"创新型中小企业—专精特新企业—专精特新'小巨人'—制造业'单项冠军'"的梯度培育体系持续进阶。

2. 概念区分

专精特新企业在不同的国家有着不同的概念称谓,已有研究认为,专精特新企业与德国"隐形冠军"企业、日本高利基企业和韩国中坚企业等存在着密切的关系,但也存在区别与不同之处,本研究将专精特新企业与其进行必要的区分辨析。

(1)专精特新企业与隐形冠军企业

赫尔曼·西蒙在研究德国出口贸易获得巨大成功的经验时发现了一个独特的现象,即德国出口贸易之所以取得持续发展得益于中小企业特别是那些在国际市场上处于领先地位的中小企业(Simon,1992)。② 尽管这些中小型企业并不出名,但数十年来它们在全球范围的经营业绩却不同凡响,赫尔曼·西蒙称之为"隐形冠军"(赫尔曼·西蒙,2001)。③ 在《隐形冠军:未来全球化的先锋》一书中,西蒙将隐形冠军企业的标准归纳为以下三点:第一,世界前三强的公司或者某一大陆上名列第一的公司;第二,年销售收入不超过 50 亿欧元;第三,不是众所周知的。尽管隐形冠军企业的选取标准以及市场战略与国内专精特新企业类似,都注重深耕于某一细分市场,并持续深度创新。然而,专精特新企业与隐形冠军企业在国际化战略、市场竞争力等方面存在显著差

---

① 李平、孙黎:《集聚焦跨界于一身的中流砥柱:中国"精一赢家"重塑中国产业竞争力》,《清华管理评论》2021 年第 12 期。

② Simon, H., "Lessons from Germany's Midsize Giants", *Harvard Business Review*, Vol.70, No.2, 1992, pp.115–121.

③ [德]赫尔曼·西蒙:《隐形冠军:全球 500 佳无名公司的成功之道》,新华出版社 2001 年版。

异,奥德雷奇等(Audretsch 等,2018)认为隐形冠军企业具有"天生国际化"的特点,更依赖于细分领域的全球市场实现突破发展[①],而专精特新企业往往立足于国内市场,缺少国际化的驱动力,国际化进程缓慢。其次,相较于隐形冠军,专精特新企业的全球竞争力大多处于弱势地位,只在本土具有较为明显的竞争优势,而隐形冠军往往是全球细分市场的领导者,参与行业标准的制定和修订。

(2)专精特新企业与高利基企业、中坚企业

日本通常将从事细分领域业务、服务缝隙市场且在国际市场具备竞争优势的一流企业称之为高利基企业,韩国通常将处于中小企业和大型企业过渡期、具有一定规模和创新力、发展潜力较大的企业称之为中坚企业。高利基企业、中坚企业与专精特新企业比较类似,都强调专注于某一特定领域的细分市场,通过持续深入技术创新与产品研发以确定自身竞争优势,并满足特定客户的需求,从而实现快速增长。然而,日本高利基企业、韩国中坚企业与中国专精特新企业尽管在专业化、技术研发和成长性等方面有相似之处,但也存在一些差异。具体而言,首先,由于各自独特的经济、文化和技术背景,相比于专精特新企业,日本高利基企业与韩国中坚企业凭借其长期的技术积累和创新能力,更加强调强大的精益生产与管理能力(葛宝山、王治国,2020)。[②]其次,日本高利基企业与韩国中坚企业通常具有较强的产业链整合能力,能够与上下游企业形成紧密的合作关系,实现产业链的协同发展和优化升级。而中国的专精特新企业则更加注重在产业链中的某一环节或某一产品上实现专业化、精细化和特色化的发展,通过提升该环节或产品的技术水平和市场竞争力来带动整个产业链的发展。最后,日本高利基企业与韩国中坚企业更加注重国际市场的拓展与全球化布局,追求在全球细分市场的领先,而中国的专精特新企业由于其自身的规模与实力,目前主要扎根于国内市场,国际市场拓展进程缓慢。

[①]　Audretsch, D. B., Lehmann, E. E. and Schenkenhofer, J., "Internationalization Strategies of Hidden Champions:Lessons from Germany", *Multinational Business Review*, Vol.26, No.1, 2018, pp.2-24.

[②]　葛宝山、王治国:《隐形冠军企业创业研究述评及展望》,《外国经济与管理》2020 年第 11 期。

(二) 专精特新企业的作用效应

通过对现有文献进行梳理,本书主要从宏观、中观和微观企业三个层面对专精特新企业中小企业发展的作用效应进行分析。

基于宏观视角看,近些年来,我国深入推进创新驱动发展战略,要求坚持科技自立自强的方针,不断提升国家总体创新力与竞争力。而专精特新企业凭借灵活性强、专业化、精细化等特点在我国科技创新中扮演重要角色,已成为我国高质量发展的重要动力源、新发展格局的关键稳定器以及创新型国家的生力军(董志勇、李成明,2021)。① 由此可见,通过培育和发展专精特新企业,能够为创新型国家建设提供持续动力。

基于中观视角看,专精特新企业成长有助于夯实产业基础,重塑我国产业在全球创新链体系中的总体竞争力。现阶段,大国之间的经济竞争主要取决于产业发展实力,产业链、供应链、创新链短板是大国经济竞争中的重要风险来源。但长期以来,我国企业偏向于规模和增速,而专精特新企业围绕重点产业链的关键环节进行技术攻关和市场拓展,通过专业化深入实现卡位补链、精细化集成实现耦合固链、生态化协作实现联动强链,提高我国产业链、供应链韧性,有效解决"卡脖子"难题(赵晶等,2023)。② 因此,推动专精特新企业成长是我国提升产业链、供应链稳定性与竞争力的重要举措(崔秀利,2023;董志勇、李成明,2021)。③④ 此外,也有研究发现,在区域内培育专精特新企业对于区域自身发展(刘小峰等,2023)⑤或是周边城市发展都会产生积极的正向作用(陈武元等,2022)⑥。约翰等(Johann 等,2021)基于德国隐形冠军企

---

① 董志勇、李成明:《"专精特新"中小企业高质量发展态势与路径选择》,《改革》2021 年第 10 期。

② 赵晶、孙泽君、程栖云、尹曼青:《中小企业如何依托"专精特新"发展实现产业链补链强链——基于数码大方的纵向案例研究》,《中国工业经济》2023 年第 7 期。

③ 崔秀利:《论专精特新促进高质量企业发展的必然性》,《2023 年财经与管理国际学术论坛论文集》,2023 年。

④ 董志勇、李成明:《"专精特新"中小企业高质量发展态势与路径选择》,《改革》2021 年第 10 期。

⑤ 刘小峰、彭扬帆、徐晓军:《选优扶强:老少边区特色农业"一县一业"格局何以形成——盐池滩羊的纵向案例研究》,《管理世界》2023 年第 7 期。

⑥ 陈武元、蔡庆丰、程章继:《高等学校集聚、知识溢出与专精特新"小巨人"企业培育》,《教育研究》2022 年第 9 期。

业样本发现,在农村区域内培育隐形冠军企业对当地的经济发展和社会福祉具有重要影响,以及隐形冠军企业越多的区域能有效降低当地的失业率以及提升 GDP 水平。[1]

基于微观视角看,专精特新企业成长绩效重点关注经营绩效和创新绩效两个方面。从经营绩效来看,现有研究多采用净资产收益率(ROA)、股东权益回报率(ROE)、全要素生产率作为代理变量来衡量专精特新企业的经营绩效。例如,伍中信等(2023)发现专精特新政策提升了企业的全要素生产率,对中小企业提高发展质量具有激励作用。[2] 此外,本兹等(Benz 等,2020)基于德国 617 家制造企业的面板数据,发现隐形冠军企业的盈利能力更强、财务表现更好[3];约翰等(Johann 等,2021)也发现隐形冠军公司越多的地域会对其当地人均收入产生显著的促进作用[4]。相较于前者,创新绩效则得到更多学者的重视。然而,创新活动本身所具备的高风险、高成本等特性会削弱企业的创新意愿,而中小企业由于其规模小、融资难等问题会进一步抑制企业的创新积极性。然而对于专精特新企业而言,由于其具有政府背书和较强的市场竞争力,在金融机构中往往会获得更高的贷款利率和更低的贷款条件,从而缓解企业的创新投入压力,促进创新绩效的提升(崔秀利,2023)。[5] 不仅如此,近年来,中国很多专精特新企业在模式创新上也取得了显著的成果,在市场中获得了一定的竞争力。例如,三一集团等企业通过技术创新和模式创新,不断推动产品和服务在行业内的转型升级,其中三一重工从单一的建筑机械制造商向综合解决方案提供商转变,成为中国工程机械领域的领跑者(崔秀利,2023)。[6]

① Johann,M.S.,Block,J.H. and Benz,L.,"Financial Performance of Hidden Champions:Evidence from German Manufacturing Firms",*Small Business Economics*,Vol.1-20,2021.

② 伍中信、黄滢滢、伍会之:《专精特新政策会促进中小企业高质量发展吗?——来自全要素生产率的证据》,《中南大学学报(社会科学版)》2023 年第 3 期。

③ Benz,L.,Block,J. and Johann,M.,"Börsennotierte Hidden Champions",*Zfo - Zeitschrift Führung Und Organisation*,Vol.5,2020,pp.291-295.

④ Johann,M.S.,Block,J.H. and Benz,L.,"Financial Performance of Hidden Champions:Evidence from German Manufacturing Firms",*Small Business Economics*,Vol.1-20,2021.

⑤ 崔秀利:《论专精特新促进高质量企业发展的必然性》,《2023 年财经与管理国际学术论坛论文集》,2023 年。

⑥ 崔秀利:《论专精特新促进高质量企业发展的必然性》,《2023 年财经与管理国际学术论坛论文集》,2023 年。

（三）专精特新企业发展的驱动因素研究

专精特新企业发展的驱动因素是重要研究议题之一,事关企业自身发展的质效和速度,以下分别从宏观政策环境和营商环境层面、中观产业协同层面、微观企业层面对影响专精特新企业成长的因素进行归纳探讨。

1. 宏观政策和营商环境层面

（1）政策环境

专精特新企业作为中小企业中的佼佼者,得益于长期的深耕与技术积累已取得较强的竞争优势并在产业链中占据举足轻重的地位,但其发展过程仍然面临着较强的"融资约束"。政府政策针对该类企业推出遴选培育政策有效地激发了产业链关键企业的创新活力(丁永健、吴小萌,2023;张米尔等,2023)[1][2]、提升了制造业中小企业的创新质量(曹虹剑等,2022)[3]、充分发挥技术补链的作用,成为破除专精特新企业发展困境的重要工具。

首先,公平竞争的财税、金融等产业政策可以显著提升专精特新企业的全要素生产率,而基于数字技术的数字普惠金融产品为传统金融服务提供了创新方案,有助于缓解中小微企业的融资约束。其次,政府通过税收优惠、财政补贴等方式支持中小微企业的创新活动(王佳宁、罗重谱,2012)[4],其中,直接补贴政策在提升中小企业创新能力和市场竞争力,进而推动中小企业向专业化和复杂化升级过程中发挥的作用最为显著(曹虹剑等,2022)[5];政府采购可以通过向创新产品和服务倾斜,为中小企业提供市场机会和发展空间。然而,当前税收优惠政策的针对性不强,不同类型财政补贴的政策效果差异较大,这要求政府在制定和实施相关政策时需要更加精准和细化(李琼、汪

---

① 丁永健、吴小萌:《"小巨人"企业培育有助于提升制造业中小企业创新活力吗——来自"专精特新"政策的证据》,《科技进步与对策》2023 年第 12 期。

② 张米尔、任腾飞、黄思婷:《专精特新小巨人遴选培育政策的专利效应研究》,《中国软科学》2023 年第 5 期。

③ 曹虹剑、张帅、欧阳峣、李科:《创新政策与"专精特新"中小企业创新质量》,《中国工业经济》2022 年第 11 期。

④ 王佳宁、罗重谱:《中国小型微型企业发展的政策选择与总体趋势》,《改革》2012 年第 2 期。

⑤ 曹虹剑、张帅、欧阳峣、李科:《创新政策与"专精特新"中小企业创新质量》,《中国工业经济》2022 年第 11 期。

德华,2022)①。为探究如何充分发挥政策的推动作用,张璠等(2022)将政府政策划分为供给型政策、需求型政策和环境型政策。② 其中,供给型政策有效缓解中小企业资源困境,需求型政策仅在竞争激烈行业中稳定市场预期,而环境型政策则专注于营商环境的改善。总之,现有研究指出,充分发挥各类政策在专精特新企业培育中作用的关键在于政府有效地保证政策的连贯性和专注性,并根据形势发展与企业反馈作出及时调整(蒋志文、郑惠强,2022)。③

（2）营商环境

实现突破式创新成效并在此基础上不断深耕是专精特新企业安身立命的根本,而高突破式创新绩效受到企业供给侧技术条件、需求侧组织条件、外部环境的联动效应影响(夏清华、朱清,2023)。④ 区域营商环境的好坏直接影响专精特新企业的培育数量与质量。具体而言,市场环境、政府环境、法律和政策环境以及人文环境等四个重要的商业环境要素对省区级专精特新企业的数量和质量有着协同影响(夏清华、朱清,2023)。⑤ 在此基础上,敦帅、毛军权(2023)的研究表明,市场—人文环境驱动型路径和人文—创新环境驱动型路径可以显著提升专精特新企业培育效率。⑥ 但也有研究指出,不同区域的基础设施、社会经济实力、自然条件等因素存在的较大差距会显著影响专精特新企业成长。这直接表现在我国专精特新企业分布呈现"东密西疏、南多北少"的分布格局,技术密集型制造业、知识密集型服务业

---

① 李琼、汪德华:《支持中小微企业创新的财政税收政策梳理与借鉴》,《财经问题研究》2022 年第 3 期。

② 张璠、王竹泉、于小悦:《政府扶持与民营中小企业"专精特新"转型——来自省级政策文本量化的经验证据》,《财经科学》2022 年第 1 期。

③ 蒋志文、郑惠强:《基于实证的"专精特新"企业培育路径及政策影响分析》,《中国软科学》2022 年第 S1 期。

④ 夏清华、朱清:《"专精特新"企业突破式创新的组态分析与范式选择》,《外国经济与管理》2023 年第 10 期。

⑤ 夏清华、朱清:《"专精特新"企业突破式创新的组态分析与范式选择》,《外国经济与管理》2023 年第 10 期。

⑥ 敦帅、毛军权:《营商环境如何驱动"专精特新"中小企业培育?——基于组态视角的定性比较分析》,《上海财经大学学报》2023 年第 2 期。

类型的专精特新企业主要集中于中心城市(例如上海、深圳等)(丁建军等,2023)。① 进一步研究显示,南方省份在创新、绿色和开放等区域高质量发展维度上更加具有优势,能够有效促进专精特新企业群体的培育,该结论支持了上述观点(王伟楠等,2023)。② 因此,政府引导小微型企业向具有广阔前景的产业和地区转移,建立合适的微型企业管理结构,提高微型企业的服务水平,是助力其实现"专业、精致、特色、新颖"发展目标的重要途径(王佳宁、罗重谱,2012)。③

2. 中观产业协同层面

中小企业在专精特新发展过程中,出于规避风险、追逐短期盈利等考虑,通常采取保守政策,避免向专精特新转型。而产业协同可以通过资源要素合理配置、价值链重构以及供应链整合,产生"1+1>2"的效果,推动专精特新企业高质量发展(申杰、昌忠泽,2023)④,李树文等(2024)的研究发现了协同创新的溢出效应在专精特新企业促进产业链升级过程中产生的重要效果。⑤ 尤其数字经济时代,龙头企业在产业链数字升级过程中扮演着重要的引领角色,可以有效强化专精特新企业与上下游的协同创新,推动产业链各环节的有机衔接(刘志彪、徐天舒,2022)。⑥ 总之,与专精特新企业开展合作可以有效衔接创新链与产业链,有助于构建有活力和竞争力的产业创新生态,在突破关键核心技术的基础上实现生态内多主体价值共创。

---

① 丁建军、王淀坤、刘贤:《长三角地区专精特新"小巨人"企业空间分布及影响因素研究》,《地理研究》2023年第4期。

② 王伟楠、王凯、严子淳:《区域高质量发展对"专精特新"中小企业创新绩效的影响机制研究》,《科研管理》2023年第2期。

③ 王佳宁、罗重谱:《中国小型微型企业发展的政策选择与总体趋势》,《改革》2012年第2期。

④ 申杰、昌忠泽:《产业协同集聚如何赋能中小企业专精特新发展——基于中小板和创业板企业的实证分析》,《科技进步与对策》2025年第1期。

⑤ 李树文、罗瑾琏、张志菲:《从定位双星到布局寰宇:专精特新企业如何借助关键核心技术突破实现价值共创》,《南开管理评论》2024年第3期。

⑥ 刘志彪、徐天舒:《培育"专精特新"中小企业:补链强链的专项行动》,《福建论坛(人文社会科学版)》2022年第1期。

3. 微观企业层面

(1)专业化/多元战略

突破关键技术,解决"卡脖子"难题是专精特新企业获取竞争优势的制胜法宝,当前指导中小企业获取细分市场竞争优势的相关战略主要分为专业化战略与多元战略。隐形冠军企业发展成功经验表明,企业长期深耕于细分行业,在技术领域做到极致,可以凭借专业化取得成功(Simon,2009)。[1] 在此基础上,葛宝山等(2022)提出精一战略的概念,认为其是隐形冠军企业在全生命周期中采用的战略模式,企业通过聚焦全球特定细分市场和专注提升专业化程度来获取竞争优势。[2] 随着细分市场的饱和,规模局限性使得专精特新企业发展面临专业化"锁定"问题,这将迫使企业转移重点或进入新市场。在这种情况下,专精特新企业面临多元选择的需求(王益民等,2019)。[3] 杜晶晶等(2023)的研究表明,专精特新企业采取产业内/间多元化路径,有助于突破发展瓶颈实现转型升级。[4] 但可以认识到的是,专业化与多元化并非对立,二者可以结合螺旋上升。西蒙认为,隐形冠军企业的多元化是一定范围内的多元,需要围绕自身技术与市场开展新业务(张帆,2015)。[5] 在此基础上,有学者主张采取融合技术精一化和业务多元化的"T型战略"指导中国产业体系转型升级(李平、孙黎,2021)。[6] 上述研究为中小企业"专精特新"转型升级提供了战略指导。

(2)创新需求

在逆全球化背景下,中国正努力培育隐形冠军企业以扭转关键技术受制

① Simon,H.,*Hidden Champions of the Twenty-First Century:Success Strategies of Unknown World Market Leaders*,New York:Springer,2009.

② 葛宝山、赵丽仪:《创业导向、精一战略与隐形冠军企业绩效》,《外国经济与管理》2022年第2期。

③ 王益民、辛丽、周宪、宫启隆:《复利思维:中国隐形冠军修炼之道》,《清华管理评论》2019年第6期。

④ 杜晶晶、万晶晶、郝喜玲、张琪:《中国"隐形冠军"企业产业多元化战略的形成路径研究——基于模糊集的定性比较分析》,《研究与发展管理》2023年第3期。

⑤ 张帆:《浅析电子商务环境下企业管理创新》,《第二届世纪之星创新教育论坛论文集》,北京中外软信息技术研究院、长江大学管理学院,2015。

⑥ 李平、孙黎:《集聚焦跨界于一身的中流砥柱:中国"精一赢家"重塑中国产业竞争力》,《清华管理评论》2021年第12期。

于人的局面并实现经济高质量发展。"专精特新"政策作为中国的本土战略利于提高企业技术创新水平。一方面,专精特新企业需要不断探索新的技术领域,保持技术的领先地位;另一方面,该类企业也需要通过创新来应对日益激烈的市场竞争和客户需求的变化。现有研究主要探讨利用式创新和探索式创新两种方式对中小企业技术突破与积累,进而向专精特新过渡的影响。例如,王雪原、高宇琳(2023)通过模糊定性比较分析,从个人领导风格、组织因素和制度环境多层面要素提出专精特新"小巨人"高水平与非高水平双元创新的条件组态,并为其创新发展构建一个整合分析框架。① 杨林等(2024)基于动态能力理论,探究了数字化背景下单项冠军企业双元创新组态,认为数字感知、抓取与转化能力可以有效提升资源利用效率,解决中小企业原始创新能力不强与持续创新能力不足等难题②;同时,有研究将双元创新作为调节变量,发现其会弱化国际化速度与专精特新企业绩效之间的关系(王伟光、韩旭,2023)③。在数字情境中,有学者指出,数字化赋能作为当前经济环境下企业高质量发展的关键动力,可以有效提升中小企业技术创新能力,促进其数字创新,从而推动企业向"专业化、精细化、特色化、新颖化"方向发展。进一步研究表明,企业在联盟构建的过程中需要适配不同类型的数字能力实现领先性技术开发和技术创新(高宇琳、王雪原,2023)④。上述研究揭示了数字化赋能对于专精特新企业的高质量发展具有直接或间接的影响,但现有研究并未对二者之间的关系进行深入探讨。

三、文献述评

近年来,学界对于数字化赋能的概念内涵、发展特征的面上研究,数字化

---

① 王雪原、高宇琳:《我国隐形冠军制造企业技术阶梯优势提升机理》,《科学学研究》2023年第9期。

② 杨林、徐培栋:《有无相生:数字化背景下"专精特新"单项冠军企业双元创新的前因组态及其效应研究》,《南开管理评论》2024年第2期。

③ 王伟光、韩旭:《国际化速度、双元创新与"专精特新"企业绩效——基于115家中国制造业单项冠军上市企业的实证研究》,《外国经济与管理》2023年第10期。

④ 高宇琳、王雪原:《我国隐形冠军制造企业技术阶梯优势提升机理》,《科学学研究》2023年第9期。

赋能的方式、效应、机制的具体研究,以及数字化赋能在不同行业、具体领域的应用研究,都具有较丰富的成果,为进一步研究数字化赋能专精特新企业高质量发展,及其中的底层逻辑、内在机理、新业态新模式、实现机制等奠定了研究基础。然而,多数研究以大型企业为样本,研究数字化赋能企业高质量发展过程中的数字技术应用,及其对企业和政府组织的影响等,中小企业特别是数字化赋能专精特新企业高质量发展近几年才逐渐受到理论界关注,虽积累了相关定性研究,但仍有部分盲点需要进一步探索。

其一,数字化赋能对专精特新企业发展的影响效应和路径机制尚未真正明晰。目前大量文献从宏观政策环境层面、产业协同、新型国际化、高管特质等角度探讨了中小企业专精特新发展的驱动因素,而忽视了新兴数智技术层面研究数字化的影响。尽管有学者分析了数字化赋能的作用,但其涵盖范围更加广泛,得出的结论不够聚焦。如若研究从具体角度切入,打开数字化赋能过程中的"黑箱",可以更好地识别专精特新发展的步骤和问题,并提供有针对性的解决方案。

其二,数字化赋能与专精特新企业发展之间的逻辑关系缺乏系统性的理论构架和实证研究。现有关于数字化赋能和中小企业专精特新发展往往割裂开来独立研究,多是对发展现状的描述,对理论基础、动态演进和路径机制等缺乏清晰的认识。二者之间的关系未能汇总成具备解释力的逻辑框架,理论研究的水平还落后于中国特殊国情以及新发展阶段的实践,且未进行相关的实证验证。

其三,不同国家、不同类型、不同产业结构、不同发展阶段的模式创新与推进路径的异质性尚缺乏深入研究。不同国家之间(如德国、日本、韩国等)、不同企业类型(如制造业、服务业、农业等)、不同产业结构(如高科技产业、传统制造业等)和不同发展阶段(如初创企业、成长型企业、成熟企业等)的差异性非常大。而鉴于数据获取和分析存在较大困难,学者们在研究时不加分类地选择上市企业为研究对象,并未对模式创新与推进路径的异质性作出详细解释。

总之,通过文献梳理发现,研究主要集中于当前面临的困境与实现路径,数字化赋能专精特新企业高质量发展仍面临资金缺乏、数字化人才短缺、基础薄弱以及转型契合度不确定等实质性障碍,在实践中也明显落后于大型企业。当前企业生存条件日趋恶劣的环境下,如何设计适用于我国当前国情的数字化赋能专精特新企业路径,切实以数字化赋能专精特新企业高质量发展是亟待解决的重要理论问题。

第二章 数字化赋能专精特新企业的理论基础与内在机制

第一节 理论基础

随着数字经济与实体经济融合的纵深推进,以及产业链供应链的韧性和安全问题凸显,专精特新企业的数字化赋能越来越受到理论界和实践界的关注。所谓专精特新企业高质量发展,揭示的是企业成长与竞争优势形成的结果体现,是由传统"量的积累"向"质的飞跃"的深刻变革过程,并在该过程中表现出内部属性与外部环境多重要素相互交织、相互作用的复杂特性(薛奕曦等,2024)。① 数字技术的应用和发展可以优化企业经营管理、提升生产效率、拓展市场、增强创新能力,并解决"卡脖子"技术难题,从而推动专精特新企业获得比较优势,最终实现高质量发展。综合学界既有研究来看,动态能力理论、创新生态系统理论、价值链升级理论和社会网络理论、资源依赖理论为专精特新企业的数字化赋能研究提供了理论依据。

一、动态能力理论

动态能力的概念最早由蒂斯等(Teece 等,1997)正式提出,他们将动态能力定义为"能够创造新产品和新过程,以及对变化的市场环境作出响应

---

① 薛奕曦、张佳陈、张译、于晓宇:《中国制造业企业高质量发展的联动路径研究》,《科研管理》2024 年第 7 期。

的一系列能力"。① 这里的"动态能力"注重"改变导向"(Change-oriented)，比较强调资源与能力的重整优化、动态组合、实时获取与不断调适，既包括企业利用数字技术资源进行改造升级的能力，也包括利用组织资源、管理资源等各方面资源来获得竞争优势的能力。具体来看，在快速变化的环境中，具有较强动态能力的企业可以通过识别有价值的资源、建立资源之间的联系以及优化资源配置等过程，促使自身能够敏锐地识别和捕捉新的市场机会和战略机遇。与此同时，企业快速响应和利用这些机会，不断地学习和更新知识，从而持续性地维持竞争优势。在数字化情境下，动态能力是专精特新企业重塑自身竞争优势的"元能力"，能够从识别新机遇、整合数字资源、优化供应链管理、提升战略柔性和灵活性等多维度系统重塑企业价值创造力。通过数字化赋能，打通供给、生产、流通和消费全链路数据，专精特新企业可以更敏锐地捕捉外部市场机遇和产业链上下游最新动态，变经验决策为数据决策，以最快速度对企业人力资源、金融资本、关键技术和固定资产等核心资源进行动态评估和优化调整，提高产品创新和服务供给能力，满足客户全生命周期价值需求，在快速变化的市场环境中不断巩固企业比较优势。

二、创新生态系统理论

创新生态系统的概念最早是由国外学者摩尔(Moore,1993)②基于生物学的视角衍生而来，其是由企业、市场和消费者，以及其所处的社会、自然和经济环境所构成的系统。该系统是一个价值共建、利益共享、风险共担的联合体，虽然有不同的体系、不同的合作关系，但彼此之间是存在相互关联、相互依存、共衍互生的关系，具有稳定性和自我进化能力(梅亮等,2014)。③ 科技创新的

① Teece,D.J.,Pisano,G. and Shuen,A.,"Dynamic Capabilities and Strategic Management", *Strategic Management Journal*,Vol.18,No.7,1997,pp.509-533.

② Moore,J.F.,"Predators and Prey:A New Ecology of Competition",*Harvard Business Review*, Vol.71,No.3,1993,pp.75-86.

③ 梅亮、陈劲、刘洋:《创新生态系统:源起、知识演进和理论框架》,《科学学研究》2014 年第 12 期。

生态特征决定单个企业尤其是中小企业在高质量发展方面"孤掌难鸣",保持创新生态系统的开放共享、竞合共生是生态链动态平衡的关键。但当前专精特新企业创新链上各个主体仍存在"各自为政"的现象,还停留在过去要素资源的争夺,创新生态系统构建的不完善导致专精特新企业的带动能力不强、持续成长面临更多不确定性等问题(董志勇、李成明,2021)。[①] 通过数字化赋能后,专精特新企业可以打破跨职能、跨部门之间的数据壁垒,与高校、政府、竞争对手等不同主体间通过技术合作、技术联盟、联合实验室等交互竞合,从而形成线上线下融合的协同创新生态系统(韩少杰、苏敬勤,2023)。[②] 如此一来,企业能够通过整合多方资源提升价值链,带动产业链上下游企业开展产研合作与联合攻关,助推产业战略联盟合作的形成,这种协作模式消除空间距离带来的交流约束,实现不同国家、不同价值链环节企业的数据共享、协同研发、同步决策等,提升协同分工效率,最终达到产业链各方互利双赢的格局(李晓梅等,2023)。[③]

三、价值链升级理论

价值链概念最早由波特(Porter,1985)[④]提出,他从竞争优势的角度完成了价值链理论模型的构建,他把各类企业活动按照价值创造效果的不同划分为基本活动(含生产、营销、运输和售后服务等)和支持性活动(含原材料供应、技术、人力资源和财务等)两部分,两种活动反映了企业是如何为各个相关方创造价值的。价值链每个环节都产生不等量的价值,高附加值的环节构成产业链的战略环节,只有掌握这些战略环节,专精特新企业才能拥有产业链价值链的主导权和话语权。随着数字经济时代的到来,在专精特新企业的价

---

①　董志勇、李成明:《"专精特新"中小企业高质量发展态势与路径选择》,《改革》2021年第10期。

②　韩少杰、苏敬勤:《数字化转型企业开放式创新生态系统的构建——理论基础与未来展望》,《科学学研究》2023年第2期。

③　李晓梅、李焕焕、王梦毫:《人工智能时代"专精特新"企业高质量发展进化机制》,《科学管理研究》2023年第6期。

④　Porter, M. E., *Competitive Advantage：Creating and Sustaining Superior Performance*, Free Press,1985.

值创造活动中嵌入数字技术,可以改善和优化传统活动模式、开发新型企业运作模式(张振刚等,2022)①。例如,在生产层面,企业通过引入智能化设备,如工业机器人、自动化生产线等用以实时监控、数据采集和分析,能够大幅提高生产效率,同时减少人为错误,提高产品质量;在营销层面,企业可以利用大数据分析来深入了解市场趋势和客户需求,从而制定更加精准的市场策略和产品优化方案用以优化营销和客户服务流程,提高销售效率和客户体验(杜占河等,2024)②。由此可见,通过数字化赋能、"上云用数赋智",深化应用计算机辅助工艺规划(CAPP)、产品数据管理(PDM)、产品生命周期管理(PLM)、制造执行系统(MES)、仓储管理(WMS)、维修维护运行管理(MRO)等先进工业软件,专精特新企业可以更好实现生产要素精细化配置,推动经营理念、技术、组织、管理和模式革新,发挥网络连接效应、成本节约效应和价值创造效应,进一步提高全要素生产率,从而实现在产业链价值链上由低附加值环节向高附加值环节、非战略环节向战略控制环节攀升。

四、社会网络理论

社会网络是个体、群体或组织间多重、复杂的正式或非正式的关系总和(Freeman,1991)③,这种关系的组合或联结存在"传播效应"和"集聚效应",其中,传播效应反映出社会网络为成员间构建了便捷的沟通渠道,能够促进多样化资源的共享(Gilsing 等,2008)④;集聚效应体现出成员间建立起密切的市场关联关系,可以促进隐性资源的传递,这两种效应为资源匮乏的企业进行高

---

① 张振刚、杨玉玲、陈一华:《制造企业数字服务化:数字赋能价值创造的内在机理研究》,《科学学与科学技术管理》2022 年第 1 期。

② 杜占河、宋妍、姚亨远、廖貅武:《价值链理论视角下制造企业数字化赋能路径探析》,《科学学与科学技术管理》2024 年第 9 期。

③ Freeman, C., "Networks of Innovators: A Synthesis of Research Issues", *Research Policy*, Vol. 20, No.5, 1991, pp.499-514.

④ Gilsing, V., Nooteboom, B., Vanhaverbeke, W., Duysters, G. and van den Oord, A., "Network Embeddedness and the Exploration of Novel Technologies: Technological Distance, Betweenness Centrality and Density", *Research Policy*, Vol.37, No.10, 2008, pp.1717-1731.

质量发展提供了支撑和保障(张宝建等,2011)①。对于专精特新企业来说,它们在发展过程中面临市场复杂多变、分工协作不力、数字化创新能力薄弱、变革机制欠缺等一系列困难和挑战,相较于一般中小企业,尽管专精特新企业具备较强实力且积累了一定的基础,但实现高质量发展往往投入更大(申杰、昌忠泽,2023)。② 而数字化则可以赋能企业对既定地域空间范围内的企业家才能、人力资本等要素进行高效获取和配置,并通过信息追踪和数字验证功能增进其与周边个体间的信誉和联系,进而在企业与其他组织间形成稳定的社会关系网络(韩峰、姜竹青,2023)。③ 这一关系网络的形成有助于强化企业与网络成员的数据协同、研发协同、供应协同、生产协同、市场协同,专精特新企业可以在生产层面通过网络化协作提高生产和组织效率,在流通层面通过智能化匹配提升交易和资源配置效率,在产业层面通过上下游协作配套,促进中小企业布局广度、深度、精细度、专业度与龙头企业生态服务能力协同演化,有效支撑产业链强链补链固链延链,在提升产业集群整体产出效能的同时实现企业的深度价值创造。

五、资源依赖理论

资源依赖理论认为,企业在成长过程中为获取足够的资源,不可避免地要与它所处的环境中的其他资源持有者建立合作关系进行资源交换(Hillman等,2009)④,但获取外部资源的需求导致自身对外部主体产生依赖,依赖关系并非一直处于均衡状态,并且根据关系各方依赖程度的差别,存在联合依赖和不对称依赖(Emerson,1962)⑤,前者指主体间的依赖程度相似,目标具有一致

---

① 张宝建、胡海青、张道宏:《企业创新网络的生成与进化——基于社会网络理论的视角》,《中国工业经济》2011 年第 4 期。

② 申杰、昌忠泽:《产业协同集聚如何赋能中小企业专精特新发展——基于中小板和创业板企业的实证分析》,《科技进步与对策》2025 年第 1 期。

③ 韩峰、姜竹青:《集聚网络视角下企业数字化的生产率提升效应研究》,《管理世界》2023 年第 11 期。

④ Hillman, A.J., Withers, M.C. and Collins, B.J., "Resource Dependence Theory: A Review", *Journal of Management*, Vol.35, No.6, 2009, pp.1404-1427.

⑤ Emerson, R.M., "Power-Dependence Relations", *American Sociological Review*, Vol.27, No.1, 1962, pp.31-41.

性,后者指的是强弱差异的依赖关系,被依赖方处于优势地位即拥有了权力,这时对于依赖方来说关键资源被控制(Reekers 和 Smithson,1996)①,依赖方可以采取行动减少外部的不确定性和依赖性,如控制资源的使用、获取资源避免被对方控制影响自身的生存(韩炜等,2017)②。基于资源依赖理论,跨组织协作为专精特新企业的发展奠定了资源基础,但也容易让其处于权力的弱势端,所以利用外部主体的资源不断强大自身的同时,实现从不对称依赖到联合依赖是专精特新企业高质量成长的重要突破点(姜忠辉等,2024)。③ 而数字化赋能为解决相关问题提供了可能,数字化赋能推动了企业对数字化技术的应用,优化了企业内部资源配置,对外则强化了企业的吸收、整合和创新能力以改善资源依赖关系,继而重塑了企业的竞争优势。当专精特新企业的核心竞争力提高时,企业的规模化可持续发展得到了保障,其不仅有助于推动自身构建稳定的客户资源,实现主体间合作共生和价值共创;还可依靠自身的核心竞争力拓展与新客户的合作关系,降低了企业客户资源的集中度(侯德帅等,2023)。④

第二节　内在机制

在数字经济爆发式增长的背景下,企业数字化转型越来越得到社会各界的广泛关注。数字化变革不仅影响到宏观生产率(裴长洪等,2018)⑤,变革了

---

① Reekers, N. and Smithson, S., "The Role of Edi in Inter-Organizational Coordination in the European Automotive Industry", *European Journal of Information Systems*, Vol. 5, No. 2, 1996, pp. 120-130.

② 韩炜、杨俊、陈逢文、张玉利、邓渝:《创业企业如何构建联结组合提升绩效?——基于"结构—资源"互动过程的案例研究》,《管理世界》2017 年第 10 期。

③ 姜忠辉、李靓、罗均梅、孟朝月:《跨组织协同如何影响专精特新企业成长?——基于资源依赖理论的案例研究》,《经济管理》2024 年第 2 期。

④ 侯德帅、王琪、张婷婷、董曼茹:《企业数字化转型与客户资源重构》,《财经研究》2023 年第 2 期。

⑤ 裴长洪、倪江飞、李越:《数字经济的政治经济学分析》,《财贸经济》2018 年第 9 期。

企业、产业组织形式(金碚,2021)①,也重塑了企业内部流程,改变甚至重新定义了企业间竞争的模式、机制和边界(黄群慧等,2019;陈冬梅等,2020)②③,触发企业价值创造各环节发生改变,从而颠覆了传统的价值创造逻辑(陈庆江等,2021)④,成为重塑专精特新企业价值创造力的加速器。从价值创造各环节出发,可以将数字化重塑专精特新企业价值创造力的内在机制划分为:重塑产品开发机制、重塑生产运营机制、重塑技术研发机制和重塑企业组织机制等。

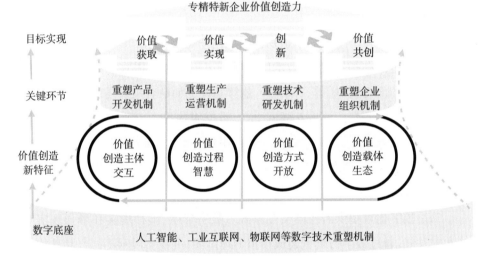

图 2-1　数字化重塑专精特新企业价值创造力的内在机理

---

①　金碚:《网络信息技术深刻重塑产业组织形态——新冠疫情后的经济空间格局演变态势》,《社会科学战线》2021 年第 9 期。

②　黄群慧、余泳泽、张松林:《互联网发展与制造业生产率提升:内在机制与中国经验》,《中国工业经济》2019 年第 8 期。

③　陈冬梅、王俐珍、陈安霓:《数字化与战略管理理论——回顾、挑战与展望》,《管理世界》2020 年第 5 期。

④　陈庆江、王彦萌、万茂丰:《企业数字化转型的同群效应及其影响因素研究》,《管理学报》2021 年第 5 期。

一、重塑产品开发机制：价值创造主体交互与价值获取

在产品和服务设计以及在业务运营过程中,专精特新企业非常注重对客户需求的洞察,动态跟踪产品并及时调整研发方向,设计制造出紧扣市场需求的产品,尽可能将产品优势做到极致,实现"人无我有,人有我优,人优我精,人精我特"。数字浪潮时代下,企业通过数字化转型有利于建立可持续竞争优势和挖掘潜在机会,更好地洞察商业环境和客户需求(Cappa 等,2021)[1],改变企业的产品开发设计方式,实现从单一价值创造主体向多元主体互动与价值共创的转变。

一是数字化重塑用户需求识别机制。用户需求的精准识别是企业产品开发与价值创造的前提,数字化技术同时赋予了用户表达需求和企业识别与挖掘用户需求的能力(张媛等,2022)[2],能够实现更加贴合用户需求、更佳性能、更高效率的产品开发。消费互联网平台、社交媒体等数字平台打破了企业与用户之间的信息壁垒,帮助企业深入挖掘用户需求,更深入透彻地理解消费者深层次需求,掌握消费者的潜在需求,更有针对性地开发产品,为用户创造更大的价值,同时通过创造新的产品价值来创造新的需求(李晓华,2022)[3]。

二是数字化重塑供需主体交互方式。数字孪生、虚拟现实和增强现实等技术的发展,通过数字仿真创建或模拟物理世界,可视化展示不同产品性能差异,并增加用户的互动体验,使用户作为价值创造主体参与从研发到生产等方面的价值创造过程,在供需主体不断交互过程中调整产品参数,从而形成最佳性能的产品设计(陈剑等,2020)。[4]

三是数字化重塑产品价值持续改进机制。通过物联网技术实现与产品的

---

[1] Cappa, F., Oriani, R., Peruffo, E. and McCarthy, I., "Big Data for Creating and Capturing Value in the Digitalized Environment: Unpacking the Effects of Volume, Variety, and Veracity on Firm Performance", *The Journal of Product Innovation Management*, Vol.38, No.1, 2021, pp.49-67.

[2] 张媛、孙新波、钱雨:《传统制造企业数字化转型中的价值创造与演化——资源编排视角的纵向单案例研究》,《经济管理》2022 年第 4 期。

[3] 李晓华:《制造业数字化转型与价值创造能力提升》,《改革》2022 年第 11 期。

[4] 陈剑、黄朔、刘运辉:《从赋能到使能——数字化环境下的企业运营管理》,《管理世界》2020 年第 2 期。

互联,帮助企业实时获取产品运行数据和用户使用信息,掌握产品状态,适时提供售后服务;同时分析用户的喜好和使用习惯,深度挖掘用户价值,实现产品持续改进。

二、重塑生产运营机制:价值创造过程智慧化与价值实现

专精特新企业追求生产经营管理精细高效,并建立精细高效的制度、流程和体系,在此基础上,通过数字化重塑机制,将数字技术引入现有生产管理架构,基于数据归集、数据分析和数据决策实现更高效的生产管理,达到管理精益化、生产流程智能化、供应链管理智慧化,提升专精特新企业创造价值的能力和效率。

一是企业管理精益化。数字化重塑了专精特新企业内部的管理流程,打破了企业内部不同环节、不同模块、不同部门之间的"数据孤岛"。基于数据归集、数据分析、数据决策实现更高效的生产管理,降低了企业的搜索成本、信息成本、运输成本、传递成本和管理成本等,强化了企业对生产、运营的管控,提升了资源配置效率以及供应链管理能力,从而提升了创造价值的绩效(Nambisan,2017;Autio 等,2018)。[1][2]

二是生产流程智能化。专精特新企业通过生产流程的数字化改造,搭建生产协同管理(CPM)平台、高级计划与排程系统(APS)、采购管理系统等,围绕计划调度、生产作业、仓储配送、质量管控和设备运维等生产制造过程的自感知、自优化、自决策和自执行的目标,以数据驱动生产流程再造和资源要素重组,推动产业技术变革和优化升级,实现智能产线在少品种、大批量生产与多品种、小批量生产之间的任意切换,使得智能化、柔性化和敏捷化生产成为可能,实现企业产能释放和生产效率提升。

三是供应链管理智慧化。围绕供应链上下游企业合作过程中的数据、流程、评估等技术及管理要求,实现产品生命周期管理(PLM)、供应链管理系统

---

① Nambisan,S.,"Digital Entrepreneurship:Toward a Digital Technology Perspective of Entrepreneurship",*Entrepreneurship Theory and Practice*,Vol.41,No.6,2017,pp.1029-1055.

② Autio,E.,Nambisan,S.,et al.,"Digital Affordances,Spatial Affordances,and the Genesis of Entrepreneurial Ecosystems",*Strategic Entrepreneurship Journal*,Vol.12,No.1,2018,pp.72-95.

(SCM)和客户关系管理系统(CRM)等系统集成,指导供应链管理系统及平台的设计与开发,确保供应链横向集成和高效协同。

三、重塑技术研发机制:价值创造方式开放化与创新突破

创新驱动是专精特新企业不同于普通中小企业的显著特征之一,专精特新企业基本上聚焦于核心基础零部件、核心基础元器件、关键软件、先进基础工艺、关键基础材料、产业技术基础等工业"六基"领域,产品或服务属于新经济、新产业领域或新技术、新工艺,拥有自主知识产权,具有良好发展潜力。但与大企业相比,专精特新企业规模有限、科技投入较低、创新要素缺乏。数字技术的开放性、可供性、生成性和融合性等特征改变了原有的创新技术范式(韩少杰、苏敬勤,2023;刘洋等,2020;Lakhani 和 Panetta,2007)[1][2][3],赋予了企业技术创新颠覆性变革的可能,重新塑造建构了一种开源开放的创新生态系统(韩少杰、苏敬勤,2023)。[4]

一是数字化重塑研发主体组合方式。数字技术的嵌入使得技术研发主体价值创造方式发生改变,得益于数字时代高速度、低成本的信息和知识搜寻、存储、传播方式,创新主体不再拘泥于企业研发组织内部,而是将创新的焦点转移至企业组织边界之外,逐步外移到分布式的、不可提前界定的主体上(刘洋等,2020)[5],使得研发主体组织模式和创新主体间的竞合关系随研发目标不同而不断变化。自组织协调和合作、混合组织模式、局外人参与研发(Lakhani 和 Panetta,2007)等分布式创新方式为专精特新企业创新提供了新路径。[6]

---

① 韩少杰、苏敬勤:《数字化转型企业开放式创新生态系统的构建——理论基础与未来展望》,《科学学研究》2023 年第 2 期。

② 刘洋、董久钰、魏江:《数字创新管理:理论框架与未来研究》,《管理世界》2020 年第 7 期。

③ Lakhani, K.R. and J.A.Panetta, "The Principles of Distributed Innovation", *Innovations: Technology, Governance, Globalization*, Vol.2, No.3, 2007, pp.97-112.

④ 韩少杰、苏敬勤:《数字化转型企业开放式创新生态系统的构建——理论基础与未来展望》,《科学学研究》2023 年第 2 期。

⑤ 刘洋、董久钰、魏江:《数字创新管理:理论框架与未来研究》,《管理世界》2020 年第 7 期。

⑥ Lakhani, K.R. and J.A.Panetta, "The Principles of Distributed Innovation", *Innovations: Technology, Governance, Globalization*, Vol.2, No.3, 2007, pp.97-112.

二是数字化突破创新系统的边界,优化创新要素配置。数字化重塑了创新主体之间的价值共创方式,数字创新生态系统的收敛性不断地模糊技术研发和产业创新的边界问题(张超等,2021)①,进一步突破专精特新的行业壁垒,使得跨界创新成为可能。与此同时,数字创新生态系统的可扩展性,帮助专精特新企业不断吸纳外部创新要素,优化创新要素配置,实现专精特新企业创新产品和服务延伸,催生新业态和新动能。

四、重塑企业组织机制:价值创造载体生态化与价值共创共享

专精特新企业深耕行业细分领域,为大企业和产业链提供优质的零部件、元器件以及配套的产品和服务,具备专业化生产、服务和协作配套的能力,其产品和服务在产业链供应链中处于优势地位,产业链配套能力突出,极具创新性和成长性,强链补链固链延链的作用不可替代,是产业生态价值共创的"节点型"或"枢纽型"企业。

一是数字技术打破组织边界,共建数字生态。智能互联的数字时代,企业内部职能部门间、企业外部多方主体间的沟通与交流更为便利,组织边界变得模糊,横向业务的跨界入局、纵向业务的融会贯通,使得组织结构趋于网络化、扁平化(戚聿东、肖旭,2020)。② 借助于数字技术,专精特新企业不断打破原有组织边界,通过协同共享广泛地利用产业环境中的信息与数据,不断整合碎片化价值,共建数字生态,实现价值共创和价值协同。

二是数字生态重塑企业竞争模式。依托"产业大脑"和工业互联网平台等,打通产业链、创新链、供应链、贸易链等数据,建设数字化园区和虚拟产业园,实现数据信息共享、制造资源共用、转型过程协同,变专精特新企业的同质竞争为生态竞争,实现产业链生态价值共创。

---

① 张超、陈凯华、穆荣平:《数字创新生态系统:理论构建与未来研究》,《科研管理》2021年第3期。

② 戚聿东、肖旭:《数字经济时代的企业管理变革》,《管理世界》2020年第6期。

第三章　数字化赋能专精特新企业的典型模式

第一节　国外主要模式

在国际范围内,诸多国家特别是发达国家提出了针对创新型中小企业或细分市场核心企业的分类,如德国"隐形冠军"企业、日本高利基企业、韩国中坚企业等。作为国际市场中小企业的佼佼者,近年来,上述企业加快与互联网、大数据、人工智能等新一代信息技术的深度融合,向"智能+"制造转型升级,为专精特新企业数字化转型提供参考。

一、德国集群式、网络化的数字化重塑模式

数字化、商业生态系统和可持续性已成为德国"隐形冠军"企业发展的重要驱动力。德国"隐形冠军"企业积极探索生产运营数字化,重塑企业价值创造过程,例如,舍弗勒公司(Schaeffler)通过机床4.0数字化增值服务,以数字技术实现机床状态监测和预测性维护,向客户提供数字化解决方案,实现从零部件供应向数字化服务延伸。德国"隐形冠军"企业价值创造力的数字化重塑得益于"工业4.0"战略指引下政府、行业组织与企业的共同作用,形成了集群式、网络化的数字化重塑模式。一是搭建中小企业数字化重塑框架体系。在"工业4.0"战略指引下,德国通过一系列政策推进中小企业数字化转型,构建了以中小企业工业4.0等大型资助板块为主体、众多小型资助项目为依托、多个能力中心为技术指导、以论坛等多种方式交流的中小企业数字化转型框

架体系,为中小企业高质量发展提供支撑。二是依托产业集群优势,塑造企业数字化转型核心能力。通过打造高水平的产业集群助推中小企业数字化转型,发挥数字技术赋能和渗透作用,为中小企业提供智能产品、生产流程和未来的工作环境等方面的数字化解决方案。三是构建数字化网络体系,夯实外部专业化服务支撑。德国在重点区域和特定行业设立中小企业4.0能力中心①,通过建设差异化能力中心构建中小企业数字网络,为中小企业量身定制数字化战略,以进一步提升企业价值创造力。

二、日本低成本、简易化的数字化重塑模式

日本高利基企业主动应对人工智能、物联网和大数据等技术挑战,积极实现数字化转型,全面重塑原料供给、产品研发和生产运营等环节,不断提高管理信息化水平、生产效率和服务水平,以数字化重塑企业价值创造全流程。例如,日本YKK公司将数字化嵌入到产品设计、生产运营和企业组织变革之中,建立网上展厅便于客户利用3D数据沟通设计;推动"商品信息数字化",实现数字设计信息管理、可持续产品化学物质可追溯、生产运营精简化等。日本政府也高度重视对高利基企业数字化重塑过程的政策支持,倡导用低成本、简易化的数字化方案推动企业向高附加值、高技术含量、高水平经营方向迈进。日本经济产业省专门设置"中小企业转型办公室(DX室)",负责制定和实施中小企业数字化转型规划、配套政策,对企业转型工作进行指导、协调和考核。一是实施"身の丈IT"计划。针对中小企业在成本、预期效果和员工技能不足等方面的问题,日本制定并着力推广"身の丈IT",即适合中小企业身高(体量、规模、素养)的IT系统,推行成本低廉、易于使用的数字工具。二是财税支持中小企业。日本政府推出"数字新政",相关预算资金的1/3左右用于中小企业信息化应用、数字创新产品及服务开发,支持中小企业通过引入IT工具简化运营过程。三是建立"信息处理支援机构"制度。由中小企业厅根据考核标准认证一定数量的IT、AI、IoT供应商注册为"信息处理支

---

①　截至2022年4月,德国已经设立27家中小企业4.0能力中心,包括4家代理机构、19家区域能力中心和4家主题能力中心等,已对约6.5万家德国中小企业数字化转型提供了支持。

援机构",企业从中选择合适的支援者,获得支援者的指导。四是构建数字生态。以数字化重塑价值创造体系。日本政府鼓励合作共建数字化共同平台,为众多企业提供 IT 服务;发挥供应链带动作用,鼓励高利基企业与大中小企业建立"共生共荣"系统,在开放创新、利用数据和促进 M&A 等方面进行合作。

三、韩国分级分类定制化数字化重塑模式

韩国中坚企业正将数字化融入企业生产和组织过程,以智能工厂建设来推动企业价值创造力重塑。例如,韩国 Hanjung NCS 公司在 SAP 和 ERP 基础之上,建立了集成 MES、QMS、PMS、FTA 和 SCM 系统的智能工厂,以数字技术融合应用实现一体化生产,提升价值创造能力。近年来,韩国以智能工厂建设为重点,分级分类、定制化推动传统制造企业数字化变革,为中坚企业的数字化重塑提供了政策支持和保障。一是按企业数字化程度分类管理,制定针对性支援政策。2023 年 9 月,韩国发布《新数字制造革新推进 2027 战略》,计划通过政府、民间和地方三方协作,根据企业数字化程度分级制定针对性政策,减少对数字化转型优秀企业的干预,对数字化转型一般企业提供智能化工厂建设支持,对数字化转型能力缺乏的企业提供基础能力支持。二是鼓励中坚企业共建数字协作工厂,以数字化重塑企业组织边界,实现中坚企业与其他企业的价值共创。《大韩民国数字战略》指出,在传统制造领域,大型、中坚、中小企业共建数字协作工厂,推动企业间的制造数据共享与利用平台开发,加快传统制造业数字化转型。韩国政府还推出了"智能制造扩散和推进战略",专门成立"智能制造革新推进团"推广智能工厂,建设"大中小企业双赢型"智能工厂,由政府部分补贴主管机构(大企业等)与中坚企业合作建设智能工厂时的成本。三是促进中坚企业贸易数字化。搭建"Buy Value, Live Together""Kobiz Korea"等公益性的电子商务平台,助力企业在线销售;组织虚拟贸易展览会,帮助企业对接海外客户;借助合作机构的海外中心和大型企业分销网络,成立线上线下(O2O)战略联盟。

表 3-1　德国、日本和韩国典型模式比较

国家	创新型企业	主要政策	模式特点	典型经验
德国	"隐形冠军"企业：由西蒙在 20 世纪 80 年代提出，旨在细分产业市场份额领先且公众知名度较低的企业	中小企业数字化转型行动计划、《数字议程（2014—2017）》《数字化战略2025》《数字化实施战略》第五版、"中小企业4.0 数字化生产及工作流程"	德国"隐形冠军"企业价值创造力的数字化重塑得益于"工业 4.0"战略下政府、行业组织与企业的共同作用，形成了集群式、网络化的数字化重塑模式	搭建框架体系：通过一系列政策推进中小企业数字化转型；塑造核心能力：通过高水平产业集群助推中小企业数字化转型；构建数字化网络体系：设立中小企业 4.0 能力中心，为企业提供数字化改造方案
日本	高利基企业：专门从事细分领域业务、服务缝隙市场，国际市场上具备竞争优势的一流优秀企业，在国际细分市场占重要地位、有重大贡献的企业	"身の丈 IT"计划——适合中小企业身高（体量、规模、素养）的数字化系统；"数字新政"战略；经济增长战略行动计划；综合创新战略	日本政府高度重视对高利基企业数字化重塑的政策支持，倡导用低成本、简易化的数字化方案推动企业向高附加值、高技术含量、高水平经营方向迈进	财税支持：日本政府为中小企业提供低息融资支持、财政专项补贴支持和税制支持；数字工具：推行成本低廉、易于使用的数字工具；支援服务：认证"信息处理支援机构"，中小企业可从中选择合适的支援者；数字生态：鼓励企业共建数字化共同平台
韩国	中坚企业：处于中小企业和大型企业过渡期、具有一定规模和创新力、发展潜力较大的企业	《中坚企业促进增长和加强竞争力特别法》、智能制造扩散和推进战略、基于 AI 数据的中小企业制造创新升级战略、《新数字制造革新推进 2027 战略》《大韩民国数字战略》	韩国以智能工厂建设为重点，分级分类、定制化推动传统制造企业数字化变革，为中坚企业的数字化重塑提供了政策支持和保障	分级分类、定制化管理：按企业数字化程度分类管理，制定针对性支援政策；推动智能工厂建设：共建数字协作工厂、"大中小企业双赢型"智能工厂；数字贸易：搭建电子商务平台，助力企业在线销售，组织虚拟贸易展览会

资料来源：根据有关公开资料整理而得。

第二节　中国多元数字化重塑模式

中国专精特新企业探索了适合自身实际和国情的数字化重塑模式,这种模式最显著的特征是搭建了有利于专精特新企业数字化转型的多元化平台,但这些平台在功能定位、技术构架、实现路径和支撑要素等方面存在明显不同。具体而言,细分为以下典型模式。

一、基于龙头企业的产业生态重塑模式

考虑到企业能力、规模经济、网络效应等综合因素,专精特新企业数字化需要基于平台的产业生态,以数字化平台重塑企业组织机制,实现专精特新企业价值创造载体生态化与价值共创共享。龙头企业通过建平台为包括专精特新企业在内的中小企业提供工具和服务,重塑企业竞争模式,变专精特新企业的同质竞争为生态竞争,从而形成大中小企业融通发展的数字化价值共同体。阿里的犀牛智造平台、腾讯的微信数字工具生态、航天云网 INDICS 工业互联网平台等,都为中小企业提供了数字化工具和生态。以犀牛智造平台为例,2020 年 9 月纳入全球"灯塔工厂"之列,基于云端制造接入上百家企业,构建了服装行业基于消费者洞察的端到端生产体系,用数据定义生产,以销定产,解决该行业"小批量、非标准、周期短"的痛点,实现个性化定制服装的批量化生产。较之传统工厂,犀牛智造缩短 75% 的交货时间,减少 30% 的库存,节约 50% 的用水量。

二、"N+X"改造模式

专精特新企业对数字化工程普遍比较"外行",不知道"怎么转""转什么"。"N+X"改造模式围绕企业生产运营机制的重塑,通过引入全过程控制、精细化管理和全过程跟踪服务理念,由具有平台功能的总承包商负责数字化工程实施和数据系统集成等工作,为不同行业的企业提供适配性强的"N+X"数字化场景,方便企业"点菜下单"。"N"是企业数字化的行业共性需求,如

生产管理、仓储管理和设备数控等生产运营环节,最低限度适用于企业的数字车间、数字工厂建设需求;"X"是专精特新企业的个性化应用场景,在"N"基础上增选能源管理和量具管理等数字场景,可以满足企业在不同规模、不同阶段和不同环境的独特需求,由企业根据实际自主选择。比如,新昌新轴实业有限公司采用7+X的数字化产品交付模式,包括订单管理、生产管理、仓储管理、设备物联、进度跟踪、看板系统、四级报表等7项共性需求,以及能源管理、量具管理、条码管理、报表系统等X项个性需求,改造后企业设备有效运转率提升10%以上、产品合格率提升20%以上、订单交付准时率提高30%以上,实现生产管理精益化、生产流程智能化重塑。

三、基于 PaaS 数字中台的全方位重塑模式

利用数字中台,全方位整合产品生命周期管理系统(PLM)、制造执行系统(MES)、产品数据管理系统(PDM)、仓储管理系统(WMS)等信息系统,建立标准规范、集中存储、高效分发的数据管理中心,并延伸出人货场数据共享服务中心。这样可以让专精特新企业的研发、采购、生产、物流、营销、后服等齿轮咬合在一起,形成精密的高速运转的生产管理体系,实现产品开发与技术研发、生产运营的全方位数字化重塑,全面提升企业价值创造力。在研发方面,通过 PLM 系统建设产品生命周期管理,提高研发创新能力,解决产品设计与市场风格快速变化的痛点;在生产方面,生产端依托 ERP 与 MES 系统协同,实现生产资源集中管控,解决原材料及人力成本高、生产环节易脱节的痛点;在物流方面,引入 WMS 智能调度系统,实现仓储资源的共享和高效的物流智能调度,主要解决产品物流配送效率低的痛点;在服务方面,通过 C2M 定制要求实现柔性生产线布局,用户可以利用 EZR 系统反馈信息,主要解决消费者对产品的个性化需求。

四、基于产业链价值共创的链式数字化重塑模式

以链主企业带动上下游包括专精特新企业在内的中小企业"上云",实现产业链供应链协同数字化,是该模式的核心逻辑。链式数字化模式通过重塑企业组织机制,打破企业组织边界,以产业链供应链为依托,凝聚价值创造载

体的价值共创合力。海尔集团、中国航发集团等企业在这方面都积累了丰富的经验。链主企业作为产品和技术的需求方,利用自身在产业链中的优势,聚集优质资源,建立链主企业和中小企业共同参与的产业链体系,协同制订生产计划,监测上游企业的产能及质量,推动供应链整体"上云",完善产业链生态系统。平台层,基于易伸缩、可扩展的软硬件基础设施,提供供应链管控业务运行所需的计算、存储和网络资源,以及工业大数据框架、人工智能引擎等,支撑应用层各业务系统的运行;APP 层,面向供应链业务提供协同采购、供应商管理、供应链优化等服务;场景层,为链条上下游企业提供技术标准、业务协作和客户引流等服务。

五、基于智能工厂和"产业大脑"的双向重塑模式

企业通过制定装配+测试柔性线等非标设备,购置光学检测机、贴片机、传感器、工业相机等自动化设备和工业软件,建成设备互联、人机互联、工业控制系统数据集成共享、业务协同分析的智能工厂。在此基础上,构建产品模型、制造模型、管理模型和质量模型等数字模型,实现关键制造工艺的数值模拟以及加工、装配的可视化仿真,最终实现动态优化和数字化管理。这种模式以数字化重塑用户需求识别、供需主体交互、产品价值持续改进等产品开发过程,将客户需求与智能制造体系连接,让客户参与到产品需求设计、制造流程可视、物流配送查询等环节,实现价值创造主体交互与价值获取。同时,由各个细分行业建立行业大脑,以知识计算、在线建模沉淀形成行业知识,协同本地产业集群数据生产的能力组件,汇聚形成行业地图、产能调配、设计协同和行业标准等"能力组件池",通过数据流、信息流与产业链供应链高效耦合,进一步提升专精特新企业技术研发、产品创新和生产运营效率。企业则通过智能工厂及时反哺和响应行业大脑的实时数据需求,达到企业与行业同频共振的目的。

六、轻量微数改模式

对大部分专精特新企业来说,数字化重塑难以一蹴而就、一步到位,应在总体规划设计的前提下,采取轻量化改造的路径。轻量微数改模式从企业价

值创造亟须突破的关键环节入手,进行轻量化、快速化改造,以缓解企业的燃眉之急。从企业的刚需如获客入手,进行数字化营销变革,可以为企业带来直接收益。或者进行采购、管理等某个业务单元的数字化转型,帮助企业去库存、降低运营管理成本,实现开源节流。以企业内部采购部门为例,遇到的难点主要是信息不对称,对外采购需要花费大量时间与供应商、渠道商、分销商等打交道,还要考虑与单一采购商绑定的风险。而通过采购的轻量化数字改造,以更高效的"链接"优势帮助企业打通供应商与内部生产部门的通道,集中各部门统一采购需求,提升了议价能力,降低了采购成本,同时实现了精益排产。

第三节　企业数字化转型的考量因素

回归到商业模式创新的出发点和本质,数字化重塑专精特新企业价值创造力的关键是分析清楚数字化重塑的底层逻辑,找到适合企业自身的战略方向和运营模式。

一、考量企业的差异化需求

对于规模、成长阶段、技术积累和发展环境不同的专精特新企业,其数字化重塑逻辑是显著不同的。在实践过程中,不能简单地照搬别人的模式,不能盲目地进行大规模投资,防止出现数字化与业务"两条线、两张皮",需要结合企业自身的基础条件和需求,正确认识数字化及企业业务本身的问题,才能避坑防险、少走弯路和回头路。对专精特新企业而言,每家企业都应结合业务特点、价值创造能力关键突破方向找到适合自己的数字化解决方案,进行个性化的"量体裁衣",抓住重点场景,以边际化方式逐步提升产品创新、业务优化和管理变革的能力,借助数字化的东风迈出质量变革、效率变革和动力变革的快步。

二、考量行业的异质性特质

不同行业在生产流程、终端产品和客户群体等方面具有显著的差异性,数字化重塑也会呈现不同的特征和轨迹。从企业组织形态和生产过程的差异来看,流程型制造企业的生产过程相对高效,产品模式相对单一,具备业务流与数据流紧密耦合的属性;离散型制造企业的核心是对需求进行匹配,生产过程比较灵活、弹性。在松散无序的离散型制造中引入数字化,离散型制造的流程改造难度更大,这主要体现在异构生产设备集成、数据开放安全和系统接口协议等方面。因此,在制定专精特新企业数字化特别是生产运营数字化重塑的路线图和转型指南中,应充分考虑行业的细分及其异质性。

三、考量模式的阶段式演化

数字化重塑带来的效益在短期内是无法估量的,需要专精特新企业由点及面有计划地组织实施,从业务线数字化到业务链数字化,再到价值创造能力的全面数字化重塑,在不同的发展阶段,采用适宜的技术手段和模式。例如,在起步阶段,主要是对物流、销售、采购、生产等核心环节进行数字化设计,积累了一定基础后再逐步推动设备和工具的数字化升级,对数据进行采集分析,最后基于数据资源和算法模型驱动企业的全过程智能决策。就政策而言,需要丰富企业数字化的"工具箱""服务包",让企业数字化需求、工具及服务更好地匹配起来,实现多方协同的同频共振。

四、考量生态的系统性重构

业务层面的数字化重塑应围绕企业的价值链展开,避免"零敲碎打"式的数字化建设,通过构架设计和系统思维全面梳理企业的业务场景,形成更加开放融合、多元协同的开源生态。同时,还需要构建可持续发展的数字生态,如德国的"隐形冠军"模式,从组织构架、商业模式、人才供给和管理文化等多维度出发,推动企业的业务流程重塑、组织结构优化和商业模式变革,推动企业内部的业务流与数据流贯通,促进企业全周期、上下游的数字化生态系统重构,从而不仅适配数字化建设的需求,同时提升企业创造新价值的能力。

五、考量变革的渐进式推进

数字化重塑的过程是一个长期、动态、无法一蹴而就的行动,不是简单地把新一代数字技术引入或嫁接到企业就算完成,期望通过"建平台、上系统"就完成数字化重塑是行不通的。可以从某一环节入手渐进式推进,在技术与业务融合越来越深入后,对企业的组织构架、管理制度、人才结构和文化等进行相应的调整。一些企业变革之初就试图建立大而全的系统或平台,投入巨大,短期难见效益,后期维护困难重重。

第四章　数字化赋能专精特新
企业的测度方法

　　企业数字化转型是打造数字经济新优势的微观着力点,也是我国产业结构优化、经济高质量发展的关键引擎(肖旭、戚聿东,2019)。[①] 为抓紧数字革命带来的发展机遇,各行各业纷纷通过数字化转型推动自身从传统范式向数字化范式跃迁(Vial,2019;苏敬勤、武宪云,2024)。[②][③] 随着数字化转型浪潮的到来,对企业数字化转型进行精确测度成为企业深化转型实践、学界深入转型研究的重要前提。一方面,转型测度能清晰反映转型不同环节的实际情况,有助于企业管理者掌握转型进程、获取转型诊断建议并制定转型决策(唐孝文等,2022)[④];另一方面,转型测度能为学术研究者提供有效的量化工具,以便进一步开展关于数字化转型的前因、机制与效果研究(杨彦欣、高敏雪,2024)[⑤]。在现实与理论需求的共同驱动之下,数字化转型测度开发工作应运而生,并逐渐形成了当前多理论、多视角、多方法相互混杂的测度体系。

　　测度开发工作是以概念界定为基础的,与企业数字化转型概念框架日臻

---

　　① 肖旭、戚聿东:《产业数字化转型的价值维度与理论逻辑》,《改革》2019 年第 8 期。

　　② Vial,G.,"Understanding Digital Transformation:A Review and a Research Agenda",*Journal of Strategic Information Systems*,Vol.28,No.2,2019,pp.118−144.

　　③ 苏敬勤、武宪云:《数字化转型企业如何实现组织惯性重构》,《南开管理评论》2024 年第 2 期。

　　④ 唐孝文、缪应爽、孙悦、董莉:《高端装备制造企业数字化成熟度测度及影响因素研究》,《科研管理》2022 年第 9 期。

　　⑤ 杨彦欣、高敏雪:《企业数字化转型:概念内涵、统计测度技术路线和改进思路》,《统计研究》2024 年第 3 期。

完善相比,测度体系的开发存在一定的滞后性。数字化转型概念先后历经了"数码化(Digitization)""数字化(Digitalization)""数字化转型(Digital Transformation)"三个循序渐进的发展阶段(Verhoef 等,2021)。① 数码化强调将模拟信号或物理实体的信息转换为数字格式的过程,构成了数字化转型的技术准备环节(Yoo 等,2012)②;数字化描述了使用数字技术来改变现有的业务流程(Eller 等,2020;刘政等,2020)③④;数字化转型则关系企业整体经营方式,涉及组织身份、价值主张、商业模式等方方面面(Matarazzo 等,2021;Wessel 等,2021)⑤⑥。从概念发展历程上看,数字化转型内涵经历了从关注技术维度到关注业务维度,再到关注技术、业务、战略等多维度复合的发展趋势。与此同时,研究者对该概念的测度也从简单的二分判断(转了或没转)转变成对连续体(Continuum)的评估(转了多少),以便精准衡量和比较转型程度(Etienne 等,2023;何帆、刘红霞,2019;吴非等,2021)。⑦⑧⑨ 伴随企业数字化转型概念涵盖维度的持续丰富,这些具有高度前瞻性和抽象性特征的维度往往没

---

①　Verhoef, P. C., Broekhuizen, T. L., et al., "Digital Transformation: A Multidisciplinary Reflection and Research Agenda", *Journal of Business Research*, Vol.122, 2021, pp.889–901.

②　Yoo, Y., Bol Jr, R.J., Lyytinen, K. and Majchrzak, A., "Organizing for Innovation in the Digitized World", *Organization Science*, Vol.23, No.5, 2012, pp.1398–1408.

③　Eller, R., Alford, P., Kallmünzer, A. and Peters, M., "Antecedents, Consequences, and Challenges of Small and Medium−Sized Enterprise Digitalization", *Journal of Business Research*, Vol.112, 2020, pp.119–127.

④　刘政、姚雨秀、张国胜、匡慧姝:《企业数字化、专用知识与组织授权》,《中国工业经济》2020 年第 9 期。

⑤　Matarazzo, M., Penco, L., Profumo, G. and Quaglia, R., "Digital Transformation and Customer Value Creation in Made in Italy SMEs: A Dynamic Capabilities Perspective", *Journal of Business Research*, Vol.123, 2021, pp.642–656.

⑥　Wessel, L., Baiyere, A., et al., "Unpacking the Difference Between Digital Transformation and IT−Enabled Organizational Transformation", *Journal of the Association for Information Systems*, Vol.22, No.1, 2021, pp.102–129.

⑦　Etienne Fabian, N., Dong, J.Q., Broekhuizen, T. and Verhoef, P.C., "Business Value of SME Digitalisation: When Does it Pay off More?", *European Journal of Information Systems*, Vol.33, No.3, 2023, pp.383–402.

⑧　何帆、刘红霞:《数字经济视角下实体企业数字化变革的业绩提升效应评估》,《改革》2019 年第 4 期。

⑨　吴非、胡慧芷、林慧妍、任晓怡:《企业数字化转型与资本市场表现——来自股票流动性的经验证据》,《管理世界》2021 年第 7 期。

有在测度中被完全覆盖,逐渐出现了概念与测度脱节的问题。为此,本书将开展对企业数字化转型概念与测度的系统性梳理,通过比对概念定义视角、构念类型与测度方法选择,明确当前测量工作的局限和问题,并给出改进方向。

本研究尝试的探索在于:第一,从转型内容、转型效果、转型分类三种定义视角对数字化转型概念及其多重维度进行了系统梳理。以测度开发需求为前提,明确了不同定义视角下企业数字化转型的"合并型—潜因子型—组合型"构念类型以及多重维度之间的内在关系(Berghaus 和 Back,2016)。① 第二,指出当前企业数字化转型测度存在定义与测度脱节等问题,为不同定义视角下的数字化转型构念测度提供相匹配的测度方法选择与改进建议(Browder 等,2024)。② 第三,将学界与业界的企业数字化转型测度方法统一到"多维构念测度开发"的统一框架之下,促进了学术研究者与企业管理者在企业数字化转型领域的对话(Hortovanyi 等,2023;王核成等,2021)。③④

第一节　文献计量分析

一、文献检索策略

本书以 Web of Science 核心数据库和中国知网(CNKI)CSSCI 数据库为文献检索来源,考虑企业数字化转型测度的多种近似表达,以"企业(Firm or Enterprise or Corporation)""数字化(Digital)""水平(Level)""能力(Ability)""程度(Degree)""成熟度(Maturity)"为关键词进行交叉匹配搜索,检索字段

---

① Berghaus, S. and Back, A., " Stages in Digital Business Transformation: Results of an Empirical Maturity Study", 2016.

② Browder, R. E., Dwyer, S. M. and Koch, H., " Upgrading Adaptation: How Digital Transformation Promotes Organizational Resilience", *Strategic Entrepreneurship Journal*, Vol.18, No.1, 2024, pp.128–164.

③ Hortovanyi, L., Morgan, R.E., et al., " Assessment of Digital Maturity: The Role of Resources and Capabilities in Digital Transformation in B2B Firms", *International Journal of Production Research*, Vol.61, No.23, 2023, pp.8043–8061.

④ 王核成、王思惟、刘人怀:《企业数字化成熟度模型研究》,《管理评论》2021 年第 12 期。

选取"篇关摘(英文为 TS,中文为 TKA)"和"全文(英文为 All,中文为 FT)",时间跨度为 2003—2023 年,具体检索式如表 4-1 所示,中文文献 2261 篇,英文文献 2704 篇。

为进一步筛选出与综述主题密切相关的高质量文献,在初步检索得到的文献中精筛中英文权威期刊文献。将中文文献精筛范畴锁定在国家自然科学基金委员会认定的 30 种管理类重要期刊,英文文献精筛的范畴锁定 FT50(Financial Times 50)列表中的管理学期刊。此外,因为数字技术发展与计算机学科密切相关,该领域文献能够反映信息技术的最新发展动态,这些趋势对企业数字化转型具有重要的技术牵引作用,因此中英文文献精筛范畴还包括中国计算机学会(CCF)发布的《计算领域高质量科技期刊分级目录》(2022 年)。依据上述检索策略,最终筛选得到中文文献 314 篇和英文文献 224 篇。

表 4-1　文献检索设计与结果

筛选步骤	检索科目	检索设定内容和结果	
		中文	外文
初步筛选	数据库	中国知网 CSSCI 数据库	Web of Science 核心数据库
	文献类型	学术期刊	Review article、Article
初步筛选	检索式	(FT=企业数字化转型成熟度+企业数字化转型水平+企业数字化转型程度+企业数字化转型能力+企业数字化成熟度+企业数字化水平+企业数字化程度+企业数字化能力)or(TKA%=企业 * 数字化 * (能力+水平+程度+成熟度))	(TS=((firm or enterprise or corporation)and digital * and(ability or level or matu)and((level-of-digital or digital-level)or(maturity-of-digital or digital - maturity) or (degree - of - digital or digital - degree) or (ability - of - digital or digital-ability))))
	时间跨度	2003—2023 年	2003—2023 年
	检索结果	2261 篇	2704 篇
精确筛选	筛选标准	国家自然科学基金委员会\CCF	FT50\CCF
	检索结果	314 篇	224 篇

二、文献发文量分析

本书利用 Web of Science 和中国知网自带的文献统计功能对精筛后的中英文文献年发文量及总发文量变化趋势进行描述性统计分析。如图 4-1 所示,涉及企业数字化转型测度的研究其发展可分为三个阶段:萌芽期(2003—2010 年)中英文权威期刊相关研究成果数量均较少,国内外发文数量不相上下;发展期(2011—2018 年)中英文权威期刊相关主题文献数量缓慢增加,英文文献在数量上相对领先;高速增长期(2019—2023 年)文献数量开始出现爆发式增长,且中文文献增速高于英文文献。整体来看,企业数字化转型测度领域研究呈上升趋势。

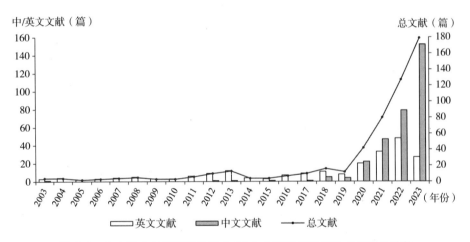

图 4-1　企业数字化转型相关的中/英文文献数量及总发文量年度趋势

三、文献计量分析

本书运用 VOSviewer 和 Citespace 软件对精筛后的文献样本进行关键词共现分析以及关键词突现分析。

(一) 关键词共现分析

对中文文献的关键词共现分析表明(见图 4-2),国内企业数字化转型程度相关研究涉及数字化转型、动态能力、数字化、数字经济、企业数字化转型、数字技术、创新绩效等高频关键词;对英文文献的关键词共现分析表明(见图 4-3),

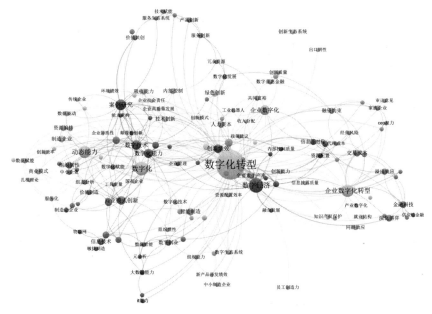

图 4-2　中文文献高频关键词共现

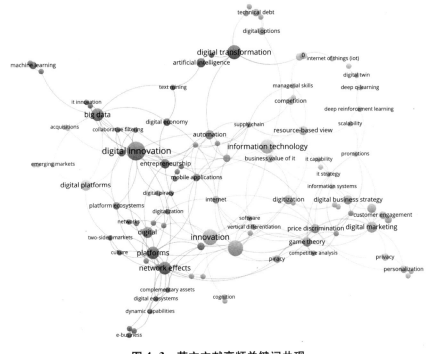

图 4-3　英文文献高频关键词共现

相关研究涉及 digital innovation、information technology、innovation、platforms、big data、network effects 等高频关键词。这些高频关键词反映了研究者在探讨数字化转型测度问题时的不同侧重方向。

（二）关键词突现分析

通过对关键词突现的时间和强度分析发现,在关注数字化转型测度的中文精筛文献中,敏捷制造在 2008—2012 年间占主导位置;自 2019 年开始,从商业模式、动态能力、信息技术、大数据、价值创造等角度观察数字化转型程度成为研究热点。对英文文献的关键词突现分析表明,competitive advantage、resource based view、capability 等在 2019 年之前的文献中占主导位置,而对 digital innovation、markets、knowledge 等的关注则主要出现在 2019—2023 年之间。

突现最强的前10个关键词

关键词	出现年份	突现强度	突现开始时间	突现结束时间	2003—2023 年
敏捷制造	2008	1.31	**2008**	2012	
商业模式	2019	1.15	**2019**	2020	
动态能力	2019	2.61	**2021**	2023	
信息技术	2012	1.5	**2021**	2021	
大数据	2021	1.35	**2021**	2021	
传统企业	2021	1.09	**2021**	2021	
创新绩效	2021	1.97	**2022**	2023	
人力资本	2022	1.84	**2022**	2023	
价值创造	2022	1.51	**2022**	2023	
制造企业	2022	1.13	**2022**	2023	

图 4-4　中文文献关键词突现

突现最强的前10个关键词

关键词	出现年份	突现强度	突现开始时间	突现结束时间	2003—2023 年
competitive advantage	2003	3.1	**2012**	2013	
resource based view	2012	2.92	**2012**	2013	
digital photography	2012	2.78	**2012**	2016	
capability	2004	1.91	**2013**	2014	
firm	2014	3.55	**2014**	2018	
digital innovation	2012	3.81	**2019**	2023	
markets	2020	2.62	**2020**	2021	
innovation	2003	2.42	**2020**	2023	
research and development	2021	2.32	**2021**	2023	
knowledge	2018	2.11	**2021**	2023	

图 4-5　英文文献关键词突现

第二节 基于测度开发的概念
界定与维度梳理

一、企业数字化转型的概念演进

企业数字化转型概念最早由信息管理研究领域中"信息技术(IT)驱动的组织转型"延伸而来。20世纪90年代前后,固定电话、传真以及内部管理信息系统,如企业资源计划(ERP)系统、供应链管理(SCM)系统等(Boersma 和 Kingma,2005)[1]开始被企业广泛采用,旨在提高生产效率、降低管理成本和优化运营进程(Li 等,2018)[2]。进入21世纪,伴随新一轮数字科技革命向纵深推进,企业开始大力实施以人工智能、大数据、移动互联网等新兴信息技术为基础的数字化转型,试图从根本上改变组织成员间、部门间与企业间的沟通方式和思维模式,使生产、消费和服务方式变得更加灵活。较之于由"信息技术驱动的组织转型"而言,企业数字化转型的功能效果与影响范畴早已超越企业内部,成为更高阶的组织变革运动(Mann 等,2022;Piccoli 等,2024)。[3][4]

鉴于企业数字化转型与管理学研究的密切关系,除组织管理领域外,战略管理、供应链管理、市场营销等其他研究领域随后也涌现出大量与企业数字化转型相关的研究(Verhoef 等,2021)。[5] 不同研究领域的融合式发展在极大丰

① Boersma,K. and Kingma,S.,"From Means to Ends:The Transformation of ERP in a Manufacturing Company",*The Journal of Strategic Information Systems*,Vol.14,No.2,2005,pp.197-219.

② Li,L.,Su,F.,Zhang,W. and Mao,J.-Y.,"Digital Transformation by SME Entrepreneurs:A Capability Perspective",*Information Systems Journal*,Vol.28,No.6,2018,pp.1129-1157.

③ Mann,G.,Karanasios,S. and Breidbach,C.F.,"Orchestrating the Digital Transformation of a Business Ecosystem",*The Journal of Strategic Information Systems*,Vol.31,No.3,2022.

④ Piccoli,G.,Grover,V. and Rodriguez,J.,"Digital Transformation Requires Digital Resource Primacy:Clarification and Future Research Directions",*The Journal of Strategic Information Systems*,Vol.33,No.2,2024.

⑤ Verhoef,P.C.,Broekhuizen,T.L.,et al.,"Digital Transformation:A Multidisciplinary Reflection and Research Agenda",*Journal of Business Research*,Vol.122,2021,pp.889-901.

富企业数字化转型领域知识与洞见的同时,也逐渐导致了概念表述的多样化和模糊化。围绕企业数字化转型,出现了如"企业数字化变革""企业数字化改造"等类似表述。这些表述表达了高度相似或完全一致的内涵,却冠以不同的概念名称。为确保后续对测度研究的讨论能够建立在统一且清晰的概念认识基础之上,本书在针对"企业数字化转型"概念进行系统性梳理和界定时,将前述称呼不同但内涵基本一致的概念囊括进梳理范畴。

当前,国内外学者对"企业数字化转型"的概念界定主要从转型内容、转型效果和转型类型三个视角出发(见表4-2)。从转型内容出发的定义,通常强调企业数字化转型所包含的具体环节和领域(Wessel等,2021)[1],即除业务流程重构外,数字化转型还涉及组织战略、组织结构、基本能力等多方面的调整。从转型效果出发的定义,更强调从转型对企业经营发展质量(如生产效率、产品和服务质量、经济效益)的改善与提升等方面来定义数字化转型。从转型类型出发的定义,则是通过将企业数字化转型按某一种(或多种)属性进行分类,从而刻画转型,如有研究基于技术掌握程度和商业模式准备水平的差异,将其划分为颠覆主导型、商业模式主导型、技术主导型和模仿主导型四种类型(Tekic和Koroteev,2019)。[2]从文献整理发现,无论是基于哪种定义视角,研究者们对企业数字化转型的理解均呈现出从单一维度向多维度发展的重要趋势。

表4-2　企业数字化转型的维度划分和定义

视角	涉及维度	定义	作者
转型内容	新兴技术 业务流程 组织结构 组织战略 组织能力 等	企业数字化转型涉及愿景、战略、组织结构、流程、能力和文化等多方面的重塑	Gurbaxani 和 Dunkle (2019)
		企业数字化转型所涉及的范围包含业务战略、业务流程、组织能力等方面	Soluk 和 Kammerlander(2021)

① Wessel,L.,Baiyere,A.,Ologeanu-Taddei,R.,Cha,J. and Blegind-Jensen,T.,"Unpacking the Difference Between Digital Transformation and IT-Enabled Organizational Transformation",*Journal of the Association for Information Systems*,Vol.22,No.1,2021,pp.102-129.

② Tekic,Z. and Koroteev,D.,"From Disruptively Digital to Proudly Analog:A Holistic Typology of Digital Transformation Strategies",*Business Horizons*,Vol.62,No.6,2019,pp.683-693.

续表

视角	涉及维度	定义	作者
转型内容	新兴技术业务流程组织结构组织战略组织能力等	企业数字化转型是涵盖业务流程、商业模式、组织结构以及组织文化等多个方面的全方位变革	王雪冬等（2022）
		企业数字化转型是运用数字技术重构业务职能、运营流程及组织模式等的过程	李云鹤等（2022）
		企业数字化转型的内容不仅仅包括内部业务、战略、文化等，还涉及业务规则、系统基础设施、数据架构和用户角色等	Wang 和 Wang（2023）
转型效果	效率提升质量提升效益提升等	企业数字化转型可以带来财务绩效的提升	Singh 和 Hess（2017）
		企业数字化转型可以重构信息和知识密集型的业务流程，提高产品开发绩效	池毛毛等（2020）
		企业数字化转型可以产生新的产品、技术或商业模式等	周洲和吴馨童（2022）
		企业数字化转型对上下游服务、生产效率、价值创造等具有积极影响	Gökalp 和 Martinez（2022）
		企业数字化转型可以增强客户体验、提高运营效率以及创建新的商业模式	Browder 等（2024）
转型类型	数字技术商业模式制造过程等	基于数字技术的掌握程度和商业模式准备水平两个维度相互交叉，将企业数字化转型表征为颠覆主导型、商业模式主导型、技术主导型和模仿主导型四种组合类型	Tekic 和 Koroteev（2019）
		基于制造过程与商业模式两个维度相互交叉，可将企业数字化转型分为低附加值区域、外部客户增值、内部流程增值、高附加值区域四类	池仁勇等（2022）

资料来源：根据有关公开资料整理而得。

二、不同定义视角下企业数字化转型的维度及其内在联系

在管理学研究中，抽象的、不可直接观测的概念被称为构念（Nunnally，1975）。[①] 作为对管理学现象的高度概括，企业数字化转型属于用于描述数字技术对企业产生深刻变革作用的构念。根据前文的概念梳理发现，企业数字

[①] Nunnally, J.C., "Psychometric Theory— 25 Years Ago and Now", *Educational Researcher*, Vol.4, No.10, 1975, pp.7-21.

化转型定义中通常包含一组相互关联的维度,属于多维构念。在研究多维构念的测度前,需明确概念整体与各维度之间的关系。根据关系层次和关系形式的差异,多维构念可分为潜因子型多维构念、合并型多维构念和组合型多维构念三类(Law 等,1998)[①],其定义与特征如表 4-3 所示。本书将借鉴劳等的多维构念分类框架,对不同定义视角下的企业数字化转型构念类型进行辨析。

表 4-3 多维构念的定义与特征

多维构念类型	定义	特征
合并型多维构念	各维度按照某种方式组合而成的产物或结果,构念变异量是各维度所有变异量合并的结果	(1)各维度之间的相关性没有要求; (2)维度的数量对构念的影响很大,须覆盖关键特征; (3)整体构念与其维度处于同等水平,是其维度的函数表达式; (4)维度面的结论可以推广到整体概念面
潜因子多维构念	各维度是同一个潜在构念的不同反映或表现,构念变异量是各维度背后的共同变异量	(1)各维度之间具有一定的相关性; (2)维度的数量对构念的影响不大; (3)各维度完全可以独立于整体构念而成为单一变量; (4)维度面的结论不能推广到整体构念面
组合型多维构念	由不同特点的维度组成的集合,以类型的方式出现,不同类型是各个维度在不同水平上(如高、低)组合的结果	(1)各维度之间的相关性没有要求; (2)维度的数量对构念的影响不大; (3)整体构念和维度处于同一研究层次,不能简单地通过函数或方程来进行合并; (4)维度面的结论不能推广到整体构念层面

资料来源:根据有关公开资料整理而得。

(一)转型内容视角下企业数字化转型维度及其关系分析

根据古尔巴萨尼和邓克尔(Gurbaxani 和 Dunkle,2019)[②]、戈卡尔普和马丁内斯(Gökalp 和 Martinez,2022)[③]、索鲁克和卡默兰德(Soluk 和 Kammer-

---

① Law,K.S.,Wong,C.-S. and Mobley,W.M.,"Toward a Taxonomy of Multidimensional Constructs",*Academy of Management Review*,Vol.23,No.4,1998,pp.741-755.

② Gurbaxani,V. and Dunkle,D.,"Gearing up for Successful Digital Transformation",*MIS Quarterly Executive*,Vol.18,No.3,2019,p.6.

③ Gökalp,E. and Martinez,V.,"Digital Transformation Maturity Assessment:Development of the Digital Transformation Capability Maturity Model",*International Journal of Production Research*,Vol.60,No.20,2022,pp.6282-6302.

lander,2021)①的研究,基于转型内容视角的定义通常将企业数字化转型划分为新兴技术、业务流程、组织结构、基础能力、企业战略五个维度。

新兴技术维度关注的是数字化转型所需的一系列先进信息技术手段。根据功能特性的不同,可以将其区分为数字组件、数字平台和数字基础设施三种类型(Nambisan,2017;吴江等,2021)。②③ 数字组件凭借可重新编程性、数据同质化和可自我参照性的特征,使产品新功能的快速增添成为可能(Yoo 等,2012)④;数字平台为企业创造了一个开放和灵活的数字环境,可以帮助企业连接代理、互相交流知识、组织资源和协调任务等(Li 等,2023)⑤;数字基础设施是指提供高性能的通信、协作或计算能力,并能支持资源集聚的数字技术工具和系统(王海等,2023)⑥。因此,新兴技术维度构成了企业数字化转型中不可或缺的技术支撑部分。

业务流程维度关注的是在企业范围内激活多个业务环节数字活力。转型初期,企业搭建起各类信息系统,用于收集、处理、存储和交流信息,支持企业的日常业务运作和决策。但不同业务环节需在各自的系统中操作,系统间无法有效对接,严重影响了跨部门、跨领域、跨条块的衔接与协作(Adomako 等,2021)。⑦ 而通过 API 接口和本地化 SaaS 部署,促使各系统间的无缝对接和

---

① Soluk, J. and Kammerlander, N., "Digital Transformation in Family-Owned Mittelstand Firms: A Dynamic Capabilities Perspective", *European Journal of Information Systems*, Vol.30, No.6, 2021, pp. 676-711.

② Nambisan, S., "Digital Entrepreneurship: Toward a Digital Technology Perspective of Entrepreneurship", *Entrepreneurship Theory and Practice*, Vol.41, No.6, 2017, pp.1029-1055.

③ 吴江、陈婷、龚艺巍、杨亚璇:《企业数字化转型理论框架和研究展望》,《管理学报》2021年第 12 期。

④ Yoo, Y., Bol Jr, R.J., Lyytinen, K. and Majchrzak, A., "Organizing for Innovation in the Digitized World", *Organization Science*, Vol.23, No.5, 2012, pp.1398-1408.

⑤ Li, H.L., Yang, Z.Y., Jin, C.H. and Wang, J.X., "How an Industrial Internet Platform Empowers the Digital Transformation of SMEs: Theoretical Mechanism and Business Model", *Journal of Knowledge Management*, Vol.27, No.1, 2023, pp.105-120.

⑥ 王海、闫卓毓、郭冠宇、尹俊雅:《数字基础设施政策与企业数字化转型:"赋能"还是"负能"?》,《数量经济技术经济研究》2023 年第 5 期。

⑦ Adomako, S., Amankwah-Amoah, J., Tarba, S.Y. and Khan, Z., "Perceived Corruption, Business Process Digitization, and SMEs' Degree of Internationalization in Sub-Saharan Africa", *Journal of Business Research*, Vol.123, 2021, pp.196-207.

数据共享,实现流程触发、路径选择、任务派发、任务执行以及质量监控等环节的自动化、智能化。因此,业务流程维度构成了数字化转型的核心运营部分。

组织结构维度关注的是转型过程中企业业务部门和职能的增添、结构形态的调整。非数字情境中,企业的各职能部门之间存在明显的边界,容易出现层级隔阂、沟通不畅、决策迟缓等情形。为提高组织敏捷性,越来越多企业开始成立专门针对数字化转型的业务部门、技术创新中心和实验室等(Holotiuk等,2024)①,以及增加相应的数字化管理层职位,如首席信息官(CIO)或首席数字官(CDO)等(Firk等,2021)②。除此之外,企业组织结构形态逐渐朝着扁平化、柔性化、网络化、虚拟化的方向转变(戚聿东、肖旭,2020)③,此时,企业内部门间的横向合作成为一种常态,企业与外部供应商、渠道商、客户及竞争对手之间紧密交织,形成共生共融的生态系统(Kretschmer 和 Khashabi,2020)④。因此,组织结构维度构成了企业数字化转型的架构支撑部分。

基础能力维度关注的是企业是否具备促进数字化转型多种相关能力。其中,数字技术应用能力是数字化转型的基础能力之一,可以帮助企业掌握各种数字技术,并将其与业务、文化、战略等环节相融合(苏敬勤等,2022)⑤;数据分析能力的提升提供了实时数据监控和分析,帮助企业及时识别和应对业务中的变化和障碍(陈瑜等,2023)⑥;数字动态能力专注于感知和抓住数字技术提供的市场机会,从而为企业适应以快速或不连续变化为特征的外部环境提

---

① Holotiuk, F., Beimborn, D. and Hund, A., "Mechanisms for Achieving Ambidexterity in the Context of Digital Transformation: Insights from Digital Innovation Labs", *Journal of the Association for Information Systems*, Vol.25, No.3, 2024.

② Firk, S., Hanelt, A., Oehmichen, J. and Wolff, M., "Chief Digital Officers: An Analysis of the Presence of a Centralized Digital Transformation Role", *Journal of Management Studies*, Vol.58, No.7, 2021, pp.1800-1831.

③ 戚聿东、肖旭:《数字经济时代的企业管理变革》,《管理世界》2020 年第 6 期。

④ Kretschmer, T. and Khashabi, P., "Digital Transformation and Organization Design: An Integrated Approach", *California Management Review*, Vol.62, No.4, 2020, pp.86-104.

⑤ 苏敬勤、孙悦、高昕:《连续数字化转型背景下的数字化能力演化机理——基于资源编排视角》,《科学学研究》2022 年第 10 期。

⑥ 陈瑜、陈衍泰、谢富纪:《传统制造企业数据驱动动态能力的构建机制研究——基于娃哈哈集团数字化实践的案例分析》,《管理评论》2023 年第 10 期。

供持续动力(Annarelli 等,2021)①。因此,基础能力构成了数字化转型的能力保障部分。

企业战略维度关注的是通过"战略性"地部署信息技术(IT)和充分利用数据资源,来支撑推动企业战略目标和愿景的实现(Hess 等,2016)②,确保所有利益相关者对转型方向有清晰的认识和共同的理解(AlNuaimi 等,2022)③。为促使战略目标的顺利实现,企业在分配和利用内外部资源时(包括资金、技术、人才等),注重明确数字化转型决策资源分配的优先级,将资源投向关键领域,以支持数字化转型计划的持续推进(Mishra 等,2023)④。因此,企业战略维度构成了企业统筹和指导数字化转型的方向引领部分。

在基于转型内容的定义视角下,企业数字化转型由新兴技术、业务流程、组织结构、基础能力和企业战略五个维度组成。这些维度构成了数字化转型的不同部分,形成了部分与整体的关系:新兴技术提供了数字化转型的技术基础,业务流程的优化确保了转型的实际操作,组织结构调整为支持新模式的实施提供组织准备,企业战略的重新定位为转型指明方向,基础能力则保障了转型的持续推进。五个维度共同构筑了完整的企业数字化转型构念,任何一个维度的变异都被视为企业数字化转型的真实变异,都可直接影响到对转型的测度。因此,基于内容视角的企业数字化转型概念符合合并型多维构念的定义与特征。

(二)转型效果视角下企业数字化转型的维度及其关系分析

基于转型效果的企业数字化转型定义通常包含效率提升、质量提升、收益

---

①　Annarelli,A.,Battistella,C.,Nonino,F.,Parida,V. and Pessot,E.,"Literature Review on Digitalization Capabilities:Co-citation Analysis of Antecedents,Conceptualization and Consequences",*Technological Forecasting and Social Change*,Vol.166,2021.

②　Hess,T.,Matt,C.,Benlian,A. and Wiesböck,F.,"Options for Formulating a Digital Transformation Strategy",*MIS Quarterly Executive*,Vol.15,2016,pp.123-139.

③　AlNuaimi,B.K.,Singh,S.K.,et al.,"Mastering Digital Transformation:The Nexus between Leadership,Agility,and Digital Strategy",*Journal of Business Research*,Vol.145,2022,pp.636-648.

④　Mishra,D.B.,Haider,I.,Gunasekaran,A.,et al.,"Better Together:Right Blend of Business Strategy and Digital Transformation Strategies",*International Journal of Production Economics*,Vol.266,2023.

提升三个维度(AlNuaimi 等,2022;Browder 等,2024)。①②

效率提升维度反映出企业运用数字技术改进原材料采购、生产、营销、售后服务等环节的工作方式,以不断提高运营效率。具体来看,在原材料采购环节,企业使用互联网采购平台,在线开展制定与审批采购计划、选择供应商、比价与议价、签订采购合同、物料验收入库等工作,有助于提高采购效率(Li 等,2024)。③ 在生产环节,企业通过引入自动化生产线、工业机器人等智能设备,替代重复性、低价值的流程性任务,有助于减轻人工劳动强度、提高生产效率(陶锋等,2023)。④ 在营销环节,企业利用社交媒体、电商平台、搜索引擎等工具获取丰富的用户数据,把握用户对产品的期望、偏好和行为模式后,及时为其提供多样化、个性化的产品推荐,有助于发挥精准营销优势、提高用户转化率(Etienne 等,2023)。⑤ 在售后服务阶段,企业提供智能化的售后服务管理平台,实时跟踪和处理用户对于各类产品使用反馈、改进建议等,有助于增强客户信任、提升服务效率。

质量提升维度反映出企业借助数字技术实施质量表现可视化、质量控制规范化以及端到端质量管理等举措,以提高产品质量和客户体验。企业使用传统信息技术进行产品质量管理时高度依赖人工协作,存在自动化程度低、数据分析与追溯能力有限、难以根据客户需求的变化灵活调整等缺陷。而引进新型数字技术可以开展针对企业全要素、全流程、全数据的产品质量管理和客户关系管理活动。具体而言,许多企业建立了开放式的设计平台,允许客户和

---

① AlNuaimi,B.K.,Singh,S.K.,et al.,"Mastering Digital Transformation:The Nexus between Leadership,Agility,and Digital Strategy",*Journal of Business Research*,Vol.145,2022,pp.636-648.

② Browder,R.E.,Dwyer,S.M. and Koch,H.,"Upgrading Adaptation:How Digital Transformation Promotes Organizational Resilience",*Strategic Entrepreneurship Journal*,Vol. 18, No. 1, 2024, pp. 128-164.

③ Li,L.,Chen,L. and Liu,Y.,"Digital Governance for Supplier Opportunism:The Mediating Role of Supplier Transparency",*International Journal of Production Economics*,Vol.275,2024.

④ 陶锋、王欣然、徐扬、朱盼:《数字化转型、产业链供应链韧性与企业生产率》,《中国工业经济》2023 年第 5 期。

⑤ Etienne Fabian,N.,Dong,J.Q.,Broekhuizen,T. and Verhoef,P.C.,"Business Value of SME Digitalisation:When Does it Pay off More?",*European Journal of Information Systems*,Vol.33,No.3,2023,pp.383-402.

供应商参与到产品的设计、制作中,真实洞悉出客户在特定场景中的个性化需求(陈剑等,2020)。[1] 接着为确保设计出的产品能够最终成型,在生产之前,企业利用数字孪生技术创建出虚拟原型,进行全面仿真测试与优化,模拟产品在真实工作环境下的性能表现,提前发现并修正设计缺陷(Björkdahl,2020)[2];在生产过程中,企业则依赖制造执行系统(MES)、质量管理系统(QMS)、高级计划与排程系统(APS)等智能管理系统,开展智能排程、进度监控、物料预警、质量监控的工作(陈蕾等,2024)[3],从而完成高品质产品的批量化、定制化生产。

收益提升维度反映出企业通过减少外部交易成本和内部管理成本,以不断提升经济效益。从外部交易成本(包含搜寻、谈判、监督、违约成本等)角度来看,企业在数字化转型过程中,用精准的搜索算法和筛选工具快速获取满足要求的供应商、客户、人才等资料,降低信息搜寻成本;与客户双方通过视频会议、实时文档协作即时交流共享产品细节、价格底线、服务条款等内容,减少了因信息不对称而导致的谈判成本;借助人工智能技术实时跟踪和更新产品的供应链状态,降低监督成本;利用区块链技术构建互联网信用体系,保证交易数据不可篡改,减少因信息不透明导致的违约成本(袁淳等,2021)。[4] 从内部管理成本(包含决策、控制、责任成本等)角度来看,企业在数字化转型时,利用大数据分析和实时监控市场与客户需求,降低决策失误成本;依靠自动化流程控制、风险监测和预警机制及时纠错,降低人工监督检查成本;构建信息追溯体系明确责任,降低因责任不清产生的成本。

在转型效果定义视角下,企业数字化转型包括效率提升、质量提升、收益提升三个维度。与转型内容视角的定义不同,企业数字化转型不是这些维度

---

[1] 陈剑、黄朔、刘运辉:《从赋能到使能——数字化环境下的企业运营管理》,《管理世界》2020 年第 2 期。

[2] Björkdahl, J., "Strategies for Digitalization in Manufacturing Firms", *California Management Review*, Vol.62, No.4, 2020, pp.17-36.

[3] 陈蕾、马慧洁、周艳秋:《企业数字化转型的前因组态、模式选择与推进策略》,《改革》2024 年第 7 期。

[4] 袁淳、肖土盛、耿春晓、盛誉:《数字化转型与企业分工:专业化还是纵向一体化》,《中国工业经济》2021 年第 9 期。

共同组合而成的产物或结果,而是各个维度产生的根源。换句话说,效率提升、质量提升、收益提升都是数字化转型在不同方面的效果体现。此外,这三个维度之间存在着紧密的相关性。效率的提高能够减少流程中的错误和资源浪费,进而改善产品和服务的质量;优质的产品和服务能够赢得市场的青睐和增强客户的忠诚度,从而推动收益的提升;当收益增加后,企业能够投入更多的资源用于数字化转型,反过来又会进一步促进效率和质量的提升。因此,基于效果视角定义的企业数字化转型概念符合潜因子型多维构念的特征。

（三）转型分类视角下企业数字化转型的维度及其关系分析

基于转型分类的企业数字化转型定义,通常是根据不同维度转型水平高低交叉组合形成多个转型类型。泰基克和科罗季耶夫(Tekic 和 Koroteev,2019)根据企业竞争行业相关的数字技术的掌握程度(高或低)和运营中的商业模式准备水平(高或低)两个维度,将企业数字化转型划分为颠覆主导型、商业模式主导型、技术主导型和模仿主导型四种转型类型。[1] 池仁勇等(2022)则是充分考虑了商业模式和制造过程两个维度的数字化转型程度[2],识别了四类转型区域,即低附加值区域、外部客户增值(需求拉动)、内部流程增值(技术推动)、高附加值区域(流程—客户增值)。

组合型多维构念是通过各个维度的特定组合方式形成不同类型,在基于类型区分的定义视角下,企业数字化转型符合这类多维构念的定义与特征,可以被视为组合型多维构念。例如,通过组合制造过程维度与商业模式维度,形成四种数字化转型类型;而通过组合数字技术掌握水平与商业模式准备水平,则可以得到另外四种数字化转型类型(Tekic 和 Koroteev,2019)[3]。无论是哪种组合方式,组合型多维构念的维度间基本是相互独立的,不存在必然的逻辑关联,能够各自对数字化转型类型确定产生独立影响。

---

① Tekic,Z. and D.Koroteev,"From Disruptively Digital to Proudly Analog:A Holistic Typology of Digital Transformation Strategies",*Business Horizons*,Vol.62,No.6,2019,pp.683-693.

② 池仁勇、郑瑞钰、阮鸿鹏:《企业制造过程与商业模式双重数字化转型研究》,《科学学研究》2022 年第 1 期。

③ Tekic,Z. and D.Koroteev,"From Disruptively Digital to Proudly Analog:A Holistic Typology of Digital Transformation Strategies",*Business Horizons*,Vol.62,No.6,2019,pp.683-693.

第三节　企业数字化转型测度
方法回顾与分析

学术界与实践界在阐释企业数字化转型概念及其特征基础上,已逐步展开了对企业数字化转型的测度研究。本部分将结合当前企业数字化转型测度的主要研究成果,根据测度技术手段差异,分类讨论当前测度方法的进展与局限。

一、基于文本分析法的转型测度

文本分析法是一种用于从文本数据中提取信息、观点和结构的研究方法,因其可以通过系统性地分析、比较和归纳文字、图形、音频等内容,揭示出文本的深层意义和潜在意图,常被用于开展构念测量的研究(杨慧,2023)。[①] 早期,研究者依靠该方法人工收集和解读文本信息来主观判定构念水平的高低(Dyck 等,2008)[②],而后在计算机技术与统计学、数学、经济学等学科的交叉融合下,产生了多种把文本信息进行量化处理的方式,例如词典法、词袋法、自然语言处理法(宋铁波等,2021)[③]。将先进统计技术手段运用在文本分析法中,为企业数字化转型测度由二分法向连续变量评估的转变提供了重要工具。在数字化转型的测度开发过程中,学者们早期主要通过手动整理企业的临时和定期公告等资料,查找与数字化转型相关的关键词信息(如物联网、大数据、云计算、人工智能等),主观判断企业是否开启了数字化转型进程,测度结果通常以 0—1 虚拟变量表示(0 表示未转型,1 表示已转型)(何帆、刘红霞,

---

① 杨慧:《社会科学研究中的政策文本分析:方法论与方法》,《社会科学》2023 年第 12 期。

② Dyck, A., Volchkova, N. and Zingales, L., "The Corporate Governance Role of the Media: Evidence from Russia", *The Journal of Finance*, Vol.63, No.3, 2008, pp.1093–1135.

③ 宋铁波、陈玉娇、朱子君:《量化文本分析法在国内外工商管理领域的应用对比与评述》,《管理学报》2021 年第 4 期。

2019）。[1] 这一时期测度结果的主观性较强，且无法有效反映企业数字化转型的程度差异。为克服这一局限，研究者开始使用 Python 自然语言处理、机器学习等方式统计年报文本中数字化转型相关词汇的数量、占比或评分等，更高效且准确地评估出了数字化转型的具体程度（陈庆江等，2021；吴非等，2021；袁淳等，2021）。[2][3][4]

文本分析法用于测度企业数字化转型的优势在于：一是数据来源广泛且处理效率高。使用先进的计算机技术能够搜集和整理多种类型的文本资料，如企业年报、内部文件、官网新闻稿和员工交流内容等，快速完成对数字化转型词频的分析、汇总。二是有利于研究者从整体上掌握企业数字化转型的全貌。研究者利用文本分析法，通过系统地收集、整理和分析企业数字化转型过程中产生的大规模文本数据，可以了解到转型倾向、转型目标、转型策略等相关信息，从战略层面挖掘出企业决策层对数字化转型的规划布局和重视程度。所以，当其他传统测度方法面临定量数据获取困难、复杂文本结构难以处理时，文本分析法凭借上述优势，在企业数字化转型的实证研究中逐渐成为主流方法，并在战略变革、创新发展、产业升级等领域的数字化转型研究中得以广泛应用。

表 4-4　基于文本分析法的企业数字化转型测度

作者	测度指标	关键词个数确定方式	关键词数目	文本来源
何帆、刘红霞（2019）	企业开展数字化转型则为 1，未实施则为 0	人工识别	未公开	企业临时或定期公告
陈庆江等（2021）	数字化转型关键词出现的总次数	人工识别	20	上市企业年报

① 何帆、刘红霞：《数字经济视角下实体企业数字化变革的业绩提升效应评估》，《改革》2019 年第 4 期。

② 陈庆江、王彦萌、万茂丰：《企业数字化转型的同群效应及其影响因素研究》，《管理学报》2021 年第 5 期。

③ 吴非、胡慧芷、林慧妍、任晓怡：《企业数字化转型与资本市场表现——来自股票流动性的经验证据》，《管理世界》2021 年第 7 期。

④ 袁淳、肖土盛、耿春晓、盛誉：《数字化转型与企业分工：专业化还是纵向一体化》，《中国工业经济》2021 年第 9 期。

续表

作者	测度指标	关键词个数确定方式	关键词数目	文本来源
吴非等(2021)	数字化转型总词频的对数化	人工识别	76	上市企业年报
袁淳等(2021)	数字化转型词汇频数总和除以管理层讨论与分析语段长度	人工识别和Python筛选	197	上市企业年报中的"管理层讨论与分析"部分
戴翔等(2023)	数字化词频数取得的总得分与文本长度的比值	人工识别和使用Python筛选	260	上市企业年报中的"管理层讨论与分析"部分

资料来源:根据有关公开资料整理而得。

二、基于代理变量法的转型测度

代理变量法的核心思想是当目标构念难以直接测量或无法直接获取时,可选择一个或多个与其高度相关且易于测量的变量作为替代指标。关于企业数字化转型的测度,研究者发现企业中数字化软硬件设备建设和 IT 人员培训、使用信息系统的员工人数以及数字化转型带来的收益能够体现出数字化转型的投入或产出效果,且这些信息会在企业财务报表及相关公告中留下记录,所以数字技术无形资产占比、数字化项目投资额、信息化设备投资额等指标常常被间接作为数字化转型的代理变量(方明月等,2022;刘政等,2020;张永珅等,2021)。[1][2][3]

运用代理变量法测度数字化转型的优势在于:一是数据客观性强。与数字化转型相关的财务数据和投资数据,是基于企业自身战略规划到落地执行的真实记录,能够回避问卷调查中测量结果容易受到被试者主观情感和个体认知偏差的影响。二是便于在行业内进行比较分析。由于代理变量具有客观

---

[1] 方明月、林佳妮、聂辉华:《数字化转型是否促进了企业内共同富裕?——来自中国 A 股上市公司的证据》,《数量经济技术经济研究》2022 年第 11 期。

[2] 刘政、姚雨秀、张国胜、匡慧姝:《企业数字化、专用知识与组织授权》,《中国工业经济》2020 年第 9 期。

[3] 张永珅、李小波、邢铭强:《企业数字化转型与审计定价》,《审计研究》2021 年第 3 期。

性和可量化性,在同一行业内,不同企业可以使用相同的代理变量来衡量数字化转型程度,有利于了解自身在行业中的数字化水平和竞争地位。因此,使用代理变量法得出的数值能够客观反映出数字化转型的程度,被广泛应用于经济政策、审计定价、财务管理等主题的研究,但某些企业内部很多与数字化转型相关的直接数据涉及商业秘密而难以完全披露,导致该方法在当前研究中的占比略低于文本分析法。

表4-5　基于代理变量法的企业数字化转型测度

作者	测度指标	数据来源
Balsmeier 和 Wo-erter(2019)	数字技术的投资额	瑞士创新调查数据
Park 等(2020)	信息系统和人员培训的投入、使用信息系统的员工人数	加拿大统计局
张永坤等(2021)	数字技术无形资产与企业年末总无形资产的占比	国泰安 CSMAR 数据库
刘政等(2020a)	企业单位新增固定投资下的软硬件信息设备投资率和电子信息及网络支出率	世行中国投资调查数据
方明月等(2022)	软件投资占比和数字硬件投资占比	国泰安 CSMAR 数据库
刘畅等(2023)	数字化项目的投资额加 1 取对数	国泰安 CSMAR 数据库

资料来源:根据有关公开资料整理而得。

三、基于量表法的转型测度

量表法是一种使用根据研究目的编制而成的一系列题项,测定被调查者对于特定问题的态度或看法的研究方法(Gerbing 和 Anderson,1988)。[1] 使用量表法测度数字化转型时,量表题项的内容可以直接触及到企业数字化转型中的关键信息。例如,池毛毛等(2020)[2]开发出了 5 级量表,使用 3 个题项覆

---

[1]　Gerbing,D.W. and Anderson,J.C.,"An Updated Paradigm for Scale Development Incorporating Unidimensionality and its Assessment",*Journal of Marketing Research*,Vol.25,No.2,1988,pp.186-192.

[2]　池毛毛、叶丁菱、王俊晶、翟姗姗:《我国中小制造企业如何提升新产品开发绩效——基于数字化赋能的视角》,《南开管理评论》2020 年第 3 期。

盖了业务流程方面的数字化转型内容,科赫塔迈基等(Kohtamäki 等,2020)①
开发出7级量表,使用4个题项覆盖了客户服务方面的数字化转型内容。随
着研究的深入,量表中涉及的内容也从起初关注数字化转型如何影响整体业
务战略,逐渐向了解业务流程方式以及客户满意度等细节信息转变;量表发放
对象也不再仅限于作出数字化转型决策的高层管理者,而是拓展至参与数字
化转型的中层管理者和基层员工。同时,为了更详细地刻画企业数字化转型
中的细节,量表题项数目也出现逐渐增多的趋势。

　　基于量表法测度数字化转型的优势在于:一是研究层次选择的约束性较
少。量表中的题项可以涵盖广泛的内容,既可以设计出针对企业层次的问题,
如数字化战略规划、资源分配方式等方面,也可以开发出具体到团队层面或个
体层面的问题,如团队协作效率、员工IT技能掌握程度等方面。二是问卷发
放对象可选性强。与代理变量的数据获得渠道被动依赖调查对象披露不同,
量表发放者可以根据研究需要主动选择不同规模(大、中、小)、不同行业(制
造、服务、信息技术等)、不同性质(上市、非上市等)。这极大丰富了企业数字
化转型研究对象的类型,从而使得研究结论的外部效度更高。因此,量表法不
仅可以被用在企业数字化转型的组织层面问题的研究中,也常被用于消费者
行为、营销策略等个体层面的数字化转型研究中。鉴于当前企业数字化转型
领域尚未形成具有权威性的成熟量表,导致使用该方法开展数字化转型定量
研究的数量相对文本分析法较少。

表4-6　基于量表法的企业数字化转型测度

作者	调研对象	量表等级	企业类型	题项要点
Eller 等(2020)	高层管理者	5级量表	中小企业	1. 评估在行业内的数字化水平; 2. 信息技术的使用情况; 3. 评估信息技术的使用范围有多广

---

　　①　Kohtamäki, M., Parida, V., Patel, P.C. and Gebauer, H., "The Relationship between Digitali-
zation and Servitization: The Role of Servitization in Capturing the Financial Potential of Digitalization",
Technological Forecasting and Social Change, Vol.151, 2020.

作者	调研对象	量表等级	企业类型	题项要点
池毛毛等（2020）	企业中层或高层管理者	7级量表	中小制造业企业	1. 运营基于数字化技术的商务流程； 2. 改变业务流程； 3. 商务运营往利用数字化技术方向转变
Kohtamäki等（2020）	基于数字化的业务开发的CEO或经理	7级量表	制造企业	1. 为现场销售人员提供客户信息； 2. 为客户提供定制化服务； 3. 预测客户偏好和需求； 4. 整合来自不同渠道的客户信息
Enrique等（2022）	高层管理人员、董事和经理	5级量表	大型制造业企业	1. 企业完全实现数字化； 2. 从不同来源收集大量数据； 3. 利用数字技术在不同业务流程之间建立强大的网络； 4. 改善与客户的交流界面
Dabić等（2023）	高层和中级管理人员	7级量表	大、中、小企业	1. 整合水平价值链； 2. 整合垂直价值链； 3. 数字化商业模式、产品和服务组合； 4. 产品开发； 5. 客户访问、销售渠道和营销
Etienne Fabian等（2023）	部门经理	5级量表	制造业、建筑业、IT和零售业领域的中小企业	1. 改变开展业务的方式； 2. 改变内部运营； 3. 改变与合作伙伴的协作方式； 4. 为客户提供新服务； 5. 提高客户满意度

资料来源：根据有关公开资料整理而得。

四、基于成熟度模型法的转型测度

成熟度模型是一种用于描述事物从初级阶段发展至更高级别成熟度阶段的评价测度工具（De Bruin 等，2005）。[①] 事物评估的结果常被赋予 3 至 6 个级别，各级别之间具有顺序性，每个级别既是前一级别的完善，又是向下一级

---

① De Bruin, T., Rosemann, M., Freeze, R. and Kaulkarni, U., "Understanding the Main Phases of Developing a Maturity Assessment Model", *Proceedings of the Australasian Conference on Information Systems (ACIS)*, 2005, Australasian Chapter of the Association for Information Systems.

别演进的基础,所以成熟度模型能够体现事物层层递进、持续演进的过程(Ifenthaler 和 Egloffstein,2020)。① 在企业咨询研究中,成熟度模型常被用以评估软件能力、生产制造、项目管理、流程管理等环节的发展现状,以确认当前水平与预期目标的差距(Backlund 等,2014;Röglinger 等,2012)。②③ 随着数字经济时代的到来,由于许多企业遭遇数字化转型执行力度不足与进程缓慢等困境,实践界和学术界又将目光聚焦在开发和构建数字化转型成熟度模型之上(Wagire 等,2021)。④ 在实践界中,政府部门、知名咨询机构和一些大型企业提出了自己的成熟度模型,这些模型多以实用性为主,以便帮助企业识别数字化转型活动未达标的问题所在,制定出达到理想级别的改进决策。例如,我国工业和信息化部相继发布了《智能制造能力成熟度模型白皮书(1.0)》《智能制造能力成熟度模型》《智能制造能力成熟度评估方法》等模型;华为提出了涵盖战略动力,以客户为中心,数字文化、人才和技能,创新与精益交付,大数据与人工智能,以及技术领先六个一级指标的开放式数字化转型成熟度模型。学术工作者则侧重通过专家打分法、层次分析法、模糊综合评价法等技术手段,系统地确定整个模型的各级指标体系及其权重。

成熟度模型用于测度企业数字化转型的优势在于:一是全面覆盖转型要素。成熟度模型能够综合考量转型过程中的多个关键要素,为企业提供一个完整的数字化转型画像。二是成熟度模型法构建的评估框架层次清晰。它将数字化转型划分为多个等级,能让企业清楚知晓自身在数字化转型进程中的具体位置,明确与更高阶段的差距,从而为制定针对性的转型策略指明改进方向。该方法主要在实践中应用于企业诊断咨询、流程化管理、阶段性转型策略制

---

① Ifenthaler,D. and Egloffstein,M.,"Development and Implementation of a Maturity Model of Digital Transformation", *TechTrends*,Vol.64,No.2,2020,pp.302–309.

② Backlund,F.,Chronéer,D. and Sundqvist,E.,"Project Management Maturity Models – a Critical Review:A Case Study within Swedish Engineering and Construction Organizations", *Procedia–Social and Behavioral Sciences*,Vol.119,2014,pp.837–846.

③ Röglinger,M.,Pöppelbuß,J. and Becker,J.,"Maturity Models in Business Process Management", *Business Process Management Journal*,Vol.18,No.2,2012,pp.328–346.

④ Wagire,A.A.,Joshi,R.,Rathore,A.P.S. and Jain,R.,"Development of Maturity Model for Assessing the Implementation of Industry 4.0:Learning from Theory and Practice", *Production Planning & Control*,Vol.32,No.8,2021,pp.603–622.

定等工作。相比之下,在科学研究中,特别是实证研究中,成熟度模型的应用则相对较少。

表 4-7　基于成熟度模型法的企业数字化转型测度

来源	一级指标	成熟等级	等级名称
工业和信息化部	人员、技术、资源、制造	5	规划级、规范级、集成级、优化级、引领级
华为	战略动力、以客户为中心、数字文化、人才和技能、创新与精益交付、大数据与人工智能以及技术领先	5	数字化启动、方案确定、应用迁移、数据洞察、业务创新
阿里巴巴	基础设施、触点、业务、运营、决策	5	能力缺失、尝试探索、浅层应用、深度掌握、体系成熟
中国电子信息行业联合会数字企业和首席数据官分会	发展战略、新型能力、系统性解决方案、治理体系、业务创新转型	5	规范级、场景级、领域级、平台级、生态级
王核成等(2021)	战略与组织、基础设施、业务流程与管理、综合集成、数字化绩效	5	初始级、成长级、提升级、综合集成级、持续改善级
Wagire 等(2021)	人员与文化、认知、战略、价值链、技术、产品和服务	4	局外人、新手、经验值、专家
Gökalp 和 Martinez (2022)	战略管理、信息技术、流程、劳动力管理	5	执行、管理、既定、可预测、创新
Hortovanyi 等(2023)	技术、战略、营销、物流、采购、生产	4	新手、初级、合格、专家
Senna 等(2023)	技术、环境、组织	6	初级数字化、可交流、可见性、透明性、可预见、灵活性、适应性

资料来源:根据有关公开资料整理而得。

五、当前测度方法存在的局限与问题

(一)概念性定义与操作性定义的视角不一致

概念性定义是对某一构念本质特征进行的抽象、理论性描述,目的在于深入理解构念的核心意义（Wacker，2004）。[1] 操作性定义是把抽象构念转化为可观察、可测量以及可操作的实际活动或指标的描述，目的在于帮助研究者以客观、准确的方式理解和测量该构念（Houts 和 Baldwin，2004）。[2] 从概念性定义到操作性定义，是一个从抽象走向具体、从理论迈向实践的过程，也是测度开发工作的关键。概念性定义是操作性定义的前提和依据，操作性定义是概念性定义的延续与发展（Huta 和 Waterman，2014）。[3] 所以在界定操作性定义时，需事先明确概念性定义的内涵，并且不同定义视角下的概念性定义内涵都应有相应的操作性定义来承接。但如若操作性定义未能有效体现概念性定义的指向，即定义视角缺乏一致性，将会严重影响对研究结果的解读。

通过前文对企业数字化转型的概念界定和测度方法的系统梳理发现，部分研究中存在操作性定义的界定没有与概念性定义不同视角下的内涵与外延相匹配的现象，二者间存在视角不统一的问题。以埃勒等（Eller 等，2020）[4] 的研究为例，他们将数字化转型的概念性定义确定为"运用数字技术优化现有业务流程、提升用户体验的过程"，在开展研究设计时，却将其的操作化定义界定为"信息技术的使用情况"。这种定义视角的不一致，会带来理论推演与经验证据分析结果之间的脱节。概念性定义原本旨在深入探讨数字技术如何深度嵌入业务流程以及对用户体验的影响机制，但操作性定义重点在于了解技术使用的表面信息，实证检验时所使用的数据与数字化转型的理论推演的内容关联度较低，甚至完全无关，导致基于这些数据得出的结论可能会误导企业过度关注信息技术的部署，与业务流程优化和用户体验提升这一理论目标产生了偏差。

---

[1]　Wacker, J. G., "A Theory of Formal Conceptual Definitions: Developing Theory – Building Measurement Instruments", *Journal of Operations Management*, Vol.22, No.6, 2004, pp.629–650.

[2]　Houts, A. C. and Baldwin, S., "Constructs, Operational Definition, and Operational Analysis", *Applied & Preventive Psychology*, Vol.11, No.1, 2004, pp.45–46.

[3]　Huta, V. and Waterman, A. S., "Eudaimonia and its Distinction from Hedonia: Developing a Classification and Terminology for Understanding Conceptual and Operational Definitions", *Journal of Happiness Studies*, Vol.15, No.6, 2014, pp.1425–1456.

[4]　Eller, R., Alford, P., Kallmünzer, A. and Peters, M., "Antecedents, Consequences, and Challenges of Small and Medium–Sized Enterprise Digitalization", *Journal of Business Research*, Vol.112, 2020, pp.119–127.

（二）作为多维构念的测量维度不完备

多维构念的每个维度都承载着独特的内涵，在进行测量时，需要全面考虑所有维度，否则会削弱内容效度。内容效度（Content Validity）是指对构念进行操作化时，测量内容（指标、题目等）与构念内涵的吻合程度（Haynes 等，1995）。[①] 如果测量时遗漏了多维构念的部分维度，由此得出的测量结果将是不准确的。作为一个多维构念，现有研究在使用不同方法测度企业数字化转型时，也存在维度考虑不完全的问题。例如巴尔斯迈尔和沃尔特（Balsmeier 和 Woerter，2019）用数字技术投资额作为代理变量测度企业数字化转型时，仅考虑了技术应用维度。[②] 这与数字化转型的多维度特性并不完全相符，不仅导致转型测度结果的片面性，也会导致在数字化转型与其他变量关系的研究中，过度放大实证分析结果的解释范畴。

（三）不同测度技术本身的局限与约束

1. 代理变量法

使用代理变量法测度数字化转型的局限体现在：一是存在片面性和过度简化的问题。研究者选取的指标往往只能反映该构念或变量的某一方面或某一层次的信息，例如，IT 投资额度仅能反映企业的技术采纳情况，却无法体现这些投资是否推动了业务流程、组织结构的重塑。二是数据获取上依赖于企业数据披露的程度。企业可能出于商业机密、竞争优势保护或其他原因，不愿意完全披露与数字化转型相关的所有数据。例如，一些企业可能不会详细披露其 IT 投资的具体用途，或者对数字化相关无形资产的评估方法和细节进行保密。并且对于部分数据，研究者只能获得处理后的信息，无法深入了解其内部结构和具体情况。例如，企业可能只披露总的 IT 投资额度，而不区分不同项目（如基础架构建设、软件升级、数据分析等）的投资金额。

2. 文本分析法

使用文本分析法测度数字化转型的局限体现在，一是文字修辞需要与实

---

① Haynes, S.N., Richard, D.C.S. and Kubany, E.S., "Content Validity in Psychological Assessment: A Functional Approach to Concepts and Methods", *Psychological Assessment*, Vol.7, No.3, 1995, pp.238-247.

② Balsmeier, B. and Woerter, M., "Is this Time Different? How Digitalization Influences Job Creation and Destruction", *Research Policy*, Vol.48, No.8, 2019.

际做法之间可能存在差距。使用文本分析法通常依赖于企业公开披露的信息,如年报、新闻报道等,对数字化转型的多种关键词进行提取和语义分析,但部分数字化转型的关键词真实意图只是阐述企业的发展背景、想法或未来展望。有些数字化转型的修辞和表述甚至是为了营造企业形象,获得利益相关者的支持等,实际中并没有真正去执行相关行动。这种"言行不一"可能导致数字化转型出现评估偏差,即把不相关的关键词统计在内,甚至夸大某些企业数字化转型水平。与之相反,某些本身数字化转型程度较高的企业,可能因未在或较少在年报中披露数字化关键词而被判定为低水平的数字化转型。二是关键词确定和程度测度缺乏客观标准。目前研究中缺乏一个客观、统一的框架来明确界定哪些词汇能够真正体现企业数字化转型的本质和核心要素,在企业数字化转型关键词的选定过程中,学者则往往依据自身的专业背景、经验积累以及对数字化转型的主观理解来制定选取标准,这就导致不同研究中的关键词数量存在差异。以近几年发表在期刊上的文章为例,陈庆江等(2021)[1]的研究包含了 20 个关键词,吴非等(2021)[2]的研究包含了 76 个关键词,袁淳等(2021)[3]的研究包含了 197 个关键词。使用不同数量的关键词来度量同一家企业的数字化转型水平差异性可能很大,由此得出的结论也很难具备强说服力。

3. 量表法

使用量表法测度数字化转型的局限体现在:一是难以捕获动态数据。数字化转型是一个持续演进的过程,涉及技术、流程、组织和文化等多个层面的变革。问卷调查通常是在特定时间点进行的,难以全面捕获数字化转型过程中的动态变化。尽管可以通过分批次发放问卷的方法,做一些弥补,但测度结果依然滞后于实际转型情况。二是测度结果依赖于回答问卷者的主观感知。企业数字化转型涉及许多专业的概念,如"数据中台""数字孪生"等,受访者

①　陈庆江、王彦萌、万茂丰:《企业数字化转型的同群效应及其影响因素研究》,《管理学报》2021 年第 5 期。

②　吴非、胡慧芷、林慧妍、任晓怡:《企业数字化转型与资本市场表现——来自股票流动性的经验证据》,《管理世界》2021 年第 7 期。

③　袁淳、肖土盛、耿春晓、盛誉:《数字化转型与企业分工:专业化还是纵向一体化》,《中国工业经济》2021 年第 9 期。

对数字化转型的认知可能存在局限性，如果被试者不具备数字化转型的相关知识可能无法准确理解题项含义，在回答问题时则会根据自己的主观猜测进行解答，导致回答的结果不够准确。

4.成熟度模型法

使用成熟度模型法测度数字化转型的局限体现在：一是难以动态更新。成熟度模型起初在设计和构建时，往往基于某一特定时期的技术、市场以及环境的普遍特征。然而，随着时间的推移，新的数字化工具和平台层出不穷，市场环境也日益复杂多变，企业数字化转型的需求和挑战也随之发生变化。如果成熟度模型不能紧跟这些变化，及时更新和调整其指标体系和评估标准，那么模型就可能变得过时，依据过时的模型作出的决策，可能会偏离正确的数字化转型方向。二是适用性与通用性难以兼顾。学术界和工业界开发的大多数模型都是专门针对特定行业部门或专业领域的，但因为不同行业的数字化转型重点和逻辑差异较大，例如，制造业更侧重于生产流程自动化和供应链协同的数字化，金融行业注重数据安全和风险管控的数字化，使用单一的数字化成熟度模型很难涵盖各个行业的数字化转型流程。

第四节　企业数字化转型测度的改进方向

通过前文对企业数字化转型构念类型、涉及维度以及测度技术手段的系统性梳理与分析，下文将根据企业数字化转型概念定义视角差异，针对不同的构念类型，提出相应的测度改进建议。

一、企业数字化转型作为合并型多维构念的测度技术选择

基于转型效果的定义视角，企业数字化转型被视为一个合并型多维构念，由战略、技术、组织、文化、能力等多个维度组合而成，这些维度代表了数字化转型的不同组成部分。从数学上来看，各个维度一般以线性函数的方式共同构成了企业数字化转型这一多维构念的测度。在测度过程中，确定不同维度的权重是测度开发的重点。成熟度模型和问卷量表都能提供线性函数形式的

测度模型,是适合的测度方法。当使用成熟度模型时,主要采取专家打分法、层次分析法、模糊综合评价等方法确定各评估指标的权重。当使用问卷量表时,主要借助因子分析法或在结构模型中确定题项的权重或提取共同因子。

二、企业数字化转型作为潜因子型多维构念的测度技术选择

基于转型效果的定义视角,企业数字化转型被视为一个潜因子型多维构念,各个维度都是数字化转型的不同表现形式。从数学角度来看,企业数字化转型被表示为各个维度背后隐藏的一个潜因子(或共同因子)。根据潜因子型多维构念的特征,企业数字化转型的测度存在两种可行思路,一种是在指标层面实现,即先将各个具体的指标(或题项)合并到相应的维度,再由各个维度进一步合并得到整体构念。另一种则是在构念层面实现,跳过维度整合这一中间步骤,选取最能代表构念内涵的指标(或题项)进行直接测度。此时,代理变量法和问卷量表能提供合适的测度数据来执行这两种测度思路。其区别在于,为了提取潜因子,使用代理变量法测度企业数字化转型时,需在已有数据中寻找到多个合适的代理变量以体现企业数字化转型的多个维度。相比之下,问卷量表法则提供了一种更为直接的方法来测度潜因子。在量表开发过程中,研究者可以直接针对企业数字化转型设计一系列题项,这些题项覆盖了该潜因子型多维构念的各个维度,从而一次完成对潜因子的提取。

三、企业数字化转型作为组合型多维构念的测度技术选择

基于转型类型的定义视角,企业数字化转型被视为一个组合型多维构念,对其进行测度是建立在各个维度以不同方式形成组合的基础上。通过将两个(或多个)维度交叉,得到数个数字化转型类型。当不同维度的测量单位较少时(如仅分为高、低两个等级),对于这样的分类变量,通过设置虚拟变量就可以表征其类型。例如数字化转型包含技术掌握程度维度和商业模式准备水平维度,将每个维度划分成高低两个等级进行交叉组合,可以将数字化转型区分为四种类型:两个维度取值均为高时,属于"颠覆创新型";两个维度取值均低时,属于"模拟主导型";商业模式准备水平高,技术掌握程度低时,属于"商业模式主导型";技术掌握程度高,商业模式准备水平低时,属于"技术引领型"

(Tekic 和 Koroteev，2019)。[①] 当每个维度的测量单位很多时(如每个维度的取值均可以是连续变量)，可以通过坐标形式表征其在企业数字化转型类别坐标系中的位置，并通过计算它与参考点的欧式距离，表征其在多大程度上属于某种理想类型(Ideal Type)。根据组合型构念的这些特征，可以采用文本分析方法和代理变量方法对数字化转型程度进行测度。当对组合型多维构念进行简单测度时，可以通过文本分析方法，判读数字化转型在不同维度内的取值(高—低、多—少、深—浅等)，从而确定其具体类型。此时由于每个维度内的测量单位较少，文本分析方法的主观性对测量准确性的影响也会较小。当需要对组合型多维构念进行精确测度时，可以在构念的不同维度分别选择独立的代理变量来进行测度，多个代理变量的混合使用，也能改善代理变量法的测量片面性。

第五节　结论与相关政策建议

进入数字经济时代，企业管理者需要通过数字化转型测度了解企业的转型进程、作出管理诊断与制定转型决策等，学者需要通过数字化转型测度来开展进一步的转型前因、机制与效果研究。在现实与理论需求的双重驱动下，对数字化转型测度进行系统综述尤为重要。根据"定义视角—构念类型—测度手段"的综述逻辑，本书对内容、效果和类型视角下企业数字化转型所包含的维度及维度之间的关系进行了梳理与剖析，明确其作为潜因子型、合并型或组合型多维构念的构念类型。通过回顾企业数字化转型测度研究中，代理变量法、文本分析法、量表法、成熟度模型法四种主流测度技术的演进趋势、方法优势和适用情景等，明确当前研究在对企业数字化转型进行测度时存在概念定义与操作性定义的视角不一致、构念测量维度不完备等问题以及不同测度技术在测度企业数字化转型时存在的局限与约束。针对前述问题与约束，本书

[①] Tekic，Z. and Koroteev，D.，"From Disruptively Digital to Proudly Analog：A Holistic Typology of Digital Transformation Strategies"，*Business Horizons*，Vol.62，No.6，2019，pp.683-693.

根据企业数字化转型多维构念类型,推荐与之适配的测度技术。本书不仅为学术研究中企业数字化转型的科学测度提供了开发思路,也为企业、政府机构精准评估企业数字化转型进程、开展数字化转型诊断提供决策依据。

对企业数字化转型研究文献的系统回顾、问题梳理与改进分析,可以得到以下三点启示:第一,尽管学者可以依据各自研究需求从不同视角定义企业数字化转型,但在测度开发过程中,仍需确保概念性定义与操作性定义视角一致的基本原则,争取测度能够更多覆盖概念的丰富内涵。第二,明确作为合并型多维构念、潜因子型多维构念与组合型多维构念时企业数字化转型测度开发的逻辑差异,依据构念的具体类型,选择适宜的测度工具,从而提高测度方法的信度与效度。第三,用学术研究的数字化转型测度开发框架指导业界的评估与诊断测度工作;同时,用从企业数字化转型实践中涌现出的,并被实操单位高度关注的新指标持续完善学术研究的测度体系,最终实现两者的有效互补与融合。

第二篇

机理篇

机理篇是本书的重点板块，旨在深入剖析数字化赋能专精特新企业的具体机制和影响效应。本篇按照影响数字化赋能专精特新企业的内部因素、外部因素探讨数字化赋能专精特新企业的作用机理。一方面，着眼于内部影响因素，分别从投入产出、成本、服务、创新、动态能力和组织方式等视角出发，选取投入产出、成本黏性、云服务、组织创新、双元平衡、组织身份等具体因素探讨数字化赋能专精特新企业的作用机理，分别构成了本篇第五、六、七、八、九、十章。与之相对应，这部分实证研究数据主要来源于我国第一个"两化"融合国家示范区工业企业连续的跟踪调查数据，所选取的样本企业包含了示范区内处于不同成长阶段的专精特新企业，包括创新型中小企业、专精特新企业、国家专精特新"小巨人"、专精特新培育企业以及制造业单项冠军企业。另一方面，着眼于外部影响因素，分别从外部网络、市场结构等视角出发，选取创新网络、信息分割等具体因素探讨数字化赋能专精特新企业的作用机理，分别构成了本篇的第十一、十二章。鉴于全国层面详细数据的可得性以及我国已开辟专精特新中小企业"新三板"渠道，这部分实证研究数据以上市公司公开数据为来源，测度其数字化转型的影响效应，以综合研判数字化赋能专精特新企业的作用机理。

第五章　基于投入产出率视角的
数字化赋能研究

　　在数字经济的爆发式增长以及与实体经济深度融合的新发展格局背景下,企业数字化转型的绩效研究越来越成为被学术界关注的一个焦点问题(王宇等,2020;Ravichandran 和 Liu,2011)。[1][2] 数字化投资与企业绩效之间错综复杂的关系让不少企业对是否进行数字化投入产生了困惑,已经投入的一些企业由于"阵痛期"对继续投入产生了疑问,甚至部分企业因数字化转型陷入"不转型等死、转型找死"的两难处境。调研发现,实际上存在企业因转型能力弱出现"不会转"、因转型成本高出现"不愿转"、因转型"阵痛期"长出现"不敢转"等现象(国家信息中心,2020)。[3] 企业内部的数字化变革已然成为一只诸多谜题待解的"黑匣子",让近年来一些学者为之着迷。但显而易见的是,我国在数字经济发展抢跑过程中尝到了数字化红利(刘淑春,2019)[4],数字化转型的氛围日益浓厚,让大量企业对此产生了兴趣。因此,企业内部微观层面管理数字化变革的投入产出效率问题研究具有重要的理论和现实意义。

　　企业数字化转型的过程实质是从"工业化管理模式"向"数字化管理模式"的变革,通过将数字技术引入现有企业管理架构,推动信息结构、管理方

---

　　① 王宇、王铁男、易希薇:《R&D 投入对 IT 投资的协同效应研究——基于一个内部组织特征的情境视角》,《管理世界》2020 年第 7 期。

　　② Ravichandran,T. and Liu,Y.,"Environmental Factors, Managerial Processes and Information Technology Investment Strategies",*Decision Science*,Vol.42,2011,pp.537-574.

　　③ 国家信息中心:《中国产业数字化报告 2020》,2020 年。

　　④ 刘淑春:《中国数字经济高质量发展的靶向路径与政策供给》,《经济学家》2019 年第 6 期。

式、运营机制、生产过程等相较于工业化体系发生系统性重塑,客观上要求企业打破传统工业化管理情形下的路径依赖(黄群慧等,2019;肖静华,2020)①②,改变原有的企业管理思维逻辑(陈剑等,2020)③,驱使企业生产管理趋向智能化、企业营销管理趋向精准化、企业资源管理趋向高效化,从而带来企业管理范式乃至管理制度的颠覆式创新(Frynas等,2018;Einav和Levin,2014)④⑤。因此,企业管理数字化变革是企业在数字化环境和浪潮之下亟待关注的重要理论前沿问题(陈冬梅等,2020;Agrawal等,2018)。⑥⑦

企业管理数字化变革不仅对现有企业管理范式提出了新命题,也推动了企业治理结构、内部管控、运营机制发生根本性变革(戚聿东、肖旭,2020)。⑧那么首先需要思考的是,数字化管理对企业投入产出效率真的有影响吗?巴克希等(Bakhshi等,2014)选择了英国500家企业作为样本⑨,对他们的数字化产出效率进行分析发现,将用户数据纳入企业管理的企业生产率比没有纳入的企业平均高8%—13%,米卡列夫和帕特利(Mikalef和Pateli,2017)也持有类似的观点⑩,但也有一些研究对此提出了质疑,认为数字技术与企业绩效之间并没有直接的正相关关系。哈吉里等(Hajli等,2015)的研究发现,只有

①　黄群慧、余泳泽、张松林:《互联网发展与制造业生产率提升:内在机制与中国经验》,《中国工业经济》2019年第8期。

②　肖静华:《企业跨体系数字化转型与管理适应性变革》,《改革》2020年第4期。

③　陈剑、黄朔、刘运辉:《从赋能到使能——数字化环境下的企业运营管理》,《管理世界》2020年第2期。

④　Frynas,J.G.,Mol,M.J. and Mellahi,K.,"Management Innovation Made in China:Haier's Rendanheyi",*California Management Review*,Vol.61,No.1,2018,pp.71-93.

⑤　Einav,L. and Levin,J.,"Economics in the Age of Big Data",*Science*,Vol.346,No.6210,2014,pp.715-721.

⑥　陈冬梅、王俐珍、陈安霓:《数字化与战略管理理论——回顾、挑战与展望》,《管理世界》2020年第5期。

⑦　Agrawal,A.,Gans,J. and Goldfarb,A.,*Prediction Machines:The Simple Economics of Artificial Intelligence*,Brighton,MA:Harvard Business Review Press,2018.

⑧　戚聿东、肖旭:《数字经济时代的企业管理变革》,《管理世界》2020年第6期。

⑨　Bakhshi,H.,Bravo,B.A. and Mateos,C.J.,"Inside the Datavores:Estimating the Effect of Data and Online Analytics on Firm Performance",*London:NESTA*,2014.

⑩　Mikalef,P. and Pateli,A.,"Information Technology-Enabled Dynamic Capabilities and Their Indirect Effect on Competitive Performance:Findings from PLS-SEM and fsQCA",*Journal of Business Research*,Vol.70,2017,pp.1-16.

部分企业从数字化转型中获得绩效。[1] 囿于企业管理能力滞后于数字化技术变化,数字技术与企业原有资源和业务流难以融合,导致企业推行数字化后的绩效增长并不显著(戚聿东、蔡呈伟,2020)。[2] 埃森哲《2020 年中国企业数字转型指数研究》同样支持了这一结论,发现数字化转型带来绩效提升的企业数量占比仅从 2018 年的 7% 提升到当前的 11%。这或许是继"索洛悖论"或"IT 生产率悖论"之后的"数字化转型悖论",如何帮助企业掌握"阵痛期"规律并加以利用或已成为解决这一悖论的重要手段和方式。

从企业看,推进数字化管理和变革需要大量资本投入和沉淀成本,如何根据所属行业属性、规模体量、技术优势等特征选择科学的数字化变革路径,制定合理的投资计划,是企业推进数字化管理必须考量的现实问题。从目前看,企业资源计划系统(Enterprise Resource Planning,ERP)、企业生产制造执行系统/集散控制系统(Manufacturing Execution System/Distributed Control System,MES/DCS)、企业产品生命周期管理系统(Product Life‐cycle Management,PLM)[3]作为数字化转型的主要投资项目,通过订单管理、采购管理、库存管理、供应商管理、客户关系管理等资源的数字化配置,支撑和服务资金链、供应链、要素链、业务链的精准化匹配,成为企业管理数字化变革的探索路径。企

<hr/>

[1]　Hajli,M.,Sims,J.M. and Ibragimov,V.,"Information Technology Productivity Paradox in the 21st Century",*International Journal of Productivity and Performance Management*,Vol.64,No.4,2015,pp.457‐478.

[2]　戚聿东、蔡呈伟:《数字化对制造业企业绩效的多重影响及其机理研究》,《学习与探索》2020 年第 7 期。

[3]　ERP 项目是指建立在信息技术基础上,集信息技术与先进管理思想于一身,以系统化的管理思想,为企业员工及决策层提供决策手段的管理平台。它是从物料需求计划(MRP)发展而来的新一代集成化管理信息系统,它扩展了 MRP 的功能,其核心思想是供应链管理,跳出了传统企业边界,从供应链范围去优化企业的资源,优化了现代企业的运行模式,反映了市场对企业合理调配资源的要求。它对于改善企业业务流程、提高企业核心竞争力具有显著作用(张后启,2001)。MES/DCS 项目借助精益管理的思想,旨在通过执行系统将车间业务流程协同起来,实时监控底层设备和生产业务的运行状态,帮助企业实现生产计划管理、工艺过程调度、车间库存管理、产品动态跟踪,将生产状况及时反馈给企业决策层,最终提高企业生产制造的执行效率和能力。PLM 项目是支持产品整个生命周期信息的创建、管理、应用和共享的解决方案,它结合电子商务技术与协同技术,将产品的开发流程与 SCM、CRM 等系统进行集成,将孤岛式流程管理转变为集成化的一体管理,实现从概念设计、项目管理、物料规划、产品维护到供应链管理信息的全面数据管理。

业管理数字化变革的投资会随着市场和企业自身特征进行调整,以 ERP 数字化项目为例,图 5-1 描述了 ERP 项目企业投资规模、投资时间和企业数量的直方图。可以看出,2006—2010 年,大量企业选择较大规模的 ERP 投资,之后随着企业数字化管理平台的完善,ERP 项目的投资回报率逐步降低,企业随之降低投资规模,尽管 2011—2015 年受数字经济改革的政策影响,ERP 项目的投资规模有所增加,但之后投资规模持续降低。也就是说,企业数字化转型投资项目具有上述动态波动特点,推行数字化管理的"阵痛期"特征得以初步体现,但当多数企业走过推行数字化管理动态波动的"阵痛期",投入产出效率提升带来的先发优势也就得到显著提升。针对企业管理数字化转型投资项目,企业的投资决策会随着环境变化、企业规模、所处行业和所有制结构等因素产生较为显著的差异。

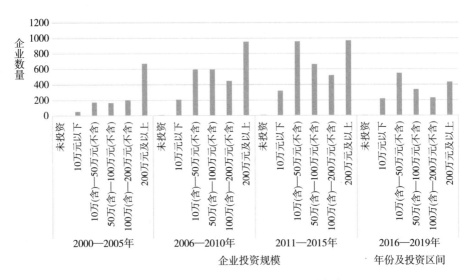

图 5-1 样本企业 ERP 项目投资年度动态变化

通过梳理已有文献发现,针对企业数字化变革的研究主要集中在宏观、社会和产业层面,而微观层面针对企业管理数字化、数字转型投资项目带来的企业层面的投入产出效率和效益等研究文献相对较少。同时,令人感兴趣的是,微观层面的企业究竟是通过什么样的机制来实现企业管理数字化,其背后有着怎样的深层次动因,以及企业应如何规避数字化投入特征带来的"阵痛期",从而提升企业的投入产出效率。基于此,本章首先梳理了学术界的相关代表性文献。王开科等(2020)从宏观经济层面讨论了我国数字经济与传统经济的融合发展程度,表明数字技术的应用显著提升了社会生产效率,同时认为数字技术通用性的提升是改善生产效率的关键[①];王春云、王亚菲(2019)从全社会和第一、第二、第三产业角度,将资本服务理论引入资本回报率测算方法中,量化数字化资本在全社会及行业资本回报率中的作用[②];何帆、刘红霞(2019)从经济政策角度,利用 A 股 2012—2017 年数据研究表明,我国数字经济政策对实体企业数字化变革业绩影响较大,数字化变革显著提升了实体企业经济效益[③];黄群慧等(2019)重点关注了互联网发展对制造业生产率的影响,从城市、行业、企业三个维度表明,互联网发展显著促进了城市整体和制造业整体生产率,且对制造业整体生产率的影响大于其对城市整体生产率的影响[④]。这些文献从宏观层面(含社会发展、经济政策,以及产业/行业整体生产率等不同视角)对数字经济和企业数字化变革的影响效应进行了卓有价值的探索,为本章拓展针对企业内部微观管理层面的数字化变革研究提供了思路上的有益探索和启发。然而,企业内部管理的数字化变革仍然是只"黑匣子",企业管理的数字化投资主要包括哪些? 其是否能带来投入产出率的提升? 如果是,那么这种影响究竟通过怎样的内在机制或哪些关键要素进行传导? 企业应如何利用这种数字化项目投入和效率之间的特征关系走过推行数字化管理动态波动的"阵痛期",从而显著提升企业数字化管理的先发优势? 或许由于目前官方统计几乎没有针对企业内部数字化的细分统计指标及数据,抑或针对企业的管理数字化进行详细的问卷调查操作起来存在较大难度,导致目前缺乏这方面的研究。这是本章的出发点和落脚点,也是本章在现有

---

① 王开科、吴国兵、章贵军:《数字经济发展改善了生产效率吗》,《经济学家》2020 年第 10 期。

② 王春云、王亚菲:《数字化资本回报率的测度方法及应用》,《数量经济技术经济研究》2019 年第 12 期。

③ 何帆、刘红霞:《数字经济视角下实体企业数字化变革的业绩提升效应评估》,《改革》2019 年第 4 期。

④ 黄群慧、余泳泽、张松林:《互联网发展与制造业生产率提升:内在机制与中国经验》,《中国工业经济》2019 年第 8 期。

文献基础上尝试突破和产生边际贡献的地方。

作为全国第一个信息化和工业化深度融合国家示范区的浙江省，2013年起按照国家部署启动"两化"（即信息化和工业化）融合示范区建设，每年对参与数字化改造的企业进行动态跟踪、问卷调查和绩效评估，为本书的研究提供了有力的支撑和直接的数据来源。浙江的数字经济发展在各省市中比较典型，其从2013年到2019年经历了1.0版、2.0版再到3.0版的变化①，在全国具有引领性、先行性、示范性，对其企业数字化变革和投入产出效率的深入研究能够为全国其他省份提供经验证据及政策启示。尤其是当前仍处于数字化变革之初，尽管我国技术水平足以支撑多数企业推行数字化管理，然而企业仍在困惑：该如何顺应数字经济的大势，最优化利用现有数字技术？如何投资数字化转型项目才能推进企业的数字化管理能力提升？如何看待数字化管理动态波动"阵痛期"的持续时间、"黑箱"机制，以及跨过这一"阵痛期"后是否/或能够在多大程度上为企业提升效率并带来收益？

基于上述理论和现实背景，本书试图在这些方面作出有益探索，即基于全国首个"两化"融合国家示范区连续5年的动态调研数据，考察样本企业推行数字化变革对投入产出效率的影响，力图为全国其他区域专精特新企业在追逐数字化优势和推进数字化管理的具体投资方向及规模等方面提供示范标杆和管理启示。首先，本章揭示了数字化变革过程中资本与劳动产出之间的关系，为专精特新企业提高数字化管理的资本预算占比提供理论依据；其次，针对化工品和建材类加工制造业、技术密集型的中高端加工制造业、劳动密集型的低端加工制造业、制品业的异质性分析和规模递增与递减效果初探，为不同类型规模企业的数字化转型投资项目的投资重点、投资规模和方向提供了十分具体的指导和建议；再次，深入剖析数字化投入和效率之间的非线性关系和

① 2013年10月，工信部正式批复浙江成为全国第一个"信息化和工业化深度融合国家示范区"，鼓励浙江先行探索为全国提供改革经验，这是"两化"深度融合的1.0版。2016年11月，浙江省又获批建设全国第一个国家信息经济示范省，这是"两化"深度融合的2.0版。2019年10月，浙江进一步获批成为"国家数字经济创新发展试验区"，这是"两化"深度融合的3.0版。由此，该省2015—2019年的面板数据亦成为本书有关企业推行数字化管理提升投入产出效率的样本选择区。

推行数字化管理动态波动的"阵痛期"现象,解析这一让企业因不明晰不确定性而产生担忧的神秘"黑箱"机制,进而解决企业面对数字化变革产生的"不敢转""不愿转"和"不会转"等现实问题;复次,全国首个"两化"融合国家示范区已于7年前按照国家部署启动相应的数字化建设,多数企业已度过"阵痛期"并带来经过企业实践检验的数字化管理投资效果和经验证据/失败教训,基于这一动态跟踪调查数据的研究,不仅有利于剖析企业数字化转型投资项目带来的实际投入产出效率,还能够对全国其他区域推进企业数字化管理/变革提供一个参考样板和基础模板,对全国的数字化变革起到示范和启示作用;最后,本章的研究结论以期为我国各地企业在优化数字化转型项目投资预算结构、结合企业实际制定数字化专项规划方面提供有益的判断,也将有助于政府在数字化变革的浪潮中制定符合行业特质和企业实际的精准化政策体系,使数字化转型与管理的政策供给与企业数字化发展阶段及需求更加匹配。

本章的边际贡献在于:(1)相较于现有基于社会发展、经济政策,以及产业/行业整体生产率等不同视角企业数字化变革的宏观层面研究,本章试图探讨企业内部、微观的管理数字化变革对其投入产出效率的影响,以 ERP、MES/DCS、PLM 数字化投资项目为数字化管理的嵌入路径,揭示企业推进数字化管理提升投入产出效率的内在机制。(2)以全国第一个"两化"融合国家示范区内的 1950 家工业企业为研究对象,使用企业实际推进数字化管理连续5 年的追踪调查数据,运用随机前沿分析(SFA)方法,区别于社会总体/中国资本回报率,创新性地从微观企业层面测算了数字化管理的投入产出效率,进而探讨了企业各类数字化转型投资项目的企业规模、行业特征和所有制结构等异质性差异,为企业制定具体的数字化管理决策、数字化转型项目投资预算和规模,以及政府制定相应的政策体系提供了经验证据和决策依据。(3)在分析了企业推进数字化管理过程中资本产出弹性、劳动产出弹性和数字化投资项目的投入产出效率基础上,使用 Tobit 模型对企业推进数字化管理、实现数字化转型的影响因素进行了深入分析,探讨了企业管理数字化投入和效率之间的非线性关系,推行数字化管理动态波动的"阵痛期",以及数字化转型项目投资规模的最优临界点,使研究结论具有现实意义。

第一节 基于投入产出率视角的数字化赋能研究的理论逻辑

一、文献综述

（一）企业管理数字化变革

企业通过关键业务、关键环节、关键部位的数字化推进管理变革，加快业务模式创新，增强应对市场变化的灵活性和敏感性（Mikalef 和 Pateli，2017；袁勇，2017）①②，通过数字技术革新工艺流程，实现客户价值创造的改变，也使得企业的价值创造被重新定义和有效创新。针对专精特新企业战略转型，并不只是简单的重塑业务流程，而是以组织模式创新作为切入点，与新时代下的技术创新相结合，推动整个企业创造新的价值（夏清华、娄汇阳，2018）③。而企业若想成功实现数字化，需对当前的业务模式和流程进行改造，或者以更优的新业务模式替代原有模式（Meffert，2018）。④ 数字化转型会改变企业组织结构、流程和业务活动（见图 5-2），影响并且重塑企业的整个管理系统。肖旭、戚聿东（2019）和仉瑞、徐婉渔（2019）认为数字技术的应用改变了传统的商业逻辑，其价值维度体现在推动产业跨界融合、重构产业组织的竞争模式、赋能产业升级等方面。⑤⑥ 企业数字化转型应该是企业组织管理方式、生产管理模式、商业管理模式等在内的全方位的变革，吴群（2017）认为⑦，传统企业的数字化转型是数字技术与企业生产制造、销售物流和产品创新等环节的

---

① Mikalef, P. and Pateli, A., "Information Technology-Enabled Dynamic Capabilities and Their Indirect Effect on Competitive Performance: Findings from PLS-SEM and fsQCA", *Journal of Business Research*, Vol.70, 2017, pp.1-16.

② 袁勇：《BPR 为数字化转型而生》，《企业管理》2017 年第 10 期。

③ 夏清华、娄汇阳：《基于商业模式刚性的商业模式创新仿真——传统企业与互联网企业比较》，《系统工程理论与实践》2018 年第 11 期。

④ Meffert, J., *Digital Scale the Playbook You Need To Transform Your Company*, Shanghai: Shanghai Jiao Tong University Press, 2018.

⑤ 肖旭、戚聿东：《产业数字化转型的价值维度与理论逻辑》，《改革》2019 年第 8 期。

⑥ 仉瑞、徐婉渔：《人力资源数字化转型的破局之道》，《人民论坛》2019 年第 22 期。

⑦ 吴群：《传统企业互联网化发展的基本思路与路径》，《经济纵横》2017 年第 1 期。

融合,企业要想通过转型获得更强大的生命力,需运用互联网的思维方式和数字技术从商业模式、资本模式、管理模式、心智模式四个方面对企业进行重构(王晓燕,2016)[1]。总之,随着数字技术在企业管理过程中的嵌入越来越深,学术界逐渐开始关注企业内部的数字化转型。

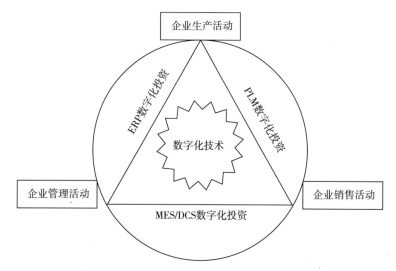

图5-2 企业管理数字化变革的嵌入路径

(二)企业数字化投入产出效率

通过梳理已有文献发现,关于数字化转型对企业绩效的实证影响研究比较少,基本结论可以归纳为数字化投入/转型的积极效应或消极/不确定效应。一方面,众多学者认为企业推行数字化管理有助于企业提升持续竞争优势(Benner和 Waldfogel,2023;Bruce 等,2017;Ross 等,1996;李坤望等,2015)[2][3][4][5]、提

① 王晓燕:《"互联网+"环境下传统企业转型研究》,《经济研究导刊》2016 年第 23 期。

② Benner,M.J.and J.Waldfogel,"Changing the Channel:Digitization and the Rise of 'Middle Tail' Strategies",*Strategic Management Journal*,Vol.44,No.1,2023,pp.264-287.

③ Bruce,N.I.,B.P.Murthi and R.C.Rao,"A Dynamic Model for Digital Advertising:The Effects of Creative Format,Message Content,and Targeting on Engagement",*Journal of Marketing Research*,Vol.54,No.2,2017,pp.202-218.

④ Ross,J.W.,C.M.Beath and D.L.Goodhue,"Develop Long-term Competitiveness through IT Assets",*Sloan Management Review*,Vol.38,No.1,1996,pp.31-42.

⑤ 李坤望、邵文波、王永进:《信息化密度,信息基础设施与企业出口绩效——基于企业异质性的理论与实证分析》,《管理世界》2015 年第 4 期。

升财务绩效(Jeffers 等,2008;章文光等,2016;宁光杰、林子亮,2014)①②③,以及提升组织绩效等(Johnson 等,2017;周驷华、万国华,2016;崔瑜等,2013;郑国坚等,2016)④⑤⑥⑦。何帆、刘红霞(2019)⑧利用 A 股 2012—2017 年的数据,考察实体企业数字化变革的业绩提升效应。恩万卡帕和鲁马尼(Nwankpa 和 Roumani,2016)基于资源基础观理论⑨,研究发现数字化转型对创新和企业绩效有积极的影响。根据 IDC 统计,2018 年全球前 2000 名企业中,有 75% 将为它们的"产品或服务""供应链网络""销售渠道"或者"业务操作"建立完善的信息化经济模型或者"数字孪生"。另一方面,也有部分学者对数字技术应用对企业业绩/绩效的影响持消极态度(吴溪等,2017)⑩或认为企业推行数字化管理对企业会产生不确定效应,包括数字鸿沟增加协同难度(Dodson 等,

① Jeffers,P.I.,Muhanna,W.A. and Nault,B.R.,"Information Technology and Process Performance:An Empirical Investigation of the Interaction Between IT and Non-IT Resources",*Decision Science*,Vol.39,No.4,2008,pp.703-735.

② 章文光、Ji Lu、Laurette Dubé:《融合创新及其对中国创新驱动发展的意义》,《管理世界》2016 年第 6 期。

③ 宁光杰、林子亮:《信息技术应用、企业组织变革与劳动力技能需求变化》,《经济研究》2014 年第 8 期。

④ Johnson,G.A.,Lewis,R.A. and Reiley,D.H.,"When Less is More:Data and Power in Advertising Experiments",*Marketing Science*,Vol.36,No.1,2017,pp.43-53.

⑤ 周驷华、万国华:《信息技术能力对供应链绩效的影响:基于信息整合的视角》,《系统管理学报》2016 年第 1 期。

⑥ 崔瑜、焦豪、张样:《基于 IT 能力的学习导向战略对绩效的作用机理研究》,《科研管理》2013 年第 7 期。

⑦ 郑国坚、林东杰、谭伟强:《系族控制、集团内部结构与上市公司绩效》,《管理世界》2016 年第 12 期。

⑧ 何帆、刘红霞:《数字经济视角下实体企业数字化变革的业绩提升效应评估》,《改革》2019 年第 4 期。

⑨ Nwankpa,J. and Roumani,Y.,"IT Capability and Digital Transformation:A Firm Performance Perspective",*International Conference on Interaction Sciences*,2016.

⑩ 吴溪、朱梅、陈斌开:《"互联网+"的企业战略选择与转型业绩——基于交易成本的视角》,《中国会计评论》2017 年第 6 期。

2015；Grewal 等，2019；韩先锋等，2014；饶品贵等，2008；陈国青等，2018）[1][2][3][4][5]、研发效率低下（Jacobides 等，2018）[6]、降低创新资源和要素集聚程度（曾伏娥等，2018）[7]。当前，学界和实践界正见证着数字创新和数字机遇的出现，企业越来越多地采用各种机会如大数据、云计算、机联网或物联网、社交媒体和移动平台，以构建具有竞争力的数字业务战略。可见，以大数据应用、智能化和网络化为特征的数字化管理、转型和变革，给企业发展带来了颠覆性的变化与前所未有的机遇和挑战（林琳、吕文栋，2019）[8]，这使得对企业推进管理数字化变革带来的长期的、动态的投入产出效率研究愈加重要。

（三）"两化"融合及"两化"融合国家示范区

"两化"融合的本质是信息技术向制造业不断渗透，解决了产业分工不断细化与交易成本不断上升这一难以破解的天然矛盾，促使相互独立的产业边界不断跨界融合（Martha 等，2001）。[9] 卡马卡尔（Karmarkar，2010）[10]、穆萨等

① Dodson, M., Gann, D., Wladawsky-Berger, I., Sultan, N. and George, G., "Managing Digital Money", *Academy of Management Journal*, Vol.58, No.2, 2015, pp.325-333.

② Grewal, L., Stephen, A.T. and Coleman, N.V., "When Posting About Products on Social Media Backfires: The Negative Effects of Consumer Identity Signaling on Product Interest", *Journal of Marketing*, Vol.56, No.2, 2019, pp.197-210.

③ 韩先锋、惠宁、宋文飞：《信息化能提高中国工业部门技术创新效率吗》，《中国工业经济》2014 年第 12 期。

④ 饶品贵、赵龙凯、岳衡：《吉利数字与股票价格》，《管理世界》2008 年第 11 期。

⑤ 陈国青、吴刚、顾远东、陆本江、卫强：《管理决策情境下大数据驱动的研究和应用挑战——范式转变与研究方向》，《管理科学学报》2018 年第 7 期。

⑥ Jacobides, M.G., Cennamo, C. and Gawer, A., "Towards a Theory of Ecosystems", *Strategic Management Journal*, Vol.39, No.8, 2018, pp.2255-2276.

⑦ 曾伏娥、郑欣、李雪：《IT 能力与企业可持续发展绩效的关系研究》，《科研管理》2018 年第 4 期。

⑧ 林琳、吕文栋：《数字化转型对制造业企业管理变革的影响——基于酷特智能与海尔的案例研究》，《科学决策》2019 年第 1 期。

⑨ Martha, A., Garcia Murillo and Macinnes, I., "FCC Organizational Structure and Regulatory Convergence", *Telecommunications Policy*, Vol.25, No.6, 2001, pp.431-452.

⑩ Karmarkar, U.S., "The Global Information Economy and Service Industrialization: The UCLA BIT Project", *Service Science, Management & Engineering*, Vol.37, No.7, 2010, pp.243-250.

(Moosa 等,2011)①认为,"两化"融合中专精特新企业利用信息化网络拓展生产模式,实现网络化、智能化、集约化制造,显著促进企业与市场消费者之间的沟通交流。张等(Zhang 等,2001)②认为,信息化有助于企业与内外部环境之间的信息收集、信息交换、信息整合,从而传导到业务流程优化、资源要素配置,而且进一步认为,只有形成企业整体的信息化能力才能显著提升企业价值链和竞争力。大量文献还从"两化"融合程度等方面探讨了其对制造业转型升级的影响(杨蕙馨等,2016;杜传忠、杨志坤,2015;陈石、陈晓红,2013;邱君降等,2019)③④⑤⑥。从实践层面看,2013 年 10 月,工信部正式批复浙江成为全国第一个"两化"深度融合国家示范区,先行先试开展示范试点,以实现以点带面、推动整体改革。2014 年 4 月,浙江省印发《关于建设信息化和工业化深度融合国家示范区的实施意见》。与政策实践相比,学术界的相关研究比较滞后,如前文所述,实践中的大量问题需要理论层面的深化研究和回答。

综上所述:首先,与宏观层面数字化投入产出绩效测算文献相比,微观企业层面推进数字化管理的投入产出效率测算文献较为匮乏;其次,鉴于企业数字化包括数字技术在生产、管理、销售等各个层面的数字化,特别是 ERP、MES/DCS、PLM 等不同数字化投资项目的影响可能存在差异,需要对企业推行数字化管理的投资项目进行更为具体和细分的探讨;最后,企业在推进数字化管理过程中,作为嵌入路径的各类数字化转型投资项目的异质性特征,以及连续年份的动态特征均有待进行深入的实证研究和讨论。对此,本章参考已

---

①　Moosa,L.,Larry,L. and Naughton,T.,"Robust and Fragile Firm-specific Determinants of the Capital Structure of Chinese Firms",*Applied Financial Economics*,Vol.21,No.18,2011,pp.1331-1343.

②　Zhang,M.J. and Lado,A.A.,"Information Systems and Competitive Advantage:A Competency-Based View",*Technovation*,Vol.21,No.6,2001,pp.147-156.

③　杨蕙馨、焦勇、陈庆江:《两化融合与内生经济增长》,《经济管理》2016 年第 1 期。

④　杜传忠、杨志坤:《我国信息化与工业化融合水平测度及提升路径分析》,《中国地质大学学报(社会科学版)》2015 年第 3 期。

⑤　陈石、陈晓红:《"两化"融合与企业效益关系研究——基于所有制视角的门限回归分析》,《财经研究》2013 年第 1 期。

⑥　邱君降、王庆瑜、李君、左越:《两化融合背景下我国企业工业管理基础能力评价研究》,《科技管理研究》2019 年第 7 期。

有研究,采用"两化"融合国家示范区范围内的 1950 家企业连续 5 年的动态跟踪调查数据,对企业数字化投入产出效率进行初步测算,并对影响因素进行分析,进一步根据企业的异质性分别回归,以期对 ERP、MES/DCS、PLM 等不同数字化转型投资项目的影响差异进行客观的反映,剖析企业数字化管理提升投入产出效率的内在机制,为我国企业推动管理数字化变革提供实证依据和决策参考。

二、理论假说提出

数字化技术改变甚至重塑了企业内部的管理流程,重新定义了企业的竞争模式、竞争机制和竞争边界(Porter 和 Heppelmann,2014)[1],打破了企业内部不同环节、不同模块、不同部门之间的"数据孤岛",基于数据归集、数据分析、数据决策实现更高效的生产管理,降低了企业市场交易成本包括搜索成本、信息成本、运输成本、传递成本、管理成本等,促进了资源组织和配置效率以及供应链的管理能力,从而提升了创造价值的绩效(黄群慧等,2019;李海舰等,2014)[2][3]。克莱蒙斯和英罗(Clemons 和 Row,1992)的研究认为[4],互联网信息技术的运用能够帮助企业大幅减少中间交易成本,不仅改变了开展交易活动的时空形态,而且改变了交易活动的模式和范围,实现了企业市场交易的更广范围、更高效率。如 ERP 项目,它本身是从物料需求计划(MRP)发展而来的新一代集成化管理信息系统,针对制造业进行物质资源、信息资源、资金资源等一体化管理,通过供应链管理的集成实现跨部门的资源共享,进而提高企业的市场竞争能力。王开科等(2020)研究发现,企业通过把数字技术产品应用于内部生产管理,嵌入生产运营的各个环节,为企业生产活动提供智能

①　Porter,M.E. and Heppelmann J.E.,"How Smart,Connected Products are Transforming Competition",*Harvard Business Review*,Vol.11,2014,pp.96–114.

②　黄群慧、余泳泽、张松林:《互联网发展与制造业生产率提升:内在机制与中国经验》,《中国工业经济》2019 年第 8 期。

③　李海舰、田跃新、李文杰:《互联网思维与传统企业再造》,《中国工业经济》2014 年第 10 期。

④　Clemons,E.K. and Row,M.C.,"Information Technology and Industrial Cooperation:The Changing Nature of Coordination and Ownership",*Journal of Management and Information Systems*,Vol.9,No.2,1992,pp.9–28.

化生产、销售流程再造和技术支持,也为原材料和中间品采购、内部组织管理提供数字化技术支撑,通过促进生产要素之间的协调性带来全要素生产率的提升。[1] 与传统工业技术相比,数字技术的突出优势在于能够更加系统、精准地捕捉企业生产管理过程中的一切数据和信息,通过数据运算和信息加工实现更加精细化、柔性化的生产(戚聿东、肖旭,2020)[2],尤其是基于数字技术建立的"无人工厂""无人车间""无人生产线",能够实现大批量、多品种、个性化、可视化的智能生产,而且企业生产周期、用工规模、产品不良率、人力管理成本等均显著降低。比如,MES/DCS项目是面向制造企业车间执行层面的生产信息化管理系统,通过制造数据管理、计划排程管理、产品质量和技术标准管理、工具工装管理、生产过程控制、产品库存管理、生产调度管理、底层数据分析反馈等对整个车间制造过程进行流程优化,从而形成快速反应、充分弹性、精益生产、质量追溯的制造生态环境。综上,我们认为,企业进行数字化转型投资,本质上就是通过数字技术赋能企业发展,从而实现企业管理数字化变革的价值输出。基于以上分析,本章提出理论假说5-1:

理论假说5-1:企业推行数字化管理能够提升投入产出效率,对企业带来正向影响。

企业管理的数字化变革对企业而言意味着新的开支、较高的学习成本以及未来的不确定性。这一变革显然并不是简单的数字技术驱动,也非加大资本投入就一定能够带来产出的增长,企业管理数字化转型从前期投入阶段(主要包括软硬件投入和培训服务)到中期内化阶段(包括企业对投入的软硬件和服务进行学习适应,并与原有的企业管理体系进行融合),再到后期输出价值,实现预期目标往往需要经历一个复杂曲折漫长的过程。面对数字化浪潮的新变革,传统企业难以摒弃建立在传统工业化体系之上的知识和能力,导致转型难度大、速度慢(Schreyögg 和 Sydow,2011)。[3] 特别是企业原有的软硬

① 王开科、吴国兵、章贵军:《数字经济发展改善了生产效率吗》,《经济学家》2020年第10期。
② 戚聿东、肖旭:《数字经济时代的企业管理变革》,《管理世界》2020年第6期。
③ Schreyögg, G. and Sydow, J.,"Organizational Path Dependence:A Process View",*Organization Studies*,Vol.32,No.3,2011,pp.321-335.

件系统能否快速适应或过渡到新的数字化管理体系,企业员工的数字化能力能否快速适应内部变革的需求,以及是否具备与数字化管理变革相适应的数字化加速学习机制(肖静华等,2021)。① 对企业而言,数字化变革并非一蹴而就的事,推行数字化管理的效果可能需要一定的时间。以 ERP 项目实施为例,企业内部的业务部门与数字化部门之间需要密切合作,当业务流程随着 ERP 改变时,企业内部的组织结构、资源配置、调度管理等都需要随之转变,企业员工还需要具备与数字化转型相适应的技能,这些因素可能阻滞或者延缓数字化带来的影响。动态观察部分企业数字化轨迹发现,企业往往选择"局部数字化→模块数字化→整体数字化"的渐进式数字化转型路径(刘鹏飞、赫曦滢,2018)②,持续推动企业管理体系与数字化技术的融合,对业务流程、组织结构、资源配置、技术培训等进行不断的反复调试,这个调试过程实际上是业务数字化、管理数字化、技术数字化的不断耦合和相互适应,以获得提升投入产出效率的结果。由此,本章提出理论假说5-2:

理论假说5-2:企业推行数字化管理对投入产出效率的影响存在时滞性。

无论是学术界还是政府部门的实践,基本认为,不同行业如加工业/制造业、重工业/轻工业的企业管理数字化变革对投入产出效率的影响效应是有差异的。根据中国信通院(2020)的一项研究③,重工业数字化占行业增加值比重基本上均高于10%,而轻工业数字化占行业增加值比重较低,维持在4%—7%左右,而且重工业行业的数字化转型速度、数字化侧重点以及产生的绩效不同于轻工业。资本密集型的装备制造企业为了实现大规模个性定制以及全业务链数据驱动和敏捷制造,往往投入大量资本购买传感器、工业相机、读码机等先进设备,通过 MES/DCS 等数字技术投入实现智能排程、进度监控、物料预警、质量监控、数据分析等功能,从而促进企业设备利用率提升、产品生产周期缩短、运营成本降低以及产品不良品率降低(Kusiak,2017;陈

---

① 肖静华、吴小龙、谢康、吴瑶:《信息技术驱动中国制造转型升级——美的智能制造跨越式战略变革纵向案例研究》,《管理世界》2021年第3期。
② 刘鹏飞、赫曦滢:《传统产业的数字化转型》,《人民论坛》2018年第26期。
③ 中国信通院:《全球数字经济新图景(2020年)——大变局下的可持续发展新动能》,中国信息通信研究院报告,2020年10月。

剑等,2020)。①② 但轻工企业与装备制造企业的数字化侧重点不同,它们往往通过 ERP、PLM 等融合,把订单指令、物料供应、产前准备、生产协同、品质管控、产品储运、物流动态等运营环节一体集成,实现人工成本下降、物流耗时下降、物耗能耗下降以及生产效率提升(Chen 等,2020)。③ 因此,不同资本密集程度的企业在数字化变革过程中侧重点是不同的,资本密集程度高的重工业企业往往需要投入大量资本对生产端进行数字化改造,而资本密集程度低的轻工业企业更多的是对物流端以及销售端进行数字化改造,当然,数字化改造后带来的投入产出效应也存在一定差异。因此,本章提出理论假说 5-3:

理论假说 5-3:企业推行数字化管理对企业投入产出效率的提升效应具有行业异质性差异。

目前关于数字化投入与产出效率的研究不多见,但关于信息技术与经济增长的研究能够为本章提供有益的启示。切尔尼克等(Czernich 等,2011)④、乔伊和易(Choi 和 Yi,2009)⑤、刘生龙和胡鞍钢(2010)⑥等分别从互联网设施、宽带投资、互联网渗透率等不同角度对经济增长的影响进行了研究,认为信息技术的广泛应用对经济产出具有显著的正向作用,但也有研究发现不同时期、不同阶段的信息技术发展对经济增长的贡献存在差异性(郑世林等,2014)⑦,有些研究甚至认为,IT 投资是效率提升的必要非充分条件(Dewan 和 Kraemer,2000)⑧,

---

① Kusiak,A.,"Smart Manufacturing Must Embrace Big Data",Nature,Vol.544,No.7648,2017,pp.23-25.

② 陈剑、黄朔、刘运辉:《从赋能到使能——数字化环境下的企业运营管理》,《管理世界》2020 年第 2 期。

③ Chen,M.,Sun,P. and Xiao,Y.,"Optimal Monitoring Schedule in Dynamic Contracts",Operations Research,Vol.68,No.5,2020,pp.1285-1314.

④ Czernich,N.,Falck,O.,Kretschmer,T. and Woessmann,L.,"Broadband Infrastructure and Economic Growth",Economic Journal,Vol.121,No.552,2011,pp.505-532.

⑤ Choi,C. and Yi,M. H.,"The Effect of the Internet on Economic Growth:Evidence from Cross-country Panel Data",Economics Letters,Vol.105,No.1,2009,pp.39-41.

⑥ 刘生龙、胡鞍钢:《基础设施的外部性在中国的检验:1988—2007》,《经济研究》2010 年第 3 期。

⑦ 郑世林、周黎安、何维达:《电信基础设施与中国经济增长》,《经济研究》2014 年第 5 期。

⑧ Dewan,S. and Kraemer,K. L.,"Information Technology and Productivity:Evidence from Country-Level Data",Management Science,Vol.46,No.4,2000,pp.548-562.

并不一定提高生产效率,即存在 IT 投资的"生产率悖论"(Lin 和 Shao,2006)①。然而,随着互联网技术不断发展,特别是大数据、云计算、物联网、人工智能等数字技术的出现以及与制造业的融合程度不断深化,数字技术对经济效率和劳动生产率的正向促进作用得到越来越广泛的认可(Oliner 等,2008;郭家堂、骆品亮,2016)。②③ 王春云、王亚菲(2019)研究认为④,以 ICT 资本为核心数字化资本要素在改善资本投入结构、提高资本利用效率、促进经济高质量发展等方面具有重要作用,特别是数字化资本通过发挥"替代效应"和"渗透效应",提高了各类资本投入的生产效率。何帆、刘红霞(2019)的研究发现⑤,2012—2017 年,数字化变革企业样本总资产收益率由 2012 年的 0.04 增加到 2017 年的 0.07,净资产收益率均值由 2012 年的 0.08 上升到 2017 年的 0.11。综合现有文献,企业数字化投入对产出效率的影响可能不是简单的正向促进或反向抑制作用,数字化投入的积极影响效果显现需要具备一定的前提条件,特别是企业数字化的禀赋条件、数字化通用技术发展水平、数字技术投资所处的历史阶段和背景等,受制于这些条件,在企业数字化发展的早期阶段,其对投入产出效率的提升作用可能比较有限(王开科等,2020)⑥,甚至大量的数字化投入并不一定带来投入产出效率的提升,只有当数字化投资达到一定规模后,其带来的效率提升效果才得到逐步显现(Deighton 和 Kornfeld,2009;陈石、陈晓红,2013;支燕

①　Lin,W.T. and Shao,B.M.,"The Business Value of Information Technology and Inputs Substitution:The Productivity Paradox Revisited",*Elsevier Science Publishers B.V.*,Vol.42,No.2,2006,pp.493-507.

②　Oliner,S.D.,Siechel,D.E. and Stiroh,K.J.,"Explaining a Productive Decade",*Journal of Policy Modeling*,Vol.30,No.4,2008,pp.633-673.

③　郭家堂、骆品亮:《互联网对中国全要素生产率有促进作用吗》,《管理世界》2016 年第 10 期。

④　王春云、王亚菲:《数字化资本回报率的测度方法及应用》,《数量经济技术经济研究》2019 年第 12 期。

⑤　何帆、刘红霞:《数字经济视角下实体企业数字化变革的业绩提升效应评估》,《改革》2019 年第 4 期。

⑥　王开科、吴国兵、章贵军:《数字经济发展改善了生产效率吗》,《经济学家》2020 年第 10 期。

等,2012)①②③。诺兰"六阶段论"模型表明了发达国家企业信息化发展规律,揭示了企业在信息化转型初期,尽管IT投资增加较快,但生产效率和投资效益并不理想,这个阶段企业陷入"阵痛期",只有到了数据统一管理和使用阶段,企业信息化生产经营绩效才得到逐步增速提升;然而,在边际效用递减规律作用下,随着企业数字化投入的持续增加,内部管理的系统性和复杂性越来越强,协调成本上升速度加快,效率提升进程放缓,直至产出效率下降(何晓星、岳玉静,2020)。④ 按照这一理论逻辑,本章提出理论假说5-4:

理论假说5-4:数字化转型项目投资和投入产出效率之间存在非线性关系。即:企业管理数字化变革初期,尽管数字化投入增多,但产出效率却呈下降趋势,且在达到一定阈值后加速下降,企业数字化管理进入"阵痛期";然而,当投资水平超过第二阈值后,投入产出效率逐步上升,随之呈现倒"U"型关系,效率增速递减。

第二节　研究设计

一、数据来源和变量定义

本书数据来源于我国第一个"两化"融合国家示范区内1950家工业企业连续5年(2015—2019年)的跟踪调查数据,即每年在全省范围内组织的《浙江省区域"两化"融合发展水平评估企业问卷》,"两化"融合发展水平评估体系参照工信部2014年5月1日实施的"两化"融合国家标准《工业企业信息化和工业化融合评估规范》(GB/T23020-2013)。如引言所述,作为全国首个

---

① Deighton, J. and Kornfeld, L., "Interactivity's Unanticipated Consequence for Marketers and Marketing", *Journal of Interactive Marketing*, Vol.23, No.1, 2009, pp.4-10.

② 陈石、陈晓红:《"两化"融合与企业效益关系研究——基于所有制视角的门限回归分析》,《财经研究》2013年第1期。

③ 支燕、白雪洁、王蕾蕾:《我国"两化融合"的产业差异及动态演进特征——基于2000—2007年投入产出表的实证》,《科研管理》2012年第1期。

④ 何晓星、岳玉静:《边际效用递减规律在网络经济中失效了吗?》,《首都经济贸易大学学报》2020年第6期。

"两化"深度融合国家示范区,浙江省每年委托省企业信息化促进会实施"两化"融合发展水平评估,评估对象为示范区范围内的 11 个设区市和 99 个县(市、区),参与评估的企业是从示范区内进行数字化改造的 13037 家工业企业中随机抽取的有效样本企业,每年进行跟踪调查并发放问卷。调查评估于每年 11 月启动,经过通知下发、地区样本企业选取、全省样本企业填报、数据筛查和预警、电话核查、数据处理和统计分析等主要工作环节。为进一步提高评估质量,保障评估的准确性和科学性,该省加大问卷审核和数据核查力度,采取了三重筛查,尽可能确保企业数据的准确性和真实性。第一是地方主管部门对样本企业摸底,并对企业初次填报的问卷进行严格审查。第二是省企业信息化促进会对企业问卷填报得分超过预警阈值的地区进行预警提醒,要求地方主管部门核实异常问卷的企业实际情况,对问卷进行修正。第三是省企业信息化促进会对部分地区预警后仍未调整到位,存疑的地区企业问卷进行电话核查。获取有效问卷后的数据处理中,我们删除了与金融机构相关的企业,剔除部分不合理/无效的观察值,同时进行缩尾处理后,得到 5792 条有效观察值,从而得到了 1950 家企业 5 年时间的面板数据。

（一）企业投入产出效率测算

效率评价的主流研究方法有参数方法和非参数方法两种,参数方法主要以随机前沿分析方法(Stochastic Frontier Approach,SFA)为代表,非参数方法以数据包络分析方法(Data Envelopment Analysis,DEA)为代表,DEA 模型对误差项的考虑与 SFA 模型相比较为欠缺,根据本章观测量较多的数据特征,以及 SFA 模型可以基于数据随机假设更好地刻画出企业的数字化管理投入产出效率水平的方法优势,参考王和胡(Wang 和 Ho,2010)相关研究[1],运用面板随机前沿分析方法(PSFA),对企业进行数字化管理的投入产出效率进行刻画。根据前文理论分析,SFA 基本模型设定为:

$$y_{it} = f(x_{it}, \beta) \, exp(v_{it} - u_{it}) \tag{5-1}$$

其中 y_{it} 表示在第 t 期内第 i 个企业的产出,$f(x_{it}, \beta)$ 代表生产函数,x_{it} 表示

---

[1] Wang, H. J. and C. W. Ho, "Estimating Fixed-Effect Panel Stochastic Frontier Models by Model Transformation", *Journal of Econometrics*, Vol.157, No.2, 2010, pp.286-296.

在第 t 期内第 i 个企业的投入要素，β 为系数，$exp(v_{it})$ 是随机扰动项，$exp(-u_{it})$ 则为企业推行数字化管理的投入产出效率，取对数后得到：

$$\ln y_{it} = \ln f(x_{it},\beta) + v_{it} - u_{it} \qquad (5-2)$$

随机前沿分析方法要求设定生产函数形式，目前常用的生产函数形式为柯布-道格拉斯生产函数（C-D）和超越对数生产函数（Trans-Log）。由于本章的研究目的在于探讨企业推行数字化管理的项目投入对该数字项目产出效率的影响，即企业推行数字化管理产生的整体的投入产出效率，而非具体的某项软件或硬件投资，亦非各类数字化软件投资的细分效率，因此，我们选择 C-D 生产函数作为基准模型形式。

结合本章的研究目标和数据结构，选择企业利润额作为产出的代理变量，企业的信息化投资额作为资本投入的代理变量，数字化咨询和培训额作为企业劳动力投入的代理变量，构建随机前沿模型如下：

$$\ln y_{it} = \alpha_0 + \alpha_1 \ln k_{it} + \alpha_2 \ln l_{it} + v_{it} - u_{it} \qquad (5-3)$$

其中，y 代表企业产出，k 代表企业对于信息化的投入，l 代表企业对于信息化的咨询和培训费用，假设不可控因素冲击的噪声服从正态分布，与特征变量相互独立，特征变量服从 0 处的截断，因此，我们可以定义企业推行数字化管理投入产出效率为：

$$TE_{it} = exp(-u_{it}) \qquad (5-4)$$

以此来衡量各企业数字化管理的效率水平，TE 值越大，效率水平越高，同时可以使用这一指标进一步分析探讨影响企业数字化管理投入产出效率的关键因素。

由于本研究使用面板数据，运用 PSFA 方法测算，必须考虑选择的模型是否需要考虑时间固定效应以及是否存在时变，因此，本章对模型的选择形式进行检验，回归结果如表 5-1 所示。

表 5-1　随机前沿分析回归结果

	（1）	（2）	（3）	（4）
回归方法	SFA	SFA	SFA bootstraps	SFA bootstraps
解释变量	lny	lny	lny	lny

续表

	（1）	（2）	（3）	（4）
ln*k*	0.436 ***	0.431 ***	0.436 ***	0.431 ***
	（0.022）	（0.022）	（0.028）	（0.024）
ln*l*	0.041 *	0.042 *	0.041 *	0.042 *
	（0.020）	（0.020）	（0.021）	（0.017）
_cons	8.416 ***	8.414 ***	8.416 ***	8.414 ***
	（0.196）	（0.196）	（0.288）	（0.282）
lnsigma2				
_cons	1.171 ***	1.172 ***	1.171 ***	1.172 ***
	（0.042）	（0.042）	（0.053）	（0.042）
lgtgamma				
_cons	1.258 ***	1.264 ***	1.258 ***	1.264 ***
	（0.067）	（0.066）	（0.104）	（0.100）
mu				
_cons	3.061 ***	3.067 ***	3.061 ***	3.067 ***
	（0.183）	（0.182）	（0.237）	（0.232）
时间固定效应	未控制	控制	未控制	控制
N	4648	4648	4648	4648
Wald P-value	0.000	0.000	0.000	0.000
AIC	15923.2	15920.2	15923.2	15920.2
BIC	15961.8	15971.7	15961.8	15971.7

注：***p<0.01，**p<0.05，* p<0.1，括号中为标准误。

由表5-1可知，首先，企业在推行数字化管理过程中，信息化投资和咨询培训投资均对企业利润有显著的推动作用，在不考虑时间固定效应的情况下，信息化投资的产出弹性为0.436，在1%的显著性水平上显著，咨询培训的投入产出弹性，即劳动投入产出弹性为0.0405，在10%的显著性水平上显著，而在考虑了时间固定效应的情况下，资本产出弹性降低为0.431，在1%的显著性水平上显著，而劳动产出弹性提高到0.0424，在10%的显著性水平上显著，说明资本和劳动的投入对产出的影响会随着时间发生改变；其次，所有的系数值均在1%的显著性水平上显著，但是标准误却存在较大的差异，也就是说，以模型(2)作为测算基准方程是最优的;最后,四个模型均通过了 Wald 检验,运用非时变的 PSFA 方法是可行的。进一步,根据上述模型设定,对所有企业每年的数字化投入产出效率进行测算,取值越大,效率越高。随机前沿分析的 4648 个样本中,有 1326 个样本具有连续三年的观测值,308 个样本具有 2017 年的观测值,298 个样本具有 2019 年的观测值,253 个样本具有 2017 年和 2019 年两年的观测值,237 个样本具有 2018 年和 2019 年的观测值,118 个样本具有 2018 年的观测值,55 个样本具有 2017—2019 年的观测值,但 2018 年的效率值为 0,剔除效率值为 0 的样本后,共得到 4514 个观测值。排名前 10 名和后 10 名的企业信息如表 5-2 所示。

表 5-2　样本企业推行数字化管理的投入产出效率(前 10 名和后 10 名)

序号	公司名	年份	行业	效率值
1	浙江 RS 控股集团有限公司	2019	化学原料及化学制品业	0.774
2	浙江 XHC 股份有限公司	2018	化学原料及化学制品业	0.764
3	浙江 XHC 股份有限公司	2017	化学原料及化学制品业	0.764
4	浙江 XHC 股份有限公司	2019	化学原料及化学制品业	0.764
5	浙江 RS 控股集团有限公司	2017	纺织业	0.753
6	浙江 ZC 控股集团有限公司	2017	多元化集团	0.738
7	浙江 ZC 控股集团有限公司	2019	多元化集团	0.738
8	浙江 ZC 控股集团有限公司	2018	多元化集团	0.738
9	浙江 XHSX 钢业有限公司	2017	黑色金属冶炼及压延加工业	0.724
10	浙江 XHSX 钢业有限公司	2019	金属制品业	0.724
11	浙江 XHSX 钢业有限公司	2018	黑色金属冶炼及压延加工业	0.724
12	浙江 HM 提花织造有限公司	2017	纺织业	0.0005
13	浙江 HM 提花织造有限公司	2019	纺织业	0.0005
14	杭州 ZG 网络技术有限公司	2017	通信设备、计算机及其他电子设备制造业	0.0005
15	杭州 ZG 网络技术有限公司	2018	通信设备、计算机及其他电子设备制造业	0.0005

续表

序号	公司名	年份	行业	效率值
16	杭州 ZG 网络技术有限公司	2019	通信设备、计算机及其他电子设备制造业	0.0005
17	GS 控股有限公司	2018	电气机械及器材制造业	0.0005
18	浙江 JFY 智能科技有限公司	2018	通信设备、计算机及其他电子设备制造业	0.0005
19	浙江 DY 磁业有限公司	2018	通用设备制造业	0.0003
20	宁波 PRM 汽车零部件有限公司	2019	金属制品业	0.0002
21	浙江 DS 新材料股份有限公司	2017	造纸及纸制品业	0.0002

由表 5-2 可以看出,企业推行数字化管理所得的投入产出效率在不同企业间存在较大差异,针对化工品、建材类的加工制造业,其数字化管理的投入产出效率明显高于技术密集型的中高端加工制造业和劳动密集型的低端加工制造业,荣盛控股的主营业务由纺织业转型到化工类后,产出效率明显提高,这与企业推行数字化管理对不同行业的影响是密切相关的。与此同时,针对中端的加工专精特新企业,推行数字化管理不仅能够有效地推动企业生产经营模式的转型升级,还能够显著地提升企业劳动生产率,降低运行成本,提高企业利润;针对技术密集型和资本密集型的企业,其在初期便投入了大量资本用于新技术的开发应用,数字化管理程度高,根据边际效应递减规律,在继续进行数字化管理投入的过程中,效率值会相对较低。

(二) 主要解释变量和控制变量

根据理论分析,企业以 ERP、MES/DCS、PLM 等数字化转型投资项目作为推行数字化管理的关键嵌入方式,本章采用这三种模式对其进行量化,即分别选取了 ERP 投资量(erpinvm)、MES/DCS 投资量(mesinvm)、PLM 投资量(plminvm)作为主要解释变量。出于商业信息保密性的考虑,企业仅提供了各个项目投资的区间值和数字化投资总额。已有研究中,类似数据处理方法常用平均值赋值、中位数赋值或构建虚拟变量进行处理,本章在此基础上运用组中值加权平均的方法(Stynes 和 Roos,1997;Martin-Vide,2004)[1][2],对各项目投资额进行了更加精确的估算,即分别选取各区间(10 万元以下、10 万—30 万元、30 万—50 万元、50 万—100 万元和 200 万元以上)的均值作为估算值构建权重,与各企业数字化转型投资项目的实际总投资额的乘积作为各投资项目的投资额,其中,200 万元以上投资额企业共有 1515 个观测值,对其企业年报进行综合比较后,根据企业数字化投资总额=ERP 项目投资额+MES/DCS 投资额+PLM 投资额的计算方法,计算得出 200 万元以上的投资额均值为 683.25 万元,中位数为 550 万元,进而同样使用上述方法构建 200 万元以上区间各投资项目的投资额。

具体测算过程如下:

第一步,求出各个项目投资区间的均值,对投资额进行赋值,200 万元以上的投资额,用各个企业投资总额减去其他项目的投资额的差额,取均值进行赋值,计算所得均值分别为 ERP 项目 550 万元,MES/DCS 项目 499 万元,PLM 项目 516.81 万元。

第二步,根据企业各个项目的赋值作为权重乘以企业数字化投资总额:估算得出各个项目的实际投资额。

$$(X)\,Investment = \frac{(X)\ Investment}{\sum_{x \in X}(x)\ Investment} \times DigitalInvestment$$

$$X = \{X \mid ERP, MES/DCS, PLM\} \qquad (5-5)$$

基准回归中,本章运用构建的加权指标作为主要解释变量对理论假说进行验证;同时,为了保证结果的可靠性,在稳健性检验和进一步分析中,分别用均值赋值、构建虚拟变量两种方法,对理论假说进行了进一步分析和验证。

本研究共包含 5 个控制变量,首先,选取了企业规模(reg)作为控制变量,已有关于企业管理数字化的研究文献中,企业规模一般用上一期期末的总资产的对数进行衡量(寇宗来、刘学悦,2020;刘诗源等,2020;沈国兵、袁征宇,

---

① Stynes,M. and Roos,H.G.,"The Midpoint Upwind Scheme",*Applied Numerical Mathematics*, Vol.23,No.3,1997,pp.361-374.

② Martin-Vide,J.,"Spatial Distribution of a Daily Precipitation Concentration Index in Peninsular Spain",*International Journal of Climatology*,Vol.24,No.8,2004,pp.959-971.

2020；诸竹君等，2020）[1][2][3][4]，但所用的数据多来自 A 股上市公司数据，本研究所用的调查样本包含不在 A 股上市的部分中小企业，会减少仅使用 A 股上市公司数据对企业推行数字化管理进行研究可能产生的偏误，为了不损失这部分中小企业数据信息，本研究选用企业的注册资本作为衡量企业规模的代理变量。其次，实现自动化车间占比（dum_auto），即自动化车间占比的虚拟变量是本研究选取的另一控制变量，分别对自动化车间的占比设定虚拟变量，用于捕捉当期企业工业化程度。再次，实现生产过程监控车间占比（dum_piews），即实现生产过程可视化、可控化的车间占比的虚拟变量，用于捕捉企业当前去工业化进程的指标。复次，PLM 实施阶段（dum_plm），根据上文描述性统计，在研究 PLM 项目的投资中，应当控制其有效的使用阶段，才能够保证结果的无偏。最后，在此基础上，我们还控制了企业类型，并根据企业所处的行业构建了虚拟变量。同时，我们对所有的指标均进行了 1% 的缩尾处理。

二、模型构建

由于被解释变量均大于零，并且存在截尾删失，运用最小二乘法直接进行回归会产生较大的偏误，因此，本章选用了 Tobit 模型对影响因素进行了实证分析，模型构建如下：

$$Efficiency_{it} = \alpha + \beta_1 erpinvm_{it} + \beta_2 mesinvm_{it} + \beta_3 plminvm_{it} +$$
$$control + \mu + \eta + \varepsilon_{it} \tag{5-6}$$

其中，被解释变量为企业投入产出效率，主要解释变量为各类项目投资的金额，$control$ 代表控制变量，后三项分别为年份固定效应、企业个体固定效应及残差项。

---

[1]　寇宗来、刘学悦：《中国企业的专利行为：特征事实以及来自创新政策的影响》，《经济研究》2020 年第 3 期。

[2]　刘诗源、林志帆、冷志鹏：《税收激励提高企业创新水平了吗？——基于企业生命周期理论的检验》，《经济研究》2020 年第 6 期。

[3]　沈国兵、袁征宇：《互联网化、创新保护与中国企业出口产品质量提升》，《世界经济》2020 年第 11 期。

[4]　诸竹君、黄先海、王毅：《外资进入与中国式创新双低困境破解》，《经济研究》2020 年第 5 期。

第三节　实证检验

一、描述性统计

表 5-3 报告了本研究使用变量的描述性统计结果。值得注意的是,效率值为依据前文测算方法计算所得的企业推行数字化管理的投入产出效率值,为方便后续的数据分析,已将所得值放大 10000 倍;ERP 项目投资、MES/DCS 项目投资和 PLM 项目投资为各类项目上一年的投资金额自动化车间占比、生产监控车间占比和自动排产车间占比,根据调查的百分比结果在实证中构建相应的虚拟变量进行回归分析;企业所有制形式包含 21 种,依据私营、国有、外资等对其进行基本分类,进而根据公司规模和是否受到政府在推行数字化变革中的资本、技术和管理等方面的支持在回归中对其进行进一步细分。测算前,对所有的变量均进行了前后 1% 的缩尾处理。从数据可以看出,投入产出效率值的两极分化较为严重,最小值仅为 1.786,均值为 971.873,同时存在部分企业并未对数字化转型项目进行投资进而推进数字化管理现象。因此,如果简单使用 OLS 回归方法可能会产生较大偏差,为解决这一问题,后文针对这些异质性特征进行进一步探讨。

表 5-3　描述性统计

变量	观测值	平均值	最小值	最大值
被解释变量				
效率值	4514	971.873	1.786	7639.186
主要解释变量				
ERP 项目投资	5792	632.221	0	1294132
MES/DCS 项目投资	5792	948.285	0	4458802
PLM 项目投资	5792	320.964	5	647066
控制变量				
数字化咨询费用	5792	58.361	0	100000
企业规模(亿)	5792	2203458	0.0003	1.5
自动化车间占比	5792	3.655	1	5

变量	观测值	平均值	最小值	最大值
生产监控车间占比	5792	3.748	1	5
自动排产车间占比	5792	3.843	1	5
企业所有制形式	5792	14.360	1	21

二、基准回归结果

依据理论分析和描述性统计可知,企业所属行业、所有制形式等可能会对企业推行数字化变革的投入产出效率产生影响。由于政府会对推行数字化管理的部分私营企业、外资企业特别是国有企业在资本、技术以及管理等方面给予不同程度的政策或资源支持,因此,本章单独整理这类企业作为具有国资支持企业的类别,对全样本、私营企业、外资企业及国资支持企业的产出效率分别进行回归,如表5-4所示。

表5-4 基准回归——Tobit 模型

	（1） 全样本 效率值	（2） 私营企业 效率值	（3） 外资企业 效率值	（4） 国有企业 效率值
ERP 项目投资	0.00062***	-0.008***	0.0129***	0.0025***
	(0.002)	(0.011)	(0.003)	(0.007)
MES/DCS 项目投资	0.0126***	0.0203***	0.0094***	0.0253***
	(0.002)	(0.011)	(0.003)	(0.006)
PLM 项目投资	0.0153***	0.0057***	0.0021	-0.0043***
	(0.002)	(0.009)	(0.004)	(0.005)
_cons	967.3***	702.2***	1091.6***	1336.7***
	(0.249)	(5.342)	(0.810)	(1.576)
sigma_u	1229.6***	1089.6***	1357.9***	1296.0***
	(19.624)	(24.070)	(60.251)	(29.103)
sigma_e	9.245***	16.78***	10.89***	35.53***
	(0.098)	(0.271)	(0.331)	(0.711)

续表

	（1） 全样本 效率值	（2） 私营企业 效率值	（3） 外资企业 效率值	（4） 国有企业 效率值
N	4514	2022	545	1947
控制变量	控制	控制	控制	控制
AIC	48958.6	24962.2	6392.8	27165
BIC	49016.2	25090.7	6435.7	27220.7

注：***p<0.01，**p<0.05，* p<0.1，括号中为标准误。

可以看出，ERP 投资在全样本、外资企业样本和具有国资支持背景的企业样本下，对推行数字化管理的投入产出效率具有较为显著的正向作用。在企业推进数字化管理过程中，随着目标的转变和治理结构的创新，组织结构趋向网络化和扁平化、营销手段趋向精准化和精细化、生产模式趋于模块化和柔性化、产品设计趋于版本化和迭代化、研发过程趋向开放化和开源化、用工模式趋向多元化和弹性化（戚聿东、肖旭，2020）[1]，尽管这些结构优化并不能直接影响企业的盈利能力，但在长期会对企业投入产出效率产生显著作用（李晓华，2019）[2]。

对于 MES/DCS 和 PLM 投资，模型的回归结果表明，这类数字化投资项目能够有效地提升企业的投入产出效率。此外，MES/DCS 项目的应用场景大多为中高端制造业；PLM 项目主要为高新技术在企业数字化管理过程中的应用。在推行企业数字化管理的试点示范区域内，2010—2019 年加强 PLM 项目投资的企业数明显增加，投入产出效率的提升促使企业的数字化投资意愿逐步增强。

三、内生性问题

尽管上述分析发现了企业数字化项目投资与企业数字化投入产出效率的相关关系，但仍需进一步识别其因果关系。理论上，首先，企业推行数字化管

---

① 戚聿东、肖旭：《数字经济时代的企业管理变革》，《管理世界》2020 年第 6 期。
② 李晓华：《制造业数字化转型与价值创造能力提升》，《改革》2022 年第 11 期。

理能够推动管理结构的优化升级,进而提高企业投入产出效率,企业投入产出率的提高也会反过来进一步促进数字化项目投资。例如,ERP 项目中管理类软件的应用极大地提升了企业经营管理效率,降低企业管理费用、生产费用和其他相关成本,提升了企业盈利能力,促使企业进一步扩大数字化项目投资。其次,数字化管理能够推动企业固定资产尤其是生产设备的转型升级,提高企业劳动生产率,进而提升投入产出效率。最后,本研究主要关注的三种数字化项目投资可能同时影响企业的数字化投入产出效率。此外,还可能存在影响投入产出效率和数字化投入的遗漏变量,如企业规模、企业所有制形式、生产线特征和企业所在地特征等,对这些变量的捕捉不仅可以解释其对投入产出效率的影响,亦可分析企业市场生态圈竞争模式中许多亟待解决的问题,如合作机制(王大澳等,2019)[1]、市场进入机制(叶广宇等,2019)[2]、委托代理问题(王垒等,2020)[3]等。实证中,由于使用 GMM 或 SYS-GMM 方法对短面板的分析会产生较大的偏差,于是本章选用工具变量法对内生性问题进行处理,进一步识别因果关系。具体而言,企业推行数字化管理主要从生产端和管理端两条路径展开,生产端方面主要为车间的数字化和智能化改造,管理端方面则主要是财务会计类和运营管理类两种。

因此,结合上述理论分析和数据特征,本章选取企业未来两年内是否具有 SCM 项目升级计划(是,dum_scmup = 1)作为工具变量。首先,企业在当年是否制定 SCM 升级计划对已经测算出的数字化投入产出效率没有影响;其次,SCM 升级计划是针对供应链管理协作上的转型升级,需要一定的 ERP 项目基础,与解释变量 ERP 投资额具有相关性,满足工具变量的要求。本研究对工具变量分别进行了外生性检验,第一阶段回归 F 值分别为 42.75(ERP 投资)和 14.54(MES/DCS 投资),P 值分别为 0.000 和 0.001,通过了工具变量外生性检验。第二阶段,本章进行了过度识别检验,Sargon 值均为 0;弱工具变量

① 王大澳、菅利荣、王慧、刘思峰:《基于限制合作博弈的产业集群企业利益分配研究》,《中国管理科学》2019 年第 4 期。

② 叶广宇、赵文丽、黄胜:《服务特征对外国市场进入模式选择的影响——一个研究述评》,《经济管理》2019 年第 11 期。

③ 王垒、曲晶、赵忠超、丁黎黎:《组织绩效期望差距与异质机构投资者行为选择:双重委托代理视角》,《管理世界》2020 年第 7 期。

检验,Cragg - Donald Wald F statistic 分别为 42. 752(ERP 投资)和 14. 522(MES/DCS 投资)。

根据 ERP、MES/DCS、PLM 项目的应用场景,PLM 项目主要针对的是研发创新类的数字化项目,内生性问题较小,但是 ERP 和 MES/DCS 项目的内生性问题和反向因果问题较为突出,因此,本章针对 ERP 项目和 MES/DCS 项目的投资,分别进行了 Tobit 回归,并且构建了工具变量 Tobit 模型,对内生性进行检验。估计结果如表 5-5 所示。由回归结果可知,ERP 项目投资和 MES/DCS 项目投资在各个模型中的回归系数均显著为正,与基准回归相同,在一定程度上可以证明基准回归是稳健的。

表 5-5　内生性检验

	Tobit 效率值	Tobit 效率值	IV-Tobit 效率值	IV-Tobit 效率值	第一阶段 ERP 投资	第一阶段 MES/DCS 投资
ERP 项目投资	0. 0513 ***		2. 717 ***			
	(0. 002)		(0. 944)			
MES/DCS 项目投资		0. 0865 ***		4. 874 **		
		(0. 001)		(1. 898)		
SCM 升级计划					43. 95 ***	24. 50 ***
					(6. 695)	(6. 404)
_cons	1034. 6 ***	938. 0 ***	475. 7	178. 4	57. 68	93. 14
	(7. 589)	(0. 234)	(436. 343)	(534. 237)	(68. 363)	(65. 388)
sigma_u	1213. 7 ***	1221. 2 ***				
	(19. 269)	(19. 387)				
sigma_e	19. 41 ***	11. 42 ***				
	(0. 207)	(0. 120)				
athrho2_1			−0. 182	−0. 506 *		
			(0. 153)	(0. 262)		
lnsigma1			7. 084 ***	7. 198 ***		
			(0. 029)	(0. 122)		

续表

	Tobit 效率值	Tobit 效率值	IV-Tobit 效率值	IV-Tobit 效率值	第一阶段 ERP 投资	第一阶段 MES/DCS 投资
lnsigma2			5.260***	5.215***		
			(0.011)	(0.011)		
_cons					57.68	93.14
					(68.363)	(65.388)
N	4514	4514	4514	4514	4514	4514
AIC	56289.6	51511.2	137059.8	136725	136725	136725
BIC	56526.9	51543.2	137528.1	137193.3	137193.3	137193.3
F test					42.75	14.52
C-D Wald F test			42.752	14.52		
A-R Wald test						
F statistics			8	7.94		
P-value			0.0047	0.0049		
Sargon Test			0	0		

注：***p<0.01，**p<0.05，*p<0.1，括号中为标准误。

根据投入产出效率的测算和基准回归结果可知，各类数字化转型项目的投入均会对投入产出效率产生一定影响，但不同的数字化项目投资的效果也会因该项目应用场景的特征不同而不同。因此，本章在表5-5中对ERP项目和MES/DCS项目的相关特征进行了控制，包括企业规模、自动化排产车间占比、自动化监控车间占比、自动化生产监控车间占比和企业所有制形式等。利用Tobit模型分别针对ERP项目投资和MES/DCS项目投资进行分析，回归系数均显著为正，与基准回归相比系数基本一致，但在引入"是否具有SCM升级计划"作为工具变量，构建工具变量Tobit模型进行回归分析时，回归系数显著增大，即在控制住内生性后，数字化项目的投入产出效果显著增强，说明数字化项目的投资对企业数字化产出效率提升的推动作用是巨大的，但亦会受到企业本身数字化程度和技术水平的影响，可能的原因在于企业管理数字化变革，需要企业具有相当规模才能更好地发挥数字化管理的规模优势。

四、稳健性检验

(一)替换变量

如测量投资额部分描述,通过改变 ERP 投资、MES/DCS 投资和 PLM 投资的赋值并增加控制变量的方式进行变量替换,使用 ERP 投资额 200 万元以上区间的企业投资平均数 550 万元对此区间的 ERP 投资进行赋值,MES/DCS 投资 200 万元以上区间均值为 462.63 万元,PLM 投资 200 万元以上区间均值为 516.81 万元,据此再进行 ERP 投资、MES/DCS 投资和 PLM 投资的投资额测算;同时,在基准回归基础上增加控制变量,包括企业数字化车间占比,联网车间占比。对比基准回归,可以初步认定回归结果是稳健的。

表 5-6　稳健性估计——替换变量

	IV-Tobit 效率值	IV-Tobit 效率值	Tobit 效率值 全样本	Tobit 效率值 私营企业	Tobit 效率值 国有企业	Tobit 效率值 私营企业
ERP 项目投资	2.493***		0.0240***	0.0560***	-0.0338***	0.110***
	(0.869)		(0.001)	(0.004)	(0.007)	(0.005)
MES/DCS 项目投资		4.883**	0.0737***	-0.0131***	0.0618***	0.0675***
		(1.934)	(0.002)	(0.004)	(0.007)	(0.005)
PLM 项目投资			0.0243***	0.0504***	0.0361***	0.0268***
			(0.002)	(0.004)	(0.009)	(0.005)
_cons	480.7	402.2	927.5***	657.6***	1244.8***	880.7***
	(436.881)	(506.541)	(6.215)	(5.223)	(12.559)	(9.374)
N	4514	4514	4514	2022	545	1947
控制变量	增加	增加	增加	增加	增加	增加
AIC	138028.6	137334.3	55432.1	26027.5	7149.3	26112.3
BIC	138496.9	137802.6	55688.7	26156.6	7265.4	26268.3

注:***p<0.01,**p<0.05,* p<0.1,括号中为标准误;以中位数 680 万进行赋值可以得到相似的结果。

(二)剔除先行优势

已有研究表明,企业数字化变革的效果存在一定时滞,较早开始实行数字化变革的企业具有一定的先发优势,为了考察企业数字化变革对投入产出效率影响的稳定性,本部分逐步剔除2005年之前就已经开始推行ERP项目、MES/DCS项目的企业,并且根据所有制形式进行了分组回归,回归结果如表5-7所示。对比基准回归可以发现,剔除先行优势后,回归系数值有所增加,但回归系数显著性未发生改变,基准回归稳健。随着企业数字化程度逐步加深,企业管理数字化变革的"红利期"逐渐缩短,据此亦可以初步猜测企业数字化投资和投入产出效率之间存在非线性的关系。

表 5-7　稳健性估计——剔除先行优势

	IV-Tobit 效率值 全样本	IV-Tobit 效率值 私营企业	IV-Tobit 效率值 外资企业	IV-Tobit 效率值 国有企业	IV-Tobit 效率值 全样本	IV-Tobit 效率值 私营企业	IV-Tobit 效率值 外资企业	IV-Tobit 效率值 国有企业
ERP 项目 投资	2.739***	3.395**	23.25	1.994**				
	(1.019)	(1.393)	(53.461)	(0.855)				
MES/DCS 项目投资					5.104**	4.961***	2.504	2.635***
					(2.006)	(1.218)	(2.206)	(0.896)
_cons	493	230.8	−4496.5	639.7***	385.4	35.58	685.8	575.7***
	(429.192)	(274.202)	(1.304)	(184.201)	(509.49)	(163.438)	(445.646)	(174.404)
N	3928	1843	438	1647	4313	1964	516	1833
控制变量	控制	控制	控制	控制	控制	控制	控制	控制
AIC	118851	55337.9	13454	50221.3	130663.3	59056.7	15950.2	56328.8
BIC	119309.1	55553.1	13482.6	50259.1	131128.2	59107	15988.4	56367.4

注: ***$p<0.01$, **$p<0.05$, *$p<0.1$,括号中为标准误。

第四节　进一步的机制分析

一、异质性检验与机制分析

结合理论假说5-3的理论分析和描述性统计可以发现,企业数字化的投入产出效率在行业间可能存在较为显著的异质性差异。本书将企业所属的细分行业进行统计,如表5-8所示。可以看出,调查样本中,制造业所占比重较高,加工业次之,并且大多属于基础制造业,需要进行大量研发投入(R&D)的企业所占比重较少,在调查样本中,有46家集团企业经营三个以上产业,划分为多元化集团,在本小节的回归中,剔除了这类企业。

表5-8 行业描述性统计

行业	数量	比重(%)
专用设备制造业	600	6.222
交通运输设备制造业	693	7.187
仪器仪表及文化、办公用机械制造业	165	1.711
农副食品加工业	238	2.468
化学原料及化学制品业	623	6.461
化学纤维制造业	127	1.317
医药制造业	351	3.640
印刷业和记录媒介的复制	78	0.809
塑料制品业	343	3.557
多元化集团	192	1.991
家具制造业	166	1.721
工艺品及其他制造业	224	2.323
废弃资源和废旧材料回收加工业	16	0.166
建筑业	110	1.141
批发和零售业	27	0.280
文教体育用品制造业	147	1.524
有色金属冶炼及压延加工业	181	1.877
木材加工及木、竹、藤、棕、草制造业	227	2.354
橡胶制品业	132	1.369
水的生产和供应业	9	0.093
烟草制造业	5	0.052
燃气生产和供应业	10	0.104
物流、仓储和邮政业	9	0.093
电力、热力的生产和供应业	118	1.224
电气机械及器材制造业	795	8.244

续表

行业	数量	比重(%)
皮革、毛衣、羽毛(绒)制造业及其制品业	76	0.788
石油加工、炼焦及核燃料加工业	24	0.249
纺织业	498	5.164
纺织服装、鞋、帽制造业	342	3.547
通信设备、计算机及其他电子设备制造业	577	5.984
通用设备制造业	1065	11.044
造纸及纸制品业	232	2.406
金属制品业	588	6.098
电子产品制造业	6	0.062
非金属矿物制品业	158	1.638
食品制造业	245	2.541
饮料制造业	65	0.674
黑色金属冶炼及压延加工业	181	1.877
Total	9643	100

注:行业划分依据是《工业企业"信息化和工业化融合"评估规范(试行)》(工信部联信〔2011〕160号)
有关行业分类标准;"多元化集团"是一种对跨行业企业的统称;样本中,共有46家企业为多元化
企业,192个有效观测值。

　　将表5-8企业所属的行业分为制造业、加工业和制品业,依据理论假说
5-3的理论分析和基准回归模型,结合资本收益率递减规律进行分组回归,结
果如表5-9所示。各类项目投资的回归系数与基准回归均相同。比较这些
回归系数可以发现,不同类型的数字化项目投资对投入产出效率的推动作用
表现出来较为明显的异质性,具体表现为:加工业中,ERP项目投资对投入产
出效率的推动作用最高,回归系数为1.730,并在1%的显著性水平上显著;制
造业中,MES/DCS项目推动作用最高,回归系数为0.967,在1%的显著性水
平上显著,但在加工业中,回归系数为-1.767,在1%的显著性水平上显著;
PLM项目在加工业中的推动作用较大。梳理数据结构可以发现,制品业多为
轻工业企业,针对这一类型的企业,缩短生产过程和销售流程的流通时间,提
高生产到销售的供应链传递效率,相较于优化内部管理结构,对于提升投入产
出效率具有更加立竿见影的效果;与之相对的,在资本构成较高的制造业和加

工业中,优化内部管理结构,降低内部管理成本,实现扁平化、网络化的经营生产管理模式,对于提高投入产出效率具有更加重要的意义。因此,在企业决策方面,应当根据企业自身行业特征,合理编制数字化管理预算,科学安排数字化投资计划,在政策制定方面,应当根据不同的行业特征制定有针对性的政策体系。

表 5-9　分行业回归

	制造业	加工业	制品业
	效率值	效率值	效率值
ERP 项目投资	0.567***	1.730***	0.184***
	(0.212)	(0.618)	(0.029)
MES/DCS 项目投资	0.967***	−1.767**	0.401***
	(0.329)	(0.722)	(0.062)
PLM 项目投资	−0.2	2.943***	0.147**
	(0.284)	(0.702)	(0.063)
_cons	876256.1***	884567.3***	1182.5***
	(118.237)	(138.389)	(8.976)
sigma_u	129861.5***	148560.9***	1445.2***
	(2838.526)	(5072.280)	(90.407)
sigma_e	2262.8***	2023.8***	56.22***
	(40.042)	(51.164)	(3.669)
N	2177	822	257
AIC	48448.2	18557	3747.2
BIC	48516.4	18613.5	3786.3

注:***$p<0.01$,**$p<0.05$,*$p<0.1$,括号中为标准误。

由于 PLM 项目侧重于应用开发,项目带来的回报相对 ERP 和 MES/DCS 需要更长的时间,且用短面板较难很好刻画 PLM 项目投资的内在机制,因此,本章侧重于 ERP 和 MES/DCS 的机制分析。ERP 项目和 MES/DCS 项目的应用场景和侧重点不仅具有较强的共性特征,也存在较为显著的差异性。一方面,企业数字化转型的最终目的是提升企业的盈利能力,当企业持有数字化转型能够提升盈利能力的预期、并获得了较高的数字化盈利能力时,其会给予企业增加数字化投资的更多激励,因此,预期数字化盈利能力的提升应当是ERP 项目和 MES/DCS 项目共同的调节机制。另一方面,ERP 项目侧重于企业管理的效率提升,如财务电算化、数字化的转型升级,而 MES/DCS 项目则更加侧重于企业生产能力的提升,MES/DCS 项目的数字化转型升级对企业数字化生产设备提出较高的要求,也就是说,企业数字化设备应当是 MES/DCS项目转型升级的特有的调节机制。为了验证这一分析,本章选取了企业预计数字化投入产生的销售额和联网数控设备数量作为中介变量,根据逐步回归的思想,进行回归分析,如表 5-10 所示。可以看出,预计数字化投入产生的销售额对 ERP 项目和 MES/DCS 项目投资均有较为显著的调节效应,联网数控设备对 MES/DCS 项目投资具有显著的调节效应。

表 5-10　机制分析

	OLS EDS	Tobit 效率值	OLS 效率值	OLS EDS	IV-Tobit 效率值	第一阶段 MES/DCS 投资额
ERP 投资额	171.2*** (23.252)	0.121*** (0.001)				
ERP 投资额× EDS		0.0239*** (0.001)				
MES/DCS 投资额			0.577*** (0.108)	171.5*** (22.498)	3.931*** (0.867)	
NDD			0.116*** (0.029)			
MES/DCS 投资额×NDD			-0.000112*** (0.000)			
MES/DCS 投资额×EDS					0.00000138*** (0.00)	
dum_scmup					49.13*** (6.657)	
_cons	17046.2** (7184.203)	926.0*** (0.262)	889765.5*** (23.061)	20661.5*** (6776.579)	207.8 (158.674)	96.62*** (11.901)
N	5792	4514	4268	5792	4514	4514

注:***p<0.01,**p<0.05,* p<0.1,括号中为标准误;EDS=预计数字化投入产生的销售额;NDD=联网数控设备数量。

二、企业规模和数字化投资规模对效率的非线性效应

虽然上文证明了理论假说 5-1 提出的数字化转型投资项目对企业投入产出效率具有显著的正向影响作用,但基准回归和内生性分析均表明,企业规模可能是影响企业数字化投入产出效率的重要因素。理论上,企业实现规模效应递增的阶段中,企业的投入产出效率应当显著增长,在这一阶段,数字化转型项目投资应当显著为正,与基准回归结果一致。除了企业应用 ERP 项目的数字红利递减效应带来的效果外,企业规模的不同对推行数字化变革这一较大结构性变动的效率效果亦可能不同。因此,本章针对企业规模的异质性特征,对数字化项目投资对企业投入产出效率的影响进行进一步剖析。由于 PLM 项目的应用场景主要集中在数字化创新领域,在高新技术产业中的中小规模企业,仍然会有较高的数字化投入产出效率,因此,本部分主要针对 ERP 项目和 MES/DCS 项目投资进行分析,如表 5-11 所示。可以发现,ERP 项目投资在企业规模较小的时候,对企业数字化投入产出效率具有较为显著的推动作用,随着企业规模的增加,对企业投入产出效率仍然具有显著的推动作用,但是效果逐步降低。而 MES/DCS 项目,在企业规模较小的时候,推动作用较小,随着企业规模逐步增加,回归系数显著增加,这一结果一方面可以证明基准回归结果是稳健的,另一方面可以说明,企业在数字化转型过程中,应当根据自身规模合理规划数字化项目的投资额度,政府在推动企业数字化改革的政策制定中,应当根据企业规模,合理设计政策激励体系。

表 5-11　不同企业规模与数字化投入产出效率

企业规模	ERP 项目		MES/DCS 项目	
	前 30%	后 30%	前 30%	后 30%
变量	效率值	效率值	效率值	效率值
ERP 投资	0.00295 ***	0.00279 ***		
	(0.000)	(0.000)		
MES/DCS 投资			0.0121 ***	0.0175 ***
			(0.001)	(0.001)

续表

企业规模	ERP 项目		MES/DCS 项目	
	前 30%	后 30%	前 30%	后 30%
变量	效率值	效率值	效率值	效率值
_cons	1277.9***	638.7***	1309.1***	663.2***
	(4.456)	(5.558)	(4.449)	(4.186)
sigma_u	1323.8***	875.1***	1323.3***	871.3***
	(24.658)	(16.218)	(24.650)	(16.148)
sigma_e	12.870***	12.30***	13.060***	9.253***
	(0.159)	(0.156)	(0.161)	(0.117)
N	3291	3201	3291	3201
控制变量	控制	控制	控制	控制
AIC	38687.8	36347.6	38787.1	34578.9
BIC	38834.2	36498.8	38933.5	34730.2

注: ***p<0.01, **p<0.05, *p<0.1, 括号中为标准误。

上述分析只能说明, ERP 项目和 MES/DCS 项目的投资能够推动企业数字化投入产出效率, 但却无法回答企业管理数字化转型过程中非线性关系和应当投资多少的问题。结合已有文献和数据类型, 本研究对企业规模前 30% 和后 30% 的样本进行了卡方检验(卡方值=145.279, P=0.00), 说明企业规模前 30% 和后 30% 两组间的数字化投入和投入产出效率存在显著差异。为了进一步考察企业规模的非线性效应, 本章将企业规模样本平均分为四组, 对企业数字化投入产出效率进行了方差分析(F=65.426, P=0.000), 组间存在显著差异;进而进行事后检验, 比较均值差值的显著性均在 0.05 水平上显著, 说明各规模区间的数字化投入产出效率存在显著差异, 随着企业规模的逐步增加, 数字化投入产出效率逐步升高;但值得注意的是, 随着企业规模的逐步上升, 数字化投入产出效率提升的幅度是先增加随后降低的。因此, 可以看出企业规模的非线性关系。可能的原因来自两方面:一是随着企业规模的提升, 企业逐步度过了数字化转型的"红利期", 因而数字化投入产出效率的提升逐步降低;二是企业的数字化转型需要较高的前期投入, 才能逐步发挥数字化转型优势,也就是说,数字化投入可能存在阈值,在跨过这一"界限"后,企业数字化转型的投入产出效率能够实现快速的提升。

为了验证这一观点,本章选择了企业数字化投资作为门限变量,企业数字化投入产出效率作为被解释变量。为了更好地捕捉样本在时间序列上波动特征,本部分运用时变 SFA 方法测算了数字化投入产出效率值,同时,为了避免插值法补全数据和非平衡面板门限回归所带来的样本选择问题,本研究保留了有连续三年数据的样本,共得到 1326 个有效样本构建面板数据进行门限回归,表 5-12 报告了 ERP 投资额和 MES/DCS 投资额作为主要解释变量的门槛值检验结果。

表 5-12　门槛值检验

	门槛值 （十万元）	RSS	MES	Fstat	Prob
ERP 投资额					
Single	15	3.93E+08	9.89E+04	40.04	0.07
Double	17	3.81E+08	9.59E+04	123.91	0.0067
Triple	147.2	3.77E+08	9.49E+04	40.3	0.72
MES/DCS 投资额					
Single	15	3.95E+08	9.94E+04	37.11	0.05
Double	18	3.86E+08	9.72E+04	88.71	0.0233
Triple	141.2	3.83E+08	9.64E+04	32.42	0.7833

由表 5-12 可以看出,当 ERP 投资额及其平方项作为主要解释变量时,存在两个门槛值 150 万元和 170 万元;当 MES/DCS 投资额及其平方项作为主要解释变量时,存在两个门槛值 150 万元和 180 万元。因此,构建双门槛回归模型:

$$y_{it} = \alpha_i + \beta_1 z_{it} + \beta_2 x_{it} \times 1(q_{it} \leq \gamma_1) + \beta_3 x_{it} \times 1(\gamma_1 \leq q_{it} \leq \gamma_2) +$$
$$\beta_4 x_{it} \times 1(q_{it} > \gamma_2) + \varepsilon_{it} \tag{5-7}$$

其中,z 代表不受门限变量数字化投资影响的因素,包括企业已有的联网机床数量,资产收益率 ROA、ROA^2、ROA^3,企业上一期针对数字化转型投入的培训费用等企业特征变量;门限变量为企业数字化投入金额;x 是受到门限变量影响主要解释变量,分别是 ERP 投资额及其平方项,MES/DCS 投资额及其平方项。

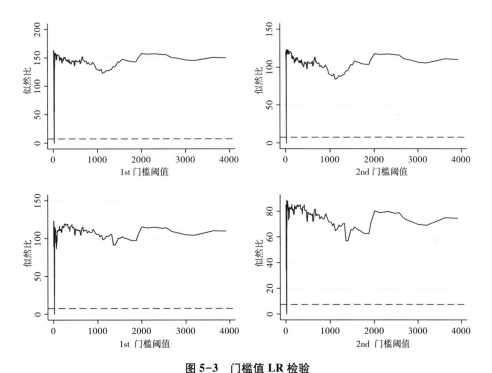

图 5-3 门槛值 LR 检验

注:图中第一行和第二行分别报告了 ERP 投资额及其平方项、MES/DCS 投资额及其平方项作为主要解释变量的门槛值 LR 检验的图像。

对 ERP 投资额和 MES/DCS 投资额的门槛值分别进行 LR 检验,如图 5-3 所示。可以看出,门槛值均在 0.05 水平以上显著,通过了 LR 检验。表 5-13 和表 5-14 分别报告了 ERP 投资额及其平方项,以及 MES/DCS 投资额及其平方项作为主要解释变量的 OLS 和门槛回归的结果。表 5-13 结果表明,全样本条件下,OLS 回归结果显著为正,与基准回归结果一致。而门槛回归中,当数字化投资额小于 150 万元时,回归系数为负且不显著;当投资额处于 150 万—180 万元之间时,回归系数-6.098 在 1% 的显著性水平上显著;而在投资额大于 180 万元的区间中,回归系数 0.342 在 1% 的显著性水平上显著;即:

180万元是数字化投资的重要拐点。当数字化投资规模较小时,数字化转型投资并未提高企业的数字化投入产出效率,甚至对企业的发展产生阻碍作用,企业面临转型"阵痛期";与此同时,ERP投资额平方项的回归结果表明,在数字化投资额高于180万元的区间中,ERP投资额和数字化转型效率之间存在倒"U"型关系。

表5-13 门槛回归(ERP)

	OLS		门槛回归			门槛回归		
	全样本	全样本	q<150	150<q<180	q>180	q<150	150<q<180	q>180
ERP 投资额	0.695 ***	2.185 ***	−0.215	−6.098 ***	0.342 ***	−0.303	1.134	1.089 **
	(0.079)	(0.433)	(0.320)	(0.640)	(0.087)	(1.205)	(1.944)	(0.451)
ERP 投资额平方项		−0.00263 ***				0.00046	−0.0151 ***	−0.00131 *
		(0.001)				(0.003)	(0.004)	(0.001)
_cons	656.3 ***	574.5 ***	762.7 ***			720.9 ***		
	(37.742)	(44.244)	(21.277)			(32.895)		
N	3975	3975	1755	236	1984	1755	236	1984
控制变量	控制	控制	控制	控制	控制	控制	控制	控制

注: ***$p<0.01$, **$p<0.05$, *$p<0.1$,括号中为标准误。

由表5-14结果可以得出与表5-13中ERP投资相似的研究结论,对于MES/DCS项目来说,170万元的数字化转型投资是提升数字化投入产出效率的关键拐点。在这一拐点前,企业经历"阵痛期",而超过这一阈值后,MES/DCS项目投资和企业数字化投入产出效率之间呈现倒"U"型关系。理论假说5-4得到验证。总体而言,企业数字化转型投资(ERP项目拐点180万元,MES/DCS项目拐点170万元)并非越高越好,应当根据企业的实际情况,在度过企业数字化转型"阵痛期"后,合理制定数字化转型升级的投资预算;同时综合考虑各数字化项目之间的投资配比,以期达到数字化转型投资的效率最大化目标。

表 5-14　门槛回归(MES/DCS)

	OLS		门槛回归			门槛回归		
	全样本	全样本	q<150	150<q<170	q>170	q<150	150<q<170	q>170
MES/DCS 投资额	0.277 ***	1.665 ***	-0.694 **	-4.290 ***	0.0237	-0.532	0.409	0.854 **
	(0.066)	(0.379)	(0.274)	(0.482)	(0.068)	(1.196)	(2.813)	(0.385)
MES/DCS 投资额 平方项		-0.0025 ***				-9.4E-05	-0.00948 *	-0.01 **
		(0.001)				(0.002)	(0.006)	(0.001)
_cons	756.6 ***	686.5 ***	835.5 ***	793.1 ***				
	(36.020)	(40.550)	(16.177)	(25.197)				
N	3975	3975	1755	170	2050	1755	170	2050
控制变量	控制	控制	控制	控制	控制	控制	控制	控制

注:$***p<0.01$,$**p<0.05$,$*p<0.1$,括号中为标准误。

为了进一步验证门限分析结论,参考已有研究,选择 100 万(含)—200 万元投资额作为基准虚拟变量建立 Tobit 模型进行回归分析,同时将私营企业和其他所有制企业分组,结果如表 5-15 所示。可以看出,投资额在 200 万元以上的项目,能够有效地推动企业数字化产出效率,其中 ERP 项目回归系数 387.308 在 1% 的显著性水平上显著,私营企业回归系数同样在 1% 的显著性水平上显著;MES/DCS 项目投资 200 万元以上的投资额亦显著为正,私营企业和其他所有制企业的差别较小。值得注意的是,无论 ERP 项目还是 MES/DCS 项目投资,其他投资区间均显著为负,但是随着投资额的上升,回归系数的绝对值逐渐减小,说明企业在推行数字化管理转型过程中,投入持续不断增加却发生效率没有明显提升甚至下降的"阵痛期"。作为基准变量(100 万(含)—200 万元)的回归系数经计算显著为正,说明在数字化转型投资中,"阵痛期"所在临界点体现在这一投资区间中。当投资额等于或大于这一临界点时,企业数字化管理的先发优势会得到显著提升。结合前文的劳动—资本产出弹性和异质性特征研究结论,企业如何根据这一临界点规划数字化转型投资的项目投资方向和投资规模,政府如何根据规模效应有针对性地制定数字化转型扶持政策,成为企业管理高质量数字化变革的一个重要问题。

表 5-15　进一步分析——项目投资额

投资额（元）	ERP 项目投资			MES/DCS 项目投资		
	全样本 效率值	私营企业 效率值	其他 效率值	全样本 效率值	私营企业 效率值	其他 效率值
10 万以下	−607.348***	−558.484***	−689.487***	−482.618***	−463.748***	−504.415***
	(83.343)	(103.593)	(129.456)	(90.463)	(115.019)	(137.303)
10 万—50 万	−402.727***	−420.644***	−402.672***	−304.957***	−218.4***	−407.445***
	(58.696)	(75.503)	(87.897)	(65.678)	(85.576)	(97.029)
50 万—100 万	−269.546***	−247.457***	−291.705***	−163.990**	−125.246	−202.045**
	(59.642)	(79.235)	(86.327)	(66.884)	(89.188)	(96.841)
200 万以上	387.308***	361.518***	407.645***	449.091***	438.842***	434.673***
	(54.025)	(75.364)	(75.54)	(61.200)	(85.909)	(85.998)
未投资	−565.658***	−604.068***	−468.917***	−455.048***	−435.813***	−500.128***
	(144.217)	(158.717)	(286.066)	(68.625)	(88.9)	(102.192)
企业规模	0.00019***	0.0004***	0.00045***	0.00019***	−0.00039	−0.00047
	(0.000)	(0.000)	(0.000)	(0.000)	(0.000)	(0.000)
_cons	1114.100***	867.300***	1029.3**	1200.1***	844.0***	1172.7**
	(415.335)	(270.791)	(465.228)	(419.620)	(282.881)	(469.963)
N	4514	2022	2492	4514	2022	2492
控制变量	控制	控制	控制	控制	控制	控制
固定效应	控制	控制	控制	控制	控制	控制
AIC	76677.8	42680	33912.4	76729	42694.4	33959.2
BIC	76947.2	42901.2	34052.7	76998.4	42915.6	34099.5

注：***p<0.01，**p<0.05，*p<0.1，括号中为标准误。

第五节　结论与相关政策建议

一、结论

本章通过对全国第一个"两化"深度融合国家示范区内 1950 家企业连续五年（2015—2019 年）推进数字化管理的追踪调查数据，以 ERP、MES/DCS、

PLM 数字化投资项目为数字化变革的嵌入路径,使用 SFA 方法和 Tobit 模型,研究了企业推行数字化管理对投入产出效率的边际影响问题,并测算了数字化转型投资项目的投资合理区间及"阵痛期"临界点,得出以下主要研究结论。

首先,企业在推进数字化管理过程中的资本产出弹性远高于劳动产出弹性,并且资本和劳动的投入对数字化效益产出的影响会随着时间发生改变,因此,企业在推行数字化管理过程中,应当合理分配资本和劳动的投入比例,提高资本占比,进而更好地发挥出数字化改革的优势。现有文献已从理论上推导证明出企业运用数字化技术可以估计价格需求函数、调整投资决策(Yu 等,2016)[①],进而提高企业绩效,然而,却缺少相对应的经验研究对其进行实证检验,本章在定量分析验证这一理论的基础上,计算了企业推行数字化管理的资本产出弹性和劳动产出弹性,比较二者的投入产出比例,确定企业应加大投资的重点要素,丰富拓展了企业管理数字化改革的资本—劳动产出弹性相关文献,为理论研究提供实证支持。

其次,行业类型、企业规模和所有制结构对企业推行数字化管理和投入产出效率具有明显的异质性影响,企业应依托如下具体的异质性分析结论,改进数字化转型项目的投资方向和投入比例,完善企业生产结构、数字化转型投资结构和管理模式,从而提升推行数字化管理的投入产出效率。已有研究针对技术变革,围绕异质性因素(Kusiak,2017)[②]在现有政策条件下对协同创新效率和企业绩效产生影响的文献已较为成熟(郝项超等,2018;陈冬华等,2010;周开国等,2017)[③④⑤],本章进一步量化了企业在异质性特征下推行数字化管

①　Yu,M.,Debo,L. and Kapuscinski,R.,"Strategic Waiting for Consumer-generated Quality Information:Dynamic Pricing of New Experience Goods",*Management Science*,Vol.62,No.2,2016,pp.410-435.

②　Kusiak,A.,"Smart Manufacturing Must Embrace Big Data",Nature,Vol.544,No.7648,2017,pp.23-25.

③　郝项超、梁琪、李政:《融资融券与企业创新:基于数量与质量的分析》,《经济研究》2018年第6期。

④　陈冬华、范从来、沈永建、周亚虹:《职工激励,工资刚性与企业绩效——基于国有非上市公司的经验证据》,《经济研究》2010年第7期。

⑤　周开国、卢允之、杨海生:《融资约束、创新能力与企业协同创新》,《经济研究》2017年第7期。

理的投入产出效率,揭示企业应如何通过调整自身生产结构、数字化转型项目的投资方向、规模和结构等提升数字化的投入产出效率。具体而言:(1)针对化工品和建材类的加工制造业,其数字化管理的投入产出效率明显高于技术密集型的中高端加工制造业和劳动密集型的低端加工制造业;(2)ERP 和PLM 数字化转型投资项目在加工业中对投入产出效率的推动作用最大,而MES/DCS 项目在制造业中推动作用最大,因此,企业可以根据自身行业特征,合理编制推进数字化管理预算;(3)对于 MES/DCS 和 PLM 数字化转型投资项目,其能够有效地提升企业推行数字化管理的投入产出效率,并且这两项数字化转型投资项目对于私营企业的推动作用更加明显;(4)不同数字化转型投资项目带来不同的产出效率,同时会随着企业规模的扩大产生相应的递增或递减效果。对于 ERP 项目,当企业规模较小时,对数字化投入产出效率具有显著的推动作用,同时随着企业规模的增加,对此效率虽仍具有显著的推动作用,但效果逐步降低;而对于 MES/DCS 项目,企业规模较小时,推动作用较小,但随着企业规模逐步增加,回归系数显著增加,这说明企业应当根据自身规模合理规划数字化转型投资项目的投资额度。

最后,企业数字化投入和效率之间存在非线性关系:当投资达到第一个门槛值前缓慢下降,之后加速下降直至第二个门槛值即投资临界点(企业正在经历数字化转型投入的"阵痛期")后,出现上升趋势,并在投资临界点后呈现倒"U"型关系。即数字化转型项目投资临界点在 100 万—200 万元之间(如ERP 项目为 180 万元,而 MES/DCS 项目为 170 万元),走过推行数字化管理动态波动的"阵痛期",企业数字化管理的先发优势得到显著提升。

二、政策建议

本章结论为揭示企业推行数字化管理对投入产出效率的影响,以及各类数字化转型投资项目间的异质性提供了有利线索和经验证据。以全国第一个"两化"融合国家示范区为研究对象,具有一定的地域局限性,然而,作为 2013年得到批准的我国首个"两化"融合国家示范区和"国家数字经济创新发展试验区",其在全国省域中具有较为明显的先行优势,对这一"先行者"的研究可以为"追赶者"和"后发者"提供经验参考。具体而言,不仅可以为其他企业提供经过多年实践检验、并已平稳度过数字化变革"阵痛期"的先进经验,也为广大企业管理者引领企业制定和实施长期持续数字化管理带来有益的决策参考,还能够为其他省份的政府部门制定更有针对性的政策提供新的指导和启示。

第一,提高数字化管理的资本预算占比。从本章对企业数字化管理投入产出效率的测算结论看,无论是否考虑时间的固定效应,信息化投资的产出弹性都远高于员工咨询培训的产出弹性。换言之,在数字化投入产出效率中,资本产出弹性远高于劳动产出弹性。数字技术在企业管理中的运用难以一蹴而就,这对于尚未进行或正在开展数字化转型的企业而言具有启示价值,应当结合企业自身资源禀赋,投入资本对信息设备、信息系统以及业务流程等进行数字化改造。从不同规模企业的信息化建设需求来看,中型重点工业企业的信息化建设以推进 ERP、MES/DCS 等核心信息系统为重点,实现关键业务的信息化设施覆盖,提升企业整体信息化水平;大型重点工业企业的信息化建设以系统综合集成应用、智能工厂、大数据挖掘利用、供应链协同等为重点,结合新兴数字技术的融合应用,实现企业的组织变革、模式创新和价值增值。当然,也需要注重数字化人才的培养,提高劳动力的人力资本存量,以实现企业数字化转型价值的可持续释放。

第二,优化企业数字化转型投资预算结构。本章实证的结论之一是,数字化管理投入对投入产出效率的影响具有较为明显的差异,MES/DCS 项目在短期效果更为明显,而 ERP 项目和 PLM 项目长期推动企业投入产出效率更加明显。在以大数据、云计算、物联网等为牵引的数字经济浪潮下,应当引导企业制定符合自身实际的信息化专项应用规划,结合企业自身财务能力编制合理的数字化转型的预算,在短期计划内加强 MES/DCS 项目的投资布局,引导企业加大对生产管控环节的信息化建设重视程度;从长期看,加大 ERP 项目和 PLM 项目的投资布局,支持企业基于 MRP 管理思想全面应用 ERP 六大模块,促使企业最大程度地整合资金流、信息流、决策流、要素流,充分释放数字化红利,同时,鼓励企业运用 PLM 系统进行产品全生命周期管理,将机联网作为数字化转型投资的重要支撑,加强生产制造、客户管理、供应链管理等系统的横向集成,全方位汇聚共享设计能力、生产能力、软件资源、知识模型等制造资源,增强企业全生命周期的数字化、流程化管理以及产业链上下游更加密切的数字化协作关系,提高企业数字化转型投入的针对性和精准性。

第三,完善企业管理数字化变革的激励政策体系。不同企业因行业结构、生产特征、发展需求各不相同,数字化变革的方向和重点也必然存在鲜明的差异化特征,这也说明实践中并不存在普适性的数字化战略和政策,必须实事求是地根据具体情况采取针对性的激励政策。从本章结论看,企业所处的行业、企业规模和所有制结构存在较为明显的差异,导致了数字化管理投入产出效率存在较为明显的异质性特征,现阶段针对企业数字化转型的激励政策仍然比较笼统,政策层面"一刀切"的现象比较普遍,应当结合企业所处行业、企业规模以及所有制结构等因素,制定更为"精准滴灌"而非"遍地漫灌"的扶持政策体系。这对其他地区更有针对性地推进企业数字化转型具有启发性,可以分类分行业制定符合行业特性的数字化政策导向,比如针对装备制造行业,重点在鼓励研发数字化建设方面下功夫;针对电力电子、纺织服装、化工医药等行业,重点在鼓励管理信息化建设方面和生产管控自动化建设方面加大力度。同时,针对企业规模和所有制结构,制定更加精准化的数字化实施方案,在企业生命周期的不同阶段实施不同的数字化投入和管理策略,使得数字化转型与企业发展阶段更加匹配。

第四,推出中小企业数字化转型的专项政策。本章发现,数字化投入与效率之间存在非线性的关系,临界点在100万(含)—200万元之间,而大部分中小企业规模较小、实力不足,面临数字化转型"不敢转""不愿转""不会转""转不好""转得慢"等窘境,仅仅依靠企业自身无法有效跨越数字化转型的阵痛期。这一结论具有普适性,中小企业量大面广、铺天盖地,占我国企业总数的99%以上,是数字化转型不可或缺的有生力量以及数字经济发展的动力源之一。但囿于自身实力和资源有限,中小企业数字化转型资本投入面临较大压力,部分地区对中小企业数字化转型缺乏正确的引导,政策扶持偏向锦上添花和"高大上"企业,龙头骨干企业容易获得资金扶持和政策优惠,而普通的中小企业由于体量小,受限于各种政策前置条件,难以享受到政府的政策资源。对此,应制定符合中小企业数字化转型需求的融资、税收及补贴政策,探索实施"中小企业数字化赋能行动计划",解决中小企业管理数字化变革面临的各类问题,同时研究结论表明,企业自身亦需要在管理数字化改革过程中根据实际情况,寻找最佳投资规模,防止透支性地进行盲目数字化投资。

三、局限性及未来研究方向

本章虽然进行了理论探索和实践层面的挖掘,但也存在一定局限性,需要对企业管理数字化变革的未来研究继续深化。首先,企业样本容量的拓展问题。本章选取的是全国第一个"两化"深度融合国家示范区浙江省内1950家企业连续5年的追踪调查数据,未来研究可将样本拓展到国家先后批复的其他省份/地区/创新发展试验区,如2019年10月第六届世界互联网大会(乌镇峰会)公布的河北、福建、广东、重庆等第一批国家数字经济创新发展试验区,与此同时,通过更多年限的面板数据研究探索不同区域企业数字化管理的特征、绩效以及省际差异。其次,本章以ERP、MES/DCS、PLM数字化投资项目为数字化管理的嵌入路径,揭示工业企业推进数字化管理提升投入产出效率的内在机制。除上述路径外,非工业企业推行数字化管理变革的方式手段更加多样,以这些形式体现的数字化管理变革带来的投入产出效率变动,可能是值得后续研究进一步深入探讨的问题。最后,本章局限于企业内部管理数字化,但未来的企业数字化之路会是开源式、生态化、协同性的资源整合与共享,因此,借助数字技术将生产模块、研发单元活动等分包给其他企业或平台化的跨企业、跨时空、跨地域企业数字化管理集成问题将是值得进一步深化和探讨的重要方向。

第六章　基于成本黏性视角的数字化赋能研究

　　数字化技术的创新及应用促使企业生产、经营、管理方式快速变革（王永贵等，2023）[①]，为新一轮科技革命和产业变革背景下的转型升级按下了"加速键"（陈晓红等，2022）[②]。企业数字化转型已成为实现数字技术驱动下的信息化和工业化深度融合（以下简称"两化"融合），进而推动产业结构转型升级，赋予经济增长"新动能"的重要路径（George 等，2016）[③]，亦成为企业适应新发展阶段背景下市场竞争必须做出的战略抉择。从技术层面分析，大数据、人工智能、物联网、区块链等新一代信息技术与数字化管理软件在企业组织、生产、管理、经营等各领域的应用，赋予企业对大规模数据信息处理的能力，有效捕捉市场信息和预测市场供需动态变动，实现"生产"和"销售"决策的准确、高效匹配（Maas，1999）[④]，降低搜寻、生产、管理、交易成本；从硬件层面分析，数字化硬件应用不仅催生了一个新兴的数字化硬件制造业的产生和蓬勃发展，而且提高了企业日常生产经营的标准化和智能化程度，进而逐步打破工业化管理路径依赖，实现企业生产管理结构从管理形式到管理能力的根本性变

　　① 王永贵、汪淋淋、李霞：《从数字化搜寻到数字化生态的迭代转型研究——基于施耐德电气数字化转型的案例分析》，《管理世界》2023 年第 8 期。

　　② 陈晓红、李杨扬、宋丽洁等：《数字经济理论体系与研究展望》，《管理世界》2022 年第 2 期。

　　③ George，G.，Osinga，E.C.，Lavie，D. and Scott，B.A.，"Big Data and Data Science Methods for Management Research"，*Academy of Management Journal*，Vol.59，No.5，2016，pp.1493–1507.

　　④ Maas，J.，"Information Rules：A Strategic Guide to the Network Economy"，*MIT Sloan Management Review*，Vol.40，No.3，1999，p.152.

革。数字化转型为传统产业结构转型升级提供了重要技术支持、经验参考和推动力量(许恒等,2020)①。

　　然而,企业数字化转型的过程并非一蹴而就(李海舰等,2014)②,需要根据自身行业属性、资源禀赋、收入成本等进行长期、持续投资,并不断寻找适配于内部管理体系的数字化转型路径(曹裕等,2023)③。更为重要的是,企业数字化投资成本随着业务量上升和下降的变动幅度是不对称的,相较于盈利上升时,企业盈利下降时,成本下降速度更低,甚至进一步上升,即存在成本黏性现象(Anderson等,2003)④。已有研究认为,中小企业规模较小、风险承担能力较弱,实行数字化投资后,具有较高的调整机会成本,从而可能形成成本黏性,挤占企业可用资本规模;而规模较大的企业,数字化转型投资额大,具有较高的调整成本,表现为更高的数字化转型成本黏性和更高的数字化"统治力"(韩岚岚,2018)⑤,同时,市场中如果存在占据一定市场份额的数字化经营者时,市场外的潜在进入者会面临较高的准入门槛和进入壁垒,即使市场外潜在厂商进入该市场,在短期内也很难形成有效的竞争力,存在收入分配差距加大和形成垄断市场的风险(Rochet等,2008)⑥。显然,数字化转型不同于一般意义的转型升级,也不是单纯的技术变革,推动难度好比一口气"突破了、顶住了,可能就是一番新天地;如果没有跨过去,就又回到了起点",正如美的集团董事长方洪波所言,"每年考虑数字化转型投入都是最艰难、最焦虑的时刻,数额大至每年投几十亿,但投了以后究竟有多大效果心中并没底"。回首已经进行数字化转型的企业,不少管理者认为自身是被逼的,不得不作出数字化

　　① 许恒、张一林、曹雨佳:《数字经济、技术溢出与动态竞合政策》,《管理世界》2020年第11期。

　　② 李海舰、田跃新、李文杰:《互联网思维与传统企业再造》,《中国工业经济》2014年第10期。

　　③ 曹裕、李想、胡韩莉、万光羽、汪寿阳:《数字化如何推动制造企业绿色转型?——资源编排理论视角下的探索性案例研究》,《管理世界》2023年第3期。

　　④ Anderson,M.C.,Banker,R.D. and Janakiraman,S.N.,"Are Selling,General,and Administrative Costs 'Sticky'?",*Journal of Accounting Research*,Vol.41,No.1,2003,pp.47-63.

　　⑤ 韩岚岚:《创新投入、内部控制与成本粘性》,《经济与管理研究》2018年第10期。

　　⑥ Rochet,J.C. and Tirole,J.,"Tying in Two-Sided Markets and the Honor All Cards Rule",*International Journal of Industrial Organization*,Vol.26,No.6,2008,pp.1333-1347.

转型的选择(韩岚岚,2018)①。换言之,企业面临"投资风险高、不确定性大,但不投资又无异于等死"的"数字化转型困境",这是本书现实逻辑和理论逻辑的出发点。

根据 IDC 报告数据显示,全球已有67%的企业将数字化转型作为企业的核心战略,但受制于管理能力变革的滞后性、企业资源禀赋和生产流程与数字技术的耦合性,我国数字化转型对企业绩效的提升并不显著(埃森哲,2020)②,其中,投资周期长、成本黏性高、企业转型能力弱成为导致这一后果的主要因素。因此,研究企业数字化转型投资行为的黏性特征,探索其内在机制和一般性规律并加以利用,对于破解企业"数字化转型困境"具有重要的理论价值和现实意义。

更进一步审视,企业数字化转型的黏性问题已对我国数字经济高质量发展构成了潜在且严峻的挑战因素。作为推动经济结构调整和培育新质生产力的重要引擎,数字经济在我国"十四五"规划中被定位为锻造经济增长新动能和新增长点的战略方向,而企业数字化转型无疑是实现这一目标的关键路径。尽管数字技术的创新和应用正在迅速改变企业的管理模式和生产方式,提高企业的劳动生产率,但是数字化转型的成本黏性也会给企业带来资源错配,进而引致效率损失,这种现象进一步放大了资源配置的不平衡性和转型的"路径依赖",从而阻滞了数字经济领域的改革深化以及数字经济迈向高质量发展的历史进程。因此,深入研究企业数字化转型中的成本黏性问题,探索其内在运行机制和发展规律,不仅能够为优化资源配置效率和降低企业成本提供理论依据,还能够为政府制定更加精准化、科学化、定制化的政策体系提供参考,对加速传统产业数字化变革和构建具有中国特色的数字经济发展模式具有重要现实意义,进而有助于数字中国、网络强国、制造强国等重大战略的纵深推进和落地见效。

梳理已有文献发现,数字化环境下企业转型研究也只是处于起步阶段(戚聿东、褚席,2021;Adner 等,2019)③④,现有的企业数字化管理变革研究

---

① 韩岚岚:《创新投入、内部控制与成本粘性》,《经济与管理研究》2018 年第 10 期。

② 埃森哲:《2020 年中国企业数字转型指数研究》,2020 年。

③ 戚聿东、褚席:《数字经济学学科体系的构建》,《改革》2021 年第 2 期。

④ Adner, R., Puranam, P. and Zhu, F., "What is Different about Digital Strategy? From Quantitative to Qualitative Change", *Strategy Science*, Vol.4, No.4, 2019, pp.253−261.

主要集中在宏观层面,对于微观层面企业投资行为和成本模式的研究仍处于理论探索和案例研究阶段,缺乏规范的实证研究结果和经验证据支撑。具体而言,关于企业数字化转型投资行为和规律特征研究较为匮乏的主要原因在于数据的缺失和较难获取,已有研究使用的 A 股数据无法捕捉到中小企业数字化转型的信息特征,而这部分市场主体的数字化表现却能够真实体现我国企业数字化转型的现实状况和困境。值得注意的是,现有研究对于数字化转型的测度方法主要基于文本分析,抓取企业年报关键词进行测度,对"数字化"和"信息化"的区分并不明晰,具体来说,"数字化"为使用数字技术转换业务流程和服务的过程,而"信息化"则指的是信息技术在组织的广泛应用以提高其信息处理能力和管理效率。虽然"信息化"与"数字化"存在交集,但是识别出"信息化"对企业数字化转型具有直接影响的部分,对于理解企业数字化转型成本黏性具有重要的理论和实际意义。本书基于对第一个国家级"两化"融合示范区内企业连续 6 年数字化转型动态调研面板数据的分析,为本书的理论研究提供了坚实的数据基础。有关解释和破解企业"数字化转型困境"的理论依据研究——企业数字化转型过程中的投资决策倾向,以及基于企业异质性特征对数字化成本黏性测度、形成内在机理和一般规律的初步探索,为企业是否进行/如何进行数字化转型的决策提供了经验借鉴和理论参考,也为企业从"被迫转型"向"积极变革"过渡的数字化发展,为各地政府深化"两化"融合、制定精准的激励机制、优化扶持政策、推动数字经济发展和数字化变革提供了重要的实践借鉴和有益判断。

目前关于企业数字化转型的成本黏性研究亦较为少见,与李婉红和王帆(2021)[1]、廖飞梅等(2019)[2]、杨德明和刘泳文(2018)[3]等已有文献相比,本书可能的创新之处在于:(1)基于动态博弈思想,结合我国企业数字化转型实

---

① 李婉红、王帆:《智能化转型、成本粘性与企业绩效——基于传统制造企业的实证检验》,《科学学研究》2021 年第 3 期。

② 廖飞梅、朱清贞、叶松勤:《政策性负担、信息透明度与企业费用粘性》,《当代财经》2019 年第 12 期。

③ 杨德明、刘泳文:《"互联网+"为什么加出了业绩》,《中国工业经济》2018 年第 5 期。

际情况,参考杨其静(2011)①的做法,对 Bertrand 模型进行扩展,刻画了企业数字化转型的投资行为和"转型困境",揭示了企业数字化转型成本黏性的特征规律和形成机制,探讨规模较大企业对中小企业数字化转型带来的示范效应和倒逼效应,为微观企业层面的成本黏性特征和"数字化转型困境"研究提供理论基础。(2)通过全国第一个"两化"融合国家示范区内 1950 家工业企业连续 6 年的动态调研数据,使用分位数回归方法,剖析异质性数字化转型企业的投资行为、成本黏性规律和内在运行机制,为成本黏性的规律探索和面临两难决策/困境时的行为模式选择提供经验证据。(3)根据安德鲁森等(Anderson 等,2003)②、诺和索德斯特罗姆(Noreen 和 Soderstrom,1997)③的黏性估计方法,对企业数字化转型成本黏性进行测度,并参考鲍威尔(Powell,2020)④的分析方法,从数字化总成本黏性、数字化运营成本黏性和数字化劳动力成本黏性等角度探讨企业数字化转型随着投资规模逐步扩大呈现的愈加明显的黏性特征,从有利于企业发展的成本黏性特征转变为表现出负面影响的黏性特征过程,以及其达到峰值的所在区间,为制定精准激励的政策体系提供了实证支持,使研究结果具有理论意义和实践价值。本书不仅聚焦于企业层面的成本黏性特征和运行机制,更着眼于其对数字经济发展和政策制定的实践价值。通过揭示企业数字化转型成本黏性对资源配置效率和市场竞争结构的影响,为推动我国数字经济高质量发展、深化"两化"融合、优化企业数字化转型政策提供理论支撑和实践参考。这一探索不仅有助于填补现有理论研究缺口,也为破解我国企业在数字化转型过程中的现实难题提供了全新视角。

---

① 杨其静:《企业成长:政治关联还是能力建设?》,《经济研究》2011 年第 10 期。

② Anderson,M.C.,Banker,R.D. and Janakiraman,S.N.,"Are Selling,General,and Administrative Costs 'Sticky'?",*Journal of Accounting Research*,Vol.41,No.1,2003,pp.47−63.

③ Noreen,E. and Soderstrom,N.,"The Accuracy of Proportional Cost Models:Evidence from Hospital Service Departments",*Review of Accounting Studies*,Vol.2,No.1,1997,pp.89−114.

④ Powell,D.,"Quantile Treatment Effects in the Presence of Covariates",*The Review of Economics and Statistics*,Vol.102,No.5,2020,pp.994−1005.

第一节 基于成本黏性视角的数字化
赋能研究的理论逻辑

一、企业数字化转型及相应的成本投入

数字赋能(Digital Empowerment)越来越成为企业转型升级的主流趋势(刘淑春等,2021)[①],尤其是随着大数据、云计算、物联网等新一代数字技术快速发展,数字化变革正在深刻影响企业生产的质量变革、效率变革、动力变革以及资源配置效率的先进性(Arntz 等,2016;刘淑春,2019;杨善林等,2023)[②][③][④],不仅促使企业在生产端优化要素资源配置,重塑企业生产流程,促进按需定制、智能生产和对市场需求的快速响应,而且重构了传统的商业模式逻辑,推动企业管理的系统性转变,进而实现运营效率和组织绩效的提升(Zott 等,2011)[⑤]。

成本的控制和领先优势是企业在市场中获得竞争优势的重要路径选择,企业数字化转型过程中必然需要面对投入成本这个现实问题。换言之,企业需要有效控制成本以及尽可能降低成本,才能获得更大的市场发展空间(Adner,2017;Noreen 等,1997)[⑥][⑦]。通过生产流程、管理流程、营销流程等数字化转型,进一步降低生产经营成本、提升产品质量、不断扩大动态化的价值增值

[①] 刘淑春、闫津臣、张思雪、林汉川:《企业管理数字化变革能提升投入产出效率吗》,《管理世界》2021 年第 5 期。

[②] Arntz,M.,Gregory,T. and Zierahn,U.,"The Risk of Automation for Jobs in OECD Countries:A Comparative Analysis",OECD Social,Employment and Migration,2016,Working Paper.

[③] 刘淑春:《中国数字经济高质量发展的靶向路径与政策供给》,《经济学家》2019 年第 6 期。

[④] 杨善林、王建民、侍乐媛等:《新一代信息技术环境下高端装备智能制造工程管理理论与方法》,《管理世界》2023 年第 1 期。

[⑤] Zott,C.,Amit,R. and Massa,L.,"The Business Model:Recent Developments and Future Research",*Journal of Management*,Vol.37,No.4,2011,pp.1019-1042.

[⑥] Adner,R.,"Ecosystem as Structure:An Actionable Construct for Strategy",*Journal of Management*,Vol.43,No.1,2017,pp.39-58.

[⑦] Noreen,E. and Soderstrom,N.,"The Accuracy of Proportional Cost Models:Evidence from Hospital Service Departments",*Review of Accounting Studies*,Vol.2,No.1,1997,pp.89-114.

空间,逐步实现信息数字化、业务数字化和整体数字化。这一过程中,企业将面对数字化投入成本和利用数字技术降本增效的关系,在实际上增加数字化资本投入的情况下也同时通过数字化的协作降低了搜索成本、信息成本、沟通成本、管理成本等交易成本(尤尔根·梅菲特、沙莎,2018)①,找出生产经营环节或产品成本控制不到位的地方,实施更为精准的成本控制,才能在不断加大数字化投入的情况下获得更高的产出。

二、成本黏性与企业数字化转型的关系

与传统成本性态模型不同,成本黏性主要表现在业务量上升成本的边际增加量和业务下降成本的边际减少量之间的非对称变动现象(Anderson 等,2003)②,尤其是资源投入冗余与错配可能导致较高的成本黏性(Goldfarb 等,2019)③。尽管国内外理论界对企业的成本黏性现象进行了极有价值的探索和贡献,亦发现成本黏性与企业管理、企业规模、财务指标、行业属性等特征存在相关性(Calleja 等,2006;Banker 和 Byzalov,2014;刘武,2006;孔玉生等,2007;孙铮、刘浩,2004;刘笑霞、李明辉,2023)④⑤⑥⑦⑧⑨,但针对企业数字化转型的成本黏性进行的研究比较匮乏。企业数字化投入占用了大量人力资

---

① 尤尔根·梅菲特、沙莎:《从 1 到 N:企业数字化生存指南》,上海交通大学出版社 2018 年版。

② Anderson,M.C.,Banker,R.D. and Janakiraman,S.N.,"Are Selling,General,and Administrative Costs 'Sticky'?",*Journal of Accounting Research*,Vol.41,No.1,2003,pp.47–63.

③ Goldfarb,A. and Tucker,C.,"Digital Economics",*Journal of Economic Literature*,Vol.57,No.1,2019,pp.3–43.

④ Calleja,K.,Steliaros,M. and Thomas,D.C.,"A Note on Cost Stickiness:Some International Comparisons",*Management Accounting Research*,Vol.17,2006,pp.127–140.

⑤ Banker,R.D. and Byzalov,D.,"Asymmetric Cost Behavior",*Journal of Management Accounting Research*,Vol.26,No.2,2014,pp.43–79.

⑥ 刘武:《企业费用"粘性"行为:基于行业差异的实证研究》,《中国工业经济》2006 年第 12 期。

⑦ 孔玉生、朱乃平、孔庆根:《成本粘性研究:来自中国上市公司的经验证据》,《会计研究》2007 年第 11 期。

⑧ 孙铮、刘浩:《中国上市公司费用"粘性"行为研究》,《经济研究》2004 年第 12 期。

⑨ 刘笑霞、李明辉:《债权人会惩罚真实盈余管理行为吗?——基于债务融资成本视角的经验证据》,《管理工程学报》2023 年第 1 期。

本、技术资源和培训资源,存在收益上的滞后性(Hall 等,2010;梁上坤,2015;周兵等,2016;肖振红、李炎,2023)①②③④。识别数字化成本黏性及其影响因素,对于企业有效进行数字化转型和提升企业生产经营效率具有重要意义(Costa 和 Habib,2020)⑤。

　　企业数字化转型的成本黏性主要来自于资源调整成本、管理者偏好、代理成本等主要因素(Banker 和 Byzalov,2014)⑥。调整成本(Adjustment Costs)在企业成本中具有非对称性的特征(陆旸,2015)⑦,是成本黏性的重要原因之一。企业成本费用的变化不仅取决于其当期业务量的变化,而且取决于现有生产能力以及预期未来业务量的变化。一般情况下,企业向下调整承诺资源的成本要高于企业向上调整承诺资源的成本,当企业的业务量下降时,企业成本下降的幅度要低于业务量上升时成本费用的增加幅度(江伟、胡玉明,2011;刘娜娜、周国华,2023)⑧⑨。作为企业数字化转型主要政策手段的政府补助,可以通过补助企业成本投入和降低企业准入门槛等方式促进企业的数字化转型(南晓莉、张敏,2018)⑩。

---

①　Hall,B.H.,Lerner,J.,Bronwyn,H.H.,and others,*Handbook of the Economics of Innovation*,2010.

②　梁上坤:《管理者过度自信、债务约束与成本粘性》,《南开管理评论》2015 年第 3 期。

③　周兵、钟廷勇、徐辉等:《企业战略、管理者预期与成本粘性——基于中国上市公司经验证据》,《会计研究》2016 年第 7 期。

④　肖振红、李炎:《绿色技术创新模式、环境规制与产学研协同绿色创新》,《管理工程学报》2023 年第 4 期。

⑤　Costa,M.D. and Habib,A.,"Trade Credit and Cost Stickiness",*Accounting & Finance*,2020,pp.1–41.

⑥　Banker,R.D. and Byzalov,D.,"Asymmetric Cost Behavior",*Journal of Management Accounting Research*,Vol.26,No.2,2014,pp.43–79.

⑦　陆旸:《成本冲击与价格粘性的非对称性——来自中国微观制造业企业的证据》,《经济学(季刊)》2015 年第 2 期。

⑧　江伟、胡玉明:《企业成本费用粘性:文献回顾与展望》,《会计研究》2011 年第 9 期。

⑨　刘娜娜、周国华:《基于前景理论的重大工程协同创新资源共享演化分析》,《管理工程学报》2023 年第 3 期。

⑩　南晓莉、张敏:《政府补助是否强化了战略性新兴产业的成本粘性?》,《财经研究》2018 年第 8 期。

第二节 理论模型与理论假说

本书遵循提洛(Tirole,1988)的主流范式构建博弈模型[1],引入数字化转型补贴和企业规模异质性,刻画企业数字化转型的投资行为和"投资困境",参考杨其静(2011)的相关研究[2],引入政策关联和产品异质性,并以此为基准模型,引入企业投资的动态特征,对企业在长期中的投资行为进行刻画。

一、需求结构

经济体中有 N 个消费者,且对商品品质具有偏好差异性,为了简化分析,设定一个消费者对某一商品存在一单位潜在需求,根据主流研究范式,设定品质偏好强度为 θ,受经济发展水平和收入分配水平影响, $\theta \in \left[\hat{\theta}, (1+\tau)\hat{\theta} \right]$, $\tau \in [0,1]$,其中高端消费者商品价格为 p,品质为 v,令 $\tilde{\theta} = (1+\tau)\hat{\theta}$,代表高端消费者的偏好特征,高端消费者、中间消费者和低端消费者占人口的比例分别为 α,β,γ,满足 $\alpha + \beta + \gamma = 1$,且保证中间消费者比例足够大,满足均匀分布,密度函数为 $share = \dfrac{\beta N}{\tau \hat{\theta}}$。

二、行业结构

在 $t=0$ 时,所有的企业都能够得到数字化转型补贴,假设 j 类企业能够将补贴投入数字化转型并且选择较高的数字化投入比例,那么在 $t=1$ 期时,企业提供较少数量但更高质量且成本更低的产品,进而在市场上具有一定的垄断势力,可以设定一个较高的价格, i 类企业在 $t=0$ 期时进行较少的数字化转型投入,甚至不投资,采取"骗补贴"的策略,选择扩大生产规模,但是在 $t=1$

---

[1] Tirole,J.,*The Theory of Industrial Organization*,1988,The MIT Press.

[2] 杨其静:《企业成长:政治关联还是能力建设?》,《经济研究》2011 年第 10 期。

期时,质量保持不变,也没有市场定价能力,消费者的选择满足如下不等式:

$$\theta v_j - p_j \geqslant \theta_i - p_i \tag{6-1}$$

其中 v_j 代表第 j 个企业的产品质量, p_j 代表第 j 个企业的产品定价,由式 (6-1)解得偏好的无差异点为 $\theta^* = \dfrac{p_j - p_i}{v_j - v_i}$。如果偏好系数小于无差异点,那么消费者会选择第 i 类企业的商品,若偏好系数大于无差异点,则消费者会选择第 j 类企业的产品。所以,两类企业所面临的市场规模为 $Q_i^* = Q_j^* = \dfrac{1}{2}N$,

$t=0$ 期时边际成本 c_0 生产品质 v_0 的同质产品,并且 $c_0 \leqslant \hat{\theta} v_0$,以边际成本定价,进行 Bertrand 竞争,最优化时利润为 0,即:

$$\pi_i^* = \pi_j^* = 0 \tag{6-2}$$

试点区域中,企业选择将一部分资源用于购买机器设备,扩大生产线,并由此提高劳动生产率,降低单位产品的生产成本,参考已有研究,设定下降后的成本为:

$$c_1 = c_0 - f(Inv \mid Q_0) \tag{6-3}$$

其中 Q_0 是企业面对的市场份额, $Inv = kQ + \eta sub$ 代表企业投资到扩大生产线上的金额,参数分别为投入占比,Q 是厂商的初始资本,sub 是厂商获得的数字化转型政府补贴,并且假设 $f' > 0, f'' < 0$,但是单纯的扩大生产线,没有提升产品品质,并有可能提高管理成本,为了简化分析,此处假设管理成本不受影响。

企业将 $Digi = Q - Inv$ 的资本用于数字化管理变革,产品质量在 $t=1$ 期时能够有一定程度的提升,即:

$$v_1 = v_0 + \mu \frac{Digi^{1-\sigma}}{1 - \sigma} \tag{6-4}$$

其中,$\mu > 0, \sigma > 0$,参数越大,企业越容易在数字化转型中获得产品质量提升,获得市场产品定价能力。并且假设在期初,厂商已经投入了一定量的固定资产 k,属于厂商的沉没成本。那么,两种企业的最大化问题遵循以下规划:

$$\begin{cases} \max \pi_i = [p_i - c_{1i}] \left[\left(\dfrac{p_j - p_i}{v_j - v_i} - \widehat{\theta} \right) share + \alpha N \right] - 1 + sub \\[4mm] \max \pi_j = [p_j - c_{1j}] \left[\left(\widetilde{\theta} - \dfrac{p_j - p_i}{v_j - v_i} \right) share + \gamma N \right] - 1 + sub \end{cases} \tag{6-5}$$

求解该模型可得,两类企业最大化利润分别为:

$$\begin{cases} \pi_i^* = \left[\dfrac{(1+\alpha)\lambda}{1-\alpha-\gamma} + \left(\dfrac{f(k_i Q_i - \eta_i sud) - f(k_j Q_j - \eta_j sub)}{\widehat{\theta}(v_j - v_i)} \right) - 1 \right]^2 \dfrac{\widehat{\theta}(v_j - v_i)(1-\alpha-\gamma)N}{9\lambda} - 1 \\[5mm] \pi_i^* = \left[\dfrac{(1+\gamma)\lambda}{1-\alpha-\gamma} + (1+\lambda) \left(1 - \dfrac{f(k\,Q_i - \eta_i sud) - f(k_j Q_j - \eta_j sdb)}{\widehat{\theta}(v_j - v_i)} \right) \right]^2 \dfrac{\widehat{\theta}(v_j - v_i)(1-\alpha-\gamma)N}{9\lambda} - 1 \end{cases}$$

$$\tag{6-6}$$

各类企业可以自己选择投资组合,同时也会给其他企业传递信息,影响其利润规模,因此分别对投资份额求导:

$$\begin{cases} \dfrac{\partial \pi_i^*}{\partial k_i} = 2 \times \left[\dfrac{(1+\alpha)\lambda}{1-\alpha-\gamma} + \left(\dfrac{f(k_i Q_i - \eta_i sub) - f(k_j Q_j - \eta_j sub)}{\widehat{\theta}(v_j - v_i)} \right) - 1 \right] \times \\[5mm] \qquad \dfrac{\widehat{\theta}(v_j - v_i)(1-\alpha-\gamma)N}{9\lambda} \cdot \dfrac{f'(k_i Q_i - \eta_i sub)Q_i}{\widehat{\theta}(v_j - v_i)} \\[5mm] \dfrac{\partial \pi_i^*}{\partial k_i} = -2 \times \left[\dfrac{(1+\alpha)\lambda}{1-\alpha-\gamma} + \left(\dfrac{f(k_i Q_i - \eta_i sub) - f(k_j Q_j - \eta_j sub)}{\widehat{\theta}(v_j - v_i)} \right) - 1 \right] \times \\[5mm] \qquad \dfrac{\widehat{\theta}(v_j - v_i)(1-\alpha-\gamma)N}{9\lambda} \times \dfrac{f'(k_j Q_j - \eta_j sub)Q_j}{\widehat{\theta}(v_j - v_i)} \end{cases}$$

$$\tag{6-7}$$

当 i 类企业规模较小时,则 j 类企业可以选择扩大生产规模和较低的补贴进行数字化转型,或者采用稍高的生产水平和较高的数字化转型补贴的策略,即轻微提升 k_j 的比例便可以将 i 类企业挤出市场,而当 i 类企业规模较大时,j 类企业则必须更多地投入数字化转型,才能够保证自身的市场份额。

值得注意的是,成本管理和领先优势是企业在市场中获得竞争优势的重要路径选择,无论是规模较大企业还是中小企业,数字化转型过程中均需要面对成本这个现实问题。企业数字化转型过程中,在实际上增加数字化资本投入的情况下也同时通过数字化的协作降低了搜索成本、信息成本、沟通成本、管理成本等交易成本(Goldfarb 和 Tucker,2019)。[1] 据此,本章提出理论假说6-1:

理论假说6-1:企业数字化转型投资决策受到企业规模的影响,规模较大的企业对数字化管理的投资会对中小企业的投资额产生"倒逼"效应,从而促使中小企业增加对数字化转型和管理的投资额。

本假说的理论溯源可以追溯到规模效应和竞争压力理论。规模较大的企业通过示范效应和倒逼效应,增加了中小企业数字化转型压力。为验证该假说,本章在实证部分采用了 OLS 回归和分位数回归,重点考察企业规模在不同条件下对数字化投资额的影响差异,并进一步分析了不同规模企业的数字化转型决策模式。

但是,中小企业规模较小,抗风险能力较差,数字化转型需要企业"烧钱",数字化相关投资挤占了企业大量资源,一定程度上限制了中小企业发展,增加了中小企业的运营风险(张新民、陈德球,2020)。[2] 同时,在 $t=0$ 期时,企业选择了较高的数字化转型投资,在 $t=1$ 期时至少需要维持这一水平,才能够在市场竞争中"存活"下来。为了赢得更高的市场份额,企业不得不追加数字化投资,以期进一步提升产品质量。随着投资成本的不断扩大,调整成本逐步升高,数字化投资的黏性便由此产生。资源调整成本是成本黏性的重要原因之一,在企业成本中具有非对称性的特征(陆旸,2015)。[3] 数字化转型在一定程度上是企业组织协调及技术适应的过程,在成本性态(Cost Behavior)的传统理论模型中,企业成本随着业务量增加或减少的变动幅度是相同的,也就是成本的边际变化率在不同的业务量变化方向上具有对称性(Ander-

---

① Goldfarb, A. and Tucker, C., "Digital Economics", *Journal of Economic Literature*, Vol.57, No. 1, 2019, pp.3–43.

② 张新民、陈德球:《移动互联网时代企业商业模式、价值共创与治理风险——基于瑞幸咖啡财务造假的案例分析》,《管理世界》2020 年第 5 期。

③ 陆旸:《成本冲击与价格粘性的非对称性——来自中国微观制造业企业的证据》,《经济学(季刊)》2015 年第 2 期。

son 等,2003)[1],据此,本章提出理论假说6-2:

理论假说6-2:企业数字化投资具有较为明显的黏性特征,并且随着投资规模的不断扩大,黏性特征逐步明显且存在峰值;并在投入的成本达到一定规模时,由有利于企业发展的成本黏性特征转变为表现出负面影响的黏性特征。

黏性成本理论强调企业在投资规模扩大时,其调整成本和资源配置能力的非对称变化,会导致成本黏性表现出阶段性特征。本章使用黏性模型和分位数回归模型,分析了企业数字化转型成本黏性的阶段性表现和特征,并测度黏性峰值的区间和特征转变点。

企业数字化销售额提升是一个显性信号,会提高数字化销售额的预期收益,让企业有继续投资数字化转型和管理的激励,进一步提高了数字化成本黏性。企业成本费用的变化不仅取决于其当期业务量的变化,而且取决于现有生产能力以及企业管理者预期未来业务量的变化(Banker 和 Byzalov,2014;肖振红、李炎,2023;Koenker,2004)。[2][3][4] 企业数字化转型未来的收益预期会影响数字化转型采购的预算投资额,进而带来数字化转型成本和调整成本的变化;此成本的提升短期内无法带来相应的或足够的成本收益,在上期收益这一显性信号的影响下,本章提出理论假说6-3:

理论假说6-3:企业数字化转型未来期的收益预期会影响数字化软硬件投资的预算投资额,进而带来数字化转型成本和调整成本的变化;此成本的提升短期内又无法带来相应的或足够的成本收益,在上一年利润这一显性信号下,第二轮企业收益——投资的预期调整作用发挥,由此可能产生并带来数字化转型成本黏性,即企业数字化预期收益和利润规模在成本黏性关系中有可能起到调节的中介效应,并且,企业会逐步调整销售策略,分配线上与线下销

① Anderson,M.C.,Banker,R.D. and Janakiraman,S.N.,"Are Selling,General,and Administrative Costs 'Sticky'?",*Journal of Accounting Research*,Vol.41,No.1,2003,pp.47-63.

② Banker,R.D. and Byzalov,D.,"Asymmetric Cost Behavior",*Journal of Management Accounting Research*,Vol.26,No.2,2014,pp.43-79.

③ 肖振红、李炎:《绿色技术创新模式、环境规制与产学研协同绿色创新》,《管理工程学报》2023 年第 4 期。

④ Koenker,R.,"Quantile Regression for Longitudinal Data",*Journal of Multivariate Analysis*,Vol.91,No.1,2004,pp.74-89.

售资源以追求利润最大化,即非数字化销售收入可能带来中介效应。

本假说的理论基础来源于预期理论,强调收益预期作为显性信号对企业投资行为的引导作用。企业在数字化转型过程中,会根据未来收益的预期调整预算配置,这种调整可能会强化成本黏性特征。为验证该假说,本章在实证部分构建了调节中介效应模型,分析了软硬件投资预算额和数字化收益在数字化成本黏性形成机制中的中介效应,据此,本章提出理论假说6-4:

理论假说6-4:上一年利润在企业数字化转型成本黏性关系中起到调节作用,非数字化销售收入在企业数字化转型成本黏性中起到中介作用。

本假说的理论依据结合了企业行为理论和信号理论,指出上一年利润作为企业决策的重要参考指标,可能通过利润规模影响企业对数字化转型投资的预算配置和执行力度。此外,非数字化销售收入的存在可能对数字化成本黏性产生中介效应。为验证该假说,本章在实证部分采用路径分析法,通过构建结构方程模型,重点检验上一年利润如何调节数字化收益与成本黏性的关系,并分析非数字化销售收入在其中的中介作用。基于上述理论分析和推导,本章研究的理论框架如图6-1所示。

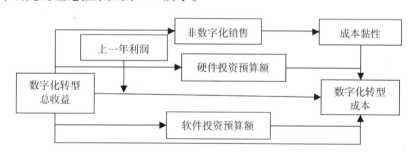

图6-1　研究框架图

第三节　研究设计

一、数据来源

本章数据仍来源于我国第一个"两化"深度融合的国家级示范区内1950家工业企业连续6年(2015—2020年)的动态跟踪调查。在获取有效问卷数据后,本章删除了与金融机构相关的企业,剔除部分不合理/无效的观察值,同时进行缩尾处理,得到5792条有效观察值,1950家企业6年时间的动态跟踪面板数据。

二、计量模型设计

为了验证理论假说,参考安德鲁森等(Anderson 等,2003)[①]对黏性的研究,设定多元线性回归方程如下:

$$lncost_{i,t} = \alpha_0 + \beta_1 lnrevenue_{i,t} + \beta_2 decline_{i,t} + \beta_3 stick_{i,t} +$$
$$\beta_4 control_{i,t} + \gamma_i + \delta_t + \varepsilon_{it} \tag{6-8}$$

其中,$lncost$ 为当期数字化转型投资成本的对数值(后文简写为 $lcost$),$lnrevenue$ 是企业的数字销售收入(即 $lrev$),$decline_{i,t}$ 是代表企业数字化转型受收益变动方向的虚拟变量,若下降则取1,其他取0,γ_i 为企业固定效应,δ_t 为时间固定效应。

参考安德鲁森等(Anderson 等,2003)[②]、诺和索德斯特罗姆(Noreen 和 Soderstrom,1997)[③]的黏性估计方法,$stick_{i,t} = lnrevenue_{i,t} \times decline_{i,t}$ 描述了数字化转型成本黏性,若 $stick_{i,t}$ 的系数显著为负,即意味着收入下降相比收入上升时,成本的下降速率更低,表明存在显著的成本黏性现象。

根据理论分析,规模较大企业会对规模较小的企业产生示范效应和"倒逼"效应,企业数字化转型的投资额与企业的规模、经营效率、数字化转型后的盈利能力具有很强的相关性,为了进一步探究条件分布下,企业数字化投资额和企业数字化销售额之间的关系,参考科恩克(Koenker,2004)[④]提出的分位数回归方法,本章构建了分位数回归模型,分别针对10%、25%、50%、75%

---

① Anderson, M.C., Banker, R.D. and Janakiraman, S.N., "Are Selling, General, and Administrative Costs 'Sticky'?", *Journal of Accounting Research*, Vol.41, No.1, 2003, pp.47–63.

② Anderson, M.C., Banker, R.D. and Janakiraman, S.N., "Are Selling, General, and Administrative Costs 'Sticky'?", *Journal of Accounting Research*, Vol.41, No.1, 2003, pp.47–63.

③ Noreen, E. and Soderstrom, N., "The Accuracy of Proportional Cost Models: Evidence from Hospital Service Departments", *Review of Accounting Studies*, Vol.2, No.1, 1997, pp.89–114.

④ Koenker, R., "Quantile Regression for Longitudinal Data", *Journal of Multivariate Analysis*, Vol.91, No.1, 2004, pp.74–89.

和90%五个分位点,考察企业规模对数字化转型投资行为的影响,条件分位点定义如下:

$$Q(\tau \mid x_i) = x_i^T \beta_\tau \qquad (6-9)$$

为了解决由于企业规模、数字化程度和经营状况等导致小组间无法观测到异质性差异的问题,参考拉马斯(Lamarche,2010)[1]和科恩克(Koenker,2004)[2]提出的固定效应分位数回归方法对系数进行估计,估计方法如下:

$$\min \sum_{n=1}^{N} \sum_{i=1}^{I} \sum_{t=1}^{T} w_n \rho \tau_i (y_{it} - a_i - x_{it}\beta(\tau_n)) + \lambda \sum_{n=1}^{N} |a_n|$$
$$(6-10)$$

机制分析方面,本书借鉴爱德华兹和兰伯特(Edwards 和 Lambert,2007)[3]的路径分析法验证调节的中介效应,模型设定如下:

$$\ln(hardinvb)_{i,t} = \alpha_0 + \beta_{11} lrev_{i,t} + \beta_{12} \ln(profit\_1_{i,t}) +$$
$$\beta_{13} lrev_{i,t} \times \ln(profi\,t\_1_{i,t}) + \varepsilon_{1,t} \qquad (6-11)$$

$$\ln(softinvb)_{i,t} = \alpha_1 + \beta_{21} lrev_{i,t} + \varepsilon_{2,t} \qquad (6-12)$$

$$\ln(non\_dig\_sale)_{i,t} = \alpha_1 + \beta_{21} lrev_{i,t} + \varepsilon_{2,t} \qquad (6-13)$$

$$dcost = \alpha_3 + \beta_{31} \ln(hardinvb)_{i,t} + \beta_{32} \ln(softinvb)_{i,t} + \beta_{33} lrev_{i,t} + \beta_{34} lrev_{i,t} \times$$
$$\ln(profit\_1_{i,t}) + \beta_{35} \ln(hardinvb)_{i,t} \times \ln(profit\_1_{i,t}) +$$
$$\beta_{36} \ln(profit\_1_{i,t}) + \beta_{37} decline_{i,t} + \beta_{38} stick + \varepsilon_{3,t} \qquad (6-14)$$

其中,$\ln(hardinvb)_{i,t}$、$\ln(softinvb)_{i,t}$和$\ln(non\_dig\_sale)_{i,t}$分别是硬件、软件投资预算额和非数字化销售额的对数;$\ln(profit\_1_{i,t})$是企业上一年度利润的对数值。

三、数据处理和变量定义

本章被解释变量为企业数字化总投资额的对数值($lcost$),用以捕捉数字

①　Lamarche,C.,"Robust Penalized Quantile Regression Estimation for Panel Data",*Journal of Econometrics*,Vol.157,No.2,2010,pp.396-408.

②　Koenker,R.,"Quantile Regression for Longitudinal Data",*Journal of Multivariate Analysis*,Vol.91,No.1,2004,pp.74-89.

③　Edwards,J.R. and Lambert,L.S.,"Methods for Integrating Moderation and Mediation:A General Analytical Framework Using Moderated Path Analysis",*Psychological Method*,Vol.12,No.1,2007,pp.1-22.

化转型的投资成本特征。基于调查问卷中"当年信息化投资额""当年数字化软件投资额""当年数字化硬件投资额""当年信息化咨询费用""当年数字化培训费用""当年数字化运维费用"等问题,加总得到企业数字化转型总投资额。$lcost = \ln(cost_{n,i,t})$;$dcost$ 为数字化成本的变动额,$dcost = \ln(cost_{n,i,t}) - \ln(cost_{n,i,t-1})$。具体而言,参考陈等(Chen 等,2012)[①]将其细分为数字化劳动力成本($lab\_cost = \ln(lab\_costn,i,t) - \ln(lab\_costn,i,t-1)$)(含数字化培训费用等)和数字化运营成本($ope\_cost = \ln(ope\_costn,i,t) - \ln(ops\_costn,i,t-1)$)(含数字化软件投资、数字化硬件投资、信息化咨询费用和数字化运维费用等)。

解释变量分别为企业数字化转型总收益($lrev$ 和 $drev$)。以企业数字化销售额对数值作为代理变量,$lrev = \ln(revenue_{i,t})$;企业数字化转型总收益的变动额为 $drev$,$drev = \triangle \ln revenue_{i,t} = \ln(revenue_{i,t}) - \ln(revenue_{i,t-1})$;企业数字化转型总收益变动的虚拟变量为 $decline_{i,t}$,$decline_{i,t} = \begin{cases} 1, & if \quad \ln revenue_{i,t} - \ln revenue_{i,t-1} < 0 \\ 0, & else \end{cases}$,即,如果相较于上一期下降了则取 1,参考安德鲁森等(Anderson 等,2003)[②]的研究,对黏性的探讨基于 $stick_{i,t} = \ln revenue_{i,t} \times decline_{i,t}$ 的回归系数。

企业硬件投资预算额[$\ln(hardinvb)$]、软件投资预算额[$\ln(softinvb)$]和非数字化销售额(non_dig_sale)作为中介变量,根据问卷中"企业销售额"的信息,对企业总销售额进行识别,减去企业数字化销售额得到企业非数字化销售额,取对数后得到 $\ln non\_dig\_sale$。企业上一年利润($profit\_1$)作为调节变量。稳健性检验中,选取两年内是否有 SCM 项目升级计划(有,$dum\_scmup = 1$;其他,$dum\_scmup = 0$)作为工具变量,对基准回归进行稳健性分析。此外,分别选取市辖区的道路面积和城市公共汽电车运营车辆数作为工具变量,进行内生性分析。

---

① Chen, Y.Y., Yeh, S.P. and Huang, H.L., "Does Knowledge Management 'Fit' Matter to Business Performance?", *Journal of Knowledge Management*, Vol.16, No.5, 2012, pp.671-687.

② Anderson, M.C., Banker, R.D. and Janakiraman, S.N., "Are Selling, General, and Administrative Costs 'Sticky'?", *Journal of Accounting Research*, Vol.41, No.1, 2003, pp.47-63.

表 6-1　全样本描述性统计

变量	英文缩写	测量方法	观测值	平均值	最小值	最大值
被解释变量						
数字化转型投资成本	lcost	$\ln(cost_{n,i,t})$	9042	5.8393	-1.2039	16.3650
数字化成本变动额	dcost	$lncost_{n,i,t} - lncost_{n,i,t-1}$	5842	0.0741	-8.9872	9.3989
数字化运营成本	ope_cost	$\ln(ope\_cost_{n,i,t}) - \ln(ops\_cost_{n,i,t-1})$	5839	0.0769	-8.9808	9.4056
数字化劳动力成本	lab_cost	$\ln(lab\_cost_{n,i,t}) - \ln(lab\_cost_{n,i,t-1})$	4878	0.0447	-9.2103	9.2103
解释变量						
数字化转型总收益变动额	drev	$\ln(revenue_{n,i,t}) - \ln(revenue_{n,i,t-1})$	5842	0.2167	-13.3099	12.8182
数字化转型总收益	lrev	$\ln(revenue_{n,i,t})$	9042	8.6530	-1.8971	18.6030
数字化转型总收益变动虚拟变量	decline	$\left\{\begin{array}{ll}1, & if\ drev<0 \\ 0, & else\end{array}\right\}$	5842	0.3093	0	1
成本黏性	stick	$decline_{n,i,t}$ 与 $drev$ 乘积系数	5842	-0.2905	-13.3099	0
中介变量和调节变量						
硬件预算投资额	hardinveb	—	9042	1045.8240	0	5200000
软件预算投资额	softinveb	—	9042	953.7175	0	3800000
非数字化销售额	non_dig_sale	—	9042	10.0293	-3.9120	21.6237
企业上一年利润	profit_1	—	9042	125931.9	-291361.5	560000000
工具变量						
距离港口的最近距离 × 宽带接入人		—	9042	8.4011	1.6879	2.0497

变量	英文缩写	测量方法	观测值	平均值	最小值	最大值
控制变量						
企业规模	*reg*	企业注册资本	9042	1440212	0	1500000000
生产设备总数	*equ*	——	9042	853.5504	0	250000
数控设备总数	*dequ*	——	9042	562.5613	0	250000
已联网数控装备数	*ndequ*	——	9042	431.2797	0	250000
本年度信息化咨询费用预算额	*infinqb*	——	9042	165.6478	0	600000
本年度信息化培训费用预算额	*infedub*	——	9042	83.2828	0	200000
本年度信息化运维费用预算额	*infopb*	——	9042	329.2912	0	800000

资料来源：示范区《"两化"融合发展水平评估企业问卷》，作者整理。

参考已有研究选取控制变量。首先是企业规模(*reg*)。已有研究的企业规模一般用上一期期末的总资产对数进行衡量(寇宗来、刘学悦,2020)[①],但所用的数据多来自 A 股上市公司数据,本书由于数据来源的独特性,所用调查样本同时包含了不在 A 股上市的部分中小企业,会减少仅使用 A 股上市公司数据对企业推行数字化转型进行研究可能产生的偏误,因此,为了不损失这部分中小企业数据信息,本书选用企业的注册资本(亿元)作为衡量企业规模的代理变量。其次,控制了企业数字化生产特征,包括生产设备总数(*equ*),数控装备总数(*dequ*)和已联网数控装备数(*ndequ*)(单位:万台)等。最后,为了进一步检验回归结果的稳健性,加入了控制变量本年度软件投资预算额(*softinvb*)、本年度信息化咨询费用预算额(*infinqb*)、本年度信息化培训费用预算额(*infedub*)和本年度信息化运维费用预算额(*infopb*)。同时,本章对所有指标均进行了 1% 的缩尾处理和取对数处理。表 6-1 报告了被解释变量、解释变量、中介变量和主要控制变量在全样本下的统计结果。

第四节　实证结果及分析

本章的实证分析遵循"成本黏性分析—稳健性分析—机制检验—进一步分析"的逻辑展开,旨在验证理论假说的基础上,结合实际数据深化对企业数字化转型的理解。首先,通过黏性估计方法测度数字化转型中的成本黏性特征,揭示其非对称性及阶段性规律;其次,通过稳健性分析排除内生性和竞争性假说的干扰;再次,通过路径分析和结构方程模型,检验预期收益、上一年利润及非数字化收入对成本黏性的机制影响;最后,通过异质性分析探讨企业规模、行业特征、所有制差异和数字化转型应用场景对成本黏性的影响。整体实证结果为理解数字化转型困境提供了深刻洞见,并为政策制定和实践改进提供了重要的实证依据。

[①]　寇宗来、刘学悦:《中国企业的专利行为:特征事实以及来自创新政策的影响》,《经济研究》2020 年第 3 期。

一、成本黏性及规律

基于上述回归结果和理论分析,探讨企业数字化投资与成本黏性的规律特征。中小企业在逐步推进数字化转型过程中,"被动"承担着逐步提高的数字化转型成本黏性,而规模较大的企业却由于较高的调整成本而产生并导致较高的成本黏性。然而,不仅是企业规模,企业数字化投入生成的成本规模亦会影响企业数字化的成本黏性。

企业数字化转型过程并非一帆风顺,实际操作中也难以一蹴而就,这决定了企业转型过程中需要持续不断地进行投入并对投入的资源要素进行相应的调整优化。由此,本章对企业数字化转型成本黏性进行了固定效应面板分位数回归,以期探索由于企业数字化成本投入规模不同而导致不同成本黏性的阶段性跃迁规律,考察企业处在哪一成本规模区间会产生最高的数字化转型成本黏性,如表 6-2 和图 6-2 所示。可以看出企业的成本黏性呈现如下规律:当企业数字化转型的成本规模处在 25%—50% 之间时,企业利润增速开始大于成本增速,各类企业看到数字红利并持续进行数字化转型,即此时的成本黏性表现出有利于企业投资和发展的特征;然而,当投入数字化转型成本规模达到 50%,成本黏性特征开始转变;50%—75% 区间中,成本增速逐步大于利润增速,成本黏性开始对企业产生负面影响并继续累积增加;至 75%—90% 区间,成本黏性增速开始放缓,并在 90% 左右达到所有区间的成本黏性峰值;此后,企业数字化转型成本黏性出现缓慢下降趋势。理论假说 6-2 得到验证。

表 6-2　分位数回归——成本黏性

	ERP 项目投资			MES/DCS 项目投资		
	(1) dcost 全样本	(2) dcost q10	(3) dcost q25	(4) dcost q50	(5) dcost q75	(6) dcost q90
drev	0.0331*	−0.0982**	−0.0293**	0.0281***	0.127***	0.207***
	(0.018)	(0.044)	(0.014)	(0.006)	(0.032)	(0.049)
decline	−0.0138	−0.364***	−0.228***	−0.0427***	0.0398	0.138
	(0.044)	(0.060)	(0.032)	(0.014)	(0.044)	(0.100)

续表

	ERP 项目投资			MES/DCS 项目投资		
	(1) dcost 全样本	(2) dcost q10	(3) dcost q25	(4) dcost q50	(5) dcost q75	(6) dcost q90
stick	0.0277	0.207**	0.134***	−0.0173	−0.147***	−0.279***
	(0.033)	(0.088)	(0.040)	(0.012)	(0.037)	(0.068)
reg	0.0272	0.0233	0.0149	0.000694	0.00094	−0.0456***
	(0.021)	(0.034)	(0.015)	(0.008)	(0.012)	(0.009)
equ	−0.089	0.414*	0.0858	−0.0812**	−0.186**	−0.320*
	(0.291)	(0.224)	(0.174)	(0.035)	(0.090)	(0.194)
dequ	0.615	−1.250*	−0.375	0.148	0.485**	0.518
	(0.380)	(0.675)	(0.605)	(0.162)	(0.207)	(0.364)
ndequ	−0.697**	0.864*	0.297	−0.0667	−0.308*	−0.23
	(0.308)	(0.496)	(0.479)	(0.136)	(0.166)	(0.218)
_cons	0.0829***	−0.677***	−0.125***	0.0766***	0.330***	0.897***
	(0.019)	(0.034)	(0.013)	(0.005)	(0.023)	(0.055)
年份固定 效应	控制	控制	控制	控制	控制	控制
个体固定 效应	控制	控制	控制	控制	控制	控制

注：***p<0.01，**p<0.05，*p<0.1，括号中为标准误。

与此同时，从图6-2的分位数回归图还可以发现：随着企业数字化成本规模扩大，数字化转型投资逐步提高，无论成本黏性高低，企业的数字化盈利能力均呈现逐步上升的趋势。同时解释了为什么数字化转型投资在前期无法带来收益，又会产生大量不可回收或者回收价值较低的沉没成本的情况下，企业依然愿意进行数字化管理变革的原因。数字化管理变革能够为企业预期收益带来的较大增幅给企业释放了一个正向信号，促使企业有倾向并开始投资于数字化转型活动，此时成本黏性又通过上述规律作用于企业，推动其不断扩大数字化投资规模，最终激发企业实现全程的数字化转型和管理变革。

进一步，对企业数字化转型成本进行细分，其中的运营成本过高是大中规

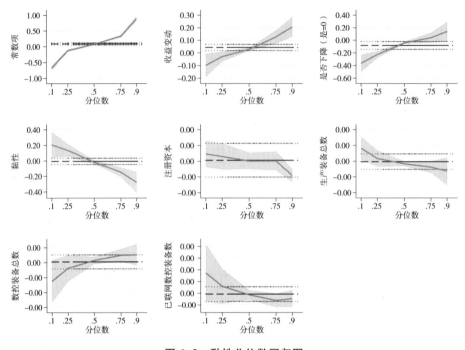

图6-2 黏性分位数回归图

模企业数字化转型面临的主要问题之一。初期,数字化、信息化管理系统的应用推动了管理经营模式的变革,与此同时,员工与系统之间、部门之间配合的磨合时间,新系统的业务管理费用、使用管理费用等随之增加,需要企业不断投入转型成本,表现出较高的黏性特征。随着数字化管理系统的逐步应用,企业进入数字化转型的"红利期",企业产生了不断扩大数字化规模,推动数字化转型的动力,企业数字化转型成本黏性亦同步提高。黏性的非线性上升特征,一方面帮助企业进入"引进—应用—增效—再引进、再升级"的良性循环,逐步扩大数字化转型的先行优势;另一方面也提升了企业运营成本压力,部分企业由于数字化转型带来的较高的财务压力、财务风险,以及宏观经济系统性风险规避和抵抗能力的降低,为企业长期可持续经营埋下了隐患。

具体而言,即便在企业规模较小时,运营成本已表现出较强的黏性特征,如表6-3与图6-3所示。可以看出,企业数字化转型的成本规模在10%—50%分位区间时,运营成本黏性特征逐步降低,至50%—90%分位点区间,运营成本黏性逐步上升。运营成本规模较小的时候,企业主要通过上云、设备联网、销售端或采购端电商化等来解决数字化技术运用问题,生产装备数控化、设备智能化升级相关的投入规模相对比较有限,运营调整成本相对较低;然而随着企业发展逐渐追加数字化投资,投入成本规模逐渐增加,升级或新上的硬件设备和装备数量不断增加,这需要企业对人机协作的工艺流程、业务流程、管理流程、质控流程等进行系统的数字化设计,推动不同装备、不同设备之间进行数据实时交互与协同生产,同时扩展与之匹配的数字孪生建模、仿真模拟、边缘计算、系统集成等专业服务,可能导致业务量上升时的成本增加幅度要高于业务量下降时的成本降低幅度,即随着企业数字化投入规模的不断扩大,成本黏性可能得到进一步强化。

表 6-3　分位数回归——运营成本

变量名	（1） ope_cost	（2） ope_cos	（3） ope_cos	（4） ope_cos	（5） ope_cos	（6） ope_cos
样本区间	全样本	q10	q25	q50	q75	q90
drev	0.0337*	−0.0934**	−0.03	0.0289***	0.125***	0.204***
	(0.019)	(0.047)	(0.019)	(0.008)	(0.039)	(0.023)
decline	−0.0112	−0.358***	−0.229***	−0.0389***	0.0587	0.124**
	(0.045)	(0.084)	(0.041)	(0.015)	(0.037)	(0.059)
stick	0.0287	0.210***	0.139***	−0.0157	−0.147***	−0.274***
	(0.034)	(0.070)	(0.039)	(0.014)	(0.043)	(0.054)
reg	0.0256	0.0318	0.0139	0.00381	0.00127	−0.0477***
	(0.022)	(0.078)	(0.027)	(0.014)	(0.011)	(0.011)
equ	−0.0939	0.415**	0.0516	−0.0843*	−0.167	−0.319**
	(0.311)	(0.171)	(0.182)	(0.050)	(0.112)	(0.145)
dequ	0.605	−1.254**	−0.36	0.167	0.452	0.506
	(0.405)	(0.611)	(0.639)	(0.193)	(0.309)	(0.315)
ndequ	−0.683**	0.867*	0.317	−0.0824	−0.294	−0.219
	(0.314)	(0.484)	(0.509)	(0.161)	(0.231)	(0.218)
_cons	0.0855***	−0.698***	−0.132***	0.0766***	0.330***	0.922***
	(0.019)	(0.047)	(0.016)	(0.006)	(0.025)	(0.029)

续表

变量名	（1） ope_cost	（2） ope_cos	（3） ope_cos	（4） ope_cos	（5） ope_cos	（6） ope_cos
样本区间	全样本	q10	q25	q50	q75	q90
N	5839	5839	5839	5839	5839	5839
时间固定 效应	控制	控制	控制	控制	控制	控制
个体固定 效应	控制	控制	控制	控制	控制	控制

注：***p<0.01，**p<0.05，* p<0.1，括号中为标准误。

图6-3报告了分位数回归图，可以发现运营成本黏性与数字化转型成本黏性变动趋势基本相同，但是变动幅度较大。

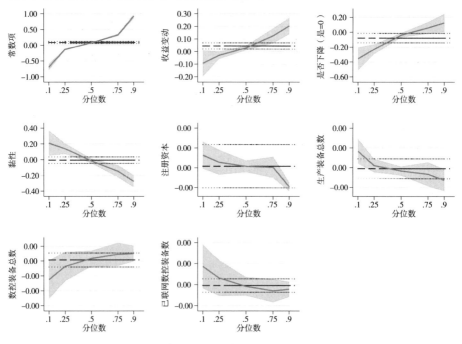

图6-3 运营成本黏性分位数回归图

企业数字化人才及储备是数字化转型的基础，相较于传统意义上由于员工薪酬带来的成本黏性，较高的员工数字化培训成本带来的劳动力成本黏性成为企业数字化转型的重要特征。本章使用数字化培训成本作为代理变量分析数字化转型的劳动力成本黏性特征。与运营成本不同,数字化水平较低的企业需要投入较高的培训成本,用以实现经营管理团队的人力资本结构与企业数字化经营管理模式的匹配,随着转型过程的不断推进,数字化人才流动性增强,企业能够在劳动力市场上直接雇佣到拥有相关工作经验和技能的数字化人才,劳动力成本黏性逐步降低。值得注意的是,随着数字化转型的进一步深入,专业化、多元化与创新性逐步成了企业转型的核心利益诉求,企业需要投入较高的工作技能培训成本,优化企业人力资本结构,进而导致数字化劳动力成本黏性的逐步增加。根据分位数回归结果表6-4不难看出,虽然总成本、劳动力成本和运营成本的黏性变动趋势基本相同(见图6-4),但劳动力成本在25%—50%分位区间中,并未表现出显著的黏性特征,验证了上文分析。这也说明,企业仅仅以技术导向进行的数字化转型,已无法最大化发挥数字化转型带来的优势,需要以转型需求和劳动力业务能力适配为目标,重构企业数字化模式。

表6-4 分位数回归——劳动力成本

变量	(1)	(2)	(3)	(4)	(5)	(6)
	lab_cost	lab_cost	lab_cost	lab_cost	lab_cost	lab_cost
样本区间	全样本	q10	q25	q50	q75	q90
drev	0.021	−0.135 ***	−0.0917 ***	4.96E−07	0.104 ***	0.108 ***
	(0.027)	(0.034)	(0.021)	(0.012)	(0.026)	(0.025)
decline	−0.0966 *	−0.475 ***	−0.324 ***	−4.8E−05	−0.0732 *	0.0259
	(0.057)	(0.117)	(0.083)	(0.010)	(0.040)	(0.053)
stick	0.0051	0.244 ***	0.182 ***	0.000249	−0.186 ***	−0.259 ***
	(0.049)	(0.065)	(0.056)	(0.013)	(0.037)	(0.060)
reg	0.0411 **	−0.0521	0.0149	−0.00136	−0.0411	−0.0245
	(0.020)	(0.060)	(0.039)	(0.017)	(0.031)	(0.032)
equ	−0.143	−0.0602	−0.0824	−7E−07	−0.151	−0.351 ***
	(0.343)	(0.248)	(0.211)	(0.039)	(0.100)	(0.115)
dequ	1.190 **	−0.241	0.282	0.115	0.527	0.725
	(0.487)	(0.616)	(0.504)	(0.197)	(0.541)	(0.596)
ndequ	−1.433 **	0.337	−0.192	−0.115	−0.395	−0.416
	(0.592)	(0.479)	(0.405)	(0.188)	(0.459)	(0.507)

续表

变量	（1） lab_cost	（2） lab_cost	（3） lab_cost	（4） lab_cost	（5） lab_cost	（6） lab_cost
样本区间	全样本	q10	q25	q50	q75	q90
_cons	0.0815***	−0.894***	−0.181***	1.57E−07	0.464***	1.052***
	(0.025)	(0.051)	(0.028)	(0.010)	(0.021)	(0.033)
时间固定 效应	控制	控制	控制	控制	控制	控制
个体固定 效应	控制	控制	控制	控制	控制	控制

注：***p<0.01，**p<0.05，*p<0.1，括号中为标准误。

　　图 6-4 报告了数字化劳动力成本黏性分位数回归图，对比图 6-3 不难发现，规模较小时，数字化劳动力成本黏性较低，随着规模增大，黏性特征逐步增强，进一步佐证了本章观点。

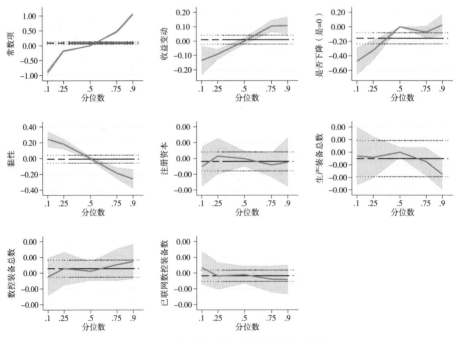

图 6-4　劳动力成本黏性分位数回归图

二、稳健性分析

上述回归分析结果证明了本章的理论分析和部分理论假说,但仍然存在行业异质性、未捕捉到企业异质性所带来的回归偏误,本章分别针对这些问题进行了稳健性分析,并根据回归结果进行了进一步的讨论。

（一）稳健性检验 1——未捕捉信息

企业数字化转型的软硬件投资在成本中占有较大比重。有趣的是考察捕捉企业数字化软硬件投资上的异质性信息后,成本黏性是否会与上述研究结果有异。因此,本章根据式(6-10),适当调整控制变量,以更好地捕捉无法观测信息,减少由于固定效应带来的估计偏差;同时,为了更多保留样本信息,本章对控制变量不做对数处理。具体而言,加入企业本年度对于信息化咨询费、运维费、数字化软件投资和数字化培训费用的预算额,用于捕捉难以观测到的企业关于数字化转型的投资偏好,从而进一步考察在控制住这些企业特征后,企业数字化转型的成本黏性变化情况,回归结果与变动趋势见表 6-5 和图 6-5,对数字化运营成本黏性和劳动力成本黏性的相关分析结果见表 6-6 和表 6-7。结果表明,成本黏性的回归系数表现出与基准回归相似的特征,基准回归结果稳健。

表 6-5　稳健性检验——增加控制变量

	dcost 全样本	dcost q10	dcost q25	dcost q50	dcost q75	dcost q90
drev	0.0333*	−0.100**	−0.0294**	0.0268***	0.126***	0.201***
	(0.018)	(0.048)	(0.014)	(0.007)	(0.029)	(0.037)
decline	0.00219	−0.370***	−0.228***	−0.0418***	0.0452	0.154
	(0.042)	(0.081)	(0.039)	(0.014)	(0.041)	(0.108)
stick	0.0318	0.211**	0.133***	−0.0157	−0.142***	−0.273***
	(0.033)	(0.088)	(0.029)	(0.013)	(0.032)	(0.065)
reg	0.0267	0.0256	0.016	0.000663	0.00245	−0.0446***
	(0.021)	(0.039)	(0.020)	(0.014)	(0.023)	(0.009)
equ	−0.0832	0.276	0.0143	−0.0801*	−0.252***	−0.297***
	(0.293)	(0.248)	(0.107)	(0.048)	(0.089)	(0.092)

续表

	dcost 全样本	dcost q10	dcost q25	dcost q50	dcost q75	dcost q90
dequ	0. 595	−1. 086	−0. 279	0. 145	0. 566*	0. 458*
	(0. 384)	(0. 816)	(0. 534)	(0. 232)	(0. 344)	(0. 256)
ndequ	−0. 682**	0. 837	0. 272	−0. 0652	−0. 327	−0. 198
	(0. 309)	(0. 684)	(0. 463)	(0. 206)	(0. 288)	(0. 201)
softinvb	3. 13E−06	−1. 7E−05	−4. 1E−06	9. 88E−07	−3. 8E−06	−1. 3E−05
	(0. 000)	(0. 000)	(0. 000)	(0. 000)	(0. 000)	(0. 000)
infinqb	5. 06E−05	0. 0000701*	5. 09E−05	2. 88E−05	3. 31E−05	6. 68E−05
	(0. 000)	(0. 000)	(0. 000)	(0. 000)	(0. 000)	(0. 000)
infedub	−0. 00015	0. 000147	4. 96E−05	5. 41E−05	−4. 8E−05	−5. 2E−05
	(0. 000)	(0. 001)	(0. 000)	(0. 000)	(0. 000)	(0. 000)
infopb	0. 0000760*	−2. 9E−06	1. 39E−06	−1. 2E−05	4. 19E−05	6. 33E−05
	(0. 000)	(0. 000)	(0. 000)	(0. 000)	(0. 000)	(0. 000)
_cons	0. 0682***	−0. 676***	−0. 127***	0. 0740***	0. 328***	0. 883***
	(0. 019)	(0. 036)	(0. 021)	(0. 011)	(0. 025)	(0. 044)
N	5842	5842	5842	5842	5842	5842
时间固定效应	控制	控制	控制	控制	控制	控制
个体固定效应	控制	控制	控制	控制	控制	控制

注:***p<0. 01,**p<0. 05,*p<0. 1,括号中为标准误。

  图6-5报告了数字化转型成本黏性分位数回归图,可以看出,在增加了控制变量后,黏性变动趋势并未发生明显变动。

  类似的,本章针对数字化运营成本和数字化劳动力成本黏性进行了稳健性检验,表6-6报告了数字化运营成本黏性回归结果。对比基准回归可以发现,回归系数符号与显著性基本一致,可以初步认为基准回归是稳健的。

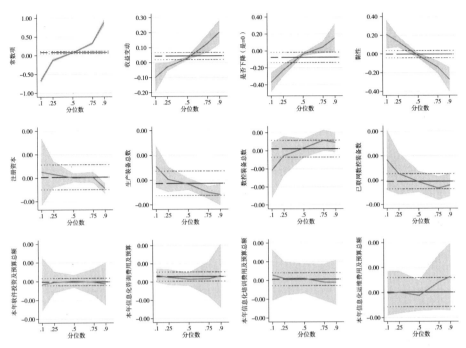

图 6-5 数字化成本黏性分位数回归图

表 6-6 稳健性检验——运营成本

	dcost 全样本	dcost q10	dcost q25	dcost q50	dcost q75	dcost q90
drev	0.0740 **	− 0.151 ***	− 0.0507 *	0.0138	0.130 ***	0.180 ***
	(0.036)	(0.034)	(0.030)	(0.012)	(0.044)	(0.053)
decline	−0.0108	− 0.141 *	− 0.109 ***	− 0.0408 ***	− 0.00875	0.00124
	(0.042)	(0.078)	(0.035)	(0.014)	(0.038)	(0.076)
Stick	−0.0477	0.282 ***	0.161 ***	− 0.00516	− 0.150 ***	− 0.218 **
	(0.048)	(0.041)	(0.045)	(0.015)	(0.051)	(0.101)
reg	3.49e-10 *	7.71e-10 ***	3.05E-10	2.11E-11	2.57E-11	− 1.76E-10
	(0.000)	(0.000)	(0.000)	(0.000)	(0.000)	(0.000)
equ	−2E-05	−2E-05	4.78E-07	− 5.5E-06	− 1.4E-05	− 2.5E-05
	(0.000)	(0.000)	(0.000)	(0.000)	(0.000)	(0.000)
dequ	0.0000811 ***	− 4.3E-05	6.35E-06	1.24E-05	3.64E-05	3.55E-05
	(0.000)	(0.000)	(0.000)	(0.000)	(0.000)	(0.000)

续表

	dcost 全样本	dcost q10	dcost q25	dcost q50	dcost q75	dcost q90
ndequ	−0.0000787**	6.52E−05	−5.4E−06	−6.9E−06	−2.4E−05	−1.5E−05
	(0.000)	(0.000)	(0.000)	(0.000)	(0.000)	(0.000)
softinvb	3.79E−07	2.33E−06	6.69E−06	4.8E−06	4.54E−06	−4.8E−06
	(0.000)	(0.000)	(0.000)	(0.000)	(0.000)	(0.000)
infinqb	0.000243***	6.05E−05	5.33E−05	0.0000757*	6.96E−05	0.000203
	(0.000)	(0.000)	(0.000)	(0.000)	(0.000)	(0.000)
infedub	0.000128**	−3.3E−05	0.000104	8.28E−05	7.85E−05	−2.1E−05
	(0.000)	(0.000)	(0.000)	(0.000)	(0.000)	(0.000)
infopb	−0.0000729***	1.48E−05	−5.3E−05	−4.4E−05	−4.1E−05	−1.6E−06
	(0.000)	(0.000)	(0.000)	(0.000)	(0.000)	(0.000)
_cons	0.0520**	−0.836***	−0.199***	0.0838***	0.412***	1.093***
	(0.024)	(0.048)	(0.020)	(0.009)	(0.025)	(0.046)
N	7237	7237	7237	7237	7237	7237
时间固定 效应	控制	控制	控制	控制	控制	控制
个体固定 效应	控制	控制	控制	控制	控制	控制

注:***p<0.01,**p<0.05,*p<0.1,括号中为标准误。

图6-6报告了分位数回归图,对比图6-5可以发现,控制住企业更多的特征后,运营成本黏性变动趋势未发生明显变动。

表6-7和图6-7报告了数字化劳动力成本黏性回归结果与变动趋势图。

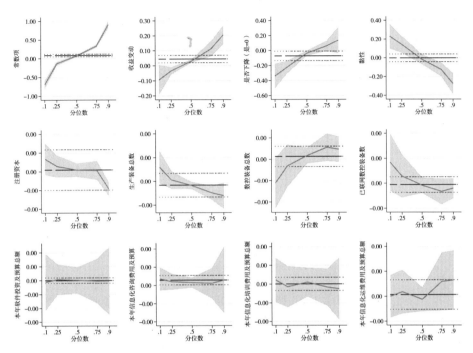

图 6-6 运营成本黏性分位数回归图

表 6-7 稳健性检验——劳动力成本

	dcost 全样本	dcost q10	dcost q25	dcost q50	dcost q75	dcost q90
drev	0.0863 **	−0.0767	−0.042	0.00176	0.0809 *	0.274 ***
	(0.041)	(0.048)	(0.046)	(0.008)	(0.042)	(0.091)
decline	−0.0492	−0.123	−0.168 **	−0.00609	−0.00052	−0.0268
	(0.049)	(0.097)	(0.073)	(0.007)	(0.051)	(0.101)
stick	−0.0809	0.248 **	0.118 **	−0.00147	−0.0845	−0.271 **
	(0.063)	(0.111)	(0.059)	(0.008)	(0.058)	(0.107)
reg	−1.30E-10	−2.99E-10	−5.88E-10	−2.09E-11	−4.54E-10	−2.39E-10
	(0.000)	(0.000)	(0.000)	(0.000)	(0.000)	(0.000)
equ	−2.2E-05	2.19E-05	1.2E-06	−1.4E-06	−1.5E-05	−0.0000320 *
	(0.000)	(0.000)	(0.000)	(0.000)	(0.000)	(0.000)

续表

	dcost 全样本	dcost q10	dcost q25	dcost q50	dcost q75	dcost q90
dequ	0.000106**	−5.6E−05	2.55E−05	1.36E−05	4.03E−05	6.85E−05
	(0.000)	(0.000)	(0.000)	(0.000)	(0.000)	(0.000)
ndequ	−9.9E−05	4.09E−05	−2.4E−05	−1.2E−05	−2.6E−05	−4E−05
	(0.000)	(0.000)	(0.000)	(0.000)	(0.000)	(0.000)
softinvb	−0.000217***	−0.000219*	−0.00015	−4.1E−05	−7.3E−05	−0.00011
	(0.000)	(0.000)	(0.000)	(0.000)	(0.000)	(0.000)
infinqb	−2E−05	−0.00014	2.41E−05	5.84E−05	0.000108	0.000183
	(0.000)	(0.000)	(0.000)	(0.000)	(0.000)	(0.000)
infedub	0.00186***	0.00174*	0.00143***	0.000431	0.000924	0.000925
	(0.000)	(0.001)	(0.000)	(0.000)	(0.001)	(0.002)
infopb	−6.2E−05	1.03E−05	−0.0001	−4.4E−05	−0.00015	−5.2E−05
	(0.000)	(0.000)	(0.000)	(0.000)	(0.000)	(0.000)
_cons	0.0363	−1.088***	−0.284***	0.00568	0.502***	1.129***
	(0.027)	(0.045)	(0.069)	(0.008)	(0.044)	(0.102)
N	5800	5800	5800	5800	5800	5800
时间固定效应	控制	控制	控制	控制	控制	控制
个体固定效应	控制	控制	控制	控制	控制	控制

注：***p<0.01，**p<0.05，*p<0.1，括号中为标准误。

（二）稳健性检验2——广义分位数回归

为了克服基本分位数回归中条件期望方程可能带来的估计偏误，本章对基准回归进行了广义分位数回归。本章选取生产装备数和数控装备数作为外生变量捕捉企业本身具有的生产规模特征，回归结果如表6-8所示，可以发现使用非条件期望估计方法，捕捉了企业生产规模特征条件下的回归系数有所升高，但变化趋势基本一致。进一步分析可以发现，数字化成本额在10%—25%区间时，收益额对成本额的影响较小，其原因在于较低的成本额使企业依然能够更加自由地调整自身投资结构，从而表现出较低的成本黏

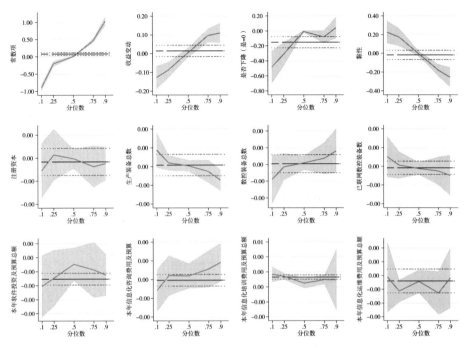

图6-7　劳动力成本黏性分位数回归图

性特征,并且企业投资黏性在整体分布表现出的异质性特征与基准回归中关于黏性的分位数回归结果基本相同。因此表明,基准回归结果稳健;同时也从侧面验证了企业的生产规模在管理层制定数字化转型投资决策中的重要性。

表6-8　广义分位数回归

	lcost q10	lcost q25	lcost q50	lcost q75	lcost q90
lrev	0. 703 ***	0. 631 ***	0. 761 ***	0. 730 ***	0. 834 ***
	(0. 028)	(0. 022)	(0. 075)	(0. 091)	(0. 199)
_cons	−2. 173 ***	−0. 666 ***	−0. 953	0. 518	1. 118
	(0. 287)	(0. 212)	(0. 689)	(0. 725)	(1. 251)
N	9042	9042	9042	9042	9042

注：***p<0. 01，**p<0. 05，* p<0. 1,括号中为标准误。

（三）稳健性检验3——剔除金融扶持政策效果

结合实地调研了解情况看,示范区积极推动金融服务创新,建立"数字金融大脑"等金融信息综合服务平台,推动"一对一"金融服务模式,拓宽了中小企业融资渠道,有效缓解了中小企业融资难的问题。这一改革措施不仅助力了中小企业突破发展瓶颈,还可能影响或降低数字化转型过程中的成本黏性。为了剔除这一金融扶持政策的长期效应,本章构建了时间虚拟变量(2018年以后取1,其余取0),与黏性指标构建交互项,表6-9报告了回归结果。在剔除金融扶持政策后,尽管10%和25%分位点的黏性下降明显,但仍然显著,说明金融扶持政策在一定程度上缓解了中小企业数字化转型的资金压力,因此,可以认为本章的回归结果是稳健的。

表6-9 面板分位数回归

	（1） dcost q10	（2） dcost q25	（3） dcost q50	（4） dcost q75	（5） dcost q90
drev	−0.0981**	−0.0321	0.0270***	0.126***	0.208***
	(0.046)	(0.020)	(0.006)	(0.026)	(0.027)
decline	−0.357***	−0.232***	−0.0432***	0.0423	0.158***
	(0.059)	(0.046)	(0.017)	(0.029)	(0.061)
stick	0.189***	0.1000**	−0.0204	−0.174***	−0.401***
	(0.070)	(0.044)	(0.023)	(0.051)	(0.103)
stick_after	0.0645	0.056	0.00389	0.0423	0.231**
	(0.103)	(0.042)	(0.026)	(0.040)	(0.093)
N	5842	5842	5842	5842	5842

注：***$p<0.01$，**$p<0.05$，*$p<0.1$，括号中为标准误。

（四）更换被解释变量

根据计量模型,本章对数据进行了基准回归分析,如表6-10所示。结合上文理论分析,上期数字化收益对本期数字化转型的投资成本具有显著的正向影响,回归系数反映了投入产出弹性,模型(1)中,没有控制企业的特征变量、企业固定效应和时间固定效应,投入产出弹性达0.0991,说明在数字化过程中,企业获得高额收益上升后,会有进一步提高数字化转型投资的激励,但是在不同的所有制、数字化程度的企业中,投入产出弹性会存在一定的异质性,因此,模型(2)(3)在控制了企业规模和数字化程度等表现企业特征变量的基础上,分别控制了企业所有制固定效应和时间固定效应,数字化投入产出弹性有一定程度的降低,但这些回归结果仍只能解释投资额和销售额之间的关系,无法阐述数字化产出变动额与数字化投资变动额之间的关系。继而,模型(4)(5)(6)用数字化产出对数值的差值和数字化成本对数值的差值分别替换解释变量和被解释变量,根据回归结果可以发现,数字化产出变化率对数字化投入成本变化率的弹性是显著为正的,说明在数字化收益提高的阶段,企业具有提高数字化投入的正向激励。

表 6-10 更换被解释变量

	(1) lcost	(2) lcost	(3) lcost	(4) dcost	(5) dcost	(6) dcost
lrev	0.0991***	0.0780***	0.0647***			
	(0.012)	(0.012)	(0.012)			
reg		0.0129	0.0088		0.029	0.0265
		(0.014)	(0.015)		(0.022)	(0.022)
equ		−0.189	−0.0955		−0.117	−0.184
		(0.220)	(0.211)		(0.285)	(0.282)
dequ		0.36	0.305		0.683*	0.711**
		(0.344)	(0.326)		(0.366)	(0.360)
ndequ		0.0836	−0.0533		−0.778**	−0.672**
		(0.311)	(0.285)		(0.302)	(0.305)
drev				0.0479***	0.0467***	0.0453***
				(0.012)	(0.012)	(0.012)
_cons	4.982***	3.997***	4.063***	0.0638***	−0.477	−0.429
	(0.107)	(0.330)	(0.321)	(0.003)	(0.550)	(0.535)
N	10699	10699	10699	7242	7242	7242
企业固定效应	未控制	控制	控制	未控制	控制	控制

续表

	（1） lcost	（2） lcost	（3） lcost	（4） dcost	（5） dcost	（6） dcost
时间固定 效应	未控制	未控制	控制	未控制	未控制	控制
$adj.R-sq$	0.0132	0.0555	0.0632	0.0024	0.0108	0.0108
AIC	23665.6	23235.8	23154	17262.5	17239.4	17243.4
BIC	23672.9	23534.1	23488.7	17269.4	17514.9	17546.4

注：***p<0.01，**p<0.05，*p<0.1，括号中为标准误。

　　然而，规模较小的中小企业是否有能力进行数字化转型，是否有能力持续进行数字化转型投资成为研究数字化投资行为需要关注和讨论的又一重要问题。因此，根据式（6-17）和式（6-18），本书对数字化转型投资成本和数字化收益进行了固定效应分位数回归，加入了企业上年利润额、上年信息化运维费用、上年信息化咨询费用和上年信息化培训费用，用以考察不可观测的企业间异质性差异。表6-11报告了分位数回归结果，分位点分别为10%、25%、50%、75%和90%，可以发现，在企业规模较小时，数字化投入产出弹性较高，随着企业规模增大，数字化投入产出弹性逐渐降低。本书进一步对数字化转型成本进行拆分，分别就运营成本和劳动力成本对数字化转型黏性进行了分析，均表现出逐步增强的数字化转型成本黏性特征。验证了理论假说6-1。

表6-11　分位数回归

	（1） lcost q10	（2） lcost q25	（3） lcost q50	（4） lcost q75	（5） lcost q90
$lrev$	0.339***	0.331***	0.298***	0.252***	0.230***
	(0.015)	(0.009)	(0.009)	(0.009)	(0.013)
reg	0.078	0.0345	0.0494	-0.0291	-0.0946***
	(0.070)	(0.034)	(0.035)	(0.022)	(0.023)
equ	0.497	1.133***	0.885***	1.849***	2.060***
	(0.390)	(0.205)	(0.230)	(0.558)	(0.770)
$dequ$	0.142	-0.666*	-0.0899	-0.324	-0.577
	(0.581)	(0.355)	(0.631)	(1.210)	(1.744)

续表

	（1） lcost q10	（2） lcost q25	（3） lcost q50	（4） lcost q75	（5） lcost q90
ndequ	−0.539**	−0.384**	−0.734	−1.457	−0.825
	（0.225）	（0.193）	（0.549）	（0.964）	（1.606）
_cons	1.198***	2.048***	3.215***	4.446***	5.398***
	（0.112）	（0.075）	（0.079）	（0.073）	（0.124）

注：***p<0.01，**p<0.05，*p<0.1，括号中为标准误。

　　根据回归结果，各解释变量回归系数的分位数回归图如图6-8所示。可以发现：首先，根据各分位点系数可以发现，主要解释变量"数字化总收益"随着企业规模的增大逐步呈下降趋势，但当企业规模较小时，递减速度低于规模较大企业的递减速度与边际报酬率递减规律吻合。如同施雷奥格和西多（Schreyögg 和 Sydow，2011）①研究所得出的结论，企业从工业化向数字化转型

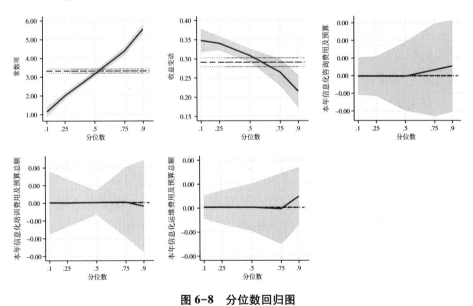

图6-8　分位数回归图

① Schreyögg，G. and Sydow，J.，"Organizational Path Dependence：A Process View"，*Organization Studies*，Vol.32，No.3，2011，pp.321−335.

需要打破工业化发展形成的各种制度依赖及其路径锁定,包括由资源属性和信息结构特征而形成的企业边界、市场基础、组织结构、市场结构等,这致使企业向数字化新体系转型难度越来越大、调整速度趋慢。理论假说6-1再次得到验证。

三、内生性问题

在数字化转型成本黏性模型中可能存在内生性问题,主要来源于数字化投资与企业内在特征,如资源禀赋、管理能力等的影响。此外,遗漏变量,如区域经济特征、经济政策和行业特性等,也可能同时影响数字化投资和成本黏性,进而带来内生性偏误。因此,参考纳恩和钱(Nunn和Qian,2014)[1]、柏培文和张云(2021)[2]的研究,本章选择各个企业所在城市到距离最近沿海港口的距离与全国互联网宽带接入端口数对数的交互项作为工具变量。

关于地理位置工具变量,依据交通部发布的《全国沿海港口布局规划》,以谷歌地图为参照标准,根据各地区经纬度测算出各地级市到沿海港口的距离。由于本章基础样本是随时间与城市双维度变动的数据,而地级市到沿海港口的距离是不随时间变化的变量,为了使工具变量满足时间与城市双向特征的动态性,本章以全国互联网宽带接入端口数对数来体现工具变量的时变性。

从相关性方面看,沿海港口距离与宽带接入端口数的交互项能够有效反映区域数字化基础设施与经济联通性对企业数字化投资的影响。距离较近的地区通常具备较为发达的物流网络和经济活动水平,能够间接促进企业对数字化投资的需求。同时,全国互联网宽带接入端口数的对数衡量了整体数字化基础设施的普及程度,其与区域经济环境的结合有助于解释企业数字化转型投资的外部驱动力。这一交互项在第一阶段回归中能够显著影响企业数字化投资行为,符合工具变量相关性的理论要求。

从外生性方面看,该交互项的设计保证了其与企业的成本黏性无直接因

---

[1]　Nunn, N. and Qian, N., "US Food Aid and Civil Conflict", *American Economic Review*, Vol. 104, No.6, 2014, pp.1630-1666.

[2]　柏培文、张云:《数字经济、人口红利下降与中低技能劳动者权益》,《经济研究》2021年第5期。

果联系。沿海港口的地理位置和宽带接入端口数的变化主要受到区域政策、自然地理条件及国家基础设施规划的影响,这些因素不会直接作用于企业的内部调整成本或资源配置效率。同时,交互项的构建结合了时间不变的地理因素(港口距离)与全国性、非企业特定的技术变迁变量(宽带接入端口数),减少了因企业异质性特征导致的内生性风险。

此外,该工具变量能够捕捉区域差异对企业数字化投资决策的外部影响路径。一方面,距离港口较近的地区由于经济联通性强,企业更容易获取外部技术支持和市场资源,从而推动数字化转型;另一方面,宽带接入端口数的增加反映了信息基础设施的完善程度,可以直接降低企业获取数字服务和技术的成本。这种区域基础设施与经济活动的互动效应是企业数字化投资的重要驱动因素,而不会直接影响数字化转型过程中的成本黏性。

在估计方法上,切尔诺朱科夫和汉森(Chernozhukov 和 Hansen,2008)①提出工具变量分位数回归方法对内生性问题进行处理,但由于该方法在多工具变量情况下运用 OLS 进行估计存在一定偏误,以至提出后在很长一段时间未得到广泛应用,直到马查多和席尔瓦(Machado 和 Silva,2019)②提出运用矩估计方法进行分位数回归解决了存在的潜在问题。因此,本章使用矩估计的方法进行了工具变量分位数回归分析,表 6-12 报告了回归结果。第一阶段回归中,工具变量的 F 值为 21.262,远大于 $Stock\text{-}Yogo$ 的 10% 临界值(16.38),表明工具变量不存在弱工具问题。在不可识别检验中,$LM\ statistic$ 为 21.147,P 值为 0.043,显著性水平小于 5%,验证了模型的可识别性。此外,过度识别检验的结果支持了工具变量的外生性,显示工具变量与模型的误差项无显著相关。同时,第一阶段回归的 $Partial\ R^2$ 为 0.0927,说明工具变量对数字化投资黏性具有适度的解释力。在 KS 检验中,针对无效效应、固定效应、完全效应及外生效应的 KS 值均显示显著性水平通过 95% 临界值,进一步表明工具变量在不同分位数下均具有稳健的相关性和外生性。例如,在完全效应检验

---

①　Chernozhukov,V. and Hansen,C.,"Instrumental Variable Quantile Regression:A Robust Inference Approach",*Journal of Econometrics*,Vol.142,No.1,2008,pp.379-398.

②　Machado,J.A.F. and Silva,J.M.C.S.,"Quantiles Via Moments",*Journal of Econometrics*,Vol.213,No.1,2019,pp.145-173.

中,q75 和 q90 的 KS 值分别为 5.422 和 11.421,远高于相应的临界值,支持工具变量在高分位数条件下的有效性。同时,过度识别检验结果表明工具变量的外生性假设成立,工具变量与模型误差项无显著相关。

整体回归结果表明,数字化投资黏性对数字化成本具有显著的正向影响,并呈现出随成本分布变化的异质性特征。在 2LS 回归中,*stick* 的回归系数为 0.622,且在 1% 的显著性水平下显著,表明投资黏性在样本整体上对数字化成本具有显著的推动作用。进一步的 IVQR 分位数回归结果显示,数字化投资黏性对数字化成本的影响随着成本分位数的上升而逐渐增强。在成本较低的分位数(q10 和 q25),*stick* 的回归系数分别为 0.228 和 0.217,均在 1% 的显著性水平下显著,表明投资黏性对低成本企业的影响相对较弱。中位数分位数(q50)的系数为 0.636,显著性水平为 1%,显示黏性对成本的推动作用在成本中等企业中显著增强。在较高分位数(q75 和 q90),*stick* 的回归系数分别为 0.973 和 0.946,均在 5% 的显著性水平下显著,表明对于成本较高的企业,黏性投资的作用尤为显著。这可能与高成本企业在数字化转型中承担更高的调整成本和投入规模相关。

从经济意义上看,数字化投资黏性对不同成本水平企业的异质性影响揭示了其在资源配置与调整过程中的复杂性。在成本较低的企业中,黏性效应较弱,可能因为这些企业在数字化初期投入中具有更高的灵活性,而成本较高的企业由于面临更大的调整难度和长期投资约束,黏性效应更加显著。整体结果反映出企业数字化转型中的黏性特征不仅受成本水平影响,还与企业的规模和资源禀赋密切相关。

表 6-12　内生性处理

第一阶段:被解释变量 stick					
距离港口的最近距离 × 宽带接入控制变量	-0.0343^{***} [0.000] 控制				
第二阶段:被解释变量 dcost					
2LS		Smooth IVQR			
	全样本	q10	q25	q50	q75	q90

续表

stick	0.622***		0.228***	0.217***	0.636***	0.973**	0.946**
	(0.096)		(0.065)	(0.053)	(0.072)	(0.485)	(0.372)
N	2633		2633	2633	2633	2633	2633
控制变量	控制		控制	控制	控制	控制	控制
年份固定效应	控制		控制	控制	控制	控制	控制
公司固定效应	控制		控制	控制	控制	控制	控制
聚类	省份		省份	省份	省份	省份	省份
Partial R^2	0.0927	无效应KS值	0.359	0.283	0.139	0.125	0.301
第一阶段F值	21.26	95%临界值	1.97	1.657	1.759	1.998	2.706
不可识别检验 LM statistic	21.147	固定效应KS值	0	0	0	0	0
P值	0.043	95%临界值	0	0	0	0	0
弱工具变量检验F值	21.262	完全效应KS值	1.769	0	0	5.422	11.421
Stock-Yogo10%临界值	16.38	95%临界值	2.007	2.239	2.029	1.982	2.806
过度识别检验	0	外生效应KS值	0.507	0.073	1.131	0.244	0.521
		95%临界值	1.577	1.824	1.724	1.657	2.498

注：***p<0.01，**p<0.05，*p<0.1，括号中为标准误。

四、考虑样本选择性问题

研究企业数字化转型成本黏性，不可避免地产生样本选择性问题。规模较小的企业无力投资，即存在较小的投资黏性；而规模较大的企业，虽然风险承担能力强，有能力进行经营结构调整，但是受限于管理架构、调整成本、企业价值和企业信誉等多方面因素影响，也会表现出较高的投资黏性。因此，解决由于企业规模造成的样本选择性问题,对于刻画成本黏性特征、分析企业"数字化转型困境"具有十分重要的意义。本章参考阿雷利亚诺等(Arellano 等,2017)[①]提出的方法解决此问题,基本估计步骤如下:

利用 Probit 模型进行最大似然估计,估计倾向得分参数:

$$\widehat{\theta} = arg \ max \sum_{i=1}^{N} D_i \ln F(Z_i a) + (1 - D_i) \ln F(- Z_i a) \qquad (6-15)$$

根据基础模型,可以推得条件分布函数:

$$Pr(Y \leqslant q(\tau,x) \mid D = 1, Z = z) = Pr(U \leqslant \tau \mid V \leqslant p(z), z = z) = G_x(\tau, p(z))$$

$$(6-16)$$

其中 G 是条件 Copula 函数,衡量了样本选择偏差。假说 G 由参数向量复合而成,那么,通过最小化矩条件可以估计得到:

$$\widehat{\rho} = arg \ min \parallel \sum_{i=1}^{N} \sum_{l=1}^{L} D_i \varphi(\tau_l, Z_i) [H \{ Y_i \leqslant X_i \widehat{\beta} \} - G(\tau_p, p(\widehat{Z_i}, \widehat{\theta}), c)] \parallel$$

$$(6-17)$$

计算得到估计量后,进行估计修正后的回归系数估计量:

$$\widehat{\beta}_t = arg \ min \sum_{i=1}^{N} D_i [\widehat{G}(Y_i - X_i b) + (1 - \widehat{G})(Y_i - X_i b)] \qquad (6-18)$$

表 6-13 报告了各个分位点的估计结果,对比基准回归和稳健性检验结果,在剔除了样本选择性问题后,修正的黏性估计量明显降低,再一次验证了本章的理论分析和实证推断。进一步而言,企业在考虑自身规模和风险承担力后进行的数字化转型投资决策会更加谨慎,表现的黏性变动特征和趋势与基准回归一致,同时证明了中小企业在数字化转型中所受到的示范效应和"倒逼"效应。因此,如何有效地推动中小企业数字化转型,由被迫转型转变为积极转型,更好地激发企业数字化转型意愿,提高企业转型活力是企业数字化管理变革和政策制定亟须解决的重要问题。

---

① Arellano,Cristina,Bai,Yan and Bocola,Luigi,"Sovereign Default Risk and Firm Heterogeneity",*National Bureau of Economic Research*,No.w23314,2017.

表6-13　修正的分位数回归表

	dcost q10	dcost q25	dcost q50	dcost q75	dcost q90
edrev	-0.0483*	-0.0016	0.0224	0.1113	-0.0070*
decline	-0.2692	-0.1527	-0.1442*	-0.3363	-0.8941
stick	0.6990**	0.7224***	0.7365***	0.7249***	0.6673***
_cons	-0.5255*	0.0000	0.2418*	1.0704**	2.9125*

注：***p<0.01，**p<0.05，*p<0.1，括号中为标准误。

五、滞后效应和生产能力

(一) 滞后效应

数字化转型具有高投入、高风险、变现慢等持续性特征，为了解决滞后效应带来的反向因果问题，同时解决内生性问题，参考安德鲁森等（Anderson等，2003）和陈等（Chen等，2012）的研究方法[1][2]，引入滞后项，同时运用工具变量分位数回归方法探索由于企业数字化成本投入规模在时序上的差异而导致不同成本黏性问题，考察企业处在哪一成本规模区间会产生最高的数字化转型成本黏性，模型如下：

$$\triangle \mathrm{ln}cost_{n,i,t} = \beta_0 + \beta_{1,n,i,t} \triangle \mathrm{ln}profit_{n,i,t} + \beta_{2,n,i,t} decline_{n,i,t} \triangle \mathrm{ln}profit_{n,i,t} +$$
$$\beta_{3,n,i,t} decline_{n,i,t-1} \triangle \mathrm{ln}profit_{n,i,t-1} + \beta_{4,n,i,t} decline_{n,i,t}$$
$$\triangle \mathrm{ln}profit_{n,i,t} growth_{n,t} + \varepsilon_{n,i,t} \qquad (6-19)$$

其中，*growth* 代表企业所在地级市 GDP 增长率。回归结果如表6-14所示。

由表6-14可知，当企业的成本规模在10%—50%区间时，其对上一期的营收状况和宏观因素十分敏感，但并未对滞后一期的营收状况表现出明显的

---

[1]　Anderson, M.C., Banker, R.D. and Janakiraman, S.N., "Are Selling, General, and Administrative Costs 'Sticky'?", *Journal of Accounting Research*, Vol.41, No.1, 2003, pp.47-63.

[2]　Chen, C.X., Lu, H. and Sougiannis, T., "The Agency Problem, Corporate Governance, and the Asymmetrical Behavior of Selling, General, and Administrative Costs", *Contemporary Accounting Research*, Vol.29, No.1, 2012, pp.252-282.

黏性特征。主要原因有两个方面：一是这一规模区间的企业多数为私营企业，在供给侧结构性改革和银保监部门推出"四三三十"专项治理活动背景下，融资渠道收紧，中小规模企业，尤其是处于供应链中下游的私营企业，无法承担大规模的数字化转型成本和潜在风险，因此，在进行初级的数字化转型后，中小规模企业会选择放缓甚至停止数字化转型进程，在一定程度上规避了风险，因此，在10%—25%分位点处企业并未表现出数字化黏性（drev 回归系数不显著，stick 回归系数显著）。这一回归结果符合中小企业普遍数字化程度较低这一现实情况。二是私营企业抗风险能力较弱，对营收状况更为敏感，面对数字化转型决策时更加谨慎，如果投入过多影响企业现金流，会对企业造成致命影响；如果投入过少，达不到数字化转型的应有效果，中小规模企业"不敢投，不敢转"，黏性出现并有所波动，但并未表现出较高的黏性特征。而对于中等成本规模企业，不仅面临融资不足且困难的问题，而且在数字化转型前期产生了大量转型成本投资后，很难短期内迅速回收成本，成本黏性迫使企业进一步扩大数字化转型投资，即在75%分位点处企业开始表现出较强的数字化成本黏性；中等规模企业在面临较大市场竞争压力时，数字化转型却能提高企业管理效率，因而面临"投资风险高，不投资即等死"的两难境地，表现出较大的数字化转型成本黏性，这一推论与表6-14 第3—5列的回归结果相契合。当企业到达中间规模拐点时，黏性由正向影响表现出负向影响，企业开始面临"坐以待毙"还是"孤注一掷"抉择，进而，随着企业数字化规模的逐步扩大，75%—90%分位点上，企业不仅表现出明显的成本黏性特征，同时也表现出对宏观经济变动十分敏感的弹性特征，主要原因可能在于，随着企业成本规模的不断扩大，数字化程度和成本黏性同步提升，企业对于如何进行数字化转型和管理虽然已经有了较为丰富的实践经验，有意识并有能力开始调整企业的数字化转型投资结构，但企业发展同时也对数字化转型产生高度依赖，管理者为寻求企业进一步发展，提升产品附加值和市场竞争力等，更不得不增加数字化转型投资，包括软硬件升级、数字化咨询等，以期更快获取数字化转型红利，因此，在大中型企业中数字化转型黏性受到"正反"两个效应的双向影响，宏观经济发展对数字化转型黏性具有一定的缓释作用。

表 6-14 滞后效应

	dcost q10	dcost q25	dcost q50	dcost q75	dcost q90
drev	−0.159	−0.0731 ***	0.0175	0.140 ***	0.230 ***
	(0.159)	(0.018)	(0.015)	(0.016)	(0.021)
decline	0.0366	−0.162 ***	−0.0313	0.0302	0.103 *
	(0.428)	(0.047)	(0.039)	(0.043)	(0.055)
stick	20.15 ***	1.317 ***	0.143 ***	−0.209 ***	−0.370 ***
	(0.000)	(0.000)	(0.000)	(0.000)	(0.000)
$\beta_{3,n,i,t}$	0.0499	0.0886	0.0136	0.043	0.038
	(0.569)	(0.063)	(0.052)	(0.057)	(0.074)
$\beta_{4,n,i,t}$	−2.900 ***	−0.167 ***	−0.0223 ***	0.00452	0.000682
	(0.043)	(0.005)	(0.004)	(0.004)	(0.006)
_cons	−0.636 *	−0.0965 ***	0.0809 ***	0.328 ***	0.874 ***
	(0.330)	(0.037)	(0.030)	(0.033)	(0.043)
N	5842	5842	5842	5842	5842

注：$^{***}p<0.01$，$^{**}p<0.05$，$^{*}p<0.1$，括号中为标准误。

（二）生产能力

企业规模差异决定了生产能力的异质性差异，那么，企业是否存在由于生产能力差异导致的数字化转型成本黏性成为需要进一步探讨的问题。数字化转型是一个系统化过程，是对企业生产能力的转型升级，因此无法准确确定相对应的收益和成本变化等的实际雇员数（如企业进行 ERP 项目升级，尽管升级的主要对象为财务部，应用了新会计软件，采购、生产、财务、投融资、管理等跨部门相关人员都需要进行相关培训，但并非所有企业人员均需进行此培训）。即无法满足已有研究中的隐含假设，投资作用于所有雇员，这是分工更加明晰带来的结果。因此，本书参考安德鲁森等（Anderson 等，2003）[1]和陈等

---

[1] Anderson, M.C., Banker, R.D. and Janakiraman, S.N., "Are Selling, General, and Administrative Costs 'Sticky'?", *Journal of Accounting Research*, Vol.41, No.1, 2003, pp.47−63.

(Chen 等,2012)①的研究,选取数字化设备密度作为代理变量,运用工具变量分位数回归方法进行分析,模型设定如下:

$$\triangle \mathrm{lncost}_{n,i,t} = \beta_0 + \beta_{1,n,i,t} \triangle \mathrm{lnrev}_{n,i,t} + \beta_{2,n,i,t} decline_{n,i,t} \triangle \mathrm{lnprofit}_{n,i,t} +$$
$$\beta_{3,n,i,t} decline_{n,i,t} \triangle \mathrm{lnrev}_{n,i,t} decline_{n,i,t-1} + \beta_{4,n,i,t} decline_{n,i,t}$$
$$\triangle \mathrm{lnrev}_{n,i,t} growth_{n,t} + \beta_{5,n,i,t} decline_{n,i,t}$$
$$\triangle \mathrm{lnrev}_{n,i,t} \ln(dequ/profit\_1) + + \varepsilon_{n,i,t} \tag{6-20}$$

回归结果如表 6-15 所示。企业在所有分位点处都对数控设备密度表现出较高的敏感性,对比表 6-14 可以发现,从 25% 分位点处开始,企业表现出显著且递增的黏性特征,且宏观经济波动对数控装备密度的影响也在逐步加强,直到 90% 分位点处,企业对于数控装备密度的依赖程度才逐渐减弱消失,主要原因在于:数控化设备密度是企业数字化转型的重要组成部分和数字化程度的重要体现,中小企业资金储备少,风险承担能力较差,购买数控设备会给企业现金流带来一定压力,租赁设备成为中小企业进行数字化转型的一种可行手段;对于中等规模和较大规模企业,为了获得技术优势,会选择购买或研发新型的数控设备等;当数字化转型程度较低或市场设备成本较高时,企业会选择租赁或买入设备从而开始企业的数字化转型进程,但随着数字化投入的逐步扩大,现有数控设备对特定升级的刚性需求导致更换成本的大幅提升,即表现出递增的成本黏性特征;当企业发展到足够规模 90% 左右后,技术储备较为丰富,专业化程度逐步提高,管理者储备了较为丰富的实践经验,有意识且有能力调整企业的数字化转型投资结构,对绝对数控设备的依赖程度逐步降低,生产能力带来的黏性特征也在同步减弱,直至摆脱数字化设备带来的"黏性陷阱"。

---

① Chen,C.X.,Lu,H. and Sougiannis,T.,"The Agency Problem,Corporate Governance,and the Asymmetrical Behavior of Selling,General,and Administrative Costs", *Contemporary Accounting Research*,Vol.29,No.1,2012,pp.252-282.

表 6-15　生产能力

	dcost q10	dcost q25	dcost q50	dcost q75	dcost q90
drev	0.00276	0.105	0.0460*	0.0544***	0.172***
	(0.251)	(0.079)	(0.025)	(0.020)	(0.017)
decline	−0.0231	−1.714***	−0.662***	−0.197***	−0.047
	(0.347)	(0.212)	(0.067)	(0.054)	(0.046)
stick	0.526	−6.837***	−3.226***	−2.355***	−0.940***
	(2.832)	(0.000)	(0.000)	(0.000)	(0.000)
$\beta_{3,n,i,t}$	0.0357	−0.292	0.0435	−0.0185	0.04
	(0.202)	(0.281)	(0.089)	(0.072)	(0.062)
$\beta_{4,n,i,t}$	−0.0506	0.635***	0.351***	0.304***	0.0870***
	(0.243)	(0.028)	(0.009)	(0.007)	(0.006)
$\beta_{5,n,i,t}$	0.0407	−1.309***	−0.298***	−0.0655***	−0.0266***
	(0.223)	(0.038)	(0.012)	(0.010)	(0.008)
_cons	0.127	−0.833***	−0.178***	0.066	0.315***
	(0.186)	(0.163)	(0.052)	(0.041)	(0.036)
N	5842	5842	5842	5842	5842

注：***p<0.01，**p<0.05，*p<0.1，括号中为标准误。

第五节　机制分析及异质性分析

一、机制分析

参考爱德华兹和兰伯特（Edwards 和 Lambert，2007）[1]的推荐方法，本章构建结构方程模型检验软硬件投资预算额和上一年利润的调节中介效应（理论

---

[1]　Edwards, J.R. and Lambert, L.S., "Methods for Integrating Moderation and Mediation: A General Analytical Framework Using Moderated Path Analysis", *Psychological Method*, Vol.12, No.1, 2007, pp.1–22.

假说 6-3 和理论假说 6-4），分析数字化成本黏性的运行机制。具体而言，数字化转型带来的利润增长会提高企业的预期收益或预期收益率（企业预期数字化转型能够为企业带来收益/收益的增加），从而增加第二年数字化转型所需的软件投资和硬件投资预算额，转型成本的增加进一步影响企业数字化的总投资额和黏性特征；与此同时，企业这一数字化转型业务的投资规划会受到上年利润规模的显性信号影响，企业数字化转型表现出较强的黏性特征。回归结果如表 6-16 所示。

关键业务、环节、部位的数字化转型能够有效提高企业应对市场变化的灵活性，数字化应用软件和硬件作为数字化转型的主要载体亦成为企业进行转型投资决策、制定数字化预算的重要考量因素。由回归结果可知，数字化软硬件投资预算和非数字化销售额的多重中介效应存在，硬件投资预算额、软件投资预算额和非数字化销售额第一阶段的回归系数分别是 0.1148（$p<0.1$，95% CI｛-0.0009, 0.2297｝）、0.0626（$p<0.5$，95% CI｛0.0328, 0.0924｝）和-0.0987（$p<0.1$，95% CI｛-0.1466, -0.0509｝）；第二阶段的回归系数分别是 0.1164（$p<0.5$，95% CI｛0.0635, 0.1692｝）、0.068（$p<0.5$，95% CI｛0.0464, 0.0896｝）和-0.0049（$p<0.1$，95% CI｛-0.0146, 0.0048｝），直接效应回归系数 0.1519（$p<0.5$，95% CI｛0.0797, 0.2241｝）。profit_1 作为调节变量调节了数字化转型总收益与数字化成本变动额之间的关系，回归系数为-0.0129（$p<0.5$，95% CI｛-0.0211, -0.0048｝）。理论假说 6-3 和理论假说 6-4 得到验证。

表 6-16　调节的中介效应模型

结构方程估计	系数估计值	标准误	Z 值	Bootstraping Percentile 95%置信区间	
$\ln(hardinvb)$					
lnrev	0.1148	0.0586	1.96	-0.0009	0.2297
$\ln(profit\_1)$	0.4560	0.0102	44.73	0.4360	0.4759
_cons	0.6743	0.0824	8.18	0.5128	0.8358
$\ln(softinvb)$					
lnrev	0.0626	0.0152	4.12	0.0328	0.0924
_cons	4.1504	0.0223	185.95	4.1067	4.1942

续表

结构方程估计	系数估计值	标准误	Z 值	Bootstraping Percentile 95%置信区间	
non_dig_sales					
ln*rev*	−0.0987	0.0244	−4.04	−0.1466	−0.0509
_*cons*	9.6999	0.0358	270.81	9.6298	9.7702
dcost					
ln(*hardinvb*)	0.1164	0.0270	4.32	0.0635	0.1692
ln(*softinvb*)	0.068	0.0110	6.18	0.0464	0.0896
ln_*non_dig_sale*	−0.0049	0.0049	−0.99	−0.0146	0.0048
ln*rev*	0.1519	0.0369	4.12	0.0797	0.2241
ln(*profit_1*)	−0.0545	0.0157	−3.48	−0.0851	−0.0238
ln(*profit_1*)×*lrev*	−0.0129	0.0042	−3.12	−0.0211	−0.0048
ln(*profit_1*)× ln(*hardinvb*)	−0.0021	0.0032	−0.66	−0.0083	0.0041
decline	−0.0717	0.0315	−2.27	−0.1334	−0.0099
stick	−0.0209	0.0202	−1.03	−0.0605	0.0188

二、异质性分析

参照式(6-10)设定的计量模型,本章在测度了企业数字化转型成本黏性基础上,运用工具变量分位数回归方法进行回归分析,将样本根据所有制形式区分为国有企业和非国有企业,结果如表6-17所示。其中,第一列为全样本下两阶段最小二乘法的回归结果,后5列为工具变量分位数回归的回归结果。不难发现,随着成本规模的不断上升,国有企业的成本黏性会显著高于非国有企业。

表 6-17　成本黏性测度回归结果

	dcost 全样本	dcost q10	dcost q25	dcost q50	dcost q75	dcost q90
国有企业						
stick	0.158	−1.879***	−0.488***	15.57***	0.619***	0.502***
	(1.168)	(0.000)	(0.000)	(0.000)	(0.000)	(0.000)

续表

	dcost 全样本	dcost q10	dcost q25	dcost q50	dcost q75	dcost q90
drev	−0.00014	0.351***	0.128***	−0.208	−0.102***	−0.122***
	(0.450)	(0.050)	(0.022)	(0.250)	(0.022)	(0.027)
decline	−0.0201	−3.349***	−0.554***	5.641***	0.527***	0.465***
	(0.366)	(0.156)	(0.068)	(0.784)	(0.069)	(0.085)
_cons	0.128	−1.234***	−0.267***	0.174	0.521***	1.182***
	(0.321)	(0.122)	(0.053)	(0.611)	(0.054)	(0.066)
N	2549	2549	2549	2549	2549	2549
非国有企业						
stick	0.028	0.212***	0.123***	−0.0217	−0.209***	−0.374***
	(0.042)	(0.069)	(0.046)	(0.015)	(0.068)	(0.111)
drev	0.0139	−0.125**	−0.0437***	0.0304***	0.163***	0.208***
	(0.023)	(0.062)	(0.015)	(0.009)	(0.048)	(0.050)
decline	−0.0587	−0.404***	−0.291***	−0.0517***	0.0403	0.0443
	(0.056)	(0.105)	(0.060)	(0.017)	(0.065)	(0.092)
_cons	0.0959***	−0.654***	−0.118***	0.0742***	0.302***	0.887***
	(0.028)	(0.037)	(0.018)	(0.007)	(0.026)	(0.049)
N	3293	3293	3293	3293	3293	3293
时间固定效应	控制	控制	控制	控制	控制	控制
个体固定效应	控制	控制	控制	控制	控制	控制

注：***p<0.01，**p<0.05，*p<0.1，括号中为标准误。

针对企业所处行业异质性带来的回归偏误问题，本章首先分别针对制造业、加工业和制品业的国有企业和非国有企业进行回归，进而为了考察企业所处细分行业带来的不同影响，对样本进行分组回归，表6-18报告了制造业中国有企业的回归结果，表6-19和表6-20报告了加工业与制品业的回归结果。结果表明，区分了行业和所有制结构、控制了行业固定效应后，成本黏性的回归系数仍然显著为正，对比基准回归系数，可以认定回归结果是稳健的。

进一步仍可发现,就不同所有制企业的数字化成本黏性的高低而言,制造业中国有企业低于非国有企业,而在加工业和制品业中,国有企业明显高于非国有企业。进一步分析,制造业数字化转型需要较大的固定资本投入,当私营制造业企业投资数字化转型后,其调整成本和机会成本会明显高于国有企业;相较于加工业和制品业,制造业企业具有存货周期长、投资变现慢、工业化程度高的特点,数字化机床、数字化管理系统等的应用可以有效提升制造业企业劳动生产率和产品合格率,而对于私营制造业企业而言,需要在相对国有企业更为恶劣的市场环境中提升劳动生产率,求生存谋发展,其数字化黏性相较国有企业则更高;制造业行业中,国有企业相较于非国有制造业企业拥有更完善的数字化管理系统和数字化管理变革信息,以更加灵活地调整数字化转型的投资规划和投资决策。面对企业进行数字化转型投资博弈,尽管所有企业都不投资数字化是一个子博弈精炼纳什均衡,但国有企业需要且会在数字化转型阶段起到示范作用,承担相应的经济社会责任,与此同时,国有企业也更容易获得数字化转型补贴和业务支持,受到激励从而进行数字化转型投资,投资的增加推动了调整成本的不断上升,使得加工业中的国有企业表现出远高于非国有企业的数字化转型成本黏性。表 6-17 最后一列的全样本回归控制了企业所在行业的固定效应,表明黏性的回归系数仍显著为正。综上分析可以认为,不同规模企业的数字化转型成本黏性存在异质性差异,且原因不同。

具体而言,对于国有企业,数字化转型成本显著高于非国有企业,且在制品业中尤为明显,而数字化转型的销售额与非国有企业的数字化转型销售额差异较小,表现为更高的成本黏性;制造业行业中,国有企业的成本黏性小于非国有企业,而对于加工业和制品业行业,其国有企业的数字化成本黏性高于非国有企业。在制造业和加工业行业中,国有企业的数字化投资显著高于平均水平,而数字化转型收益却小于平均水平,虽然国有企业表现出较高的黏性特征,但仍能够发挥国有企业在企业数字化转型进程中的示范作用,积极进行数字化软硬件的创新、研发、生产和应用,发挥信息化技术的溢出效应,带动中小规模企业推动数字化转型,为私营企业提供技术支持,为中小规模企业应用先进的信息化技术提供可能性。与此同时,针对私营企业,应当合理引导企业投资决策,开源信息,制定合理扶助政策,降低数字化转型的调整成本。

表 6-18 异质性检验——制造业

	（1） dcost q10	（2） dcost q25	（3） dcost q50	（4） dcost q75	（5） dcost q90
国有企业					
stick	−0.430***	−0.359***	−1.117***	−0.915***	−0.326***
	(0.000)	(0.000)	(0.000)	(0.000)	(0.000)
decline	−0.573***	−0.471***	−0.446***	−0.0863	0.335***
	(0.119)	(0.093)	(0.106)	(0.106)	(0.117)
drev	0.181***	0.121***	0.308***	0.409***	0.300***
	(0.038)	(0.030)	(0.034)	(0.034)	(0.038)
_cons	−0.956***	−0.272***	4.72E−16	0.252***	0.814***
	(0.092)	(0.072)	(0.083)	(0.082)	(0.091)
N	1299	1299	1299	1299	1299
非国有企业					
stick	0.315**	0.184**	−0.00645	−0.214***	−0.308***
	(0.126)	(0.073)	(0.027)	(0.081)	(0.112)
decline	−0.362***	−0.291***	−0.0236	0.0858	0.126
	(0.134)	(0.083)	(0.021)	(0.053)	(0.120)
drev	−0.211**	−0.102**	0.0318*	0.157***	0.205**
	(0.084)	(0.050)	(0.018)	(0.052)	(0.100)
_cons	−0.628***	−0.112***	0.0735***	0.319***	0.919***
	(0.076)	(0.039)	(0.009)	(0.022)	(0.094)
N	1753	1753	1753	1753	1753

注：***$p<0.01$，**$p<0.05$，*$p<0.1$，括号中为标准误。

表 6-19 报告了加工业的分组回归结果。

表 6-19 异质性检验——加工业

	dcost q10	dcost q25	dcost q50	dcost q75	dcost q90
非国有企业					
stick	6.218***	12.97***	0.0779***	−1.705***	−1.065***
	(0.000)	(0.000)	(0.000)	(0.000)	(0.000)

续表

	dcost q10	dcost q25	dcost q50	dcost q75	dcost q90
decline	0.743	1.439 *	0.0132	−0.329 **	−0.527 ***
	(0.474)	(0.799)	(0.119)	(0.158)	(0.177)
drev	−1.322 ***	−2.274 ***	0.0287	0.627 ***	0.393 ***
	(0.228)	(0.385)	(0.057)	(0.076)	(0.085)
_cons	−0.709 *	0.202	0.0797	0.252 **	1.166 ***
	(0.369)	(0.622)	(0.092)	(0.123)	(0.138)
N	696	696	696	696	696
国有企业					
stick	−1.195 ***	80.15 ***	58.17 ***	4.753 ***	81.49 ***
	(0.000)	(0.001)	(0.001)	(0.000)	(0.001)
decline	−0.1	8.605	17.47 ***	1.517 ***	108.0 ***
	(0.185)	(5.480)	(3.399)	(0.278)	(8.632)
drev	0.516 ***	−0.893 **	−0.781 *	−1.081 ***	−1.534 *
	(0.105)	(0.117)	(0.933)	(0.158)	(0.409)
_cons	−1.372 ***	−0.00558	0.393	1.349 ***	2.983
	(0.145)	(4.315)	(2.676)	(0.219)	(6.797)
N	602	602	602	602	602

注：***p<0.01，**p<0.05，* p<0.1，括号中为标准误。

表6-20报告了制品业分组回归结果。

表 6-20　异质性检验——制品业

	dcost q10	dcost q25	dcost q50	dcost q75	dcost q90
非国有企业					
drev	−0.114	−0.00677	−0.0239	0.013	−0.0746
	(0.153)	(0.075)	(0.042)	(0.162)	(0.197)
decline	0.105	0.00398	−0.0131	−0.128	−0.527 *
	(0.172)	(0.102)	(0.050)	(0.184)	(0.303)

续表

	dcost q10	dcost q25	dcost q50	dcost q75	dcost q90
stick	0.156	0.181	0.0311	−0.0594	−0.0285
	(0.248)	(0.170)	(0.046)	(0.168)	(0.233)
_cons	−0.913***	−0.187***	0.102***	0.498***	1.341***
	(0.206)	(0.059)	(0.029)	(0.131)	(0.163)
N	625	625	625	625	625
国有企业					
drev	−0.395*	−0.197	0.0184	0.0708	−0.208
	(0.205)	(0.169)	(0.036)	(0.102)	(0.229)
decline	−0.760*	−0.0622	−0.0577*	0.134	−0.159
	(0.436)	(0.134)	(0.033)	(0.144)	(0.430)
stick	−0.0537	0.0932	−0.0915	−0.0847	0.0509
	(0.331)	(0.198)	(0.058)	(0.209)	(0.282)
_cons	−0.630***	−0.230**	0.0663**	0.395***	1.252***
	(0.208)	(0.093)	(0.033)	(0.099)	(0.310)
N	249	249	249	249	249

注: ***p<0.01, **p<0.05, *p<0.1, 括号中为标准误。

本章进一步探讨了企业在不同产品生命周期管理(PLM)场景下的数字化投资黏性对成本的影响,分析结果揭示了显著的异质性特征。通过引入数字化投资黏性(stick)与PLM场景虚拟变量的交互项,构建异质性分析模型,以揭示不同数字技术应用场景对企业资源配置与调整成本的差异化影响。实证结果表明,在不同PLM场景下,黏性效应随分位数的上升而增强,显示出中高成本企业在数字化转型中面临更高的调整成本。其中,数据分析和过程控制场景的黏性效应最为显著,表明这两类场景对企业资源配置和管理流程的调整需求较高。

在面板1"为产品研发管理提供商业智能服务"场景中,数字化投资黏性对成本的影响主要体现在中高分位数(q25至q90),系数最高为0.494(q75),

但总体影响较弱。这可能是因为商业智能服务更多集中在信息优化层面,对核心生产流程的调整需求较低。在面板2"一切与产品有关的数据及其关系分析"场景中,黏性效应在中高分位数(q50、q75和q90)显著增强,系数最高达0.763(q75),反映了数据分析对企业技术架构和数据处理能力的高要求,尤其是对高成本企业影响更为显著。面板3"控制产品数据从产生到消亡的过程"场景表现出全分位数显著性(q10至q90),且系数逐步上升,最高为0.801(q75),表明过程控制场景是黏性效应最显著的领域,可能因其涉及生产流程的高度精细化管理而导致较高的调整成本。

相比之下,面板4"支持先进的研发技术和方法"场景的黏性效应较弱,仅在q75分位数显著,系数为0.570。这表明先进技术支持对高成本企业的影响相对较大,而对其他企业的作用较为有限。面板5"落实企业产品研发管理制度"场景中,黏性效应在多个分位数(q10、q50、q75和q90)显著,且系数较为均衡,最高为0.565(q90)。这表明管理制度落实对企业资源配置的综合性调整需求较高,尤其对高成本企业的影响更为显著。

以上结果揭示了不同PLM场景对数字化投资黏性的异质性影响。高成本企业在数据分析和过程控制场景中的黏性效应最为显著,说明这些场景对资源配置效率和边际调整成本的要求更高。相较之下,商业智能服务和技术支持场景的影响较弱,主要集中在辅助性功能层面。制度落实场景的均衡黏性效应则表明,其对企业整体资源配置的影响较为广泛且深远。

因此,针对数据分析和过程控制场景,政府和行业组织应重点支持技术推广与应用,为企业提供专项资金和技术服务,帮助其降低边际调整成本。对商业智能服务和技术支持场景,应通过税收优惠或补贴机制,鼓励低成本企业进一步扩大数字化投资的深度。对于管理制度落实场景,需结合企业规模和特征,优化激励机制与约束政策,提升制度执行的资源效率。通过上述措施,企业可以更有效地应对数字化转型中的黏性挑战,从而加快转型进程并实现资源配置优化。

表 6-21 异质性分析——PLM 应用场景

面板 1：为产品研发管理提供商业智能服务				
	dcost	dcost	dcost	dcost	dcost
stick×PLM type	q10	q25	q50	q75	q90
	0.133	0.176**	0.293**	0.494**	0.339*
	(0.114)	(0.074)	(0.123)	(0.244)	(0.189)
面板 2：一切与产品有关的数据及其关系分析				
stick×PLM type	0.418	0.301	0.594***	0.763***	0.521**
	(0.277)	(0.228)	(0.079)	(0.143)	(0.129)
面板 3：控制产品数据从产生到消亡的过程				
stick×PLM type	0.350**	0.542**	0.735***	0.801***	0.601**
	(0.153)	(0.207)	(0.156)	(0.061)	(0.164)
面板 4：支持先进的研发技术和方法				
stick×PLM type	0.15	0.115	0.324	0.570***	0.377
	(0.178)	(0.138)	(0.213)	(0.143)	(0.403)
面板 5：落实企业产品研发管理制度				
stick×PLM type	0.239***	0.122	0.476***	0.557***	0.565**
	(0.154)	(0.092)	(0.116)	(0.156)	(0.193)
N	2408	2408	2408	2408	2408
控制变量	控制	控制	控制	控制	控制
年份固定效应	控制	控制	控制	控制	控制
个体固定效应	控制	控制	控制	控制	控制

注：***$p<0.01$，**$p<0.05$，*$p<0.1$，括号中为标准误。

三、示范效应

企业数字化转型在一定程度上打破了技术进步的空间壁垒，然而，大城市对于资源的"虹吸效应"仍然对企业发展产生重要影响。大城市的信息完备程度、人才储备和市场竞争程度远高于地理位置较为偏僻的地区，例如大型互联网公司（阿里巴巴、海康威视、网易等）、数字产业园（梦想小镇、云栖小镇、滨江物联网小镇、未来科技城等)、数字产业集聚区(杭州江东新区、宁波前湾新区、绍兴滨海新区等),创造了大量服务于信息化、数字化产业的就业岗位,极大地提升了当地市场的竞争程度,亦对其他企业产生了强烈的示范效应,"倒逼"中小企业寻求产业链、供应链、生产链的转型升级。据此,结合上文分析和研究讨论,大城市企业应表现出更高的数字化转型成本黏性。为了验证这一观点,本章根据企业地址,将企业分为城市和县/镇两组进行工具变量分位数回归,如表6-22所示。根据黏性测算模型可以发现,县/镇公司数字化转型的成本黏性要明显低于城市,观点得以验证,同时进一步印证了理论假说6-1。进一步,考虑到大型国有企业在城市中数量较多,而在县、乡、镇一级的行政区域中数量较少,或仅设立办事处,为了避免由于企业异质性带来的黏性差异,分别对国有企业和非国有企业进行了分组回归分析,表6-23和表6-24报告了回归结果,结果表明,城市中的国有企业成本黏性明显高于其他企业,原因不仅来源于国有企业规模较大,更在于国有企业承担着"两化"融合的政治使命及社会责任;县/镇一级的国有企业,成本黏性也要高于同地区的其他企业,再次验证观点。最后,综合比较可以看出,城市中,非国企较乡、镇一级企业也表现出较高的成本黏性,进一步验证本章研究结论,并表明大企业数字化转型给市场带来"示范效应",推动市场中所有类型企业进行数字化转型和数字化项目投资。

表 6-22　分组回归——注册地

	dcost q10	dcost q25	dcost q50	dcost q75	dcost q90
县/镇					
drev	−0.139*	−0.0758**	0.0255***	0.0791*	0.166***
	(0.081)	(0.029)	(0.009)	(0.044)	(0.055)
decline	−0.306***	−0.209***	−0.0365	0.0644	0.248***
	(0.111)	(0.065)	(0.026)	(0.047)	(0.084)
stick	0.307*	0.226***	−0.0121	−0.100*	−0.143
	(0.163)	(0.055)	(0.031)	(0.053)	(0.098)
_cons	−0.648***	−0.0736**	0.0767***	0.301***	0.825***
	(0.081)	(0.030)	(0.006)	(0.028)	(0.052)

续表

	dcost q10	dcost q25	dcost q50	dcost q75	dcost q90
N	2017	2017	2017	2017	2017
城市					
drev	−0.0792*	−0.0173	0.0351***	0.149***	0.217***
	(0.041)	(0.013)	(0.012)	(0.040)	(0.018)
dummy	−0.372***	−0.254***	−0.0430***	0.0194	0.121
	(0.077)	(0.043)	(0.015)	(0.040)	(0.113)
beta2	0.177	0.0987**	−0.0256	−0.166***	−0.300***
	(0.113)	(0.042)	(0.017)	(0.040)	(0.066)
_cons	−0.692***	−0.150***	0.0724***	0.349***	0.913***
	(0.044)	(0.017)	(0.007)	(0.018)	(0.036)
N	3825	3825	3825	3825	3825

注：***p<0.01，**p<0.05，*p<0.1，括号中为标准误。

表6-23报告了县/镇地区国有企业和非国有企业的成本黏性工具变量分位数回归结果。

表6-23 示范效应——县/镇地区

	dcost q10	dcost q25	dcost q50	dcost q75	dcost q90
国有企业					
stick	6.999***	1.893***	0.268***	−1.269***	−2.287***
	(0.000)	(0.000)	(0.000)	(0.000)	(0.000)
Decline	0.184	−0.0258	0.00708	−0.0559	−0.162
	(0.382)	(0.115)	(0.085)	(0.100)	(0.149)
drev	−1.678***	−0.764***	−0.0651	0.582***	1.016***
	(0.225)	(0.068)	(0.050)	(0.059)	(0.087)
_cons	−0.199	0.069	0.132*	0.214**	0.693***
	(0.318)	(0.096)	(0.071)	(0.083)	(0.124)
N	1117	1117	1117	1117	1117

续表

	dcost q10	dcost q25	dcost q50	dcost q75	dcost q90
非国有企业					
stick	8.361***	1.454***	0.330***	−0.542***	1.852***
	(0.000)	(0.000)	(0.000)	(0.000)	(0.000)
Decline	0.565	0.0456	0.00549	−0.0953	0.906***
	(0.446)	(0.102)	(0.081)	(0.090)	(0.140)
drev	−1.873***	−0.435***	−0.0575	0.319***	−0.616***
	(0.221)	(0.050)	(0.040)	(0.045)	(0.069)
_cons	−0.344	6.38E−16	0.131**	0.265***	1.727***
	(0.343)	(0.078)	(0.062)	(0.070)	(0.107)
N	1343	1343	1343	1343	1343

注：***p<0.01，**p<0.05，* p<0.1，括号中为标准误。

表 6-24 报告了城市地区国有企业和非国有企业的成本黏性工具变量分位数回归结果。

表 6-24 示范效应——城市地区

	dcost q10	dcost q25	dcost q50	dcost q75	dcost q90
国有企业					
stick	28.65***	−8.823***	33.51***	−22.76***	79.53***
	(0.000)	(0.000)	(0.000)	(0.000)	(0.001)
decline	0.771	−4.684***	10.73***	−2.518***	134.9***
	(1.339)	(0.290)	(1.147)	(0.845)	(5.627)
drev	−3.606***	1.541***	−1.395**	2.352***	−1.306
	(0.703)	(0.152)	(0.602)	(0.443)	(2.953)
_cons	−0.0625	−1.349***	0.686	−0.131	2.478
	(1.114)	(0.241)	(0.954)	(0.703)	(4.682)
N	1939	1939	1939	1939	1939

续表

	dcost q10	dcost q25	dcost q50	dcost q75	dcost q90
非国有企业					
stick	1.752***	2.899***	23.37***	-3.711***	-45.98***
	(0.000)	(0.000)	(0.000)	(0.000)	(0.000)
decline	0.267***	0.187*	7.056***	-0.298**	-1.65
	(0.103)	(0.103)	(0.709)	(0.120)	(2.115)
drev	-0.486***	-0.880***	-1.605***	1.165***	2.963***
	(0.053)	(0.053)	(0.366)	(0.062)	(1.092)
_cons	-0.770***	0.0163	0.763	0.0868	0.454
	(0.083)	(0.083)	(0.570)	(0.097)	(1.700)
N	2520	2520	2520	2520	2520

注：***$p<0.01$，**$p<0.05$，*$p<0.1$，括号中为标准误。

第六节　结论与相关政策建议

一、主要结论

本章基于我国第一个"两化"深度融合国家示范区内 1950 家企业连续 6 年(2015—2020 年)推进数字化管理的动态追踪调查数据,使用分位数回归等方法测度数字化成本黏性、考察企业数字化转型在不同成本规模区间的成本黏性特征及其影响因素,以期剖析异质性企业面临数字化转型和管理变革困境时的选择和行为规律。得出以下主要研究结论:(1)不同规模企业的数字化转型均体现出成本黏性特征,但大小和原因不尽相同;更为重要的是,规模较大企业的数字化转型会对中小规模企业的数字化投资额产生"示范"效应和"倒逼"效应,增加其成本黏性。(2)企业数字化投资具有较为明显的黏性特征,并且随着投资规模的不断扩大,黏性特征逐步明显且呈如下特征:当投入的成本规模达 50% 左右时,由有利于企业发展的成本黏性特征转变为表现出负面影响的黏性特征,至 75%——90%区间,成本黏性增速开始放缓,并在90%左右时达到黏性峰值。(3)企业成本黏性的形成机制和内在规律表现为:企业数字化转型未来期的收益预期会影响数字化转型软硬件的预算投资额,进而带来数字化转型成本和调整成本的变化;此成本的提升短期内又无法带来相应的或足够的成本收益,在上一年利润这一显性信号的调节作用下,第二轮企业收益—投资的预期调整作用同时开始,由此产生并带来了数字化转型成本黏性。(4)企业数字化转型的成本黏性特征在不同行业和所有制结构之间表现出较大的异质性差异,且原因不同。(5)无论成本黏性高低并呈现何种趋势,企业的数字化盈利能力总体呈现逐步上升趋势,且大城市对于资源的"虹吸效应"为大企业数字化转型和管理变革带来示范效应。数字化管理变革能够为企业预期收益带来的较大增幅给企业释放了一个正向信号,促使企业在面临"坐以待毙"和"孤注一掷"数字化转型困境时,通过成本黏性规律推动企业不断扩大数字化投资规模,帮助企业做出正确选择,带来示范效应,最终激发企业实现数字化转型并完成管理变革。

二、政策启示

本章结论为揭示不同类型的专精特新企业进行数字化转型的投入产出效率、成本黏性规律以及成本黏性的异质性差异提供了重要线索和经验证据。

（一）针对不同规模、不同行业、不同所有制企业制定更加精准、更加匹配的政策激励措施

基于本章研究结果,中小规模企业多为"被动"地承担较高的数字化转型成本黏性,而规模较大的企业由于较高的调整成本而导致较高的成本黏性。中小规模企业的数字化投资额在受到规模较大企业数字化转型的示范和倒逼效应后,增加了企业成本黏性和经营风险,陷入了继续追加投资"孤注一掷"地追随大企业加强数字化转型投资,抑或"坐以待毙"地减少成本、不再增加数字化转型投资,但在成本黏性作用下面临较难获得数字化收益的"数字化转型两难困境",即小企业不敢投却不得不投,大企业不得不保持成本规模。换言之,在深化"两化"融合、推动数字经济高质量发展的背景下,"一刀切"的政策对企业进行数字化转型的效果并不理想。破解不同规模、不同行业、不同

所有制企业的数字化转型的成本黏性差异化问题，应当实事求是根据企业的实际情况选择适合自身的数字化转型路径，转型投入不能着眼于"好大求全"而延长转型周期、抬高转型成本，导致实际数字化应用过程中复杂度提升、业务协同难度加大，从而影响企业数字化投入的成本黏性，而是充分考量企业现有的数字化能力和条件，包括 IT 构架、硬件设备兼容性、软件系统融合状态、数字技术人才储备等，从企业痛点和转型需求寻求突破，帮助企业走出数字化转型困境。比如，对于数字化基础比较薄弱的中小企业而言，可以采用低成本、速应用的 SaaS、aPaaS 产品，尽可能降低前期的硬件投入成本；但对于大型企业，可以改进 PLM、MES/DCS 数字化能力。

（二）通过"模块/单元数字化→生产线/流水线数字化→系统/整体数字化"渐进式数字化路径以减少成本黏性达到临界值后带来的负面影响

当成本黏性逐步呈现对企业产生负面影响的特征时，企业面临"投资风险高，不投资即等死"的两难境地，表现出较高的数字化转型成本黏性。尽管数字化转型是企业实现高质量发展的战略方向，但由于企业数字化投资的成本黏性的普遍性问题，转型过程中必然遇到重重阻力，因此，如何缩短数字化转型期、降低数字化转型成本是需要破解的重大难题。对于大多数企业尤其是中型企业和小微企业而言，数字化转型见效不能急于求成，应当寻找适合自身成熟度及战略前景的数字化转型方案，分阶段分步骤推进数字化转型项目开发，先进行模块/单元的数字化以及轻资产化的数字化转型，再延伸至生产线/流水线的数字化，最终实现系统/整体的数字化，如此有利于降低转型成本黏性的负面影响。在企业数字化转型的路径选择上，需要企业客观判断自身的发展阶段和现实条件，以需求驱动数字化转型效应释放，依照急用先行的原则，从最迫切需要改进的业务环节入手进行局部领域的数字化先行，转型成功后再进行其他环节的数字化延伸，尽可能降低成本黏性的负面作用，最终实现整体的数字化链接与集成。

（三）发挥国有企业"上云、用数、赋智"的宏观政策先导作用

企业尝试进行数字化转型的核心诉求是实现投资回报价值的最大化。从本章研究结论看，虽然国有企业表现出较高的成本黏性，但能够在企业数字化转型过程中发挥示范作用，通过数字化技术创新与应用实现溢出效应。"上

云、用数、赋智"是国家政策层面对企业数字化转型的战略导向,而数字化转型投入的收益预期会影响企业的投资预算,这需要发挥国有企业在数字经济发展的宏观政策引导下的数字化引领作用,引导中小企业科学进行数字化转型投入或者通过"外包模式"帮助中小企业推行数字化管理,在成本黏性影响下逐步实现数字化转型升级目标。与此同时,根据前文得出的企业数字化转型投资的成本黏性会随着时间的推移逐步降低的结论,不能仅仅将企业数字化转型视为一个技改项目,应该作为持续的技术迭代升级和中远期转型变革战略。

（四）科学编制数字化转型预算并完善企业数字化转型的成本审计制度

本章研究发现,无论何种类型、处于哪种规模和发展阶段的企业,尽管原因不尽相同,但其数字化转型均表现出较高的成本黏性特征,然而,企业数字化转型是个长期持续积淀的过程,而且数字化转型不是解决企业所有问题的万能良药,过度的数字化投资或者盲目的"数字化"战略会导致"去实体化"或转型的形式主义,进而导致企业投入结构的不合理并抑制企业的正常生产和产能扩张,最终大规模数字化投入可能带来众多的结构性风险包括提高企业的杠杆率、负债率、不良率,影响企业的流动性。科学合理的成本管理是企业成功转型和可持续发展的重要前提,必须结合自身的转型发展战略,制定针对数字化转型的成本审计制度,以系统思维审计企业的数字化产品采购、IoT 技术投入、数字中台建设、智能传感硬件、信息化运维及培训等各类投资,编制科学合理的数字化转型预算,优化成本管理结构和投入结构,避免不切实际的盲目过度的数字化投资行为。

第七章　基于云服务视角的
数字化赋能研究

　　新一代信息技术迅速发展推动全球供应链、产业链和价值链发生了革命性变化(王一鸣,2020)①,成为产业质量变革、动力变革、效率变革的重要推动力量。云服务作为新一代信息技术的典型运用,如何向微观企业生产运营渗透,并推动企业提升生产效率日益得到社会关注。云服务是以数据管理、访问和处理技术为基础,构建按需网络资源服务架构(On-Demand Network),为不同类型客户提供具有针对性的解决方案(Buyya 等,2009;Yang,2012;Sharma 和 Vatta,2013)②③④,主要包括三个方面,即软件服务(SaaS)、平台服务(PaaS)以及基础设施服务(IaaS),后文将进一步展开阐述。

　　"云服务"本质上为企业提供了定制化、个性化的解决方案。数字技术广泛应用于企业的生产、经营、管理、销售和其他商务活动中,使企业积累了大量数据。通过现代技术方法对这些数据进行清洗、存储与计算,企业可以获得有价值的参考信息(Matt 等,2015)⑤,并实现生产管理经营过程的自动化、

---

① 王一鸣:《百年大变局、高质量发展与构建新发展格局》,《管理世界》2020 年第 12 期。

② Buyya,R.,Yeo,C.,Venugopal,S.,Broberg,J. and Brandic,I.,"Cloud Computing and Emerging IT Platforms:Vision,Hype,and Reality for Delivering Computing as the 5th Utility",*Future Generation Computer Systems*,Vol.25,No.6,2009,pp.599−616.

③ Yang,S.Q.,"Move into the Cloud,Shall We?",*Library Hi Tech News*,Vol.29,No.1,2012,pp. 4−7.

④ Sharma, A. and S. Vatta, "Cloud Computing:Taxonomy and Architecture", *International Journal of Advanced Research in Computer Science and Software Engineering*, Vol.3, No.5, 2013, pp. 1410−1417.

⑤ Matt,C.,Hess,T. and Benlian,A.,"Digital Transformation Strategies",*Business & Information Systems Engineering*,Vol.57,2015,pp.339−343.

数字化和数智化,从而推动企业的生产、管理和销售效率提升(Horlach 等,2017)①。然而,数据资产在各环节流转过程中仍然面临着一系列挑战,首先,先行的企业在数字化转型过程中积累了大量数据,因此在数据库构建方面具有先行优势。但如果不能实现内部数字化价值网络向动态开放协同的价值网络转变,很容易陷入"信息孤岛"的困境。其次,企业数字化转型需要投入较高的沉没成本。随着技术的不断更新换代,新技术的创新、研发和应用需要对人员进行重新培训,同时需要对软硬件设备进行升级,这将增加企业的数字化转型成本(Sharma 等,2013)②。再次,后发的企业不仅需要填补数字化转型基础业务的空白,还需要快速购买、研发、学习、培训和应用先进技术。这可能导致"没技术没数据""有技术没数据"和"有技术数据少"等各种情况,带来较高的转型负担。最后,随着分工的日益细化,各项专业细分服务间的信息壁垒和信息摩擦也越来越严重。因此,"云服务"通过构建需求导向的网络结构,打通各部门间的数据瓶颈,并提供开放、共享的算力引擎与操作平台,能够有效地降低企业数字化转型的管理成本和运营成本,助力企业数字化转型升级。

更进一步看,是否所有企业都需要采用"云服务"？答案是否定的。首先,"云服务"需要企业具备一定的数字化能力来打通内部数据互联通道。数字化转型需要在前期进行较高的投入,只有达到一定的阈值后,数字化投入才能逐渐获得回报(刘淑春等,2021)③。在数字化水平较低的情况下,实现技术与业务模式的有机结合是转型的首要任务(Li 等,2019)④。盲目采用"云服务"只会增加企业的财务负担。其次,数字化转型进程中,大企业和小企业

①　Horlach, B., Drews, P., Schirmer, I. and Böhmann, T., "Increasing the Agility of IT Delivery: Five Types of Bimodal IT Organization", *Hawaii International Conference on System Sciences*, 2017, pp. 5420-5429.

②　Sharma, A. and Vatta, S., "Cloud Computing: Taxonomy and Architecture", *International Journal of Advanced Research in Computer Science and Software Engineering*, Vol. 3, No. 5, 2013, pp. 1410-1417.

③　刘淑春、闫津臣、张思雪、林汉川:《企业管理数字化变革能提升投入产出效率吗》,《管理世界》2021 年第 5 期。

④　Li, T. and Chan, Y.E., "Dynamic Information Technology Capability: Concept Definition and Framework Development", *The Journal of Strategic Information Systems*, Vol.28, No.4, 2019.

之间存在显著差异。大企业具有资本优势和规模优势,在数字化转型中能够快速拉开与中小企业之间的差距。对于价值链地位较低的中小企业而言,合理控制成本、保持与价值链上游的商业交往是首要价值诉求。显然,"云服务"无法提供相应的解决方案。再次,尽管"云服务"是一种以需求为导向的数字化转型解决方案,但数字化转型并不仅仅是软件和供应链升级(Andriole,2017)①。数字化转型是为企业的成长阶段、升级需求和应用场景量身定制的整体动态发展路径,业务转型方向分为传统业务(生产运营优化)、延伸业务(产品业务创新)和新型业务(业态转变)。这三个阶段相辅相成。例如,云服务可以促进企业将内部价值网络转变为开放生态系统,但前提是生态合作伙伴已具备一定的数字化程度,具备构建数字化价值链和价值网络的能力。最后,数据驱动的数字化赋能凸显了智力资本的价值,提升了替代性竞争程度(戚聿东、肖旭,2020)。② 用户需求导向的数字经济对企业的数据调研、产品结构调整、生产模式和营销模式提出了更高的要求,增加了企业在数字化转型方面的市场调研、咨询和相关服务的投入成本。

因此,在数字化转型过程中,企业数字化投入可能带来两种结果:一是盈利和销售能力的变化,二是各种转型成本的变化。企业数字化转型可以优化和升级企业价值体系(国有企业数字化转型专题,2020),通过构建数字化生存和发展能力,适应新环境的竞争。虽然云服务的介入给企业提供了便利,但也提出了更高的数据管理和协同处理要求。在市场竞争日益激烈,用户需求不断变化,市场需求动态化和协同化的背景下,增加数字化投入可能会导致更高的数字化转型成本和更低的盈利能力。随着市场中数字化转型进程的不断深化,参与数字化转型的企业数量日益增多,数字化转型需要的资源如资金、设备、技术、专利、人才等无法满足需求,导致数字化转型成本升高,并且大量数字信息和工作任务在有限的时间和空间内集中,可能会导致企业甚至供应链的资源瓶颈,进而降低数字化转型的质量和效率,本章将这一现象定义为数

---

① Andriole,S.J.,"Five Myths About Digital Transformation", *MIT Sloan Management Review*, Vol.58,No.3,2017,pp.20–22.

② 戚聿东、肖旭:《数字经济时代的企业管理变革》,《管理世界》2020 年第 6 期。

字化转型的拥挤效应(Congestion Effect),并且参考末吉和袁(Sueyoshi 和 Yuan,2016)的研究进行了测算①。

已有研究探讨了数字化转型在生态运营优化和产品业务创新阶段的"赋能",但对于业态转变阶段的研究仍然不够充分,缺乏系统化的理论论述和实证研究。本章旨在探讨业态转变阶段数字化转型对企业的影响,即究竟是为企业生产经营活动"赋能",还是加深了企业的负担并降低了数字化潜力。作为业态转变和新型数字化转型的代表性项目之一,云服务升级是构建数字化生态系统和形成动态、协同的数字化价值网络的基石。因此,本章以云服务升级为研究对象,从理论和实证的角度探讨数字化转型在业态转变阶段对于企业的"赋能"和"负担"的影响机制为企业如何适应性、动态化地调整优化数字化转型的决策提供参考,同时探索构建云服务赋能企业效率的数字化转型方向,为推动企业进行云服务升级、构建云生态、实现"业态转变"提供参考。

本章可能的边际贡献在于:(1)现有研究对于企业数字化转型产出效率的研究大都停留在理论探讨阶段,本章使用全国第一个"两化"融合试验区1950家数字化企业调查样本,对企业数字化转型合意产出效率与非合意产出规划的拥挤效应进行了测算,并且基于非合意产出模型对数字化转型潜力进行了测算和探讨;(2)探讨了企业云服务升级对于数字化转型的拥挤效应之间的影响路径和边际效应;(3)鉴于企业异质性,探讨了云服务对企业效率影响的所有制异质性和行业一致性;(4)本章比较了不同企业所有制形式间的边际差异,并进一步对"什么样的企业应当进行云服务升级"这一问题进行了初步的测算和探讨,对现有研究进行了可能的补充,相关结论能够为企业进行云服务升级提供启示。

---

① Sueyoshi,T. and Yuan,Y.,"Returns to Damage under Undesirable Congestion and Damages to Return under Desirable Congestion Measured by DEA Environmental Assessment with Multiplier Restriction:Economic and Energy Planning for Social Sustainability in China",*Energy Economics*,Vol.56, 2016,pp.288-309.

第一节　基于云服务视角的数字化
赋能研究的理论逻辑

一、拥挤效应

现有文献关于拥挤效应（Congestion Effect）的研究主要基于径向 DEA 模型（Radial DEA Model）和非径向 DEA 模型（Non-Radial DEA Model）两种方式进行探讨。查理斯等（Charnes 等,1987）[1]首先提出数据包络分析方法（DEA）用于技术效率评价,既应用于企业全要素生产率（鲁晓东、连玉君,2012）[2]、个人投入产出效率等微观层面,也应用于环境效率（Meng,2015）[3]、区域生产效率等宏观层面。法尔和格罗斯科普夫（Fare 和 Grosskopf,1983）[4]首次提出一种非参数方法对拥挤效应进行计算,并且于 1985 年,基于两阶段径向 DEA 模型（Two-Stage Radial DEA Model）对于拥挤效应进行了量化计算,称为 FGL 模型,目前该模型是唯一能够对拥挤效应和实际拥挤效应进行量化的方法（Zhou 等,2017）[5]。库珀等（Cooper 等,1996）[6]在 FGL 模型上进行了扩展,提出了两阶段非径向 DEA 模型（CTT）对生产投入拥挤效应进行了分析,布罗克

---

① Charnes,A.,Cooper,W.W.,Rousseau,J. and others,*Data Envelopment Analysis and Axiomatic Notions of Efficiency and Reference Sets*,University of Texas,Center for Cybernetic Studies,1987,pp. 1-12.

② 鲁晓东、连玉君:《中国工业企业全要素生产率估计:1999—2007》,《经济学（季刊）》2012 年第 2 期。

③ Meng,M.,Prostate Cancer Classification Based on Gene Expression and Splicing Profiles,UCLA,2015.

④ Fare,R. and Grosskopf,S.,"Measuring Congestion in Production",*Zeitschrift für Nationalökonomie / Journal of Economics*,Vol.43,No.3,1983,pp.257-271.

⑤ Zhou,K.Z.,Gao,G.Y. and Zhao,H.,"State Ownership and Firm Innovation in China:An Integrated View of Institutional and Efficiency Logics",*Administrative Science Quarterly*,Vol.62,No.2,2017,pp.375-404.

⑥ Cooper,W.W.,Thompson,R.G. and Thrall,R.M.,"Chapter 1 Introduction:Extensions and New Developments in DEA",*Annals of Operations Research*,Vol.66,1996,pp.1-45.

特等(Brockett 等,1998)①应用 CTT 模型,研究了中国改革开放前的投入拥挤效应,并且扩展了 CTT 模型,构建了 BCSW 模型。库珀等(Cooper 等,1996)②进一步扩展了 BCSW 模型,构建了一步 DEA 模型(one-stage DEA model)对拥挤效应进行分析。理论上看,径向 DEA 模型和非径向 DEA 模型从不同视角分析了拥挤效应(Fare 等,2001)③,径向 DEA 基于生产前沿面和投入向量对拥挤效应进行分析,非径向 DEA 从损失最小化的视角切入对拥挤效应进行剖析,两种方法在实证研究中应用都比较广泛。贾汉沙鲁和霍达巴赫(Jahan-shahloo 和 Khodabakhshi,2004)④应用非径向 DEA 模型对中国纺织业的生产投入拥挤效应进行了实证研究,西蒙斯(Simoes 等,2011)⑤使用了三种不同的DEA 模型,对葡萄牙医院的效率和拥挤效应进行了比较分析,吴等(Wu 等,2016)⑥基于部门的视角,使用径向 DEA 模型对中国产业拥挤效应进行了研究。但是这些研究均基于合意产出(desirable output)视角对拥挤效应进行测算,也有许多文献基于径向 DEA 模型和非径向 DEA 模型对投入产出低效率和非合意产出进行测算和分析(Brockett 等,2004)⑦,并且在同时考虑到合意产出和非合意产出的情况下,可以使用双向 DEA 模型(Dual Model of the

① Brockett,P.L.,Cooper,W.W.,Wang,Y.,et al.,"Inefficiency and Congestion in Chinese Production before and after the 1978 Economic Reforms",*Socio-Economic Planning Sciences*,Vol.32,No. 1,1998,pp.1-20.

② Cooper,W.W.,Thompson,R.G. and Thrall,R.M.,"Chapter 1 Introduction:Extensions and New Developments in DEA",*Annals of Operations Research*,Vol.66,1996,pp.1-45.

③ Fare,R.,Grosskopf,S.,Kirkley,J.L. and others,"Data Envelopment Analysis(DEA):a Framework for Assessing Capacity in Fisheries when Data are Limited",2001.

④ Jahanshahloo,G.R. and Khodabakhshi,M.,"Determining Assurance Interval for non-Archimedean Element in the Improving Outputs Model in DEA",*Applied Mathematics and Computation*,Vol. 151,No.2,2004,pp.501-506.

⑤ Simoes,A.J.G. and Hidalgo,C.A.,"The Economic Complexity Observatory:An Analytical Tool for Understanding the Dynamics of Economic Development",in *Workshops at the Twenty-Fifth AAAI Conference on Artificial Intelligence*,2011.

⑥ Wu,J.,Zhu,Q.,Chu,J.,et al.,"Measuring Energy and Environmental Efficiency of Transportation Systems in China Based on a Parallel DEA Approach",*Transportation Research Part D:Transport and Environment*,Vol.48,2016,pp.460-472.

⑦ Brockett,P.,W.Cooper,H.Deng,et al.,"Using DEA to Identify and Manage Congestion", *Journal of Productivity Analysis*,Vol.22,2004,pp.207-226.

DEA)测算出拥挤效应(Fang 等,2015;Sueyoshi 和 Goto,2012;Sueyoshi 和 Yuan,2016)①②。如末吉和袁(Sueyoshi 和 Yuan,2016)③使用双向径向 DEA 模型,从合意产出和非合意产出两个视角,对中国 30 个省的环境生产拥挤效应进行了测算,张等(Zhang 等,2020)④从部门视角对中国碳排放的合意拥挤效应和非合意拥挤效应进行测算研究。

梳理现有文献不难发现,已有研究大多基于省级数据或产业数据对拥挤效应进行测算,并且大多应用于环境经济学的研究(Wu,2013;Chen 等,2016;Sueyoshi 和 Goto,2012,Zhang 等,2020)⑤⑥⑦⑧,对于企业层面和企业数字化转型的拥挤效应研究相对匮乏。因此,深入探讨数字化转型的拥挤效应及其内在机制是十分必要的。

---

① Fang,L. and Li,H.,"Multi-criteria Decision Analysis for Efficient Location-allocation Problem Combining DEA and Goal Programming",*RAIRO-Operations Research-Recherche Opérationnelle*,Vol.49,No.4,2015,pp.753-772.

② Sueyoshi,T. and Goto,M.,"Weak and Strong Disposability vs. Natural and Managerial Disposability in DEA Environmental Assessment:Comparison Between Japanese Electric Power Industry and Manufacturing Industries",*Energy Economics*,Vol.34,No.3,2012,pp.686-699.

③ Sueyoshi,T. and Yuan,Y.,"Returns to Damage under Undesirable Congestion and Damages to Return under Desirable Congestion Measured by DEA Environmental Assessment with Multiplier Restriction:Economic and Energy Planning for Social Sustainability in China",*Energy Economics*,Vol.56,2016,pp.288-309.

④ Zhang,Y.J.,Liu,J.Y. and Su,B.,"Carbon Congestion Effects in China's Industry:Evidence from Provincial and Sectoral Levels",*Energy Economics*,Vol.86,2020.

⑤ Wu,J.,"Landscape Sustainability Science:Ecosystem Services and Human Well-being in Changing Landscapes",*Landscape Ecology*,Vol.28,2013,pp.999-1023.

⑥ Chen,Y.Y.K.,Jaw,Y.L. and Wu,B.L.,"Effect of Digital Transformation on Organisational Performance of SMEs:Evidence from the Taiwanese Textile Industry's Web Portal",*Internet Research*,Vol.26,No.1,2016,pp.186-212.

⑦ Sueyoshi,T. and M.Goto,"Weak and Strong Disposability vs. Natural and Managerial Disposability in DEA Environmental Assessment:Comparison Between Japanese Electric Power Industry and Manufacturing Industries",*Energy Economics*,Vol.34,No.3,2012,pp.686-699.

⑧ Zhang,Y.J.,Liu,J.Y. and Su,B.,"Carbon Congestion Effects in China's Industry:Evidence from Provincial and Sectoral Levels",*Energy Economics*,Vol.86,2020.

二、云服务

云服务是基于云计算发展而来的一种数字化商业服务,大规模计算能力服务群的需求与日俱增,推动了云计算的快速发展,用户可以通过它获得服务器、网络带宽、存储空间、应用和服务等资源,并且可以实时释放。此外,云服务还具有管理成本低的特点(Mell 和 Grance,2011)①。企业数字化转型中的"云"实质上是由大型服务器集群和云计算共同构成的,包括存储服务器、计算服务器、带宽资源等。云服务用户可以基于这些服务器集群获取计算资源、信息服务和存储空间,并且可以将其分为基础设施服务(Infrastructure as a Service,IaaS)、平台服务(Platform as a Service,PaaS)和软件服务(Software as a Service,SaaS)(Grag 等,2013)。②③

实际应用中,云服务大多采取外包形式,这样不仅可以控制成本,还能获得相应的应用功能。例如,Amazon-S(IaaS)、Google App Engine(PaaS)以及各类专业应用(SaaS)等。随着云服务的快速发展,三类服务的界限越来越模糊,逐步形成动态协同发展的趋势。因此,云服务可以为企业带来诸多优势,如减少基础设施建设成本、提供按需使用的计算资源、提高应用程序的可用性和扩展性、降低管理成本等,这些优势有助于企业在数字化转型中提高效率、创造更多的价值。但同时,云服务并不是直接的盈利来源,而是为企业提供更高效的工具和技术,帮助企业在竞争激烈的市场中更好地运营和发展,部分功能性的解决方案可能只会在一定程度上提升企业的盈利能力,甚至会因为高

---

①　Mell,P. and T.Grance,"The NIST Definition of Cloud Computing",Special Publication(NIST SP),National Institute of Standards and Technology,2011.

②　IaaS 属于基础类云服务,这类服务商提供给用户使用云服务必需的软硬件配套设施。用户能够远程访问计算、存储和应用虚拟化提供的各类功能,而无需承担基础设施建设费用,具有安全和伸缩性强的优势(Wang,2013)。PaaS 属于更高一层的云服务类型,通过构建开发成本低、部署难度小、维护成本低的操作系统(Vaquero,2011),为用户提供使用过程中所需的各类工具、数据库、系统文件、运行平台等一系列软硬件配套服务。用户通过 PaaS 创建、测试和部署应用和服务(Dua,2014)。SaaS 是最高层级的云服务,供应商与消费者直接对接,提供应用程序且对应用载体限制较小(Benlian,2009)。用户可以基于 SLA 协议向供应商获取功能服务(Zhi,2013)。

③　Grag,S.,Kumar,R.,Buyya,R.,Rajkumar,B.,et al.,"A Framework for Ranking of Cloud Computing Services",Future Generation Computer Systems,Vol.29,No.4,2013,pp.1012-1023.

昂的转型成本而降低企业盈利能力。因此,企业在考虑云服务时需要谨慎分析,以确保所选择的云服务满足其实际需求,并且能够为企业带来长期的盈利效益,企业需要综合考虑成本、效益、风险等因素,制定合适的云服务采购方案,并在实施过程中进行有效的管理和控制,以最大限度地发挥云服务的优势,据此,本章提出理论假说7-1:

理论假说7-1:云服务对于企业盈利能力的提升具有不确定性,但能够为企业提供更高效的工具和技术,提升企业生产经营效率。

企业数字化转型推进过程中,面临成本控制、技术更新、业务扩展等诸多挑战,为了解决这些挑战,云服务成为一个备受瞩目的解决方案(Sharma和Vatta,2013)[1]。云服务作为一种基于网络的服务模式,可以将计算机和存储资源等IT资源通过互联网进行交付和管理,具有高度的灵活性和可扩展性,能够根据企业的实际需求进行定制化服务,从而提升企业绩效。

云服务的需求导向(On-Demand)和自助性(Self-Service)特点(Amin,2014),可以使企业用户更加自主选择,并且帮助企业实现经营策略的转型,从传统的受益导向转向用户价值导向,从而推动企业的业务发展和技术效率提高(Hamdaqa和Tahvildari,2012)[2]。随着云服务升级的深化,"云"技术和"云"应用将企业用户从固定的场景中解放出来,更加灵活地获取和释放"云"资源,从需求端释放潜在的需求和产能,从而进一步提升企业整体效率。云服务的网络接入广泛(Broad network access)、资源池化(Resource Pooling)、调整弹性高(Rapid elasticity)和服务可控(Measured service)等特点(Amin等,2014)[3],能够更好地满足企业的动态需求,根据企业不同的发展阶段、产品生

① Sharma, A. and S. Vatta, "Cloud Computing: Taxonomy and Architecture", *International Journal of Advanced Research in Computer Science and Software Engineering*, Vol. 3, No. 5, 2013, pp. 1410-1417.

② Hamdaqa, M. and Tahvildari, L., "Cloud Computing Uncovered: a Research Landscape", *Advances in Computers*, Vol. 86, 2012, pp. 41-85.

③ Amin, Muhammad Tahir, Alazba, Abdulrehman Ali, and Manzoor, Umair, "A Review of Removal of Pollutants from Water/Wastewater Using Different Types of Nanomaterials", *Advances in Materials Science and Engineering*, Vol. 1, 2014.

命周期和宏观市场因素,结合自身审计需求,动态调整云资源的使用,以满足企业不同时期、不同业务、不同场景的具体需求,极大地提高了企业经营决策的灵活性和适应性,从另一方面推动了企业整体绩效。据此,本章提出理论假说7-2:

理论假说7-2:云服务能够从合意产出和非合意产出两个方面同时提高企业生产效率。

(一) 云服务与"转型红利"

具体而言,云服务在资源池化方面具有强大的供给能力,能够近乎无限制地向企业用户提供资源,放宽了企业用户的资源限制。网络接入范围的扩大,使企业用户与服务提供商的高效对接变得更加容易,减少了中间商和销售人员的流通环节,从而实现了需求端和供给端快速、高效的对接。调整弹性高和服务可控意味着云计算系统可以根据用户需求的变化和供给状况进行动态调整,这种灵活性为企业提供了更大的自由度,使其可以快速响应市场需求。

资源池化意味着云服务构建的资源池具有强大的供给能力,能够近乎无限制地向企业用户供给资源,放松了企业用户的资源约束,网络接入范围的扩大,赋予了企业用户与服务商的高效对接,跨过了销售人员、中间商等市场流通环节,实现了需求端和供给端的快速高效对接,调整弹性高和服务可控意味着云计算系统能够根据用户需求变化,对于供给状况进行动态调整,企业作为供给端,相较于传统企业数字化转型,云服务升级进一步降低了搜寻成本(Wang 等,2013)[1],降低云服务商建立 IT 基础设施的成本,在云服务场景下,企业也具备了将闲置 IT 资源分配给更广泛的用户的能力,避免 IT 资源的浪费的同时,开阔了新兴市场,实现企业销售能力的上升。

在云服务的帮助下,企业可以更快地推出新产品和服务,以满足客户需求。云服务也可以提供更高的可靠性和安全性,从而提高客户对企业产品和

---

① Wang, W., Niu, D., Liang, B. and Li, D., "Dynamic Cloud Resource Reservation via IaaS Cloud Brokerage", *IEEE Transactions on Parallel & Distributed Systems*, Vol.7, No.6, 2013, pp.1.

服务的信任度。此外,云服务还可以帮助企业减少沉没成本、减少营销成本、优化销售流程(Wang 等,2013)[1],企业利用云服务提供的分析工具和大数据技术来识别潜在客户和市场机会,对用户画像进行更精确地刻画,进而提高企业销售能力和业绩,据此,本章提出理论假说 7-3:

理论假说 7-3:云服务能够提升企业销售能力,进而提升以销售能力作为合意产出刻画的企业绩效。

调整弹性高和服务可控性也使得企业用户能够根据自身需求,灵活地付费并租用 IT 资源。相较于传统的 IT 基础建设方式,云服务的资源访问不再受到空间和设备限制(Marston 等,2010)[2],企业用户可以从任何地方、任何设备上获取所需的计算能力和存储空间(Pallis,2010)[3],极大提高了企业的灵活性和响应速度。同时,由于云服务提供商通常会通过资源池化等方式实现规模效应,企业用户可以以相对较低的价格租用 IT 资源,降低了数字化转型过程中的基础设施建设成本,提升了企业的盈利能力和市场竞争力。

因此,在云服务升级过程中,企业会根据数字化盈利能力动态调整对于数字化合意效率的预期、预算和财务投资决策。通过云服务的弹性计算能力,企业可以快速响应市场变化,灵活调整资源规模,并对计算资源进行动态管理,对企业供给状况进行动态调整,优化了企业采购流程,提升了企业采购能力,进而促进了企业整体效率的提升。据此,本章提出理论假说 7-4:

理论假说 7-4:云服务能够提升企业采购能力,进而提升以采购能力作为合意产出刻画的企业绩效。

企业数字化转型领域的趋势之一是云服务的广泛应用。自 20 世纪 90 年代起,云服务一直在不断发展壮大,包括 SaaS、IaaS 和 PaaS 等不同服务模式,为企业提供了一站式服务方案。比如,Saleforce 和 Concur 等企业率先应用 SaaS 服务,Google 推出"云计算"概念并提供数据服务和服务器租用服务,

---

[1]　Wang,W.,Niu,D.,Liang,B. and Li,D.,"Dynamic Cloud Resource Reservation via IaaS Cloud Brokerage",*IEEE Transactions on Parallel & Distributed Systems*,Vol.7,No.6,2013,pp.1.

[2]　Marston,S.,Li,Z.,Bandyopadhyay,S.,et al.,"Cloud Computing-The Business Perspective",*Decision Supporting Systems*,Vol.51,No.1,2010,pp.176-189.

[3]　Pallis,G.,"Cloud Computing:The New Frontier of Internet Computing",*IEEE Internet Computing*,Vol.14,No.5,2010,pp.70-73.

AWS 推出 EC2 和虚拟服务器等 IaaS 服务模式,Google 推出基于 Web 应用的 Google Engine 并推出 PaaS 服务模式,阿里云、华为云、腾讯云等国内厂商也快速发展并构建了大量云服务案例。从技术层面来看,不同的服务模式基于不同的技术栈,针对特定的问题和使用场景提供相应的解决方案。例如,SaaS 服务模式适用于需要快速应用部署和使用的场景,IaaS 服务模式则适用于需要自定义应用程序和基础设施的场景,而 PaaS 服务模式则适用于需要快速构建和部署应用程序的场景。表 7-1 总结了常见的技术栈和应用场景。

表 7-1　云服务常见技术栈和应用场景

云服务种类	技术栈	应用场景
SaaS	HTML	用户管理
	JavaScript	监控系统
	Sliverlight	计费管理
	Adobe	
PaaS	Rest	安全管理
	多租户	服务管理
	并行处理	资源管理
	应用服务器	
	分布式缓存	
IaaS	虚拟系统	容灾支持
	分布式存储	运维支持
	数据库	客户支持
	noSQL	

资料来源:根据有关公开资料整理而得。

云服务的发展推动了企业数字化转型和业务创新,为企业带来了巨大的商业价值和经济效益。通过云服务,企业能够降低基础设施建设成本、提高业务灵活性、增强资源利用率和可扩展性等方面的优势。因此,越来越多的企业选择将自己的业务迁移到云端,以便更好地适应市场变化和未来发展的需求。但同时需要认识到,云服务的目标客户群是一个具有多样化需求特点的群体,以技术栈为基础构建的云服务产品方案需要与客户的业务需求高度匹配。企业数字化转型逐步深入之后,某一种云服务的功能难以满足企业的多样化转型需求,因此,云服务必须与特定企业、特定产业和特定区域的组合式解决方案,形成服务于行业需求的共性解决方案——"行业云"。行业云提供了与合作客户更为契合的云解决方案,能够对合作客户的内部经营管理结构和业务流程进行重构和优化,它的优势在于将技术和行业应用相结合,从而实现了对特定行业、特定企业和特定地区的数字化转型需求的深入理解和满足。此外,行业云的合作客户可以获得更加个性化的定制服务,从供给和需求两端为企业数字化转型提供了更为有效和可靠的技术支持,进一步提升了企业数字化转型潜力。据此,本章提出理论假说7-5:

理论假说7-5:云服务能够提升企业数字化转型潜力。

(二) 云服务与"转型负担"

数据逐渐成为生产过程中的重要资源,并且数据量呈现井喷式的增长(Sigh 等,2008)。[①] 然而,大部分企业的存储能力已经难以满足有效的数据存储需求,企业实现本地数据存储和管理的难度巨大。尽管云服务能够为企业和个人用户提供数据外包的解决方案,降低企业数据存储和管理压力,企业用户仍然需要支付低成本以购买这一服务,并且可以放松数据的地理限制。然而,云服务仍然存在数据安全等一些潜在风险问题。随着云服务升级的深化和数据量的快速扩张,企业需要投入较高的数字化转型咨询成本和管理成本以解决或规避相关问题,导致企业陷入了"不得不投、越投越多"的"信息成本陷阱"中。

云计算安全联盟(CSA)系统梳理了云计算的9种安全风险,包括数据泄露、数据丢失、数据劫持、不安全的接口、拒绝服务攻击、不怀好意的"临时工"、滥用云服务、贸然行事和共享隔离问题。这些安全风险的原因主要来自两方面:一是云服务器发生意外故障,导致数据丢失或服务中断;二是云服务提供商可信度的不确定性。具体来说,外部的恶意攻击、自然灾害和电力故

---

① Sigh, A. and Sharoes, L., "A Data Sharing Platform for Outsourced Enterprise Storage Environment", *Proceedings of the 24th International Conference on Data Engineering*, *IEEE Computer Society*, 2008, pp.993-1002.

障都可能会导致数据泄露或丢失。在这些外部冲击下，云服务提供商无法有效地保证数据的完整性和安全性。尽管有两种传统的方法来解决这一问题：一是用户在本地计算和存储数据的哈希值，然后将数据上传到云服务器（Atenieses 等，2007）①；二是用户随机选取多个密钥，分别使用每个密钥计算哈希值，然后将数据外包并在本地存储哈希值（Juels，2007）②。但这些方法仍然存在显著的问题。运用第一种解决方案时，要验证数据完整性，需要将数据全部下载到本地并重新计算哈希值，然而这种方法会消耗大量的带宽资源。第二种解决方案要求用户每次向服务商发送密钥，云服务商需要根据密钥计算哈希值并返回给用户，用户再将哈希值与本地储存进行比较完成数据验证。虽然第二种方法解决了带宽占用的问题，但每次需要进行大数据验证时，云服务器群都会受到较大的压力。因此，从供给端来看，云服务提供商需要投入较高的企业咨询成本，以优化算法、降低服务器群的压力，并提高服务效率，但这会带来非合意的产出和效率损失。从需求端来看，企业为了解决信息存储压力和云服务带来的安全隐患，提高服务使用效率，需要投入大量的数字化转型咨询费用，同样也会带来较高的非合意产出和效率损失。

数字化转型带来了数字化技术与生产、管理和经营过程的融合，推动了程序性业务解决方案的发展。企业对于数字化技术的需求也逐步提高（金帆、张雪，2018）③，从而激发了企业数字化技术创新潜力和应用新技术的动力。一方面，数字化技术的应用需要更高的人力资本投入。数据量的爆炸性增长使得企业需要进行合理的设计，以充分发挥每条数据的最大价值（Angel，2017）④。例如，云服务与数字化机床的结合将带来生产过程的变革，需要生产设备的升级和换代，以及对劳动力进行培训。数字化培训费用的上升为企

①　Ateniese，G.，Burns，R.，Curtmola，R.，et al.，"Provable Data Possession at Untrusted Stores"，*Proceedings of the 14th ACM SIGSAC Conference on Computer and Communications Security*，ACM，2007，pp.598-609.

②　Juels，B.，"Pors：Proofsofretrievabilityforlarge files"，Proceedings of the 14th ACM Conference on Computer and Communications Security，2007.

③　金帆、张雪：《从财务资本导向到智力资本导向：公司治理范式的演进研究》，《中国工业经济》2018 年第 1 期。

④　Angel，J.，"Towards an Energy Politics in-against-and-beyond the State：Berlin's Struggle for Energy Democracy"，*Antipode*，Vol.49，No.3，2017，pp.557-576.

业带来了效率损失。另一方面,随着市场整体数字化水平的提高,数字化人才的培养和行业间的流动在一定程度上降低了企业的数字化培训成本。但是,数字化人才与企业的业务的磨合、技能结构与企业的匹配问题仍然存在,这为企业带来了潜在的效率损失风险。据此,本章提出理论假说7-6:

理论假说7-6:云服务会增加企业数字化咨询成本、培训成本、硬件和软件投入成本,在一定程度上会给企业带来效率损失。

理论假说7-6a:企业生产过程的数字化程度和公有云普及程度是云服务升级作用的重要机制。

数字化转型对企业产生积极影响的事实已被广泛认可。例如,布林约尔松等(Brynjolfsson 等,2011)[1]的研究表明,数据驱动的生产方式相比于 ICT 技术应用于其他方面,能够提高约5%的生产效率。巴赫希等(Bakhshi 等,2014)[2]的研究发现,将用户数据纳入生产管理的企业的生产率更高。数字化转型能够通过优化和升级生产和管理流程来提高企业效率。云服务的出现推动了企业数字化生态圈的构建(Jacobides 等,2018;Adner,2017)[3][4]。具有异质性、互补性且无等级约束的生态圈拥有高效交流、可信合作、低进入壁垒和吸引新用户等特点(Hage 等,2012)[5]。云服务商和用户不断推动生态网络圈向外扩张,并借助云服务的优势缩短供需两端的距离(Wang 等,2013)[6]。供应商能够为用户提供个性化的产品和服务,实现差别化定价(Goldfarb 和 Tucker,2019)[7]。

---

[1] Brynjolfsson,E.,Hitt,L. M. and Kim,H. H.,"Strength in Numbers:How Does Data-driven Decision Making Affect Firm Performance?",*Working Paper at SSRN*,No.1819486,2011.

[2] Bakhshi,H.,Bravo,B. A. and Mateos,C. J.,"Inside the Datavores:Estimating the Effect of Data and Online Analytics on Firm Performance",*London:NESTA*,2014.

[3] Jacobides,M. G.,Cennamo,C. and Gawer,A.,"Towards a Theory of Ecosystems",*Strategic Management Journal*,Vol.39,No.8,2018,pp.2255-2276.

[4] Adner,R.,"Ecosystem as Structure:An Actionable Construct for Strategy",*Journal of Management*,Vol.43,No.1,2017,pp.39-58.

[5] Hagel,J.,Brown,J. S. and Kulasooriya,D.,*Performance Ecosystem:A Decision Framework to Take Performance to the Next Level*,Deloltte University Press,2012.

[6] Wang,W.,Niu,D.,Liang,B. and Li,D.,"Dynamic Cloud Resource Reservation via IaaS Cloud Brokerage",*IEEE Transactions on Parallel & Distributed Systems*,Vol.7,No.6,2013,p.1.

[7] Goldfarb,A. and Tucker,C.,"Digital Economics",*Journal of Economic Literature*,Vol.57,No.1,2019,pp.3-43.

在个性化定制服务中,产品价格对需求影响较小(Moon 等,2008)①。数字化转型还能够逐步提高企业的生产和创新能力,而云服务升级的优势需要一定时间才能逐步显现。这表明,云服务升级对于提高企业效率是一个长期动态过程,能够逐步提升企业效率,云服务升级对于非合意效率和合意效率都具有正向的边际效应,据此,本章提出理论假说7-7,并在图7-1描述了本书理论逻辑图。

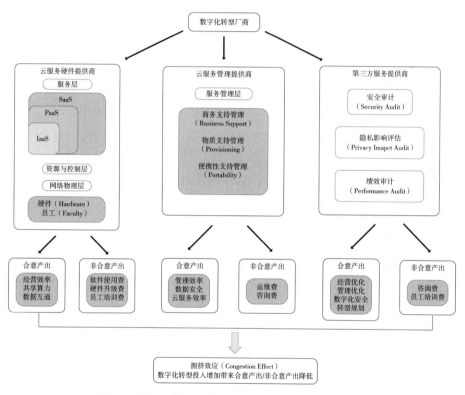

图7-1 基于云服务视角的数字化赋能研究理论逻辑图

理论假说7-7:云服务升级对企业产生收益和成本两方面的边际效应,对于生产效率的影响取决于企业所有权、所处行业等特征。

---

① Moon, J., Chadee, D. and Tikoo, S., "Culture, Product Type and Price Influences on Consumer Purchase Intention to Buy Personalized Products Online", *Journal of Business Research*, Vol.61, No.1, 2008, pp.31−39.

第二节　数据来源与变量测算

一、数据分析基础

本章仍使用我国第一个"两化"融合国家示范区内 1950 家工业企业连续 6 年(2015—2020 年)的跟踪调查数据。

本章的数据分析基于双产出模型和多产出模型,这些模型已经在先前的研究中得到了应用(Sueyoshi 和 Goto,2016;Sueyoshi 和 Yuan,2016;Zhang 等,2020)[1][2][3]。在双产出模型中,合意产出被定义为上一年的企业利润($profit\_1$),而非合意产出被定义为上一年数字化转型的总成本($digital\_cost$)。在多产出模型中,除了上述合意产出和非合意产出外,还考虑了上一年通过电子商务产生的销售额($esale\_1$)和采购额($ebuy\_1$)。非合意产出被定义为本年的数字化转型相关投资和预算的总额,包括信息化投资及预算总额($infinvb$)、软件投资及预算总额($softinvb$)、硬件投资及预算总额($hardinvb$)、信息化咨询费及预算总额($infinqb$)、信息化培训费及预算总额($infedub$)以及信息化运维费及预算总额($infopb$)。在这两个模型中,投入向量包括上一年的信息化投资($infinv\_1$)、软件投资($softinv\_1$)、硬件投资($hardinv\_1$)、信息化咨询费用($infinq\_1$)、信息化培训费用($infedu\_1$)和信息化运维费($infop\_1$)。

关于合意产出和非合意产出的研究主要有自由处置性和可控处置性两种假设。自由处置性假设体现了经济效益优先的原则,在此假设条件下,投入和非合意产出(或合意产出)的增减方向一致(相反),企业可以通过减少(或增

①　Sueyoshi,T.,Goto,M.,"Undesirable Congestion under Natural Disposability and Desirable Congestion under Managerial Disposability in U.S.Electric Power Industry Measured by DEA Environmental Assessment",*Energy Economics*,Vol.55,2016,pp.173-188.

②　Sueyoshi,T. and Yuan,Y.,"Returns to Damage under Undesirable Congestion and Damages to Return under Desirable Congestion Measured by DEA Environmental Assessment with Multiplier Restriction:Economic and Energy Planning for Social Sustainability in China",*Energy Economics*,Vol.56,2016,pp.288-309.

③　Zhang,Y.J.,Liu,J.Y. and Su,B.,"Carbon Congestion Effects in China's Industry:Evidence from Provincial and Sectoral Levels",*Energy Economics*,Vol.86,2020.

加)投入来减少非合意产出,并且增加合意产出,此时生产可能集合为:

$$P_{UC}^{N}(X) = \left\{ \begin{array}{l} (G,B) \mid G \leqslant \sum_{j=1}^{n} G_j \lambda_j, B = \sum_{j=1}^{n} B_j \lambda_j, X \geqslant X_J \lambda_J, \\ \sum_{J=1}^{n} \lambda_j = 1, \lambda_j \geqslant 0, j = (1,\ldots,n) \end{array} \right\} \quad (7\text{-}1)$$

可控处置性假设体现了技术效益优先的原则,在这一研究范式下,企业通过增加投入来增加期望产出,并通过增加数字化培训、数字化咨询、数字技术创新等方式减少非合意产出,此时生产可能集合为:

$$P_{DC}^{M}(X) = \left\{ \begin{array}{l} (G,B) \mid G = \sum_{j=1}^{n} G_j \lambda_j, B \geqslant \sum_{j=1}^{n} B_j \lambda_j, X \leqslant \sum_{j=1}^{n} X_j \lambda_j, \\ \sum_{j=1}^{n} \lambda_j = 1, \lambda_j \geqslant 0, j = (1,\ldots,n) \end{array} \right\} \quad (7\text{-}2)$$

可以看出,非合意产出在自由处置条件下是弱可处置的,合意产出在可控处置条件下是弱可处置的,合意产出的生产可能集合的拥挤效应反映出数字化转型的可持续性和数字化技术创新及"干中学"的可能性(Sueyoshi 和 Goto,2012)[①]。多产出模型和双产出模型测算逻辑基本一致,本章以多产出模型为例进行模型阐释。

二、非合意产出模型

参考张和郝(Zhang 和 Hao,2017)[②]、张等(Zhang 等,2020)[③]的研究,假设投入为 x,分别为企业上年信息化投资($infinv\_1$)、上年软件投资($softinv\_1$)、上年硬件投资($hardinv\_1$)、上年信息化咨询费用($infinq\_1$)、上年信息化培训费用($infedu\_1$)和上年信息化运维费($infop\_1$),非合意产出 b,包括本年信息

① Sueyoshi,T. and Goto,M.,"Weak and Strong Disposability vs. Natural and Managerial Disposability in DEA Environmental Assessment: Comparison Between Japanese Electric Power Industry and Manufacturing Industries",*Energy Economics*,Vol.34,No.3,2012,pp.686-699.

② Zhang,Y.J. and Hao,J.F.,"Carbon Emission Quota Allocation Among China's Industrial Sectors Based on the Equity and Efficiency Principles",*Annals of Operations Research*,Vol.255,No.1-2,2017,pp.117-140.

③ Zhang,Y.J.,Liu,J.Y. and Su,B.,"Carbon Congestion Effects in China's Industry: Evidence from Provincial and Sectoral Levels",*Energy Economics*,Vol.86,2020.

化投资及预算总额($infinvb$)、本年软件投资及预算总额($softinvb$)、本年硬件投资及预算总额($hardinvb$)、本年信息化咨询费及预算($infinqb$)、本年信息化培训费及预算总额($infedub$)、本年信息化运维费及预算总额($infopb$);合意产出g,包括企业上一年利润($profit\_1$)、上一年数字化销售额($esale\_1$)和上一年数字化采购额($ebuy\_1$),数据边界如下:

$$R_t^x = \{i \mid \max(x_{ij} \mid j = 1, \ldots, 1950) - \min(x_{ij} \mid j = 1, \ldots, 1950)\} \quad (7\text{-}3)$$

$$R_t^g = \{i \mid \max(g_{ij} \mid j = 1, \ldots, 1950) - \min(g_{ij} \mid j = 1, \ldots, 1950)\} \quad (7\text{-}4)$$

$$R_t^b = \{i \mid \max(b_{ij} \mid j = 1, \ldots, 1950) - \min(b_{ij} \mid j = 1, \ldots, 1950)\} \quad (7\text{-}5)$$

其中$i=6$,即投入向量中包含6个投入要素。

参考末吉等(Sueyoshi 等,2016)[1]的研究,设定非合意产出测算模型的 P 规划为:

$$\text{Max}\xi + \varepsilon_s \left(\sum_{i=1}^{3} R_i^x d_i^x + R^g d^g \right)$$

$$s.t. \sum_{j=1}^{1950} x_{ij} \lambda_j + d_i^x = x_{ik}, \quad i = 1, 2, 3$$

$$\sum_{j=1}^{1950} g_j \lambda_j - d^g - \xi g_k = g_k$$

$$\sum_{j=1}^{1950} b_j \lambda_j + \xi b_k = b_k$$

$$\sum_{j=1}^{1950} \lambda_j = 1 \quad (7\text{-}6)$$

$$1, \ldots, 1950)$$

$$\xi : free$$

$$d_i^x \geqslant 0 (i = 1, 2, 3)$$

$$d^g \geqslant 0$$

因此,对应的 D 规划为:

---

[1] Sueyoshi, T., Goto, M., "Undesirable Congestion under Natural Disposability and Desirable Congestion under Managerial Disposability in U.S. Electric Power Industry Measured by DEA Environmental Assessment", *Energy Economics*, Vol.55, 2016, pp.173-188.

$$\text{Min} \sum_{i=1}^{3} \nu_i x_{ik} - ug_i + wb_k + \delta$$

$$s.t \sum_{i=1}^{3} \nu_i x_{ij} - ug_j + wb_j + \delta \geqslant 0(j = 1,\ldots,1950)$$

$$ug_k + wb_k = 1$$

$$\nu_i \geqslant \varepsilon_s R_i^x (i = 1,2,3) \tag{7-7}$$

$$u \geqslant \varepsilon_s R^g$$

$$w:\text{free}$$

$$\delta:\text{free}$$

在唯一最优化假设的条件下,w 的最优化解 w^* 可以用以衡量非合意产出的拥挤效应(zhang 等,2020)[1],当 $w^* < 0$ 时,决策单元具有强非合意产出拥挤效应;当 $w^* = 0$ 时,决策单元具有弱非合意产出拥挤效应;当 $w^* > 0$ 时,决策单元不具有非合意产出拥挤效应。

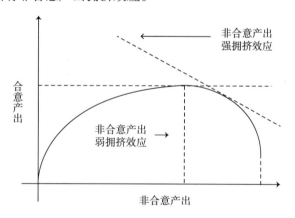

图 7-2　拥挤效应图示

自由处置条件下的技术效率可以定义为拥挤效应的函数:

$$TE(UD) = 1 - \left[\xi^* + \varepsilon_s \left(\sum_{i=1}^{3} R_i^g d_i^{x^*} + R^g d^{g^*}\right)\right]$$

---

① Zhang,Y.J.,Liu,J.Y. and Su,B.,"Carbon Congestion Effects in China's Industry:Evidence from Provincial and Sectoral Levels",*Energy Economics*,Vol.86,2020.

$$= 1 - \Big[\sum_{i=1}^{3} \nu_i^* x_{ik} - u^* g_k + w^* b_k + \delta^* \Big] \tag{7-8}$$

并且参考王和魏(Wang 和 Wei,2014)[1]、张等(zhang 等,2020)[2]的研究可以定义企业优化数字化转型潜力指标:

$$UDE = b_k \Big[\xi^* + \varepsilon_s \Big(\sum_{i=1}^{3} R_i^g d_i^{x*} + R^g d^{g*} \Big) \Big]$$

$$= b_k \Big[\sum_{i=1}^{3} \nu_i^* x_{ik} - u^* g_k + w^* b_k + \delta^* \Big] \tag{7-9}$$

三、合意产出模型

与非合意产出测算逻辑相似,合意产出测算模型 P 规划可以写为:

$$\text{Max} \xi + \varepsilon_s \Big(\sum_{i=1}^{3} R_i^x d_i^x + R^g d^b \Big)$$

$$s.t. \sum_{j=1}^{1950} x_{ij} \lambda_j - d_i^x = x_{ik} \quad i = 1,2,3$$

$$\sum_{j=1}^{1950} g_j \lambda_j - \xi g_k = g_k$$

$$\sum_{j=1}^{1950} b_j \lambda_j + d^b + \xi b_k = b_k \tag{7-10}$$

$$\sum_{j=1}^{1950} \lambda_j = 1$$

$$\lambda_j \geqslant 0 (j = 1,\dots,1950)$$

$$\xi : \text{free}$$

$$d_i^x \geqslant 0 (i = 1,2,3)$$

$$d^b \geqslant 0$$

① Wang,K. and Wei,Y.M.,"China's Regional Industrial Energy Efficiency and Carbon Emissions Abatement Costs",*Applied Energy*,Vol.130,2014,pp.617-631.

② Zhang,Y.J.,Liu,J.Y. and Su,B.,"Carbon Congestion Effects in China's Industry:Evidence from Provincial and Sectoral Levels",*Energy Economics*,Vol.86,2020.

对应的 D 规划为:

$$\text{Min} \sum_{i=1}^{3} - \nu_i x_{ik} - ug_i + wb_k + \delta$$

$$s.t \sum_{i=1}^{3} - \nu_i x_{ij} - ug_j + wb_j + \delta \geqslant 0 (j = 1, \dots, 1950)$$

$$ug_k + wb_k = 1$$

$$\nu_i \geqslant \varepsilon_s R_i^x (i = 1, 2, 3) \tag{7-11}$$

$$u : \text{free}$$

$$w \geqslant \varepsilon_s R_i^b$$

$$\delta : \text{free}$$

与非合意技术效率测算逻辑相似,u 可以描述合意生产的拥挤效应,并且可以定义合意技术效率为:

$$TE(D) = 1 - \left[\xi^* + \varepsilon_s \left(\sum_{i=1}^{3} R_i^g d_i^{x^*} + R^g d^{b^*} \right) \right]$$

$$= 1 - \left[\sum_{i=1}^{3} - \nu_i^* x_{ik} - u^* g_k + w^* b_k + \delta^* \right] \tag{7-12}$$

四、描述性统计

图 7-3 展示了非合意产出模型中,各非合意产出拥挤效应各年度分布图。柱状图分别表示拥挤效应、弱拥挤效应和无拥挤效应的企业个数。其中,Congestion Effect_INFO 代表信息化咨询费用带来的拥挤效应,Congestion Effect_Software 代表软件投资带来的拥挤效应,Congestion Effect_Hardware 代表硬件投资带来的拥挤效应,Congestion Effect_Advisory 代表信息化咨询费用带来的拥挤效应,Congestion Effect_Education 代表信息化培训费用带来的拥挤效应,Congestion Effect_FOP 代表运维费带来的拥挤效应。

数字化转型并非一蹴而就的过程,企业的生产模式、管理架构和信息化水平等基础特征对数字化转型的进程具有重大影响。数字化转型在经历"阵痛期"后,能够在现有水平上发挥作用。随着转型进程的持续深化,信息化水平也应当随之提高,以适应更高水平的数字化模式。因此,在 6 年内,信息化投资带来的拥挤效应逐年递增。大部分企业表现出弱拥挤效应的特征。与此同时,软件投入和硬件投入的拥挤效应在 2017 年之后均呈现上升趋势。

值得注意的是,由于咨询成本带来拥挤效应的厂商个数在 2017 年后呈现显著的增长。主要原因是数字化转型进程的逐步推进,信息安全、隐私安全和绩效评定的重要性日益显现,数字化厂商有增加投资的激励。然而,这类咨询服务无法在短期内为企业带来盈利能力的提升。审计公司、咨询公司和其他提供咨询服务的机构主要为企业提供各类经营管理问题的解决方案,长期逐步优化企业经营管理结构。

调查样本中,近 1000 家企业在 2014 年前就进行了数字化转型。企业员工在"干中学"和"学中干"过程中,逐步降低了数字化转型的后期成本。例如,企业中的"师徒制"培训模式,极大地降低了数字化培训成本。随着数字

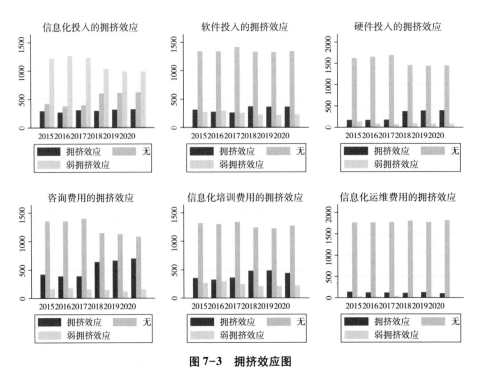

图 7-3　拥挤效应图

技术的深入应用,企业已经能够探索出数字技术与企业自身特征相互融合的有效路径,进一步降低了数字化转型的培训成本。然而,随着数字化转型的深入发展,尤其是更为先进的数字化模式应用后,例如人工智能、云服务、智慧工厂等,已有的经验无法提供有效的业务支持。因此,员工培训成本的上升带来了拥挤效应的逐步增加。

表7-2对主要被解释变量、解释变量、控制变量和调节变量进行了描述性统计。第一列列出了变量的中文名称,第二列则为其对应的英文缩写。合意产出(Desirable output)指上一年度企业利润(Profit_1),非合意产出(Undesirable output)则指上一年度信息化培训费用(Infedu_1)。同时,我们测算了在考虑合意和非合意产出的情况下,双产出合意技术效率(Non-desirable technical efficiency)的数值。在这里,合意产出效率(Desirable efficiency)指在考虑企业利润和信息化培训费用的情况下,企业的合意效率;非合意产出效率(Non-desirable efficiency)则指在考虑企业利润和信息化培训费用的情况下,企业的非合意效率。数值越大表示企业的产出效率越高,反之则越低。初步的结果表明,在数字化转型方面,并非所有企业都能受益,而且企业的效率在长期内可能会逐步提高,这可能是由于规模效应和学习效应的作用。这也表明企业在数字化转型方面具有潜在的转型能力。

表7-2　描述性统计

变量	变量名	观测值	最小值	最大值
被解释变量				
双产出合意技术效率	DET	9643	-1	0.0001501
双产出非合意技术效率	UDET	9643	-0.00157	1
多产出合意技术效率	DEM	9643	-1.139409	0.0421008
多产出非合意技术效率	UDEM	9643	$-1.13e-08$	0.022284
解释变量				
是否进行云服务升级	Cloud	9643	0	1
控制变量(元)				
本年数字化投入	infinvb	9643	0	7500000

续表

变量	变量名	观测值	最小值	最大值
本年软件投入	softinvb	9643	0	1509780
本年信息化运维费	infopb	9643	0	550000
公司规模	reg	9643	0	1.50E+09

企业数字化转型存在"阵痛期"（刘淑春等，2021）[1]，在企业数字化转型前期无法有效发挥优势，且由于学习成本、应用成本和相关服务成本的增加，可能对企业技术效率产生向下拉动的作用，尤其是在考虑非合意产出的情况下。然而，随着时间的推进，数字化转型的合意投资效率逐步上升。此外，从表7-2中可以看出，部分企业具有较高的合意技术效率。这可能是由于数字技术的异质性和企业特征的动态匹配机制所导致的。因此，选择适合企业发展要求和企业特征的数字化转型项目是推动企业提升绩效的重要一环。

数字化转型具有范围经济的优势，随着数字化程度的提高，该优势逐渐显现。数字化转型可以促进有序、高效和可控的产业链、供应链和价值链体系的形成。在行业内，数字技术具有一定的同质性，例如用友等会计软件，其程序逻辑和操作步骤差异不大。引入专业技术人才可以有效提升企业数字技术在生产、管理和销售等过程中的应用，提高数字技术与企业日常经营过程的融合效率，进一步降低数字化转型所带来的非合意产出。一方面，作为新型的数字化技术，云服务是深化数字化改革、构建云生态、推动企业"业态转型"的基石，可以有效提高企业的生产、经营和管理效率，助力企业构建开放、动态和协同的数据网络，建立数据生产和变现的价值网络。另一方面，云服务升级将带来较高的转型成本，包括软硬件设备升级、技术体系深化改造、人员培训、企业咨询和云服务平台使用成本。因此，在数字化转型过程中，中小企业面临"是否应该转型""不敢转型"和"不会转型"的问题尤为突出，这也是本章的现实出发点，也是需要解决的重点问题之一。

---

① 刘淑春、闫津臣、张思雪、林汉川：《企业管理数字化变革能提升投入产出效率吗》，《管理世界》2021年第5期。

五、计量模型设计

本章旨在探讨云服务升级是否能推动企业合意产出的增长,实现云生态对企业的赋能,以及云服务升级是否会给企业带来生产、经营和管理的压力,使企业陷入"信息诅咒"。根据数据结构,在基准回归中,本章选用面板最小二乘法进行估计,被解释变量分别选用了本年信息化咨询费用及预算(infinqb)和上年数字化销售额(esale_1),解释变量分别用本年是否有使用云服务升级(cloud)和上年是否进行了云服务升级(cloud)用以捕捉云服务升级对本年度费用(成本负担)和数字化销售能力(经营能力)的相关性。但是对于企业的某一财务指标进行回归,无法从整体上评价云服务对合意产出和非合意产出的效率影响,因此,在基准回归中,本研究也选取了双变量模型测算所得的合意产出效率和非合意产出效率作为被解释变量,解释变量选取是否进行了云服务升级,基本回归方程如下:

$$y_{it} = \alpha_0 + \beta_1 x_{it} + control_{it} + \eta + \gamma + \varepsilon_{it} \qquad (7-13)$$

其中,y 代表被解释变量,x 代表解释变量,$control$ 代表控制变量,后三项分别为行业固定效应、年份固定效应和误差项。为了克服内生性,本研究选取本年是否有 SCM 项目升级计划作为工具变量,选取工具变量的原因在于:一是 SCM 计划主要针对供应链的转型升级,是云服务升级的重要基础之一,且云服务升级也是提升供应链效率的重要手段之一,因此本年是否有 SCM 项目升级计划与云服务升级是密切相关的,满足 $cov(x,Z) \neq 0$;二是本年是否有 SCM 项目升级计划对以往年度的销售额、采购额和效率值是没有影响的,满足 $cov(y,Z) = 0$。

六、窗口分析法

由于从上文计算得出的技术效率 TE(D) 和 TE(UD) 在横截面间不具有可比性(Zhang,2020)[1],参考末吉和王(Sueyoshi 和 Wang,2018)[2]的研究,本

①　Zhang, C., "Clans, Entrepreneurship, and Development of the Private Sector in China", *Journal of Comparative Economics*, Vol.48, No.1, 2020, pp.100−123.

②　Sueyoshi, T. and Wang, D., "DEA Environmental Assessment on US Petroleum Industry: Non−radial Approach with Translation Invariance in Time Horizon", *Energy Economics*, Vol.72, 2018, pp.276−289.

研究使用窗口分析法构建实现时序上的动态可比性。在各区间中决策单元（DMU）为 1547 个，设定窗口宽度 T=2，构建面板数据进行分析。

第三节 实证检验

基于上文理论分析和计量模型设计，本部分通过基准回归、内生性检验、异质性检验和稳健性分析，对理论假说进行实证检验。

一、基准回归

根据实验设计和计量式(7-13)，本书首先针对云服务和转型红利进行实证分析，基准回归采用最小二乘法进行回归分析，并根据公司聚类进行分类分析。模型(1)报告了 $t-1$ 期企业云服务应用状况（L.cloud）对 t 期末企业利润的回归结果，回归系数为正，但是并不显著。云服务是否能提升企业盈利能力受多种因素的影响。本质上，云服务是根据厂商现阶段生产经营状况提出的针对性解决方案（sharma 和 Vatta，2013）[1]。一方面，企业需要通过适应新技术进行生产经营调整与磨合，实现绩效上升需要时间。另一方面，云服务为企业带来的数字化能力和积累的数据资源实现价值变现，需要企业具备将数据资源转化为数据资产的能力（Bharadwaj 等，2013）[2]。然而，这是许多数字化企业严重缺失的重要环节。

在众多云服务升级案例研究中，企业通过采用基础设施即服务（IaaS）、平台即服务（PaaS）和其他云服务平台，有效地提升了数字化销售额（Zhang 和 Ravishankar，2019）[3]。然而，云服务和云平台具有公共品属性，各类企业都能

① Sharma, A. and Vatta, S., "Cloud Computing: Taxonomy and Architecture", *International Journal of Advanced Research in Computer Science and Software Engineering*, Vol.3, No.5, 2013, pp.1410-1417.

② Bharadwaj, A., El Sawy, O., Pavlou, P. and Venkatraman, N., "Digital Business Strategy: Toward a Next Generation of Insights", *MIS Quarterly*, Vol.37, No.2, 2013, pp.471-482.

③ Zhang G., Ravishankar M.N., "Exploring Vendor Capabilities in the Cloud Environment: A Case Study of Alibaba Cloud Computing", *Information & Management*, Vol.56, No.3, 2019, pp.343-355.

通过数字平台扩展业务(谢富胜等,2021;李三希等,2022)①②。随着更多厂商加入市场,竞争日益激烈,率先进行云服务升级的企业是否能够保持销售能力和市场份额的优势地位,取决于品牌效应、客户忠诚度、产品质量、可替代性等多种因素。因此,"理性"的决策者会适当调低云服务对销售额的预期。模型(2)和模型(4)分别以上期末的数字化销售额和当期数字化预期销售额作为因变量进行回归分析,回归结果验证了上述分析。

　　然而从采购端的角度来看,云服务在降低上下游企业之间的搜寻成本和沟通成本方面发挥了重要作用(Wang等,2013)③,有助于推动企业数字化采购额的增长。从长期发展的角度来看,深化云服务转型对于实现供应链升级和产业布局重构具有重要的战略意义。因此,采购端对于云服务的依赖性和黏性较高,云服务对于数字化采购额及其预期具有积极的推动作用。基于以上分析,我们构建了模型(3)和模型(5),分别以上期末数字化采购额和当期数字化预期采购额为被解释变量进行回归分析。结果显示,回归系数均为正且显著。尤其是,云服务对于数字化预期采购额的回归系数约为数字化采购额的3倍。初步验证了理论假说7-3和理论假说7-4。

表7-3　云服务升级与合意产出

	(1) profit_1	(2) ebsale_1	(3) ebuy_1	(4) febsale	(5) febuy
L.cloud	93124.4	14540.0**	13821.2***		
	(1.2e+05)	(6169.109)	(3610.308)		
cloud				32837.3	32496.9**
				(2.8e+04)	(1.6e+04)
reg	0.0405***	−0.0000655	−0.0000716**	−0.0000213	−0.0000121
	(0.001)	(0.000)	(0.000)	(0.000)	(0.000)

　　①　谢富胜、匡晓璐、李直:《发展中国家金融化与中国的抵御探索》,《经济理论与经济管理》2021年第8期。

　　②　李三希、张明圣、陈煜:《中国平台经济反垄断:进展与展望》,《改革》2022年第6期。

　　③　Wang,W.,D.Niu,B.Liang and D.Li,"Dynamic Cloud Resource Reservation via IaaS Cloud Brokerage",*IEEE Transactions on Parallel & Distributed Systems*,Vol.7,No.06,2013,p.1.

续表

	（1） profit_1	（2） ebsale_1	（3） ebuy_1	（4） febsale	（5） febuy
dequ	2.773	25.75 ***	4.504 ***	33.82 ***	2.663 **
	（7.242）	（0.766）	（0.583）	（1.999）	（1.118）
_cons	−80891	24616.5 ***	20859.2 ***	21111.7	1234.8
	（1.0e+05）	（6728.367）	（5065.331）	（2.4e+04）	（1.4e+04）
N	7877	7877	7877	11575	11575
时间固定 效应	控制	控制	控制	控制	控制

注：***p<0.01，**p<0.05，* p<0.1，括号中为标准误

本章对云服务和数字化转型负担进行了实证分析。采用回归分析方法，将云服务升级与当期各项数字化转型成本投入及预算额进行了对比，根据企业聚类的方法，得出表7-4中的回归结果。结果表明，云服务升级对各项成本都有显著的推动作用，其中对信息化投资额的推动力度最大，而信息化培训费用的推动力度最低。需要注意的是，在数字化转型的深化过程中，由信息化培训费用带来的拥挤效应的企业数量上涨速度最快，而承受软硬件投资带来的拥挤效应的企业数量变化最小。然而，数字化转型和云服务转型是一个系统的、整体的、动态调整的过程，因此，单从某一项成本去探寻云服务升级带来的转型负担，或从某一项收益去论证云服务升级为企业的赋能作用，都是以管窥豹。决策者在考虑数字化投入时，需要综合考虑投入产出向量构建的效率指标和非合意产出的变化比例等多重因素，以更加全面和准确地反映出转型成效，初步验证了理论假说7-5。

表7-4 云服务升级与非合意产出

	（1） infinvb	（2） softinvb	（3） hardinvb	（4） infinqb	（5） infedub	（6） infopb
cloud	1202.3 *	784.6 *	318.2 **	104.3 **	27.81 *	120.1 *
	（629.591）	（470.826）	（149.152）	（49.873）	（16.104）	（70.527）
reg	−0.000237 *	−0.000163 *	−0.0000514 *	−0.0000258 *	−0.00000515 *	−0.0000323 *
	（0.000）	（0.000）	（0.000）	（0.000）	（0.000）	（0.000）

续表

	（1） infinvb	（2） softinvb	（3） hardinvb	（4） infinqb	（5） infedub	（6） infopb
dequ	0.182	0.117	0.0487	0.0128	0.00674	0.0152
	(0.122)	(0.084)	(0.032)	(0.011)	(0.005)	(0.013)
*sale_*1	−0.000198	−0.000136	−0.0000431	−0.0000215	−4.29E−06	−0.0000289
	(0.000)	(0.000)	(0.000)	(0.000)	(0.000)	(0.000)
*profit_*1	0.00668**	0.00460**	0.00145**	0.000726**	0.000145**	0.000967**
	(0.003)	(0.002)	(0.001)	(0.000)	(0.000)	(0.000)
_cons	1971.2***	606.7*	770.4***	112.7***	93.44***	1190.8
	(424.270)	(315.314)	(96.859)	(34.862)	(14.748)	(735.035)
N	11575	11575	11575	11575	11575	11575
时间固定 效应	控制	控制	控制	控制	控制	控制

注：***$p<0.01$，**$p<0.05$，*$p<0.1$，括号中为标准误。

根据前文所述的测算结果，本章采用考虑到非合意产出拥挤效应的技术效率作为被解释变量，使用滚动窗口和面板 Tobit 模型进行回归分析。表7-5 模型（1）和模型（2）单独考虑云升级使用与否作为因变量进行回归，结果表明云服务升级能够在一定程度上帮助企业克服拥挤效应，提升技术效率。云服务作为个性化定制的解决方案，需要结合企业生产、管理、经营等各方面服务，因此在设计时应考虑企业规模和数字化生产基础，并在转型过程中动态调整，充分利用云服务的优势积累数据。为了发挥数据的最大价值，企业需要进行合理的设计（Angel，2017）。[①] 因此，模型（3）和模型（4）在回归中分别控制了企业规模、数字化销售预期和数字化车床数，结果仍然呈显著正向关系。在模型（5）和模型（6）中进一步加入年份虚拟变量以控制时间固定效应，使用 Tobit 模型进行估计，回归结果仍然支持云服务升级对企业技术效率的提升这一结论，初步验证了理论假说 7-1 和理论假说7-2。

---

① Angel，J.，"Towards an Energy Politics in-against-and-beyond the State：Berlin's Struggle for Energy Democracy"，*Antipode*，Vol.49，No.3，2017，pp.557-576.

表 7-5　窗口分析法——技术效率（非合意产出拥挤效应）

	（1）Panel-Tobit single-TE（UD）	（2）Panel-Tobit multi-TE（UD）	（3）Panel-Tobit single-TE（UD）	（4）Panel-Tobit multi-TE（UD）	（5）Panel-Tobit single-TE（UD）	（6）Panel-Tobit multi-TE（UD）
cloud	2.201**	1.840*	2.199**	1.835*	1.925*	1.801*
	(0.944)	(0.971)	(0.944)	(0.972)	(0.986)	(0.953)
reg			1.10E-09	1.09E-09	1.22E-09	1.29E-09
			(0.000)	(0.000)	(0.000)	(0.000)
febsale			4.02E-07	6.74E-07	4.18E-07	8.43E-07
			(0.000)	(0.000)	(0.000)	(0.000)
dequ			0.00000203	-2.74E-06	0.00000107	-0.000008
			(0.000)	(0.000)	(0.000)	(0.000)
_cons	-2.451***	-2.379***	-2.474***	-2.411***	-1.716	-2.392**
	(0.843)	(0.870)	(0.846)	(0.874)	(1.057)	(1.084)
sigma_u	15.27***	16.32***	15.27***	16.32***	15.27***	
	(0.438)	(0.451)	(0.438)	(0.451)	(0.438)	
sigma_e	30.59***	31.14***	30.59***	31.14***	30.58***	
	(0.274)	(0.280)	(0.274)	(0.280)	(0.274)	
N	7877	7877	7877	7877	7877	7877
时间固定效应	未控制	未控制	未控制	未控制	控制	控制

注：***$p<0.01$，**$p<0.05$，*$p<0.1$，括号中为标准误。

二、异质性分析

（一）国有企业与非国有企业

率先进行数字化转型的企业，尤其是国有企业，在云服务升级方面具有明显的先行优势，并且能够承担较高的技术创新、软硬件更新成本。这些企业能够快速占据市场份额。在数字化转型前，国有企业大多是重资本、大规模、劳动密集型企业。21世纪初进行的数字化转型主要针对数字化管理和数字化生产的基础转型。国有企业在资金、技术、规模等多方面相较于其他产业具有比较优势。并且国有企业大多位于供应链上游,对于消费者的调研需求较小,可以集中资金进行生产、经营和管理的数字化转型。这些企业能够更快地突破数字化转型的"阵痛期",获得数字化转型红利。国有企业能够借助新技术提升自身盈利能力。

然而,过度投资常常会带来国有企业的效率损失(刘瑞明、石磊,2010;吴延兵,2012)。[1][2] 在数字中国建设的进程中,国有企业需要承担较高的基础设施建设和研发任务,并且其经营目标通常需要为非经济目标的实现服务(黄速建、余菁,2006)。[3] 此外,受制于国有企业特殊的股权结构和管理架构,云服务并不一定会显著提升国有企业的技术效率,甚至可能对其产生效率损失。表7-6 的回归结果也证明了这一问题:当企业的合意产出为利润时,云服务升级能够提升国有企业的技术效率;但在多合意产出模型测算框架下,云服务升级对于国有企业技术效率的推动作用则不再显著。

对于非国有企业而言,在没有充足的资金链和技术储备的情况下,它们常常是因为市场生存压力而不得不进行数字化转型。值得注意的是,在中国特色社会主义市场经济中,非国有企业占据了90%以上的份额。在持续深化改革和构建数字中国的进程中,探索非公有制经济,尤其是民营企业是否能在云服务升级中实现盈利,从而为企业发展赋能,并增强整体市场经济活力,是最紧迫和最重要的问题之一。

回归结果表明,在单合意产出模型和多合意产出模型中,云服务升级均显著提升了非国有企业的技术效率。主要原因在于两个方面:一是云服务技术研发和相关基础设施具有一定的公共品性质,例如公有云、公开数据库、云服务基础设施等。非国有企业能够通过"搭便车"快速实现效率提升。二是相较于国有企业,非国有企业市场竞争性更强,管理架构、生产经营模式更为先进,弹性更高,适应性更强。因此,云服务在非国有企业中对于技术效率的提升作用更为明显。

值得一提的是,非国有企业在进行数字化转型时也会面临到一些困难。

---

① 刘瑞明、石磊:《国有企业的双重效率损失与经济增长》,《经济研究》2010 年第 1 期。

② 吴延兵:《国有企业双重效率损失研究》,《经济研究》2012 年第 3 期。

③ 黄速建、余菁:《国有企业的性质,目标与社会责任》,《中国工业经济》2006 年第 2 期。

例如,它们可能会因为缺乏资金和技术储备而面临转型困难。同时,云服务升级的成本也可能会对非国有企业造成一定的压力。因此,在数字化转型的过程中,非国有企业需要认真评估自身的能力和资源,合理规划数字化转型战略,从而更好地实现技术效率提升和盈利增长。

表 7-6　云服务升级对企业效率影响的所有制异质性

	（1） 国有企业	（2） 非国有企业	（3） 国有企业	（4） 非国有企业
单合意产出技术效率				
cloud	0.180**	4.084***	0.180**	4.072***
	(0.081)	(1.579)	(0.081)	(1.579)
reg			1.77E-10	2.16E-09
			(0.000)	(0.000)
febsale			3.33E-08	9.34E-07
			(0.000)	(0.000)
dequ			3.91E-07	0.000323
			(0.000)	(0.001)
_cons	−0.571***	−4.282***	−0.574***	−4.425***
	(0.212)	(1.354)	(0.212)	(1.374)
多合意产出技术效率				
cloud	0.267	2.822*	0.266	2.806*
	(0.259)	(1.681)	(0.259)	(1.681)
reg			4.27E-10	1.87E-09
			(0.000)	(0.000)
febsale			0.00000023	0.00000106
			(0.000)	(0.000)
dequ			0.00000207	0.000249
		(0.000)	(0.001)	
_cons	−0.923***	−3.384**	−0.939***	−3.499**
N	3478	4399	3478	4399

注:***p<0.01,**p<0.05,*p<0.1,括号中为标准误。

（二）行业异质性

根据企业所属行业的关键词,本章将样本划分为制造业、制品业、加工业和其他产业四类产业。在数字化统计上,其他产业中包括多元化集团(从事三种行业以上的集团公司)、金融业和其他服务业等,因此可能存在一定偏差。本章的研究目的在于探讨如何通过云服务升级来赋能企业,特别是实体经济的赋能。因此,本章在此处仅针对制造业、制品业和加工业进行分组回归。分析结果表明,云服务升级对于制造业和加工业的技术效率提高均产生了积极的作用。然而,对于制品业,回归系数不显著且为负,说明云服务升级在大部分制品业样本中,给企业带来了较高的转型负担。

从回归系数大小看,云服务升级对加工业的作用要远远高于制造业。这可能是由于以下几个方面造成的:首先,相对于制造业和制品业,加工业企业规模相对较小,在云服务升级过程中,具有更多的"搭便车"决策倾向,能够减少大量沉没成本;其次,加工业的生产制作过程需要依托上下游产业链上各个企业的生产协作,云服务为构建整体性强、效率高的生产网络提供了技术支持和平台支持,企业通过云服务升级,构建云生态和开放协同的数据价值网络,能够有效地降低中下游企业的市场调研成本、搜寻成本和销售成本;最后,部分加工类企业直接对接市场,云服务带来的大数据资源为企业提供了准确分析和预测市场需求的可能性。依托机器学习、深度学习等技术支持,能够大幅提高企业生产经营决策的准确性。

制品业包括化学原料及化学制品业、橡胶制品业、皮革、毛衣、羽毛(绒)制造业及其制品业、造纸及纸制品业、非金属矿物制品业等行业。这些企业主要从事轻工业生产和原材料的加工,采用劳动密集型生产模式。由于这些企业的盈利能力与原材料价格和劳动力成本密切相关,因此大部分企业通过电商平台,如阿里巴巴(外贸平台)、淘宝、京东、拼多多等实现了与市场目标客户群的对接。因此,这类企业"上云"的作用并不明显,且可能给企业带来较高的转型成本,从而降低企业的技术效率。

表7-7　分行业回归

	（1）	（2）	（3）	（4）	（5）	（6）
	single-TE（UD）			multi-TE（UD）		
	制造业	制品业	加工业	制造业	制品业	加工业
cloud	0.253***	−0.861	30.01**	0.255***	−0.695	27.85*
	（0.094）	（1.332）	（14.656）	（0.094）	（1.334）	（14.692）
reg	3.76E−10	2.81E−09	1.16E−08	3.73E−10	2.49E−09	2.29E−09
	（0.000）	（0.000）	（0.000）	（0.000）	（0.000）	（0.000）
febsale	7.90E−08	4.79E−07	0.00000518	8.38E−08	4.08E−07	0.00000369
	（0.000）	（0.000）	（0.000）	（0.000）	（0.000）	（0.000）
dequ	−2.61E−06	0.000117	−0.0000603	−2.43E−06	0.000099	−0.0000273
	（0.000）	（0.000）	（0.001）	（0.000）	（0.000）	（0.001）
_cons	−0.779***	−1.93	−24.22	−0.781***	−2.004	−30.06**
	（0.158）	（1.441）	（16.105）	（0.155）	（1.456）	（12.924）
N	4062	1567	479	4062	1567	479
时间固定效应	控制	控制	控制	控制	控制	控制

注：***$p<0.01$，**$p<0.05$，*$p<0.1$，括号中为标准误。

三、边际效应分析

上文的分析分别找到云服务升级对企业效率影响的所有制异质性和产业异质性，但是仍然无法回答云服务升级在什么类型的企业的推动作用更高这一问题。因此，本章构建行业虚拟变量和所有制虚拟变量，表7-8报告了具体行业分布情况。

表7-8　行业分布情况

行业	Freq.	Percent	Cum.
专用设备制造业	600	6.22	6.22
交通运输设备制造业	693	7.19	13.41
仪器仪表及文化、办公用机械制造业	165	1.71	15.12

续表

行业	Freq.	Percent	Cum.
农副食品加工业	238	2.47	17.59
化学原料及化学制品业	623	6.46	24.05
化学纤维制造业	127	1.32	25.37
医药制造业	351	3.64	29.01
印刷业和记录媒介的复制	78	0.81	29.81
塑料制品业	343	3.56	33.37
多元化集团	192	1.99	35.36
家具制造业	166	1.72	37.08
工艺品及其他制造业	224	2.32	39.41
废弃资源和废旧材料回收加工业	16	0.17	39.57
建筑业	110	1.14	40.71
批发和零售业	27	0.28	40.99
文教体育用品制造业	147	1.52	42.52
有色金属冶炼及压延加工业	181	1.88	44.39
木材加工及木、竹、藤、棕、草制造业	227	2.35	46.75
橡胶制品业	132	1.37	48.12
水的生产和供应业	9	0.09	48.21
烟草制造业	5	0.05	48.26
燃气生产和供应业	10	0.1	48.37
物流、仓储和邮政业	9	0.09	48.46
电力、热力的生产和供应业	118	1.22	49.68
电气机械及器材制造业	795	8.24	57.93
皮革、毛衣、羽毛(绒)制造业及其制品业	76	0.79	58.72
石油加工、炼焦及核燃料加工业	24	0.25	58.97
纺织业	498	5.16	64.13
纺织服装、鞋、帽制造业	342	3.55	67.68
通信设备、计算机及其他电子设备制造业	577	5.98	73.66
通用设备制造业	1,065	11.04	84.7
造纸及纸制品业	232	2.41	87.11
金属制品业	588	6.1	93.21
金融业	6	0.06	93.27

续表

行业	Freq.	Percent	Cum.
非金属矿物制品业	158	1.64	94.91
食品制造业	245	2.54	97.45
饮料制造业	65	0.67	98.12
黑色金属冶炼及压延加工业	181	1.88	100
Total	9,643	100	

本章根据企业所属具体行业、企业所属产业和企业所有制结构构建虚拟变量,以考虑多产出非合意产出的技术效率,分别建立计量模型,对具体行业、所有制、云服务与行业交互项、云服务与所有制交互项进行了边际效应分析。

首先,本章在基准回归中加入行业虚拟变量,对各虚拟变量进行边际效应分析,图7-4中第一幅图汇报了回归结果。横轴0—40分别对应表7-8的行业顺序。在投影到云服务的作用后,农产品加工业对技术效率产生了显著的负向作用,并且大多数行业都产生了负向的边际效应,在数字化转型过程中,数字化投入会给企业带来非合意产出的快速增长,但是对于合意产出,尤其是企业利润的增长是个长期的过程,成本和收益两方面的"较力"会对技术效率带来一定程度上的损失,尤其是在考虑到拥挤效应后,在部分行业效率的边际损失会更加显著。

其次,第二幅图和第三幅图分别报告了加入所有制结构(国有企业、私营企业和外资企业)和产业结构(制造业、制品业、加工业和其他)虚拟变量的边际效应分析结果。与基准结果对比,在剔除掉云服务的作用后,私营企业和加工业会产生更大的数字化转型边际效率损失,意味着在这些行业中具有更高的拥挤效应。第四幅图在基准回归加入了所有制结构和产业结构的交互项,结合首行三幅图可以发现,私营加工业企业会有更多的边际效率损失,而外资企业各类行业边际效应较为均衡,主要的原因来自两点:一是外资企业数字化程度较高,已度过了基础业务和延伸业务阶段的数字化转型福利期;二是随着数字化转型进程的深化,数字化新型技术和业态转变的是企业转型升级规划的主要目标,外资企业依托较高的生产经营管理基础和较为丰富的技术储备,此时各类行业并不会表现出十分显著的差异性,因此表现出较为均衡的边际效应。值得注意的是,加工业企业中,外资企业的边际效率显著高于国有企业和民营企业:一是相较于民营企业,外资企业具有较为雄厚的资本规模,更为开阔的融资渠道,因而更易推动企业数字化转型,取得先行优势;二是外资企业具有较为丰富的数字化转型经验、先进的管理架构和雄厚的技术储备,能够更好地推动数字化转型;三是相较于国有企业,外资企业不用承担较高的社会责任,因此外资企业能够凭借资本优势、先行优势、技术优势等降低数字化转型的非合意产出,这与前文分析一致,结合第四幅图可以发现,在云服务升级进程中,外资企业能够更好地运用云服务的优势降低数字化非合意产出,这一实践经验,是国有企业和民营企业在深化数字化转型,实行云服务升级,构建云生态,推动业态转型进程中的重要参考。

最后,第五幅图和第六幅图分别构建云服务升级虚拟变量($Cloud$)和产业分类虚拟变量($Domain$)、云服务升级虚拟变量($Cloud$)和所有权结构($Property$)的交互项,对于各类产业和所有权结构下,云服务升级的边际效应进行分析。其中,在加工业中云服务升级对企业技术效率具有显著推动作用,制造业和其他产业边际效应为正,但是相对较小,而制品业,云服务升级的边际效应为负,主要原因来自两方面:一是制造业是作为中上游企业,对于云服务的需求相较于其他产业较低;二是制造业企业规模较大,云服务升级需要投入大量的转型成本,推动非合意产出的增加,但是在制造业、加工业和其他产业中,云服务升级的边际效应显著为正,意味着在这些行业中云服务升级能够抑制数字化转型带来的非合意产出增长。结合第一幅关于具体行业的边际效应图,可以发现对非合意产出效率拉动作用最明显的三个是电力、热力的生产和供应业、燃气生产和供应业以及黑色金属冶炼及压延加工业,均属于其他产业的范畴,这类产业大多为国有企业,资产规模较大,生产的产品具有很强的公共品特征,数字化转型无法在财务数据上帮助这类企业降低其非合意产出效率。但是数字化转型却能够赋能企业更好地提供社会公共品,推动社会整体福利水平提升,受限于测算方法和数据,本研究无法有效地衡量出社会福利的变动,因此这类企业并非本研究讨论的重点。

更进一步来说,运输设备制造、废弃资源再加工、冶炼加工、电力热力等

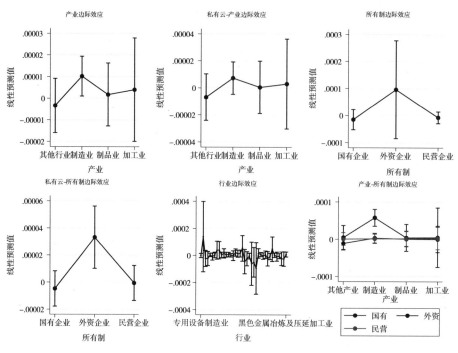

图7-4 边际效应——非合意产出效率

行业中均为规模大、重资本的企业,数字化转型能够赋能这类企业优化生产管理过程,快速提高技术效率,而多元化集团具有规模大、业务种类多的特点,并且能够形成一定的范围经济,数字化转型对其赋能不单单是优化生产经营过程,更重要的是能够赋能企业数字化价值体系转型,构建集团内部企业与企业、企业与人、人与人之间的高效、协同、共享的生产、经营、管理网络,获得数字化转型红利。第六幅图的结果显示私营企业云服务升级具有最高的边际效应,外资企业凭借着数字化转型的先行优势和技术优势,在金融业、高端服务业中能够快速获取数字化转型红利;国有企业虽然具有资本优势和先行优势,但是需要承担部分社会责任,牺牲了合意产出效率以维持社会福利的合意水平;结合上述分析,对于规模小、技术储备少、融资困难的民营企业来说,占据加工业这一细分市场,并快速推进数字化转型,获得细分产业的先行优势、数据优势和技术优势,是获得数字化转型红利的有效途径之一。

四、稳健型分析

（一）内生性检验

基于计量模型设计，本章选用工具变量法处理内生性，对云服务升级与企业赋能、云服务升级与"信息陷阱"之间的因果关系进行进一步探讨。根据计量模型和工具变量理论论证，本章选择两年内是否有 SCM 项目升级计划（有升级计划，scm_up = 1；其他，scm_up = 0）作为工具变量，运用 Two stage-IV-Tobit 模型进行估计，并且工具变量通过了外生性检验（Wald test）。表 7-9 报告了回归结果，模型（2）—模型（6）分别对应基准回归中对 multi-TE（UD）和 single-TE（UD）的分析，在控制了内生性后，回归系数显著性明显提高，均在 1% 的显著性水平上显著，进一步证明了云服务升级能够推动企业技术效率上升。模型（1）报告了运用两阶段回归中第一阶段的估计结果，可以初步判断，在控制内生性后基准回归结果是稳健的。

（二）更换被解释变量——TE（D）

在数字化转型进程中，获得数字化转型红利的企业会更有激励进行云服务升级，并且由于存在数字化转型先行优势和数据优势，会更容易从云服务升级中获利，但是由于边际收益递减和较为高昂的转型成本，可能会造成合意产出方向的拥挤效应。合意产出和非合意产出拥挤效应是分析技术效率的两个角度，从合意产出规划计算得出的技术效率从另一个角度反映出来企业数字化生产经营状况，本章根据合意产出规划计算得出拥挤效应系数，并将其作为变量引入技术效率函数，计算得出技术效率（TE（D）），以此作为被解释变量，探讨云服务升级作用是本部分重点探讨的问题。

表 7-10 报告了回归结果。模型（1）是全样本下，以重新测算的单合意产出拥挤效应技术效率（Single-TE（D））作为被解释变量，运用面板 Tobit 模型估计的结果，云服务升级回归系数 0.00102，在 1% 的显著性水平上显著，与基准回归基本相同，与基准回归进行对比可以发现，云服务对于合意产出方向的技术效率推动作用要明显高于非合意产出方向的技术效率，主要原因在于云服务升级不仅有规模经济效果，也能赋能企业产生范围经济效果，并且随着数字化程度的加深，数字化技术储备和数字化人才储备不断增多，对于非合意产

表 7-9 内生性检验

	(1) 第一阶段企业是否上云	(2) 第二阶段—托宾模型多产出非合意拥挤效应	(3)	(4)	(5) 第二阶段—托宾模型单产出非合意—拥挤效应	(6)
scm_up	0.0605***					
	(0.0097)					
cloud		0.422***	0.441***	0.408***	0.363***	0.388***
		(0.104)	(0.134)	(0.126)	(0.097)	(0.098)
febsale		0.000000277***	0.000000278***	0.000000253***	$7.74e-08$***	$7.13e-08$***
		(0.000)	(0.000)	(0.000)	(0.000)	(0.000)
dequ		−0.00000444***	−0.00000444***	−0.00000442***	$-7.41E-07$	$-6.97E-07$
		(0.000)	(0.000)	(0.000)	(0.000)	(0.000)
_cons		−0.475***	−0.507***	−0.522***	−0.371***	−0.413***
	(0.078)	(0.085)	(0.081)	(0.062)	(0.063)	(0.000)
N		7877	7877	7877	7877	7877
Wald Test		20.83***	15.40***	15.09***	25.34***	30.68***
F test	81.92					
时间固定效应	未控制	未控制	控制	控制	控制	控制
区域固定效应	未控制	未控制	未控制	控制	未控制	控制

注：***$p<0.01$，**$p<0.05$，*$p<0.1$，括号中为标准误，控制变量与基准回归一致。

出效率的抑制作用会逐步加深,总体上来说,云服务对技术效率有显著的推动作用,可以认为基准回归是稳健的。

表7-10　云服务与技术效率(合意产出拥挤效应)

	(1) single-TE (D)	(2) multi-TE (D)	(3) single-TE (D)	(4) multi-TE (D)	(5) single-TE (D)	(6) multi-TE (D)
Cloud	2.196**	1.951**	2.194**	1.945**	1.845*	1.769*
	(0.944)	(0.968)	(0.944)	(0.968)	(0.984)	(0.951)
reg			1.09E-09	1.20E-09	3.64E-10	1.24E-09
			(0.000)	(0.000)	(0.000)	(0.000)
febsale			3.99E-07	8.94E-07	1.23E-07	6.91E-07
			(0.000)	(0.000)	(0.000)	(0.000)
dequ			0.00000238	-8.15E-06	0.0000034	-0.0000116
			(0.000)	(0.000)	(0.000)	(0.000)
_cons	-2.445***	-2.299***	-2.468***	-2.338***	-1.215	-1.364
	(0.843)	(0.866)	(0.846)	(0.870)	(2.249)	(2.084)
N	7877	7877	7877	7877	7877	7877
时间固定 效应	未控制	未控制	未控制	未控制	控制	控制
行业固定 效应	未控制	未控制	未控制	未控制	控制	控制

注:***$p<0.01$,**$p<0.05$,*$p<0.1$,括号中为标准误,控制变量与基准回归一致。其中,(1)(3)(5)为单合意多出拥挤效应技术效率,(2)(4)(6)为多合意产出拥挤效应技术效率。

第四节　机制分析及再探讨

一、机制分析

基于上文分析,企业"上云"能够获取更为全面的生产经营数据、基于相关技术支持和解决方案整合企业生产经营资源并优化配置,尤其是公有云平台,不仅放松了企业云服务转型的投资约束,也能够通过共享化、模块化的数据平台,助力企业快速构建内部数据生产网络和价值网络,如飞利浦集团将ERP系统部署到公有云平台上,实现了企业内部管理效率的快速提升。然而如上文回归结果,云平台的"赋能"作用具有物理约束——生产技术设备联网。同时,生产车间数字化水平也是重要的影响因素,在云服务升级过程中,企业数字化车间占比会直接影响到数字化转型的技术效率,生产车间管理云服务技术也会给企业带来较高的转型负担,如 SaaS。

因此,云服务升级对企业的作用是系统、全面的,本章对于中介机制的探讨从技术层面和硬件层面展开,以公有云技术应用和数控化车间为视角切入,以期能对云服务转型升级的内在作用机制进行初步的剖析。

为了验证本研究观点,使用简单的逐项回归方法进行估计很难得出一致估计量(江艇,2022)[①],参考其方法,本章构建结构方程模型,使用极大似然法(MLE)对系数进行估计,使用 bootstrap 对置信区间进行估计,根据估计结果对调节中介效应的作用进行判断。结构方程模型如下:

$$auto_{it} = a_{10} + \beta_{10}cloud_{it} + \beta_{11}SaaS_{it} \times cloud_{it} + \varepsilon_{1it} \qquad (7\text{-}14)$$

$$PaaS_{it} = \alpha_{20} + \beta_{20}cloud_{it} + \beta_{21}ndequ_{it} \times cloud_{it} + \varepsilon_{2it} \qquad (7\text{-}15)$$

$$Multi - TE(UD)_{it} = \alpha_{30} + \beta_{30}cloud_{it} + \beta_{31}auto_{it} + \beta_{32}PaaS_{it} +$$
$$\beta_{33}auto_{it} \times cloud_{it} + \beta_{33}PaaS_{it} \times cloud_{it} + \varepsilon_{3it} \qquad (7\text{-}16)$$

表 7-11 汇报了估计结果,第一列报告了结构方程模型中第一个方程的回归结果,可以看出企业进行云服务升级会显著提升数字化车间占比的数量,并且 SaaS 云服务技术对这一过程起到了调节作用。具体来说,企业为了实现云服务升级需要对生产线进行升级,提高生产线数字化水平,而生产车间的云服务升级,则需要企业应用 SaaS 技术,对生产过程进行升级管理。第二列报告了第二个方程的估计结果,回归结果证明了云服务升级推动了企业应用公有云 PaaS 的倾向,并且企业联网设备对这一过程产生了显著的调节效应。第三列报告了第三个方程的估计结果,通过 bootstrap 方法对调节中介效应置信

---

① 江艇:《因果推断经验研究中的中介效应与调节效应》,《中国工业经济》2022 年第 5 期。

区间进行了估计,结果表明存在调节中介效应(Appendix A),进一步证明了上文提出的调节中介效应的理论观点。

　　本章仅从 PaaS 和数字化车间占比两个简单的视角对云服务升级的作用机制进行了分析,然而"举一反三"不难发现,云服务升级对企业的提升是全方面的,PaaS 和 SaaS 作为数字化转型技术的典型代表能够助力企业快速实现生产、经营、管理架构的升级,数字化车间占比是企业数字化生产能力的典型代表,在数字化转型持续深化的背景下,建立以"智慧工厂"为代表的依托数字化技术的新型生产模式,已经逐步成为产业转型升级的必由之路。

表 7-11　调节中介效应——结构方程模型

结构方程模型 1	auto	结构方程模型 2	PaaS	结构方程模型 3	多合意产出技术效率
$cloud$	0.101***	$cloud$	0.632***	$auto$	-1.590**
	(0.029)		(0.024)		(0.797)
$cloud×SaaS$	0.273***	$cloud×ndequ$	0.0000163***	$PaaS$	2.178*
	(0.027)		(0.000)		(1.230)
$\_cons$	1.248***	$\_cons$	0.315***	$clould$	-0.258
	(0.022)		(0.020)		(1.567)
				$cloud×auto$	2.121**
					(0.923)
				$cloud×PaaS$	-1.918
					(1.320)
				$\_cons$	-1.271
					(1.296)
$var(e.m2)$	1.015***	$var(e.z2)$	0.836***	$var(e.y)$	1270.7***
	(0.016)		(0.013)		(20.247)
N	7877	N	7877	N	7877

注:***$p<0.01$,**$p<0.05$,*$p<0.1$,括号中为标准误,控制变量与基准回归一致。

二、云服务升级潜力再探讨

　　上文证明了云服务升级对于企业数字化转型存在双面的作用,一方面能够助力企业提升合意产出,提升企业盈利能力,推动合意产出;另一方面也给企业带来了较高的转型成本,提升了非合意产出。虽然在边际效应分析中发现,云服务转型对于合意产出和非合意产出都能带来正向的边际效应,但是却没有准确量化出云服务升级能够对非合意产出带来多大的抑制能力,即云服务升级能够为企业带来多大的数字化转型潜力。因而根据式(7-9),本章初步测算企业数字化发展潜力指标(UDE),并进一步探究云服务是否能够提升企业数字化转型潜力。由于国有企业和外资企业在技术储备和管理架构上存在明显的优势,数字化转型成本结构、经营目标与民营企业,尤其是中小企业存在较大的异质性,因此,本章根据所有制结构进行了分组回归,表7-12报告了回归结果。其中,模型(1)是全样本情况下,以UDE为被解释变量的回归结果,可以看出云服务升级对于数字化转型潜力具有显著的正向影响。模型(2)是在国有企业样本下的回归结果,表明国有企业云服务能够有效提高国有企业数字化升级潜力,一方面印证了上文的回归结果,另一方面也从侧面揭示了现实情况,即在国有企业中可能存在资源浪费,国有企业在转型过程中,应当进一步优化生产、经营和管理的费用管理,以期提升数字化转型效率,发掘国有企业数字化转型潜力,云服务升级能够有效赋能国有企业优化管理架构,降低管理成本,构建企业内部和企业外部价值网络,抑制国有企业数字化转型进程中带来的非合意产出。模型(3)是在非国有企业样本下的回归结果,回归系数虽然不显著,但是仍然为正,这一变动从侧面印证了非国有企业在管理方面的优势,但是仍然说明存在数字化转型过程中的资源错配和效率损失。主要原因来自两方面:一是国有企业数字化转型开始较早具有较高的先行优势;二是民营企业市场参与度更高,在经营管理效率上具有一定优势。模型(4)—(6)是分行业的回归结果,不难发现,云服务能够有效地提升制造业的数字化转型潜力,但是在制品业和加工业中,对于企业的潜力提升并不显著,结合上文分析不难发现,在互联网和信息技术普及程度高的现实背景下,数字化人力资源培训成本的潜力开发空间已经较小,若需要进一步发掘企业云服务升级的潜力,应当从优化企业生产、经营和管理架构出发,助力企业构建开放协同共享的价值网络,避免企业陷入"信息陷阱",放大云服务升级对企业的"赋能"作用。

表7-12　云服务升级潜力

	（1） 全样本 UDE	（2） 国有企业 UDE	（3） 非国有企业 UDE	（4） 制造业 UDE	（5） 加工业 UDE	（6） 制品业 UDE
cloud	13656.0**	521.7**	457.3	2561.8*	206.3	383.2
	(5660.158)	(219.167)	(996.075)	(1466.319)	(268.394)	(809.087)
reg	−2.96E−06	9.56E−08	0.00000245	−1.35E−06	1.42E−08	0.00000469
	(0.000)	(0.000)	(0.000)	(0.000)	(0.000)	(0.000)
febsale	0.00231	0.00071	0.00317	0.0132***	0.0000768	0.00134
	(0.016)	(0.000)	(0.003)	(0.005)	(0.000)	(0.002)
dequ	0.358	0.0335	0.265	0.107	0.0399***	0.175
	(1.520)	(0.045)	(0.427)	(0.332)	(0.012)	(0.273)
_cons	14097.4	60063.4	651.7	2280.5	438.5	2673.7***
	(2.9e+04)	(4.8e+04)	(2525.142)	(2603.183)	(283.753)	(961.154)
N	7877	3478	4399	4062	479	1567
时间固定 效应	控制	控制	控制	控制	控制	控制
行业固定 效应	控制	控制	控制	未控制	未控制	未控制

注：***p<0.01，**p<0.05，*p<0.1，括号中为标准误，控制变量与基准回归一致。

第五节　结论与相关政策建议

一、研究结论

本章通过对全国第一个"两化"融合区内 1950 家企业 2015—2020 年持续推进的数字化管理的追踪调查数据，以云服务升级为切入点，使用 Desirable-Undesirable-SBM-DEA 模型，研究了企业推进云服务对数字化转型正反两方面效率的影响，并测算了云服务升级带来的数字化转型潜力，得出了以下主要结论。

第一，数字化转型会给企业带来合意和非合意两个方向的作用，短期内云服务升级虽然对于两个方面均具有推动作用,但是云服务对于合意产出效率增长具有推动作用,对于非合意产出具有显著的抑制作用,在长期中云服务升级能够全面推动企业效率上升。现有文献从理论上证明了数字化转型对企业绩效的推动作用,没有进行定量分析,也忽略了数字化转型带来的非合意产出,本书在定量分析的基础上填补这一研究空白。

第二,云服务对于企业合意产出效率和非合意产出效率的作用,在所有制结构和行业结构之间存在明显的异质性。企业应当参考如下具体异质性结论合理调整云服务升级的投资决策和产业布局。具体来说:首先,云服务升级对于合意产出效率在各行业和所有制中均具有显著的推动作用,对于非合意产出,虽然在其他各行业中存在推动作用,但是在加工业中表现出显著的抑制作用。其次,云服务升级对于合意产出效率具有边际推动作用,其中,在制品业中,云服务升级的边际推动作用最高,民营企业也表现出较好的数字化合意产出边际效应,国有企业在制造业中表现较好,而外资企业表现最为均衡。最后,云服务对于非合意产出的抑制作用在制造业中表现最好。说明企业应当根据自身特征,合理规划云服务升级预算决算,发挥云服务的异质性边际特征。

第三,云服务升级能够激发企业数字化转型潜力,其中国有企业推进云服务升级带来的数字化转型潜力最大,其次是民营企业。结合前文结论,说明企业应当合理推进自身云服务升级进程,在长期中逐步激发自身数字化转型潜力。

二、相关政策建议

作为 2013 年得到国家层面批准的我国首个"两化"融合国家示范区和"国家数字经济创新发展试验区",浙江省在全国省域中具有较为明显的先行优势,对"先行者"的研究能够为"追赶者"和"后发者"提供经验参考。具体而言,不仅可以为其他企业提供经过多年实践检验、并已平稳度过数字化变革"阵痛期"的先进经验,也为广大企业管理者引领企业制定和实施长期持续数字化管理带来有益的决策参考,还能够为政府部门制定更有针对性的政策提供有益启示。

第一,优化数字化转型投资结构。本章贡献之一在于证明并且量化了数字化转型会带来合意和非合意两个方向的作用。无论是基于双产出模型还是多产出模型,企业在数字化转型中均会带来非合意产出,换言之,在数字化转型进程中,企业陷入"信息诅咒"的风险。数字化转型是一个长期的过程,非合意产出也会在较长的一段时间中存续,因此企业应当根据自身实际、规模及风险承担能力,合理规划数字化转型投资结构,制定合意的数字化转型策略,实现数字化转型的可持续发展。

第二,优化云服务升级预算结构。本章发现云服务对于合意产出和非合意产出的作用在所有制结构、产业结构和行业间存在较强的异质性,在制造业制品业等重资本、规模大的产业中,国有企业在资本规模、技术储备等方面具有显著的优势,云服务升级对于合意产出的推动作用与非合意产出的边际抑制效应十分显著,而在制品业和加工业,民营企业能够更好地发挥云服务升级带来的边际效应。因此,从长期看,企业应当以数字化转型为基本抓手,结合企业自身发展的实际情况,合理配置云服务升级策略体系,进一步优化产品结构和预算结构,充分发挥云服务升级对企业效率的推动作用。

第三,加大对私营企业数字化转型的扶持力度。本书发现云服务转型会给企业带来较高的"转型负担",企业数字化禀赋也是实现云服务转型效果的重要传导路径。私营企业,尤其是中小企业普遍面临技术投入难、人才短缺等问题,导致数字化转型进程缓慢,结合行业异质性的分析结论,政府应当针对不同行业的数字化转型企业制定相应补贴政策,提供技术支持和人才培训,帮助企业特别是量大面广的中小企业降低数字化转型的成本和难度,进而提高企业的技术效率。

第四,制定有效的数字化转型政策和策略。政府和企业应当共同合作,充分认识数字化转型拥挤效应的影响,以推动数字化转型的可持续发展。从政府端看,加强对于企业数字化转型的政策引导,包括精准实施财税优惠政策、知识产权保护政策、技术改造补助政策等,以推动企业数字化转型的可持续发展。同时,从企业端看,企业需要在数字化转型过程中充分考虑转型的成本和收益,制定长期发展战略,避免过分依赖云服务和数字化投入,而忽略企业内部管理和运营效率的提升,以实现更加可持续的发展。

第八章 基于组织创新视角的
数字化赋能研究

　　数字经济浪潮使越来越多企业将数字化变革作为高质量发展的新动能(刘淑春等,2021)①,尤其在数字化变革成为重塑市场竞争优势关键力量背景下,企业如何全方位融合数字技术实现转型升级已成为各界广泛关注的焦点问题(闫俊周等,2021;温湖炜、王圣云,2022)②③。然而,数字化投资与绩效间复杂的关系让不少企业对是否进行管理数字化变革产生了困惑,已投入的企业由于"阵痛期"对是否继续投入产生了疑惑,更有甚者陷入了"不转型等死,转型找死"的困境(刘淑春等,2021)④。国家信息中心在《中国产业数字化报告 2020》中指出企业存在因能力弱而"不会转"、因成本高而"不愿转"、因"阵痛期"长而"不敢转"的现象。企业如何推进管理数字化变革已然成为一个谜题诸多的"黑盒",受到众多学者关注。而我国在数字经济发展过程中享受了先发红利(刘淑春,2019)⑤,数字化转型氛围浓厚,让大量企业对此跃跃欲试,但缺乏成熟的管理数字化推进机制和支撑理论造成当前企业数字化转型信心不足。所以,从微观视角探寻企业管理数字化变革推进路径,引导资

---

　　① 刘淑春、闫津臣、张思雪、林汉川:《企业管理数字化变革能提升投入产出效率吗》,《管理世界》2021 年第 5 期。

　　② 闫俊周、姬婉莹、熊壮:《数字创新研究综述与展望》,《科研管理》2021 年第 4 期。

　　③ 温湖炜、王圣云:《数字技术应用对企业创新的影响研究》,《科研管理》2022 年第 4 期。

　　④ 刘淑春、闫津臣、张思雪、林汉川:《企业管理数字化变革能提升投入产出效率吗》,《管理世界》2021 年第 5 期。

　　⑤ 刘淑春:《中国数字经济高质量发展的靶向路径与政策供给》,《经济学家》2019 年第 6 期。

源高效配置,改变企业"不会转"的局面;并从产业视角探索企业管理数字化变革助推机制,强化转型信心,打消"不愿转"和"不敢转"的顾虑,具有重要的理论和现实意义。

随着数字技术的发展和普及,有学者发现数字化投入显著促进作为企业战略基本要素的组织创新(陈耘等,2022;Bardhan 等,2013)[1][2],并且,当投入方向与业务更匹配时,该作用更显著(Benlian 和 Haffke,2016)[3];同时也有学者发现数字化相关能力与企业组织创新正相关(Li 和 Chan,2019)[4]。所以,数字化与组织创新密切相关,其对企业管理模式影响深远。管理数字化变革是企业借助数字技术对管理方式、运营机制和生产过程的系统重塑,以实现管理模式从工业化向数字化转变(黄群慧等,2019;肖静华等,2021)[5][6]。企业通过关键业务、关键环节、关键部位的数字化,不仅加速了业务模式创新(Mikalef和Pateli,2017)[7],还更新了客户互动模式,在实现有效创新的同时也重新定义了企业价值创造(Mikalef 和 Pateli,2017;袁勇,2017)[8][9]。对企业而

---

① 陈耘、赵富强、周槿晗:《AUO-AHRP 对组织创新绩效的影响研究——知识转移与社会资本的作用》,《科研管理》2022 年第 5 期。

② Bardhan,I.,Krishnan,V.,Lin,S.,"Research Note—business Value of Information Technology:Testing the Interaction Effect of IT and R&D on Tobin's Q",*Information Systems Research*,Vol.24,No.4,2013,pp.1147-1161.

③ Benlian,A. and Haffke,I.,"Does Mutuality Matter? Examining the Bilateral Nature and Effects of CEO-CIO Mutual Understanding",*The Journal of Strategic Information Systems*,Vol.25,No.2,2016,pp.104-126.

④ Li,T. and Chan,Y.E.,"Dynamic Information Technology Capability:Concept Definition and Framework Development",*The Journal of Strategic Information Systems*,Vol.28,No.4,2019.

⑤ 黄群慧、余泳泽、张松林:《互联网发展与制造业生产率提升:内在机制与中国经验》,《中国工业经济》2019 年第 8 期。

⑥ 肖静华、吴小龙、谢康、吴瑶:《信息技术驱动中国制造转型升级——美的智能制造跨越式战略变革纵向案例研究》,《管理世界》2021 年第 3 期。

⑦ Mikalef,P. and Pateli,A.,"Information Technology-Enabled Dynamic Capabilities and Their Indirect Effect on Competitive Performance:Findings from PLS-SEM and fsQCA",*Journal of Business Research*,Vol.70,2017,pp.1-16.

⑧ Mikalef,P. and Pateli,A.,"Information Technology-Enabled Dynamic Capabilities and Their Indirect Effect on Competitive Performance:Findings from PLS-SEM and fsQCA",*Journal of Business Research*,Vol.70,2017,pp.1-16.

⑨ 袁勇:《BPR 为数字化转型而生》,《企业管理》2017 年第 10 期。

言,数字化不仅是革新工艺的手段,更是拓宽创新边界、升级创新模式和价值创造的路径(魏冉等,2022)①。所以,数字经济背景下,企业战略转型不只是重塑业务流程,更是从组织模式创新切入,结合新时代技术,推动创造新价值(夏清华、娄汇阳,2018)②。管理数字化变革不仅要求企业对现有业务模式和流程进行再造(Anand 等,2017)③,更要打破对传统管理模式路径依赖,实现生产智能化、销售精准化、资源管理高效化,完成管理范式和管理制度的颠覆性创新(黄群慧等,2019)④。所以,企业管理数字化变革的实质是基于数字技术的深度组织创新,即通过数字技术的引入,对各流程进行全方位再造。

双元性理论认为,组织创新普遍遵循"开发"和"探索"两个途径(March,1991)⑤,其中"开发"侧重利用现有知识,而"探索"则强调学习和吸纳新知识(彭新敏等,2017)⑥。管理数字化变革不仅对企业管理范式提出了新命题,也推动了治理结构、内部管控、运营机制的根本变革,所以要求企业既开发现有知识,引入数字化思维改造管理和生产流程;也要探索新知识,尝试新数字技术,学习数字改革成功经验。不过值得注意的是,企业管理数字化变革推进过程会产生大量资本需求和沉淀成本,资源约束迫使企业在该过程中须在开发和探索间权衡(March,1991)⑦,因此如何根据行业、规模等异质性因素选择合适的探索和开发策略组合,设计科学的技术路径,制定合理的投资计划,是企业推进数字化管理必须考量的现实问题。

---

① 魏冉、刘春红、张悦:《物流服务生态系统价值共创与数字化能力研究——基于菜鸟网络的案例研究》,《中国软科学》2022 年第 3 期。

② 夏清华、娄汇阳:《基于商业模式刚性的商业模式创新仿真——传统企业与互联网企业比较》,《系统工程理论与实践》2018 年第 11 期。

③ Anand,S.W. and M.J.,*Digital @ Scale:The Playbook You Need to Transform Your Company*,John Wiley & Sons,Inc.,2017.

④ 黄群慧、余泳泽、张松林:《互联网发展与制造业生产率提升:内在机制与中国经验》,《中国工业经济》2019 年第 8 期。

⑤ March,J.G.,"Exploration and Exploitation in Organizational Learning",*Organization Science*,Vol.2,No.1,1991,pp.71−87.

⑥ 彭新敏、郑素丽、吴晓波、吴东:《后发企业如何从追赶到前沿? ——双元性学习的视角》,《管理世界》2017 年第 2 期。

⑦ March,J.G.,"Exploration and Exploitation in Organizational Learning",*Organization Science*,Vol.2,No.1,1991,pp.71−87.

当前,管理数字化变革相关研究多集中在宏观、社会和产业层面,如已有研究发现我国数字经济政策促进了实体企业数字化变革(何帆、刘红霞,2019)①,而数字经济与传统经济融合也显著提升了社会效率(王开科等,2020)②;产业层面研究发现互联网发展提升了城市制造业整体数字化水平(黄群慧等,2019)③;少量微观层面研究也多集中于阐述数字化变革对企业的影响,如管理数字化变革能够提升企业投入产出率(刘淑春等,2021)④。这些文献不仅就数字经济和数字化变革对我国产业和整体经济的影响进行了卓有价值的探索,还分析了数字化变革对企业的影响,为本章研究企业如何推动管理数字化变革提供了有益的探索和启发,但尚有以下问题未得到有效解答:企业究竟是通过何种路径实现管理数字化变革,其背后蕴含何种机制? 外部政策制定者通过何种方式助力企业管理数字化变革? 企业管理数字化变革是基于数字技术的深度组织创新,需由"开发"和"探索"协同推进,目前该路径机制尚处"黑盒"状态,企业在数字化变革的过程中究竟是该强调外部新知识引入(探索),还是内部知识整合(开发)?"探索"和"开发"与管理数字化变革多维度上是否存在对应关系? 企业该如何设计合理的管理数字化变革策略以平衡在数字技术领域的"探索"和"开发",从而尽可能减少管理数字化变革"阵痛期"带来的负面影响?

基于此,本章尝试通过组织创新理论,结合全国首个"两化"融合国家示范区连续6年的动态调研数据对上述问题进行探索,尝试打开这一"黑盒",试图为全国进一步推进企业数字化变革相关工作提供示范标杆和管理启示。本章边际贡献在于:(1)在理论层面,创新性地通过组织创新理论深入分析了企业管理数字化变革,为企业数字化研究提供了新理论视角;(2)揭示了企业

① 何帆、刘红霞:《数字经济视角下实体企业数字化变革的业绩提升效应评估》,《改革》2019年第4期。

② 王开科、吴国兵、章贵军:《数字经济发展改善了生产效率吗》,《经济学家》2020年第10期。

③ 黄群慧、余泳泽、张松林:《互联网发展与制造业生产率提升:内在机制与中国经验》,《中国工业经济》2019年第8期。

④ 刘淑春、闫津臣、张思雪、林汉川:《企业管理数字化变革能提升投入产出效率吗》,《管理世界》2021年第5期。

数字开发和探索行为与管理数字化变革间关系,为企业合理制定数字化策略提供理论依据;(3)针对不同行业和规模进行异质性分析,为不同类型企业管理数字化变革的投资重点和方向提供指导性建议;(4)通过探索龙头企业示范效应为地方政府制定数字化改革政策提供了有效抓手和理论支持,有助于地方政府在数字化改革浪潮中制定符合地方产业特质和企业实际的精准化政策体系,使数字化转型政策供给与企业数字化变革需求更加匹配;(5)数据选择上,运用了全国首个"两化"融合国家示范区连续6年的动态调研数据,从而提高了刻画企业推进数字化变革过程的精准性。

第一节　研究设计

一、理论假说

(一)探索、开发与企业管理数字化变革

双元创新理论指出探索强调搜寻新的技术和商业机会,通过引入新的、异质性的知识,提高组织整合搜索能力来促进创新(Katila 和 Ahuja,2002)[1];而开发是组织对已有知识的深度利用,一般涉及对现有技术、组织惯例、资源能力的再投资,或对客户、渠道、产品的优化和利用,拓展知识资产进而推动创新(Levinthal 和 March,1993)[2]。有效的探索和开发均能促进创新(朱朝晖、陈劲,2008)[3],但由于资源约束使这两种行为在企业内部相互对立,并将企业引向不同的发展目标(March,1991)[4],开发有利于渐进性创新,而探索有利于突

---

① Katila, R. and Ahuja, G., "Something Old, Something New: A Longitudinal Study of Search Behavior and New Product Introduction", *Academy of Management Journal*, Vol. 45, No. 6, 2002, pp. 1183-1194.

② Levinthal, D.A. and March, J.G., "The Myopia of Learning", *Strategic Management Journal*, Vol. 14, No. S2, 1993, pp. 95-112.

③ 朱朝晖、陈劲:《探索性学习和挖掘性学习的协同与动态:实证研究》,《科研管理》2008年第6期。

④ March, J.G., "Exploration and Exploitation in Organizational Learning", *Organization Science*, Vol. 2, No. 1, 1991, pp. 71-87.

破性创新(李瑞雪等,2022)①。所以,在组织创新中具备协调探索和开发能力是企业获得竞争优势的关键(陈耘等,2022)②。因此,管理数字化变革作为一种深度的组织创新,也需要协调企业在数字领域的探索和开发。

在企业管理数字化变革过程中,数字化技术不仅重塑了企业内部流程,重新定义了企业间竞争模式、竞争机制和竞争边界(黄群慧等,2019)③,还打破了企业内部不同环节、模块、部门间的"数据孤岛",基于数据归集、数据分析、数据决策实现更高效的生产管理,促进了资源组织和配置效率以及供应链管理能力的提高,从而提升了创造价值的绩效(黄群慧等,2019)④。另外,数字技术大幅降低了包括搜索成本、信息成本、运输成本、传递成本、管理成本等在内的企业交易成本,不仅改变了交易时空形态和交易模式,也扩大了市场范围,提高了交易效率(刘淑春等,2021)⑤。由此可见,管理数字化变革具有诸多益处但变革过程较为复杂,要求企业拥有足够的知识储备,然而对传统企业而言,数字化变革所需技术知识与自身知识结构存在较大差异,所以要实现管理数字化变革需要通过探索引入新知识弥补自身不足。一方面,通过积极的外部探索,企业可以运用各种渠道获取相关的数字化知识,如通过向专业数字化公司或科技中介进行咨询搜索适配自身情况的数字技术,以推动管理数字化变革。另一方面,探索相关研究也指出通过跟随龙头企业或竞争对手探索趋势也能推动企业向有效的创新方向投入有限资源,提升创新成功率(李瑞雪等,2022)⑥。所以,企业在数字化相关领域的探索行为会促使企业积累数

---

① 李瑞雪、彭灿、吕潮林:《双元创新协同性与企业可持续发展:竞争优势的中介作用》,《科研管理》2022 年第 4 期。

② 陈耘、赵富强、周槿晗:《AUO-AHRP 对组织创新绩效的影响研究——知识转移与社会资本的作用》,《科研管理》2022 年第 5 期。

③ 黄群慧、余泳泽、张松林:《互联网发展与制造业生产率提升:内在机制与中国经验》,《中国工业经济》2019 年第 8 期。

④ 黄群慧、余泳泽、张松林:《互联网发展与制造业生产率提升:内在机制与中国经验》,《中国工业经济》2019 年第 8 期。

⑤ 刘淑春、闫津臣、张思雪、林汉川:《企业管理数字化变革能提升投入产出效率吗》,《管理世界》2021 年第 5 期。

⑥ 李瑞雪、彭灿、吕潮林:《双元创新协同性与企业可持续发展:竞争优势的中介作用》,《科研管理》2022 年第 4 期。

字化变革所需的新知识进而促进管理数字化变革,基于此,本章提出理论假说8-1:

理论假说8-1:数字技术相关探索行为正向影响企业管理数字化变革。

拥有数字化技术相关知识是企业进行管理数字化变革的前提(田秀娟、李睿,2022)[①],但并不能确保变革成功。已有研究证实,信息技术是可模仿的,但企业难以将其直接转化为竞争优势(Kmieciak 等,2012)[②],需要将数字化技术与自身其他关键资源相结合才会产生积极结果(Chen 等,2012)[③]。企业通过采用与自身相匹配的信息化解决方案可以提高从个人到组织的知识探索和利用速度(Chen 等,2012)[④],进而促进组织创新。所以企业要对已有的数字化和主营业务知识进行深度挖掘,提升对自身现状认识,明晰数字化需求,同时提升对管理数字化相关软硬件投入。可以看出,企业在数字化方向上的开发行为有助于企业将新数字技术与企业已有知识的结合,进而促进管理数字化变革。基于此,我们提出以下理论假说8-2:

理论假说8-2:数字技术相关开发行为正向影响企业管理数字化变革

(二) 龙头企业示范效应

组织创新与学习行为密切相关,尤其是替代学习在该过程中发挥重要作用(Baum 等,2000)[⑤]。在替代学习中,参照组的创新战略、生产模式和国际扩

---

① 田秀娟、李睿:《数字技术赋能实体经济转型发展——基于熊彼特内生增长理论的分析框架》,《管理世界》2022 年第 5 期。

② Kmieciak, R., Michna, A. and Meczynska, A., "Innovativeness, Empowerment and IT Capability: Evidence from SMEs", *Industrial Management & Data Systems*, Vol.112, No.5, 2012, pp.707-728.

③ Chen, C.X., Lu, H. and Sougiannis, T., "The Agency Problem, Corporate Governance, and the Asymmetrical Behavior of Selling, General, and Administrative Costs", *Contemporary Accounting Research*, Vol.29, No.1, 2012, pp.252-282.

④ Chen, C.X., Lu, H. and Sougiannis, T., "The Agency Problem, Corporate Governance, and the Asymmetrical Behavior of Selling, General, and Administrative Costs", *Contemporary Accounting Research*, Vol.29, No.1, 2012, pp.252-282.

⑤ Baum, J.A.C., Li, S.X. and Usher, J.M., "Making the Next Move: How Experiential and Vicarious Learning Shape the Locations of Chains' Acquisitions", *Administrative Science Quarterly*, Vol.45, No.4, 2000, pp.766-801.

展等都是可供模仿的经营和生产行为(Semadeni 和 Anderson,2010)①,当某一行为在参照组中成为普遍现象时,企业往往会对其进行模仿以减少经营风险(Srinivasan 等,2007)②。参照组成员包括合作伙伴、竞争对手和龙头企业,其中合作伙伴可以对企业产生直接或间接影响,并发挥模范效应和扮演新范式推广者的角色(Abrahamson,1996)③,这使得他们成为企业替代学习的重要对象。竞争对手是企业另一个重要的学习对象(Fiegenbaum 和 Thomas,1995)④,以竞争对手的行为调整自身战略也是企业替代学习的可行选项(Chen,1996)⑤。但不论以合作伙伴还是以竞争对手作为替代学习对象依然存在较大不确定性,因为企业难以判断合作伙伴和竞争对手在数字技术等跨行业领域战略行为的有效性。所以很多企业会将一小部分业绩优异的龙头企业作为替代学习的主要对象,以此降低自身战略调整的不确定性,提高变革成功率(Massini 等,2005)⑥。此外,替代学习内容差异也会影响企业学习参照组的选择(Gupta 和 Misangyi,2018)⑦,对于实施数字化组织创新的企业而言,其组织架构、管理制度、业务模式等都要进行相应调整,具有较高的不确定性和风险性。龙头企业往往比较注重自身能力的沉淀,不仅数字化、智能化的原生程度较高,而且数字化转型过程也往往走在前列,数字化技术与自身业务的融合

①　Semadeni,M. and B.S.Anderson,"The Follower's Dilemma:Innovation and Imitation in the Professional Services Industry",*Academy of Management Journal*,Vol.53,No.5,2010,pp.1175-1193.

②　Srinivasan,R.,Haunschild,P. and Grewal,R.,"Vicarious Learning in New Product Introductions in the Early Years of a Converging Market",*Management Science*,Vol.53,No.1,2007,pp.16-28.

③　Abrahamson,E.,"Management Fashion",*Academy of Management Review*,Vol.21,No.1,1996,pp.254-285.

④　Fiiegenbaum,A. and Thomas,H.,"Strategic Groups as Reference Groups:Theory,Modeling and Empirical Examination of Industry and Competitive Strategy",*Strategic Management Journal*,Vol.16,No.6,1995,pp.461-476.

⑤　Chen,M.-J.,"Competitor Analysis and Interfirm Rivalry:Toward A Theoretical Integration",*Academy of Management Review*,Vol.21,No.1,1996,pp.100-134.

⑥　Massini,S.,Lewin,A.Y. and Greve,H.R.,"Innovators and Imitators:Organizational Reference Groups and Adoption of Organizational Routines",*Research Policy*,Vol.34,No.10,2005,pp.1550-1569.

⑦　Gupta,A. and Misangyi,V.,"Follow the Leader(or Not):The Influence of Peer CEOs' Characteristics on Interorganizational Imitation",*Strategic Management Journal*,Vol.39,No.5,2018,pp.1437-1472.

度高于一般企业,这为正在进行管理数字化变革的企业提供了可资借鉴的参考样本和示范效应。基于此,本章提出理论假说8-3:

理论假说8-3:龙头企业示范效应正向影响企业管理数字化变革。

二、数据与样本

本章所涉及样本仍然源自上一章中我国首个"两化"融合国家示范区内企业的跟踪调查数据,对跟踪调查获取的有效问卷进行数据处理,剔除了金融机构相关企业和部分无效观测值,同时进行缩尾处理后,得到10559条有效观测值,从而得到3109家工业企业连续6年(2015—2020年)的面板数据①。

三、变量测量

(一) 因变量

企业管理数字化变革旨在企业运作全流程中引入数字技术,打通部门间、生产经营环节间的"数据孤岛",利用数字技术进行业务流程再造和业务模式重塑,最终实现价值创造能力和竞争力提升。就业务流程而言,采购、生产和销售是企业的核心流程,因此,本书尝试通过采购数字化水平、生产数字化水平和销售数字化水平三个维度对企业管理数字化变革进行测度。具体而言,通过企业线上采购量在企业总采购量中的占比、企业数字化设备数量在企业总生产设备数量中的占比以及企业线上销售量在企业总销售量中的占比,分别测度企业的采购数字化、生产数字化和销售数字化水平。

(二) 自变量

企业数字化探索行为和开发行为。以往涉及企业的探索和开发相关研究中,对这些行为的测度方式主要有两类,其一是基于双元性学习的问卷进行测度(刘淑春,2019)②,其二是基于企业专利构成设计的探索和开发指数测度

---

① 样本企业选择情况已在本书第五章中进行了标注说明。
② 刘淑春:《中国数字经济高质量发展的靶向路径与政策供给》,《经济学家》2019年第6期。

（Duysters 等,2020)①。已有文献对企业探索和开发行为的测度主要集中于企业对内外部知识的利用,但少有针对企业数字化探索行为和开发行为的测度。为此,我们基于企业在不同数字化方向上的投入对企业上述两种行为进行测度,一方面通过企业向内的数字化投入(信息化培训投入、信息化维护投入)测度企业的开发行为,另一方面通过企业向外的数字化投入(信息化咨询投入、信息化软硬件投入)测度企业的探索行为。

龙头企业的管理数字化变革。本章通过不同地区营业利润排名前五的龙头企业的采购数字化水平、生产数字化水平和销售数字化水平的均值测度龙头企业的管理数字化变革。

（三）控制变量

本章主要包含 5 个控制变量,首先控制了企业规模(SIZE),选用企业每年总收入的对数作为衡量企业规模的代理变量。其次,企业自身工业化和自动化水平可能会影响企业数字化进程,所以本研究通过三个变量控制了企业当期工业化和自动化程度,分别为:实现自动化车间占比(AUTO_RATE),即企业实现自动排产计划车间占比;实现过程监控车间占比(PM_RATE),即企业实现生产过程可视化、可控化的车间占比;企业实现设备监控车间占比(DM_RATE)。最后,我们还控制了企业盈利(PROFIT),即企业当期利润。本章对所有指标均进行了 1% 的缩尾处理。

四、实证模型

为了减少遗漏变量的影响,本章构建了个体和时间双固定效应的面板回归模型对影响因素进行了实证分析,模型构建如下:

$$DofProc_{it}/DofProd_{it}/DofSales_{it} = \alpha + \beta_1\, Exploration_{it} + \beta_2\, Exploitation_{it} + \beta_3\, LDofProc + \beta_4 LDofProd + \beta_5 LDofSales + control + year + firm + \varepsilon_{it} \quad (8-1)$$

其中,被解释变量分别为企业采购数字化水平(DofProc)、企业生产数字

---

① Duysters,G.,Lavie,D.,Sabidussi,A.,et al.,"What Drives Exploration? Convergence and Divergence of Exploration Tendencies Among Alliance Partners and Competitors", *Academy of Management Journal*,Vol.63,No.5,2020,pp.1425-1454.

化水平(*DofProd*)和销售数字化水平(*DofSales*),主要解释变量为企业的数字化探索行为(*Exploration*)和数字化开发行为(*Exploitation*),以及龙头企业的数字化采购(*LDofProc*)、生产(*LDofProd*)和销售水平(*LDofSales*),后三项分别为企业个体固定效应、时间固定效应以及残差项。同时由于龙头企业管理数字化变革为重要研究变量,为了减少回归中可能产生的偏差,在回归中我们剔除了龙头企业。

第二节　实证检验

一、描述性统计

表8-1报告了本章使用变量的描述性统计结果。可以看出,样本企业在数字领域的探索和开发行为的均值分别为4.704和3.528,而其标准差为1.68和1.531,表明企业在数字领域大都在不同程度开展了探索和开发,但是投入力度存在较大差异。并发现数据样本变量间存在量纲差异,为了减少量纲差异对实证结果的影响,本章对所有连续变量进行了标准化处理。

表8-1　描述性统计

变量	观测值	均值	S.D.	最小值	最大值
DofProc	10559	0.322	0.316	0	1
DofSales	10559	0.283	0.302	0	1
DofProd	10559	0.621	0.811	0	46.755
Exploration	10559	4.704	1.68	−2.303	15.607
Exploitation	10559	3.528	1.531	−3.054	13.381
LDofProc	10559	0.405	0.253	0	0.986
LDofSales	10559	0.327	0.24	0	0.933
LDofProd	10559	1.201	2.948	0.3	23.669
SIZE	10559	2160000	6.25E+07	0	5.00E+09
PROFIT	10559	0.014	1.015	−0.682	6.891
AUTO_RATE	10559	5.257	2.883	0	9

续表

变量	观测值	均值	S.D.	最小值	最大值
PM_RATE	10559	5.8	2.835	0	9
DM_RATE	10559	5.477	2.792	0	9

二、回归分析

（一）探索、开发与管理数字化变革

表 8-2 中 M1、M2 和 M3 为企业数字化探索行为（Exploration）和数字化开发行为（Exploitation）分别对企业数字变革三个不同维度（数字化采购、数字化销售和数字化生产）的回归结果。由结果可知，企业在数字化方向上的探索和开发行为对企业管理数字化变革存在显著正向影响，前文所提出的理论假说 8-1 和理论假说 8-2 得到验证。同时，数字化领域的探索和开发对管理数字化变革不同维度影响存在差异。探索对采购数字化影响小于开发的影响，系数分别为 0.052（p<0.05）和 0.079（p<0.001）。探索和开发对销售数字化促进作用基本相同，其系数分别为 0.058（p<0.001）和 0.050（p<0.05）。此外，探索相较于开发对生产数字化的作用更为显著，其对应的系数分别为0.051（p<0.001）和 0.037（p<0.05）。

表 8-2　回归分析结果

	M1	M2	M3	M4	M5	M6
	DofProc	**DofSales**	**DofProd**	**DofProc**	**DofSales**	**DofProd**
Exploration	0.052**	0.058***	0.051***	0.044**	0.048**	0.51***
	(0.020)	(0.018)	(0.018)	(0.018)	(0.170)	(0.016)
Exploitation	0.079***	0.050**	0.037**	0.075***	0.046**	0.035**
	(0.020)	(0.021)	(0.016)	(0.196)	(0.0197)	(0.017)
LDofProc				0.055***	0.037**	−0.007
				(0.014)	(0.016)	(0.011)
LDofSales				0.018	0.047***	0.041***
				(0.013)	(0.013)	(0.012)

	M1	M2	M3	M4	M5	M6
	DofProc	DofSales	DofProd	DofProc	DofSales	DofProd
LDofProd				−0.004	−0.011	−0.012
				(0.016)	(0.018)	(0.014)
SIZE	−0.040**	−0.012	0	−0.039**	−0.009	−0.002
	(0.018)	(0.019)	(0.011)	(0.018)	(0.021)	(0.012)
PROFIT	0.037	0.034	0.008	0.013	0.025	0.004
	(0.023)	(0.021)	(0.011)	(0.020)	(0.021)	(0.012)
AUTO_RATE	0.018*	0.008	0.011*	0.019**	0.007	0.012*
	(0.009)	(0.010)	(0.006)	(0.009)	(0.009)	(0.006)
PM_RATE	−0.004	0.002	0.002	−0.003	0.005	0.003
	(0.011)	(0.009)	(0.006)	(0.011)	(0.009)	(0.006)
DM_RATE	0.023***	0.021**	0.053***	0.024***	0.021**	0.053***
	(0.007)	(0.008)	(0.006)	(0.007)	(0.008)	(0.006)
Constant	−0.367***	−0.341***	−0.603***	−0.339***	−0.305***	−0.599***
	(0.044)	(0.032)	(0.033)	(0.041)	(0.030)	(0.034)
firm	是	是	是	是	是	是
year	是	是	是	是	是	是
Observations	10559	10559	10559	10374	10374	10374
R^2	0.056	0.057	0.162	0.059	0.063	0.167

注:***$p<0.01$,**$p<0.05$,*$p<0.1$,括号中为标准误。

(二) 龙头企业示范效应

表8-2中M4—M6是对于龙头企业示范效应的检验。结果显示,龙头企业管理数字化变革对其他企业有显著的促进示范效应,但这种作用在管理数字化变革不同维度存在差异,理论假说8-3得到部分验证。龙头企业采购数字化和销售数字化对其他企业的影响较显著,而生产数字化不显著。该结果可从两个方面解读:首先,组织学习理论指出企业难以从不可见的企业行为中

获取知识(Baum 等,2000)[1],而生产过程是重要的内部知识,保密层级较高对外不可见,造成龙头企业生产数字化难以被直接学习;其次,当龙头企业推动供应链数字化并构建采购和销售端数字化标准时,为维持与龙头企业有效联接,配套企业也会接受这一标准,并推动自身数字化变革。由于配套企业和龙头企业采取松散耦合式合作,所以龙头企业对配套企业的生产流程并不直接干预,只能通过供应链间接影响这些企业生产数字化。而龙头企业采购和销售数字化对其他企业的影响也有差异,龙头企业采购数字化正向影响所在地企业的采购和销售数字化,而其销售数字化则正向影响所在地企业的销售和生产数字化,与前文中基于供应链角度分析龙头企业示范效应通过供应链协同间接影响其他企业的论断相吻合。

（三）内生性检验

为了减少由逆向因果和遗漏变量造成的内生性问题的影响,本章借鉴刘淑春等(2021)[2]人做法构建工具变量法,进一步识别研究主要变量间的因果关系。选取企业未来两年内是否有 SCM 系统升级计划的哑变量作为工具变量。本章对工具变量进行了外生性检验,第一阶段回归 F 值分别为 21.68(数字化领域探索行为)和 19.41(数字化领域开发行为),P 值均为 0.000,通过外生性检验。第二阶段,本章进行了过度识别检验,Hansen J 均为 0;弱工具变量检验,Cragg-Donald Wald F Statistic 分别为 251.194(数字化领域探索行为)和 222.74(数字化领域开发行为)。由于龙头企业数字化变革为严格外生变量,所以不纳入本章内生性检验,最终检验结果如表 8-3(step1)和表 8-4(step2)所示(所有内生性和稳健性检验均包含与基准回归相同的控制变量,并控制了个体和时间固定效应),与基准回归一致通过内生性检验。

① Baum,J.A.C.,Li,S.X. and Usher,J.M.,"Making the Next Move:How Experiential and Vicarious Learning Shape the Locations of Chains' Acquisitions",*Administrative Science Quarterly*,Vol.45,No.4,2000,pp.766-801.

② 刘淑春、闫津臣、张思雪、林汉川:《企业管理数字化变革能提升投入产出效率吗》,《管理世界》2021 年第 5 期。

表 8-3　工具变量回归结果 step1

	Exploration	Exploitation
Dum-scmup	0.137 ***	0.138 ***
	(0.023)	(0.024)
Constant	−0.161 ***	−0.206 ***
	(0.024)	(0.023)
Observations	10559	10559
R^2	0.036	0.033

注：***p<0.01，**p<0.05，* p<0.1，括号中为标准误。

表 8-4　工具变量回归结果 step2

	M1	M2	M3	M1	M2	M3
	DofProc	**DofProd**	**DofSales**	**DofProc**	**DofProd**	**DofSales**
Exploration	0.560 ***	0.202 ***	0.627 ***			
	(0.079)	(0.067)	(0.079)			
Exploitation				0.583 ***	0.210 ***	0.653 ***
				(0.082)	(0.070)	(0.083)
Constant	−0.180 ***	−0.866 ***	−0.114 **	−0.234 ***	−0.886 ***	−0.175 ***
	(0.054)	(0.046)	(0.055)	(0.048)	(0.042)	(0.049)
Observations	10559	10559	10559	10559	10559	10559
C-D wald F	251.194	251.194	251.194	222.740	222.740	222.740
Hansen J	0.000	0.000	0.000	0.000	0.000	0.000

注：***p<0.01，**p<0.05，* p<0.1，括号中为标准误。

（四）稳健性检验

本章采取以下方式确保结果稳健性：（1）调整样本。较早进行数字化变革的企业具有先发优势（刘淑春等，2021）[1]，为此本研究剔除先发优势企业（在 2001 年之前就开始推行 ERP 项目的企业）和始终没有推动数字化变革的企业（始终没有推行 ERP 项目的企业），结果如表 8-5（M1—M3）所示。（2）替换变量测度。根据企业管理数字化系统采用"外购"还是"自研"来测度开

---

① 刘淑春、闫津臣、张思雪、林汉川：《企业管理数字化变革能提升投入产出效率吗》，《管理世界》2021 年第 5 期。

发和探索。"外购"指企业通过购买系统方式实现管理数字化,该过程的难点在于实现"外购"系统和企业经营流程的匹配,为此企业要将大量资源用于对自身知识的梳理、整合和再利用,所以,通过外购实现数字化是一种开发行为。在自研系统过程中,需大量引入与自身生产流程不直接相关的数字技术,所以自研数字化系统为探索行为。通过对企业在 ERP、MES、DCS、PLM 和 SCM 五类系统构建过程中的探索和开发行为进行分别的加总后取平均得到企业在数字化探索和开发强度,如式(8-2)和式(8-3)所示,如果某系统为"自研"则对应 $DMU1$ 为 1,如果系统为"外购"则对应 $DMU2$ 为 1,n 为企业已构建的数字化系统总数。回归结果如表 8-5(M4—M6)所示,表明主要变量的回归系数与显著性较前文未发生明显改变,假设检验与前文一致,研究结果稳健。

$$Exploration2 = \frac{DUM1_{ERP} + DUM1_{MES} + DUM1_{DCS} + DUM1_{PLM} + DUM1_{SCM}}{n}$$

$$(8-2)$$

$$Exploitation2 = \frac{DUM2_{ERP} + DUM2_{MES} + DUM2_{MCS} + DUM2_{PLM} + DUM2_{SCM}}{n}$$

$$(8-3)$$

表 8-5　稳健性检验

	M1	M2	M3	M4	M5	M6
	DofProc	DofSales	DofProd	DofProc	DofSales	DofProd
Exploration	0. 038**	0. 043**	0. 055***			
	(0. 018)	(0. 017)	(0. 017)			
Exploitation	0. 078***	0. 047**	0. 031*			
	(0. 021)	(0. 020)	(0. 017)			
Exploration2				0. 104***	0. 085***	0. 126***
				(0. 019)	(0. 017)	(0. 017)
Exploitation2				0. 055***	0. 032*	0. 055***
				(0. 020)	(0. 019)	(0. 015)

续表

	M1	**M2**	**M3**	**M4**	**M5**	**M6**
	DofProc	**DofSales**	**DofProd**	**DofProc**	**DofSales**	**DofProd**
LDofProc	0.058 ***	0.038 **	−0.007	0.058 ***	0.040 ***	−0.004
	(0.015)	(0.015)	(0.011)	(0.014)	(0.013)	(0.012)
LDofSales	0.014	0.045 ***	0.038 ***	0.014	0.044 ***	0.038 ***
	(0.013)	(0.013)	(0.012)	(0.015)	(0.014)	(0.013)
LDofProd	−0.007	−0.013	−0.01	−0.006	−0.012	−0.012
	(0.016)	(0.019)	(0.014)	(0.018)	(0.018)	(0.013)
Constant	−0.338 ***	−0.300 ***	−0.593 ***	−0.298 ***	−0.272 ***	−0.533 ***
	(0.045)	(0.032)	(0.033)	(0.042)	(0.040)	(0.035)
Observations	10145	10145	10145	10374	10374	10374
R^2	0.059	0.063	0.171	0.059	0.064	0.175

注：***p<0.01，**p<0.05，*p<0.1，括号中为标准误。

第三节　异质性分析

一、行业异质性

行业间生产和运营的异质性造成企业管理数字化变革方向存在差异（刘淑春等,2021)[①]。这源自不同行业数字化需求的迥异,如制造业和加工业资本构成较高,所以优化内部管理结构,降低管理成本,实现扁平化、网络化的经营生产模式,才是它们数字化的迫切需求。而制品业多为轻工业企业,缩短生产和销售的流通时间,提高供应链效率的紧迫性大于优化内部管理结构。为探讨行业异质性情景下探索和开发行为及龙头企业示范效应对企业管理数字化变革的影响,本章构建了分组回归,将样本分为制造、加工及制品三组,进行行业异质性分析。由于龙头企业生产过程不为其他企业所见,造成示范效应

---

① 刘淑春、闫津臣、张思雪、林汉川：《企业管理数字化变革能提升投入产出效率吗》,《管理世界》2021 年第 5 期。

不显著,所以不再将龙头企业的数字化生产放入回归。表 8-6 为行业异质性检验结果(所有异质性检验均包含了与基准回归相同的控制变量,同时控制了个体和时间固定效应)。结果表明,专精特新企业的数字化采购通过开发行为推动,同时受到龙头企业数字化采购拉动;在加工业,探索和开发行为对企业数字化采购的促进作用不显著,龙头企业数字化销售示范效应显著;在制品行业,探索和开发行为对企业的数字化采购均有正向影响,龙头企业的数字化采购的示范效应显著。同时,探索行为对企业数字化销售的正向影响在制造业和制品业中显著,而开发行为的正向影响只在制品业中显著为正;同时龙头企业示范效应也集中在制造业和制品业。最后,探索行为对数字化生产的影响集中于制造业和制品业,同时开发行为则对专精特新企业的数字化生产促进作用更为显著;同时龙头企业示范效应在三个行业均有显著正向影响,这一影响主要来自龙头企业数字化销售。

表 8-6 企业行业异质性特征

	DofProc			DofSales			DofProd		
	制造业	加工业	制品业	制造业	加工业	制品业	制造业	加工业	制品业
Exploration	0.030	−0.031	0.060**	0.048*	0.055	0.077**	0.048*	−0.038	0.078***
	(0.027)	(0.090)	(0.028)	(0.027)	(0.056)	(0.029)	(0.028)	(0.058)	(0.024)
Exploitation	0.067**	0.051	0.067*	0.036	−0.122*	0.083**	0.045**	−0.031	0.021
	(0.026)	(0.133)	(0.033)	(0.022)	(0.068)	(0.032)	(0.022)	(0.077)	(0.034)
LDofProc	0.044**	0.011	0.087***	0.011	−0.006	0.078***	0.005	−0.025	−0.018
	(0.016)	(0.048)	(0.023)	(0.014)	(0.023)	(0.027)	(0.014)	(0.033)	(0.019)
LDofSales	0.008	0.100*	0.005	0.049***	0.057	0.024	0.026*	0.125**	0.062**
	(0.013)	(0.051)	(0.023)	(0.013)	(0.049)	(0.022)	(0.015)	(0.046)	(0.024)
Constant	−0.307***	−0.549***	−0.434***	−0.289***	−0.570***	−0.348***	−0.759***	−0.739***	−0.340***
	(0.044)	(0.118)	(0.091)	(0.026)	(0.076)	(0.078)	(0.028)	(0.217)	(0.067)
Observations	6490	579	2885	6490	579	2885	6490	579	2885
R^2	0.046	0.109	0.098	0.051	0.116	0.115	0.189	0.164	0.150

注: ***p<0.01, **p<0.05, *p<0.1,括号中为标准误。

二、规模异质性

组织创新过程中不论采取探索还是开发行为都须与自身资源禀赋相匹配,资源差异会影响企业创新选择,这种资源差异直接表现为规模异质性。管理数字化变革方向选择也可能受到规模异质性影响。为此,本章针对规模异质性构建了分组回归(见表8-7)。结果表明,管理数字化变革会受规模异质性影响,探索和开发行为对采购数字化的影响在不同规模企业间没有显著差异,但是龙头企业示范效应只对处于后30%的中小企业显著。而对销售管理数字化的影响,不论是探索和开发行为还是龙头企业示范效应,均只在规模为后30%的中小企业显著。最后,探索和开发对生产数字化的影响在中小企业群体中更显著,而龙头示范效应对较大企业有一定影响(系数为0.05)。

表8-7 样本企业规模异质性特征

	DofProc		DofSales		DofProd	
	前30%	后30%	前30%	后30%	前30%	后30%
Exploration	0.078**	0.059**	0.053	0.063**	0.024	0.070***
	(0.037)	(0.028)	(0.032)	(0.030)	(0.033)	(0.024)
Exploitation	0.087**	0.068**	0.046	0.065**	0.045	0.078**
	(0.037)	(0.029)	(0.034)	(0.031)	(0.029)	(0.031)
LDofProc	0.014	0.079**	−0.013	0.060*	−0.016	0.001
	(0.023)	(0.035)	(0.027)	(0.033)	(0.018)	(0.027)
LDofSales	0.021	0.01	0.017	0.066**	0.050*	0.036
	(0.035)	(0.032)	(0.022)	(0.031)	(0.025)	(0.026)
Constant	−0.205**	−0.463***	−0.356***	−0.495***	−0.720***	−0.386***
	(0.087)	(0.097)	(0.087)	(0.108)	(0.094)	(0.068)
Observations	3002	3091	3002	3091	3002	3091
R^2	0.042	0.093	0.04	0.112	0.127	0.184

注:***p<0.01,**p<0.05,*p<0.1,括号中为标准误。

第四节　结论与相关政策建议

本章基于全国首个"两化"深度融合国家示范区内 3109 家企业连续 6 年动态推进数字化管理的追踪调查数据,以采购数字化、生产数字化和销售数字化三个维度测度企业管理数字化变革,基于组织创新视角和组织学习理论研究了企业通过数字领域探索和开发推动管理数字化变革的路径和机制,主要结论和政策建议如下。

第一,企业在数字领域的探索和开发对管理数字化变革三个维度均有正向促进作用。管理数字化变革是基于数字技术的深度组织创新,其顺利推进需要企业在数字领域的探索和开发的协同作用。一方面,探索能助力企业获取数字化相关外部知识,为管理数字化变革提供技术支持;另一方面,开发助力企业挖掘利用已有知识,实现外部引进数字化技术与现有系统的有效结合,提高管理数字化变革成功率。基于此,探索了一条企业推进管理数字化变革的有效路径,即"通过同时实施外部知识探索和内部知识开发确保数字技术引入的同时,能够实现与已有业务有机整合,最终完成管理数字化变革",丰富拓展了企业管理数字化变革的相关文献,为理论研究提供了实证支持和新的视角。所以,试图开展管理数字化变革的企业应结合自身特质,提高数字领域探索和开发预算,进而对企业信息设备、信息系统以及业务系统进行数字化改造,最终促使企业基于数字技术实现整体流程再造。

第二,龙头企业示范效应对当地企业管理数字化变革推进有显著促进作用。龙头企业数字化经验降低了当地企业数字化变革不确定性,提升了数字化转型信心,进而推动了当地企业管理数字化工作。具体而言,龙头企业的采购数字化和销售数字化对其他企业数字化变革的影响较为显著,而来自龙头企业的生产数字化的影响却不显著。这也体现了,龙头示范效应只在周边企业"可见""可知"的领域中展开,因此自发的龙头示范效应并未将这种积极效应最大化,在涉及核心竞争力的制造环节数字化就难以通过龙头示范性效应推进。所以,地方政府可制定龙头企业示范效应专项政策,在保护龙头企业核心商业机密的同时,通过"树典型""立标杆"等模式进一步强化龙头企业示范引领作用,最终使从点到面的管理数字化变革得以纵深推进,打消跟随企业"不敢转"和"不愿转"的顾虑。

第三,行业类型和规模对企业探索和开发,以及龙头企业示范效应对管理数字化变革具有显著的异质性影响。具体而言:(1)针对制造业,数字化探索能显著推进企业在生产数字化和销售数字化的管理数字化变革;而数字化开发的正向影响体现在采购数字化和生产数字化两个维度。针对加工业,数字化探索和开发对该行业企业的管理数字化变革促进并不显著,此类行业管理数字化变革更依赖龙头企业示范效应推进。而在制品业中,数字化探索行为对管理数字化变革三个维度均有促进作用,数字化开发行为则对采购和销售数字化影响显著。(2)企业数字化探索和开发对不同规模企业的差异性影响主要体现在生产数字化和销售数字化,在这两个维度,中小企业开展数字化探索和开发作用好于大型企业。所以,不同行业、不同企业的发展需求各异,管理数字化变革方向和重点也存在鲜明差异,这说明实践中并不存在普适性的数字化战略和政策,必须实事求是地根据具体情况采取针对性激励政策。而从本章结论来看,行业和规模异质性会导致企业开展数字化探索和开发的作用存在差异,现阶段针对企业数字化转型的激励政策仍然较为笼统,政策面"一刀切"的现象也较为常见,应当结合企业所处行业和企业规模等因素,优化数字化探索和投入比例,对企业的政策扶持从"漫灌"到专项"滴灌",制定更为精准和匹配的政策体系以实现"培优扶弱"。

第九章 基于双元平衡视角的数字化赋能研究

数字化转型作为组织引领新一轮技术变革和产业变革的重要抓手,通过完善核心业务、简化运营流程、创新商业模式及增强客户体验等方式,助力企业实现降本增效与价值重构的双重目标(王永贵、汪淋淋,2021)[①]。然而,数字化转型具有多维度、多技术背景融合特性,无法一蹴而就,需要企业在持续创新中逐步推进。这一过程中面临的不确定性和风险性使得许多企业在数字化转型决策时犹豫不决。实际上,尽管数字化转型备受关注,众多企业已加入数字化转型的行列,但真正成功的企业仍是少数(闫俊周等,2021)[②]。正是由于数字化转型的创新特性,有学者指出企业数字化转型的关键障碍是难以实现数字双元平衡,即平衡数字化转型过程中数字探索和数字利用行为(Lee等,2015[③];Luger 等,2018[④];Soto-Acosta 等,2018[⑤])。因此,企业通过何种努力实现数字双元平衡,进而成功实施数字化转型成为一个亟须解答的现实问题和理论命题。

[①] 王永贵、汪淋淋:《传统企业数字化转型战略的类型识别与转型模式选择研究》,《管理评论》2021 年第 11 期。

[②] 闫俊周、姬婉莹、熊壮:《数字创新研究综述与展望》,《科研管理》2021 年第 4 期。

[③] Lee, O.-K., Sambamurthy, V., Lim, K.H. and Wei, K.K., "How Does IT Ambidexterity Impact Organizational Agility?", *Information Systems Research*, Vol.26, No.2, 2015, pp.398-417.

[④] Luger, J., Raisch, S. and Schimmer, M., "Dynamic Balancing of Exploration and Exploitation: The Contingent Benefits of Ambidexterity", *Organization Science*, Vol.29, No.3, 2018, pp.449-470.

[⑤] Soto-Acosta, P., Popa, S. and Martinez-Conesa, I., "Information Technology, Knowledge Management and Environmental Dynamism as Drivers of Innovation Ambidexterity: A Study in SMEs", *Journal of Knowledge Management*, Vol.22, No.4, 2018, pp.824-849.

　　数字双元平衡源自组织行为学中的组织双元平衡,关于如何促进双元平衡,相关研究已从资源与能力视角论证了动态能力可以在保障组织充分利用既有核心资源来维持生存的同时,兼顾对潜在机会的有效探索(焦豪,2011)[①]。具体而言,动态能力有助于企业识别内外核心资源,提高资源利用效率(Teece 等,1997[②];Teece,2007[③]);拥有动态能力的企业能够创造、拓展与改造常规能力,在保持日常运营稳定的基础上,提升应对外部环境变化的组织灵活性和敏捷性(Winter,2003)[④]。因此,构建动态能力是企业实现双元平衡的关键。但不同于传统双元平衡实现主要关注与主营业务高度相关的传统要素配置,企业数字双元平衡的达成过程中,还要尤其重视数字资源这一与主营业务不直接相关资源的高效协调。在这种情景下,对于众多身处传统行业的非数字原生企业而言,传统动态能力可能难以满足数字双元平衡的需求,为了弥合数字情景与传统动态能力间的差距,学者们提出了数字动态能力这一概念(Annarelli 等,2021)[⑤]。数字动态能力是指在数字化背景下,通过对数字资源的识别、整合、配置和创新应用,进而推动企业数字化转型升级的一种独特能力(胡宇辰等,2023[⑥];苏敬勤等,2022[⑦];Verhoef 等,2021[⑧]),成为实现企业

---

① 焦豪:《双元型组织竞争优势的构建路径:基于动态能力理论的实证研究》,《管理世界》2011 年第 11 期。

② Teece,D.J.,Pisano,G. and Shuen,A.,"Dynamic Capabilities and Strategic Management", *Strategic Management Journal*,Vol.18,No.7,1997,pp.509-533.

③ Teece,D.J.,"Explicating Dynamic Capabilities:The Nature and Microfoundations of(Sustainable)Enterprise Performance",*Strategic Management Journal*,Vol.28,No.13,2007,pp.1319-1350.

④ Winter,S.G.,"Understanding Dynamic Capabilities",*Strategic Management Journal*,Vol.24,No.10,2003,pp.991-995.

⑤ Annarelli,A.,Battistella,C.,Nonino,F.,Parida,V. and Pessot,E.,"Literature Review on Digitalization Capabilities:Co-citation Analysis of Antecedents,Conceptualization and Consequences",*Technological Forecasting and Social Change*,Vol.166,2021.

⑥ 胡宇辰、胡勇浩、李劼:《企业数字化能力:研究述评与展望》,《外国经济与管理》2023 年第 12 期。

⑦ 苏敬勤、孙悦、高昕:《连续数字化转型背景下的数字化能力演化机理——基于资源编排视角》,《科学学研究》2022 年第 10 期。

⑧ Verhoef,P.C.,Broekhuizen,T.L.,Bart,Y.,Bhattacharya,A.,et al.,"Digital Transformation:A Multidisciplinary Reflection and Research Agenda",*Journal of Business Research*,Vol.122,2021,pp.889-901.

数字双元平衡的潜在路径。

目前,关于数字动态能力的相关文献多为对其概念和作用的定性阐述,如李和陈(Li 和 Chan,2019)[①]从企业信息技术应用视角出发,提出了动态数字信息能力,并将其细分为动态数字平台能力、动态信息管理能力以及动态知识管理能力三个维度;安纳雷利等(Annarelli 等,2021)将数字化与动态能力相结合[②],把数字动态能力划分为资源与流程的重新配置、数字能力的获取、机会与威胁的感知三个部分;另有学者提出数字动态能力是通过数字技术提升企业某一传统能力的能力。数字动态能力的提高不仅促进了管理认知更新、管理社会资本开发、业务团队建设和组织能力建设,还能帮助企业制定合理的数字化战略决策和路径规划(Li 等,2018)[③]。现有研究探讨了数字动态能力的内涵,并提及了其对企业推动数字化转型的潜在影响,但它们并未从高阶能力角度构建动态能力与数字双元平衡及数字化转型关系间的理论框架,数字动态能力对数字化转型的作用机制也尚处于"黑箱"状态。

鉴于此,本章从实现企业数字双元平衡的目标出发,有针对性地提出以下问题:数字动态能力能否助力企业达成数字双元平衡,进而促进企业实现数字化转型?这一影响在不同行业、不同规模的企业中是否表现出差异性?为了回答这些问题,本章基于动态能力理论,利用 2015—2019 年全国首个"两化"融合示范区 1191 家企业的动态调研数据,深入研究了数字动态能力对企业数字化转型的影响及作用机制。实证结果表明,数字动态能力能够通过达成数字双元平衡,进而显著提高数字化转型效率;机制分析表明,数字动态能力的不同维度在促进企业双元平衡中的作用存在差异;进一步发现,数字动态能力对企业数字化转型效率的影响存在明显行业与规模异质性特征。本章结论对数字经济时代下打造企业高质量发展的数字化新优势具有重要的参考价值。

---

① Li,T. and Chan,Y.E.,"Dynamic Information Technology Capability:Concept Definition and Framework Development",*The Journal of Strategic Information Systems*,Vol.28,No.4,2019.

② Annarelli,A.,Battistella,C.,Nonino,F.,Parida,V. and Pessot,E.,"Literature Review on Digitalization Capabilities:Co-citation Analysis of Antecedents,Conceptualization and Consequences",*Technological Forecasting and Social Change*,Vol.166,2021.

③ Li,L.,Su,F.,Zhang,W. and Mao,J.-Y.,"Digital Transformation by SME Entrepreneurs:A Capability Perspective",*Information Systems Journal*,Vol.28,No.6,2018,pp.1129-1157.

本章的边际贡献可能体现在以下几方面:首先,本章丰富了企业数字化转型的动因研究。现有研究多从内部需求与外部政策角度探索企业数字化转型的驱动因素(王海等,2023;余典范等,2022)[1][2],忽略了数字动态能力在数字化转型过程中发挥的关键作用。本章基于动态能力理论,验证了数字动态能力可以显著提升企业数字化转型效率,并通过对行业与规模属性的异质性分析,为不同类型企业数字化转型提供了理论指导。其次,本章基于数字双元平衡视角为培养数字动态能力以提升企业数字化转型效率的路径机制提供了经验证据。数字动态能力与双元创新的结合可以有效填补企业数字转型相关资源和能力的不足,加速数字技术与业务流程的协同适配,发挥数字化赋能效应,这有助于打开数字动态能力对数字化转型的作用机制的"黑箱",帮助企业克服转型效率低下的困境。最后,本章为数字动态能力的相关研究提供了新的微观量化依据。鉴于当前企业数字化相关数据难以获得,有关数字动态能力的研究主要停留在概念梳理阶段(Annarelli等,2021;Li和Chan,2019)[3][4],或将单一数字技术的应用作为数字动态能力的替代变量(Nwankpa和Roumani,2016;Li等,2018)[5][6],这些方式均存在局限性。为此,本章基于首个国家级"两化"融合示范区内企业连续5年数字化转型动态调研面板数据细化了数字动态能力测度指标,为开展此类研究提供了可借鉴的方法。

---

① 王海、闫卓毓、郭冠宇、尹俊雅:《数字基础设施政策与企业数字化转型:"赋能"还是"负能"?》,《数量经济技术经济研究》2023年第5期。

② 余典范、王超、陈磊:《政府补助、产业链协同与企业数字化》,《经济管理》2022年第5期。

③ Annarelli, A., Battistella, C., Nonino, F., Parida, V. and Pessot, E., "Literature Review on Digitalization Capabilities: Co-citation Analysis of Antecedents, Conceptualization and Consequences", *Technological Forecasting and Social Change*, Vol.166, 2021.

④ Li, T. and Chan, Y.E., "Dynamic Information Technology Capability: Concept Definition and Framework Development", *The Journal of Strategic Information Systems*, Vol.28, No.4, 2019.

⑤ Nwankpa, J. and Roumani, Y., "IT Capability and Digital Transformation: A Firm Performance Perspective", *International Conference on Interaction Sciences*, 2016.

⑥ Li, L., Su, F., Zhang, W. and Mao, J.-Y., "Digital Transformation by SME Entrepreneurs: A Capability Perspective", *Information Systems Journal*, Vol.28, No.6, 2018, pp.1129-1157.

第一节　基于双元平衡视角的数字化赋能研究的理论逻辑

一、企业数字化转型过程中的双元平衡问题

数字化转型是一场全方位的组织变革,旨在借助数字技术促进企业实现生产要素和运营环境数字化,加速业务流程与生产方式革新,最终实现价值创造模式的更新迭代(Liu 等,2011)[①]。这意味着企业需要打破传统工业情形下的路径依赖,实现生产智能化、销售精准化、资源管理高效化,并完善管理范式和管理模式,推动管理制度创新(肖静华等,2021)。[②] 因此,企业数字化转型可被视为基于数字技术的深度组织创新。

作为指导组织创新的重要理论,双元创新理论认为组织创新普遍遵循"利用"和"探索"两种路径(March,1991)。[③] 其中,"利用"专注于将现有知识、技术或经验应用到具体的商业实践中,以产生商业价值、提高效率或满足客户需求;与之相对"探索"则侧重于未知领域知识、技术或经验的学习和吸收,以把握市场动向,发现新的商业机会或解决方案(March,1991;彭新敏等,2017)。[④][⑤] 为了保持在市场中长期活跃和持续创新,企业应合理配置资源平

---

① Liu,D.Y.,Chen,S.W. and Chou,T.C.,"Resource Fit in Digital Transformation:Lessons Learned from the CBC Bank Global E-Banking Project",*Management Decision*,Vol.49,No.9-10,2011,pp.1728-1742.

② 肖静华、吴小龙、谢康、吴瑶:《信息技术驱动中国制造转型升级——美的智能制造跨越式战略变革纵向案例研究》,《管理世界》2021 年第 3 期。

③ March,J.G.,"Exploration and Exploitation in Organizational Learning",*Organization Science*,Vol.2,No.1,1991,pp.71-87.

④ March,J.G.,"Exploration and Exploitation in Organizational Learning",*Organization Science*,Vol.2,No.1,1991,pp.71-87.

⑤ 彭新敏、郑素丽、吴晓波、吴东:《后发企业如何从追赶到前沿?——双元性学习的视角》,《管理世界》2017 年第 2 期。

衡利用和探索（周翔等，2023；O'Reilly 和 Tushman，2008）①②。而数字化转型的目标是将传统业务模式转化为更具数字化特征的模式，同样既需要"数字利用"对现有数字资源的优化和利用，加速数字能力与业务流程的融合，更快地带来成果和回报；也需要"数字探索"帮助企业深入了解与应用数字技术，学习数字改革成功经验，确保企业能在未来获得更大收益（Liang 等，2022）。③不过值得注意的是，企业数字化转型的推进过程会产生大量资本需求和沉淀成本，资源约束迫使企业在该过程中需兼顾这两种创新路径，实现"数字双元平衡"（Lee 等，2015）。④

现有研究表明，实现数字双元平衡对企业数字化转型至关重要，数字探索和利用之间的动态平衡有助于解决企业在数字基础设施建设过程中的矛盾（Montealegre 等，2019）⑤，特别是当企业能够平衡数字探索和利用行为，并将其与企业数字化战略相匹配时，产生的回报收益将会更加显著（Steelman 等，2019）⑥。为了实现数字双元平衡，企业需要设定合理的数字探索与利用比例，这将提高企业在面对不确定环境时的组织柔性，为数字化转型的成功提供保障。这些研究为本研究进一步理解数字双元平衡在企业数字化转型过程中的重要作用提供了理论借鉴，但关于如何促成数字双元平衡以实现数字化转型的研究仍然较为缺乏，限制了对企业数字化行为的解释力。鉴于此，本章从

① 周翔、叶文平、李新春：《数智化知识编排与组织动态能力演化——基于小米科技的案例研究》，《管理世界》2023 年第 1 期。

② O'Reilly III, C.A. and Tushman, M.L., "Ambidexterity as a Dynamic Capability: Resolving the Innovator's Dilemma", *Research in Organizational Behavior*, Vol.28, 2008, pp.185–206.

③ Liang, H., Wang, N. and Xue, Y., "Juggling Information Technology (IT) Exploration and Exploitation: A Proportional Balance View of IT Ambidexterity", *Information Systems Research*, Vol.33, 2022, pp.1386–1402.

④ Lee, O.-K., Sambamurthy, V., Lim, K.H. and Wei, K.K., "How Does IT Ambidexterity Impact Organizational Agility?", *Information Systems Research*, Vol.26, No.2, 2015, pp.398–417.

⑤ Monteagrelle, R., Iyengar, K. and Sweeney, J., "Understanding Ambidexterity: Managing Contradictory Tensions Between Exploration and Exploitation in the Evolution of Digital Infrastructure", *Journal of the Association for Information Systems*, Vol.20, No.5, 2019, pp.647–680.

⑥ Steelman, Z.R., Havakhor, T., Sabherwal, R. and Sabherwal, S., "Performance Consequences of Information Technology Investments: Implications of Emphasizing New or Current Information Technologies", *Information Systems Research*, Vol.30, No.1, 2019, pp.204–218.

组织创新和动态能力的相关理论出发,将数字动态能力作为企业应对外部环境变化的关键能力(Teece 等,1997;Teece,2007;Winter,2003)[1][2][3],可能是实现数字双元平衡的重要因素。

二、由动态能力到数字动态能力

自 Teece 等人深化发展了资源基础观(Resource-Based View,RBV)并提出动态能力概念以来,该领域一直备受关注,相关研究汗牛充栋(Teece 等,1997;Winter,2003;Wheeler,2002;Daniel 等,2014)。[4][5][6][7] 动态能力使企业能在日益复杂的商业环境中快速获取并调度数字资源,促进企业双元平衡的达成(焦豪,2011)[8],成为企业在数字经济时代持续获得竞争优势的关键(Zheng 等,2011;Pagoropoulos 等,2017)。[9][10] 然而,在面对数字化转型和数字双元平衡这一新时代课题时,传统动态能力可能显得力不从心(Ngo

---

① Teece,D.J.,Pisano,G. and Shuen,A.,"Dynamic Capabilities and Strategic Management", *Strategic Management Journal*,Vol.18,No.7,1997,pp.509-533.

② Teece,D.J.,"Explicating Dynamic Capabilities:The Nature and Microfoundations of(Sustainable)Enterprise Performance",*Strategic Management Journal*,Vol.28,No.13,2007,pp.1319-1350.

③ Winter,S.G.,"Understanding Dynamic Capabilities",*Strategic Management Journal*,Vol.24,No.10,2003,pp.991-995.

④ Teece,D.J.,Pisano,G. and Shuen,A.,"Dynamic Capabilities and Strategic Management", *Strategic Management Journal*,Vol.18,No.7,1997,pp.509-533.

⑤ Winter,S.G.,"Understanding Dynamic Capabilities",*Strategic Management Journal*,Vol.24,No.10,2003,pp.991-995.

⑥ Wheeler,B.C.,"NEBIC:A Dynamic Capabilities Theory for Assessing Net-Enablement",*Information Systems Research*,Vol.13,No.2,2002,pp.125-146.

⑦ Daniel,E.M.,Ward,J.M. and Franken,A.,"A Dynamic Capabilities Perspective of is Project Portfolio Management",*Journal of Strategic Information Systems*,Vol.23,No.2,2014,pp.95-111.

⑧ 焦豪:《双元型组织竞争优势的构建路径:基于动态能力理论的实证研究》,《管理世界》2011 年第 11 期。

⑨ Zheng,S.L.,Zhang,W.,Wu,X.B. and Du,J.,"Knowledge-based Dynamic Capabilities and Innovation in Networked Environments",*Journal of Knowledge Management*,Vol.15,No.6,2011,pp.1035-1051.

⑩ Pagoropoulos,A.,Maier,A.M. and McAloone,T.C.,"Assessing Transformational Change from Institutionalising Digital Capabilities on Implementation and Development of Product-Service Systems: Learnings from the Maritime Industry",*Journal of Cleaner Production*,Vol.166,2017,pp.369-380.

等,2019)。[1] 其背后的深层原因在于,当前实施数字化转型的主体多为传统行业中的非数字原生企业,其培养数字化相关能力的资源基础通常与自身业务相关能力存在较大的差异。传统的动态能力主要是对企业主营业务相关资源进行编排的高阶能力(Winter,2003;Mu,2017)[2][3],难以合理配置与主营业务相关程度较低的数字资源。因此,要解决企业数字化相关的发展问题,不能只依靠传统动态能力,需要构建一个基于数字化的新能力体系(Amit 和 Han,2017;Vial,2019)[4][5]。

在这种需求下,研究者对数字化动态能力的相关概念展开了探讨,李和陈(Li 和 Chan,2019)[6]将数字动态能力概念化为技术动态能力,并基于信息技术开发了一个理论框架,将动态 IT 能力划分为动态 IT 平台能力、动态 IT 管理能力和动态 IT 知识管理能力三维度;安纳雷利等(Annarelli 等,2021)[7]明确了数字动态能力的概念并将其划分为三个关键组成部分,即数字集成能力、数字平台能力和数字创新能力;而斯泰贝等(Steiber 等,2021)[8]则指出数字化动态能力是企业系统地识别和发展数字化转型的高阶能力。除此之外,卡里米

① Ngo,L.V.,Bucic,T.,Sinha,A. and Lu,N.,"Effective Sense-and-Respond Strategies:Mediating Roles of Exploratory and Exploitative Innovation",*Journal of Business Research*,Vol.94,2019,pp.154-161.

② Winter,S.G.,"Understanding Dynamic Capabilities",*Strategic Management Journal*,Vol.24,No.10,2003,pp.991-995.

③ Mu,J.,"Dynamic Capability and Firm Performance:The Role of Marketing Capability and Operations Capability",*IEEE Transactions on Engineering Management*,Vol.64,2017,pp.554-565.

④ Amit,R. and Han,X.,"Value Creation through Novel Resource Configurations in a Digitally Enabled World",*Strategic Entrepreneurship Journal*,Vol.11,No.3,2017,pp.228-242.

⑤ Vial,G.,"Understanding Digital Transformation:A Review and a Research Agenda",*Journal of Strategic Information Systems*,Vol.28,No.2,2019,pp.118-144.

⑥ Li,T. and Chan,Y.E.,"Dynamic Information Technology Capability:Concept Definition and Framework Development",*The Journal of Strategic Information Systems*,Vol.28,No.4,2019.

⑦ Annarelli,A.,Battistella,C.,Nonino,F.,Parida,V. and Pessot,E.,"Literature Review on Digitalization Capabilities:Co-citation Analysis of Antecedents,Conceptualization and Consequences",*Technological Forecasting and Social Change*,Vol.166,2021.

⑧ Steiber,A.,ÄLÄNGE,S.,Ghosh,S. and Goncalves,D.,"Digital Transformation of Industrial Firms:An Innovation Diffusion Perspective",*European Journal of Innovation Management*,Vol.24,No.3,2021,pp.799-819.

和瓦尔特(Karimi 和 Walter,2015)①将数字化转型视为企业传统运营模式的颠覆式创新,通过推进构建数字平台能力可以加速企业的数字化进程,沈等(Shen 等,2022)②也发现数字动态能力可以通过协调数字技术的应用来提升企业的数字化转型绩效。对于企业数字化转型成功率的提升,不仅仅是对现有功能的更新或延展,更体现在对全新数字能力的探索与应用上(Steiber 等,2021)。③ 因此,积极构建和发展数字动态能力已成为企业深入推进数字化进程的关键。本章在借鉴温特(Winter,2003)提出的动态能力框架的基础上,认为数字动态能力是企业或组织在数字化转型过程中需要具备的一种高阶能力,其能在快速变化的数字化环境中及时整合、协调并配置数字资源,并进一步将数字动态能力划分为动态数字平台能力、动态数字信息能力以及动态数字生产能力三维度,以更深入地探讨数字动态能力如何助力企业达成数字双元平衡、推动数字化转型。④

三、数字动态能力与企业数字化转型

为深入研究数字动态能力对企业数字化转型的影响,本章借鉴焦豪(2011)⑤提出的分析框架,该框架全面考察了动态能力对企业双元平衡的影响。在具体研究中,本章将重点关注数字动态能力在企业机会识别、整合重构、技术柔性和组织柔性等方面起到的作用。首先,机会识别使企业能够有效地获取外部网络中关于数字化转型的信息和知识,促进这些知识在企业内部

---

① Karimi,J. and Walter,Z.,"The Role of Dynamic Capabilities in Responding to Digital Disruption:A Factor-Based Study of the Newspaper Industry",*Journal of Management Information Systems*,Vol.32,2015,pp.39-81.

② Shen,L.,Zhang,X. and Liu,H.D.,"Digital Technology Adoption,Digital Dynamic Capability,and Digital Transformation Performance of Textile Industry:Moderating Role of Digital Innovation Orientation",*Managerial and Decision Economics*,Vol.43,No.6,2022,pp.2038-2054.

③ Steiber,A.,ÄLÄNGE,S.,Ghosh,S. and Goncalves,D.,"Digital Transformation of Industrial Firms:An Innovation Diffusion Perspective",*European Journal of Innovation Management*,Vol.24,No.3,2021,pp.799-819.

④ Winter,S.G.,"Understanding Dynamic Capabilities",*Strategic Management Journal*,Vol.24,No.10,2003,pp.991-995.

⑤ 焦豪:《双元型组织竞争优势的构建路径:基于动态能力理论的实证研究》,《管理世界》2011 年第 11 期。

的传播与扩散,提升企业对外部数字化机遇的感知和理解。其次,整合重构涉及企业内部知识和资源的重新组织,通过有效地整合现有资源,推动企业实施深度创新和改革,从而实现可持续的创新。此外,技术柔性和组织柔性在数字化转型中发挥着协同作用,技术柔性支持技术模块化,使企业能够更灵活地适应快速变化的技术环境,推动内部创新活动的开展;组织柔性通过实现组织结构的扁平化,为内部创新和改革活动提供了有利的推进环境,促进了企业内部创新活力的释放。进一步,本章将基于上述分析框架进一步具体分析数字动态能力各维度对企业达成数字双元平衡进而促进数字化转型。

（一）动态数字平台能力与数字化转型

动态数字平台能力作为数字动态能力的基础,是企业通过自身数字基础设施获取价值的能力(Li 和 Chan,2019)①,有助于企业实现数字资源的跨边界流通、共享与整合,从而达成数字双元平衡。具体来看,首先,数字技术的普及加剧了各个行业的环境动态性,为达成数字双元平衡并提升数字化转型效率,企业需不断进行外部市场信息与技术知识探索,并基于获取到的新知识优化自身数字化流程,为此需要保障企业的数字基础设施灵活性。而完善的动态数字平台能力意味着企业可以通过柔性的数字基础设施建设满足这种灵活性的需求,确保企业在发现外部机遇的同时有能力将这一机遇在企业顺利实施。其次,在数字化转型等深度组织创新过程中,不同类型知识与资源的有效组合对企业至关重要(王建平、吴晓云,2017)②,动态数字平台能力通过优化数字基础设施,提升企业突破主体间资源壁垒的能力,丰富资源获取渠道,助力企业整合跨界资源和重新编排不同类型的数字资源(阮添舜等,2023)③,进而促进了企业积极实施数字探索和利用行为。再次,动态数字平台能力可以引导企业实现功能模块化,极大提升了企业在数字化过程中的技术柔性,

---

① Li,T. and Chan,Y.E.,"Dynamic Information Technology Capability:Concept Definition and Framework Development",*The Journal of Strategic Information Systems*,Vol.28,No.4,2019.

② 王建平、吴晓云:《制造企业知识搜寻对渐进式和突破式创新的作用机制》,《经济管理》2017 年第 12 期。

③ 阮添舜、屈蓉、顾颖:《数字平台生态系统下企业何以实现数字创新》,《科技进步与对策》2023 年第 23 期。

有助于推动企业实施数字探索和利用行为(焦豪等,2008)。[1] 最后,通过数字化平台的不断优化,各利益相关者之间的资源共享更加频繁,组织柔性的提升促进了企业生态网络中资源的互补,为开展全产业链协同创新奠定了基础。

综上所述,动态数字平台能力通过数字基础设施的优化和强化,全面支持了机会识别、整合重构、技术柔性和组织柔性,为企业达成数字双元平衡,进而推动其数字化转型创造了有利条件。基于此,本章提出以下理论假说:

理论假说9-1:动态数字平台能力对企业数字化转型具有正向影响。

理论假说9-1a:动态数字平台能力通过提升企业数字探索促进企业数字化转型。

理论假说9-1b:动态数字平台能力通过提升企业数字利用促进企业数字化转型。

(二)动态数字信息能力与数字化转型

动态数字信息能力是企业基于数字基础设施处理多种信息的能力,此能力可助力企业更有效地获取、处理和应用外部数字化信息,促使企业达成数字双元平衡并推动数字化转型。具体来看,首先,动态数字信息能力通过不断提升新兴数字技术与已有知识体系的融合,加强对外部数字化信息的获取与甄别能力,推动机会识别能力的提升(宋华等,2022;魏冉等,2022)[2][3],从而使得企业能够更全面地认知外部数字化机遇,为数字探索和利用提供关键支持。其次,企业通过应对数字化转型过程中各类信息积累了数字应用的经验和知识,提升了业务的整合重构能力,使其更灵活地适应数字化转型带来的挑战。这种对信息和资源的重新组织有助于企业实现可持续的创新和变革,进而形成数字双元平衡。再次,持续的数字化信息处理能力使得企业更加敏感于技

① 焦豪、魏江、崔瑜:《企业动态能力构建路径分析:基于创业导向和组织学习的视角》,《管理世界》2008 年第 4 期。

② 宋华、陶铮、杨雨东:《"制造的制造":供应链金融如何使能数字商业生态的跃迁——基于小米集团供应链金融的案例研究》,《中国工业经济》2022 年第 9 期。

③ 魏冉、刘春红、张悦:《物流服务生态系统价值共创与数字化能力研究——基于菜鸟网络的案例研究》,《中国软科学》2022 年第 3 期。

术变革(Verhoef 等,2021)①,从而推动技术柔性的提升,技术柔性的加强有助于企业更好地应对技术模块化的挑战,支持内部探索和利用行为的推进,为数字双元平衡的实现提供了有利条件。最后,通过数字技术赋能信息传递,企业内部各部门间的信息流动效率得以大幅提升,打破了部门间的隔阂,消除了内部数据孤岛(王强等,2020;刘淑春等,2021)。②③ 这使得企业更容易实现组织结构的扁平化,提高了组织柔性,为内部创新提供了有利的推进环境,促进了企业内部创新活力的释放,使企业能更好地推进探索和利用行为(焦豪等,2008)④,达成双元平衡。

综上所述,动态数字信息能力通过完善企业数字化转型过程中的信息处理流程,全面支持了机会识别、整合重构、技术柔性和组织柔性,为企业达成数字双元平衡,进而推动其数字化转型创造了有利条件。基于此,本章提出以下理论假说:

理论假说9-2:动态数字信息能力对企业数字化转型具有正向影响。

理论假说9-2a:动态数字信息能力通过提升企业数字探索促进企业数字化转型。

理论假说9-2b:动态数字信息能力通过提升企业数字利用促进企业数字化转型。

(三) 动态数字生产能力与数字化转型

动态数字生产能力指企业通过生产数字化提升业务流程柔性的能力。这一能力直接影响大量非数字原生企业的核心生产环境,其与企业数字双元平衡的实现和数字化转型成功率提升也高度相关,其可能的关系如下:

首先,通过将大数据、云计算、人工智能等数字技术深度嵌入自动排产和

---

① Verhoef,P.C.,Broekhuizen,T.L.,Bart,Y.,et al.,"Digital Transformation:A Multidisciplinary Reflection and Research Agenda",*Journal of Business Research*,Vol.122,2021,pp.889-901.

② 王强、王超、刘玉奇:《数字化能力和价值创造能力视角下零售数字化转型机制——新零售的多案例研究》,《研究与发展管理》2020 年第 6 期。

③ 刘淑春、闫津臣、张思雪、林汉川:《企业管理数字化变革能提升投入产出效率吗》,《管理世界》2021 年第 5 期。

④ 焦豪、魏江、崔瑜:《企业动态能力构建路径分析:基于创业导向和组织学习的视角》,《管理世界》2008 年第 4 期。

过程监控等环节,实现大规模、标准化、重复性制造中的生产重构,大幅提升生产速度与质量,降低运营和管理等成本,可能使企业对自身生产能力有更好的认知,提升企业外部市场机会的识别能力。其次,企业将数字技术与生产制造相融合,能够处理大量数字化生产数据,促进已有资源的调配能力和整合能力的提升,并有效识别出与自身更为匹配的资源和机会;同时,数字技术的嵌入往往意味着企业生产流程和功能的模块化,使得技术柔性得到大幅提升,进而提高企业数字探索和利用效率。最后,由于生产过程的柔性得以实现,企业员工的知识结构逐渐向多元化发展,特定工作流程外的专业知识与工作能力也在不断拓展,以此带来组织柔性的提升,缩短了企业在数字化变革过程中的"阵痛期",这也是通过促进数字双元平衡以进一步提高数字化转型成功率的关键。

综上所述,动态数字生产能力通过数字化排产、过程监控和设备监控的手段,直接影响了机会识别、整合重构、技术柔性和组织柔性等四个关键机制。这些机制共同推动企业实现数字双元平衡,为数字化转型提供了有力的支持。基于此,本章提出以下理论假说:

理论假说9-3:动态数字生产能力对企业数字化转型具有正向影响。

理论假说9-3a:动态数字生产能力通过提升企业数字探索促进企业数字化转型。

理论假说9-3b:动态数字生产能力通过提升企业数字利用促进企业数字化转型。

基于上述理论假说,本书构建理论框架如图9-1所示。

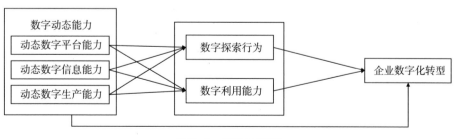

图9-1　理论框架图

第二节　研究设计

一、样本选择与数据来源

本书研究数据来源于我国第一个"两化"融合国家示范区内 1191 家工业企业连续 5 年(2015—2019 年)的跟踪调查数据。获取有效问卷后的数据处理中,本研究删除了与金融机构相关的企业,剔除部分不合理/无效的观察值,同时进行缩尾处理后,得到 6052 条有效观察值,从而得到了 1191 家企业 5 年时间的面板数据。

二、变量定义

(一)数字动态能力

按照温特(Winter,2003)[1]动态能力的定义,动态能力是协调组织普通能力的高阶能力,不同类型的普通能力相互协调,是企业完成各类内部活动的前提。在温特提出的动态能力框架基础上,本研究借鉴李等(Li 等,2019)与安纳雷利等(Annarelli 等,2021)的研究[2][3],将数字动态能力框架与专精特新企业管理生产实际相结合,划分为动态数字平台能力、动态数字信息能力、动态数字生产能力三维度。

动态数字平台能力强调运用数字技术搭建的数字平台要与企业的组织架构相吻合,用于衡量企业对于数字技术的集成能力,强调企业各类资源的集成

---

[1]　Winter,S.G.,"Understanding Dynamic Capabilities",*Strategic Management Journal*,Vol.24,No.10,2003,pp.991-995.

[2]　Li,T. and Chan,Y.E.,"Dynamic Information Technology Capability:Concept Definition and Framework Development",*The Journal of Strategic Information Systems*,Vol.28,No.4,2019.

[3]　Annarelli,A.,Battistella,C.,Nonino,F.,Parida,V. and Pessot,E.,"Literature Review on Digitalization Capabilities:Co-citation Analysis of Antecedents,Conceptualization and Consequences",*Technological Forecasting and Social Change*,Vol.166,2021.

化管理、全过程管理与柔性化管理。本研究借鉴刘淑春等(2021)①的研究,通过估算 ERP 项目、MES/DCS 项目、PLM 项目投资额分别测度企业集成管理、柔性管理能力与全过程管理。

动态数字信息能力可以帮助企业运用数字技术获取组织内外信息、加速信息转换以及保留相关信息。数字经济时代,信息的处理效率将极大地影响企业的决策速度与质量,这要求企业要有相应的硬件投入、软件投入以及定期的维护以保证数字系统的正常运行。基于此,本章通过企业年度信息化硬件投入、企业年度信息化软件投入、企业年度信息化运维费用分别测度企业信息获取、信息转换与信息保留能力。

对于专精特新企业而言,生产环节是企业节约成本与提升收益最重要的环节,动态数字生产能力的培养可以帮助企业及时处理生产过程中出现的突发情况,例如机器故障等。为确保企业依据生产实际重新配置资源、变更生产计划等,需要时刻关注生产过程与机器运行状况。基于此,本研究通过企业实现自动排产车间占比、企业实现过程监控车间占比、企业实现设备监控车间占比分别测度企业自动排产、过程监控、设备监控能力。

在数字动态能力构建方面,当前对于动态能力的测量大多采用主成分分析法对调研数据进行降维处理,提取因子,划分维度(焦豪等,2008;贺小刚等,2006;徐宁、徐向艺,2012)。②③④ 本研究借鉴以上研究方法,运用因子分析,将数字化投入相关变量进行浓缩,通过主成分分析、方差最大化旋转等方法,将原有变量中的信息重叠部分提取和综合成最终因子,用作三个维度的代理变量,检验结果如表 9-1 所示。

---

① 刘淑春、闫津臣、张思雪、林汉川:《企业管理数字化变革能提升投入产出效率吗》,《管理世界》2021 年第 5 期。

② 焦豪、魏江、崔瑜:《企业动态能力构建路径分析:基于创业导向和组织学习的视角》,《管理世界》2008 年第 4 期。

③ 贺小刚、李新春、方海鹰:《动态能力的测量与功效:基于中国经验的实证研究》,《管理世界》2006 年第 3 期。

④ 徐宁、徐向艺:《控制权激励双重性与技术创新动态能力——基于高科技上市公司面板数据的实证分析》,《中国工业经济》2012 年第 10 期。

表9-1 主成分分析变量间相关性检验结果

构成维度	测项数	KMO 值	Bartlett 球型检验	累计解释力(%)
动态数字平台能力	3	0.692	P<0.05	66.76
动态数字信息能力	3	0.711	P<0.05	73.14
动态数字生产能力	3	0.727	P<0.05	84.60

对数据进行标准化处理后的主成分分析结果显示,三部分进行主成分分析的最小 KMO 值为 0.692,大于 0.5,Bartlett 球型检验 P 值均小于 0.05,所用数据满足因子分析的基本条件。依据特征值大于 1 的原则,均提取一个主成分用以构建数字动态能力的各个维度。

（二）企业数字化转型效率

当前对于企业数字化转型程度的测度主要采用词频分析法(王海等,2023)[①],但是企业年报中相关词汇的出现频次仅能代表该企业对于数字化转型的重视程度,难以反映数字化转型对企业生产管理效率所起到的提升作用。鉴于此,本书借鉴刘淑春等(2021)[②]的研究方法,构建企业数字化投入产出率模型衡量企业当前数字化转型效率。

当前有关效率评价的主流方法有参数方法和非参数方法两种,参数方法主要以随即前沿分析方法(Stochastic Frontier Approach,SFA)为代表,非参数方法以数据包络分析方法(Data Envelopment Analysis,DEA)为代表。本章将企业利润作为产出的代理变量,企业信息化投资额作为资本投入的代理变量,数字化咨询和培训额作为企业劳动力投入的代理变量,选择 C-D 生产函数作为基准模型形式,构建随机前沿模型如下:

$$\ln y_{it} = a_0 + a_1 \ln k_{it} + a_2 \ln l_{it} + v_{it} - u_{it} \tag{9-1}$$

其中,y 代表企业产出,k 代表企业资本投入,l 代表企业劳动力投入,假设残差项服从正态分布,与特征变量相互独立,特征变量服从 0 处阶段,因此,可

---

① 王海、闫卓毓、郭冠宇、尹俊雅:《数字基础设施政策与企业数字化转型:"赋能"还是"负能"?》,《数量经济技术经济研究》2023 年第 5 期。

② 刘淑春、闫津臣、张思雪、林汉川:《企业管理数字化变革能提升投入产出效率吗》,《管理世界》2021 年第 5 期。

以将企业数字化转型效率定义为：

$$Efficienc\ y_{it} = exp(-u_{it}) \qquad (9-2)$$

TE 代表企业数字化转型效率，*TE* 值越大，则效率越高。

（三）企业数字化转型过程中的双元创新

数字经济时代，数字化改变了原有产品的价值创造方式、新产品生产过程的方式、商业模式和组织形态，数字双元创新成为创新管理研究的主旋律（刘洋等，2020）。[①] 鉴于此，本章依据专利数据构建数字双元创新的替换变量，当前双元创新的测度方法主要采用 IPC 分类法（Guan 和 Liu，2016；徐露允等，2017）[②③]，以 IPC 专利分类号前 4 位为基础，选择 5 年窗口期。如果某企业当年申请的专利在 IPC 分类号中出现相同的专利分类号，则将该分类号重复出现的专利技术作为利用式创新；如果该企业当前申请的专利 IPC 分类号为 5 年窗口期内首次出现，则将该分类号重复出现的专利计数作为探索式创新。本章利用国家知识产权局专利检索系统手动搜集并处理本研究 1191 家企业的专利数据，最终选出目标企业 2009—2019 年数字双元创新数据。

（四）控制变量

本章研究主要包括 6 个控制变量：（1）企业规模，由于调查样本包含部分不在 A 股上市的中小企业，为保证数据的完整性，将企业注册资本作为衡量企业规模的代理变量；（2）企业工业化程度，即企业用于生产作业的机床中数控机床占比；（3）企业数字化建设程度，选取年度企业新实施数字化项目数测度；（4）企业数字化作用程度，选用电商销售额与企业营业额的占比表征；（5）企业信息化规划，用数字化转型所处阶段测定；（6）企业数字化项目实施阶段，选用 PLM 应用实施阶段表示。在此基础上，本研究还控制了行业和年度虚拟变量，模型各变量定义见表 9-2。

① 刘洋、董久钰、魏江：《数字创新管理：理论框架与未来研究》，《管理世界》2020 年第 7 期。

② Guan, J.C. and Liu, N., "Exploitative and Exploratory Innovations in Knowledge Network and Collaboration Network: A Patent Analysis in the Technological Field of Nano-Energy", *Research Policy*, Vol.45, No.1, 2016, pp.97-112.

③ 徐露允、曾德明、李健：《知识网络中心势、知识多元化对企业二元式创新绩效的影响》，《管理学报》2017 年第 2 期。

表 9-2　变量说明

变量性质	变量名称	测度方式
被解释变量	企业数字化转型效率	依据随机前沿分析模型(SFA)求得,其中,将企业利润作为产出的代理变量,企业信息化投资额作为资本投入的代理变量,数字化咨询和培训额作为企业劳动力投入的代理变量
中介变量	数字利用行为	企业前五年内申请 IPC 分类号前四位相同的专利数量,取对数处理
	数字探索行为	企业前五年内申请 IPC 分类号首次出现的专利数量,取对数处理
控制变量	企业规模	用注册资本作为衡量企业规模的代理变量
	企业工业化程度	企业用于生产作业的机床中数控机床占比
控制变量	企业数字化建设程度	当前年度企业新开展数字化项目数量
	企业数字化作用程度	企业营业额中,电商销售部分占比
	企业信息化规划	将企业信息化专项规划划分为无规划、分散在业务中、信息化专项规划,并依次进行 0—2 赋值
	企业数字化项目实施阶段	将企业 PLM 应用实施阶段,划分为未采用 PLM 应用、支持先进的研发技术和方法、服务于产品研发、落实产品研发、控制产品数据从产生到消亡全过程、包含一切产品数据六个阶段,并依次进行 1—6 赋分

三、模型构建

由于被解释变量以效率的形式呈现,均大于零,且存在截断现象。如果简单运用最小二乘法进行回归可能会产生较大偏差,因此,本章选用 Tobit 模型进行实证分析,模型构建如下:

$$Efficiency_{it} = \beta_0 + \beta_1 platform_{it} + \beta_2 information_{it} +$$
$$\beta_3 production_{it} + controls + \mu + \eta + \varepsilon_{it} \qquad (9-3)$$

其中,被解释变量为企业数字化转型效率,主要解释变量为企业数字动态能力的三个维度,分别是动态数字平台能力、动态数字信息能力、动态数字生产能力,controls 代表控制变量,后三项分别为年份虚拟变量、行业虚拟变量及残差项。

第三节　实证结果与分析

一、描述性统计

表9-3报告了本章使用变量的描述性统计结果。在进行描述性统计之前,本章对所有变量均进行了前1%的缩尾处理,排除极端值对结果的影响。由描述性统计结果可以看出,企业数字化转型效率存在明显的两极分化现象,最小值仅为3.006%,最大值为71.03%,平均值仅有18.66%,可以推断,当前我国专精特新企业对于数字化转型项目的利用能力存在较大差异,总体上并未取得较优的转型成效。此外,根据各项目投资、实施的结果来看,仍然存在部分企业并未进行数字化投资进而未推进数字化转型现象。

表9-3　描述性统计

变量	观测值	平均值	最小值	最大值
企业数字化转型效率值(%)	6175	18.66	3.006	71.03
ERP项目投资(万元)	6833	214.4	0	2394
MES/DCS项目投资(万元)	6840	165.2	0	2143
PLM项目投资(万元)	6840	108.5	0	1938
数字化软件投资(万元)	6840	144.8	0	1800
数字化硬件投资(万元)	6840	232.2	0	3550
系统运维费用(万元)	6840	51.40	0	870
自动排产率(%)	6840	53.91	0	90
过程监控率(%)	6840	59.60	0	90
设备监控率(%)	6840	56.32	0	90
数字探索(项)	6840	2.422	0	26
数字利用(项)	6840	7.40	0	121
企业规模(亿元)	6840	2.4467	0.012	26.4
数控化率(%)	6689	58.66	0	100

续表

变量	观测值	平均值	最小值	最大值
年度数字化项目(项)	6839	2.208	0	9
电商销售占比(%)	6835	28.79	0	100
信息化规划阶段	6840	1.694	0	2
PLM 应用阶段	6840	2.877	1	6

二、基准回归结果

本章的数字动态能力包括动态数字平台能力、动态数字信息能力、动态数字生产能力三维度,由于三者分别影响企业不同层面的数字资源与能力,因此将数字动态能力各维度对转型效率进行分步和同时回归,结果如表9-4所示。由基准回归结果可以看出,模型(1)、(2)、(3)分别验证动态数字平台能力、动态数字信息能力、动态数字生产能力对企业推行数字化管理的转型效率的影响。模型(4)将平台能力、信息能力、生产能力三方面同时计入回归后,回归结果显示,无论是分步回归还是同时回归,数字动态能力各维度回归系数均显著为正,说明数字动态能力的培养能够显著促进企业数字化转型效率的提升,前文提到的理论假说9-1、9-2、9-3得到有效验证。但与此同时,数字动态能力的不同维度对于数字化转型效率的影响也存在差异性,分步回归分析结果显示,动态数字平台能力对于企业数字化转型效率的影响最大,其对应系数为0.521,且在1%的水平下显著,这表明动态数字平台能力在企业数字动态能力培养过程中起到了至关重要的作用,数字平台是企业数字化能力的基础,该结果与现有研究相吻合(王强等,2020;Helfat 和 Raubitschek,2018;邬爱其等,2021)①②③;同时回归结果显示,尽管动态数字平台能力、

① 王强、王超、刘玉奇:《数字化能力和价值创造能力视角下零售数字化转型机制——新零售的多案例研究》,《研究与发展管理》2020 年第 6 期。
② Helfat,C.E. and Raubitschek,R.S.,"Dynamic and Integrative Capabilities for Profiting from Innovation in Digital Platform-based Ecosystems",*Research Policy*,Vol.47,No.8,2018,pp.1391-1399.
③ 邬爱其、刘一蕙、宋迪:《跨境数字平台参与、国际化增值行为与企业国际竞争优势》,《管理世界》2021 年第 9 期。

动态数字生产能力的显著性有所降低,但仍然显著为正,其中动态数字信息能力影响最大,其对应系数为 0.370,这进一步表明数字动态能力形成过后,信息作为最为关键的数字资源在数字动态能力各维度之间发挥了"纽带"作用。

表 9-4 基准回归结果——Tobit 模型

	（1）	（2）	（3）	（4）
	转型效率	转型效率	转型效率	转型效率
动态数字平台能力	0.521***			0.166**
	（0.068）			（0.070）
动态数字信息能力		0.517***		0.370***
		（0.064）		（0.071）
动态数字生产能力			0.185***	0.064*
			（0.042）	（0.039）
企业规模	0.732***	0.715***	0.878***	0.706***
	（0.060）	（0.057）	（0.070）	（0.058）
企业数字化项目实施阶段	−0.026*	0.018	0.027**	0.003
	（0.013）	（0.012）	（0.013）	（0.013）
企业工业化程度	−0.020	−0.017	−0.028*	−0.024
	（0.017）	（0.016）	（0.015）	（0.016）
企业数字化建设程度	0.065***	0.063***	0.118***	0.058***
	（0.022）	（0.022）	（0.027）	（0.022）
企业信息化规划	0.114	0.124	0.266***	0.092
	（0.087）	（0.085）	（0.095）	（0.086）
企业数字化作用程度	−0.115	−0.054	−0.020	−0.105
	（0.120）	（0.124）	（0.127）	（0.124）
Constant	−0.171	−0.361	0.856***	−0.220
	（0.236）	（0.238）	（0.259）	（0.150）
时间固定效应	YES	YES	YES	YES
行业固定效应	YES	YES	YES	YES
AIC	10331.73	10289.36	10686.73	10263.59

续表

| | **（1）** | **（2）** | **（3）** | **（4）** |
	转型效率	转型效率	转型效率	转型效率
BIC	10546.39	10510.72	10908.1	10484.96
Observations	6052	6052	6052	6052

注：***p<0.01，**p<0.05，*p<0.1，括号中为行业聚类标准误。

三、机制分析

本书认为数字动态能力的培养有利于实现数字双元平衡，一方面可以帮助企业提升获取、整合、利用数字资源的效率，以维系企业当前的竞争优势；另一方面，可以帮助企业及时探索、拓展、改造由数字技术的引入带来的企业普通能力提升，以更好地契合企业当前的组织架构，应对数字经济时代企业管理变革，保证企业适应未来不断的环境变化。基于此，本章借鉴温忠麟等（2014）①的中介效应检验方法进一步研究数字动态能力影响数字化转型效率的作用机制，构建的机制检验模型如下：

$$Mediator_{it} = \rho_0 + \rho_1 platform_{it} + \rho_2 information_{it} +$$
$$\rho_3 production_{it} + controls + \mu + \eta + \varepsilon_{it} \qquad (9\text{-}4)$$
$$Efficiency_{it} = \theta_0 + \theta_1 Mediator_{it} + \theta_2 platform_{it} + \theta_3 information_{it} +$$
$$\theta_4 production_{it} + controls + \mu + \eta + \varepsilon_{it} \qquad (9\text{-}5)$$

基于双元创新理论，即数字探索行为（exploration）与数字利用行为（exploitation）分别替换中介模型中的 Mediator，检验数字动态能力是否会通过促进数字双元平衡，进而提升企业数字化转型效率。

表9-5 中各列回归结果显示，数字探索与数字利用在动态数字平台能力与转型效率之间存在部分中介效应，本研究还进行了 Sobel 检验，Z 统计量分别为3.567 与5.682，均在1%的水平下显著，这表明动态数字平台能力可以通过提升机会识别能力、整合重构能力、技术柔性与组织柔性等方式，促进数字化转型过程中的双元平衡进而提升企业数字化转型效率，理论假说 9-1a

---

① 温忠麟、叶宝娟：《中介效应分析：方法和模型发展》，《心理科学进展》2014 年第 5 期。

和理论假说 9-1b 得以验证。

表 9-5 动态数字平台能力机制分析

	（1）	（2）	（3）	（4）
	数字探索	转型效率	数字利用	转型效率
动态数字平台能力	0.166 ***	0.513 ***	0.204 ***	0.501 ***
	(0.057)	(0.069)	(0.047)	(0.066)
数字探索		0.073 *		
		(0.039)		
数字利用				0.122 **
				(0.049)
企业规模	0.231 ***	0.721 ***	0.274 ***	0.709 ***
	(0.044)	(0.063)	(0.045)	(0.063)
企业数字化项目实施阶段	0.009	-0.026 *	0.033 **	-0.028 **
	(0.020)	(0.013)	(0.014)	(0.014)
企业工业化程度	-0.023	-0.019	-0.026 **	-0.017
	(0.019)	(0.017)	(0.011)	(0.016)
企业数字化建设程度	0.041 **	0.063 ***	0.045 *	0.061 ***
	(0.017)	(0.022)	(0.024)	(0.021)
企业信息化规划	0.148 **	0.108	0.171 ***	0.096
	(0.058)	(0.087)	(0.058)	(0.088)
企业数字化作用程度	-0.326 ***	-0.103	-0.150	-0.097
	(0.106)	(0.122)	(0.106)	(0.123)
Constant	-1.027 ***	-0.141	-0.985 ***	-0.096
	(0.132)	(0.149)	(0.116)	(0.159)
时间固定效应	YES	YES	YES	YES
行业固定效应	YES	YES	YES	YES
Soble Z	3.567	5.682		
Observations	6052	6052	6052	6052

注：***p<0.01，**p<0.05，*p<0.1，括号中为行业聚类标准误。

表 9-6 各列结果显示，数字探索与数字利用在动态数字信息能力与转型

效率之间存在部分中介效应,Sobel 检验显示,Z 统计量分别为 3.624 与 5.699,均在 1% 的水平下显著,这表明动态数字信息能力可以通过提升机会识别能力、整合重构能力、技术柔性与组织柔性等方式,促进企业数字化转型过程中的双元平衡进而提升数字化转型效率,理论假说 9-2a、理论假说 9-2b 得以验证。

表 9-6 动态数字信息能力机制分析

	（1）	（2）	（3）	（4）
	数字探索	转型效率	数字利用	转型效率
动态数字信息能力	0.184 ***	0.508 ***	0.203 ***	0.497 ***
	（0.055）	（0.067）	（0.045）	（0.065）
数字探索		0.064 *		
		（0.038）		
数字利用				0.116 **
				（0.048）
企业规模	0.219 ***	0.706 ***	0.268 ***	0.694 ***
	（0.043）	（0.061）	（0.047）	（0.061）
企业数字化项目实施阶段	0.022	0.017	0.050 ***	0.014
	（0.019）	（0.012）	（0.013）	（0.012）
企业工业化程度	−0.023	−0.017	−0.025 **	−0.015
	（0.019）	（0.016）	（0.011）	（0.016）
企业数字化建设程度	0.037 **	0.062 ***	0.044 *	0.060 ***
	（0.016）	（0.022）	（0.023）	（0.022）
企业信息化规划	0.144 **	0.120	0.175 ***	0.107
	（0.060）	（0.084）	（0.058）	（0.086）
企业数字化作用程度	−0.313 ***	−0.044	−0.127	−0.039
	（0.102）	（0.126）	（0.103）	（0.127）
Constant	−1.060 ***	−0.334 **	−1.055 ***	−0.282 *
	（0.132）	（0.145）	（0.124）	（0.151）
时间固定效应	YES	YES	YES	YES

续表

	（1）	（2）	（3）	（4）
	数字探索	转型效率	数字利用	转型效率
行业固定效应	YES	YES	YES	YES
Soble Z	3.624	5.699		
Observations	6052	6052	6052	6052

注：$^{***}p<0.01$，$^{**}p<0.05$，$^{*}p<0.1$，括号中为行业聚类标准误。

表9-7结果显示，动态数字生产能力对数字探索和数字利用影响不显著，因此数字双元平衡在动态数字生产能力与数字化转型之间不发挥中介效应，该路径不存在，理论假说9-3a、理论假说9-3b不成立。对此，我们可做如下解读，协同创新理论认为，在经济全球化的环境下，创新需要具有开放性。科学知识的创造、创新与应用需要打破创新边界，充分释放"人才、资本、信息、技术"等创新要素活力，实现开放式创新（陈劲、阳银娟，2012）。[1] 毫无疑问，动态数字平台能力与动态数字信息能力加强了企业内外各创新主体的知识共享与资源优化配置，有利于企业开放式创新的实现。动态数字生产能力则聚焦于企业的生产要素与流程，这会提升企业对于自身资源的认识，有利于全要素生产率的提升（黄群慧等，2019）。[2] 而协同创新理论强调的创新开放性与跨边界合作的重要性表明，只聚焦于组织内部的创新资源并不能为企业的创新带来显著的正向影响，这可能是动态数字生产能力不能提升企业数字探索式创新与数字利用式创新的重要原因。但表9-7回归结果仍然显示，数字探索行为与数字利用行为均对企业数字化转型效率产生显著的正向影响，进一步验证了企业数字化转型过程中的双元平衡有助于提升数字化转型效率。综上所述，数字探索与数字利用的平衡效应能够在一定程度上增强企业数字化转型效率，因此，企业利用好数字动态能力所带来的机会识别、整合重构、技术柔性与组织柔性等优势，有助于企业避免"能力落后"和"创新两难"，从而提升数字化转型效率。

---

① 陈劲、阳银娟：《协同创新的理论基础与内涵》，《科学学研究》2012年第2期。

② 黄群慧、余泳泽、张松林：《互联网发展与制造业生产率提升：内在机制与中国经验》，《中国工业经济》2019年第8期。

表 9-7 动态数字生产能力机制分析

	（1）	（2）	（3）	（4）
	数字探索	转型效率	数字利用	转型效率
动态数字生产能力	−0.006	0.184***	−0.005	0.185***
	（0.037）	（0.045）	（0.027）	（0.045）
数字探索		0.105**		
		（0.045）		
数字利用				0.173***
				（0.059）
企业规模	0.288***	0.858***	0.343***	0.837***
	（0.043）	（0.073）	（0.042）	（0.073）
企业数字化项目实施阶段	0.028	0.026**	0.057***	0.021
	（0.019）	（0.013）	（0.014）	（0.013）
企业工业化程度	−0.019	−0.028*	−0.021*	−0.025*
	（0.020）	（0.015）	（0.011）	（0.015）
企业数字化建设程度	0.060***	0.115***	0.068***	0.110***
	（0.018）	（0.026）	（0.026）	（0.025）
企业信息化规划	0.208***	0.254***	0.246***	0.231**
	（0.067）	（0.094）	（0.070）	（0.096）
企业数字化作用程度	−0.269**	−0.008	−0.084	−0.005
	（0.107）	（0.129）	（0.103）	（0.129）
Constant	−1.286***	−0.795***	−1.303***	−0.705***
	（0.149）	（0.193）	（0.158）	（0.198）
时间固定效应	YES	YES	YES	YES
行业固定效应	YES	YES	YES	YES
Soble Z	−0.7227	−0.4617		
Observations	6052	6052	6052	6052

注：***p<0.01，**p<0.05，*p<0.1，括号中为行业聚类标准误。

四、内生性问题

上述分析发现了数字动态能力与数字化转型效率之间的相关关系。从本书研究的主题出发，一方面，企业推行数字化管理能够推动组织结构优化，进而提高企业生产、组织效率(戚聿东、肖旭,2020;王开科等,2020;赵宸宇,2021)①②③,效率的提高也会反过来进一步促进数字化转型的进程,因此,数字动态能力与数字化转型效率间可能存在内生关系。另一方面,影响企业数字化转型效率的因素有很多,当前数据所涉及的变量难以防止遗漏变量的产生,于是本章选取工具变量法对内生性问题进行处理,进一步识别因果关系。

本章工具变量的选取参照刘淑春等(2021)④的研究,选取企业未来两年内是否育有 SCM 项目升级计划作为工具变量。首先,企业是否指定 SCM 升级计划对于已经测算出的当年数字化转型效率没有影响。其次,SCM 升级计划是针对供应链管理方面的升级,旨在提升企业计划、采购、制造、配送、退货方面的能力,需要企业一定的数字化基础,满足工具变量的要求。本章对工具变量进行了外生性检验,第一阶段回归 F 值分别为 102.58(动态数字平台能力)、62.64(动态数字信息能力)、67.31(动态数字生产能力),P 值均为 0.000,通过了工具变量外生性检验;第二阶段,本章进行了过度识别检验,Hansen J 值均为 0;弱工具变量检验,C-D Wald F test 分别为 101.33、63.302、71.736。

两阶段最小二乘回归结果表明,引入工具变量后,动态数字平台能力、动态数字信息能力、动态数字生产能力对于企业数字化转型效率的提升效果仍然存在,且具有较强的显著性。

表 9-8　两阶段最小二乘法

	第一阶段			第二阶段		
	平台管理	信息管理	生产管理	效率	效率	效率
动态数字平台能力				0.444***		
				(0.110)		

---

① 戚聿东、肖旭:《数字经济时代的企业管理变革》,《管理世界》2020 年第 6 期。

② 王开科、吴国兵、章贵军:《数字经济发展改善了生产效率吗》,《经济学家》2020 年第 10 期。

③ 赵宸宇、王文春、李雪松:《数字化转型如何影响企业全要素生产率》,《财贸经济》2021 年第 7 期。

④ 刘淑春、闫津臣、张思雪、林汉川:《企业管理数字化变革能提升投入产出效率吗》,《管理世界》2021 年第 5 期。

续表

	第一阶段			第二阶段		
	平台管理	信息管理	生产管理	效率	效率	效率
动态数字信息能力					0.518 ***	
					(0.130)	
动态数字生产能力						0.439 ***
						(0.121)
SCM升级	0.218 ***	0.187 ***	0.220 ***			
	(0.022)	(0.024)	(0.027)			
企业规模	0.309 ***	0.341 ***	0.159 ***	0.368 ***	0.329 ***	0.436 ***
	(0.012)	(0.013)	(0.013)	(0.037)	(0.047)	(0.025)
企业数字化项目实施阶段	0.111 ***	0.028 ***	0.024 ***	−0.038 ***	−0.003	0.000
	(0.006)	(0.006)	(0.007)	(0.015)	(0.008)	(0.008)
企业工业化程度	0.014 ***	0.012 **	0.080 ***	−0.015 ***	−0.015 ***	−0.044 ***
	(0.005)	(0.005)	(0.006)	(0.005)	(0.005)	(0.011)
企业数字化建设程度	0.112 ***	0.121 ***	0.042 ***	0.034 **	0.021	0.065 ***
	(0.006)	(0.007)	(0.007)	(0.016)	(0.019)	(0.011)
企业信息化规划	0.325 ***	0.328 ***	0.308 ***	0.015	−0.011	0.024
	(0.021)	(0.024)	(0.027)	(0.045)	(0.051)	(0.048)
企业数字化作用程度	0.325 ***	0.230 ***	0.409 ***	−0.145 ***	−0.120 **	−0.180 ***
	(0.033)	(0.036)	(0.038)	(0.053)	(0.049)	(0.065)
Constant	−1.551 ***	−1.228 ***	−1.026 ***	0.285	0.233	0.047
	(0.057)	(0.065)	(0.079)	(0.180)	(0.171)	(0.139)
F test	102.58	62.64	67.31			
Kleibergen − Paap rk LM statistic				100.356	62.080	66.372
C-D Wald F test				101.33	63.302	71.736
Kleibergen − Paap Wald rk F statistic				102.58	62.642	67.308

续表

	第一阶段			第二阶段		
	平台管理	信息管理	生产管理	效率	效率	效率
Hansen J statistics			0	0	0	
Observations	6052	6052	6052	6052	6052	6052
R-squared				0.380	0.363	0.249

注:***p<0.01,**p<0.05,*p<0.1,括号中为行业聚类标准误。

此外,考虑到数字技术的应用与组织适配需要一定的时间(池毛毛等,2020)[①],本章将核心解释变量滞后一期重新回归,可以发现企业数字动态能力的系数仍然显著为正。

表9-9　解释变量滞后一期

	转型效率	转型效率	转型效率	转型效率
动态数字平台能力	0.483 ***			0.135 **
	(0.075)			(0.065)
动态数字信息能力		0.498 ***		0.369 ***
		(0.077)		(0.074)
动态数字生产能力			0.199 ***	0.081 **
			(0.049)	(0.041)
企业规模	0.747 ***	0.730 ***	0.888 ***	0.720 ***
	(0.064)	(0.062)	(0.072)	(0.062)
企业数字化项目实施阶段	−0.003	0.021	0.023	0.013
	(0.016)	(0.015)	(0.017)	(0.015)
企业工业化程度	−0.020	−0.017	−0.026	−0.024
	(0.019)	(0.018)	(0.019)	(0.018)

①　池毛毛、叶丁菱、王俊晶、翟姗姗:《我国中小制造企业如何提升新产品开发绩效——基于数字化赋能的视角》,《南开管理评论》2020年第3期。

续表

	转型效率	转型效率	转型效率	转型效率
企业数字化建设程度	0.074 ***	0.072 ***	0.116 ***	0.067 ***
	(0.023)	(0.023)	(0.027)	(0.022)
企业信息化规划	0.128	0.130	0.280 ***	0.102
	(0.093)	(0.092)	(0.098)	(0.091)
企业数字化作用程度	−0.058	−0.013	0.015	−0.062
	(0.146)	(0.149)	(0.149)	(0.148)
Constant	−0.379 **	−0.485 ***	−0.946 ***	−0.380 **
	(0.186)	(0.181)	(0.226)	(0.180)
时间固定效应	YES	YES	YES	YES
行业固定效应	YES	YES	YES	YES
Observations	4928	4928	4928	4928

注：***$p<0.01$，**$p<0.05$，*$p<0.1$，括号中为行业聚类标准误。

以上两种结果显示，在控制住内生性后，动态数字平台能力、动态数字信息能力、动态数字生产能力对于企业数字化转型效率的正向影响具有可靠性和稳健性。

五、稳健性检验

(一) 替换模型

本章所用数据源自于按照时间顺序对国家首个"两化"深度融合示范区内各样本企业进行重复测量所得到的资料，是按照时间纵向调查所得到的数据。由于各类原因，可能会出现数据的缺失，使得数据不均衡，如某企业在某一年度未参与年度调查。因此，本章选用广义估计方程（Generalized Estimating Equation，GEE）进行稳健性检验，GEE模型能够将多种因变量进行拟合，能够极大限度地重复测量数据非独立性的问题，得到较为稳健的结果（田志龙、邓新明，2007）。[①]

---

① 田志龙、邓新明:《企业政治策略形成影响因素——中国经验》,《南开管理评论》2007年第1期。

根据广义估计模型(GEE)回归结果可以发现,替换模型后,动态数字平台能力、动态数字信息能力、动态数字生产能力对于企业数字化转型效率的影响仍然显著为正,这与本章的基本结论相吻合,证明了本章研究结果的稳健性。

表9-10　稳健性检验——替换模型

	转型效率	转型效率	转型效率	转型效率
动态数字平台能力	0.328***			0.147***
	(0.014)			(0.027)
动态数字信息能力		0.309***		0.189***
		(0.013)		(0.025)
动态数字生产能力			0.092***	0.021*
			(0.012)	(0.012)
企业规模	0.404***	0.400***	0.491***	0.392***
	(0.012)	(0.012)	(0.012)	(0.012)
企业数字化项目实施阶段	-0.025***	0.004	0.011*	-0.01
	(0.006)	(0.006)	(0.006)	(0.006)
企业工业化程度	-0.013**	-0.012**	-0.016***	-0.015***
	(0.005)	(0.005)	(0.006)	(0.005)
企业数字化建设程度	0.048***	0.047***	0.082***	0.044***
	(0.007)	(0.007)	(0.007)	(0.007)
企业信息化规划	0.056**	0.063***	0.141***	0.046*
	(0.024)	(0.023)	(0.024)	(0.024)
企业数字化作用程度	-0.105***	-0.068**	-0.032	-0.098***
	(0.035)	(0.035)	(0.036)	(0.035)
Constant	0.144	-0.011	-0.283***	0.086
	(0.073)	(0.072)	(0.074)	(0.073)
时间固定效应	YES	YES	YES	YES
行业固定效应	YES	YES	YES	YES
Observations	6052	6052	6052	6052

注: ***p<0.01, **p<0.05, *p<0.1,括号中为行业聚类标准误。

（二）剔除先行优势与后发劣势

已有研究表明,企业数字化转型的效果存在一定的时滞性,较早开始实行数字化管理的企业存在一定的先发优势,而较晚实行数字化管理的企业同期相比存在一定的后发劣势,但这并不影响数字动态能力的培养对其数字化转型效率的提升,为了考察企业数字动态能力对转型效率影响的稳定性,本部分逐步剔除 2005 年就已经开始推行与 2019 年以后尚未推行 ERP 项目、MES/DCS 项目、PLM 项目的企业,并分别使用 Tobit 模型与 GEE 模型检验结果的稳健性,回归结果如表 9-11 所示。

对比基准回归可以发现,剔除先行优势与后发劣势之后动态数字平台能力、动态数字信息能力、动态数字生产能力对于数字化转型效率的影响在两种回归模型下均在 1% 的水平下显著为证,与前文的结果高度一致。

表 9-11　稳健性检验——剔除先行优势与后发劣势

	Tobit 模型			GEE 模型		
	效率	效率	效率	效率	效率	效率
动态数字平台能力	0.469***			0.313***		
	(0.086)			(0.022)		
动态数字信息能力		0.467***			0.308***	
		(0.084)			(0.02)	
动态数字生产能力			0.159***			0.09***
			(0.050)			(0.021)
企业规模	0.734***	0.706***	0.868***	0.436***	0.42***	0.52***
	(0.070)	(0.066)	(0.075)	(0.019)	(0.019)	(0.018)
企业数字化项目实施阶段	−0.009	−0.006	−0.019	−0.015	−0.013	−0.023**
	(0.024)	(0.025)	(0.024)	(0.011)	(0.011)	(0.012)
企业工业化程度	−0.047	−0.055	−0.069**	−0.023***	−0.029***	−0.035***
	(0.036)	(0.035)	(0.033)	(0.008)	(0.008)	(0.009)
企业数字化建设程度	0.045*	0.041	0.085***	0.034***	0.031***	0.061***
	(0.025)	(0.025)	(0.027)	(0.009)	(0.009)	(0.009)

续表

	Tobit 模型			GEE 模型		
	效率	效率	效率	效率	效率	效率
企业信息化规划	0.082	0.055	0.168	0.041	0.026	0.09**
	(0.104)	(0.102)	(0.109)	(0.042)	(0.042)	(0.043)
企业数字化作用程度	−0.132	−0.116	−0.117	−0.146***	−0.136***	−0.122**
	(0.139)	(0.140)	(0.140)	(0.05)	(0.05)	(0.052)
Constant	−0.111	0.032	−0.256	0.155	0.246*	0.089
	(0.274)	(0.263)	(0.283)	(0.127)	(0.127)	(0.131)
时间固定效应	YES	YES	YES	YES	YES	YES
行业固定效应	YES	YES	YES	YES	YES	YES
Observations	2892	2892	2892	2892	2892	2892

注：***p<0.01，**p<0.05，*p<0.1，括号中为行业聚类标准误。

综合考虑本节内生性检验与稳健性检验的结果，本章研究结论是十分稳健的：数字动态能力的培养对企业数字化转型效率的提升具有显著的促进作用。

第四节　异质性分析

一、行业异质性分析

基础回归中，本章将全样本统一作为制造型企业进行回归，忽略了企业数字化的转型效率在行业间可能存在较为显著的异质性差异。本部分将企业所属的细分行业进行划分，共划分为制造业、加工业和制品业三类，其中制造业所占比重较高，共有731家，制品业次之，共有270家，加工业仅有79家。行业类型的不同，企业生产的产品不同，企业数字化转型的侧重点也存在较大差异。利用基准回归Tobit模型进行回归，结果如表9-12所示。

表 9-12 行业异质性分析

	制品业			加工业			制造业		
	效率	效率	效率	效率	效率	效率	效率	效率	效率
动态数字平台能力	0.232*** (0.056)			0.890*** (0.145)			0.532*** (0.031)		
动态数字信息能力		0.217*** (0.053)			0.963*** (0.132)			0.528*** (0.030)	
动态数字生产能力			0.063 (0.046)			0.175 (0.154)			0.158*** (0.029)
企业规模	0.928*** (0.054)	0.921*** (0.055)	1.009*** (0.052)	0.607*** (0.120)	0.547*** (0.116)	0.740*** (0.128)	0.690*** (0.031)	0.685*** (0.031)	0.850*** (0.032)
企业数字化项目实施阶段	0.029 (0.022)	0.052** (0.021)	0.052** (0.022)	-0.013 (0.074)	0.059 (0.069)	0.105 (0.075)	-0.022 (0.015)	0.019 (0.014)	0.028* (0.015)
企业工业化程度	-0.062*** (0.017)	-0.065*** (0.017)	-0.071*** (0.017)	-0.032 (0.082)	-0.036 (0.079)	0.012 (0.089)	-0.021 (0.015)	-0.011 (0.014)	-0.021 (0.015)
企业数字化建设程度	0.017 (0.023)	0.016 (0.023)	0.038 (0.023)	0.028 (0.079)	0.040 (0.074)	0.162** (0.082)	0.082*** (0.014)	0.080*** (0.014)	0.139*** (0.014)
企业信息化规划	0.053 (0.092)	0.070 (0.091)	0.127 (0.092)	1.435*** (0.305)	1.265*** (0.294)	1.958*** (0.330)	0.069 (0.059)	0.087 (0.059)	0.233*** (0.062)

续表

	制品业			加工业			制造业		
	效率	效率	效率	效率	效率	效率	效率	效率	效率
企业数字化作用程度	-0.054	-0.040	0.019	-1.275***	-1.323***	-0.568	-0.074	0.013	0.009
	(0.130)	(0.129)	(0.130)	(0.487)	(0.469)	(0.501)	(0.076)	(0.075)	(0.080)
Constant	-0.518**	-0.612***	-0.812***	2.138***	2.006***	-3.868***	-0.716***	-0.890***	-1.207***
	(0.207)	(0.200)	(0.198)	(0.668)	(0.627)	(0.734)	(0.154)	(0.152)	(0.161)
时间固定效应	YES	YES	YES	YES	YES	YES	YES	YES	YES
行业固定效应	YES	YES	YES	YES	YES	YES	YES	YES	YES
Observations	1390	1390	1390	342	342	342	3773	3773	3773

注：***p<0.01，**p<0.05，*p<0.1，括号中为行业聚类标准误。

比较这些回归系数可以发现,数字动态能力的不同维度对于数字化转型效率的提升效果表现出来较为明显的异质性:加工业中,动态数字平台能力与动态数字信息能力对于数字化转型效率的提升效果明显提升;但在制品业中动态数字平台能力与动态数字信息能力对于数字化转型的提升效果有所下降。动态数字生产能力对于制品业与加工业数字化转型效率的提升效果不显著。该结果可作如下解读,制品业多为轻工业企业,生产模式单一且较为简单,对于这一类型企业,提升转型效率的关键在于缩短生产过程和销售流程的流通时间,提高生产到销售的传递效率;而加工业中多为原料加工型企业,例如金属冶炼等,需要较高的资本投入,生产工艺固定,企业供应链变化不大。因此企业经营生产管理模式的转变对于降低内部管理成本、提高数字化转型效率具有更加重要的意义。

二、规模异质性分析

企业组织创新过程中的动态能力培养需要与自身资源状况相匹配,资源禀赋的高低在很大程度上影响企业的创新选择。所以,资源条件不同的大中型企业和中小型企业在动态能力培养侧重点及作用机制上可能存在较大差异。数字化转型作为企业的深度组织创新,其实现过程可能受到企业规模的影响。为此,本章依据年销售额对企业规模进行分类,将年销售额在前25%的企业划分为大中型企业,将年销售额在后25%的企业划分为中小型企业,进一步剖析不同规模下数字动态能力对企业数字化转型效率的影响。如表9-13所示,大中型企业数字动态能力对数字化转型效率的提升作用更加显著。具体而言,动态数字平台能力对于大中型企业与中小型企业数字化转型效率提升作用类似(系数分别为0.401与0.425),但大中型企业显著性更高(系数为1%);动态数字信息能力在不同规模下对数字化转型效率的影响分别在1%与5%的水平下显著为正;动态数字生产能力对数字化转型效率的影响在中小型企业中不显著。其可能的原因在于:首先,数字化转型需要进行持续性投入,规模经济效应使得大中型企业可以分摊数字基础设施建设所带来的固定成本,降低企业在数字化转型过程中的单位生产成本;其次,企业规模越大,生产管理过程中所产生的数据量越大,这为人工智能与数据分析提供了更多的训练样本,有助于提升数字技术应用的准确性;最后,与中小型企业相比,大中型企业供应链更复杂,动态数字生产能力可以帮助其协调与优化供应链,提升供应链韧性。

表 9-13　规模异质性分析

	大中型企业			中小型企业		
	转型效率	转型效率	转型效率	转型效率	转型效率	转型效率
动态数字平台能力	0.401***			0.425**		
	(0.082)			(0.213)		
动态数字信息能力		0.398***			0.375**	
		(0.084)			(0.190)	
动态数字生产能力			0.111*			0.073
			(0.059)			(0.150)
企业规模	0.313***	0.298***	0.332***	0.303***	0.321***	0.386***
	(0.076)	(0.075)	(0.085)	(0.099)	(0.111)	(0.113)
企业数字化项目实施阶段	-0.037*	-0.001	-0.000	-0.094	-0.054	-0.040
	(0.022)	(0.023)	(0.026)	(0.092)	(0.069)	(0.066)
企业工业化程度	-0.041***	-0.043***	-0.064***	0.013	0.007	0.013
	(0.015)	(0.016)	(0.017)	(0.035)	(0.033)	(0.036)
企业数字化建设程度	0.070**	0.071**	0.111***	-0.053	-0.066	-0.010
	(0.035)	(0.035)	(0.038)	(0.057)	(0.058)	(0.044)
企业信息化规划	-0.126	-0.111	0.067	0.207	0.250	0.282
	(0.170)	(0.169)	(0.153)	(0.302)	(0.318)	(0.316)
企业数字化作用程度	0.092	0.133	0.195	-0.497	-0.551	-0.383
	(0.169)	(0.172)	(0.170)	(0.398)	(0.378)	(0.446)
Constant	1.039***	0.801**	0.427	-0.790	-0.944	-1.321
	(0.372)	(0.365)	(0.339)	(0.661)	(0.664)	(0.806)
时间固定效应	YES	YES	YES	YES	YES	YES
行业固定效应	YES	YES	YES	YES	YES	YES
Observations	1610	1610	1610	1389	1389	1389

注:***p<0.01,**p<0.05,*p<0.1,括号中为行业聚类标准误。

综上所述,在企业决策方面,应当根据企业自身规模与行业特征,合理培养数字动态能力,制定合理的数字化转型计划,在政策制定方面,应当根据不同的行业特征与企业规模制定有针对性的政策体系。

第五节　结论与相关政策建议

一、研究结论

本章通过对全国第一个"两化"深度融合国家示范区 1191 家企业连续 5 年(2015—2019 年)推进数字化管理的追踪调查数据,利用主成分分析法构建数字动态能力作为解释变量,使用 SFA 方法计算数字化转型效率,并利用 Tobit 模型实证研究企业数字化转型过程中数字动态能力的培养对企业达成数字双元平衡以及提升数字化转型效率的促进作用,得出主要结论如下。

首先,在动态能力理论的基础上,本章将数字化转型与数字资源获取、利用、重构相结合,结合企业生产管理实际,从平台、信息、生产三个维度入手,进一步发展数字动态能力概念。现有文献已经从理论上推导证明数字技术对于企业平台、数据、管理等方面的提升是企业数字化能力形成的关键(Li 和 Chan,2019;Annarelli 等,2021)[1][2],但是缺少相应的经验研究对其进行实证检验。本章在定量分析的基础上,计算数字动态能力的三个维度,分别为动态数字平台能力、动态数字信息能力、动态数字生产能力,并实证检验了三者对于转型效率的提升作用,丰富了企业数字化转型效率提升的相关研究,进一步拓展了动态能力理论的应用情景。

其次,企业数字化方面的探索行为与利用行为的平衡效应在数字动态能力对转型效率的中介效应存在差异,企业动态数字平台能力与动态数字信息

---

[1]　Li, T. and Chan, Y.E., "Dynamic Information Technology Capability: Concept Definition and Framework Development", *The Journal of Strategic Information Systems*, Vol.28, No.4, 2019.

[2]　Annarelli, A., Battistella, C., Nonino, F., Parida, V. and Pessot, E., "Literature Review on Digitalization Capabilities: Co-citation Analysis of Antecedents, Conceptualization and Consequences", *Technological Forecasting and Social Change*, Vol.166, 2021.

能力的培养可以保证企业数字创新过程中内部资源的合理分配、相关信息的通畅流通以及创新成果的保存与共享,有助于企业的持续性创新,助力企业数字化转型。由此可知,数字双元平衡的实现可以帮助企业在缓解数字化转型过程中面临生存压力的同时探索未来的长期竞争优势,从而对数字化转型的成功率产生正向影响。

最后,企业数字动态能力对于企业推行数字化转型效率的提升作用具有行业异质性,本章通过细分行业的数据表明:(1)针对加工业与制品业,动态数字生产能力对于企业数字化转型效率的提升作用并不显著。(2)数字动态能力对于企业数字化转型效率的提升作用在加工业中尤为突出。(3)数字动态能力对数字化转型效率的正向影响在制品业有所降低。此外,本章研究发现了规模效应对企业数字化转型的影响,规模越大,数字动态能力对数字化转型效率的提升效果越显著。以上结论为专精特新企业调整自身数字化转型项目的投资方向、规模和结构,从而为有重点的培养数字动态能力提供理论指导。

二、相关政策建议

本章结论揭示了数字动态能力的培养对企业数字化转型效率的影响,以及不同行业间的异质性。以全国第一个"两化"深度融合国家示范区为研究对象,具有一定的地域局限性,但是仍然具有较为明显的先行优势,可以为专精特新企业制定和实施数字化管理决策提供参考,也可以为其他省份政府部门制定针对性政策提供启示。

第一,培养数字动态能力提升企业数字资源的利用效率。首先,企业应加强数字基础设施建设,打造高效的数字化管理平台,利用数字技术协调内部资源合理配置。其次,企业应重视数字技术在信息流通过程中的作用,打通"信息壁垒""系统孤岛"和"数据烟囱",通过数字运算提高决策效率和精准度。最后,企业应积极利用数字化思维改进传统生产方式,对企业运营管理进行数字化改造,实现生产动态管理。

第二,发挥协同创新在企业数字双元平衡中的关键作用。地方政府或行业协会应积极鼓励企业参与同行业或跨行业协同创新,通过加强企业、高校、研究机构、政府部门等不同创新主体之间的合作,实现资源共享、知识转移和技术创新,提升整体创新能力。并进一步鼓励产业链上不同创新主体间的知识、信息与技术交流,推动全产业开放式创新,助力企业实现双元平衡,提升全行业数字化转型成功率。

第三,完善企业数字化管理的激励政策体系。本章异质性研究发现,数字动态能力对于不同规模、不同行业数字化转型效率提升的效果存在异质性,因此,企业数字化变革的方向和重点也需要存在差异化特征,政府需要实事求是地针对具体情况采取针对性的激励政策,根据企业的发展实际和行业特质制定"精准滴灌"的政策措施,避免政策"一刀切"现象,提高政策的匹配性和有效性。

第十章　基于企业组织身份冲突
视角的数字化赋能研究

　　在数字技术高速发展的社会背景下,数字化转型已经成为决定企业生存和发展的关键因素(王永贵等,2023)。[①] 数字化转型通过改进核心业务、增强客户体验、简化运营流程、创新商业模式等方式帮助企业实现降本增效与价值重构(王永贵、汪淋淋,2021)。[②] 然而,在声势浩大的数字化转型浪潮中,真正实现成功转型的企业并不多(Singh 等,2020)。[③] 特别是对非数字原生企业而言,它们在转型过程中承受着比数字原生企业更大的压力和阻力。庞大的体量又决定了这类企业的数字化转型将成为影响中国数字经济发展和整体产业新旧动能转换的关键。对于非数字原生企业而言,固守工业时代的运营方式和管理模式不仅会使其难以适应当下的发展趋势,更会成为企业数字化转型的负担和桎梏。有别于数字原生企业,非数字原生企业的数字化转型所面临的挑战不仅源于现代数字技术与传统工业技术的差距、科层组织结构与扁平组织结构间的龃龉,更源于数字化转型这种组织变革活动对企业旧组织身份的冲击和组织成员对新组织身份的迷茫,冲击与迷茫背后的认知障碍构成了

---

　　① 王永贵、汪淋淋、李霞:《从数字化搜寻到数字化生态的迭代转型研究——基于施耐德电气数字化转型的案例分析》,《管理世界》2023 年第 8 期。

　　② 王永贵、汪淋淋:《传统企业数字化转型战略的类型识别与转型模式选择研究》,《管理评论》2021 年第 11 期。

　　③ Singh, A., Klarner, P. and Hess, T., "How do Chief Digital Officers Pursue Digital Transformation Activities? The Role of Organization Design Parameters", *Long Range Planning*, Vol.53, No. 3,2020.

数字化转型过程中的内部阻力（Gioia 等，2013）①，使企业陷入因为"不会转"所以"不敢转"，由于"不敢转"更加"不愿转"的死循环。组织变革研究表明，恰当的转型策略有助于组织重新建立和回答关于"组织是什么样的、组织应该做什么、组织要成为什么"的自我追问（Albert 和 Whetten，1985；He 和 Brown，2013）②③，进而减少变革过程中由于组织成员不适应或不接受组织身份变化所造成的内部阻力。因此，"非数字原生企业应如何选择数字化转型策略，哪种转型策略更有利于非数字原生企业克服原有组织身份的阻碍、更有利于有效达成数字化转型目标"成为亟待回答的现实问题。

文献回顾发现，当前数字化转型策略研究以理论研究和案例研究为主，学者们从转型过程、组织结构、战略侧重以及技术变革等角度对转型策略进行了类型学分析（Gurcaylilar-Yenidogan 和 Gul，2021；Matt 等，2015；Tekic 和 Koroteev，2019）。④⑤⑥ 他们从数字化转型策略的适用条件、策略实施的多重维度以及转型策略可能遇到的阻碍等方面为后续研究提供了有益启示。然而，当前研究的关注焦点主要停留在企业的技术环境、组织架构等方面，较少从管理认知的微观层面探讨转型策略在消除成员认知冲突、重建组织身份方面的重要作用，以及转型策略选择与转型目标达成之间的重要联系。因此，如何选择恰当的转型策略，消除数字化转型过程中的认知障碍、化解内部阻力，助力企业完成组织身份重建这一重要理论问题还并未被充分研究与回答。作为一种组织变革活动，企业数字化转型的规划与推进方式对转型效果发挥着重要

---

① Gioia，D.A.，Patvardhan，S.D.，Hamilton，A.L. and Corley，K.G.，"Organizational Identity Formation and Change"，*Academy of Management Annals*，Vol.7，No.1，2013，pp.123-193.

② Albert，S. and Whetten，D.A.，"Organizational Identity"，*Research in Organizational Behavior*，Vol.7，1985，pp.263-295.

③ He，H. and Brown，A.D.，"Organizational Identity and Organizational Identification：A Review of the Literature and Suggestions for Future Research"，*Group & Organization Management*，Vol.38，No.1，2013，pp.3-35.

④ Gurcaylilar-Yenidogan，T. and Gul，S.，"Digital Transformation Strategy：The Lego Case"，*Journal of Organisational Studies and Innovation*，Vol.8，No.3，2021，pp.36-55.

⑤ Matt，C.，Hess，T. and Benlian，A.，"Digital Transformation Strategies"，*Business & Information Systems Engineering*，Vol.57，2015，pp.339-343.

⑥ Tekic，Z. and Koroteev，D.，"From Disruptively Digital to Proudly Analog：A Holistic Typology of Digital Transformation Strategies"，*Business Horizons*，Vol.62，No.6，2019，pp.683-693.

作用。组织变革理论认为,变革的规划与推进方式区分了不同组织成员在变革中的角色与分工,即"谁应该干什么"(Heyden 等,2017)。① 当变革由组织高层管理机构集中规划、统一布局以自上而下的方式推进时,由于变革推进者能够全面掌握组织内不同单元在组织价值链中相互联系的流程与链接方式,因此他们可以从整体层面去解释变革活动的信息反馈,并根据信息反馈及时调整、优化执行方案(Lee 和 Puranam,2016)。② 自上而下的转型策略通过集中规划与决策赋予管理者开展变革的正式权利、物质资源及外部支持,这些都能提升变革的行为合法性,进而有助于变革的推进(Day,1994)。③ 相反,当变革的推进以自下而上方式分散授权给组织基层部门时(Sklyar 等,2019)④,由于变革的推进者与基层员工更为接近,需要前者具备将抽象、宏大的变革目标转化为员工可以理解的具体日常活动的能力与专业知识(Nonaka,1988)⑤,并在讨论变革时唤起员工的参与感、安抚其对失败的畏惧,使其看到变革的适当性与可行性,从而减少组织成员对变革的抵抗(Armenakis 和 Harris,2002)。⑥ 具体到数字化转型的组织变革情境,尽管存在多种企业数字化转型策略分类方式,当研究者以企业变革执行与推进方向这一维度作为转型策略划分依据时,在理论层面可以抽象出两种主要转型策略,即自上而下的转型策略与自下而上的转型策略(Matt 等,2015)。⑦ 其中,自上而下的转型策略是指由首席数

① Heyden, M. L., Fourné, S. P., Koene, B. A., Werkman, R. and Ansari, S., "Rethinking 'Top-Down' and 'Bottom-Up' Roles of Top and Middle Managers in Organizational Change: Implications for Employee Support", *Journal of Management Studies*, Vol.54, No.7, 2017, pp.961–985.

② Lee, E. and Puranam, P., "The Implementation Imperative: Why One Should Implement Even Imperfect Strategies Perfectly", *Strategic Management Journal*, Vol.37, No.8, 2016, pp.1529–1546.

③ Day, D.L., "Raising Radicals: Different Processes for Championing Innovative Corporate Ventures", *Organization Science*, Vol.5, No.2, 1994, pp.148–172.

④ Sklyar, A., Kowalkowski, C., Tronvoll, B. and Sörhammar, D., "Organizing for Digital Servitization: A Service Ecosystem Perspective", *Journal of Business Research*, Vol.104, 2019, pp.450–460.

⑤ Nonaka, I., "Toward Middle-up-Down Management: Accelerating Information Creation", *MIT Sloan Management Review*, Vol.29, No.3, 1988, pp.9–18.

⑥ Armenakis, A.A. and Harris, S.G., "Crafting a Change Message to Create Transformational Readiness", *Journal of Organizational Change Management*, Vol.15, No.2, 2002, pp.169–183.

⑦ Matt, C., Hess, T. and Benlian, A., "Digital Transformation Strategies", *Business & Information Systems Engineering*, Vol.57, 2015, pp.339–343.

字官（CDO）、其他企业高层管理者或数字委员会（Digital Committee）来集中领导、统筹规划、顶层设计并持续推动转型，该策略强调高层管理者对企业数字化转型的系统部署与整体把控，而基层部门、业务单元以及企业员工则承担着技术执行的角色（Chanias 等，2019；Haffke 等，2016；Horlacher 等，2016）①②③；自下而上转型策略与自上而下转型策略的技术路线不同，它并不是由企业高层统筹规划、设计推进的，而是由企业内部的某些职能单元、业务条线、业务模块等先行先试、启动实施，以边际改进的方式试点成熟后通过部门间的推广复制，进而实现企业整体的数字化转型，并由高层管理者将这些改革试点与企业总体发展战略结合，从而形成一个"试点→推广→优化"反复迭代的高度动态过程（Chanias 等，2019）。④ 尽管这种分类方式在数字化转型研究中被广泛采纳（卢宝周 等，2022）⑤，但是对两种数字化转型策略的有效性和适用情景，学界尚未形成共识（Chanias 等，2019；Poláková-Kersten 等，2023）⑥⑦。因此，本章创造性地引入组织身份理论，从基于变革规划与推进方式的策略分类入手，探讨自上而下和自下而上两种策略在消除数字化转

① Chanias, S., Myers, M. D. and Hess, T., "Digital Transformation Strategy Making in Pre-Digital Organizations: The Case of a Financial Services Provider", *The Journal of Strategic Information Systems*, Vol.28, No.1, 2019, pp.17-33.

② Haffke, I., Kalgovas, B. J. and Benlian, A., "The Role of the CIO and the CDO in an Organization's Digital Transformation", *Thirty Seventh International Conference on Information Systems*, Dublin, 2016.

③ Horlacher, A.A., Klarner, P.P. and Hess, T.T., "Crossing Boundaries: Organization Design Parameters Surrounding CDOs and Their Digital Transformation Activities", *Twenty Two Americas Conference on Information Systems*, 2016.

④ Chanias, S., Myers, M. D. and Hess, T., "Digital Transformation Strategy Making in Pre-Digital Organizations: The Case of a Financial Services Provider", *The Journal of Strategic Information Systems*, Vol.28, No.1, 2019, pp.17-33.

⑤ 卢宝周、尹振涛、张妍：《传统企业数字化转型过程与机制探索性研究》，《科研管理》2022 年第 4 期。

⑥ Chanias, S., Myers, M. D. and Hess, T., "Digital Transformation Strategy Making in Pre-Digital Organizations: The Case of a Financial Services Provider", *The Journal of Strategic Information Systems*, Vol.28, No.1, 2019, pp.17-33.

⑦ Poláková-Kersten, M., Khanagha, S., van den Hooff, B. and Khapova, S.N., "Digital Transformation in High-Reliability Organizations: A Longitudinal Study of the Micro-Foundations of Failure", *The Journal of Strategic Information Systems*, Vol.32, No.1, 2023.

型带来的组织身份冲突上的作用差异,剖析其作用机理,为回答"哪种转型策略更有助于非数字原生企业推进数字化转型"这一现实问题提供理论依据。

　　本章基于全国首个"两化"融合国家示范区内 3679 家工业企业、连续 8 年的动态调研数据,实证检验了不同数字化转型策略对企业数字化转型效果的影响和作用机制。潜在理论贡献包括:其一,明确了非数字原生企业在数字化转型过程中经历的新旧组织身份冲突的具体表现,并从消除组织身份冲突的角度,回答了企业数字化转型的策略选择问题,与以往侧重分析技术路径、资源投入和组织结构调整的策略选择研究形成互补(曹裕等,2023;陈玲等,2023;杜勇等,2022)①②③;其二,重点关注非数字原生企业这类相对缺乏数字化转型先天优势的群体,从数字基因与经营理念的角度对企业类型予以划分,突破了当前企业数字化转型研究基于产业或行业的分类框架,回应了最近学者们对不同类型企业数字化转型的异质化路径进行深入探索的呼吁(严子淳等,2021)④;其三,聚焦数字化转型策略与转型效果之间的关系,拓展了以往该领域主要围绕转型驱动因素与转型过程展开分析的研究视野,从策略与结果两方面充实了企业数字化转型研究领域"前因→决策→策略→行为→结果"的整体研究脉络(卢宝周等,2022;杨书燕等,2023)⑤⑥,深度剖析了转型策略影响转型效果的三重机理。

---

　　①　曹裕、李想、胡韩莉、万光羽、汪寿阳:《数字化如何推动制造企业绿色转型? ——资源编排理论视角下的探索性案例研究》,《管理世界》2023 年第 3 期。

　　②　陈玲、王晓飞、关婷、薛冰:《企业数字化路径:内部转型到外部赋能》,《科研管理》2023 年第 7 期。

　　③　杜勇、曹磊、谭畅:《平台化如何助力制造企业跨越转型升级的数字鸿沟? ——基于宗申集团的探索性案例研究》,《管理世界》2022 年第 6 期。

　　④　严子淳、李欣、王伟楠:《数字化转型研究:演化和未来展望》,《科研管理》2021 年第 4 期。

　　⑤　卢宝周、尹振涛、张妍:《传统企业数字化转型过程与机制探索性研究》,《科研管理》2022 年第 4 期。

　　⑥　杨书燕、宋铁波、吴小节:《企业数字化转型的制度动因及过程》,《科研管理》2023 年第 9 期。

第一节 理论分析

一、非数字原生企业的数字化转型与组织身份冲突

非数字原生企业是指那些在数字技术出现之前就已成立的在位企业(张娜娜等,2023;Chanias 等,2019)[1][2],也被称为工业时代企业(Hanelt 等,2021)[3]。这些企业通常属于传统行业(Chanias 等,2019)[4],如制造业、冶炼业、纺织业、零售业等。与之相反,数字原生企业如阿里巴巴、腾讯、亚马逊及脸书等,其诞生与发展依赖于数字技术进步以及商业模式创新。数字原生企业在新兴产业蓬勃发展的同时,也开始向传统行业迈进,并不断挑战已有市场规则,并使非数字原生企业所处行业边界开始模糊(Fichman 等,2014;Henfridsson 等,2018)[5][6],这对非数字原生企业的生存发展形成压力,促使非数字原生企业调整经营策略(Yoo 等,2010)[7],最终倒逼其走上数字化转型之路。

---

① 张娜娜、蔡芸忆、张文松、臧树伟:《非数字原生企业创新生态系统构建机制研究——来自海尔的启示》,《科学学与科学技术管理》2023 年第 9 期。

② Chanias, S., Myers, M. D. and Hess, T., "Digital Transformation Strategy Making in Pre-Digital Organizations: The Case of a Financial Services Provider", *The Journal of Strategic Information Systems*, Vol.28, No.1, 2019, pp.17–33.

③ Hanelt, A., Firk, S., Hildebrandt, B. and Kolbe, L.M., "Digital M&A, Digital Innovation, and Firm Performance: An Empirical Investigation", *European Journal of Information Systems*, Vol.30, No.1, 2021, pp.3–26.

④ Chanias, S., Myers, M. D. and Hess, T., "Digital Transformation Strategy Making in Pre-Digital Organizations: The Case of a Financial Services Provider", *The Journal of Strategic Information Systems*, Vol.28, No.1, 2019, pp.17–33.

⑤ Fichman, R.G., Dos Santos, B.L. and Zheng, Z., "Digital Innovation as a Fundamental and Powerful Concept in the Information Systems Curriculum", *MIS Quarterly*, Vol. 38, No. 2, 2014, pp. 329–A315.

⑥ Henfridsson, O., Nandhakumar, J., Scarbrough, H. and Panourgias, N., "Recombination in the Open-Ended Value Landscape of Digital Innovation", *Information and Organization*, Vol. 28, No. 2, 2018, pp.89–100.

⑦ Yoo, Y., Henfridsson, O. and Lyytinen, K., "Research Commentary—The New Organizing Logic of Digital Innovation: An Agenda for Information Systems Research", *Information Systems Research*, Vol.21, No.4, 2010, pp.724–735.

数字化转型的本质是由数字技术和数字思维驱动的组织变革。它通过对企业进行多层次重构实现工艺流程改进、市场机会感知能力增强、组织柔性提升和价值创造模式更新(袁勇,2017;Mikalef 和 Pateli,2017)。[1][2] 与数字原生企业不同,非数字原生企业在推进数字化转型的过程中不仅面临将新数字技术整合进当前技术体系和组织结构的双重挑战(Ciriello 等,2018;Drechsler 等,2020)[3][4],还要考虑如何将数字化融入到组织身份中,从而实现组织身份的有机更新。组织身份作为企业核心的独特文化和价值观(Albert 和 Whetten,1985)[5],深度内化于企业既有的管理制度、运作模式和组织惯例中。源自组织变革的组织身份更新会引发新旧组织身份间的冲突(Wessel 等,2021)[6],这种冲突正是造成组织变革与转型失败的重要原因之一(Gioia 等,2013)[7]。因此,能否处理好新旧组织身份冲突,关系着非数字原生企业的数字化转型是走向成功抑或是失败(Poláková-Kersten 等,2023)[8]。

从组织身份角度来看,数字化转型带来的新、旧身份冲突会造成组织成员在数字化转型过程中难以达成共识,而共识达成是重新在组织内部塑造秩序

① 袁勇:《BPR 为数字化转型而生》,《企业管理》2017 年第 10 期。

② Mikalef,P. and Pateli,A.,"Information Technology-Enabled Dynamic Capabilities and Their Indirect Effect on Competitive Performance:Findings from PLS-SEM and fsQCA",*Journal of Business Research*,Vol.70,2017,pp.1-16.

③ Ciriello,R.F.,Richter,A. and Schwabe,G.,"Digital Innovation",*Business and Information Systems Engineering*,Vol.60,2018,pp.563-569.

④ Drechsler,K.,Gregory,R.,Wagner,H.T. and Tumbas,S.,"At the Crossroads between Digital Innovation and Digital Transformation",*Communications of the Association for Information Systems*,Vol.47,No.1,2020,pp.521-528.

⑤ Albert,S. and Whetten,D.A.,"Organizational Identity",*Research in Organizational Behavior*,Vol.7,1985,pp.263-295.

⑥ Wessel,L.,Baiyere,A.,Ologeanu-Taddei,R.,Cha,J. and Blegind-Jensen,T.,"Unpacking the Difference Between Digital Transformation and IT-Enabled Organizational Transformation",*Journal of the Association for Information Systems*,Vol.22,No.1,2021,pp.102-129.

⑦ Gioia,D.A.,Patvardhan,S.D.,Hamilton,A.L. and Corley,K.G.,"Organizational Identity Formation and Change",*Academy of Management Annals*,Vol.7,No.1,2013,pp.123-193.

⑧ Poláková-Kersten,M.,Khanagha,S.,van den Hooff,B. and Khapova,S.N.,"Digital Transformation in High-Reliability Organizations:A Longitudinal Study of the Micro-Foundations of Failure",*The Journal of Strategic Information Systems*,Vol.32,No.1,2023.

感与稳定性,进而顺利完成转型的关键(卢宝周等,2022)。① 因此,本章尝试构建基于组织身份冲突的分析框架,通过分析不同数字化转型策略在缓解组织身份冲突上的作用差异,解释其对企业数字化转型的成效影响。依据查尼亚斯等(Chanias 等,2019)②、克斯滕等(Kersten 等,2023)③、魏克和吉诺特(Weick 和 Guinote,2008)④对非数字原生企业和对数字化转型关键原则差异的梳理,围绕组织身份关于"是什么、怎么做、成为什么"的三大核心问题,本章从"企业应拥有什么特质、企业应以怎样的方式利用资源、企业应追求怎样的运营模式"三方面具体识别数字化转型给非数字原生企业带来的新、旧组织身份冲突(见表10-1),即"专注稳定还是拥抱创新""依赖内部资源还是链接外部资源""习惯复杂性还是追求简洁性",并在后文进一步探讨不同转型策略在化解三对冲突上的效果差异。

表 10-1 非数字原生企业数字化转型所面对的组织身份冲突

非数字原生企业的旧组织身份特征	数字化转型所要求的新组织身份特征
专注稳定	拥抱创新
-强调生产的连续性	-追求创新的风险偏好
-尽力降低运营风险	-关注交付速度和客户体验
-对复杂技术进行监控,防范事故发生	-采用多种缓冲策略,从而接受不稳定性
依赖内部资源	链接外部资源
-封闭或半封闭的知识管理系统	-相对开放的知识管理系统
-依赖和重视内部专业技术人才	-聘用外部专家或技术团队

---

① 卢宝周、尹振涛、张妍:《传统企业数字化转型过程与机制探索性研究》,《科研管理》2022 年第 4 期。

② Chanias, S., Myers, M. D. and Hess, T., "Digital Transformation Strategy Making in Pre-Digital Organizations:The Case of a Financial Services Provider", *The Journal of Strategic Information Systems*, Vol.28, No.1, 2019, pp.17-33.

③ Poláková-Kersten, M., Khanagha, S., van den Hooff, B. and Khapova, S.N., "Digital Transformation in High-Reliability Organizations:A Longitudinal Study of the Micro-Foundations of Failure", *The Journal of Strategic Information Systems*, Vol.32, No.1, 2023.

④ Weick, M. and Guinote, A., "When Subjective Experiences Matter:Power Increases Reliance on the Ease of Retrieval", *Journal of Personality and Social Psychology*, Vol.94, No.6, 2008, pp.956-970.

续表

非数字原生企业的旧组织身份特征	数字化转型所要求的新组织身份特征
-强调自身技能的精进	-成本允许的前提下依赖第三方提供IT服务
习惯复杂性	追求简洁性
-不愿意接受简化	-简单的系统设计
-多视角,多框架	-流程整合
-拒绝简单诊断	-简单敏捷的IT架构设计

资料来源:作者根据公开文献整理。

专注稳定还是拥抱创新。对处于传统行业的非数字原生企业而言,其核心技术迭代速度相较于新兴行业更慢,此类企业在组织身份重建过程中更偏重于稳定性和连续性的发展和演化,而不是冒险性和突进性的创新和变革,从而最大限度降低运营风险。如何保障稳定的营收增长往往是此类企业运营的核心关切,由于数字技术与企业旧有知识结构差异较大,使得企业在数字化转型过程中的技术创新和组织变革对企业现有业务造成冲击,除了在技术适应过程中对业务流程显性且暂时的冲击外,也会形成较为隐性但更为持久的组织身份冲击(Poláková-Kersten等,2023)。[1] 数字化转型的本质旨在通过数字技术使企业产生新的自我认知,这与员工更偏向于组织身份稳定的需求相悖(Brown和Starkey,2000)[2],同时这些员工的认知领域与数字技术差异较大,使得他们难以认同组织的身份转化,由此可能在组织转型过程中采取消极抵制行为(Brown和Starkey,2000;Gioia等,2013)[3][4],造成企业效率进一步降低,最终致使转型失败或效果不佳。这就形成了企业数字化转型过程中的第

[1] Poláková-Kersten, M., Khanagha, S., van den Hooff, B. and Khapova, S. N., "Digital Transformation in High-Reliability Organizations: A Longitudinal Study of the Micro-Foundations of Failure", *The Journal of Strategic Information Systems*, Vol.32, No.1, 2023.

[2] Brown, A.D. and Starkey, K., "Organizational Identity and Learning: A Psychodynamic Perspective", *Academy of Management Review*, Vol.25, No.1, 2000, pp.102-120.

[3] Brown, A.D. and Starkey, K., "Organizational Identity and Learning: A Psychodynamic Perspective", *Academy of Management Review*, Vol.25, No.1, 2000, pp.102-120.

[4] Gioia, D.A., Patvardhan, S.D., Hamilton, A.L. and Corley, K.G., "Organizational Identity Formation and Change", *Academy of Management Annals*, Vol.7, No.1, 2013, pp.123-193.

一对矛盾,即员工对企业专注稳定的组织身份需求与数字转型过程中拥抱创新改变旧有组织身份的冲突。

依赖内部资源还是链接外部资源。就非数字原生企业而言,对本行业的坚守和深耕并获得稳定收益是这些企业长期且稳定的组织身份(Gioia 等,2013)①,这是现代企业发展过程中专业化程度不断提升的结果,致使特定企业的知识结构在通常情况下高度集中在与自身业务密切相关或相近的领域,这种专精型的知识结构成为高度分工背景下市场竞争力的源泉。为保障与自身核心竞争力高度相关的知识不外泄,传统企业核心业务相关的知识体系往往是一种全封闭(完全保密)或半封闭(只对紧密合作伙伴开放)的状态。而数字化转型的过程需要基于数字技术对企业价值创造流程和模式重塑,这一过程不仅需要企业拥有充足的本行业相关知识积累,也需要其对前沿数字技术有深刻的认知,显然作为非数字原生企业要兼顾二者是有挑战性的。所以在数字化转型过程中,这些企业常通过利用外部各方(例如云服务提供商或外包合作伙伴)获取数字技术知识来弥补自身知识不足。然而这意味着将打破企业对自身核心知识体系的封闭控制,也意味企业强调依赖自身知识的组织身份受到挑战(Garud 和 Karunakaran,2018)。② 具体而言,在非数字原生企业数字化转型的过程中,不论采取独立研发还是外包研发,都需要数字化技术工作人员对企业旧有的工作流程进行深入的调研,构建有效的需求分析,以便进一步完成数字化转型方案的设计和推进。而在该过程中,企业的正常运营并没有停止,这一数字化转型的难点被很多学者描述为"一辆高速行驶的马车换轮子"。这就可能会影响旧有流程员工的生产作业过程,IT 工作人员往往并不了解企业所处行业的业务知识,而企业员工也不充分了解数字化转型相关业务知识,也就是存在着"懂业务的不懂数字化、懂数字化的不懂业务"现象,二者协同过程中难免产生摩擦和误解,使原有员工感觉自身专业知识并

---

① Gioia,D.A.,Patvardhan,S.D.,Hamilton,A.L. and Corley,K.G.,"Organizational Identity Formation and Change",*Academy of Management Annals*,Vol.7,No.1,2013,pp.123-193.

② Garud,R. and Karunakaran,A.,"Process-Based Ideology of Participative Experimentation to Foster Identity-Challenging Innovations:The Case of Gmail and Adsense",*Strategic Organization*,Vol.16,No.3,2018,pp.273-303.

未受到尊重,进而产生消极、不配合,甚至抵制行为。而数字技术开发人员在很大程度上都被企业员工视为"外人",进一步强化了这种冲突。从这意义上来说,通过拥抱外部资源(如云服务提供商或外包服务),会使员工感觉企业降低了对自身专业知识的尊重,进而形成了依赖内部资源还是外部资源的冲突。

习惯复杂性还是追求简洁性。在数字化转型过程中,企业通过引入数字技术解决方案,以及通过更为灵活的方法可大幅简化生产流程,提高生产效能。但是,该举措可能与非数字原生企业基层管理人员在维护企业盈利稳健性方面的谨慎态度相冲突,为数字化转型过程埋下隐患。生产型企业会将复杂风险管理过程视为组织核心特征,这会造成企业员工对基于数字化转型实现过程简化方案的怀疑和抵制(Weick 和 Guinote,2008)。① 与此同时,非数字原生企业在生产过程中部署和运用数字技术的复杂性(即复杂的技术环境、复杂的项目和复杂的组织形式)是试图通过数字化转型实现灵活性和效率优化以及实现组织敏捷性提升的巨大障碍(Schmidt 和 Buxmann,2011;van Oosterhout 等,2006)②③。组织需要在数字技术框架、结构和流程方面实现一定程度的简化,才能应对非数字原生企业数字化转型的需求。管理层的这种简化需求可能会增加非数字原生企业员工的压力和挫折感(Sanchez 和 Zuntini,2018)④,这种压力体现在两个方面:其一,数字化改革实现生产过程简化的同时会造成企业传统工作岗位减少,以及新型数字技术相关岗位的增加。而在数字化过程中需要运用大量旧有岗位工作人员的相关知识,这就与这些员工的利益相矛盾。其二,为了简化数字化转型过程,可能需要将遗留的 IT 系

① Weick, M. and Guinote, A., "When Subjective Experiences Matter: Power Increases Reliance on the Ease of Retrieval", *Journal of Personality and Social Psychology*, Vol. 94, No. 6, 2008, pp. 956-970.

② Schmidt, C. and Buxmann, P., "Outcomes and Success Factors of Enterprise IT Architecture Management: Empirical Insight from the International Financial Services Industry", *European Journal of Information Systems*, Vol. 20, No. 2, 2011, pp. 168-185.

③ van Oosterhout, M., Waarts, E. and Van Hillegersberg, J., "Change Factors Requiring Agility and Implications for IT", *European Journal of Information Systems*, Vol. 15, No. 2, 2006, pp. 132-145.

④ Sanchez, M.A. and Zuntini, J.I., "Organizational Readiness for the Digital Transformation: A Case Study Research", *Revista Gestão & Tecnologia*, Vol. 18, No. 2, 2018, pp. 70-99.

统退役,这有助于降低数字化转型过程中的系统复杂度并提高透明度和灵活性,但同时,这意味着对从事旧有 IT 系统运营和维护的员工的利益造成冲击。这两个方面的冲击都会威胁到组织既定的工作方式,而非数字原生企业员工已将这些工作方式视为组织身份的重要特征,也就是形成了组织身份冲突。

综上所述,非数字原生企业的数字化转型需要应对组织身份冲突的艰巨挑战。换言之,非数字原生企业要开展数字化转型,就必须突破该类企业旧有的以"稳健、可控、封闭、复杂"为特征的运营模式束缚,并改变企业趋于保守的风险偏好。这些非数字原生企业的组织身份特征与数字化转型所需要的"拥抱创新、开放资源和追求简洁"的组织身份特征形成了冲突,成为企业数字化转型实施过程中需要克服的重要阻碍(Poláková-Kersten 等,2023)。①

二、数字化转型策略与非数字原生企业身份冲突缓解

组织变革理论认为,由于认知惯性、路径依赖、能力刚性等能够持续维持组织内部稳定性的组织特征的存在,会造成哪怕是明确有利于组织生存发展的变革行动,也可能受到组织成员的抵抗,导致变革遭遇阻力甚至无法开展(Hannan 和 Freeman,1984)②,而选择适当的变革策略将有助于减缓变革阻力、激发变革动力、优化变革效果(Bhasin,2012)③。

作为非数字原生企业数字化转型过程中面临的关键内部挑战,组织身份冲突是企业设计或选择转型策略时需重点考虑的问题(Chanias 等,2019;

---

① Poláková-Kersten, M., Khanagha, S., van den Hooff, B. and Khapova, S.N., "Digital Transformation in High-Reliability Organizations: A Longitudinal Study of the Micro-Foundations of Failure", *The Journal of Strategic Information Systems*, Vol.32, No.1, 2023.

② Hannan, M.T. and Freeman, J., "Structural Inertia and Organizational Change", *American Sociological Review*, 1984, pp.149-164.

③ Bhasin, S., "An Appropriate Change Strategy for Lean Success", *Management Decision*, Vol. 50, No.3, 2012, pp.439-458.

Poláková-Kersten 等,2023)①②。组织身份理论认为,组织身份塑造了组织成员的认知模式,指导组织行为,并且告知关于组织"是什么""做什么"以及"怎么做"的答案(Albert 和 Whetten,1985)。③ 当外部技术环境发生颠覆性变化时,如果组织希望通过采纳新技术实现组织变革,就必须改变其身份认知(Ernst 和 Jensen,2021)④,即解决由新旧身份差异引起的认知冲突,从而适应新环境。组织变革研究表明,变革的规划与推进方式与变革是否能获得组织成员的认同、支持以及形成一致性行动之间密切相关(Heyden 等,2017)⑤。

首先,从知识流动的角度来看,恰当的变革策略能够使组织成员充分获取关于"如何开展变革"的相关知识,使变革更容易被成员所接受。当高层管理者以自上而下的方式,通过集中规划、统一部署的方式构思、设计并指导实施变革时,组织变革所需的专业知识会沿着组织的科层结构向下流动,自上而下的知识流动通常局限于职能、技术等专业领域,从而增加变革指令接受者的知识深度,并且允许接受者以其熟悉的方式应对变革问题,增加了基层成员执行能力的有效性和可靠性(Mom 等,2007)。⑥ 当组织变革以自下而上的方式,由基层部门自主分散开展时,变革所需的知识会自下而上流动,尽管这也能丰富组织整体关于变革的知识库,促使高层管理者不断反思和修正当前的变革

---

① Chanias,S.,Myers,M.D. and Hess,T.,"Digital Transformation Strategy Making in Pre-Digital Organizations:The Case of a Financial Services Provider", *The Journal of Strategic Information Systems*,Vol.28,No.1,2019,pp.17-33.

② Poláková-Kersten,M.,Khanagha,S.,van den Hooff,B. and Khapova,S.N.,"Digital Transformation in High-Reliability Organizations:A Longitudinal Study of the Micro-Foundations of Failure", *The Journal of Strategic Information Systems*,Vol.32,No.1,2023.

③ Albert,S. and Whetten,D.A.,"Organizational Identity", *Research in Organizational Behavior*, Vol.7,1985,pp.263-295.

④ Ernst,J. and Jensen Schleiter,A.,"Organizational Identity Struggles and Reconstruction During Organizational Change:Narratives as Symbolic,Emotional and Practical Glue", *Organization Studies*,Vol.42,No.6,2021,pp.891-910.

⑤ Heyden,M.L.,Fourné,S.P.,Koene,B.A.,Werkman,R. and Ansari,S.,"Rethinking 'Top-Down' and 'Bottom-Up' Roles of Top and Middle Managers in Organizational Change:Implications for Employee Support", *Journal of Management Studies*,Vol.54,No.7,2017,pp.961-985.

⑥ Mom,T.J.,van Den Bosch,F.A. and Volberda,H.W.,"Investigating Managers' Exploration and Exploitation Activities:The Influence of Top-Down,Bottom-Up,and Horizontal Knowledge Inflows", *Journal of Management Studies*,Vol.44,No.6,2007,pp.910-931.

思路,但其路径是非标准化的,知识提供者(基层部门)和知识接受者(高层管理者)之间的知识传递活动通常以随机或不可预测的方式发生(Heyden 等,2017)[1],致使实现变革相关的知识碎片化,从而难以在不同职级、不同部门的组织成员间形成相对一致的知识基础。

其次,从意义建构的角度来看,变革的策略选择会影响组织成员对组织变革这一冲击事件的共同理解和一致行动(Gioia 和 Chittipeddi,1991)[2]。当组织变革是以自下而上、自主分散方式开展的,意味着关于"变革"的意义表达在员工与基层部门层面将是非常活跃的,而高层管理者对该过程的控制力相对较弱,从而导致不同组织成员、不同部门对于"为什么要变革"以及"变革是什么"的理解无法取得一致。当组织变革以自上而下、高度集中的方式执行时,意味着高层管理者对变革的意义建构过程控制力度更大,变革的意义甚至在变革推进之前在集中规划阶段被确定下来,尽管此时基层员工意义建构的参与度与积极性会受到一定的影响,导致对组织变革的集体理解和行动变成一种个体对整体的妥协行为,但至少能形成对"变革事件"相对统一的解释和认知(van der Steen,2017)。[3]

最后,从职位安全的角度来看,组织变革会带来岗位设置和人力需求方面的变化,引发组织成员对其工作保障、技能培训和个人职业发展的担忧,构成了组织成员拒绝接受新组织身份的理由(Poláková-Kersten 等,2023)。[4] 选择自上而下的转型策略,高层管理者可以利用职权和权威,对基层部门和机构的工作岗位的存续提供集体保障,打消组织成员对其岗位安全的疑虑;而当选择自下而上的策略时,变革执行的主动权分散在不同的基层部门手中,以个人或

---

[1]　Heyden, M. L., Fourné, S. P., Koene, B. A., Werkman, R. and Ansari, S., "Rethinking 'Top-Down' and 'Bottom-Up' Roles of Top and Middle Managers in Organizational Change: Implications for Employee Support", *Journal of Management Studies*, Vol.54, No.7, 2017, pp.961-985.

[2]　Gioia, D. A. and Chittipeddi, K., "Sensemaking and Sensegiving in Strategic Change Initiation", *Strategic Management Journal*, Vol.12, No.6, 1991, pp.433-448.

[3]　van der Steen, M., "Managing Bottom-up Strategizing: Collective Sensemaking of Strategic Issues in a Dutch Bank", *Long Range Planning*, Vol.50, No.6, 2017, pp.766-781.

[4]　Poláková-Kersten, M., Khanagha, S., van den Hooff, B. and Khapova, S.N., "Digital Transformation in High-Reliability Organizations: A Longitudinal Study of the Micro-Foundations of Failure", *The Journal of Strategic Information Systems*, Vol.32, No.1, 2023.

部门利益为优先的决策将会成为组织成员的首选。这也意味着,当组织变革有损组织某个局部的利益时,变革就会停滞在这个局部位置,导致有利于整体利益的变革无法推进。

综上所述,自上而下和自下而上的变革策略主要通过知识流动、意义建构,以及职位安全三种机制影响组织成员对变革的接受程度,导致他们倾向于固守历史身份或接受新身份(Haffke 等,2016)。[①] 基于组织变革理论和组织身份理论,本书认为有效的数字化转型策略选择是非数字原生企业转型成功的重要组织前因,自上而下或自下而上的策略选择会通过影响组织身份认知冲突的解决水平,进而影响数字化转型的效果。因此,下文将基于组织身份认知冲突的理论框架,分析前述两类数字化转型策略与数字化转型效果间的关系,并提出理论假说并进行实证检验。

第二节　理论假说

一、自上而下的转型策略

"专注稳定还是拥抱创新"的组织身份冲突。非数字原生企业的组织身份强调聚焦原有业务、保障稳定连续生产,而数字化转型则强调敢于创新的身份特征。这种组织身份的变化,会导致企业阶段性的不稳定(Brown 和 Starkey,2000)。[②] 从知识流动的角度来看,强调创新意味着员工既往的知识储备和工作技能可能无法与经过优化的数字化生产线、数字化营销技术、数字化管理手段相匹配(Ilvonen 等,2018)。[③] 非数字原生企业员工想要胜任业务

① Haffke, I., Kalgovas, B. J. and Benlian, A., "The Role of the CIO and the CDO in an Organization's Digital Transformation", *Thirty Seventh International Conference on Information Systems*, Dublin, 2016.

② Brown, A.D. and Starkey, K., "Organizational Identity and Learning: A Psychodynamic Perspective", *Academy of Management Review*, Vol.25, No.1, 2000, pp.102-120.

③ Ilvonen, I., Thalmann, S., Manhart, M. and Sillaber, C., "Reconciling Digital Transformation and Knowledge Protection: A Research Agenda", *Knowledge Management Research & Practice*, Vol.16, No.2, 2018, pp.235-244.

变革,就需要对其知识基础进行更新(Cetindamar 和 Abedin,2021)。[1] 自上而下的转型策略有利于数字化转型的相关知识沿着组织科层结构向基层部门流动。选择自上而下的转型策略意味着知识流动通常由更高级别的职能或技术部门统一提供,基层员工以其熟悉的方式接受新知识,并增加自身数字化相关知识的深度和系统性。有效的知识补充、共同的知识基础形成,都有利于提高组织成员在转型过程中的执行力和创造力(Rahman 等,2016)[2],从而提高组织成员对"拥抱创新"的组织身份特征的认同与接受程度,进而促进企业数字化转型的实现。因此,本章提出理论假说10-1a:

理论假说10-1a:自上而下的数字化转型策略有利于缓解非数字原生企业关于"专注稳定还是拥抱创新"的组织身份冲突,进而促进了企业的数字化转型。

"依赖内部资源还是链接外部资源"的组织身份冲突。非数字原生企业的组织身份强调对内部资源的依赖和控制,强调通过"封闭"来实现组织生产系统的稳定和安全。而数字化转型要求组织能够更多地链接外部资源,形成更为完善的数字生态系统。从职位安全的角度来看,数字化转型过程中新部门、新员工、新合作伙伴的设立或出现,可能对原有工作岗位形成替代威胁(Dengler 和 Matthes,2018)。[3] "机器换人""黑灯工厂""灯塔工厂"等会让不具备数字技能的普通工人对其职位存续性产生忧虑,导致员工排斥"链接外部资源"的组织身份特征,进而采取消极态度和抵抗行为(Gioia 等,2013)[4],

① Cetindamar Kozanoglu,D. and Abedin,B.,"Understanding the Role of Employees in Digital Transformation:Conceptualization of Digital Literacy of Employees as a Multi-Dimensional Organizational Affordance",*Journal of Enterprise Information Management*,Vol.34,No.6,2021,pp.1649-1672.

② Rahman,Z.,De Clercq,D.,Wright,B.A. and Bouckenooghe,D.,"Explaining Employee Creativity:The Roles of Knowledge-Sharing Efforts and Organizational Context",*Academy of Management Proceedings*,No.1,2016.

③ Dengler,K. and Matthes,B.,"The Impacts of Digital Transformation on the Labour Market:Substitution Potentials of Occupations in Germany",*Technological Forecasting and Social Change*,Vol.137,2018,pp.304-316.

④ Gioia,D.A.,Patvardhan,S.D.,Hamilton,A.L. and Corley,K.G.,"Organizational Identity Formation and Change",*Academy of Management Annals*,Vol.7,No.1,2013,pp.123-193.

阻碍数字化转型的推进。自上而下的转型策略,尤其是企业高层担任首席数字官,可统筹调度企业资源,通过正式和非正式机制安抚员工对职位安全的焦虑与不安。这些机制包括但不限于:对转型后相关岗位工人工作安置的集体承诺与保证;有组织地开展集体性的数字技术相关技能的培训(Guzmán-Ortiz 等,2020)[①];对企业数字化转型后新增岗位的介绍和转岗要求给出明确且清晰的描述(Paklina 和 Shakina,2022)[②]。通过集中调配企业资源、统一安置相关员工,对基层部门和基层员工职位存续提供保障,将有力消除"链接外部资源"的组织身份特征给组织员工带来的不安,从而让其更愿意接受新的组织身份,促进企业数字化转型的实现。因此,本章提出理论假说10-1b:

理论假说10-1b:自上而下的数字化转型策略有利于缓解非数字原生企业关于"依赖内部资源还是链接外部资源"的组织身份冲突,进而促进了企业的数字化转型。

"习惯复杂性还是追求简洁性"的组织身份冲突。传统行业企业在经历了工业化时代的发展后,往往已经形成了一套复杂的业务流程(Garbie,2012)。[③] 同样,由于组织惯性的存在,对"组织核心业务就应该是复杂的"这种认知也成为了员工感知到的组织身份特征。而数字技术和数字思维的引入却试图建立更为简洁高效的业务流程(Bodrov 等,2019)[④],会对原有组织身份形成冲击。从意义建构的角度来看,数字化转型过程中,组织身份特征从"复杂"走向"简洁"需要组织成员通过集体的意义建构过程对"为什么需要简化"

---

① Guzmán-Ortiz,C.,Navarro-Acosta,N.,Florez-Garcia,W. and Vicente-Ramos,W.,"Impact of Digital Transformation on the Individual Job Performance of Insurance Companies in Peru",*International Journal of Data and Network Science*,Vol.4,No.4,2020,pp.337-346.

② Paklina,S. and Shakina,E.,"Which Professional Skills Value More under Digital Transformation?",*Journal of Economic Studies*,Vol.49,No.8,2022,pp.1524-1547.

③ Garbie,I.H.,"Design for Complexity:A Global Perspective through Industrial Enterprises Analyst and Designer",*International Journal of Industrial and Systems Engineering*,Vol.11,No.3,2012,pp.279-307.

④ Bodrov,V.G.,Lazebnyk,L.L.,Hurochkina,V.V. and Lisova,R.M.,"Conceptual Scheme of Digital Transformation of Business Model of Industrial Enterprises",*International Journal of Recent Technology and Engineering*,Vol.8,2019,pp.107-113.

以及"怎么变得更简洁"形成共同理解。自上而下的转型策略将变革中意义建构的控制权交给了高层管理者,由高层管理者预先定义"变简洁"的现实意义,基层部门和个体在意义建构过程中成为高层阐释和意义赋予的接受者。在这种情况下,对"追求简洁"的集体理解既可能是真实的群体意见表达,也可能是一种认识上的妥协,但组织上下至少能对"变得更简洁"形成相对统一的解释和行动,从而促进新身份的建立以及企业数字化转型的实现。因此,本章提出理论假说10-1c:

理论假说10-1c:自上而下的数字化转型策略有利于化解非数字原生企业关于"习惯复杂性还是追求简洁性"的组织身份冲突,进而促进了企业的数字化转型。

综上所述,自上而下的转型策略在促进知识流动、确保职位保障、建构统一意义方面具有明显优势,有利于缓解非数字原生企业在"专注稳定还是拥抱创新""依赖内部资源还是链接外部资源""习惯复杂性还是追求简洁性"三方面的认知冲突,从而能够有效推进企业的数字化转型。因此,本章提出理论假说10-1:

理论假说10-1:自上而下的数字化转型策略有利于非数字原生企业实现数字化转型。

二、自下而上式转型策略

"专注稳定还是拥抱创新"的组织身份冲突。如前文所述,企业在推行数字化转型过程中会因为知识基础的差异带来关于"专注稳定或拥抱创新"方面的组织身份冲突。在这种情况下,如果采取自下而上的转型策略,将数字化转型的推进权和实施权下放给企业基层部门或个人,将带来更为严重的机会主义和逃避学习的问题(Pandher 等,2017)。[①] 这种情况下,即使能够动员基层单位的转型积极性,但由于个体知识创造和传递的路径通常是非标准化的

---

① Pandher, G.S., Mutlu, G. and Samnani, A.K., "Employee-Based Innovation in Organizations: Overcoming Strategic Risks from Opportunism and Governance", *Strategic Entrepreneurship Journal*, Vol. 11, No.4, 2017, pp.464-482.

(Tranfield 等,2003)①,这导致个体与个体之间、部门与部门之间难以形成相对一致的知识基础,而汇聚到高层管理人员与管理部门的数字化转型相关知识呈现碎片化的特征,缺乏系统性和战略高度,从而不利于员工接受"拥抱创新"身份特征,进而阻碍了企业数字化转型的实现。因此,本章提出理论假说10-2a:

理论假说10-2a:自下而上的数字化转型策略不利于缓解非数字原生企业关于"专注稳定还是拥抱创新"的组织身份冲突,进而阻碍了企业的数字化转型。

"依赖内部资源还是链接外部资源"的组织身份冲突。对没有数字技术相关知识背景的非数字原生企业而言,外部资源的引入是必不可少的(Mazumder 和 Garg,2021)②。非数字原生企业基层业务部门,尤其是核心业务部门往往习惯于封闭化的组织运营和管理模式。长时间的相对隔离会使这种封闭的组织形式被内化为组织身份特征的一部分。而外部资源的引入会引发基层员工和基层部门"被取代""被裁撤"的担忧,从而造成基层部门对新身份的抵制。自下而上的转型策略将如何转型的决策权交到基层部门手中,在得到关于职位安全的保证之前,基层组织会将对个人和部门的局部利益考量放在数字化转型为企业带来的集体利益考量之前,导致新的组织身份塑造过程停滞不前,进而阻碍了企业数字化转型的实现。因此,本章提出理论假说10-2b:

理论假说10-2b:自下而上的数字化转型策略不利于缓解非数字原生企业关于"依赖内部资源还是链接外部资源"的组织身份冲突,进而阻碍了企业的数字化转型。

"习惯复杂性还是追求简洁性"的组织身份冲突。当非数字原生企业试图在组织身份中建立"追求简洁"的身份标签时,自下而上的转型策略会

①　Tranfield,D.,Young,M.,Partington,D.,Bessant,J. and Sapsed,J.,"Knowledge Management Routines for Innovation Projects:Developing a Hierarchical Process Model",*International Journal of Innovation Management*,Vol.7,No.1,2003,pp.27-49.

②　Mazumder,S. and Garg,S.,"Decoding Digital Transformational Outsourcing:The Role of Service Providers' Capabilities",*International Journal of Information Management*,Vol.58,2021.

给意义建构及共同理解的达成带来困难。当数字化转型自下而上开展时，变革的意义建构过程将分散在不同的基层部门内部，由他们各自主导。这将极大激发基层员工在部门内部参与讨论数字化转型意义的积极性。但囿于基层员工传统思维惯性、对自身工作经验的路径依赖，导致不受控制和缺乏方向的讨论最终将带来对"追求简洁"的多元化意义解释，无法在集体层面形成统一的思想共识，从而阻碍了新的组织身份特征的形成（Hampel 和 Dalpiaz，2023）①，进而不利于企业数字化转型的实现。因此，本章提出理论假说 10-2c：

理论假说 10-2c：自下而上的数字化转型策略不利于化解非数字原生企业关于"习惯复杂性还是追求简洁性"的组织身份冲突，进而阻碍了企业的数字化转型。

综上所述，自下而上的转型策略无法通过有效促进知识流动、确保职位保障、建构统一意义来缓解非数字原生企业在"专注稳定还是拥抱创新""依赖内部资源还是链接外部资源""习惯复杂性还是追求简洁性"三方面的组织身份认知冲突，从而阻碍了企业的数字化转型。因此，本章提出理论假说 10-2：

理论假说 10-2：自下而上的数字化转型策略不利于非数字原生企业实现数字化转型。

三、企业绩效压力的调节作用

绩效压力是一种态度系统，即个体或组织认为当前的绩效不足以实现预期目标，从而导致的一系列的负向情感反应（Zimbardo 和 Leippe，1991）②。企业绩效压力既可能导致员工焦虑不安并带来一系列负面影响，也可能激励组

---

① Hampel,C.E. and Dalpiaz,E.,"Confronting the Contested Past:Sensemaking and Rhetorical History in the Reconstruction of Organizational Identity",*Academy of Management Journal*,Vol.66,No. 6,2023,pp.1711-1740.

② Zimbardo,P.G. and Leippe,M.R.,*The Psychology of Attitude Change and Social Influence*, McGraw-Hill Book Company,1991.

织成员接受新的任务和挑战（Karasek Jr,1979；Mitchell 等,2018）[1][2]，即绩效压力既可能产生积极效应也可能产生消极效应。根据"工作要求—控制模型"（Job Demand-Control Model）可知，工作要求（压力事件）和工作控制（员工决策权和员工的技能决定权）是影响绩效压力发挥正向或负向作用的关键（加锁锁等,2022）[3]。其中，高要求和低控制的工作环境会引发员工的负面情绪和抵抗心理；而高要求和高控制的工作环境则会促使员工接受挑战、走向创新（郭靖等,2014；Karasek Jr,1979）[4][5]。

在数字化转型情境中，当企业面对较高的绩效压力，且转型采取自上而下的执行策略时，由于实施转型的控制权主要掌握在高层管理者手上，基层部门员工处于"被控制"的位置，对员工而言形成了"高要求—低控制"的工作环境。此时，绩效压力通过引发员工的负面情绪和抵抗心理发挥负向影响。从知识流动的角度来看，负面情绪会减少组织成员之间的交流，并且导致他们更加抵抗知识分享和组织学习（Gardner,2012）[6]；从意义建构的角度来看，负面情绪会加大对转型持不同意见者之间的矛盾和冲突，从而不利于形成一致理解（Sanchez-Burks 和 Huy,2009）[7]；从职位安全角度来看，负面情绪会带来对职业发展前景的负面预测，从而削弱自上而下的转型策略在构建职位安全上的原本优势。因此，员工的消极情绪和被动地位会削弱自上而下的转型策略

---

① Karasek Jr,R.A.,"Job Demands,Job Decision Latitude,and Mental Strain:Implications for Job Redesign",*Administrative Science Quarterly*,1979,pp.285-308.

② Mitchell,M.S.,Baer,M.D.,Ambrose,M.L.,Folger,R. and Palmer,N.F.,"Cheating under Pressure:A Self-Protection Model of Workplace Cheating Behavior",*Journal of Applied Psychology*,Vol.103,No.1,2018,pp.54-73.

③ 加锁锁、郭理、蔡子君、毛日佑:《组织中绩效压力的双刃剑效应》,《心理科学进展》2022年第12期。

④ 郭靖、周晓华、林国雯、方杰、张金桥、顾文静、刘楼:《工作要求—控制模型在中国产业工人的应用:响应面分析与曲线关系》,《管理世界》2014年第11期。

⑤ Karasek Jr,R.A.,"Job Demands,Job Decision Latitude,and Mental Strain:Implications for Job Redesign",*Administrative Science Quarterly*,1979,pp.285-308.

⑥ Gardner,H.K.,"Performance Pressure as a Double-Edged Sword:Enhancing Team Motivation But Undermining the Use of Team Knowledge",*Administrative Science Quarterly*,Vol.57,No.1,2012,pp.1-46.

⑦ Sanchez-Burks,J. and Huy,Q.N.,"Emotional Aperture and Strategic Change:The Accurate Recognition of Collective Emotions",*Organization Science*,Vol.20,No.1,2009,pp.22-34.

在消除组织身份冲突上的优势,从而对数字化转型产生不利影响。

当企业面对较高的绩效压力,且采取自下而上的转型策略时,由于执行转型的控制权主要被基层部门所掌握,基层员工拥有更多的自主控制权和话语权,自下而上的转型策略为员工而营造了"高要求—高控制"的工作环境,员工的主动性和积极性被有效调动,此时绩效压力将发挥正向作用。从知识流动的角度来看,积极接受挑战和追求进步的心态会让组织成员主动参与到组织学习与知识分享的过程中;从意义建构的角度来看,乐观情绪会减少组织成员对持不同意见者的反感与敌意,从而更加有利于形成共同理解(Liu 和 Perrewe,2005)①;从职位安全角度来看,积极心态会带来对职业发展前景的积极预测,从而改善原本自下而上的转型策略在构建职位安全上的劣势。因此,员工积极的情绪和心态会改善自下而上的转型策略在消除组织身份冲突上的原本劣势,从而对数字化转型产生有利影响。

综上所述,本章提出理论假说10-3和假说10-4:

理论假说10-3:企业绩效压力会削弱自上而下的转型策略对数字化转型的正向影响。

理论假说10-4:企业绩效压力会改善自下而上的转型策略对数字化转型的负向影响。

四、转型收益预期的调节作用

创造收益是企业生存发展的基础与目标,收益预期则是企业对经营活动可能产生的收益的不确定性及其估计,它将经营活动的风险与收益统一起来(张震宇,2014)②。本章将转型收益预期定义为管理者在对数字化转型所产生的成本、费用、业务成长空间、竞争力增长以及转型风险和成功几率等因素进行综合分析、预测和评估后,对企业数字化转型可能带来的未来收益所做的主观估计。收益预期是影响企业进行战略决策和战略投资的关键因

---

① Liu,Y. and Perrewe,P.L.,"Another Look at the Role of Emotion in the Organizational Change: A Process Model",*Human Resource Management Review*,Vol.15,No.4,2005,pp.263-280.

② 张震宇:《市场需求特征和创新收益预期对企业技术创新动力的联合作用:理论研究》,《技术经济》2014年第8期。

素(Greenwood 和 Shleifer,2014)①,较高的预期收益能激发企业拓展新业务、涉足新领域、开发新产品等战略行为的积极性和进取心;而收益预期较差或不明确时,企业则会在战略决策及战略投资中表现出更为谨慎和犹豫的态度。

面对数字化转型带来的组织身份冲突,较高的转型收益预期将提升管理决策者以及组织成员对转型的信心、决心及关注度(Zhao 等,2018)②,也会促使企业加大对数字化转型的物资投入。从知识流动的角度来看,较好的收益预期会激发组织成员间的知识分享与知识学习的热情,从而顺利推进组织知识基础的更新;从意义建构的角度来看,高收益预期会更多地吸引管理者和组织成员的注意力(Ocasio,1997)③,使其更加专注于讨论数字化转型的意义,消除对数字化转型的恐惧,从而有助于达成一致的集体理解;从职位安全的角度来看,高收益预期意味着管理者对转型产生的经济效果抱有良好预期,愿意加大对转型相关的岗位与技能培训投入,从而增强组织成员的职位安全感。因此,无论是采取自上而下还是自下而上的转型策略,更多的信心、物质投入和注意力投放将有利于数字化转型的知识基础更新、统一意义形成以及职位安全感提升,从而有利于缓解数字化转型过程中的新旧组织身份冲突,最终对数字化转型效果产生积极作用。

综上所述,本书提出理论假说 10-5 和假说 10-6:

理论假说 10-5:较高的收益预期会强化自上而下的转型策略对数字化转型的积极影响。

理论假说 10-6:较高的收益预期会改善自下而上的转型策略对数字化转型的负向影响。

---

① Greenwood,R. and Shleifer,A.,"Expectations of Returns and Expected Returns",*The Review of Financial Studies*,Vol.27,No.3,2014,pp.714-746.

② Zhao,Y.,Calantone,R. J. and Voorhees,C. M.,"Identity Change vs. Strategy Change:The Effects of Rebranding Announcements on Stock Returns",*Journal of the Academy of Marketing Science*,Vol.46,2018,pp.795-812.

③ Ocasio,W.,"Towards an Attention-Based View of the Firm",*Strategic Management Journal*,Vol.18,No.S1,1997,pp.187-206.

第三节　研究设计

一、数据来源

本章所涉及样本数据仍然源自中国首个"两化"融合国家示范区内 3679 家工业企业连续 8 年(2014—2021 年)的跟踪调查数据。本书对获取的有效问卷进行数据处理,剔除了金融机构相关企业和部分无效观测值,同时进行缩尾处理后,得到 14327 条有效观测值,从而得到 3679 家企业连续 8 年的面板数据。

二、变量定义

(一)被解释变量

数字化转型。近年来企业数字化转型已成为国内外众多学者关注的热点问题,相关研究方兴未艾。从定性角度看,可以从企业组织结构是否产生了顺应数字技术的变革、企业是否产生了新的价值主张、企业的组织身份是否发生了跃迁等方式测度。但在定量实证研究领域,企业数字化转型一直缺乏有效可靠的测度方法,这一问题在很大程度上限制了数字化转型领域实证研究的进展。通过对已有研究的梳理发现,现有研究主要基于两种方式对企业数字化转型进行测度:一种是基于投入视角,以企业在不同方向数字化投入作为数字化转型的代理变量(李坤望等,2015)[1],此类测度的不足在于投入多少并不能体现转型的最终效果,所以此类测度更多体现了企业数字化转型的努力程度;另一种则是基于词频分析技术,对企业的关键文件(如企业年报)中出现的数字化转型关键词进行统计分析,并以关键词的词频高低确定企业数字化转型程度高低(吴非等,2021;袁淳等,2021)[2][3],这一测度不足之处在于"说

---

[1]　李坤望、邵文波、王永进:《信息化密度,信息基础设施与企业出口绩效——基于企业异质性的理论与实证分析》,《管理世界》2015 年第 4 期。

[2]　吴非、胡慧芷、林慧妍、任晓怡:《企业数字化转型与资本市场表现——来自股票流动性的经验证据》,《管理世界》2021 年第 7 期。

[3]　袁淳、肖土盛、耿春晓、盛誉:《数字化转型与企业分工:专业化还是纵向一体化》,《中国工业经济》2021 年第 9 期。

得多不代表做得多"，更不能代表"做得好"，至多只能表示企业的数字化转型意愿，正是这一不足使得该测度方式饱受争议。

数字化转型通过对企业关键业务、关键环节、关键部位进行数字化推进管理变革（Mikalef 和 Pateli，2017）[1]，这种转型并不只是简单的重塑业务流程，而是以组织模式创新为切入点，与新一轮科技革命和产业变革背景下的技术创新相结合，推动企业创造新价值（夏清华和娄汇阳，2018）[2]。数字化转型关键在于使企业组织结构和组织身份在转型之后更符合数字时代技术变迁，成功的数字化转型可表现为企业数字化投入产出率的提升（刘淑春等，2021）[3]。基于此，本章将数字化投入产出率作为企业数字化转型成功与否的测度指标。

本章参考刘淑春等（2021）[4]、王和胡（Wang 和 Ho，2010）[5]的研究基于面板随机前沿分析方法（PSFA）测算了企业数字化转型的投入产出率，SFA（随机前沿方法）基本理论模型设定如下：

$$y_{it} = f(x_{it}, \beta) exp(v_{it} - u_{it}) \tag{10-1}$$

其中，y_{it} 表示在第 t 期内第 i 个企业的产出，$f(x_{it}, \beta)$ 代表生产函数，x_{it} 表示在第 t 期内第 i 个企业的投入要素，β 为系数，$exp(v_{it})$ 为随机扰动项，$exp(-u_{it})$ 为企业进行数字化转型的投入产出率，取对数后得到：

$$\ln y_{it} = \ln f(x_{it}, \beta) + v_{it} - u_{it} \tag{10-2}$$

本章以柯布-道格拉斯函数（C-D）作为基准模型。结合本章的研究目的和数据结构，选择企业利润额作为产出的代理变量，企业信息化投资额作为资

---

①　Mikalef, P. and Pateli, A., "Information Technology-Enabled Dynamic Capabilities and Their Indirect Effect on Competitive Performance: Findings from PLS-SEM and fsQCA", *Journal of Business Research*, Vol.70, 2017, pp.1-16.

②　夏清华、娄汇阳：《基于商业模式刚性的商业模式创新仿真——传统企业与互联网企业比较》，《系统工程理论与实践》2018 年第 11 期。

③　刘淑春、闫津臣、张思雪、林汉川：《企业管理数字化变革能提升投入产出效率吗》，《管理世界》2021 年第 5 期。

④　刘淑春、闫津臣、张思雪、林汉川：《企业管理数字化变革能提升投入产出效率吗》，《管理世界》2021 年第 5 期。

⑤　Wang, H.J. and Ho, C.W., "Estimating Fixed-Effect Panel Stochastic Frontier Models by Model Transformation", *Journal of Econometrics*, Vol.157, No.2, 2010, pp.286-296.

本投入代理变量,数字化咨询和培训额作为企业劳动力投入的代理变量,随机前沿模型构建如下:

$$\ln y_{it} = a_0 + a_1 \ln k_{it} + a_2 \ln l_{it} + v_{it} - u_{it} \tag{10-3}$$

其中,y 代表企业产出,k 代表企业的信息化投入,l 代表企业的信息化咨询和培训费用,假设不可控因素冲击噪声服从正态分布,与特征变量相互独立,特征变量服从 0 处的截断,基于此,本章定义企业数字化转型的投入产出率为:

$$TE_{it} = exp(-u_{it}) \tag{10-4}$$

以此来衡量企业数字化转型效果,TE 数值越大,效率水平越高,意味着企业数字化转型推进结果越好。运用时变模型,本章采用 PSFA 方法进行了测算,随机前沿回归结果如表 10-2 所示,其中(1)为不控制行业固定的回归结果,(2)是控制行业固定的回归结果。

表 10-2　随机前沿分析回归结果

	（1）	（2）
	lny	**lny**
ln$k$	0. 1914 ***	0. 2158 ***
	（0. 0109）	（0. 0110）
ln$l$	0. 0355 ***	0. 0308 ***
	（0. 0090）	（0. 0091）
ln$sigma$2	1. 2363 ***	1. 3505 ***
	（0. 0211）	（0. 0217）
$lgtgamma$	0. 922 ***	1. 0768 ***
	（0. 0341）	（0. 0339）
mu	7. 1449 ***	7. 1349 ***
	（0. 9901）	（1. 0633）
常数项	13. 4033 ***	12. 5978 ***
	（1. 0303）	（1. 0462）
年份固定效应	是	是
行业固定效应	是	是

续表

	（1）	（2）
	lny	**lny**
观测值	14327	14327
Wald P-value	0.0000	0.0000

注：***p<0.01，**p<0.05，*p<0.1，括号中为稳健标准误。

（二）解释变量

企业数字化转型策略。如前文所述，在组织层面引导实施数字化转型的策略选择上，组织可以选择集中或分散的方式（Singh 等，2020）[1]，其中依靠高层管理部门主导的集中式转型策略称为自上而下式策略，而以基层业务部门主导的分散式转型策略称为自下而上式策略（Chanias 等，2019；Haffke 等，2016）[2][3]。本章的核心解释变量为企业选择自上而下式还是自下而上式数字化转型策略。具体测度上，构建了两个哑变量，分别用 *Top down*（自上而下）和 *Bottom up*（自下而上）表示。测度过程中，以企业数字化规划形式作为测度依据，当企业数字化规划形式为"制定并实施了统一的数字化（信息化）专项规划"时，则意味企业采取自上而下的转型策略（*Top down* =1）；与之相对，当企业数字化规划形式为"分散在业务规划中"时，则意味着企业采取了自下而上的转型策略（*Bottom up* =1）。

（三）控制变量

本章包含一系列控制变量，首先提取了企业规模（*SIZE*）作为控制变量，已有关于企业数字化转型相关研究中主要通过上期期末的总资产对数测度企

---

① Singh，A.，Klarner，P. and Hess，T.，"How do Chief Digital Officers Pursue Digital Transformation Activities? The Role of Organization Design Parameters"，*Long Range Planning*，Vol.53，No.3，2020.

② Chanias，S.，Myers，M. D. and Hess，T.，"Digital Transformation Strategy Making in Pre-Digital Organizations：The Case of a Financial Services Provider"，*The Journal of Strategic Information Systems*，Vol.28，No.1，2019，pp.17-33.

③ Haffke，I.，Kalgovas，B. J. and Benlian，A.，"The Role of the CIO and the CDO in an Organization's Digital Transformation"，*Thirty Seventh International Conference on Information Systems*，Dublin，2016.

业规模,但此类研究基本为上市企业数据(寇宗来、刘学悦,2020;刘诗源等,2020;诸竹君等,2020)①②③,而本章所采用的样本包括大量没有上市的中小企业,会减少仅使用上市公司数据对企业推行数字化转型进行研究可能产生的偏误,本章选用企业每年总收入的对数作为衡量企业规模的代理变量。其次,企业自身工业化和自动化水平可能会影响企业数字化进程,所以本章通过三个变量控制了企业当期工业化和自动化程度,分别为:自动化车间占比(AUTO_RATE),即企业实现自动排产计划车间占比;过程监控车间占比(PM_RATE),即企业实现生产过程可视化、可控化的车间占比;设备监控车间占比(DM_RATE),即有设备监控车间与企业总车间数的比值。最后,本研究还控制了企业盈利(PROFIT),即企业当期利润。本章对所有指标均进行了1%的缩尾处理。

三、模型构建

由于被解释变量均大于零,并且存在截尾删失,运用最小二乘法直接回归可能会产生较大的偏误,因此本章运用 Tobit 模型对主要变量进行实证分析,模型构建如下:

$$TE_{it} = \alpha + \beta_1 Topdown_{it} + control + yearfix + firmfix + \varepsilon_{it} \quad (10\text{-}5)$$

$$TE_{it} = \alpha + \beta_1 Bottomup_{it} + control + yearfix + firmfix + \varepsilon_{it} \quad (10\text{-}6)$$

其中,被解释变量 TE(数字化投入产出率)为企业数字化转型效果,解释变量为企业数字化转型策略选择 Top down(自上而下的转型策略)和 Bottom up(自下而上的转型策略),control 代表各个控制变量,后三项分别为年份固定效应、企业固定效应和残差项。

---

① 寇宗来、刘学悦:《中国企业的专利行为:特征事实以及来自创新政策的影响》,《经济研究》2020年第3期。

② 刘诗源、林志帆、冷志鹏:《税收激励提高企业创新水平了吗?——基于企业生命周期理论的检验》,《经济研究》2020年第6期。

③ 诸竹君、黄先海、王毅:《外资进入与中国式创新双低困境破解》,《经济研究》2020年第5期。

第四节　实证检验

一、描述性统计

表 10-3 报告了本章使用变量的描述性统计结果。在此,依据前文所述的企业数字化转型效果变量为企业推行数字化转型的投入产出率值,为方便后续数据分析,已将所得值放大 10000 倍。从样本数据看,企业数字化转型效果的两极分化较为严重,最小值仅为 0.0124 和 0.0065,均值分别为 36.5568 和 41.667。在进行回归分析前,本研究对所有变量进行了 1% 的缩尾处理,同时为了减少量纲差异对研究结果的影响我们还对所有连续变量进行了标准化。

表 10-3　描述性统计

变量	观测值	平均值	最小值	最大值	标准差
数字化转型效率值 1	13691	36.5568	0.0124	4733.2021	91.2900
数字化转型效率值 2	13691	41.6670	0.0065	5478.8335	107.7368
自上而下的转型策略	13691	0.7265	0.0000	1.0000	0.4458
自下而上的转型策略	13691	0.2477	0.0000	1.0000	0.4317
自动化车间占比	13691	0.5368	0.0000	0.9000	0.2929
过程监控车间占比	13691	0.5931	0.0000	0.9000	0.2870
设备监控车间占比	13691	0.5614	0.0000	0.9000	0.2861
企业规模	13691	0.0021	-0.0196	102.5443	1.0585
企业盈利	13691	7.7552	-0.3567	20.1434	2.0327

二、基准回归结果

表 10-4 中(1)—(4)列分别为企业两类执行层面的数字化转型策略:自上而下的转型策略和自下而上的转型策略对企业数字化转型效果,即基于随

机前沿分析方法构建的数字化投入产出率(效率值1考虑了时间和行业效应,效率值2只考虑了时间效应)的影响。从表10-4(1)和(3)列可知,自上而下的转型策略对企业数字化投入产出率有显著的正向影响,其对应的系数分别为0.6611和0.9508,本章理论假说10-1得到有效验证。这一结果表明,对于非数字原生企业而言,在数字化转型的过程中采取自上而下的转型策略能够有效缓解数字化转型过程中以及组织身份转变过程中的新旧组织身份认知冲突,实现企业从传统生产型企业身份认知向更符合数字经济背景下的新组织身份的转变。具体而言,由于企业实行了这一集中化的策略,使得企业能够以"一把手"工程的形式推动数字化转型工作,而这对于非数字原生企业而言是十分有必要的。数字化转型的新组织身份特征,对非数字原生企业原本追求稳定性、依靠内部资源、习惯复杂流程的组织身份认知产生了冲击,对新组织身份的疑惑以及对旧组织身份的眷恋会导致组织成员对转型产生排斥和抵制,而由企业高层集中规划、统一部署的转型推进方式有利于通过意义建构、知识流动与职位安全保障来化解新旧组织身份之间的"三重矛盾",进而减少基层部门和员工对转型的抵制,从而提高数字化转型成功率。

与之相对,表10-4的(2)和(4)列表明,自下而上的转型策略并不能有助于非数字原生企业的转型,并且在这一过程中产生了显著的负面影响,其回归系数分别为-0.5917和-0.8605,本章理论假说10-2也得到有效验证。这也表明,对非数字原生企业而言,自下而上的转型策略并不能有效缓解数字化转型带来的组织身份认知冲突,一定程度上甚至强化了组织身份冲突带来的负面影响,造成数字化转型难以在企业中推进。对此本书作如下解读,自下而上的策略发挥作用的核心机制为通过权力下放,将企业基层部门的数字化需求向上汇总,降低基层员工在转型过程中的组织身份冲突,进而提升数字化转型成功率。这一策略在数字原生企业中是一种较为成功的策略,通过基层部门对市场需求的敏感性开发出新的应用场景,为企业提出新的价值主张,并通过在不同部门的复制加速企业整体的数字化转型进程(Chanias等,2019)①。但

---

① Chanias,S., Myers, M. D. and Hess, T., "Digital Transformation Strategy Making in Pre-Digital Organizations:The Case of a Financial Services Provider", *The Journal of Strategic Information Systems*, Vol.28, No.1, 2019, pp.17-33.

是,数字原生企业的成功源于其组织构建是数字时代的产物,新数字技术的应用和组织构架的迭代也是这些企业组织认知的重要组成,因此其在转型过程中的组织身份冲突相对较低,企业内也更容易达成转型共识。而非数字原生企业的情况并非如此,其组织架构主要为工业化时代产生的组织模式和生产模式,在以基层需求为导向开展转型的过程中,往往会更关注现有流程的边际改进,体现为通过利用一些数字技术提升生产效率,但难以对企业组织身份产生根本性变化,也不会提出新的价值主张。在这一背景下,实施彻底的组织管理架构转型,会激起基层部门的反抗和抵制,这源自于企业的工业化生产模式已经成为企业身份认知的固有成分,要改变就会导致企业员工组织身份冲突。所以,自下而上的转型策略对非数字原生企业而言,并非有效选择,很有可能会使企业的数字化转型停留在浮于表面的情形,无法实现组织管理结构的深度变革,也无法使企业产生新的组织身份,最终造成转型失败率大幅提升。

表 10-4　基准回归

	(1) Tobit	(2) Tobit	(3) Tobit	(4) Tobit
	效率值 1	效率值 1	效率值 2	效率值 2
自上而下的转型策略	0.6611***		0.9508***	
	(0.1350)		(0.1496)	
自下而上的转型策略		−0.5917***		−0.8605***
		(0.1325)		(0.1443)
自动化车间占比	0.0040	0.0200	0.0527	0.0733
	(0.0643)	(0.0643)	(0.0687)	(0.0690)
过程监控车间占比	0.2593***	0.2633***	0.2668***	0.2718***
	(0.0781)	(0.0785)	(0.0816)	(0.0820)
设备监控车间占比	0.2741***	0.2763***	0.2572***	0.2604***
	(0.0834)	(0.0836)	(0.0844)	(0.0846)
企业规模	0.1815	0.1816	0.1948	0.1949
	(0.1627)	(0.1627)	(0.1558)	(0.1558)

续表

	（1）Tobit	（2）Tobit	（3）Tobit	（4）Tobit
	效率值1	效率值1	效率值2	效率值2
企业盈利	0.0596***	0.0601***	0.0871***	0.0877***
	(0.0229)	(0.0229)	(0.0235)	(0.0234)
常数项	−1.5149***	−0.9068***	−1.7981***	−0.9171***
	(0.2334)	(0.1626)	(0.2564)	(0.1591)
企业固定效应	是	是	是	是
年份固定效应	是	是	是	是
观测值	13691	13691	13691	13691
AIC	22090.5300	22114.1600	21543.9700	21585.3400
BIC	22203.4000	22227.0200	21656.8300	21698.2100

注：***p<0.01，**p<0.05，*p<0.1，括号中为稳健标准误。

三、内生性问题

尽管上文分析发现了企业数字化转型策略与企业数字化投入产出率相关，但依然需要进一步识别其因果关系。理论上讲，首先，有效的数字化转型策略能够降低企业转型过程中的组织身份冲突，推动管理结构的优化升级，进而提升数字化转型成功率。其次，数字化投入产出率的提高也可能反向影响企业的数字化转型策略选择。例如，有效的数字化转型推动了各种数字技术如 ERP、SCM 和 MES/DCS 等在各个运营环节落地，提升企业生产效率和拓宽企业销售渠道，与此同时还降低了企业在库存管理、采购流程等环节的成本，最终实现了企业整体效益提升，这可能促进企业进一步采取积极的态度实施数字化转型，进而影响企业的数字化转型策略选择。最后，遗漏变量的存在也是造成内生性问题的一个重要原因，如企业所有制形式、生产线特质、企业所在地特征等，这些变量的捕捉不仅可以解释其对企业数字化转型的影响，还可以分析企业市场生态圈竞争模式中许多亟待解决的问题，如合作机制、市场进入机制、委托代理问题等（王大澳等，2019；王垒等，2020；叶广宇等,2019)。①②③ 虽然本章在回归过程中通过企业个体和时间的双固定效应尽可能地减少了来自遗漏变量的影响,但为了确保实证结果可靠性,依然需要进一步的检验。对此,本章选用工具变量法对内生性问题进行必要的处理,进一步识别研究主要变量间的因果关系。

结合上述理论分析和数据特性,本章选取企业未来两年内是否具有MES/DCS 项目升级计划(有,则 dum_MES_DCS = 1,否,则为 0)作为工具变量。首先,企业在当年是否制定未来的 MES/DCS 升级计划对于测算出企业当下的数字化转型效果没有影响;其次,MES/DCS 升级计划是基于数字技术改进对企业核心制造流程的转型和升级,需要企业制定有效的数字化转型规划和转型策略,与解释变量企业数字化转型策略具有相关性,满足工具变量的要求。工具变量回归结果如表 10-5 所示,在第一阶段结果中 MES/DCS 项目升级计划与两种不同的企业数字化转型策略均相关。弱用具变量检验,Wald统计量分别为 26.66(自上而下的转型策略)和 25.14(自下而上的转型策略),在 1%水平上拒绝原假说,说明了工具变量的有效性。从第二阶段的回归结果可知,企业数字化转型策略选择(自上而下或自下而上)与数字化转型效果显著相关,且结果与基准回归一致,在一定程度上验证了基准回归的稳健性。

表 10-5　IVTobit 回归结果

	(1)step1	(2)step1	(3)step2	(4)step2
	自上而下的转型策略	自下而上的转型策略	效率值1	效率值1
MES/DCS 项目升级计划	0.1946***	−0.1419***		
	(0.0087)	(0.0087)		

① 王大澳、菅利荣、王慧、刘思峰:《基于限制合作博弈的产业集群企业利益分配研究》,《中国管理科学》2019 年第 4 期。
② 王垒、曲晶、赵忠超、丁黎黎:《组织绩效期望差距与异质机构投资者行为选择:双重委托代理视角》,《管理世界》2020 年第 7 期。
③ 叶广宇、赵文丽、黄胜:《服务特征对外国市场进入模式选择的影响——一个研究述评》,《经济管理》2019 年第 11 期。

	（1）step1	（2）step1	（3）step2	（4）step2
	自上而下的转型策略	自下而上的转型策略	效率值1	效率值1
自上而下的转型策略			1.8071***	
			(0.3500)	
自下而上的转型策略				-2.4491***
				(0.4884)
athrho2_1			-0.2189***	0.3437***
			(0.0644)	(0.0859)
ln*signa*1			0.8248***	0.8598***
			(0.0193)	(0.0314)
ln*signa*2			-0.8821***	-0.8860***
			(0.0060)	(0.0060)
常数项	0.2856***	0.5748***	-3.0294***	-1.0900***
	(0.0126)	(0.0126)	(0.1679)	(0.2574)
控制变量	是	是	是	是
企业固定效应	是	是	是	是
年份固定效应	是	是	是	是
观测值	13691	13691	13691	13691
*Wald chi*2			26.6600***	25.1400***
*AR chi*2			27.1300***	26.5300***
AIC	36810.4100	36722.2600	36810.4100	36722.2600
BIC	37043.6600	36955.5200	37043.6600	36955.5200

注：***p<0.01，**p<0.05，*p<0.1，括号中为稳健标准误。

四、稳健性检验

（一）剔除先发优势和后发劣势

已有研究表明，以传统企业为代表的非数字原生企业难以摒弃建立在传统工业体系之上的知识结构和组织身份，造成此类企业难以及时引入数字技术并实施组织改革,最后导致转型难度大、速度慢(Schreyögg 和 Sydow,2011)[1]。企业数字化转型的效果存在一定滞后性,较早开始数字化转型的企业具有一定的先发优势(刘淑春等,2021)[2],为了考察数字化转型策略选择对企业数字化转型影响的稳定性,本章首先尝试剔除先发优势的影响(剔除在2001 年之前就开始推行 ERP 项目的企业)并进行回归,其结果如表 10-6 所示。对比基准回归可以发现,调整样本后回归系数显著性未发生改变。随后,本章进一步剔除数字化转型进程始终缓慢的企业(即剔除始终没有推行 ERP项目的企业)并进行回归,如表 10-7 所示,其结果也与基准回归一致,证明了回归结果稳健。

表 10-6　剔除先发优势的回归结果

	(1)Tobit	(2)Tobit	(3)Tobit	(4)Tobit
	效率值1	效率值1	效率值2	效率值2
自上而下的转型策略	0.4649**		0.7919***	
	(0.2095)		(0.2414)	
自下而上的转型策略		−0.4204**		−0.6804***
		(0.2064)		(0.2206)
自动化车间占比	0.0525	0.0655	0.0183	0.0418
	(0.0907)	(0.0909)	(0.0817)	(0.0821)
过程监控车间占比	0.3931**	0.3974**	0.2866*	0.2927*
	(0.1571)	(0.1581)	(0.1501)	(0.1513)
设备监控车间占比	0.0549	0.0557	0.0488	0.0502
	(0.1279)	(0.1281)	(0.1234)	(0.1234)
企业规模	0.2182	0.2181	0.2306	0.2305
	(0.2163)	(0.2163)	(0.2072)	(0.2072)

---

① Schreyögg,G. and Sydow,J.,"Organizational Path Dependence:A Process View",*Organization Studies*,Vol.32,No.3,2011,pp.321-335.

② 刘淑春、闫津臣、张思雪、林汉川:《企业管理数字化变革能提升投入产出效率吗》,《管理世界》2021 年第 5 期。

续表

	（1）Tobit	（2）Tobit	（3）Tobit	（4）Tobit
	效率值1	效率值1	效率值2	效率值2
企业盈利	0.0673***	0.0677***	0.0889***	0.0895***
	（0.0198）	（0.0198）	（0.0181）	（0.0180）
常数项	−2.2243***	−1.8258***	−2.5334***	−1.8549***
	（0.5789）	（0.4827）	（0.7073）	（0.5440）
企业固定效应	是	是	是	是
年份固定效应	是	是	是	是
观测值	6686	6686	6686	6686
AIC	7864.4840	7867.8170	7104.4050	7119.8440
BIA	7966.6010	7969.9340	7206.5220	7221.960

注：***p<0.01，**p<0.05，* p<0.1，括号中为稳健标准误。

表 10-7　剔除后发劣势的回归结果

	（1）Tobit	（2）Tobit	（3）Tobit	（4）Tobit
	效率值1	效率值1	效率值2	效率值2
自下而上的转型策略	0.6711***		0.9129***	
	（0.1260）		（0.1485）	
自下而上的转型策略		−0.6203***		−0.8675***
		（0.1253）		（0.1468）
自动化车间占比	−0.0385	−0.0293	0.0342	0.0439
	（0.0646）	（0.0645）	（0.0722）	（0.0723）
过程监控车间占比	0.2184***	0.2223***	0.2134***	0.2186***
	（0.0694）	（0.0696）	（0.0752）	（0.0753）
设备监控车间占比	0.2721***	0.2727***	0.2884***	0.2895***
	（0.0817）	（0.0818）	（0.0851）	（0.0852）
企业规模	0.0343***	0.0343***	0.0542***	0.0542***
	（0.0073）	（0.0072）	（0.0103）	（0.0102）
企业盈利	0.0706***	0.0709***	0.0987***	0.0991***
	（0.0085）	（0.0085）	（0.0103）	（0.0103）

续表

	（1）Tobit	（2）Tobit	（3）Tobit	（4）Tobit
	效率值1	效率值1	效率值2	效率值2
常数项	−1. 3292***	−0. 6951***	−1. 6383***	−0. 7677***
	（0. 1755）	（0. 1108）	（0. 2341）	（0. 1360）
企业固定效应	是	是	是	是
年份固定效应	是	是	是	是
观测值	10404	10404	10404	10404
AIC	18073. 0200	18092. 6700	18219. 2200	18241. 4300
BIA	18181. 7600	18201. 4200	18327. 9700	183350. 1800

注：***p<0. 01，**p<0. 05，* p<0. 1，括号中为稳健标准误。

（二）替换变量

本章运用企业数字化投入产出率来测度企业的数字化转型成果，为了研究回归结果的稳健性，本章也尝试了基于其他测度方法的回归。具体而言，基于投入视角，将企业数字化领域的总投入作为企业数字化转型成果的替换变量。替换变量回归结果如表 10-8 所示，对比基准回归并未存在显著差异，回归结果稳健。

表 10-8　替换变量测度

	（1）Tobit	（2）Tobit
	数字化投入	数字化投入
自下而上的转型策略	0. 4223***	
	（0. 0297）	
自下而上的转型策略		−0. 3961***
		（0. 0302）
自动化车间占比	0. 0784***	0. 0840***
	（0. 0173）	（0. 0173）
过程监控车间占比	0. 0708***	0. 0740***
	（0. 0209）	（0. 0210）

续表

	（1）Tobit	（2）Tobit
	数字化投入	数字化投入
设备监控车间占比	0.1201***	0.1200***
	（0.0204）	（0.0205）
企业规模	0.0004	0.0004
	（0.0053）	（0.0052）
企业盈利	0.0081	0.0083
	（0.0069）	（0.0069）
常数项	−0.2150***	0.1854***
	（0.0296）	（0.0242）
企业固定效应	是	是
年份固定效应	是	是
观测值	11628	11628
AIC	21867.3100	21940.1000
BIA	21977.7300	22050.5200

注：***$p<0.01$，**$p<0.05$，*$p<0.1$，括号中为稳健标准误。

第五节　机制分析及异质性分析

一、机制分析

（一）调节机制分析

已有研究表明，企业的绩效压力和转型收益预期会影响企业战略选择和实施效果（Jeong 和 Kim，2019）[①]。而数字化转型策略作为数字经济背景下企业战略的重要组成部分，其执行过程也可能受到这两种因素的影响。为了进一步探索这一调节机制，本章在原有的回归模型中引入绩效压力和转型收益

[①] Jeong, Y.C. and Kim, T.Y., "Between Legitimacy and Efficiency: An Institutional Theory of Corporate Giving", *Academy of Management Journal*, Vol.62, No.5, 2019, pp.1583−1608.

预期两个调节变量,并分别与两种不同的数字化转型策略的交乘项一并放入模型来检验调节效应。对于企业绩效压力的测度,本章借鉴企业行为理论中负向社会绩效反馈的构建思路,首先计算特定年份企业所在行业的平均利润,如果企业在当年的利润小于该平均值则意味着当年企业面对较大的经营压力(企业的绩效压力为1,否则为0);而对转型收益预期,以企业下一年的预期线上销售额作为代理测度。其回归结果如表10-9所示:当企业面对更大绩效压力时,会弱化自上而下的策略对企业数字化转型的积极影响,同时也弱化了自下而上的策略对企业数字化转型的负面影响,这一实证结果说明本章的理论假说10-3和理论假说10-4得到支持。这一结论验证了"工作要求—控制"模型在企业数字化转型情境中的适用性,同时也说明当非数字原生企业经营状况不佳时,数字化转型的推进会遭遇更大阻力,这与许等(Xu 等,2023)[①]关于资金压力会阻碍企业数字化转型的研究结论基本保持一致。此外,当企业有较高的转型收益预期时会强化自上而下的策略对企业数字化转型的正向影响,但对自下而上的策略对数字化转型的负向影响的弱化效果并不显著,理论假说10-5得到支持,而理论假说10-6并未被有效验证。本书推测导致这一结果的原因可能在于,当企业采取自下而上的策略时尽管基层部门获得充分授权,但对转型可能带来的整体收益改善并不知晓或难以感知。这正是分散化决策带来的组织整体与局部之间信息传递不畅或信息传递失真导致的(Rached 等,2016)。[②]

表 10-9 调节机制

	(1) Tobit	(2) Tobit	(3) Tobit	(4) Tobit	(5) Tobit	(6) Tobit
	效率值1	效率值1	效率值1	效率值1	效率值1	效率值1
预期收益	−0.0364	−0.0012	−0.0340	−0.0018	−0.0022	−0.0048
	(0.0485)	(0.0497)	(0.0485)	(0.0502)	(0.0498)	(0.0500)

[①] Xu, G., Li, G., Sun, P. and Peng, D., "Inefficient Investment and Digital Transformation: What is the Role of Financing Constraints?", *Finance Research Letters*, Vol.51, 2023.

[②] Rached, M., Bahroun, Z. and Campagne, J.P., "Decentralised Decision-Making with Information-Sharing vs. Centralised Decision-Making in Supply Chains", *International Journal of Production Research*, Vol.54, No.24, 2016, pp.7274-7295.

续表

	（1）Tobit	（2）Tobit	（3）Tobit	（4）Tobit	（5）Tobit	（6）Tobit
	效率值1	效率值1	效率值1	效率值1	效率值1	效率值1
盈利压力	−1.4458***	−1.2478***	−1.2474***	−1.5627***	−1.7026***	−1.7042***
	(0.1614)	(0.1487)	(0.1477)	(0.1819)	(0.2072)	(0.2073)
自上而下	−0.0339	−0.2117*	−0.1920*			
	(0.0931)	(0.1155)	(0.1113)			
预期收益×自上而下	0.3302***		0.3095***			
	(0.0647)		(0.0625)			
盈利压力×自上而下		−0.5157***	−0.3367***			
		(0.1357)	(0.1169)			
自下而上				−0.0648	0.1346	0.1573
				(0.0977)	(0.1088)	(0.1088)
预期收益×自下而上				0.0207		0.1051
				(0.0814)		(0.0825)
盈利压力×自下而上					0.4198***	0.4523***
					(0.1244)	(0.1277)
自动化车间占比	−0.1366**	−0.0977*	−0.1280**	−0.1100*	−0.1042*	−0.1059*
	(0.0558)	(0.0559)	(0.0555)	(0.0562)	(0.0558)	(0.0559)
过程监控车间占比	0.0816	0.0755	0.0804	0.0777	0.0768	0.0773
	(0.0608)	(0.0614)	(0.0603)	(0.0623)	(0.0615)	(0.0614)
设备监控车间占比	0.2494***	0.2765***	0.2470***	0.2834***	0.2767***	0.2731***
	(0.0733)	(0.0777)	(0.0731)	(0.0786)	(0.0777)	(0.0776)
企业规模	−0.0178	−0.0157	−0.0173	−0.0161	−0.0156	−0.0152
	(0.0259)	(0.0245)	(0.0252)	(0.0257)	(0.0247)	(0.0245)
企业盈利	0.0555***	0.0570***	0.0550***	0.0580***	0.0572***	0.0571***
	(0.0043)	(0.0069)	(0.0045)	(0.0069)	(0.0069)	(0.0070)
常数项	−1.2881***	−1.2452***	−1.2248***	−1.3046***	−1.4030***	−1.4031***
	(0.1945)	(0.1906)	(0.1859)	(0.1933)	(0.2102)	(0.2102)
企业固定效应	是	是	是	是	是	是

续表

	（1）Tobit	（2）Tobit	（3）Tobit	（4）Tobit	（5）Tobit	（6）Tobit
	效率值1	效率值1	效率值1	效率值1	效率值1	效率值1
年份固定效应	是	是	是	是	是	是
观测值	10202	10202	10202	10202	10202	10202
AIC	14423.1400	14551.3100	14404.8700	14597.3200	14567.4900	14566.5700
BIA	14538.8300	14667.0000	14527.7900	14713.0100	14683.1800	14689.4800

注：***p<0.01，**p<0.05，*p<0.1，括号中为稳健标准误。

（二）传导机制分析

基准回归结果显示，不同的转型策略选择会对企业数字化转型效果产生影响。本章进一步讨论了这种影响产生的渠道。根据前文理论推导，企业数字化转型的困境主要源自非数字原生企业的旧组织身份和数字化转型要达到的新组织身份间的三对矛盾：其一是"专注稳定还是拥抱创新"；其二是"依赖内部资源还是链接外部资源"；其三是"习惯复杂性还是追求简洁"。基于此，本章将从这三对矛盾的缓解程度讨论数字化转型策略对企业数字化转型的影响机制。

本章引入企业创新绩效、企业是否应用了 SaaS 服务以及企业 ERP 投资额作为中介变量，进一步探索自上而下的转型策略和自下而上的转型策略的内部传导机制。

首先，企业创新性反映了企业在面对数字化转型挑战时采取主动、开拓性行动的程度，同时也表现在企业创新绩效上。如果转型策略能够有效缓解企业在组织身份上"专注稳定还是拥抱创新"的冲突，既可促使企业更为积极地投身于数字化转型，同时也能直接反映在企业的创新绩效提升上。因此，本章通过创新绩效来间接度量企业内部"专注稳定还是拥抱创新"的冲突被缓解的程度。具体测度过程中，本研究借鉴已有大多数研究，以企业当年发明专利申请量测度其创新绩效。

其次，企业是否采用 SaaS 服务反映了非数字原生企业在数字化转型过程中是否已经摆脱了过去"依赖内部资源"的旧模式，通过采用新技术、新模式积极地拥抱外部资源。在企业数字化转型过程中,尤其是广大的非数字原生企业,由于其存量知识构成包含大量传统工业化时代产业发展思路,完全靠自身力量独立实现数字化转型几乎不可能。所以需要企业积极地借助外部力量实现自身转型,这就会造成企业依靠内部资源发展和拥抱外部资源的组织身份冲突。而在利用外部资源的过程中,企业通过购买第三方云服务商的 SaaS 服务实现自身的数字化转型是一个很好的选择。然而,运用 SaaS 意味着在数据作为企业的新生产要素,将企业的重要数据资产交给他人,在企业内部有严重的"依赖内部资源和拥抱外部资源"的冲突时,企业往往难以有效部署SaaS。所以,本书通过企业是否运用了 SaaS 衡量企业内部这一矛盾是否得到缓解。

最后,ERP 系统的关键功能就是从统一资源管理出发协调企业内部各业务部门,包括协调研发活动管理、采购管理、生产管理、财务管理、人力资源管理、合规运营管理等功能模块和业务单元(Alsène,2007)[1],通过这种协同作用能够在很大程度上降低企业运行的内耗和复杂度(卢宝周等,2022;Singh等,2020)[2][3]。所以 ERP 的有效实施是简化企业内部流程和优化管理架构的关键,如果企业内部"习惯复杂性和追求简洁性"的矛盾没有得到缓解,企业内部推动 ERP 系统会遭到巨大的阻力,企业难以在 ERP 系统上持续投入和不断完善。因此,本章通过企业在 ERP 系统上的投入作为是否缓解该对矛盾的测度指标。

综上,本章将基于上述三个变量的中介效应检验转型策略对数字化转型的具体影响机制。详细的回归结果分别如表 10-10、表 10-11 和表 10-12 所示。回归结果表明,自上而下的转型策略能够促进企业创新绩效、促使企业采用 SaaS 服务应用和提升企业 ERP 系统投入,进而提升了企业

① Alsène,É.,"ERP Systems and the Coordination of the Enterprise",*Business Process Management Journal*,Vol.13,No.3,2007,pp.417-432.

② 卢宝周、尹振涛、张妍:《传统企业数字化转型过程与机制探索性研究》,《科研管理》2022 年第 4 期。

③ Singh,A.,Klarner,P. and Hess,T.,"How do Chief Digital Officers Pursue Digital Transformation Activities? The Role of Organization Design Parameters",*Long Range Planning*,Vol.53,No.3,2020.

数字化投入产出率;与之相反,自下而上的转型策略负向影响企业的上述三个变量,进而不利于企业的数字化投入产出率提高。上述实证结果与前文理论假说 10-1a、理论假说 10-1b、理论假说 10-1c、理论假说 10-2a、理论假说 10-2b、理论假说 10-2c 一致,基于作用路径的分析,也验证了合理设计数字化转型策略缓解"三对冲突"是非数字原生企业提升数字化投入产出率的关键着力点。

表 10-10　路径机制 1:"专注稳定还是拥抱创新"

	(1) Tobit	(2) Tobit	(3) Tobit	(4) Tobit
	稳定还是创新	稳定还是创新	效率值 1	效率值 1
自上而下的转型策略	0.8535 ***		0.5018 ***	
	(0.0622)		(0.1256)	
自下而上的转型策略		−0.7395 ***		−0.4433 ***
		(0.0622)		(0.1241)
稳定还是创新			0.2732 ***	0.2781 ***
			(0.0565)	(0.0566)
自动化车间占比	0.1181 ***	0.1422 ***	−0.0177	−0.0062
	(0.0382)	(0.0384)	(0.0634)	(0.0632)
过程监控车间占比	0.0026	0.0074	0.2584 ***	0.2613 ***
	(0.0488)	(0.0490)	(0.0764)	(0.0766)
设备监控车间占比	−0.0544	−0.0485	0.2838 ***	0.2857 ***
	(0.0480)	(0.0481)	(0.0818)	(0.0819)
企业规模	−0.0058	−0.0056	0.1821	0.1822
	(0.0173)	(0.0176)	(0.1612)	(0.1612)
企业盈利	−0.0120	−0.0114	0.0612 **	0.0616 **
	(0.0233)	(0.0234)	(0.0254)	(0.0254)
常数项	−0.6627 ***	0.1104 *	−1.6311 ***	−1.1750 ***
	(0.0720)	(0.0630)	(0.2479)	(0.1963)
企业固定效应	是	是	是	是
年份固定效应	是	是	是	是

续表

	（1）Tobit	（2）Tobit	（3）Tobit	（4）Tobit
	稳定还是创新	稳定还是创新	效率值1	效率值1
观测值	13691	13691	13691	13691
AIC	44319.4500	44422.7600	21864.4800	21878.8600
BIA	44432.3200	44535.6300	21984.8700	21999.2500

注：***p<0.01，**p<0.05，* p<0.1，括号中为稳健标准误。

表10-11　路径机制2："依赖内部资源还是链接外部资源"

	（1）logit	（2）logit	（3）Tobit	（4）Tobit
	内部还是外部	内部还是外部	效率值1	效率值1
自上而下的转型策略	0.7885 ***		0.6074 ***	
	（0.0719）		（0.1698）	
自下而上的转型策略		−0.6442 ***		−0.5410 ***
		（0.0736）		（0.1682）
内部还是外部			0.2188 *	0.2409 **
			（0.1132）	（0.1129）
自动化车间占比	0.2897 ***	0.3182 ***	−0.0350	−0.0235
	（0.0473）	（0.0474）	（0.0809）	（0.0808）
过程监控车间占比	−0.0600	−0.0567	0.3249 ***	0.3256 ***
	（0.0614）	（0.0611）	（0.1103）	（0.1103）
设备监控车间占比	0.2060 ***	0.2107 ***	0.3241 ***	0.3251 ***
	（0.0603）	（0.0603）	（0.1101）	（0.1100）
企业规模	−0.0184	−0.0178	0.1833	0.1835
	（0.0217）	（0.0220）	（0.1648）	（0.1649）
企业盈利	0.0421	0.0420	0.0605 ***	0.0608 ***
	（0.0290）	（0.0282）	（0.0230）	（0.0230）
常数项	−0.2984 ***	0.4293 ***	−2.3347 ***	−1.7723 ***
	（0.0722）	（0.0539）	（0.3585）	（0.2760）
企业固定效应	是	是	是	是
年份固定效应	是	是	是	是

续表

	（1）logit	（2）logit	（3）Tobit	（4）Tobit
	内部还是外部	内部还是外部	效率值1	效率值1
观测值	10333	10333	10333	10333
AIC	10817.3600	10893.6400	15532.1500	15542.7600
BIA	10904.2800	10980.5600	15633.5500	15622.1600

注：***p<0.01，**p<0.05，*p<0.1，括号中为稳健标准误。

表 10-12　路径机制 3："习惯复杂性还是追求简洁性"

	（1）Tobit	（2）Tobit	（3）Tobit	（4）Tobit
	复杂还是简洁	复杂还是简洁	效率值1	效率值1
自上而下的转型策略	0.6954***		0.0836	
	（0.0330）		（0.1125）	
自下而上的转型策略		−0.6374***		−0.0793
		（0.0336）		（0.1127）
复杂还是简洁			0.7996***	0.8018***
			（0.1001）	（0.0999）
自动化车间占比	0.1429***	0.1576***	−0.1217**	−0.1208**
	（0.0180）	（0.0181）	（0.0614）	（0.0613）
过程监控车间占比	0.1011***	0.1053***	0.1890**	0.1894**
	（0.0226）	（0.0228）	（0.0747）	（0.0748）
设备监控车间占比	0.0137	0.0163	0.2641***	0.2643***
	（0.0215）	（0.0216）	（0.0824）	（0.0824）
企业规模	−0.0038	−0.0039	0.1840	0.1840
	（0.0066）	（0.0065）	（0.1669）	（0.1669）
企业盈利	0.0055	0.0059	0.0571***	0.0572***
	（0.0064）	（0.0064）	（0.0189）	（0.0189）
常数项	−0.3788***	0.2666***	−1.1238***	−1.0453***
	（0.0360）	（0.0284）	（0.2021）	（0.1803）
企业固定效应	是	是	是	是
年份固定效应	是	是	是	是
观测值	13691	13691	13691	13691

续表

	(1) Tobit	(2) Tobit	(3) Tobit	(4) Tobit
	复杂还是简洁	复杂还是简洁	效率值 1	效率值 1
AIC	26037.0500	26279.9700	21358.8300	21359.0000
BIA	26149.9200	26392.8400	21479.2300	21479.3900

注：***p<0.01，**p<0.05，*p<0.1，括号中为稳健标准误。

二、异质性分析

（一）行业异质性检验

虽然本章的研究对象为处于传统行业的非数字原生企业，但由于不同行业企业间生产和运营异质性的存在，可能导致企业的数字化转型方向存在差异（刘淑春等，2021）[①]，也可能造成数字化转型策略的效果差异。为进一步探讨行业异质性情况下不同类型企业数字化转型策略选择对企业数字化转型效果的影响，本章基于行业差异进行了分组回归，将研究样本分为制造业、加工业以及制品业。分组回归结果如表 10-13 所示。从回归结果来看，制造业和加工业的数字化转型策略的回归结果与基准回归一致，但是针对制品业的回归结果不显著。对于可能的原因分析如下，对资本构成较高的制造业和加工业而言，此类企业所处行业产业链较长，具有更高的上下游协同需求，要求他们在数字化转型的过程中必须改变旧有的价值创造模式。因此，降低转型过程中的组织身份冲突，优化内部管理结构、降低内部管理成本、实现组织扁平化、网络化的经营生产模式，是这类行业数字化转型过程中更为迫切的需求。因而，能够影响企业组织认知冲突的数字化转型策略的作用效果就更凸显。而制品业内多为轻工业企业，这类企业通常具有组织层级较少、生产环节单一、人员构成简单等特征，这些特征决定了该类企业在数字化转型过程中面对的组织身份冲突相对较少，本章关注的两种执行层面的数字转型策略的作用并不显著。

---

① 刘淑春、闫津臣、张思雪、林汉川：《企业管理数字化变革能提升投入产出效率吗》，《管理世界》2021 年第 5 期。

表 10-13　分行业回归

	（1）Tobit	（2）Tobit	（3）Tobit	（4）Tobit	（5）Tobit	（6）Tobit
	制造业		加工业		制品业	
	效率值1	效率值1	效率值1	效率值1	效率值1	效率值1
自上而下的转型策略	0.5989***		1.0324**		0.2723	
	(0.1341)		(0.5010)		(0.1836)	
自下而上的转型策略		-0.5521***		-0.9141*		-0.2140
		(0.1300)		(0.4899)		(0.1879)
自动化车间占比	-0.0480	-0.0379	0.2427	0.2856	0.0617	0.0719
	(0.0632)	(0.0631)	(0.2337)	(0.2354)	(0.0996)	(0.0978)
过程监控车间占比	0.2235***	0.2272***	-0.0623	-0.0280	0.1777	0.1773
	(0.0706)	(0.0711)	(0.2507)	(0.2495)	(0.1190)	(0.1192)
设备监控车间占比	0.1332*	0.1359*	0.8077**	0.7932**	0.2384	0.2401
	(0.0708)	(0.0709)	(0.3548)	(0.3534)	(0.1561)	(0.1568)
企业规模	-1.4011	-1.4070	0.0387***	0.0380***	0.0613*	0.0619*
	(1.9288)	(1.9320)	(0.0043)	(0.0041)	(0.0354)	(0.0354)
企业盈利	15.4387	15.4719	0.0568***	0.0586***	0.2665	0.2614
	(11.0367)	(11.0549)	(0.0133)	(0.0131)	(0.4014)	(0.4016)
常数项	-0.9886***	-0.4283**	-1.8095***	-0.9176*	-1.0135***	-0.7742***
	(0.2471)	(0.1767)	(0.5675)	(0.4939)	(0.2484)	(0.2288)
企业固定效应	是	是	是	是	是	是
年份固定效应	是	是	是	是	是	是
观测值	8626	8626	1035	1035	3488	3488
AIC	12220.4800	12237.0500	1676.7310	1679.9910	5512.9540	5516.0890
BIA	12326.4200	12342.9900	1750.8630	1754.1230	5605.3100	5608.4460

注：***$p<0.01$，**$p<0.05$，*$p<0.1$，括号中为稳健标准误。

（二）所有制异质性检验

已有研究发现，在混合所有制经济背景下，企业所有制异质性是影响企业战略决策和战略实施效果的重要因素（Dewenter 和 Malatesta,2001;Zhou 等,2017)[1][2]。为探索所有制异质性对企业数字化转型策略和企业数字化转型效果间关系的影响,本章进一步实施所有制异质性检验,将研究样本分为公有制、非公有制两组进行了分组回归。回归结果如表 10-14 所示,从中可知,本研究关注的两类数字化转型策略对非公有制企业作用显著,且与基准回归一致;公有制企业自上而下的策略的促进作用显著,而自下而上的策略的抑制作用不显著。造成这一情形的原因可能如下,对公有制企业而言,稳健保守的经营风格使得企业原有的组织身份认知更为稳定和难以撼动,所以导致企业只有采取自上而下的这种强制性转型策略才能有效推动企业的数字化转型。

表 10-14　分所有制回归

	（1）Tobit	（2）Tobit	（3）Tobit	（4）Tobit
	公有制		非公有制	
	效率值 1	效率值 1	效率值 1	效率值 1
自上而下的转型策略	0.2879 **		0.3864 ***	
	（0.1455）		（0.1482）	
自下而上的转型策略		−0.2470		−0.3280 **
		（0.1523）		（0.1511）
自动化车间占比	−0.0815	−0.0730	−0.0361	−0.0224
	（0.0809）	（0.0803）	（0.0800）	（0.0800）
过程监控车间占比	0.2445 ***	0.2454 ***	0.2316 **	0.2338 **
	（0.0947）	（0.0949）	（0.0929）	（0.0932）
设备监控车间占比	0.1361	0.1364	0.1975 **	0.1967 **
	（0.0964）	（0.0964）	（0.0972）	（0.0971）

---

① Dewenter,K.L. and Malatesta,P.H.,"State-Owned and Privately Owned Firms:An Empirical Analysis of Profitability,Leverage,and Labor Intensity", *American Economic Review*, Vol.91,No.1,2001,pp.320−334.

② Zhou,K.Z.,Gao,G.Y. and Zhao,H.,"State Ownership and Firm Innovation in China:An Integrated View of Institutional and Efficiency Logics", *Administrative Science Quarterly*, Vol.62,No.2,2017,pp.375−404.

续表

	（1）Tobit	（2）Tobit	（3）Tobit	（4）Tobit
	公有制		非公有制	
	效率值1	效率值1	效率值1	效率值1
企业规模	−0.0192	−0.0189	−0.0289	−0.0285
	（0.0225）	（0.0225）	（0.0425）	（0.0426）
企业盈利	42.8904***	42.8844***	0.7985	0.7931
	（9.1500）	（9.1599）	（0.7479）	（0.7480）
常数项	−0.2982	−0.0366	−1.1336***	−0.7850***
	（0.2125）	（0.1859）	（0.2630）	（0.2163）
企业固定效应	是	是	是	是
年份固定效应	是	是	是	是
观测值	3328	3328	4940	4940
AIC	4904.2110	4911.7540	7858.2230	7863.5800
BIA	5000.8630	5003.4060	7955.8000	7961.1570

注：***p<0.01，**p<0.05，*p<0.1，括号中为稳健标准误。

（三）创业导向异质性

基于创业导向的企业往往会通过积极创新来追求新的市场机遇，更新现有运营领域以及组织架构（Lumpkin 和 Dess，1996）[1]。此类企业往往敢于承担风险，更具创新性和超前行动性，此类企业在组织惯例和企业文化中都融合了创新血液（Covin 和 Slevin，1989）[2]。因此在面对数字化转型这一基于数字技术的组织变革过程中，高创业导向企业和低创业导向企业所面临的组织文化环境存在较大差异，从而造成数字化转型策略效果的差异。为此，本章针对企业创业导向异质性特征，将数字化转型策略选择对企业数字化转型的影响作进一步剖析。高创业导向企业的一个重要特征就是高创新绩效，发明专利是企业创新绩效的重要衡量指标。因此本章将企业在样本周期内（2014—

---

[1]　Lumpkin，G.T. and Dess，G.G.，"Clarifying the Entrepreneurial Orientation Construct and Linking it to Performance"，*Academy of Management Review*，Vol.21，No.1，1996，pp.135-172.

[2]　Covin，J.G. and Slevin，D.P.，"Strategic Management of Small Firms in Hostile and Benign Environments"，*Strategic Management Journal*，Vol.10，No.1，1989，pp.75-87.

2021 年)的所有发明专利申请数作为创业导向高低的衡量依据。具体而言,本章将发明专利数量排名前 20% 的企业归类为高创业导向企业,而排名后 20% 的企业归类为低创业导向企业。以此为分类基础进行分组回归,结果如表 10-15 所示,企业数字化转型策略对转型效果的影响的确受到创业导向异质性的影响。不论是自上而下还是自下而上的数字化转型策略,对高创业导向企业的影响均不显著。而对低创业导向企业而言,两类数字化转型策略的作用均显著。对高创业导向企业而言,持续创新是企业的重要特征,企业文化对创新持更为开放和包容的态度,这些企业在数字化转型过程中所面对的组织身份冲突往往更少,以缓解组织身份冲突为关键作用的转型策略作用下降。与之相反,对低创业导向企业而言,相较于积极进取的创新精神,此类企业更倾向于稳定的组织身份,在数字化转型造成的组织身份转变时会面对更激烈的组织身份冲突,导致自上而下和自下而上两种转型策略的影响更加显著。

表 10-15 分创业导向回归

	（1）Tobit	（2）Tobit	（3）Tobit	（4）Tobit
	强创业导向		低创业导向	
	效率值 1	效率值 1	效率值 1	效率值 1
自上而下的转型策略	0.2787		0.5601**	
	(0.2747)		(0.2281)	
自下而上的转型策略		-0.2293		-0.4870**
		(0.2777)		(0.2234)
自动化车间占比	-0.0400	-0.0359	0.0877	0.1118
	(0.1137)	(0.1138)	(0.1523)	(0.1513)
过程监控车间占比	0.3475***	0.3469***	0.1700	0.1715
	(0.1223)	(0.1224)	(0.1410)	(0.1417)
设备监控车间占比	0.1923	0.1916	0.3272**	0.3337**
	(0.1289)	(0.1289)	(0.1598)	(0.1606)
企业规模	-0.0039	-0.0038	0.7311	0.7364
	(0.0292)	(0.0292)	(0.6774)	(0.6783)

续表

	（1）Tobit	（2）Tobit	（3）Tobit	（4）Tobit
	强创业导向		低创业导向	
	效率值1	效率值1	效率值1	效率值1
企业盈利	0.0577***	0.0578***	0.0629***	0.0635***
	（0.0138）	（0.0138）	（0.0181）	（0.0181）
常数项	−0.1996	0.0665	−1.7057***	−1.2253***
	（0.2216）	（0.1390）	（0.3439）	（0.3081）
企业固定效应	是	是	是	是
年份固定效应	是	是	是	是
观测值	2841	2841	2644	2644
AIC	6937.3310	6938.6620	3741.4960	3747.7470
BIA	7026.6100	7027.9410	3829.6970	3835.9480

注：***p<0.01，**p<0.05，*p<0.1，括号中为稳健标准误。

（四）所在地制造业发展水平异质性

根据前文分析，企业内部员工对于自身工作被替代的担忧是造成员工抵抗数字化转型，进而激化企业转型过程中的组织身份冲突的重要原因。已有研究发现，新技术的出现会对旧有工作机会形成替代效应（何小钢等，2023）。[①] 如果员工所在地区有大量优质的可替换工作岗位，可能会降低员工的此类担忧。换言之，企业所在地的类似行业是否处于快速发展阶段也会影响企业在进行数字化转型过程中要面对的员工抵抗，从而影响转型策略与转型效果的关系。为此，本章针对企业所在地的制造业发展情况异质性，将企业数字化转型策略对数字化转型的影响作进一步剖析。本章通过统计部门和统计年鉴收集了样本周期内（2014—2021年）专精特新企业平均薪资数据，并以2014年为基期计算了各年的薪资增幅，同时计算周期内的平均薪资增幅，将平均薪资增幅最高的3个地市归类为制造业高速增长类别；而将平均薪资增幅最低的3个地市归类为制造业低速增长类别。以此分类为基础进行分组回

① 何小钢、朱国悦、冯大威：《工业机器人应用与劳动收入份额——来自中国工业企业的证据》，《中国工业经济》2023年第4期。

归,具体结果如表10-16所示,企业数字化转型策略对转型效果的影响的确受到所在地制造业发展异质性的影响。不论是自上而下还是自下而上的数字化转型策略,对制造业收入增长较快地区企业数字化转型效果影响均不显著。而对于制造业收入增长较慢地区的企业而言,两类数字化转型策略的作用均显著。此结果验证了本章关于"制造业高速发展地区的数字化转型企业员工拥有更多可选择和可替代的优质工作机会,所以他们对失去工作的担忧较少,导致此类企业面对的组织身份冲突较少"的推测。与之相反,对处于制造业收入增速较低地区的企业而言,员工一旦失业能够提供的优质岗位不足,员工会放大数字化转型造成的失业风险,扩大了此类企业转型过程中要面对的组织身份冲突。因此,在数字化转型过程中,对于处于制造业收入增速较低地区的企业而言,自上而下和自下而上两种转型策略的作用效果更为显著。

表10-16　分所在地制造业发展水平回归

	（1）Tobit	（2）Tobit	（3）Tobit	（4）Tobit
	制造业收入高增速地区		制造业收入低增速地区	
	效率值1	效率值1	效率值1	效率值1
自上而下的转型策略	0.2950		0.3249**	
	(0.2124)		(0.1388)	
自下而上的转型策略		−0.2148		−0.3158**
		(0.2107)		(0.1421)
自动化车间占比	0.1182	0.1276	−0.0391	−0.0387
	(0.1206)	(0.1207)	(0.0777)	(0.0778)
过程监控车间占比	0.2607**	0.2668**	0.3473***	0.3494***
	(0.1286)	(0.1295)	(0.1071)	(0.1073)
设备监控车间占比	0.2193	0.2187	0.1675*	0.1680**
	(0.1417)	(0.1422)	(0.0855)	(0.0856)
企业规模	0.0390***	0.0390***	0.0000	0.0001
	(0.0063)	(0.0063)	(0.0265)	(0.0265)
企业盈利	0.0824***	.00828***	0.0586***	0.0587***
	(0.0077)	(0.0077)	(0.0084)	(0.0084)

续表

	（1）Tobit	（2）Tobit	（3）Tobit	（4）Tobit
	制造业收入高增速地区		制造业收入低增速地区	
	效率值1	效率值1	效率值1	效率值1
常数项	−1.1359***	−0.8790***	−0.8863***	−0.5737***
	（0.2766）	（0.2376）	（0.2005）	（0.1440）
企业固定效应	是	是	是	是
年份固定效应	是	是	是	是
观测值	3422	3422	4137	4137
AIC	5886.0310	5889.2920	6219.4420	6220.5110
BIA	5978.1010	5981.3620	6314.3580	6315.4270

注：***p<0.01，**p<0.05，*p<0.1，括号中为稳健标准误。

（五）其他异质性检验

在上述异质性检验基础上，本章还进行了一系列其他异质性检验。第一，企业所属行业的技术水平差异可能也会造成数字化转型策略实施效果的差异。本章进一步根据企业所属行业是否属于高技术制造业，进行分组回归，进一步探讨此类行业差异情况下不同转型策略选择对企业数字化转型效果的影响。具体而言，根据《高技术产业（制造业）分类（2013）》，本章将研究样本分为高技术制造业和非高技术制造业两类并进行分组回归。回归结果表明，高技术专精特新企业的数字化转型策略的回归结果与基准回归一致。第二，从企业数字化转型认知的普及视角来看，一个地区的数字经济发展水平可能会影响辖区内企业的数字化转型策略与效果之间的关系。因此，本章将研究样本分为高数字经济发展水平地区和非高数字经济发展水平地区进行异质性检验。具体而言，借鉴赵涛等（2020）①的研究衡量了"两化"融合国家示范区内11个地市2014—2021年的数字经济发展水平，将杭州、宁波等2个地区列为高数字经济发展水平地区，其他9个地市列为非高数字经济发展水平地区，并基于这一分组规则进行了模型回归，两组回归结果也与基准回归一致。

---

① 赵涛、张智、梁上坤：《数字经济，创业活跃度与高质量发展——来自中国城市的经验证据》，《管理世界》2020年第10期。

第六节　结论与相关政策建议

一、研究结论

如何推动非数字原生企业进行数字化转型是中国产业优化升级和增长动能转换背景下亟待探讨的一项重要课题。数字化转型的关键在于实现企业组织管理模式变革、组织身份跃迁和价值创造模式重构。由于路径依赖和组织惯性,非数字原生企业在推进这些变革的过程中会经历严重的组织身份冲突问题,进而阻碍数字化转型进程。恰当的数字化转型策略选择与实施能有效缓解组织身份冲突,因而成为促进数字化转型的关键一环。本章基于全国第一个"两化"深度融合国家示范区内 3679 家企业连续 8 年(2014—2021 年)推进数字化转型的追踪调查数据,基于企业数字化转型规划与推进方式差异识别了自上而下和自下而上两种数字化转型策略,运用组织身份理论,探究了数字化转型策略对企业组织身份冲突的缓解作用,并进一步分析了转型策略推动非数字原生企业实施数字化转型的路径和机制,并得出以下主要结论。

首先,从组织身份理论分析可知,对非数字原生企业而言,数字化转型过程中将要面对来自"专注稳定还是拥抱创新""依赖内部资源还是链接外部资源"以及"习惯复杂性还是追求简洁性"三个方面的组织身份冲突。而这些冲突是阻碍企业数字化转型取得成功的重要因素,因此必须设计有效的转型策略以应对这些阻碍。基于理论推演和实证检验,本章发现对大量身处传统行业的非数字原生企业而言,自上而下的转型策略对企业数字化转型有显著的正向影响;而自下而上的转型策略则对企业数字化转型有显著的负向影响。其原因在于,自上而下的转型策略可以通过有效促进知识流动、统一意义达成和提供职位安全保障三重机制降低新旧组织身份间三对冲突的负面影响,助力企业实现组织身份跃迁和转型。这一发现与一些学者提出的"企业内部达成共识是推动企业数字化转型成功的前提"的结论相吻合(卢宝周等,2022)。① 而本章关于自下而上的策略的负面效应发现,则与部分已有研究结论相反。如有研究认为,分散放权的转型策略通过将自主权下放到基层,能够令不同基层部门有针对性地选择与本部门适配的转型方式和技术,从而有利于推进企业数字化转型(Poláková-Kersten 等,2023)。② 本章认为,产生这种冲突性结论的原因在于自下而上策略虽然能够在一定程度上促进数字技术在企业基层部门的应用,但是由于缺乏整体和全局性的技术管理视角,这种技术推进更多只能提升企业在部分领域的效能,很难推动企业实现整体的管理模式和组织架构变革,使得数字化转型过程最后只是浮于表面,难以进入深水区。因此,有学者指出,自下而上的策略只适用于小范围的数字技术推广,而不适用于企业实施全面的数字化转型,因为真正实施全面转型与仅仅小试牛刀之间最大的区别在于是否拥有完善的领导结构支持(Fitzgerald 等,2014)③,这与本章的研究结论一致。尽管现有研究从理论推演上论证了有效数字化转型策略对企业数字化转型的积极作用(卢宝周等,2022;王永贵、汪淋淋,2021;Poláková-Kersten 等,2023)④⑤⑥,却缺少相应的经验研究和实证检验,本章在理论演绎基础上,通过定量分析验证了不同策略选择的差异性影响,丰富拓展了数字化转型策略和企业数字化转型相关文献,为相关理论研究提供了实证支持。

其次,基于中介变量和调节变量的回归分析,本章厘清了数字化转型策略

---

① 卢宝周、尹振涛、张妍:《传统企业数字化转型过程与机制探索性研究》,《科研管理》2022 年第 4 期。

② Poláková-Kersten, M., Khanagha, S., van den Hooff, B. and Khapova, S.N., "Digital Transformation in High-Reliability Organizations: A Longitudinal Study of the Micro-Foundations of Failure", *The Journal of Strategic Information Systems*, Vol.32, No.1, 2023.

③ Fitzgerald, M., Kruschwitz, N., Bonnet, D. and Welch, M., "Embracing Digital Technology: A New Strategic Imperative", *MIT Sloan Management Review*, Vol.55, No.2, 2014, pp.1-12.

④ 卢宝周、尹振涛、张妍:《传统企业数字化转型过程与机制探索性研究》,《科研管理》2022 年第 4 期。

⑤ 王永贵、汪淋淋:《传统企业数字化转型战略的类型识别与转型模式选择研究》,《管理评论》2021 年第 11 期。

⑥ Poláková-Kersten, M., Khanagha, S., van den Hooff, B. and Khapova, S.N., "Digital Transformation in High-Reliability Organizations: A Longitudinal Study of the Micro-Foundations of Failure", *The Journal of Strategic Information Systems*, Vol.32, No.1, 2023.

对企业数字化转型影响的传导机制与边界条件。从传导机制看,是否有效缓解非数字原生企业关于"专注稳定还是拥抱创新""依赖内部资源还是链接外部资源""习惯复杂性还是追求简洁性"这三对新旧组织身份之间的冲突是企业数字化转型策略影响数字化投入产出率的关键环节。不同的转型策略选择通过意义建构机制、知识流动机制与职位安全保障机制对三对身份冲突的缓解产生不同结果,进而影响转型效果。具体来说,自上而下的转型策略能够更好激活这三种机制,从而有效缓解了三对组织身份冲突;而自下而上的转型策略对这三种机制产生抑制作用,导致三对身份冲突无法有效化解,阻碍或延缓了非数字原生企业数字化转型进程。在调节机制上,本章重点关注企业面对的业绩压力和转型收益预期两个调节变量,探索数字化转型策略影响转型效果的边界条件。具体而言,业绩压力会削弱自上而下的策略的正向作用,同时也削弱了自下而上的策略的负向影响。该结论表明,企业业绩压力对自上而下的策略发挥了消极作用,而对自下而上的策略发挥了积极作用。这种作用差异也提醒企业决策者在进行数字化转型时,不仅要选择恰当的转型策略,更要"伺机而动""量力而行"。另一方面,实证检验结果表明转型收益预期会强化自上而下的策略的正向作用,却对自下而上的策略的负向影响的调节作用不显著。该结论说明,总体而言,转型收益预期对转型策略实施效果发挥了积极作用。进一步凸显了在数字化转型过程中,良好的转型预期管理对于取得转型成功、增强员工信心的重要性。

最后,行业类型、企业规模、所有制结构、企业创业导向以及企业所在地制造业发展情况对企业数字转型策略选择和数字转型结果间关系有显著的异质性影响。企业应依据自身禀赋合理选择数字化转型策略,确保能够有效缓解在数字化转型过程中组织身份认知冲突,并促使转型过程顺利推进。本章进一步量化了企业在异质性特征下通过构建匹配自身特性的数字化转型策略推动数字化转型过程。具体而言,从行业异质性上看,数字化转型策略对制造业和制品业有显著影响,而对加工业作用却不显著;从规模异质性上看,相较于中小企业,数字化转型策略对大企业的影响更为显著;从所有制异质性上看,数字化转型策略对非公有制企业的影响显著,对公有制企业的影响部分显著;从创业导向异质性上看,数字化转型策略对低创业导向企业的影响更为显著,而对高创业导向企业的影响不明显；从所在地制造业发展异质性上看，数字化转型策略对制造业收入增速较低区域的企业影响更为显著，而对收入增速较高区域的企业影响不显著。

二、政策启示

本章结论为揭示企业如何推动数字化转型提供了有利线索和经验证据，也为各级政府宏观层面的政策制定提供了有益借鉴。具体而言，不仅可为专精特新企业提供经过多年实践并已度过数字化变革"阵痛期"的先进经验，也为广大企业管理者推动企业制定和实践数字化管理决策带来有益的经验参考，同时为政府部门制定更有针对性的政策提供经验证据。

第一，实行数字化转型"一把手"负责制，构建自上而下推进的数字化转型策略。从本章对执行层面的两种数字化转型策略的研究结果来看，对非数字原生企业而言，构建自上而下的转型策略对企业数字化投入产出率提升存在显著的促进作用。企业的数字化转型并不是简单的数字技术应用，而是要通过数字技术对企业的管理组织架构、价值创造方式和组织身份进行系统性、全局性的变革，而这一系列过程并不是一蹴而就的。推动非数字原生企业的数字化转型需要通过构建自上而下的转型策略，尽力克服组织内部的思想阻力、组织身份冲突和路径依赖，对企业管理构架、组织体系、变革理念进行系统性重塑。实践过程中，应当实行数字化转型"一把手"负责制，由企业负责人"掌舵"统筹数字化规划、数字技术应用、业务流程改造等管控条线，优化组织构架、运营机制和管控模式，建立专班负责、业务部门权责分明、条线分工清晰的数转组织机制，最大程度凝聚转型的组织身份认同，全方位推动数转战略实施。

第二，引导企业选择与企业经营状况相匹配的转型策略，提振员工"数转"动力和信心。基于本章的调节机制分析发现，业绩压力与转型收益预期是数字化转型策略推动企业数字化转型的关键调节变量。在选择自上而下的转型策略时，企业还面对改善经营业绩的压力，转型压力与业绩压力的叠加对基于自上而下的策略的数字化转型会产生不良效果；而对充分放权的自下而上的转型策略而言，适当的业绩压力有利于数字化转型推进。这一点的启示在于,企业数字化转型策略的选择应当充分考量企业的生产经营状况,在业绩良好的条件下采取自上而下的转型策略,才能有利于提高企业数字化转型效果。从转型收益预期来看,良好的预期能够有效提振企业家和员工对数字化转型的信心,从而减少新旧组织身份冲突对转型的干扰。这说明,企业在数字化转型计划制定过程中,应充分重视预期管理,面对转型挑战,信心比黄金更重要。

第三,充分考量各类异质性因素和差异化需求,完善企业数字化变革激励政策。从本章的异质性分析结果看,企业所处的行业、企业规模、所有制、创业导向、制造业发展水平等存在较为明显的差异,导致企业数字转型策略的作用存在明显的异质性,数字化变革方向和重点也必然存在鲜明的差异。因此,实践中并不存在普适性的数字化转型策略和方案,不能简单照搬和套用其他的数字化转型模式,也不能盲目地进行大规模投入,必须实事求是地根据具体情况采取针对性的激励政策。针对企业数字化转型的激励政策也应当因企而异,改变政策面"一刀切"和"大水漫灌"现象,对企业数字化转型的政策扶持从"漫灌"转向"滴灌",结合企业经营规模、行业类型、所有制结构、创业导向和制造业发展水平等,制定更为精准和匹配的激励政策,采用个性化的"量体裁衣",推动企业立足发展阶段形成差异化的转型模式,充分调动企业内部的方方面面的积极性和创造性,这样才能避坑防险、少走弯路、不走回头路。

第十一章　基于创新网络视角的数字化赋能研究

数字化转型不仅是优化产业结构、维持竞争优势的"稳定器"，更是培育壮大新动能、推动经济高质量发展的"加速器"。目前，数字化转型积极作用和成功案例的相关研究方兴未艾，但数字化转型的长期性和不确定性使得能够完成这一艰巨系统工程的企业依旧是少数（薛国琴、曲涵，2023）。① 企业数字化转型的困难源自其颠覆性创新特质，在组织创新视角下，数字化转型是基于数字技术的深度组织创新，该过程要求企业运用数字技术驱使生产智能化、销售精准化、资源管理高效化，完成管理范式革新和业务流程重构（黄群慧等，2019）。② 正是这些复杂的变革形式造成企业的转型决策摇摆和投入意愿不坚，阻碍数字化导向的提升，最终导致数字化转型收效甚微。组织变革相关研究指出，关键知识和技术的匮乏是企业抵触变革的主要原因（杨林、俞安平，2016）。③ 因此，探索如何助力企业获取数字化相关知识，对提升数字化导向、促进企业数字化转型具有重要理论和实践意义。

数字化导向作为一种新兴战略导向，是企业为寻求数字技术支持机会以

---

① 薛国琴、曲涵：《数字技术影响制造业升级的中介效应——基于区域异质性的分析》，《浙江社会科学》2023 年第 7 期。

② 黄群慧、余泳泽、张松林：《互联网发展与制造业生产率提升：内在机制与中国经验》，《中国工业经济》2019 年第 8 期。

③ 杨林、俞安平：《企业家认知对企业战略变革前瞻性的影响：知识创造过程的中介效应》，《南开管理评论》2016 年第 1 期。

获得市场竞争优势的指导原则(Kindermann 等,2021)。① 强数字化导向是企业推行数字化转型的先决条件和必经之路(Li 和 Shao,2023)②,在知识拓展层面,其反映了企业积极获取数字化知识的价值观和信念,有助于突破企业在传统工业化管理情形下固有的思维定势和工作惯性;在知识运用层面,其可以将数字化知识内化为各职能部门自身的数字化能力,助推数字要素与业务场景的有机结合(Arias 和 Vélez,2022)③。梳理已有文献发现,数字化导向的相关研究尚处于起步阶段,多集中于概念、测度、效用等方面(Quinton 等,2018;Kindermann 等,2021;胡媛媛等,2021)④⑤⑥,零星研究也仅从大客户地理距离和成熟度错配行为等角度触及了数字化导向的前因分析(王成园等,2023;Xu 等,2023)⑦⑧,尚存在以下不足:首先,数字化导向的研究缺乏可靠的微观量化依据;其次,数字化导向在数字化转型过程中的逻辑链条并不完整;最后,缺乏基于完善理论框架的前因探索造成数字化导向在实操层面缺乏抓手。总之,通过何种理论视角,构建数字化导向提升路径,以推动企业数字化转型进

---

① Kindermann,B.,Beutel,S.,Garcia de Lomana,G.,Strese,S.,Bendig,D. and Brettel,M.,"Digital Orientation:Conceptualization and Operationalization of a New Strategic Orientation",*European Management Journal*,Vol.39,No.5,2021,pp.645-657.

② Li,G. and Shao,Y.,"How do Top Management Team Characteristics Affect Digital Orientation? Exploring the Internal Driving Forces of Firm Digitalization",*Technology in Society*,Vol.74,2023.

③ Arias-Pérez,J. and Vélez-Jaramillo,J.,"Ignoring the Three-Way Interaction of Digital Orientation,Not-Invented-Here Syndrome and Employee's Artificial Intelligence Awareness in Digital Innovation Performance:A Recipe for Failure",*Technological Forecasting and Social Change*,Vol.174,2022.

④ Quinton,S.,Canhoto,A.,Molinillo,S.,Pera,R. and Budhathoki,T.,"Conceptualising a Digital Orientation:Antecedents of Supporting SME Performance in the Digital Economy",*Journal of Strategic Marketing*,Vol.26,No.5,2018,pp.427-439.

⑤ Kindermann,B.,Beutel,S.,Garcia de Lomana,G.,Strese,S.,Bendig,D. and Brettel,M.,"Digital Orientation:Conceptualization and Operationalization of a New Strategic Orientation",*European Management Journal*,Vol.39,No.5,2021,pp.645-657.

⑥ 胡媛媛、陈守明、仇方君:《企业数字化战略导向、市场竞争力与组织韧性》,《中国软科学》2021 年第 S1 期。

⑦ 王成园、王琼、罗彪、李军、梁樑:《关系视角下大客户地理距离对企业数字化转型导向的影响》,《中国管理科学》2023 年。

⑧ Xu,G.,Li,G.,Sun,P. and Peng,D.,"Inefficient Investment and Digital Transformation:What is the Role of Financing Constraints?",*Finance Research Letters*,Vol.51,2023.

程这一问题还未被充分回答。

　　数字化转型离不开完备的专业知识储备,知识和技术的采用、开发和重新配置也是数字化导向提升的关键(王永贵等,2023)[1]。对数字化转型需求最为迫切的大量非数字原生企业而言,由于其往往只能构建某些特定领域的知识获取渠道,凭借自身难以掌握完整的数字化知识体系。而企业参与包含大量异质性成员的创新网络,可通过与网络成员间构建多样化的沟通渠道,实现技术知识、市场信息的共用共享(杨震宁等,2021)[2],这可能是强化数字化导向并推动企业数字化转型的有效途径。因此,本研究将重点探讨创新网络对企业数字化转型的影响及其内在作用机制,并有针对性地回答"创新网络广度、强度是否有助于促进企业数字化转型? 数字化导向在这一影响中扮演何种角色? 其边界条件为何? 影响路径在不同企业规模体量和行业类型下是否存在明显差异?"等问题。为此,本章基于沪深 A 股上市企业 2011 — 2021 年的面板数据,采用固定效应模型检验上述理论推断。

　　本章可能的边际贡献在于:第一,通过探究创新网络广度、强度对企业数字化转型的直接效应,延伸了创新网络理论在数字经济背景下的适用情境,丰富了数字化转型的驱动因素研究,并与以往文献提炼出信息技术、高管特质、地方政策等内外部因素研究形成互补(肖静华等,2021;汤萱等,2022;孙伟增等,2023)[3][4][5]。第二,深入数字化导向发挥的中介效应,打开了创新网络与企业数字化转型之间的"黑箱",弥补了现有文献对数字化导向前因和其作用

---

　　① 王永贵、汪淋淋、李霞:《从数字化搜寻到数字化生态的迭代转型研究——基于施耐德电气数字化转型的案例分析》,《管理世界》2023 年第 8 期。

　　② 杨震宁、侯一凡、李德辉、吴晨:《中国企业"双循环"中开放式创新网络的平衡效应——基于数字赋能与组织柔性的考察》,《管理世界》2021 年第 11 期。

　　③ 肖静华、吴小龙、谢康、吴瑶:《信息技术驱动中国制造转型升级——美的智能制造跨越式战略变革纵向案例研究》,《管理世界》2021 年第 3 期。

　　④ 汤萱、高星、赵天齐、丁胜涛:《高管团队异质性与企业数字化转型》,《中国软科学》2022 年第 10 期。

　　⑤ 孙伟增、毛宁、兰峰、王立:《政策赋能、数字生态与企业数字化转型——基于国家大数据综合试验区的准自然实验》,《中国工业经济》2023 年第 9 期。

机理的缺失(Arias 和 Vélez,2022)①。第三,从"网络—高管"互动角度,剖析高管团队异质性在创新网络与数字化导向关系中起到的调节作用,为创新网络强化数字化导向过程提供了必要的决策支持和内在保障。

第一节　基于创新网络视角的数字化赋能研究的理论逻辑

一、数字化导向与组织创新

战略导向决定了企业的资源管理方式,深刻影响着转型决策的选取和制定,不同类型的战略导向(市场导向、创业导向、学习导向等)已被广泛应用于组织行为、企业创新等领域的研究。传统战略导向假定资源具有相对静态、不完全流动和专有性等特征,但随着数字时代的到来,具有动态性、可流动性、非专有性的数字化知识成为组织创新的重要资源要素,这种资源属性的变化导致传统战略导向陷入理论解释力不足的困境,为此有学者尝试构建新型战略导向,即"数字化导向"(Quinton 等,2018)。② 数字化导向是企业拥有敏锐的市场洞察力、积极接受新思想的态度和行为的体现,可驱使企业利用人工智能、大模型、数字孪生等数字技术的编辑性和可扩展性功能,突破时间和地点的限制来搜集、转化以及运用新知识,增强企业现有产品和服务的竞争优势(Arias 和 Vélez,2022)。③ 由此可见,数字化导向与组织创新存在的直接或潜在相关性,得益于对新知识的高效加工与应用。而在基于数字技术的组织创

---

① Arias-Pérez,J. and Vélez-Jaramillo,J.,"Ignoring the Three-Way Interaction of Digital Orientation,Not-Invented-Here Syndrome and Employee's Artificial Intelligence Awareness in Digital Innovation Performance:A Recipe for Failure",*Technological Forecasting and Social Change*,Vol.174, 2022.

② Quinton,S.,Canhoto,A.,Molinillo,S.,Pera,R. and Budhathoki,T.,"Conceptualising a Digital Orientation:Antecedents of Supporting SME Performance in the Digital Economy",*Journal of Strategic Marketing*,Vol.26,No.5,2018,pp.427-439.

③ Arias-Pérez,J. and Vélez-Jaramillo,J.,"Ignoring the Three-Way Interaction of Digital Orientation,Not-Invented-Here Syndrome and Employee's Artificial Intelligence Awareness in Digital Innovation Performance:A Recipe for Failure",*Technological Forecasting and Social Change*,Vol.174,2022.

新中,数字化导向也可以对海量数字化知识进行合理配置,保障数字化转型计划的顺利完成(李玲、陶厚永,2023)。[①] 但数字化导向强化行为不会凭空产生,企业是如何通过数字化导向完成数字化转型,亟待更多理论探索。

二、创新网络与数字化导向

战略导向强化所涉及的知识呈现出跨学科、全方位、复杂性等特征,但企业因受限于知识禀赋欠缺、技术基础薄弱、变革经验不足等因素,仅凭自有资源难以执行全部的战略任务,积极利用外界力量妥善协调关键资源与发掘外部契机,是实现转型升级的重要手段(Diánez 和 Camelo,2019)。[②] 其中,创新网络是介乎外部市场和企业内部之间的复杂资源配置机制,与转型所需知识的搜集与获取息息相关(余传鹏等,2024)。[③] 已有研究指出,创新网络是在一定区域内,企业与客户、大学、科研院所等利用信息、技术、资金等方式建立的比较稳定的、能够激发创新的正式或非正式关系总和(Freeman,1991)。[④] 企业扩大网络规模和提高联系强度让彼此间产生了解和信任,便于显性知识和隐性知识的传播,从而促使自身从事冒险性、创新性和主动性的战略导向活动(Rehm 等,2016)。[⑤] 数字化导向的提升同样涉及多领域的稀缺资源,加之当前技术迭代和组织变革速度陡然而升,更需要企业能跨越自身边界进行数字技术知识的获取、内化和利用。因此,企业借助创新网络发挥的规模效应与集聚效应,用以拓展外部数字技术知识源,很可能是促进企业数字化导向、实现数字化转型的有力举措。

[①] 李玲、陶厚永:《数字化导向与企业数字化创新的关系研究》,《科学学研究》2023 年第8 期。

[②] Diánez-González,J.P. and Camelo-Ordaz,C.,"The Influence of the Structure of Social Networks on Academic Spin-Offs' Entrepreneurial Orientation",*Industrial Marketing Management*,Vol. 80,2019,pp.84-98.

[③] 余传鹏、黎展锋、林春培、廖杨月:《数字创新网络嵌入对制造企业新产品开发绩效的影响研究》,《管理世界》2024 年第5 期。

[④] Freeman,C.,"Networks of Innovators:A Synthesis of Research Issues",*Research Policy*,Vol. 20,No.5,1991,pp.499-514.

[⑤] Rehm,S.V.,Goel,L. and Junglas,I.,"Information Management for Innovation Networks—An Empirical Study on the Who,What and How in Networked Innovation",*International Journal of Information Management*,Vol.36,No.3,2016,pp.348-359.

综上所述,尽管已有文献从知识共享、资源配置等角度检验了创新网络与战略导向、组织创新间的关联,但在数字化情景中,其与数字化导向、数字化转型的关系究竟如何以及边界条件尚待全面分析。为此,本研究基于创新网络理论探讨创新网络对企业数字化转型的影响及内在传导机制,是对相关领域现有文献的有益补充。

第二节　理论分析与理论假说

一、创新网络与企业数字化转型

创新网络理论主要探讨个体和组织如何通过社交联系、信息交流和资源共享来推动创新的生成,强调网络特征对组织创新过程中的速度、影响力和可持续性的影响。本研究将重点聚焦创新网络广度和强度展开探讨,创新网络广度强调企业社会资本的积累,通过多元合作渠道汇聚异质性的知识,提高跨界知识搜索能力和创新能力来推动创新(Carnovale 和 Yeniyurt,2015)[①];创新网络强度强调企业与网络成员间合作的密切关系,通过深度交互促进隐形知识的扩散,提高知识整合和利用能力来促进创新(Diánez 和 Camelo,2019)[②]。所以,网络广度与强度决定着企业获取知识的数量和质量,是组织创新成功与否的关键。数字化转型作为一种深度的组织创新,同样需要企业关注创新网络广度和强度。

企业数字化转型通过数字技术对关键环节、关键部位的推进管理变革,可以加快业务模式创新,提高投入产出率(刘淑春等,2021)[③]。但这一复杂过程不仅要建设大量数字基础设施,还要全渠道、多场景打通各个系统间的信息隔

---

① Carnovale,S. and Yeniyurt,S.,"The Role of Ego Network Structure in Facilitating Ego Network Innovations",*Journal of Supply Chain Management*,Vol.51,No.2,2015,pp.22-46.

② Diánez-González,J.P. and Camelo-Ordaz,C.,"The Influence of the Structure of Social Networks on Academic Spin-Offs' Entrepreneurial Orientation",*Industrial Marketing Management*,Vol.80,2019,pp.84-98.

③ 刘淑春、闫津臣、张思雪、林汉川:《企业管理数字化变革能提升投入产出效率吗》,《管理世界》2021 年第 5 期。

阂,致使大量企业自有的知识储备远不能满足实现数字化转型所需的新知识,亟须增加创新网络广度弥补现有数字化知识不足。创新网络广度是网络中与企业直接相连的合作伙伴的数量,创新网络广度越高,意味着企业越有机会与更多来自跨地区、跨行业的网络合作伙伴建立合作关系(岑杰等,2021)[1],如此一来,企业无需烦琐的筛选过程,即可快速获取更多异质性的数字化转型经验性知识(成功经验抑或失败教训),异质性数字化知识涵盖了不同背景和专业领域的多元化信息,丰富了企业在技术选择、创新策略和市场适应性方面的选择和能力。众多创新相关研究指出,异质性知识的获取和内化是驱动组织创新的关键所在(余传鹏等,2024)[2],在数字化转型过程中,企业通过整合和应用这些异质性知识,能够更准确地识别数字化转型中的关键挑战和机遇,为企业指明数字化转型"转什么"的问题,并助力制定更具针对性的解决方案,从而提升数字化转型的灵活性和成功率(Wei 等,2022)。[3] 因此,创新网络广度通过获取异质性数字化知识促进企业数字化转型。由此,本章提出理论假说11-1:

理论假说11-1:创新网络广度对企业数字化转型具有显著的正向影响。

数字化转型的推动除了需要提升创新网络广度获取的显性知识以外,也离不开深度且隐性的数字化知识的支持。隐性知识具有高度语境化、多样化、难以编码甚至无法编码等特性,通常不为组织正式记录或明确表达,其共享或传播只能通过提升创新网络强度来实现(Freel 和 Jong,2009)。[4] 创新网络强度是开放性创新活动中企业与网络成员间合作的紧密程度,反映了彼此之间的接触时间、情感强度、相互信赖和互惠性。创新网络强度的提高意味着企业与网络合作伙伴的沟通越频繁,其可以通过促进经验和见解的交流,营造开放

①　岑杰、李章燕、李静:《企业专利合作网络与共性技术溢出》,《科学学研究》2021 年第5 期。

②　余传鹏、黎展锋、林春培、廖杨月:《数字创新网络嵌入对制造企业新产品开发绩效的影响研究》,《管理世界》2024 年第5 期。

③　Wei,S.,Xu,D. and Liu,H.,"The Effects of Information Technology Capability and Knowledge Base on Digital Innovation:The Moderating Role of Institutional Environments",*European Journal of Innovation Management*,Vol.25,No.3,2022,pp.720-740.

④　Freel,M. and de Jong,J.P.J.,"Market Novelty,Competence-Seeking and Innovation Networking",*Technovation*,Vol.29,No.12,2009,pp.873-884.

性的创新氛围(Shrestha,2018)①,进而使得企业与网络合作伙伴进行关键数字化隐性知识的共享。这些深度的数字化隐性知识蕴含着网络合作伙伴丰富的经验、专业技能与独特见解,是企业数字化创新与竞争优势的源泉。在数字化转型过程中,隐性知识最为直接的表现就是数字转型在具体推进过程中的模式、战略和具体实施细则等,通过对隐性的经验性知识的获取和吸收可以切实地解决企业在数字化转型中"如何转"的问题。尤其当它们被转化为可访问、可共享的知识资产时,能够激发组织内部的数字化创新活力,提升产品与服务的智能化水平,从而推动数字化转型流程的再造与优化(王永贵等,2023)。② 因此,创新网络强度能够更系统地获取和应用数字深度知识,促进企业数字化转型。由此,本章提出理论假说11-2:

理论假说11-2:创新网络强度对企业数字化转型具有显著的正向影响。

二、数字化导向的中介作用

创新网络为企业与外界搭建起数字化知识共享的"桥梁",数字化知识的积累或能调整企业的战略布局和资源配置方式,最为直接的体现就是强化数字化导向。数字化导向为企业选择、开发具体的数字化战略(尤其是在数字化转型的初始阶段)指明方向,其在促进数字化转型过程中表现出强烈的主动变革意愿、突出的创新能力与灵活的风险承担水平(Li 和 Shao,2023)③,所以创新网络通过强化数字化导向促进企业数字化转型,但具体作用过程存在差异。

创新网络广度通过数字化导向影响企业数字化转型主要体现在创新性和先动性两方面。在创新性方面,企业数字化转型推进过程中势必对旧有的组织管理和经营秩序造成冲击。由于组织惯性和路径依赖的存在,企业出于对

① Shrestha,M.K.,"Network Structure,Strength of Relationships,and Communities' Success in Project Implementation",*Public Administration Review*,Vol.78,No.2,2018,pp.284-294.

② 王永贵、汪淋淋、李霞:《从数字化搜寻到数字化生态的迭代转型研究——基于施耐德电气数字化转型的案例分析》,《管理世界》2023年第8期。

③ Li,G. and Shao,Y.,"How do Top Management Team Characteristics Affect Digital Orientation? Exploring the Internal Driving Forces of Firm Digitalization",*Technology in Society*,Vol.74,2023.

转型失败的恐惧和对损失的厌恶,难免对数字技术的引进表现出疑虑和踌躇的态度,这阻碍了数字化转型的推进步伐(刘淑春等,2021)。① 有学者发现,已经开展数字化转型的大部分企业常以产品和业务创新为载体,其旧有业务逻辑的暂时不变,待新产品、新业务成熟并获得市场收益时,再以此为契机将旧有的业务和组织通过数字技术进行重塑,逐步完成企业整体的数字化转型,但这种方式会导致转型周期更长,甚至半途而废(刘九如,2023)。② 而随着创新网络广度的提升,企业与不同类型的网络组织合作,除能够敏锐地把握住基于数字技术的产品和业务创新创造的潜在机会外,还可消除企业数字化投入成本的顾虑,降低企业在数字方向选择的不确定性,进而加快数字化转型的进程(Wei等,2022)。③ 在先动性方面,创新网络广度的提升使得企业接触到众多数字原生组织,这类组织为企业在生产工艺创新、经营模式管理等方面提供了更广阔的数字化变革视野,促使企业结合自身需求明确未来的数字化战略定位,主动发挥布局数字化战略的先导优势,最终达成数字化改造、智能化升级的目标(杨震宁等,2021)。④ 由此,本章提出理论假说11-3:

理论假说11-3:创新网络广度通过数字化导向促进企业数字化转型。

创新网络强度通过数字化导向影响企业数字化转型主要体现在信任强化和风险分担两方面。在信任强化方面,数字化转型对技术复杂程度和专业知识深度提出了更高要求,其成功实现无法一蹴而就,亟须企业在业务和流程革新中持续摸索数字技术与自身发展相融合的具体措施。此时,仅凭浮于表面的基础知识难以推动企业在长期转型过程中不断创新,企业需要提高网络强度探寻更为详尽的数字化变革经验和解决方案。创新网络强度的提升能够增进组织间的信任,高度信任关系有利于双方无障碍沟通,促进了双方之间数字

① 刘淑春、闫津臣、张思雪、林汉川:《企业管理数字化变革能提升投入产出效率吗》,《管理世界》2021年第5期。

② 刘九如:《制造业数字化转型的本质、路径、存在误区及政策建议》,《产业经济评论》2023年第1期。

③ Wei,S.,Xu,D. and Liu,H.,"The Effects of Information Technology Capability and Knowledge Base on Digital Innovation:The Moderating Role of Institutional Environments",*European Journal of Innovation Management*,Vol.25,No.3,2022,pp.720-740.

④ 杨震宁、侯一凡、李德辉、吴晨:《中国企业"双循环"中开放式创新网络的平衡效应——基于数字赋能与组织柔性的考察》,《管理世界》2021年第11期。

化知识的深度共享与交流,从而优化资源配置、提升运营效率。与此同时,信任机制鼓励双方共同探索新技术、新商业模式,精准预见数字化转型的未来战略方向,为企业数字化转型提供源源不断的创新动力(韩峰、姜竹青,2023)①。在风险分担方面,企业数字化转型需要尝试以往未曾涉足的方向或领域,管理者为了保证经营业绩的稳定性,一般会规避高未知性和高风险的数字化投资项目,更倾向于保守的转型决策(杨金玉等,2022)。② 而企业与网络成员构建的紧密关系可以通过分摊机制降低知识搜寻成本、咨询成本和转型风险(赵晓阳等,2023)③,此外值得一提的是,与企业合作的部分高校和科研院所聘请了高水平的研究人员,与他们的关系越紧密,越有可能获得更多数字化工作开展的理论知识和实践指导,帮助企业制定和实施数字化战略规划。由此,本章提出理论假说11-4:

理论假说11-4:创新网络强度通过数字化导向促进企业数字化转型。

三、高管团队异质性的调节作用

高层梯队理论认为,高管团队作为组织创新的引领者和推动者,决定着数字化知识的获取和配置方式,可能在创新网络对企业数字化导向的影响中扮演着关键角色(Firk等,2022)。④ 高管团队的人口统计学特征反映了管理习惯、认知基础等方面的差异,异质性高的高管团队更具有多样性,异质性低的高管团队更趋于单一的特征。按照导向不同,高管团队异质性可分为关系导向异质性(包括性别、年龄、种族等)和任务导向异质性(包括任期、教育水平、职能背景等)。其中,任务导向异质性更能体现高管团队成员独到的知识、能

---

① 韩峰、姜竹青:《集聚网络视角下企业数字化的生产率提升效应研究》,《管理世界》2023年第11期。

② 杨金玉、彭秋萍、葛震霆:《数字化转型的客户传染效应——供应商创新视角》,《中国工业经济》2022年第8期。

③ 赵晓阳、衣长军、廖佳:《供应链网络位置能否提升企业创新多样性水平?》,《中国管理科学》2023年第12期。

④ Firk,S.,Gehrke,Y.,Hanelt,A. and Wolff,M.,"Top Management Team Characteristics and Digital Innovation:Exploring Digital Knowledge and TMT Interfaces",*Long Range Planning*,Vol.55,No.3,2022.

力、经验等(齐丽云等,2023)。① 因此,本章从任务导向异质性出发,探讨高管团队职能背景异质性和高管团队教育水平异质性在创新网络与数字化导向关系间发挥的作用。

职能背景异质性主要反映了高管团队成员在职能领域(如生产、研发、销售、管理等)的专业背景和工作经验上的差异。职能背景异质性高的高管团队利用其丰富的社会资本,吸引更多网络主体与企业建立起数字化知识共享渠道,并通过将从不同领域获取的专业知识结合,识别出市场机会、技术挑战以及组织内部的优势和弱点,从而准确地调整数字化转型的战略方向(汤萱等,2022)。② 另外,伴随网络强度的提升,企业可能从对方那里接触到更加深度的数字化知识,职能背景异质性高的团队拥有来自不同领域的知识储备和实践经验,能够凭借自身的知识整合能力,迅速抓取有价值的信息,比如具有研发背景的高管熟悉复杂信息技术和系统的操作流程,对企业数字技术投资和应用相关的风险和收益有清晰的估算;而拥有生产、管理等背景的高管能够对数字化转型过程中企业的组织架构、管理模式以及业务流程等方面提出更有建设性的意见,确定数字化知识资源的分配路径,进一步促进数字化转型决策的实施与落地(刘锡禄等,2023)。③ 由此,本章提出理论假说11-5和理论假说11-6:

理论假说11-5:高管团队职能背景异质性正向调节创新网络广度对数字化导向的影响。

理论假说11-6:高管团队职能背景异质性正向调节创新网络强度对数字化导向的影响。

而教育水平异质性则主要反映了高管团队成员在接受教育程度方面(如大专、本科、硕士、博士等)的差异。高管团队受教育水平的不同导致他们与

① 齐丽云、王佳威、刘旸、吕正纲:《高管团队异质性对企业绿色创新绩效影响研究》,《科研管理》2023年第4期。
② 汤萱、高星、赵天齐、丁胜涛:《高管团队异质性与企业数字化转型》,《中国软科学》2022年第10期。
③ 刘锡禄、陈志军、马鹏程:《信息技术背景CEO与企业数字化转型》,《中国软科学》2023年第1期。

外界合作实施数字化转型过程中表现出差异性的思维方式和技术理解(乐云等,2021)。[1] 例如,教育水平较高的高管团队拥有更为缜密的逻辑思维能力和系统的数字化理论知识,善于考虑各种影响企业数字化战略的因素,在制定数字化转型策略时注重将实践和理论结合起来;而教育水平较低的高管团队往往具备更丰富的实践经历,日积月累的行为经验是主要的转型依据。因此,高管团队成员的不同教育水平形成了差异化的思维模式,水平较低的更信赖经验沉淀,而水平较高的倾向于科学分析,这种因高管团队教育水平异质性产生的沟通障碍,很容易由认知冲突转化为个人情感冲突,抑制了跨部门或跨功能领域的合作与数字化知识共享(Nielsen,2010)[2],从而减缓了数字化创新进程。此外,教育水平的差异也可能影响到决策过程的效率与质量,降低团队在应对快速变化和复杂环境中的应变能力,进而延缓数字化战略计划的实施进程。由此,本章提出理论假说11-7和理论假说11-8:

理论假说11-7:高管团队教育水平异质性负向调节创新网络广度对数字化导向的影响。

理论假说11-8:高管团队教育水平异质性负向调节创新网络强度对数字化导向的影响。

第三节　研究设计

一、样本选择与数据来源

本章选取了2011—2021年所有沪深A股上市企业作为研究对象,企业数字化数据、控制变量数据均源自于国泰安(CSMAR)数据库、《中国统计年鉴》和《中国城市统计年鉴》;创新网络特征所涉及专利数据来自"企知道"专

---

[1]　乐云、万静远、张艳:《高管团队异质性、政府支持与重大工程绩效》,《科研管理》2021年第8期。

[2]　Nielsen, S., "Top Management Team Diversity: A Review of Theories and Methodologies", *International Journal of Management Reviews*, Vol.12, No.3, 2010, pp.301-316.

利数据库。为确保研究结论稳健,本章借鉴已有研究对原始样本数据作如下处理:(1)剔除 ST、*ST 以及 PT 等样本;(2)剔除金融类上市企业数据;(3)为克服来自极端值的影响,对所有企业层面连续变量进行 1% 缩尾处理;(4)为减少量纲差异影响,在实证检验过程中,本章还对所有连续变量进行了标准化处理,最终得到 3755 家上市企业的 27972 条观测值。

二、变量说明

(一) 被解释变量

企业数字化转型(DT)。由于学术界对数字化转型内涵的解读存在差异,目前对数字化转型的测度缺乏标准化和一致性,主要包括问卷调查法、评价指标法、财务指标法、文本分析法等,这些测度方式从不同需求和目的出发,结果各有优劣。本章认为数字化转型是一种组织创新,所以聚焦于组织创新产出视角,借鉴 CSMAR 的"数字化成果数据库"对企业的数字创新标准($Standard$)、数字创新论文($Paper$)、数字发明专利($Patent$)、数字创新资质($Qualification$)、数字国家级奖项($Award$)五个指标赋予的相应权重,进行加总求和来测度企业数字化转型,具体计算如下:

$$DT = 0.3668 \times Standard + 0.1174 \times Paper + 0.2354 \times Patant +$$
$$0.1473 \times Qualification + 0.1331 \times Award \tag{11-1}$$

(二) 解释变量

创新网络特征。学者们通常使用组织间共同发表科技论文、共同出版专著、共同发布研究报告,以及联合申请专利等衡量创新网络特征。但是考虑到联合申请专利能够反映网络成员间知识共享和供需相匹配的过程,所以,本章的创新网络特征选取专利数据进行测度。

1. 创新网络广度($Netbth$)

参考岑杰等(2021)的研究[1],本章提取专利数据信息中的"专利权人"字段,删去仅出现焦点企业自身的条项,统计除自身外其他组织的数量以得到每个焦点企业的网络广度。

---

[1]　岑杰、李章燕、李静:《企业专利合作网络与共性技术溢出》,《科学学研究》2021 年第 5 期。

2. 创新网络强度(*Netsth*)

目前,学术界测量创新网络强度的主流方法为问卷调查法,但该方法具有较强的主观随意性。什雷斯塔(Shrestha,2018)[1]的研究表明,接触频次是网络强度的一个关键维度,较多的交流次数允许组织在合作中产生信任和兑现承诺。因此,本章借鉴什雷斯塔的研究,使用焦点企业与网络合作伙伴联合申请专利的总次数测度创新网络强度。

(三)中介变量

数字化导向(*DO*)。关于数字化导向的测度,少数定量研究也多基于尚未完全成熟的问卷题项。鉴于数字化导向体现出企业对应用数字技术、工具或措施的接受程度和关注程度(胡媛媛等,2021)[2],本章参考金德曼等(Kindermann 等,2021)[3]的做法,基于上市企业年报中数字化相关关键词进行统计分析,在计算企业年报中"人工智能技术""大数据技术""区块链技术""云计算技术""数字技术应用"五类关键词出现频次的基础上,为减轻异方差影响,利用其汇总后加 1 的对数值来衡量数字化导向。

(四)调节变量

关于高管团队异质性的衡量,本章借鉴汤萱等(2022)[4]的思路,从教育水平异质性(*Hedu*)和职能背景异质性(*Hcar*)两个方面并以该领域文献中普遍采用的赫芬达尔(Herfindahl)指数来进行测算:

$$H = 1 - \sum_{i=1}^{n} P_i^2 \qquad (11-2)$$

其中:P_i 是指高管团队中 i 类成员所占的百分比,该指数的范围为 $[0,1]$,值越接近 1,表明团队成员在特定属性上的异质性越大,越接近 0,则表示异质

① Shrestha, M.K., "Network Structure, Strength of Relationships, and Communities' Success in Project Implementation", *Public Administration Review*, Vol.78, No.2, 2018, pp.284-294.

② 胡媛媛、陈守明、仇方君:《企业数字化战略导向、市场竞争力与组织韧性》,《中国软科学》2021 年第 S1 期。

③ Kindermann, B., Beutel, S., Garcia de Lomana, G., Strese, S., Bendig, D. and Brettel, M., "Digital Orientation: Conceptualization and Operationalization of a New Strategic Orientation", *European Management Journal*, Vol.39, No.5, 2021, pp.645-657.

④ 汤萱、高星、赵天齐、丁胜涛:《高管团队异质性与企业数字化转型》,《中国软科学》2022 年第 10 期。

性越小。其中,教育背景分为 5 个等级分别赋值,高中及以下 = 1,大专 = 2,本科 = 3,硕士 = 4,博士及以上 = 5;职能背景分为 9 个等级,分别赋值为生产 = 1,研发 = 2,设计 = 3,人力资源 = 4,管理 = 5,市场 = 6,金融 = 7,财务 = 8,法律 = 9。

（五）控制变量

为避免遗漏变量问题造成的内生性问题,本章借鉴孙伟增等(2023)[①]的研究,选取了关于企业层面、宏观经济层面以及地区层面的控制变量。首先,企业层面的控制变量:(1)企业规模($Size$),以企业员工人数的对数值表示;(2)企业年龄(Age),以样本所在年份与成立年份之差获取;(3)资产收益率(Roa),以利润总计与资产总计的比率来表征;(4)杠杆率(Rev),以负债总计与资产总计的比值体现;(5)董事会规模($Director$),用董事会总人数加 1 取对数表示;(6)成长性($Growth$),以企业当年营业收入与上一年的营业收入的差值与上一年营业收入的比率来衡量;(7)有形资产结构(Tan),用固定资产除以总资产来度量。其次,宏观经济层面的控制变量:(1)经济发展水平($Lngdp$)以企业所在地区 GDP 取对数表示;(2)产业结构($Zbgdp$)用第三产业 GDP 占总 GDP 比重衡量。最后,地区层面的控制变量:区域创新能力($Patent$),以企业所在地区每年的专利申请总量加 1 取对数表示。

三、基准回归模型设定

本章为探讨创新网络对企业数字化转型的直接影响,分步回归模型具体设定如下:

$$DT_{i,t} = \alpha_0 + \alpha_1 Netbth_{i,t} + controls_{i,t} + \lambda_t + \mu_i + \varepsilon_{i,t} \tag{11-3}$$

$$DT_{i,t} = \beta_0 + \beta_1 Netsth_{i,t} + controls_{i,t} + \lambda_t + \mu_i + \varepsilon_{i,t} \tag{11-4}$$

$$DT_{i,t} = \delta_0 + \delta_1 Netbth_{i,t} + \delta_2 Netsth_{i,t} + controls_{i,t} + \lambda_t + \mu_i + \varepsilon_{i,t}$$

$$\tag{11-5}$$

其中:下标 i、t 分别表示企业、年份;被解释变量为企业数字化转型(DT);解释变量为创新网络广度($Netbth$)和创新网络强度($Netsth$);$control$ 为控制变

---

① 孙伟增、毛宁、兰峰、王立:《政策赋能、数字生态与企业数字化转型——基于国家大数据综合试验区的准自然实验》,《中国工业经济》2023 年第 9 期。

量,后三项分别为时间固定效应、企业个体固定效应以及残差项。

第四节　实证检验

一、描述性统计

表 11-1 报告了本章主要变量的描述性统计结果,其中创新网络广度 ($Netbth$)和创新网络强度($Netsth$)的均值分别为 0.897 和 5.074,标准差分别 为 2.136 和 17.16,这意味着不同企业创新网络特征差异较大,离散程度较 高。企业数字化转型(DT)的均值为 26.58,标准差为 5.921,表明不同企业间 数字化转型推进进程差异较大。此外,数字化导向(DO)的均值为 1.342,标 准差为 1.376,与已有研究关于数字化的测算结果基本一致,其他控制变量的 分布均在合理范围内。

进一步地,本章在回归分析之前对上述变量作了方差膨胀因子检验(VIF 值检验),各变量的 VIF 最大值为 2.58,远低于经典门限值 10。据此可见,本 章模型不存在严重的多重共线性问题。

表 11-1　样本描述性统计

变量	观测值	平均值	标准差	最小值	最大值
DT	27972	26.58	5.921	17.84	46.64
$Netbth$	27972	0.897	2.136	0	13
$Netsth$	27972	5.074	17.16	0	124
DO	27972	1.342	1.376	0	5.024
$Size$	27972	7.673	1.243	4.564	11.02
Age	27972	18.19	5.722	5	33
Lev	27972	0.426	0.207	0.0506	0.904
Roa	27972	0.0459	0.0689	-0.251	0.251
$Director$	27972	8.523	1.637	5	14
$Growth$	27972	0.181	0.430	-0.552	2.802
Tan	27972	0.192	0.156	0.00155	0.706

续表

变量	观测值	平均值	标准差	最小值	最大值
Lngdp	27972	10.56	0.738	8.008	11.73
Zbgdp	27972	0.528	0.116	0.327	0.839
Patent	27972	10.30	1.617	0.693	12.57

二、基准回归结果

本章的基准回归结果如表 11-2 所示,前两列显示出创新网络广度(*Netbth*)和创新网络强度(*Netsth*)的回归系数在 1% 的水平上显著为正,第(3)列显示出创新网络广度(*Netbth*)和创新网络强度(*Netsth*)的回归系数分别在 1% 的水平上显著为正和 5% 的水平上显著为正,这表明创新网络广度和强度对企业数字化转型均具有正向影响,理论假说 11-1 和理论假说 11-2 得到支持。

表 11-2　基准回归结果

	（1）	（2）	（3）
	DT	*DT*	*DT*
Netbth	0.0474 *** (0.0089)		0.0334 *** (0.0104)
Netsth		0.0420 *** (0.0097)	0.0238 ** (0.0112)
Size	0.0295 *** (0.0098)	0.0299 *** (0.0098)	0.0290 *** (0.0098)
Age	0.0468 (0.0936)	0.0417 (0.0929)	0.0403 (0.0920)
Roa	0.0045 (0.0050)	0.0046 (0.0050)	0.0044 (0.0050)
Lev	−0.0219 *** (0.0070)	−0.0222 *** (0.0070)	−0.0221 *** (0.0070)
Director	0.0024 (0.0070)	0.0028 (0.0071)	0.0027 (0.0071)

续表

	（1）	（2）	（3）
	DT	*DT*	*DT*
Growth	0.0018 （0.0032）	0.0018 （0.0032）	0.0019 （0.0032）
Tan	−0.0089 （0.0059）	−0.0094 （0.0059）	−0.0091 （0.0059）
Lngdp	0.0313 （0.0228）	0.0276 （0.0229）	0.0302 （0.0229）
Zbgdp	0.0201 （0.0233）	0.0222 （0.0231）	0.0208 （0.0231）
Patent	−0.0029 （0.0119）	−0.0026 （0.0119）	−0.0028 （0.0119）
常数项	−0.7766*** （0.1462）	−0.7872*** （0.1459）	−0.7836*** （0.1455）
年份固定效应	是	是	是
个体固定效应	是	是	是
观测值	27972	27972	27972
R^2	0.5857	0.5856	0.5859

注：括号内为经企业层面聚类调整后的 t 统计量，***、**和*分别表示通过 1%、5%和 10%的显著性检验。如无特别说明，以下各表同。

三、稳健性检验

（一）调整样本

鉴于较早进行数字化转型的企业能够率先明确数字化的目标和优先事项，而后发企业难以摒弃建立在传统工业体系之上的管理逻辑，导致转型难度加大、转型速度缓慢。为避免这种可能性，本研究尝试剔除先发优势（2011 年之前企业年报中出现数字化相关关键词）和没有推行数字化的企业样本（2021 年之后企业年报中还未出现数字化相关关键词）。回归结果如表 11-3 所示，剔除先发优势和后发劣势后影响系数并未发生显著变化。

另外，考虑到数字经济发达城市与普通城市在配套基础设施、数字资源和支持政策上有较大差异。本研究仅保留普通地级市回归，根据赛迪研究院在

《中国城市数字化转型白皮书》中推出的"2021 城市数字化转型百强榜",将处于第一梯队中位于北京、上海、广州、深圳和杭州的企业样本剔除,回归结果如表 11-3 所示,调整特殊城市样本后,本章结论依旧成立。

表 11-3　调整样本

	剔除先行优势和后发劣势			剔除特殊城市样本		
	DT	*DT*	*DT*	*DT*	*DT*	*DT*
Netbth	0. 0450 *** (0. 0089)		0. 0305 *** (0. 0104)	0. 0318 *** (0. 0092)		0. 0199 * (0. 0114)
Netsth		0. 0415 *** (0. 0098)	0. 0245 ** (0. 0113)		0. 0320 *** (0. 0099)	0. 0208 * (0. 0120)
常数项	−1. 0734 *** (0. 1349)	−1. 0867 *** (0. 1352)	−1. 0828 *** (0. 1351)	−0. 9540 *** (0. 1382)	−0. 9644 *** (0. 1381)	−0. 9595 *** (0. 1383)
控制变量	是	是	是	是	是	是
年份固定效应	是	是	是	是	是	是
个体固定效应	是	是	是	是	是	是
观测值	22300	22300	22300	18772	18772	18772
R^2	0. 6039	0. 6038	0. 6041	0. 6187	0. 6187	0. 6188

（二）内生性问题处理

从初步推理看,创新网络与数字化转型之间可能存在双向因果关系,一方面,创新网络广度和强度的增加能够促使企业持续性地获取异质性数字化知识,解决转型知识匮乏和成本高昂问题;另一方面,数字化转型成效好的企业有良好的声誉和话语权,更容易与其他网络主体广泛合作和紧密互动。为解决这一内生性问题,本章参照赵晓阳等(2023)[①]和克劳斯等(Krause 等,2018)[②]的

---

①　赵晓阳、衣长军、廖佳:《供应链网络位置能否提升企业创新多样性水平?》,《中国管理科学》2023 年第 12 期。

②　Krause,R.,Wu,Z.,Bruton,G.D. and Carter,S.M.,"The Coercive Isomorphism Ripple Effect: An Investigation of Nonprofit Interlocks on Corporate Boards",*Academy of Management Journal*,Vol. 62,No.1,2018,pp.283-308.

研究,选取同行业、同年份其他企业的网络广度和网络强度均值作为工具变量,主要原因是同行业企业在创新网络中很可能存在相同的供应商与客户,彼此之间具有相关性,同行业其他企业的创新网络不会直接影响焦点企业的数字化转型。表11-4中工具变量法第二阶段的回归结果表明,工具变量的选取符合要求,且解释变量的系数显著为正,表明不存在逆向因果关系。

表 11-4 工具变量法

	（1）	（2）
	DT	*DT*
Netbth	2.0773 *** （0.7065）	
Netsth		1.6233 ** （0.6594）
Kleibergen-Paap rk LM statistic	72.5140 ***	62.2580 ***
Cragg-Donald Wald F statistic	72.0000 ［16.3800］	60.1680 ［16.3800］
控制变量	是	是
年份固定效应	是	是
个体固定效应	是	是
观测值	27433	27433
R^2	0.5581	0.5648

注:方括号内为在10%的显著性水平上 Stock-Yogo 弱工具变量识别 F 检验的临界值。

四、机制分析

（一）数字化导向的中介效应分析

为了检验数字化导向在创新网络与企业数字化转型间扮演的角色,在梳理现有研究的基础上发现,江艇（2022）①的研究可以为因果推断经验研究中的中介效应分析提供较为完善的操作建议,不需要估计间接效应的大小与检验其统计显著性,只需把研究重心放在提高解释变量对中介变量的因果识别

① 江艇:《因果推断经验研究中的中介效应与调节效应》,《中国工业经济》2022 年第 5 期。

可信度上。由此,本章参照江艇的两步法,在式(11-1)和式(11-2)的基础上构建如下模型:

$$DO_{i,t} = \gamma_0 + \gamma_1 Netbth_{i,t} + controls_{i,t} + \lambda_t + \mu_i + \varepsilon_{i,t} \qquad (11-6)$$

$$DO_{i,t} = \theta_0 + \theta_1 Netsth_{i,t} + controls_{i,t} + \lambda_t + \mu_i + \varepsilon_{i,t} \qquad (11-7)$$

表 10-5 的回归结果显示,$Netbth$ 和 $Netsth$ 的回归系数在 1% 的水平上显著为正,这说明创新网络广度和强度通过数字化导向促进企业数字化转型,此外为保证结果的稳健性,本章也进行了 Sobel 检验,Z 值分别为 2.019 和 2.032,进一步验证了理论假说 11-3 和理论假说 11-4。

表 11-5　数字化导向的中介效应

	（1）	（2）
	DO	*DO*
Netbth	0.0281 *** (0.0072)	
Netsth		0.0272 *** (0.0073)
常数项	−0.9103 *** (0.2146)	−0.9174 *** (0.2150)
控制变量	是	是
年份固定效应	是	是
个体固定效应	是	是
观测值	27966	27966
R^2	0.3016	0.3016
Sobel−Z	2.019	2.032

（二）高管团队异质性的调节效应分析

高管团队职能背景异质性和高管团队教育水平异质性的回归结果如表 11-6 所示,可以看出 $Netbth \times Hcar$ 和 $Netsth \times Hcar$ 的回归系数分别在 1% 和 5% 的水平上显著为正,$Netbth \times Hedu$ 和 $Netsth \times Hedu$ 的回归系数均在 5% 的水平上显著为负,这说明高管团队职能背景异质性正向调节创新网络广度、强度对数字化导向的影响,高管团队教育水平异质性负向调节创新网络广度、强度对数字化导向的影响,验证了理论假说11-5至理论假说11-8。

表11-6　高管团队异质性的调节效应

	职能背景异质性		教育水平异质性	
	DO	*DO*	*DO*	*DO*
Netbth	0.0246 *** (0.0072)		0.0250 *** (0.0076)	
Netsth		0.0238 *** (0.0070)		0.0248 *** (0.0076)
Hcar	−0.1269 * (0.0770)	−0.1262 (0.0771)	0.0097 (0.0426)	0.0092 (0.0426)
Netbth×Hcar	0.1665 *** (0.0577)		−0.0528 ** (0.0253)	
Netsth×Hcar		0.1591 ** (0.0669)		−0.0519 ** (0.0248)
常数项	−0.9272 *** (0.2143)	−0.9320 *** (0.2148)	−0.9328 *** (0.2262)	−0.9386 *** (0.2268)
控制变量	是	是	是	是
年份固定效应	是	是	是	是
个体固定效应	是	是	是	是
观测值	27959	27959	25916	25916
R^2	0.3022	0.3021	0.3061	0.3061

五、影响路径的异质性分析

(一) 企业规模异质性分析

资源禀赋条件不同的大企业和中小企业在通过创新网络制定数字化策略上可能存在较大差异。本书参照余泳泽等(2020)[①]对企业规模的界定,将员工人数为1000人以上定义为大企业,将员工人数小于1000人定义为中小企业,分别对不同规模企业进行了回归分析,结果如表11-7所示。对大企业而言,创

---

① 余泳泽、郭梦华、胡山:《社会失信环境与民营企业成长——来自城市失信人的经验证据》,《中国工业经济》2020年第9期。

新网络广度和强度通过强化企业数字化导向,进而促进企业数字化转型这一路径依旧成立;而对中小企业而言,创新网络广度和强度仅显著提升数字化导向。对此结果作出如下解释:无论大企业还是中小企业均面临数字化导向低下的难题,而通过创新网络的外部知识补充后,均能显著提升数字化导向,但此后的情况出现了差异。大企业拥有更好的资源禀赋,凭借自身的技术、人才、财务和市场影响力等优势,在解决了"不敢转""不会转"的问题后,只需要通过合理的投入就可顺利地完成数字化转型工作。而对广大资源匮乏的中小企业而言,数字化转型意愿的提升并不足以带来显著的数字化转型成效,其缺乏规模的资金和知识保障,融资能力也十分有限(王雪冬等,2022)①,往往只能在某些环节实现小幅数字化,难以实现从意愿到产品交付的全链路流程数字化重构。

表 11-7　样本企业规模异质性分析

	大企业				中小企业			
	DT	*DO*	*DT*	*DO*	*DT*	*DO*	*DT*	*DO*
Netbth	0.0451 *** (0.0096)	0.0246 *** (0.0077)			0.0230 (0.0247)	0.0489 ** (0.0230)		
Netsth			0.0395 *** (0.0101)	0.0257 *** (0.0077)			0.0240 (0.0266)	0.0560 ** (0.0269)
常数项	−0.7368 *** (0.1765)	−0.7844 *** (0.2447)	−0.7405 *** (0.1760)	−0.7871 *** (0.2446)	−0.7335 *** (0.2709)	−1.4784 *** (0.4465)	−0.7503 *** (0.2731)	−1.5197 *** (0.4569)
控制变量	是	是	是	是	是	是	是	是
年份固定效应	是	是	是	是	是	是	是	是
个体固定效应	是	是	是	是	是	是	是	是
观测值	20282	20281	20282	20281	7690	7685	7690	7685
R^2	0.5810	0.2934	0.5809	0.2936	0.5699	0.2213	0.5699	0.2210

---

①　王雪冬、聂彤杰、孟佳佳:《政治关联对中小企业数字化转型的影响——政策感知能力和市场感知能力的中介作用》,《科研管理》2022 年第 1 期。

（二）企业所处行业类型异质性分析

行业类型可能会对创新网络的外部效应带来差异性影响,本书参考杨金玉等(2022)①的研究,将企业所处行业分为高科技行业和非高科技行业,其中高科技行业囊括了制造业(C)、科学研究与技术服务业(M)及信息传输、软件和信息技术服务业(I)3个门类行业中的14个大类行业的企业,其余是非高科技行业。表11-8报告了行业类型的异质性检验结果,从中可以看出,无论是高科技行业企业,还是非高科技行业企业,创新网络广度和强度均通过强化数字化导向,进而促进数字化转型成效的提升,这显示创新网络对不同行业企业的数字化转型都有显著的推动作用。

表11-8 创新网络外部效应的行业类型异质性检验1

	高科技行业				非高科技行业			
	DT	*DO*	*DT*	*DO*	*DT*	*DO*	*DT*	*DO*
Netbth	0.0485*** (0.0140)	0.0305*** (0.0098)			0.0414*** (0.0098)	0.0236** (0.0106)		
Netsth			0.0445*** (0.0131)	0.0246*** (0.0091)			0.0382*** (0.0132)	0.0275** (0.0122)
常数项	−0.1549 (0.2737)	−1.3286*** (0.3387)	−0.1818 (0.2736)	−1.3410*** (0.3415)	−1.1984*** (0.1509)	−0.9049*** (0.2850)	−1.1973*** (0.1511)	−0.9020*** (0.2846)
控制变量	是	是	是	是	是	是	是	是
时间固定效应	是	是	是	是	是	是	是	是
个体固定效应	是	是	是	是	是	是	是	是
观测值	14596	14592	14596	14592	13376	13374	13376	13374
R^2	0.4835	0.3185	0.4836	0.3184	0.7411	0.2680	0.7409	0.2680

同时,考虑到制造业是我国实体经济的根基,其数字化转型事关我国经济

---

① 杨金玉、彭秋萍、葛震霆:《数字化转型的客户传染效应——供应商创新视角》,《中国工业经济》2022年第8期。

长远发展动能的持续性和竞争力。本书在上述行业类型探讨基础上,进一步区分高科技专精特新企业和非高科技专精特新企业展开了异质性检验。回归结果如表 11-9 所示,可以看出,在高科技专精特新企业中,创新网络广度和强度依然显著通过强化数字导向推动数字化转型,而在非高科技专精特新企业中,仅创新网络广度发挥了积极作用。其主要原因可能在于非高科技专精特新企业往往处于传统产业和价值链中低端,其业务流程较短,信息传输的复杂性远低于高科技专精特新企业(原磊、邹宗森,2017)①。它们的数字化转型方案设计思路往往是对已有成熟经验的复制,原创环节较少,在外部知识获取的过程中需要接触尽可能多的成功经验等显性知识,但对其中更为深层级且隐性的知识需求不大,进而造成此类企业的创新网络广度的积极作用更为显著。

表 11-9　创新网络外部效应的行业类型异质性检验 2

	高科技制造业				非高科技制造业			
	DT	*DO*	*DT*	*DO*	*DT*	*DO*	*DT*	*DO*
Netbth	0.0499 *** (0.0146)	0.0315 *** (0.0108)			0.0498 *** (0.0156)	0.0318 ** (0.0146)		
Netsth			0.0433 *** (0.0130)	0.0308 *** (0.0092)			0.0270 (0.0168)	0.0224 (0.0170)
常数项	−0.3124 (0.2777)	−1.4364 *** (0.3356)	−0.3462 (0.2773)	−1.4632 *** (0.3389)	−1.0263 *** (0.2220)	−0.8535 ** (0.4006)	−0.9902 *** (0.2236)	−0.8286 ** (0.3982)
控制变量	是	是	是	是	是	是	是	是
年份固定效应	是	是	是	是	是	是	是	是
个体固定效应	是	是	是	是	是	是	是	是
观测值	12590	12586	12590	12586	5328	5326	5328	5326
R^2	0.5016	0.3051	0.5017	0.3054	0.642	0.2609	0.6413	0.2604

---

　①　原磊、邹宗森:《中国制造业出口企业是否存在绩效优势——基于不同产业类型的检验》,《财贸经济》2017 年第 5 期。

第五节 结论与相关政策建议

企业仅靠自身难以满足数字化转型过程中复杂的数字化知识需求,通过嵌入创新网络弥补自身技术和知识短板来强化数字化导向,或许是企业实现数字化转型目标的关键驱动力,但已有研究尚未对创新网络如何影响企业数字化转型进行充分考察。本章基于创新网络理论,从创新网络广度和强度两个维度入手,探讨了创新网络对企业数字化转型的直接影响,并引入数字化导向和高管团队异质性重点剖析其中的内在机制。研究结果显示:创新网络广度和强度均显著促进企业数字化转型,其中数字化导向在二者关系间起中介作用,高管团队职能背景异质性和高管团队教育水平异质性分别对上述中介作用起正向和负向调节作用。进一步,创新网络广度和强度通过数字化导向影响企业数字化转型的过程中,具有明显的规模体量和行业类型异质性特征。

根据上述结论,本章在企业以及政策层面提出如下建议。

第一,优化企业创新网络,持续强化数字化导向。一方面企业应积极扩大网络伙伴的规模,与高校、科研院所以及政府部门等建立广泛的合作关系,选择具有发展潜力的合作伙伴,提高数字化知识的多样性。另一方面要与网络伙伴保持紧密且稳定的合作关系,不断增强彼此间的互信,制定长远合作计划或构建战略联盟,促进数字化深度知识的共享。

第二,按照差异化和多样性的原则,组建更具专业性的高管团队。在人力资源管理方面,注重考虑高管团队多元化职能背景,运用烙印机制充分发挥高管团队每个成员的才能,使其制定的战略决策落实到企业数字化发展的每一个环节。同时也要注意降低高管团队教育异质性,减少高管之间发生认知冲突的可能性。

第三,数字化转型政策应从"大水漫灌"转向"精准滴灌"。数字化转型实践中并不存在普适性的决策方案,政府部门应该聚焦现阶段不同类型企业数字化转型的痛点进行分类施策,对于资源相对充沛的大企业和高科技行业企业,鼓励借助创新网络推进跨组织边界、跨行业边界的合作交流,获得更多的数字化知识支持;针对中小企业和非高科技制造企业,则应当加强要素供给、专项补贴、税收减免和资源倾斜力度,帮助其突破转型过程中的技术壁垒和要素壁垒。

第十二章　基于信息分割的
数字化赋能研究

　　市场分割在中国经济社会发展进程中长期存在,财政分权和晋升锦标赛背景下通过分割市场来追求经济增长被很多地方政府认为是一种占优策略(陆铭、陈钊,2009)[①],由此衍生出产权交易、商品市场以及要素市场等一系列的市场壁垒,短期来看地区经济从分割市场中获益。但随着市场分割严重程度加剧,地方之间歧视性隐蔽性的政策藩篱和条块分割壁垒导致中国市场整体优势得不到充分发挥(刘志彪、孔令池,2021)[②],生产要素在生产、分配、流通、消费各环节流动不畅,国内市场要素流动的壁垒和堵点问题降低了市场的整体运行效率,构成实现经济发展国内大循环的重要障碍,中国经济发展为此付出了规模不经济的代价(Poncet,2003;郑毓盛、李崇高,2003)[③④]。

　　数字鸿沟(Digital Divide)作为数字经济领域存在的市场分割现象,表现在不同国家、地区和企业之间,由于对信息资源、网络技术的拥有和应用程度以及创新能力的差别,是引起信息技术发展地区间传播不平衡的主要原因

---

　　① 陆铭、陈钊:《分割市场的经济增长——为什么经济开放可能加剧地方保护?》,《经济研究》2009 年第 3 期。
　　② 刘志彪、孔令池:《从分割走向整合:推进国内统一大市场建设的阻力与对策》,《中国工业经济》2021 年第 8 期。
　　③ Poncet,S.,"Measuring Chinese Domestic International Integration",*China Economic Review*,Vol.14,2003,pp.1-21.
　　④ 郑毓盛、李崇高:《中国地方分割的效率损失》,《中国社会科学》2003 年第 1 期。

（张勋等，2021；Forman，2005）。①② 进入数字经济时代，数据被认为是与土地、劳动力、资本、技术等并驾齐驱的第五生产要素，数字鸿沟的存在加剧了数据资源分布的不均衡，阻碍了数据要素资源作用的充分发挥，导致包括数据在内主要信息资源的不公平分配和不充分流动，使得市场信息更容易被扭曲和隐匿（胡鞍钢、周绍杰，2002）。③ 数据市场条块分割下的环境不透明状况增大了信息的搜寻和匹配难度，表现为信息流动的摩擦成本增大，加剧了交易主体间的信息不对称问题，信息优势方更容易获得市场套利机会以达到自我效用最大化，加剧了市场波动和风险冲击。

中国超大规模市场成为推动中国经济高质量发展的新优势。2021 年 12 月，习近平总书记指出，"构建新发展格局，迫切需要加快建设高效规范、公平竞争、充分开放的全国统一大市场"④。通过建立全国统一的市场制度规则，有利于市场要素资源有序流动和合理配置，发挥市场规模效应降低要素流动成本，促进技术、资本、人才和数据等多元化生产要素资源在重新组合并持续优化改进提升资源配置效率（刘志彪、孔令池，2021）⑤，推动产业深度转型升级而催生人工智能、大数据、云计算等为代表的新产业和新业态。其次，全国统一大市场建设强调完善包括产权保护、市场准入和公平竞争在内的规则体系，有利于构建统一高效的市场监督机制，有效纠正行政性权力寻租套利背景下的资源错配，从而发挥市场促进竞争、深化分工等优势，进一步激发市场主体活力和提升市场运行效率，为新质生产力持续健康发展创造广阔空间。

---

①　张勋、万广华、吴海涛：《缩小数字鸿沟：中国特色数字金融发展》，《中国社会科学》2021 年第 8 期。

②　Forman, C., "The Corporate Digital Divide: Determinants of Internet Adoption", *Management Science*, Vol.51, No.4, 2005, pp.641-654.

③　胡鞍钢、周绍杰：《中国如何应对日益扩大的"数字鸿沟"》，《中国工业经济》2002 年第 5 期。

④　《中共中央　国务院关于加快建设全国统一大市场的意见》，人民出版社 2022 年版，第 21 页。

⑤　刘志彪、孔令池：《从分割走向整合：推进国内统一大市场建设的阻力与对策》，《中国工业经济》2021 年第 8 期。

在数字经济时代,数据成为关键的生产要素(张叶青等,2021)[①],数据本身具有开放、共享和规模经济等特征。全国统一大市场建设有利于推动政府、企业以及个人之间信息和数据资源的充分流动,让封闭沉睡的数据资源在流动过程中创造更大价值,在促进数据资源的开发利用过程中为企业数字化转型等新业态的发展提供更多平台空间和应用场景。全国统一大市场建设有助于构建透明开放的信息环境,建设完善信息监督机制促进数据资源的公平分配和充分流动,抑制信息不透明下的资源错配。围绕数据资源的共享和互联互通,企业数字化转型过程带来了企业与外部进行更多的信息交换和合作交流机会,对信息环境和市场结构提出了更高要求。在这个背景下,从 2012 年上海开始实施政府公共数据政策试点,2023 年年底已经逐步推广至全国 204 个城市实施该项目。开放平台的公共数据资源覆盖范围广泛,数量庞大,种类丰富。以浙江温州市数据开放平台为例,目前该市现已开放 76 个市级单位以及 12 个区县单位共 15 亿条数据,涉及 2 个功能区,2321 个开放数据集,包括科技创新、财税金融、信用服务、市场监督、能源环境等众多基础民生和热门经济领域。政府公共数据开放项目有利于打破政府部门之间,以及政府企业之间的信息壁垒,实现公共数据资源的增量扩容,从而解决和消除数据鸿沟背景下的企业面临的"数据孤岛"问题,促进公共数据开放和深度利用,构造面向全社会统一的数据市场体系。

本章基于地方政府数据开放这一准自然实验契机,考察全国统一大市场建设对企业数字化转型的作用效果及其影响差异。本章研究发现:全国统一大市场建设显著提升了企业的数字化转型水平,基于影响机制的探究发现,全国统一大市场建设通过降低要素摩擦成本、投资激励以及转型加速等途径促进了企业数字化转型。结合影响情境的考察发现,全国统一大市场建设对于非国有企业、网络边缘位置、高垄断程度行业以及位于非一线城市企业数字化转型的促进作用更加显著。本章揭示出在全国统一大市场建设影响下企业数字化转型活动的响应模式,为解决备受关注的数字鸿沟问题提供了来自市场

---

① 张叶青、陆瑶、李乐芸:《大数据应用对中国企业市场价值的影响——来自中国上市公司年报文本分析的证据》,《经济研究》2021 年第 12 期。

制度变迁的理论解释。本章可能的研究贡献主要从以下几个方面加以体现。

第一,中国是一个有着 14 亿多人口规模的超大型国家,对中国市场整合趋势与治理效果的研究一直争论持续不断,始终是经济学研究关注的重要论题之一。"市场整合"观则认为市场整合对全要素生产率和经济发展都产生了显著的正向影响效应(陆铭、陈钊,2009;陈敏等,2007)。①② "市场分割"观认为市场分割通过建立跨地区竞争壁垒,在局部区域产生了有利于保护国有企业和高利税率企业的福利效应,可以在短期内获得更快的经济增长(Poncet,2003;张杰等,2010)。③④ 如何通过有效市场治理赋能现代转型进程,已经成为理论和实践层面亟待解决的重要命题。本章基于打破政府—企业间政务信息分割的研究发现,全国统一大市场建设对企业数字化转型产生了显著的促进作用,从而揭示出全国统一大市场建设的实体经济效应,为评估以数字经济为代表的新质生产力发展所依托的市场结构环境需求提供了科学的分析素材,深化了经济转型背景下市场结构相关顶层设计的理解,具有鲜明理论探索和现实需求导向。

第二,本章的研究发现增进了对企业数字化转型动力来源和发展规律的科学认识,为破解数字鸿沟和转型障碍等提供了科学研究素材和前沿性理论解释。企业数字化转型是一种典型的高风险、高不确定性和带有显著探索性的战略行为,转型过程的复杂性和信息不对称性增加了转型难度(Forman,2005;陈冬梅等,2020)。⑤⑥ 如何构建有效制度安排以适应数字经济发展和企业转型已经成为理论界和实务界迫切需要解决的现实问题。本章基于全国

---

① 陆铭、陈钊:《分割市场的经济增长——为什么经济开放可能加剧地方保护?》,《经济研究》2009 年第 3 期。

② 陈敏、桂琦寒、陆铭、陈钊:《中国经济增长如何持续发挥规模效应》,《经济学(季刊)》2007 年第 1 期。

③ Poncet,S.,"Measuring Chinese Domestic International Integration",*China Economic Review*,Vol.14,2003,pp.1-21.

④ 张杰、张培丽、黄泰岩:《市场分割推动了中国企业出口吗?》,《经济研究》2010 年第 8 期。

⑤ Forman,C.,"The Corporate Digital Divide:Determinants of Internet Adoption",*Management Science*,Vol.51,No.4,2005,pp.641-654.

⑥ 陈冬梅、王俐珍、陈安霓:《数字化与战略管理理论——回顾、挑战与展望》,《管理世界》2020 年第 5 期。

统一大市场的制度建设出发,从"降本增效""投资激励"以及"转型加速"效应等途径揭示影响企业数字化转型的内在科学规律,从而可以为构建全球经济大变革背景下中国企业数字化转型的理论体系提供科学的理论指引,对于增强中国企业的全球竞争力具有重要的理论价值和现实意义。

第三,数据要素市场建设影响深远,但在权属界定、估值定价等方面的问题成为数据要素市场发展的主要瓶颈(Bergemann 等,2018;欧阳日辉、杜青青,2022)①②,成为数据要素充分流通面临的主要障碍,使得数据要素在生产分配以及流通消费等环节的市场化配置仍处于探索起步阶段。始于2012年上海开始实施的政府公共数据政策试点,为探索建立公共数据资产开发利用和收益分配机制,促进公共数据要素价值的开发利用提供了独特研究场景。本章基于政府公共数据建设契机,考察了全国统一大市场建设在企业数字化转型过程中发挥的基础作用,发现以数据要素为代表的高水平市场建设促进了企业数字化转型,并且这种效应会随企业所在产权属性、网络位置、行业特征以及区位特征的差异产生不同效果,从而丰富和拓展了数据资源开发领域的研究框架,为探索"有为政府"和"有效市场"相结合的新型数据资产治理模式提供了有益借鉴。

第一节　基于信息分割的数字化
赋能研究的理论逻辑

一、文献综述

(一)市场整合的文献回顾

中国区域间的市场存在着的市场分割和地方保护主义是中国经济转型过程中的显著特征。杨(Young,2000)指出中国的财政分权制度下地方政府为了强化地方的固有既得利益便会通过市场分割制造更多的进入壁垒和

---

① Bergemann,D.,Bonatti,A. and Smolin,A.,"The Design Price of Information",*American Economic Review*,Vol.108,No.1,2018,pp.1-48.

② 欧阳日辉、杜青青:《数据要素定价机制研究进展》,《经济学动态》2022年第2期。

资源扭曲。[1] 陆铭、陈钊(2009)指出分割市场对于当地即期和未来的经济增长具有先上升后下降的倒"U"型曲线的影响,在市场分割程度并不太高的时候,地方政府会有更强的动机强化市场分割促进当地经济增长。[2] 张杰等(2010)也发现地区市场分割确实激励了中国本土企业的出口。[3] 在具体的影响企业群体方面,杨(Young,2000)提出中国的地方保护和市场分割背景下,各地政府设置了各种障碍和壁垒,保护获取租金的那些企业巩固和攫取这些壁垒带来的"租金"收益。[4] 其中,包括国有企业在内的特定群体企业在融资、市场监管、补贴等方面获得了更多优惠条件(江伟、李斌,2006;孔东民等,2013;刘小鲁、李泓霖,2015)[5][6][7],这也导致非国有企业在关键资源获取方面则面临更高成本和更大难度(Allen 等,2005)[8]。

从全国范围来看,地方分权背景下的市场分割产生了制度扭曲带来的巨大效率损失(郑毓盛、李崇高,2003)[9],现有研究从市场开放、基础设施建设、司法水平发展、协调组织等方面讨论了市场整合治理方面的治理效果,例如黄玖立等(2006)[10]发现各省区的地区市场规模和出口开放程度显著正向影响了各省区经济增长速度。范欣等(2017)提出"以邻为壑"现象在中国仍长期存在,基础设施建设作为打破市场分割的物质基础。[11] 陈刚、李树(2013)提出地

① Young, A., "The Razor's Edge: Distortions Incremental Reform in the People's Republic of China", *The Quarterly Journal of Economics*, Vol.115, No.4, 2000, pp.1091-1135.

② 陆铭、陈钊:《分割市场的经济增长——为什么经济开放可能加剧地方保护?》,《经济研究》2009 年第 3 期。

③ 张杰、张培丽、黄泰岩:《市场分割推动了中国企业出口吗?》,《经济研究》2010 年第 8 期。

④ Young, A., "The Razor's Edge: Distortions Incremental Reform in the People's Republic of China", *The Quarterly Journal of Economics*, Vol.115, No.4, 2000, pp.1091-1135.

⑤ 江伟、李斌:《制度环境,国有产权与银行差别贷款》,《金融研究》2006 年第 11 期。

⑥ 孔东民、刘莎莎、王亚男:《市场竞争,产权与政府补贴》,《经济研究》2013 年第 2 期。

⑦ 刘小鲁、李泓霖:《产品质量监管中的所有制偏倚》,《经济研究》2015 年第 7 期。

⑧ Allen, F., Qian, J. and Qian, M., "Law, Finance, Economic Growth in China", *Journal of Financial Economics*, Vol.77, No.1, 2005, pp.57-116.

⑨ 郑毓盛、李崇高:《中国地方分割的效率损失》,《中国社会科学》2003 年第 1 期。

⑩ 黄玖立、李坤望:《出口开放,地区市场规模和经济增长》,《经济研究》2006 年第 6 期。

⑪ 范欣、宋冬林、赵新宇:《基础设施建设打破了国内市场分割吗?》,《经济研究》2017 年第 2 期。

方司法独立性的提升可以在降低了地方市场间的分割程度的同时促进了经济增长。① 徐现祥、李郇(2005)发现设立并发挥城市间经济协调会组织的作用有利于降低市场分割对经济发展的阻碍作用。②

（二）影响企业数字化转型因素的文献回顾

数字化转型(Digital Transformation)是通过数字化技术运用实现对公司核心商业模式和相关业务领域的转换升级和变革过程。在企业数字化转型的实现条件方面,尤等(Yoo等,2012)③提出数字资源的可重新编程性和数据均质性使得数据作为关键要素在企业数字化转型中发挥核心作用。金碚(2014)④指出伴随着信息传递处理的互联网化和分布式化水平不断提升,数字经济发展过程信息传递速度加快和成本不断降低。企业通过网络化扁平化等内部管理模式的一系列变革以更好适应企业数字化转型过程信息和数据传输的需要(戚聿东、肖旭,2020)。⑤

围绕数据等无形资产保护方面,甄红线等(2023)⑥发现知识产权行政保护可以有效促进当地上市公司实现数字化转型。与现有强调数据等内部关键要素的观点不同,另一部分学者开始强调企业更加充分地利用数据资源打破信息孤岛,不断拓展企业现有边界,构建与外界更广泛社会关系方面对企业数字化转型的促进作用(戚聿东、肖旭,2020;陈冬梅等,2020)。陈冬梅等(2020)认为信息与资源的有效共享以及新联系的形成成为企业数字化转型的关键环节。⑦

---

① 陈刚、李树:《司法独立与市场分割——以法官异地交流为实验的研究》,《经济研究》2013年第9期。

② 徐现祥、李郇:《市场一体化与区域协调发展》,《经济研究》2005年第12期。

③ 尤尔根·梅菲特、沙莎:《从1到N:企业数字化生存指南》,上海交通大学出版社2018年版。

④ 金碚:《工业的使命和价值——中国产业转型升级的理论逻辑》,《中国工业经济》2014年第51期。

⑤ 戚聿东、肖旭:《数字经济时代的企业管理变革》,《管理世界》2020年第6期。

⑥ 甄红线、王玺、方红星:《知识产权行政保护与企业数字化转型》,《经济研究》2023年第11期。

⑦ 陈冬梅、王俐珍、陈安霓:《数字化与战略管理理论——回顾、挑战与展望》,《管理世界》2020年第5期。

陈剑等(2020)①提出"连接"是企业数字化转型的重要特征,从连接要素特征方面,产品—消费者—企业之间连接的种类和程度都极大丰富。戚聿东、肖旭(2020)总结出在数字化空间中,经济时空的外延不断向外延伸拓展增大,改变了传统要素配置模式对物理时空的路径依赖,重塑了要素流通模式。

　　基于以上分析可以看出,企业数字化转型是一种具有运营周期长、投资规模大、不易成功探索型的战略行为,转型过程的复杂性和信息不对称性增加了转型难度。而原有市场结构下存在的市场分割和地方保护带来的制度扭曲,增加了要素流动成本产生了经济发展效率损失风险,对企业数字化转型产生了阻碍作用。同时也会在一定程度上缓冲急剧变化的环境对企业的影响。因此,需要实证检验市场结构对企业数字化转型的影响效果。本章基于全国统一大市场建设的政策实践,试图从制度结构改革变迁的视角探究市场结构对企业数字化转型的影响效果和作用机理。

二、理论假说

(一) 全国统一大市场建设对企业数字化转型的影响

　　企业数字化转型需要持续投入大量的组织资源和经过反复试错完成对流程重构和体系优化等以实现不同阶段转型目标,往往很难实现一步到位,而较高的转型成本使得转型项目往往容易停留表面,转型难以深入,成为当前企业推进数字化转型项目面临的主要障碍(戚聿东、肖旭,2020)。② 原有市场建设格局下存在的地方保护主义和区域贸易壁垒,加剧了整体市场分割状态,不同地区、行业和企业之间在数据信息等关键要素的流动存在较大壁垒和障碍,市场"碎片化"背景下的信息不对称问题抬高了企业资源要素获取成本,加剧了资源约束和市场不公平竞争问题。全国统一大市场建设可以通过发挥市场的规模效应和集聚效应实现增加要素供给的目标,破除要素市

　　① 陈剑、黄朔、刘运辉:《从赋能到使能——数字化环境下的企业运营管理》,《管理世界》2020年第2期。
　　② 戚聿东、肖旭:《数字经济时代的企业管理变革》,《管理世界》2020年第6期。

场化和商品服务流通的体制机制障碍,进一步降低制度性交易成本(刘志彪、孔令池,2021)①,提升企业数字化转型过程整体资源配置效率。更为重要的是,全国统一大市场建设强调健全统一的社会信用制度,有利于提升市场整体信任水平,实现企业与合作方之间建立在市场信息共享、上下游供应链合作、行业技术成果交流等方面更高水平的合作关系,进一步降低在运营管理过程中的各类隐性成本,提升企业成本控制能力,有效降低转型阻力促进了企业数字化转型水平提升。

企业数字化转型是在持续验证基础上不断改进优化的过程,能体现企业对未来技术路径的探索尝试,需要从战略规划、组织构建、人才培养以及流程再造等多方面进行长期反复迭代和持续系统性建设(陈冬梅等,2020)②,需要企业建立长期导向和强化转型投入。全国统一大市场建设通过强化市场基础制度规则统一,完善统一的产权保护和统一的市场准入制度,加快营造稳定公平透明可预期的营商环境,抑制经济发展环境中不确定因素冲击,强化企业关注未来发展的投资信心和树立长期战略导向目标,推动企业数字化转型的长期持续投入,为企业数字化转型投入和项目执行提供有利支持。高标准的市场体系建设有利于破除市场壁垒发挥超大规模市场优势,促进创新要素有序流动和合理配置,使得原有市场格局下存在的隐性资源显性化,要素资源供应增加的同时也提升了资源分配过程的公平程度,市场需求的增大和投资机会的涌现有利于提升企业数字化转型的内生动力,吸引要素资源流入到报酬更为丰厚的以数字技术应用等为特征的高端产业当中,丰富的应用场景和广阔的市场空间有利于激励企业通过加大创新投入等途径提升企业数字化转型水平。

全国统一大市场建设通过高标准的统一要素和资源市场(刘志彪、孔令池,2021)③,扩容市场规模和丰富了市场层次体系,从改善市场要素供给和提

---

① 刘志彪、孔令池:《从分割走向整合:推进国内统一大市场建设的阻力与对策》,《中国工业经济》2021年第8期。

② 陈冬梅、王俐珍、陈安霓:《数字化与战略管理理论——回顾、挑战与展望》,《管理世界》2020年第5期。

③ 刘志彪、孔令池:《从分割走向整合:推进国内统一大市场建设的阻力与对策》,《中国工业经济》2021年第8期。

升市场需求等方面激发市场需求潜力和释放新需求,从而更好适应企业数字化转型要求。具体而言,高水平的市场体系建设通过破除地方保护主义壁垒和降低市场分割程度促进要素资源在更大范围内畅通流动,打通数字孤岛束缚(Forman,2005)①,降低企业在数字化转型过程获取信息等关键要素的摩擦成本,为企业数字化转型提供了更多应用场景,在加深专业化分工水平基础上促进了企业数字化转型路径的优化丰富和种类拓展。在这个背景下,企业数字化转型以大数据、云计算、物联网为基础,其高度互联的特征突破了传统国家、地区的地理界线和产业边界(陈冬梅等,2020;Forman,2005)②③,通过在更大时间和空间范围内获取资本、人才和信息在内的关键要素资源加快企业转型速度,进一步激发企业转型活力,促进了企业数字化转型。基于上述分析,本章提出理论假说12-1:

理论假说12-1:全国统一大市场建设促进企业数字化转型水平。

(二) 全国统一大市场建设与企业数字化转型:产权属性情境的作用

企业数字化转型需要资金和信息等在内的要素资源的持续投入。首先,全国统一大市场建设着力破除各种形式的非市场规则形式的保护政策,通过促进要素资源在更大范围内畅通流动,提升各类市场主体获得市场要素供给公平程度(刘志彪、孔令池,2021)④,提升了市场要素资源配置整体效率,破除非国有企业获取要素资源的难度和阻力,为非国有企业进行数字化转型创造关键支持条件。其次,全国统一大市场建设强化市场基础制度规则统一,破除限制非国有企业获取要素资源的各种利益藩篱和市场壁垒,为非国有企业提供更加健全的产权保护和公平的监管体系。高水平市场建设下机会分配的公平化有利于提升非国有企业加大数字化转型的内生动力,吸引民营资本进入

① Forman,C.,"The Corporate Digital Divide:Determinants of Internet Adoption",*Management Science*,Vol.51,No.4,2005,pp.641-654.

② 陈冬梅、王俐珍、陈安霓:《数字化与战略管理理论——回顾、挑战与展望》,《管理世界》2020年第5期。

③ Forman,C.,"The Corporate Digital Divide:Determinants of Internet Adoption",*Management Science*,Vol.51,No.4,2005,pp.641-654.

④ 刘志彪、孔令池:《从分割走向整合:推进国内统一大市场建设的阻力与对策》,《中国工业经济》2021年第8期。

数字化投资领域。最后,高水平的市场体系建设通过破除地方保护主义壁垒和降低市场分割程度增加要素供给,降低非国有企业面临的资源约束,降低企业转型成本和阻力,促进了企业数字化转型。基于上述分析,本章提出理论假说12-2:

理论假说12-2:全国统一大市场建设对企业数字化转型的促进效应在非国有企业样本中表现得更加显著。

(三) 全国统一大市场建设与企业数字化转型:网络位置情境的作用

社会网络是社会成员之间直接和间接联系形成的网络结构(Scott, 2012)。[1] 社会网络给个体带来了社会资本以及信息渠道(Freeman, 2002)[2],处于网络中心位置的优势企业往往能够通过关系网络积累建立更多社会资本,进一步获取更高价值的信息知识等要素资源,由此进一步拓展建立高质量的合作机会和业务关系。现有研究发现高网络中心度公司表现出更好独立董事治理作用和更高的公司投资效率(陈运森、谢德仁,2011)[3],为公司带来更多发展优势。但在另一方面,网络位置使得信息等生产要素分配过程形成的相对分割和人为扭曲。处于网络中心位置的公司可以凭借具有熟人网络和圈层关系优势,更好地与外界进行交流合作,学习先进的技术、汲取领先知识,及时有效获取高质量的投资信息并识别投资机会(陈运森、谢德仁,2011)[4],为企业数字化转型等探索创造有利环境。处于网络边缘位置的公司在市场上博弈和讨价还价过程中处于相对弱势,在获取关键生产要素过程中往往面临更高成本和更多障碍,相对滞后信息使得其因而无法充分把握和识别市场机会,在企业数字化转型过程中面临更大的阻力。

全国统一大市场建设通过加快建立全国统一的市场制度规则(刘志彪、孔令池,2021)[5],打破地方保护和市场分割的堵点,推动突破原有市场机制下

---

① Scott, J., *What is Social Network Analysis*? Bloomsbury Academic, 2012.

② Freeman, L.C., "Centrality in Social Networks:Conceptual Clarification", *Social Network:Critical Concepts in Sociology.Londres:Routledge*, Vol.1, 2002, pp.238-263.

③ 陈运森、谢德仁:《网络位置,独立董事治理与投资效率》,《管理世界》2011年第7期。

④ 陈运森、谢德仁:《网络位置,独立董事治理与投资效率》,《管理世界》2011年第7期。

⑤ 刘志彪、孔令池:《从分割走向整合:推进国内统一大市场建设的阻力与对策》,《中国工业经济》2021年第8期。

形成的关系圈层限制,促进商品要素资源在更大范围内畅通流动,便利市场主体信息互联互通,降低企业社会网络位置差异带来的资源分割和分配不均等。在全国统一大市场建设使得处于网络边缘位置的公司也能够更加便捷和及时获取生产要素资源支持,降低由于网络边缘位置带来的资源局限,获得公平的市场进入机会,促进了企业数字化转型。基于上述分析,本章提出理论假说12-3:

理论假说12-3:全国统一大市场建设对企业数字化转型的促进效应在网络边缘位置企业样本中表现得更加显著。

（四）全国统一大市场建设与企业数字化转型:行业垄断程度情境的作用

随着行业垄断程度的上升,垄断者更倾向利用其市场支配地位控制市场,限制要素资源流动,使得行业资源不能得到充分合理优化配置,加剧了市场效率损失问题,市场的竞争程度随之削弱(陈志斌、王诗雨,2015)[1],从而损害市场机制配置资源的有效性。在垄断程度较高的行业中,行业壁垒的存在限制了新的进入者,行业主要的客户资源、品牌声誉、技术信息等资源逐渐向行业优势企业聚集,制约了市场资源的公平有序流动。垄断企业通过控制市场和价格,排除其他竞争者,使得行业资源被封锁保护在少数处于垄断优势地位企业范围内(Dixit 和 Stiglitz,1977)[2],具有垄断优势的企业自身也缺乏动力提高效率,导致低效率的生产经营,从而抑制了企业数字化转型。而行业处于非垄断地位的企业因为垄断程度上升长期处于被削弱和限制的情况,无法充分获得发展所需客户和技术等关键资源,进一步损害了经济效益,导致无力获取足够资源从事数字化转型,从整体上看高垄断程度行业企业在数字化内的转型活动往往会受到更大程度制约。

对于高垄断程度行业企业而言,全国统一大市场建设在推动建立统一的市场制度规则基础上重塑行业秩序,破除行业垄断背景下市场分割和促

---

[1]　陈志斌、王诗雨:《产品市场竞争对企业现金流风险影响研究——基于行业竞争程度和企业竞争地位的双重考量》,《中国工业经济》2015年第3期。

[2]　Dixit, A. K. and Stiglitz, J. E. , "Monopolistic Competition Optimum Product Diversity", *The American Economic Review*, Vol.67, No.1, 1977, pp.297-308.

进要素资源畅通流动,在有效激发市场主体活力方面能够发挥出更显著的作用。具体而言,在全国统一大市场建设推动下,处于高垄断程度行业中优势企业市场竞争压力增大而强化加快数字化转型以应对外部确定性冲击(陈志斌、王诗雨,2015)。① 另一方面,全国统一大市场建设推动信息、客户和技术等关键资源在更大范围得以公平高效配置,改善行业发展环境,行业非垄断企业可以在市场机制下获取更多的资本、市场信息等关键要素支持,从而促进了企业数字化转型变革。基于上述分析,本章提出理论假说12-4:

理论假说12-4:全国统一大市场建设对企业数字化转型的促进效应在高垄断程度行业企业中表现得更加显著。

（五）全国统一大市场建设与企业数字化转型:城市线级情境的作用

中国是一个地域辽阔的国家,各个地区在资源禀赋、经济基础和制度环境等发展程度差异明显(Allen 等,2005)② ,在城市分布特征上呈现出以北京、上海为代表的一线城市群和以杭州、苏州为代表的新一线城市群,以及二线和三线等非一线城市群,不同线级城市在行政级别、经济规模、基础设施和综合影响力等发展维度差异明显(刘秉镰等,2020)③ 。高线级城市完善产业链配套群创造了有利的要素资源流动环境,其旺盛市场需求和充分市场竞争为企业数字化转型提供了更多新兴机会,整体较高的市场化水平使得当地企业可以较低的成本便捷获取数字化转型的信息、资本和人才等要素资源。而对于地处低线级地区企业而言,当地相对较小的市场容量和发展空间也抑制了企业持续进行数字化转型的意愿,另一方面相对有限配套和市场化进程限制了企业获取外部资源,企业转型过程面临较高的获取资本、人才和技术的难度和成本。

---

① 陈志斌、王诗雨:《产品市场竞争对企业现金流风险影响研究——基于行业竞争程度和企业竞争地位的双重考量》,《中国工业经济》2015 年第 3 期。

② Allen, F., Qian, J. and Qian, M., "Law, Finance, Economic Growth in China", *Journal of Financial Economics*, Vol.77, No.1, 2005, pp.57-116.

③ 刘秉镰、朱俊丰、周玉龙:《中国区域经济理论演进与未来展望》,《管理世界》2020 年第 2 期。

全国统一大市场建设有利于弥合并消除跨区域之间在地理资源禀赋和营商环境方面的行政界限差异(刘志彪、孔令池,2021)[1],通过构建基础制度规则、市场设施联通、要素资源市场建设以及商品服务市场的统一体系,推动生产要素突破地理局限流动,来建设高效规范、公平竞争、充分开放的超大规模市场,实现更大范围内优化配置资源。相对于一线城市已有相对完善的市场体系,全国统一大市场建设对于非一线城市(低线级城市)市场建设改善发挥的促进作用更加明显,有利于当地企业更加高速便捷获取关键生产要素资源,全国统一大市场建设推动下涌现的市场机遇有利于推动企业加大转型投入,促进企业数字化转型。基于上述分析,本章提出理论假说12-5:

理论假说12-5:全国统一大市场建设对企业数字化转型的促进效应在非一线城市企业中表现得更加显著。

第二节　研究设计

一、数据来源和变量定义

(一)数据来源

随着大数据时代的到来,各级政府积累了包括交通基建、医疗社保、教育就业等大量与生产生活息息相关的数据,统计显示中国全社会80%比例的信息数据资源掌握在各级政府部门手里[2],但很多数据却与世隔绝"深藏闺中",造成了社会资源潜在的巨大浪费。在传统政务管理模式下,政府职能机构建立以部门为中心、以业务为主线的政务信息组织模式,各部门独立进行信息化建设和独立完成数据储存工作,相关采集、存储格式和数据结构体系也存在明显差异,导致部门之间横向相互调取和纵向整合使用存在较大技术难度和需

---

[1]　刘志彪、孔令池:《从分割走向整合:推进国内统一大市场建设的阻力与对策》,《中国工业经济》2021年第8期。

[2]　转引自中国青年网:《唤醒"沉睡"政府数据:拒绝流于形式　确保数据安全》,见 https://t.m.youth.cn/transfer/index/url/news.youth.cn/sz/201708/t20170808_10464621.htm。

要较大投入成本。数据开放共享意味着政府工作透明化从而需要接受更多公众监督,而公共数据往往与部门利益密切相关,这使得政府部门主观上不愿开放共享数据,从而导致政府掌握的海量数据长期处于"条块分割"和休眠状态,而小规模和单一孤立的数据系统往往无法实现海量数据环境下的关联和聚合,进而实现数据的深层价值。

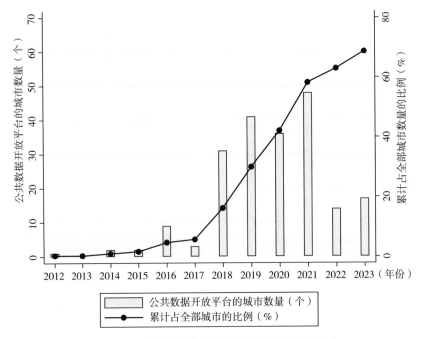

图 12-1 全国城市公共数据开放平台的时间分布

　　正是在这个背景下,自 2012 年 6 月率先上线试运行"上海市政府数据服务网"命名的公共数据开放平台以来,上线公共数据开放平台的城市数量持续增长(见图 12-1)。截止到 2023 年年底,已经有北京、佛山、武汉、无锡等 226 个城市陆续推出了政府数据开放平台①,累计占全部城市的比例为 68.69%。政府数据开放平台在结构设计方面主要由内容概览、类型导引、数据获取、工具提供等基础框架构成,提供包括关键词搜索、排序检索以及分类导航等可视化主要功能,使得原有烦琐复杂的政府数据体系变得清

---

　　① 转引自中华人民共和国工业和信息化部,https://www.miit.gov.cn/。

晰明了,缩短了数据供给端和数据需求的距离,降低了用户获得数据的门槛和使用成本,使得原有仅能服务单个机构的封闭阻塞的数据能够在跨领域、跨部门实现更大范围关联聚合,促进数据资源在政府与非政府机构间的双向流通。公共数据开放通过提升公共数据资源的供给容量和质量水平能够纠正资源错配,通过促进统一大市场建设指引并带动技术、资本、人才流向高效率领域实现资源配置优化组合(金碚,2014;戚聿东、肖旭,2020)。[1][2]

基于以上分析,本章将地方政府公共数据开放设立事件作为全国统一大市场建设的代理变量,定义虚拟变量 $Open$(当企业所在城市的地方政府实施公共数据开放的年份赋值为1,否则为0),衡量统一大市场建设水平,构建多期 DID 模型进行经验检验。

(二)　变量定义

首先,企业数字化转型强调以人工智能(Artificial Intelligence)、区块链(Block chain)、云计算(Cloud Computing)、大数据(Big Data)等数字科学技术(戚聿东、肖旭,2020)[3]作为企业数字化转型的主要实现路径。其次,在实施内容方面,企业数字化转型是借助数据作为主要信息沟通媒介实现更广泛的社会关系网络构建实现业绩增长和持续发展过程(吴非等,2021)[4]。在总结现有研究基础上(吴非等,2021;张叶青等,2021)[5][6],本书采用爬虫技术获取上市公司年报中"管理层讨论与分析"部分关于企业数字化转型的具体描述,通过逐条人工阅读方式排除歧义确保信息的准确无误,删除包含公司的股东、客户、供应商、公司高管简介等无效文本内容,同时排除词根存在

---

[1]　金碚:《工业的使命和价值——中国产业转型升级的理论逻辑》,《中国工业经济》2014年第9期。

[2]　戚聿东、肖旭:《数字经济时代的企业管理变革》,《管理世界》2020年第6期。

[3]　戚聿东、肖旭:《数字经济时代的企业管理变革》,《管理世界》2020年第6期。

[4]　吴非、胡慧芷、林慧妍、任晓怡:《企业数字化转型与资本市场表现——来自股票流动性的经验证据》,《管理世界》2021年第7期。

[5]　吴非、胡慧芷、林慧妍、任晓怡:《企业数字化转型与资本市场表现——来自股票流动性的经验证据》,《管理世界》2021年第7期。

[6]　张叶青、陆瑶、李乐芸:《大数据应用对中国企业市场价值的影响——来自中国上市公司年报文本分析的证据》,《经济研究》2021年第12期。

"没""无""不"等否定词前缀的表述情形,在此基础上统计数字化转型相关词汇出现的词频数量作为企业数字化转型的度量指标。[①] 本章使用转型规模(关键词词频加 1 的对数值)作为度量企业数字化转型的主要解释变量。

本章进一步控制了企业规模、企业年龄、盈利水平、负债水平、两职合一、机构投资者持股比例、股权制衡度以及行业垄断程度对企业数字化转型的影响。上市企业财务数据来自国泰安数据库。本章选取 A 股上市企业2011—2022 年数据,进一步剔除了金融业,以及由于财务状况或其他经营状况出现异常而被特别处理的企业,最终获得 3940 家企业 30766 个观测样本。

二、模型与估计策略

参考现有研究做法(Bergemann 等,2018;Chen 等,2020)[②][③],本章采用多期 DID 双向固定效应(Two-Way Fixed Effects,TWFE)模型进行回归检验,同时在企业层面对模型估计的标准误进行了聚类调整,具体回归方程设定如式(12-1)所示。在式(12-1)基础上进一步从"产权属性""网络位置""行业垄断程度""区位特征"的研究情境出发对研究样本进行分组检验,考察了在多

---

① 参见现有研究的成熟做法,本研究选用的具体词汇包括:(1)人工智能技术:人工智能、商业智能、图像理解、投资决策辅助系统、智能数据分析、智能机器人、机器学习、深度学习、语义搜索、生物识别技术、人脸识别、语音识别、身份验证、自动驾驶、自然语言处理;(2)大数据技术:大数据、算力、数据化、信息资产、数据中心、海量数据、数据挖掘、文本挖掘、数据可视化、异构数据、征信、增强现实、混合现实、虚拟现实;(3)云计算技术:云计算、流计算、图计算、内存计算、多方安全计算、类脑计算、绿色计算、认知计算、融合架构、亿级并发、EB 级存储、物联网、信息物理系统;(4)区块链技术:区块链、数字货币、分布式计算、差分隐私技术、智能金融合约;(5)数字技术的应用:移动互联网、工业互联网、移动互联、互联网医疗、电子商务、移动支付、第三方支付、NFC 支付、智能能源、B2B、B2C、C2B、C2C、O2O、网联、智能穿戴、智慧农业、智能交通、智能医疗、智能客服、智能家居、智能投顾、智能文旅、智能环保、智能电网、智能营销、数字营销、无人零售、互联网金融、数字金融、FinTech、金融科技、量化金融、开放银行。

② Bergemann, D., Bonatti, A. and Smolin, A., "The Design Price of Information", *American Economic Review*, Vol.108, No.1, 2018, pp.1–48.

③ Chen, Y., Fan, Z., Gu, X. and Zhou, L.-A., "Arrival of Young Talent: The Send-down Movement Rural Education in China", *American Economic Review*, Vol.110, No.11, 2020, pp.3393–3430.

维度研究情境影响下全国统一大市场建设对企业数字化转型的影响差异。模型中进一步控制了包括企业规模、企业年龄、行业垄断程度等控制变量。本章还控制了企业个体固定效应、时间固定效应、省份固定效应,以及省份的时间趋势效应。具体变量定义如表 12-1 所示,ε_i 为随机扰动项。本章按照 1% 与 99% 的水平对连续变量进行了缩尾处理(Winsorize),来控制异常值对模型分析的影响。

$$Digit_{it} = \beta_0 + \beta_1 Open_{it} + \beta_2 Controlit_{it} + Province_i +$$
$$Year_i + Province_i \times Year + \varepsilon_i \tag{12-1}$$

表 12-1 变量定义

变量性质	变量名	计算方法
被解释变量	转型规模	统计年报管理层讨论与分析部分(MD&A)中出现和数字化转型有关内容的词语数量加 1 取对数
解释变量	全国统一大市场建设水平	企业所在城市已设立公共数据开放平台的赋值为 1,否则为 0
情景因素变量	产权属性	国有企业标记为 1,非国有企业标记为 0
	网络位置	参考现有研究(Freeman 等,1979),本书通过计算企业的程度中心度网络中心度作为企业网络位置的度量指标,即上市公司独立董事与其他公司直接联接的董事数量之和
	行业垄断程度	根据企业所在 3 位码行业销售额占比的平方和计算行业的赫芬达尔指数
	一线城市群	根据现有研究(第一财经媒体集团,2022),将北京、上海、广州、深圳 4 个一线城市,以及成都、重庆、杭州、西安、武汉、苏州、郑州、南京、天津、长沙、东莞、宁波、佛山、合肥、青岛 15 个新一线城市统一标记为一线城市群
机制变量	营业成本	企业当年营业成本除以企业销售收入
	创新投入水平	企业当年研发投资除以企业销售收入
	转型速度	参考现有研究做法(Vermeulen 和 Barkema,2002),转型速度采用当年累计的数字化转型词频数量除以数字化转型累计年份获得,例如企业年报第 1 年的数字化词频为 30 次,第 2 年的数字化词频为 20 次,第 3 年的数字化词频为 10 次,则第 1 年、第 2 年和第 3 年数字化转型速度分别为 30/1 = 30,(30+20)/2 = 25,(30+20+10)/3 = 20

续表

变量性质	变量名	计算方法
控制变量	企业规模	企业资产的对数值
	企业年龄	经营期限的对数值
	盈利水平	企业利润除以企业资产
	负债水平	企业负债总额除以企业资产
	国有企业	企业为国有企业标记为1,否则为0
	两职合一	董事长与总经理为同一人标记为1,否则为0
	机构投资者持股比例	机构投资者持有的上市企业股份比例
	股权制衡度	第2—5大股东持股比例/第一大股东持股比例
	行业垄断程度	行业中企业销售收入占比的平方和

三、主要变量的描述统计

表12-2报告了变量的描述统计结果。企业数字化转型强度均值(标准差)为1.13(1.25),表明企业数字化转型的差异程度很大。样本企业所在地区的全国统一大市场建设水平的均值(标准差)为0.49(0.50),表明中国不同地区的全国统一大市场建设进展和发展水平呈现显著不同,全国统一大市场建设分别与企业数字化的转型正相关,表明不同全国统一大市场建设可能是企业数字化转型的一个促进因素,为了验证二者之间的关系,本章将通过控制其他影响因素和相关统计学方法,排除其他可能的替代解释。

表12-2 主要变量的描述统计

		1	2	3	4	5	6	7	8	9	10	11
1	企业数字化转型	1										
2	全国统一大市场建设水平	0.28	1									

续表

		1	2	3	4	5	6	7	8	9	10	11
3	企业规模	0	0.09	1								
4	企业年龄	0.07	0.19	0.20	1							
5	盈利水平	−0.09	−0.07	−0.01	−0.08	1						
6	负债水平	−0.04	0.01	0.57	0.17	−0.28	1					
7	国有企业属性	−0.11	−0.04	0.42	0.17	−0.06	0.30	1				
8	两职合一	0.09	0.07	−0.22	−0.09	0.03	−0.16	−0.31	1			
9	机构投资者持股比例	−0.08	−0.04	0.44	0.01	0.13	0.21	0.42	−0.19	1		
10	股权制衡度	0.09	0.07	−0.12	−0.02	−0.01	−0.11	−0.25	0.05	−0.22	1	
11	行业垄断程度	0.17	0.01	0.06	−0.10	−0.03	0.02	0.11	−0.03	0.04	−0.01	1
	均值	1.13	0.49	22.21	2.82	0.06	0.40	0.30	0.32	42.96	0.79	0.05
	标准差	1.25	0.50	1.35	0.37	0.07	0.20	0.46	0.47	25.95	0.64	0.08

第三节　实证检验

一、全国统一大市场建设对企业数字化转型的作用

表12-3报告了全国统一大市场建设对企业数字化转型的影响。第(1)列没有加入控制变量和未控制包括企业层面等多维固定效应的情况下,第(1)列全国统一大市场建设对企业数字化转型规模的影响系数为0.702,在1%的水平上显著为正,这初步表明全国统一大市场建设对企业数字化转型过程产生了显著的促进作用。第(2)列中,在加入企业层面固定效应后,全国统一大市场建设对企业数字化转型的影响系数为0.619,在1%的水平上显著为正。第(3)列中,进一步控制年份、省份以及省份的年份趋势效应后,全国统一大市场建设对企业数字化转型的影响系数为0.079,在1%的水平上显著为正。第(4)列在第(3)列基础上,进一步控制包括企业规模在内的控制变量

后,全国统一大市场建设对企业数字化转型的影响系数为 0.077,在 1%的水平上显著为正。第(5)列模型在第(4)列基础上加入行业垄断程度控制变量后,全国统一大市场建设对企业数字化转型的影响系数为 0.077,影响程度依然保持稳定,并且在 1%的水平上显著为正。基于以上结果可以发现,在控制了一系列企业、行业和地区宏观因素影响后,在全国统一大市场建设水平更高的地区,当地企业表现出了更高的数字化转型水平。

表 12-3 全国统一大市场建设对企业数字化转型的影响:基准模型回归

	被解释变量:企业数字化转型				
	(1)	(2)	(3)	(4)	(5)
全国统一大市场建设	0.702***	0.619***	0.079***	0.077***	0.077***
	(0.024)	(0.018)	(0.029)	(0.029)	(0.029)
企业规模				0.194***	0.194***
				(0.021)	(0.021)
企业年龄				0.013	0.013
				(0.102)	(0.102)
盈利水平				−0.094	−0.094
				(0.108)	(0.108)
负债水平				−0.155**	−0.155**
				(0.075)	(0.075)
国有企业属性				−0.056	−0.056
				(0.051)	(0.051)
两职合一				0.006	0.006
				(0.021)	(0.021)
机构投资者持股比例				−0.002*	−0.002*
				(0.001)	(0.001)
股权制衡度				0.026	0.026
				(0.025)	(0.025)
行业垄断程度					−0.012
					(0.176)

续表

	被解释变量:企业数字化转型				
	(1)	(2)	(3)	(4)	(5)
企业固定效应	未控制	控制	控制	控制	控制
年份固定效应	未控制	未控制	控制	控制	控制
省份固定效应	未控制	未控制	控制	控制	控制
省份的时间趋势效应	未控制	未控制	控制	控制	控制
Adj-R^2	0.079	0.612	0.700	0.703	0.703
样本量	30766	30766	30766	30766	30766

注:***、**、*分别代表在1%、5%和10%统计水平上双尾显著,括号内数字是标准误,标准误按异方差的处理方法调整。

二、稳健性检验

(一) 多期双重差分平行趋势检验

本章利用事件研究法(Li 等,2016)①,构建动态模型检验借鉴研究多期双重差分政策动态效果,受图幅限制,本研究将更早和更晚的期数分别归并后,只报告前后4年窗口期的估计结果。表12-4 报告了全国统一大市场建设对企业数字化转型的影响的动态分析结果。表12-4 第(1)列报告了未加入企业层面控制变量的动态效果,结果显示全国统一大市场建设对企业数字化转型的影响在前4期均不显著,从滞后1期开始全国统一大市场建设对企业数字化转型的影响开始显现,并在随后的4年中均显著存在。表12-4 第(2)列报告了加入企业层面控制变量的动态效果,结果显示全国统一大市场建设对企业数字化转型的影响在前4期均不显著,从滞后2期开始全国统一大市场建设对企业数字化转型的影响开始显现。上述结果均表明研究模型的平行趋势假定得以满足,这为本研究双重差分估计的有效性提供了支持。

① Li,P.,Lu,Y. and Wang,J.,"Does Flattening Government Improve Economic Performance? Evidence from China", *Journal of Development Economics*, Vol.123,2016,pp.18-37.

表 12-4　全国统一大市场建设对企业数字化转型的影响:动态趋势检验

	被解释变量:企业数字化转型	
	(1)	**(2)**
提前 4 期	−0.015	−0.024
	(0.028)	(0.028)
提前 3 期	−0.046	−0.050
	(0.034)	(0.034)
提前 2 期	−0.055	−0.061
	(0.040)	(0.040)
提前 1 期	−0.037	−0.039
	(0.045)	(0.045)
滞后 1 期	0.044**	0.030*
	(0.018)	(0.018)
滞后 2 期	0.096***	0.079***
	(0.022)	(0.022)
滞后 3 期	0.085***	0.064**
	(0.027)	(0.027)
滞后 4 期	0.050*	0.030
	(0.030)	(0.030)
控制变量	未控制	控制
Adj-R^2	0.700	0.703
样本量	30766	30766

注:***、**、* 分别代表在1%、5%和10%统计水平上双尾显著,括号内数字是标准误,标准误按企业层面聚类的处理方法调整。第(2)列控制变量包括企业规模、企业年龄、盈利水平、负债水平、国有企业属性、两职合一、机构投资者持股比例、股权制衡度、行业垄断程度。企业、年份、省份的固定效应和省份的年份趋势效应均已控制。

(二) 使用倾向得分匹配方法

为了控制样本公司个体特征的潜在差异性可能对模型估计产生影响,本章采用倾向得分匹配(Propensity Score Matching, PSM)对处理组和对照组的公司样本进行处理,以公司特征差异对估计结果的影响。通过 1∶1 最近邻匹配方法,为处理组企业筛选出对照组中匹配变量特征最接近的样本,并将匹配得到的样本进行多期双重差分估计,结果如表 12-5 第(1)列所示,全国统一大市场建设对企业数字化转型的影响系数为 0.123,在 1% 的水平上显著为正,本研究主要结论保持稳定。

（三）控制城市等级差异的影响

本章样本所在城市既包括北京、上海、重庆、天津等省级直辖市,也包括温州、惠州等地级市。为了控制省级直辖市对模型估计的影响,进一步删除了北京、上海、重庆、天津等直辖市所在地企业样本,在双重差分框架下重新对模型进行估计,结果如表 12-5 第(3)列所示,全国统一大市场建设对企业数字化转型的影响系数为 0.038,在 1% 的水平上显著为正,本章主要结论保持稳定。

（四）被解释变量度量方法的影响

本章进一步采用数字化转型词频占比(数字化关键词词频占总字数的比重)作为度量企业数字化转型的主要变量,结果如表 12-5 第(3)列所示,全国统一大市场建设对企业数字化转型的影响系数为 0.048,在 1% 的水平上显著为正,结果显示本章主要结论保持不变。

（五）同时期其他试点政策的干扰

为避免在样本期间其他相关政策影响企业数字化转型,造成基准估计结果产生偏差,本章通过系统梳理和查找相关政策文件发现,宽带中国试点政策可能影响样本期间城市对企业数字化转型效果。通过加入"宽带中国"试点政策的虚拟变量,以控制该政策对"政府数据开放"试点政策实施期间造成的影响。如果样本城市在当年及以后年份属于宽带中国城市试点,则取 1,否则为 0。结果如表 12-5 第(4)列显示,排除"宽带中国"城市试点政策干扰后,全国统一大市场建设对企业数字化转型的影响系数为 0.068,在 5% 的水平上显著为正,本章主要结论保持不变。

表 12-5　稳健性检验:更换模型与度量方法

	被解释变量:企业数字化转型			
	(1)PSM 方法	(2)删除直辖市样本	(3)数字化转型词频占比	(4)控制其他政策事件影响
全国统一大市场建设	0.123***	0.077***	0.048***	0.068**
	(0.038)	(0.029)	(0.015)	(0.029)

续表

	被解释变量:企业数字化转型			
	(1)PSM 方法	(2)删除直辖市样本	(3)数字化转型词频占比	(4)控制其他政策事件影响
企业规模	0.213***	0.213***	0.060***	0.194***
	(0.028)	(0.024)	(0.020)	(0.021)
企业年龄	0.130	−0.073	0.060	0.019
	(0.146)	(0.118)	(0.078)	(0.102)
盈利水平	−0.080	−0.212*	−0.239***	−0.091
	(0.144)	(0.121)	(0.072)	(0.108)
负债水平	−0.213**	−0.224***	−0.041	−0.154**
	(0.103)	(0.086)	(0.052)	(0.075)
国有企业属性	−0.095	−0.063	−0.008	−0.055
	(0.068)	(0.058)	(0.039)	(0.051)
两职合一	0.018	0.011	−0.014	0.006
	(0.028)	(0.023)	(0.013)	(0.021)
机构投资者持股比例	−0.001	−0.002**	−0.002***	−0.001*
	(0.001)	(0.001)	(0.001)	(0.001)
股权制衡度	0.013	0.018	−0.008	0.026
	(0.032)	(0.026)	(0.018)	(0.024)
行业垄断程度	−0.081	0.051	−0.651***	0.005
	(0.212)	(0.224)	(0.199)	(0.176)
宽带中国试点				0.084**
				(0.036)
Adj-R^2	0.695	0.684	0.539	0.703
样本量	15637	24494	30766	30766

注:***、**、*分别代表在 1%、5%和 10%统计水平上双尾显著,括号内数字是标准误,标准误按企业层面聚类的处理方法调整。企业、年份、省份的固定效应和省份的年份趋势效应均已控制。

(六) 安慰剂检验

遗漏变量问题可能会对本章的基准结果产生一定的影响。为了测试遗漏变量问题对本章基准结果的影响程度,借鉴现有研究的做法(Cornaggia 和 Li,2019)①,采用随机置换方法进行安慰剂检验,为样本企业独立随机生成关键解释变量的设立时间和城市进行多期双重差分回归,同时增强安慰剂方法检验的有效性,重复上述过程 1000 次得到交互项回归系数并绘制核密度分布图。图 12-2 报告了随机生成的结果,横轴为这些随机实验的回归系数,自变量的回归系数聚集在 0 附近,显示构造的随机事件并不会对企业数字化转型产生显著影响,而在真实事件下技术类工作经历的回归系数为 0.077(见表 12-3第(5)列),完全处于随机实验回归系数分布之外。这种结果说明本章的基准回归结果并非是其他遗漏变量因素所导致的结果,而是全国统一大市场建设所产生的效应。安慰剂检验结果进一步表明本章核心结论的可靠性和稳定性。

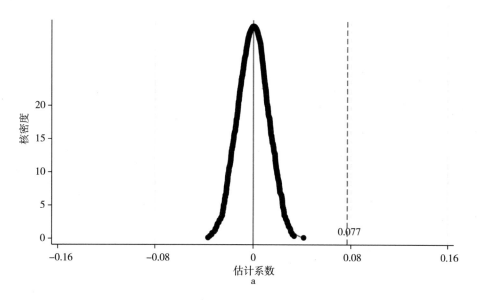

图 12-2　随机置换安慰剂检验效果图

三、影响机制

全国统一大市场建设促进了企业数字化转型,其背后作用机制和影响效

① Cornaggia,J. and Li,J.Y.,"The Value of Access to Finance:Evidence from M&As",*Journal of Financial Economics*,Vol.131,No.1,2019,pp.232-250.

果如何？为了打开全国统一大市场建设影响企业数字化转型的"黑箱"，参考现有研究的检验方法（Chen 等，2020）①，本章基于"成本—意愿—路径"的分析框架，从转型成本、投入意愿与路径效果角度考察全国统一大市场建设对企业数字化转型的影响机制。首先，全国统一大市场建设通过清理妨碍统一市场和公平的进入障碍和竞争壁垒实现畅通要素循环体系，有利于推动地区要素供应规模增加和供应质量的提升，进一步降低制度性交易成本（刘志彪、孔令池，2021）②，降低企业数字化转型成本。政府公共数据公开推动各地区各部门间数据共享，提升了市场数据供给的规模和质量，有利于激活数据要素潜能和降低企业转型成本，提升企业数字化转型过程的发展水平。在成本路径方面，表 12-6 第（1）列中，全国统一大市场建设对营业成本的影响系数为-0.008，在 5% 的水平上显著为负，表明在全国统一大市场建设水平更高的地区，当代企业表现出更低的转型成本，在此基础上促进了企业数字化转型。

其次，全国统一大市场建设通过整合治理区域间市场分割，发挥超大规模市场所具有的更多创新场景、更低创新成本和更高创新收益的综合优势，拓展了新的市场需求和发展机会。市场机会的增加有利于激励企业增加创新投入更好满足市场需求，推动企业数字化转型。在创新投入路径方面，表 12-6 第（2）列中，全国统一大市场建设对创新投入的影响系数为 0.002，在 1% 的水平上显著为正，表明在全国统一大市场建设水平更高的地区，当代企业表现出更高的创新投入水平，在此基础上促进了企业数字化转型。

最后，全国统一大市场建设缩短了企业获取要素资源的时间和成本，提升了资源配置效率，走上转型发展快车道。转型速度成为企业数字化转型的重要特征。全国统一大市场建设拓展了市场深度和广度，优化提升了产业生态和经济结构，为企业数字化转型提供了更多丰富的应用场景，在此基础上推动要素资源自由流动，有效降低要素流通的摩擦成本，有利于降低转型阻力，实

---

① Chen,Y.,Fan,Z.,Gu,X. and Zhou,L.-A.,"Arrival of Young Talent:The Send-down Movement Rural Education in China",*American Economic Review*,Vol.110,No.11,2020,pp.3393-3430.

② 刘志彪、孔令池：《从分割走向整合：推进国内统一大市场建设的阻力与对策》，《中国工业经济》2021 年第 8 期。

现数字化转型步入快车道。在转型速度方面,表 12-6 第(3)列中,全国统一大市场建设对转型速度的影响系数为 0.451,在 5% 的水平上显著为正,表明在全国统一大市场建设水平更高的地区,当代企业表现出更快的转型速度,在此基础上提升了企业数字化转型水平。基于以上分析表明,全国统一大市场建设通过降低转型成本,促进创新投入,缓解信息摩擦等途径促进了企业数字化转型,全国统一大市场建设对企业数字化转型产生了"降低要素摩擦成本""投资激励"以及"转型加速"等促进效应。

表 12-6 全国统一大市场建设对企业数字化转型的影响:影响机制

	(1)转型成本	(2)创新投入	(3)转型速度
全国统一 大市场建设	−0.008**	0.002***	0.451**
	(0.003)	(0.001)	(0.176)
企业规模	−0.016***	0.003***	1.490***
	(0.004)	(0.001)	(0.209)
企业年龄	0.032**	−0.007*	1.762
	(0.013)	(0.004)	(1.513)
盈利水平	−0.496***	−0.096***	−7.000***
	(0.017)	(0.006)	(0.965)
负债水平	0.101***	−0.030***	−0.624
	(0.010)	(0.003)	(0.798)
国有企业属性	0.021***	−0.001	0.859
	(0.006)	(0.002)	(0.833)
两职合一	−0.004	−0.000	−0.089
	(0.002)	(0.001)	(0.172)
机构投资者 持股比例	−0.000**	−0.000	−0.031***
	(0.000)	(0.000)	(0.008)
股权制衡度	−0.012***	0.002**	−0.330
	(0.003)	(0.001)	(0.247)
行业垄断程度	−0.137***	0.009	−9.654***
	(0.026)	(0.009)	(2.370)

	（1）转型成本	（2）创新投入	（3）转型速度
Adj-R²	0.888	0.844	0.828
样本量	30766	30766	22393

注：***、**、*分别代表在1%、5%和10%统计水平上双尾显著，括号内数字是标准误，标准误按企业层面聚类的处理方法调整。企业、年份、省份的固定效应和省份的年份趋势效应均已控制。

第四节　情境因素的作用

市场分割阻碍了劳动力、资本、技术资源跨区域流动，造成要素资源无法实现在更大范围内的优化配置。现有按行业、企业规模、所有制、地区等标准制定不同的管理政策在保护当地企业和经济免受外部激烈冲击的目的的同时，也导致各市场参与主体的政策不平等，市场中的制度壁垒和人为堵点扭曲了资源配置，并最终表现为市场要素资源流向特定群体企业（江伟、李斌，2006；孔东民等，2013；刘小鲁、李泓霖，2015）[1][2][3]，全国统一大市场建设为破除市场要素分配扭曲，提升资源配置效率提供了重要契机。为了深化对不同情境因素影响下全国统一大市场建设对企业数字化转型的认识，本章进一步从产权属性、企业所处网络位置、行业垄断程度与企业所在城市线级等四个方面情境检验全国统一大市场建设对企业数字化转型的影响差异。

一、情境1：产权属性的作用

表12-7从产权属性特征和网络位置特征两个方面报告了宏观情境因素下全国统一大市场建设对企业数字化转型的影响。根据企业产权属性状况，将样本企业分为国有企业组和非国有企业组。在表12-7第（1）列的国有企业样本组中，全国统一大市场建设对企业数字化转型的系数为-0.015，系数

---

① 江伟、李斌：《制度环境，国有产权与银行差别贷款》，《金融研究》2006年第11期。
② 孔东民、刘莎莎、王亚男：《市场竞争，产权与政府补贴》，《经济研究》2013年第2期。
③ 刘小鲁、李泓霖：《产品质量监管中的所有制偏倚》，《经济研究》2015年第7期。

为负但不显著,而表12-7第(2)列的非国有企业样本组中,全国统一大市场建设对企业数字化转型的系数为0.090,在1%水平上显著为正。系数差异检验表明,全国统一大市场建设在两组样本中1%水平上存在显著差异,说明相对于国有企业样本组,全国统一大市场建设对非国有企业样本组的促进作用更加明显。

二、情境2:企业所处网络位置的作用

根据企业所处的网络位置,将高于网络位置年度均值标记为网络中心企业组,低于年度均值为网络边缘企业组。表12-7第(3)列的高社会资本企业样本组中,全国统一大市场建设对企业数字化转型的系数为0.054,系数为正但不显著,而表12-7第(4)列的网络边缘位置企业样本组中,全国统一大市场建设对企业数字化转型的系数为0.102,在5%水平上显著为正。系数差异检验表明,全国统一大市场建设在两组样本中1%水平上存在显著差异,说明相对于高社会资本企业样本组,全国统一大市场建设对网络边缘位置企业组的促进作用更加明显。

表12-7　微观情境因素下全国统一大市场建设对企业数字化转型的影响

	企业数字化转型			
	(1)国有企业	(2)非国有企业	(3)高社会资本企业	(4)网络边缘位置企业
全国统一大市场建设	-0.015	0.090***	0.054	0.102**
	(0.057)	(0.034)	(0.042)	(0.043)
企业规模	0.144***	0.189***	0.198***	0.211***
	(0.038)	(0.025)	(0.028)	(0.030)
企业年龄	0.071	-0.037	0.009	0.163
	(0.181)	(0.125)	(0.135)	(0.153)
盈利水平	0.109	-0.080	-0.119	-0.066
	(0.250)	(0.119)	(0.159)	(0.153)
负债水平	0.051	-0.210**	-0.233**	-0.150
	(0.145)	(0.086)	(0.105)	(0.108)

	企业数字化转型			
	(1)国有企业	(2)非国有企业	(3)高社会资本企业	(4)网络边缘位置企业
国有企业属性	—	—	0.062	−0.118
	—	—	(0.070)	(0.074)
两职合一	0.036	−0.003	−0.015	0.026
	(0.038)	(0.024)	(0.028)	(0.030)
机构投资者持股比例	−0.002*	−0.001	−0.002*	−0.001
	(0.001)	(0.001)	(0.001)	(0.001)
股权制衡度	0.074	0.020	0.034	0.011
	(0.046)	(0.030)	(0.032)	(0.036)
行业垄断程度	−0.214	−0.453*	−0.418*	0.339
	(0.307)	(0.231)	(0.236)	(0.223)
	25.37***	7.36***		
Adj-R^2	0.678	0.713	0.699	0.723
样本量	9195	21506	14555	15138

注：***、**、*分别代表在1%、5%和10%统计水平上双尾显著，括号内数字是标准误，标准误按企业层面聚类的处理方法调整。企业、年份、省份的固定效应和省份的年份趋势效应均已控制。

三、情境3:行业垄断程度的作用

表12-8从行业特征和区位特征两个方面报告了宏观情境因素下全国统一大市场建设对企业数字化转型的影响。根据行业垄断状况,将高于行业垄断程度年度均值标记为高垄断行业组,低于年度均值为低垄断行业组。表12-8第(1)列的高垄断行业样本组中,全国统一大市场建设对企业数字化转型的系数为0.127,在10%水平上显著;表12-8第(2)列低垄断行业样本组中的全国统一大市场建设对企业数字化转型的系数为0.043,系数为正但不显著。系数差异检验表明,全国统一大市场建设在两组样本中1%水平上存在显著差异,说明相对于低垄断行业样本组,全国统一大市场建设对高垄断行业样本组的促进作用更加明显。

四、情境4:企业所在城市线级的作用

根据企业所在城市线级特征,将样本企业分为一线城市企业组和非一线城市企业组。在表12-8第(3)列的一线城市企业样本组中,全国统一大市场建设对大型企业数字化转型的系数为0.058,系数为负但不显著,而表12-8第(4)列的非一线城市企业样本组中,全国统一大市场建设对企业数字化转型的系数为0.145,在1%水平上显著为正。系数差异检验表明,全国统一大市场建设在两组样本中1%水平上存在显著差异,说明相对于一线城市企业样本组,全国统一大市场建设对非一线城市企业样本组数字化转型的促进作用更加明显。

表 12-8　宏观情境因素下全国统一大市场建设对企业数字化转型的影响

	企业数字化转型			
	(1)高垄断行业	(2)低垄断行业	(3)一线城市区位	(4)非一线城市区位
全国统一大市场建设	0.127*	0.043	0.058	0.145***
	(0.075)	(0.032)	(0.057)	(0.056)
企业规模	0.264***	0.170***	0.154***	0.208***
	(0.041)	(0.025)	(0.045)	(0.038)
企业年龄	0.292	−0.080	−0.271	0.169
	(0.197)	(0.121)	(0.234)	(0.169)
盈利水平	−0.032	0.040	0.215	−0.251
	(0.188)	(0.129)	(0.237)	(0.182)
负债水平	−0.080	−0.140*	0.048	−0.297**
	(0.159)	(0.085)	(0.170)	(0.138)
国有企业属性	−0.021	−0.031	−0.184*	−0.025
	(0.088)	(0.063)	(0.108)	(0.075)
两职合一	−0.048	0.031	−0.064	0.030
	(0.040)	(0.024)	(0.045)	(0.039)
机构投资者持股比例	−0.001	−0.002*	−0.001	−0.002
	(0.002)	(0.001)	(0.002)	(0.001)

续表

	企业数字化转型			
	（1）高垄断行业	（2）低垄断行业	（3）一线城市区位	（4）非一线城市区位
股权制衡度	-0.012	0.029	0.000	0.041
	(0.057)	(0.027)	(0.051)	(0.045)
行业垄断程度	-0.313	-3.477***	-0.042	-0.351
	(0.208)	(1.318)	(0.301)	(0.297)
	33.56***	13.27***		
Adj-R^2	0.773	0.640	0.707	0.736
样本量	8251	22232	5158	9100

注：***、**、* 分别代表在1%、5%和10%统计水平上双尾显著，括号内数字是标准误，标准误按企业层面聚类的处理方法调整。企业、年份、省份的固定效应和省份的年份趋势效应均已控制。

第五节 结论与相关政策建议

一、研究结论

政府作为全社会最大的公共信息的采集者、处理者和拥有者，政府主动将政务数据作为公共资源向全社会开放共享，有利于发挥数据在促进市场主体之间合作的纽带和平台作用，带动更多企业和社会组织加入到数据要素市场化配置的进程中，促进全国统一大市场建设。政府公共数据开放为解决"数据孤岛"问题，促进信息要素资源在更大范围内畅通流动提供了重要契机。

本章基于地方政府数据开放这一准自然实验，考察全国统一大市场建设对企业数字化转型的影响效果，研究发现，全国统一大市场建设显著提升了企业的数字化转型水平；基于影响机制的探究发现，全国统一大市场建设通过降低转型成本、激励创新投入和加快转型速度等途径推动了企业数字化转型。结合影响情境的考察发现，全国统一大市场建设对于非国有企业、网络边缘位置企业、高垄断行业以及位于非一线城市企业的数字化转型作用更加显著。本章考察了构建新发展格局下消除数字鸿沟和发展数字经济的关键命题，不但为研究以中国为代表的新兴经济体转型问题提供了一个独特制度视角,也可以为完善现有数字经济的政策框架和优化治理机制提供重要启示。

二、政策建议

推动"有效市场"和"有为政府"相互协作,助力全国统一大市场建设。首先,通过良好的政府治理营造良好的营商环境和稳定的政策预期,通过强化政府监管,维护市场竞争秩序,重点解决市场分割、市场垄断、供需不平衡等问题和矛盾,制约统一大市场形成的各种体制机制障碍。其次,通过更高水平开放推进要素价格市场化改革,推动实现市场机制在要素价格决定、要素流动等过程中的主导作用,促进要素资源高效配置。最后,政府要为开发和链接社会需求和供给创造有利条件,弥补市场失灵和防止市场扭曲,发挥中国超大规模市场优势。

深化数据要素市场化改革,赋能新质生产力发展。首先,完善政府数据、企业数据、消费者数据的权属判断与分类保护机制,鼓励企业间通过资源共享、数据交换和数据交易等方式依法开发利用社会数据,丰富数据维度。其次,完善企业之间的互联互通标准,在更大范围内促进数据联通与共享。尤其着力解决权属界定和估值流通的障碍,推进数据标准规范体系建设,制定完善数据采集存储、流通加工、交易衍生产品等阶段的标准规范,在充分保障数据安全基础上通过开放、共享、交易等途径盘活存量数据资源,实现数据市场体质扩容基础上的高效流动和高质量供给,充分释放大数据价值赋能新质生产力发展。

发挥公共服务作用,加强数字化转型的顶层制度设计。首先,通过制度创新和环境优化为企业数字化转型提供健全基础设施支持,聚焦共性场景需求实现规模化应用的普及推广,促进要素资源规模化供给降低要素流通成本,优化营商环境有效降低转型风险。其次,根据企业在产权、行业和区域等异质性特征建立覆盖更多应用场景培育转型新动能,破解企业数字化转型过程中"不想转、不会转、不敢转"困局,激发数字化转型的动力活力。

第三篇

实践篇

实践篇是本书的政策分析和战略部分,旨在探索数字化赋能专精特新企业的实施路径和政策保障。本篇基本上遵循"典型剖析→政策比较→战略进路→政策保障"的逻辑思路,对数字化赋能专精特新企业的实际应用与政策保障展开分析。首先,选取国内外专精特新企业高质量发展的典型地区,分析其专精特新企业高质量发展的实践路径,对我国数字化赋能专精特新企业进行省域样本分析;其次,对数字化赋能专精特新企业的现实基础、关键瓶颈进行了比较深入的探讨,针对性地提出了数字化赋能专精特新企业的实现路径;最后,详细分析了数字化赋能专精特新企业面临的现实政策因素,提出了具有针对性和操作性的政策保障措施。

第十三章　典型国家专精特新企业发展概述

专精特新企业是我国战略性产业发展、科技创新驱动、新质生产力培育的重要支柱，也是我国产业链供应链强链补链的重要环节，如何促进专精特新企业更好更快发展和成长，需要进一步拓宽研究视野，了解德国、日本、韩国等国家相关企业专精特新的发展历程，有利于我们更好地做好数字赋能专精特新企业高质量发展的研究。

第一节　德国隐形冠军企业

一、概念与起源

20 世纪 80 年代末至 90 年代初，德国管理学家赫尔曼·西蒙在研究德国经济成功的原因时，注意到德国有一大批在特定细分市场中占据领先地位的中小企业在国际市场上表现非常出色，但这些企业在大众媒体中的曝光率很低。他开始系统地研究这些企业的特点和成功之道，最终提出了"隐形冠军"这一概念。西蒙在 1996 年出版了《隐形冠军：来自全球 500 家不为人知的优秀企业的启示》一书，系统地介绍了"隐形冠军"的概念和特征。这本书一经出版就引起了广泛的关注，不仅在学术界产生了深远的影响，也在企业管理界引起了共鸣。与此同时，德国政府也意识到"隐形冠军"企业对国家经济的重要性，开始出台一系列政策支持这些企业的发展。

德国政府并没有一个官方的法律定义或具体的标准来界定"隐形冠军"

企业,对于隐形冠军企业的概念多是来源于赫尔曼·西蒙的理论和学术界的共识提供了对这些企业的一些基本标准和特征。根据西蒙在其著作《隐形冠军:德国经济的隐秘领导者》中对"隐形冠军"的描述,隐形冠军企业通常需要满足以下主要条件。

一是定位某一细分市场全球排名前三。隐形冠军企业通常在其所专注的细分行业或市场中占据全球前三的位置,它们往往专注于某个特定领域,通过不断地创新和技术进步,积累了强大的市场份额和竞争力。二是高度专业化且专注于技术创新。隐形冠军企业通常会选择在一个特定领域内进行深耕,能够在相对较小的市场中占据主导地位,成为该领域的专业化领导者。这种专业化使它们能够在全球市场中脱颖而出。它们提供的产品或服务往往具有较高的技术门槛,通过不断改进产品、优化生产工艺和开发新技术来满足客户需求。隐形冠军企业通常在技术和产品创新上投入大量资源,并通过持续的研发来保持竞争优势。三是以家族企业或私有企业为主。许多德国的隐形冠军企业是家族经营的企业,这些企业通常更加注重企业的长期发展和稳定,而非短期的股东利益最大化,避免频繁的股东更替对企业发展产生干扰。四是全球化运营且保持低调的品牌形象。隐形冠军企业通常在全球化过程中非常成功,但它们的品牌形象往往保持低调。尽管它们的产品遍布全球市场,但它们通常不像跨国大企业那样进行大量的广告营销。五是细分市场处于领先地位。根据年销售额的不同,德国隐形冠军企业可分为小型"隐形冠军"、中型"隐形冠军"、"大冠军"三类。其中:小型"隐形冠军"是年营业额低于 5 亿欧元的企业,这类企业通常在特定的细分市场中占据主导地位,但规模较小,主要集中在本地或区域内市场;中型"隐形冠军"是年营业额介于 5 亿—50 亿欧元之间,这类企业已经具备一定的国际影响力,不仅在本国市场占据重要位置,也在国际市场中占有一定份额;"大冠军"是年营业额超过 50 亿欧元的企业,这类企业不仅在国际市场上具有显著影响力,而且在多个细分市场中处于领先地位,拥有较强的全球竞争力。

二、相关政策

德国政府对隐形冠军企业的发展提供了多维度的支持政策,旨在帮助这些企业在全球市场中保持竞争力。隐形冠军企业通常在规模上是中型企业，它们对德国经济的贡献巨大，因此政府在政策层面采取了多种措施以促进它们的发展和国际化。其主要的支持政策和措施包括以下方面。

（一）国家层面的工业4.0战略：以数字化赋能隐形冠军企业成长

为了提高德国工业的竞争力，德国政府提出"工业4.0"战略，在此战略指引下，德国联邦教研部与联邦经济技术部共同推出了"工业4.0"研究项目，投入达2亿欧元。随后德国联邦政府先后出台了《德国2020高技术战略》《德国2025高技术战略》《德国2030工业战略》等一系列国家战略，逐步形成了德国"工业4.0"战略的1438框架。即："1"个信息物理系统网络；智能生产、智能工厂、智能物流、智能服务"4"大主题；"3"项集成（做到横向、纵向和端到端的高度集成）；以及标准化和参考架构计划、监管框架计划、工业宽带基础计划、安全和保障工作计划、管理复杂系统计划、资源利用效率计划、组织和设计计划、培训与再教育计划"8"项计划。

在"工业4.0"战略框架下，德国全国建立了12个数字化中心（Digital Hub Initiative），每个中心围绕一个特定行业的数字化进行研发创新，并形成该行业集群中数字化领域的"产学研用投"一体化，为培育更多的数字化"隐形冠军"企业打造了一个从早期匹配到深度合作的全周期创新生态，其经验值得研究和借鉴。

（二）全生命周期支持政策："新初创时代"计划

2016年，德国推出"新初创时代"计划，为隐形冠军等中小企业提供从孵化、加速、成长、成熟到持续成长的全生命周期的资金支持，包括为处于孵化期的科创型中小微企业提供有针对性的股权投融资解决方案，以及通过政府资金与风险投资基金合作的方式加速创新型企业发展。经过数年的实践，"新初创时代"计划获得了极大成功。其具体内容包括以下几方面。

1. 孵化期的政策支持

一是设立初创企业引导基金。德国联邦政府、州政府和欧盟三方设立了多项初创企业引导基金，为孵化期企业提供种子资金。这些基金通常用于支持企业的初步研发和市场测试。其中，最为典型的是"联邦政府的高科技初创基金（HTGF）"计划，该计划主要是针对创新度较高的高科技公司，为其在运营初期提供金额为 100 万欧元的初始资金,时间 3 年,后续可以根据公司需要再提供小于 300 万欧元的资金支持。二是设立未来基金。德国联邦政府 2021 年启动的"未来基金"①,即未来 10 年提供 100 亿欧元解决初创企业的增长融资问题,该基金由德国复兴信贷银行执行并管理。具体措施包括:(1)扩张复兴信贷银行(KfW)资本。复兴信贷银行的全资子公司 KfW Capital 将在未来 10 年对风险投资基金、增长基金和风险债务基金的承诺额增加约 25 亿欧元,投资重点集中在初创企业的增长融资。(2)设立 EIF 增长基金。在现有 ERP/EIF 增长基金基础上,设立规模为 35 亿欧元的增长基金,用于投资初创企业增长融资轮次。(3)更新深度科技基金。全新的深度科技基金将以长期投资的眼光直接投资深度科技企业,直至技术达到市场成熟度。

2. 加速期的政策支持

加速期的政策支持主要是来源于各类公私合作投资计划,这些计划主要是以政府公共基金与私募风投基金共同合作的形式,为处于加速期的科技企业提供加速创新所需的资金支持,平均资助金额约 2000 万欧元至 6000 万欧元。这类型合作基金比较典型的有 Coparion 基金、ERP/EIF 风投基金、德国复兴开发银行资本(KfW Capital)等。此外,为了解决加速期中小企业融资难的问题,德国政府还会委托专业的银行为企业创新提供较长的低息贷款,贷款有普通商业贷款和免担保贷款两种形式,即使是普通商业贷款也可以享受到暂缓支付利息的优惠,暂缓时间可以从 2 年到 7 年不等。

3. 成长期的政策支持

德国政府为成长期企业提供的主要支持政策有:一是税收优惠。例如,德国实施《研究津贴法案》,为在德国开展研发并需纳税的公司提供研发人员费用的 25%的报销(每年最高 50 万欧元)。二是基金支持。比较典型的基金支持是德国政府联合欧洲投资基金共同设立的增长基金,该基金用于投资处于成长期的科技创新公司,基金总额有 5 亿欧元,每次投资约 3000 万—4000 万欧元。三是市场拓展支持。政府通过各种渠道帮助成长期企业拓展国内外市

---

① 资料来源:http://www.casisd.cn/zkcg/ydkb/kjzcyzxkb/2021/zczxkb202105/202108/t20-210809_6155310.html。

场。主要有：德国积极参与欧盟的创新和创业支持项目如"地平线2020"等，为中小企业提供国际化的创新平台和合作机会；德国政府通过德国外贸与投资署（Germany Trade and Invest, GTAI）以及各类国际展会，为德国企业提供出口支持，帮助它们在国际市场上拓展业务。此外，德国政府设立"全球化基金"支持中小企业在新兴市场国家的投资和业务拓展。同时，德国外贸与投资署等机构为企业提供国际化咨询服务，帮助它们了解不同国家的市场准入要求、法律法规等，帮助企业顺利进入国际市场。四是人才支持。德国政府提供培训和教育项目，帮助企业吸引和培养高素质的人才独特的"双元制"职业教育体系提升了德国技术工人的素质水平。德国独特的"双元制"教育模式（即学校教育与企业实习相结合）为企业培养了大量技术型人才。此外，德国政府通过"蓝卡"计划等措施，为企业提供所需的国际高技能人才。五是提供专业咨询服务。德国政府鼓励中小企业接受外部创新咨询服务，符合条件的小企业与指定的咨询机构签订合同后，政府将提供合同额45%—55%的补贴。每年约有430个咨询合同成功申请补贴，政府为此提供约250万欧元的补贴。

（三）典型的支持计划

1."中小企业创新支持计划"（Zentrale Innovationsprogramm Mittelstand, ZIM）[①]

这是德国联邦经济和气候保护部为激励中小型企业创新于2008年启动的一项"旗舰计划"，旨在资助、鼓励中小企业进行技术创新、新产品开发和市场开拓。2015年，德国又将一些中小企业创新政策并入该计划。该计划每年资助3000个创新项目，所资助的创新项目分为企业项目、合作研究（由多个公司联合开发）项目和网络研究项目三种类型，主要资助对象是员工人数少于500人的中小型企业，其中：获得资助率最高的是员工人数小于50人的小型企业，平均资助率最高可达到80%，最高资助金额可达24.75万欧元；特别是对于人数少于50人且成立不到10年的小型初创企业，平均资助率可达到45%。对于员工人数在50—250人和250—500人的中型企业，资助率分别依次递减。申请项目获批取决于创新程度和市场前景。通常要求满足下列条

---

① 资料来源：https://t.cj.sina.com.cn/articles/view/5044281310/12ca99fde020020i2x。

件：一是在产品和服务功能等方面超越现有水平，达到国际先进的水平；二是项目存在较大的、但可预测的技术风险；三是项目可以使公司竞争力得到持久提高，且能开拓新市场和增加就业机会；四是具备有从事该项目所需水平的科技人员。该项目资助比例可达企业投入的 35%—50%，如果是科研机构最高可获得 100% 的资助。单个项目最高补贴额为 35 万欧元，大型项目补贴额上限为 200 万欧元。自 2015 年至 2022 年，已经有 25379 个项目获得资助，资助金额合计超过 40 亿欧元。2020—2021 年资助了 7547 个项目，资助金额为 13 亿欧元。

2.“商业模式和开创性解决方案创新计划”(Innovationsprogramm für Geschäftsmodelle und Pionierlösungen，IGP)

这是德国联邦经济和气候保护部在 2019 年开始实施的试点项目，旨在促进中小企业以市场为导向的非技术创新。其中包括产品、服务、流程、组织和营销以及商业模式等创新。IGP 的项目形式有：可行性研究（项目形式 A）、市场测试和市场试点（项目形式 B）和创新网络（项目形式 C）。试点实施以来已进行三轮专题征集项目建议书：第一轮是数字和数据驱动创新项目；第二轮是文化和创意产业创新项目；第三轮是具有高度社会影响的教育和信息的获取创新项目。资助对象是中小型企业、初创企业，包括自由职业者在内的个体经营者、非营利公司和科学合作伙伴，以及仍在组建中的公司，这些中小企业大多没有市场导向创新的融资经验。2021 年 6 月，通过对试点的总结评估，德国联邦经济和气候保护部决定将该计划逐步推广，资助计划从最初的预算约 2500 万欧元，增加到 3500 万欧元。第一轮招标共收到项目建议草案 1781 份，获得批准和资助拨款的有 280 个申请项目。

三、德国隐形冠军企业的发展特点与主要做法

（一）德国隐形冠军企业的发展特点

长期以来，德国的“隐形冠军”企业形成了“不搞多元化发展”“小而强”“不上市”的发展特色：一是聚焦做“配套专家”。专注产业链和市场细分领域，有核心技术或配件配方，是唯一或少数能满足重要企业或商品特别需求的供应商。例如，德勒（Delo）生产德国 3/4 日常电卡、水卡、银行卡芯片粘合剂

贴;永本兹劳尔(Jungbunzlauer,德国和瑞士合资企业)为可口可乐公司提供有独特配方的柠檬酸;博医来(Brainlab)和登士柏西诺德(Dentsply Sirona)分别提供了几乎所有的全球外科手术导航系统和牙医用品;格林(Gehring)提供汽车制造商专业激光气缸珩磨机等。二是长期关注核心技术创新。德国"隐形冠军"企业 R&D 占销售额 6%—10%,明显高于目前全球 1000 家最重视研发的上市公司的 3.6%(例如苹果 2.2%、索尼 5.9% 等);同时,德国"隐形冠军"企业创新成本低,效率高,在同类研发中,专精特新企业的 R&D 成本只有大型企业的 1/5,平均每家有 31 个有效专利,是大型企业的 5 倍。三是保持经营自主权。"隐形冠军"企业一般是家族企业,对外,抵制外部资本进入,回避与大企业竞争;对内,维持较高的职工福利,这些策略是它们度过危机的主要手段。德国的专精特新企业保持了很高的经营自主权,自有资金平均占企业总资产的 42%,高于全部企业平均的 24.6%,税后利润率是 500 强的 1.6 倍左右;同时,德国"隐形冠军"企业为内部职工提供了优厚的福利,导致平均离职率是 2.7%(德国企业平均离职率 7.3%),形成很高的职工忠诚度。"隐形冠军"企业的低调经营作风,是危机时帮助其渡过难关最有力的保障。四是坚持长期扎根当地与开拓海外市场并重。德国"隐形冠军"企业总部主要设在中小城镇(三分之二),不同于大企业总部主要在大城市;这些企业也很少与媒体接触。加上"隐形冠军"企业一般都有较长的经营历史(平均存续期的中位数为 66 年),因此,它们与当地保持了长期经济和情感上的联系。全球化发展以来,这些企业也高度重视开拓海外市场和特殊用户,占有了 1/4 的德国出口市场。

根据西蒙顾和管理咨询公司(Simon-Kucher & Partners)发布的报告显示:2019 年,全球有 2734 家"隐形冠军"企业,其中德语区(德国、瑞士、奥地利)国家占比最多,达到 56%;德国位居全球各国"隐形冠军"企业数量之首,拥有 1307 家"隐形冠军"企业,远远超过位于第二名的美国(366 家)。其中,德国"隐形冠军"企业平均营收 3.26 亿欧元,平均员工人数 2037 人,约 70% 为工业制造领域,且拥有的专利数量也较高。从德国隐形冠军企业的行业分布来看,多数集中于制造和工程领域。这些行业需要专业且训练有素的劳动力,这源自隐形冠军企业技术的积累,技术发展也同步于优势地位的维护与巩固。专注于单一领域也是其获得行业领先地位的原因之一,有利于长期保持较高的市占率。

(二) 德国世界隐形冠军企业的样本分析

拥有欧洲哈佛大学著称的瑞士圣加仑大学经济管理学院院长米勒教授团队同德国全球市场领军企业(世界隐形冠军)学院(ADWM)共同开发的全球市场领军企业大数据库是世界隐形冠军企业的权威评估机构,他们同德国经济周刊和商报集团组成联合体定期评估和发布德语区世界隐形冠军名单。[①]根据其发布的2018年德语区世界隐形冠军名单,本章选取439家德国"世界隐形冠军"企业,计算其2019—2023年的平均营业收入、平均利润率和平均发明申请专利数量(见表13-1)。在该上榜企业中,VOLKSWAGEN AG公司年营业额连续保持最高水平,2023年度,年营业额超过3000亿欧元。上榜企业中行业分布前10名行业依次是:工业、电气与电子机械,商业服务,化学、石油、橡胶与塑料,金属与金属制品,运输制造,批发,皮革、石材、粘土与玻璃制品,房地产服务,食品与烟草制造,纺织与服装制造。

表 13-1　德国世界隐形冠军企业的主要指标

年份	平均营业收入(千欧元)	平均利润率(%)	平均员工人数(人)	平均发明专利申请数量(件)
2023	13338190.06	7.26	24198	39
2022	5345242.04	7.63	13841	84
2021	4607683.25	8.38	13032	84
2020	3971220.83	5.158	13171	73
2019	4346609.56	6.37	13402	70

资料来源:本数据根据榜单企业名单,结合 orbis 数据库数据,整理计算得出。

根据米勒教授团队同德国全球市场领军企业(世界隐形冠军)学院(ADWM)联合发布的冠军研究数据指标,入选世界隐形冠军企业需满足以下条件:一是入选企业需要在欧洲德语国家以外的地区拥有超过50%的所有

---

① 资料来源: https://www.wiwo.de/unternehmen/mittelstand/das – sind – die – weltmarktfu-ehrer–2018/23639990.html。

权;二是入选企业在 6 大洲中的至少 3 个大洲拥有自己的生产基地和/或销售公司或开展出口业务;三是入选企业年营业额至少达到 5000 万欧元;四是入选企业在相关的世界市场细分领域中排名第一或第二;五是出口份额/国外销售份额占比大于总销售额的 50%。根据西蒙关于大中小型隐形冠军企业的划分标准,在这些世界隐形冠军企业中,年营业额低于 5 亿欧元的小型"隐形冠军"企业、年营业额介于 5 亿—50 亿欧元之间的中型"隐形冠军"以及年营业额介于大于 50 亿欧元之间的大型"隐形冠军"其数量、平均利润率和平均发明专利申请数量如表 13-2 所示。其中,员工人数小于 500 人的中小型企业有 113 家。

表 13-2 德国大中小型世界隐形冠军企业的主要指标

年份	大型"隐形冠军"			中型"隐形冠军"企业			小型"隐形冠军"企业		
	企业数量(个)	平均利润率(%)	平均发明专利申请数量(件)	企业数量(个)	平均利润率(%)	平均发明专利申请数量(件)	企业数量(个)	平均利润率(%)	平均发明专利申请数量(件)
2019	37	6.0	508	132	6.1	44	163	6.6	7
2020	35	5.1	559	128	5.5	47	169	4.9	8
2021	39	7.7	596	138	9.3	49	161	7.7	9
2022	43	6.8	541	141	7.9	51	142	7.6	9
2023	30	7.4	325	43	9.8	25	14	-1.0	6

资料来源:本数据根据榜单企业名单,结合 orbis 数据库数据,整理计算得出。

（三）德国隐形冠军企业发展的主要做法

一是产业集群在中小企业创新中发挥了重要的作用。德国通过各类产业集群构成了创新集聚带,在创新集聚带上的各个主体可以进行知识和信息共享,这种信息共享不仅有在产业链上下游主体之间的纵向共享,还包括产业集群中同一产业链中互相竞争的企业之间的横向共享。这种共享方式以产业集群的具体项目为依托,通过对项目合作的形式把产业集群中的企业、供应商、消费者、研究机构、大学、职业学校等凝结在一起,形成了一个从最初的发明到最终产品化的全链条创新网络。德国这种以产业集群研究项目为资助对象的创新合作方式,特别有利于初创的小型公司在集群创新合作中分享科研成果和社会资源,促进其成长。

二是建立支持中小企业"专精特新"发展的全生命周期服务链条。德国联邦经济事务和能源部针对中小企业,尤其是初创型企业出台了"鼓励创新创业—中小企业数字化—专业技术转化—贴近市场的创新"共四个步骤的全生命周期服务体系,建立涵盖企业初创期、成长期、成熟期全生命周期的服务链条,帮助"隐形冠军"企业实现了从想法到市场的过渡。

三是构建了中小企业创新培育的"知识创造和溢出体系—企业—政府"三位一体机制。德国有专门为中小企业创新及其市场转化提供定制化解决方案的弗劳恩霍夫协会,该协会由 67 家学院构成,政府采用"资金+项目"的形式每年为其提供 2/3 的经费支持,为中小企业提供从产品创意到样品的设计与开发、试生产、批量生产及进入市场全周期的解决方案。

四是通过推行严格的质量标准管理制度塑造"德国制造"品牌形象。早在 20 世纪初,德国政府就通过建立一系列标准化协会制定了严格的质量标准制度。1914 年,德国先是确立了"产品品质"不因经济利益而动摇的原则。1917 年,德国成立标准化协会(DIN),率先实行第三方产品认证制度。至今,德国已有 30 万个行业标准协会,这些标准协会每年发布上千个行业标准,约 90% 的标准可以被欧洲及世界各国采用。同时,德国政府通过立法保障这些行业标准的实施效力,对于质量不合格的产品,一旦被消费者举证,企业会受到严厉法律处罚。

五是通过各类政策性金融服务和资金支持,构建了完善的"隐形冠军"金融支持体系。德国建立了政策性银行、贷款担保等完善的创新金融服务机制。德国建立以担保银行为主体的融资担保体系,即商业银行与担保银行对担保贷款按照二八比例进行风险分担,为高风险科创中小企业提供担保。政府与担保银行实行风险共担,当担保银行发生代偿损失时,政府通常会承担 65% 的损失;此外,德国通过实行"转贷"机制极大提升了商业银行对中小企业融资贷款的积极性。

(四)德国北莱茵—威斯特法伦州以数字化推动隐形冠军企业发展的主要做法

德国北莱茵—威斯特法伦州位于德国西部、欧洲腹地,是德国 GDP 排名第一、对外贸易排名第一、吸引外国投资和海外投资排名第一的联邦州,也是德国人口最多、最稠密的联邦州。其中鲁尔区是世界上最大的工业区之一,由北威州中部的 11 个直辖市和 4 个县级市的总计 54 个镇组成,这里既有世界级的大型工业企业,也有数十家在其业务领域处于领导地位的小型工业企业,形成独特的"鲁尔城市集群"。

北威州作为德国最重要的工业区,各类型工业企业分布密集。在世界 500 强企业名单中 28 家上榜的德国企业,总部在北威州的有 7 家,其中 3 家跻身世界 200 强企业之列。在德国销售额 50 强企业中,北威州占据 17 席。在德国 50 强零售企业中,14 家总部位于北威州。中小企业约 71. 16 万家。机械制造是北威州最大的行业,近年来,随着德国"工业 4.0"战略的实施和推进,北威州先后制定和实施了"州信息通讯技术 2020 路线图""州创新与数字化资助计划"以及"州区域经济发展计划"等一系列促进中小企业创新发展和工业企业数字化转型的推进措施,北威州的无线通讯和信息产业蓬勃发展,机械制造等工业企业纷纷开始了数字化转型和高质量发展,成为德国隐形冠军企业发展壮大的重要力量。

目前,北威州的信息通讯技术正在推动整个经济的数字化转变,德国 1/5 的初创企业选择在北威州扎根。至 2020 年,北威州政府为数字化未来项目投入 6.4 亿欧元。六个"地区中心"(孵化器)为创新企业、中小企业和整个工业界提供合作平台。北威州是全德最佳数字经济的地区平台之一,其有效的数字经济平台搭建了初创企业、中小企业和大型集团之间的合作的桥梁。德国无线通讯和信息产业中 1/3 来自北威州,达 24300 家,分布最为密集,形成了从中小型 IT 企业到软件初创企业,再到电信巨头,包罗万象的局面,每年产生 1060 亿欧元销售额,占德国此行业总销售额近 1/3。

第二节　日本高利基企业

一、概念与起源

日本的"全球高利基企业"(Global Niche Top,GNT)也是类似专精特新特征的企业类型。根据日本经济产业省的评选要求,需要全球高利基企业至少在特定产品和服务的细分市场上有10%以上的全球市场份额。因此,日本对GNT企业的定义是专门从事细分市场且在国际细分市场上占有重要地位、具备竞争优势的一流头部企业。日本经济产业省分别于2014年和2020年评选了100家全球高利基企业。

日本的高利基企业推动了战后国家的迅速崛起。日本将利基企业分为三类:潜力型NT、NT型企业和GNT型企业,其中,NT是Niche Top的缩写,译为高利基企业。NT型企业规模较大,生产率和利润率等绩效比整体中小制造企业平均水平出色,是"优秀的中小企业"群;潜力型NT企业利润率略低于NT型企业,是在近10年形成的;GNT是Global Niche Top的缩写,译为全球高利基企业。GNT企业分为大企业、中型企业和中小企业,主要划分体现在企业资本金规模、市场规模、员工人数方面。通常大企业中,是要求特定商品服务的世界市场规模在100亿—1000亿日元之间,在过去3年内有1年确保了20%以上的全球市场份额;中型企业的资本金要求在3亿日元以上,销售额在1000亿日元以下,且在过去3年内有1年,对于特定的产品和服务确保10%以上的全球市场份额;中小企业的资本金在3亿日元以下、员工人数少于300人,在过去3年内有1年确保了10%以上全球市场份额。

2014年,日本经济产业省首次在全国开展了GNT评选活动,评选标准为:收益性、战略性、竞争力和国际化四项指标,其具体的定量和定性指标如表13-3所示。最终有107家入选企业。按专业领域划分,机械、制造领域52家,材料、化学领域20家,电气、电子领域15家,消费品及其他领域13家。按企业规模划分,中小企业69家、中型企业25家、大企业6家。

表 13-3 日本首批 GNT 评选指标体系

评估项目	定量评估指标	定性评估指标
收益性	员工人均销售额 营业利润率	对收益性的认知 提高收益的难易程度
战略性	GNT 产品和服务数量 客户企业数量(国内和国外总和) 近五年中 GNT 销售额占总销售额的比例	GNT 企业的战略性 GNT 化是否为经营目标

续表

评估项目	定量评估指标	定性评估指标
竞争力	GNT 产品和服务的全球市场份额 GNT 产品和服务全球市场份额保持在 10% 以上的年数 GNT 产品和服务的竞争对手数量	提升竞争力的策略 专利技术的保护措施
国际化	海外销售比率 销售国家数	海外市场的拓展策略 海外市场的拓展业绩

资料来源:根据日本经济产业省发布的《日本全球高利基 100 强报告(2013 版)》整理。

2020 年 1 月,第二批 GNT 企业评选时,评选指标在第一批评选基础上,增加了研发投入比例、研发人员比例等,不仅强调企业具有长期保持世界细分市场份额的能力和长远发展战略目标,还明确了对竞争企业及国家的信息收集以及应对风险等能力。其具体的定量和定性指标如表 13-4 所示。第二批 GNT 企业从申报的 249 家企业中遴选出 113 家,并在 2020 年 6 月发布第二批 GNT 企业榜单。其中,有 13 家企业同时入选了两批 GNT 企业名单。

表 13-4 日本第二批 GNT 评选指标体系

评估项目	定量评估指标	定性评估指标
收益性	员工人均销售额 营业利润率	对收益性的认知 提高收益的难易程度
战略性	GNT 产品和服务数量 客户企业数量(国内和国外总和) 新增 GNT 产品和服务销售额占总销售额的比例 员工增加人数 销售额中研究开发费占比 研究开发部的员工占比	GNT 企业的战略性 技术独特性、唯一性、拓展可能性 提高竞争力的举措
竞争优势	GNT 产品和服务的全球市场份额 GNT 产品和服务的市场规模 GNT 产品和服务全球市场份额保持在 10% 以上的年数 GNT 产品和服务的竞争对手数量	客户清单、领域 竞争对手清单、国家 证明是全球业界头部企业的相关信息
国际化	海外销售比率 销售国家数 海外国家据点数	海外市场的拓展策略 海外市场的拓展业绩

资料来源:根据日本经济产业省发布的《日本全球高利基 100 强报告(2020 版)》整理。

二、相关政策

日本对高利基企业的支持政策始于 20 世纪 90 年代末至 21 世纪初。日本从政策、资金、表彰等方面发力培育高利基企业,建立了以中小企业厅为主导、地方政府为基础的中小企业机构体系,设立了独立行政法人日本贸易振兴机构(JETRO),对企业在海外事业开展提供全方位支撑;同时,日本政府大力鼓励和支持中小企业提高创新能力,并为潜力型高利基企业提供技术开发补助金以促进其成长为 GNT 企业。具体看,主要包括以下方面。

(一)制定完备的中小企业政策执行机构体系

日本政府高度重视对中小企业的扶持,建立了完备的中小企业政策执行机构体系,形成了由经济产业省中小企业厅负责规划、协调,国家级执行机构层面、地方政府政策执行机构层面、社会层面政策执行机构方面三个层面共2.5 万个中小企业政策执行机构共同组成的组织机构体系,有力地促进了中小企业的发展,也为 GNT 企业的生长提供了沃土。

国家级执行机构层面主要包括:(1)政策性金融机构。这种政策性金融机构主要由三个机构组成,分别是:日本政策金融公司、日本信用担保公司和日本商工中金银行,其中:日本商工中金银行由日本政府和工商团体共同投资组建,其他两个金融机构皆由日本政府全资投入。政策性金融机构的主要职责是为全国中小企业、小微企业提供融资及担保服务。(2)日本贸易振兴机构(JETRO)。它在国内有 36 个办事机构,在国外有 73 个代表处,其主要为日本中小企业在海外投资提供援助。(3)中小企业基盘准备机构(简称"中小机构""SMRJ")。该机构也是为中小企业提供融资支持。与政策性金融机构所不同的是,中小机构属于日本经济产业省中小企业厅,主要为地方举办的中小企业基础设施提供融资贷款,除提供融资贷款之外,中小机构还办有"中小企业大学",为中小企业的管理层和中小企业服务机构提供培训。

地方政府政策执行机构层面主要包括:(1)小企业支援中心和事业承继中心,这些中心都是由地方政府建立,主要服务于本地的中小企业;(2)各地的中小企业服务机构,主要负责本地中小企业的培训、创业创新咨询以及提供各类市场信息和指导等服务。

社会层面政策执行机构方面,日本政府允许商会团体、税务和法务的咨询机构、地方性金融机构,以及各类自治体和法人机构通过认证考试获得"中小企业经营革新支援机关"资格,并开展为中小企业服务咨询、经营革新支援等业务。这些机构构成了一张密集的网,及时地向中小企业宣传国家各类政策,同时也为中小企业提供了会计、税务、法律以及经营的咨询服务。

(二) 出台一系列的促进中小企业发展的政策法规

目前日本颁布的专门针对中小企业的法律共有 38 部,除 1 部《中小企业基本法》外,还有涉及中小企业创新创业、经营基础和经营环境、资本供给以及行政组织等方面的专门法 37 部,这些法律为 GNT 企业的发展提供了坚实的保障。此外,日本政府根据环境的改变,适时制定新法或更新旧法。如设立《中小企业经营力强化支援法》(2012)、《小企业基本法》(2014)等。

(三) 加强对中小企业创新发展的支持力度

日本政府自 1999 年起实施"中小企业技术革新制度(SBIR)",该制度要求政府相关部门每年设定支持中小企业创新发展的补助金和委托费支出,以"特定补助金"和"新技术补助金"的形式,促进中小企业的开发及成果的市场转化。同时,该制度要求制定统一的募集纲要和实施规则,提高补助金和委托费的使用效率,按照创新发展阶段对中小企业的创新发展提供适当的支持。

2021 年,SBIR 制度进行了修订,修订后该制度强化了内阁政府跨部门的政策协调和执行力度;更强调创新的产出作用,加强了企业、研究机构、政府在创新方面的合作;设定支出目标,使各省的特定研究开发预算(特定新技术补助金等)中一定比例的金额用于启动等;对各省的指定补助金等实行统一的规则进行运用,确保政策的一致性和有效性。

"SBIR 制度"实施"三段式竞争选拔方式":第一阶段为项目实施的可行性论证阶段,由中小企业家按照政府相关部门的课题指南提出申请,在政府论证项目的可行性之后,为立项的中小企业家提供接受相关培训的机会;第二阶段为产品的可持续研究开发阶段,支援期限一般为 2 年,由于该阶段的风险较大,同时考虑到国库经费的使用效率,日本政府采用"多批准少补助"的原则;第三阶段为新技术的全面市场化阶段,该阶段政府支持的力度显著增加,支持额度约为第二阶段的 3—4 倍,体现了"集中力量办大事"的原则。

三、日本高利基企业的发展特点与主要做法

（一）日本高利基企业的发展特点

第一，日本高利基企业的平均寿命较高。日本是全世界长寿企业最多的国家，全球最古老10家企业，日本占9家。日本每年都发布"创业100周年的日本企业"调查，根据2022年的调查结果显示，日本仅在2022年就有1334家企业成为百年老店。据日本商工会的调查，截至2017年，日本经营历史超过100年的企业共有33068家，居世界第一，其中超过千年历史的企业有21家，超过500年历史的企业有147家，超过300年企业近2000家。在日本的百年企业中，选择高利基业务是其长寿的重要原因，这些企业往往通过找到一个既能满足企业长期成长需要，又不会引起大企业兴趣的高利基业务，在细分市场上由弱到强持续成长。

第二，GNT企业普遍具有强烈的技术创新意识。根据《日本全球高利基100强报告》显示，两批GNT企业中占比最高的是"发挥自身已有核心技术优势进军其他领域"和"强化核心技术是保证产品竞争力的关键"；GNT企业重视研发投入，其平均研发经费占销售额的4%以上。而且97.3%的GNT企业的研发中心以日本国内为主，其技术研发严格控制在日本国内，保证技术不外流。

第三，日本GNT企业强化全球化市场上的差别化竞争战略。日本GNT企业通过搭建海外销售网络，设立销售事务所，建立海外工厂措施不断地扩大海外市场的份额，而且凭借其差别化的竞争策略，围绕目标客户需求，在原材料、产品性能、用途、包装及售后等各方面上，分别展开差异化，进行精准的全球布局，从而保证了产品在全球市场上较高的市场份额。

第四，日本GNT企业与供应链上下游企业之间形成了长期稳定的合作关系。日本供应链上下游企业之间建立了较稳定的长期合作关系，大中小企业之间通过连锁性的垂直分工协作实现了融通发展，从而使得中小企业在成立初期可以不用在市场开拓上耗费过多精力，可以更多地投入新技术研发，有利于中小企业快速成长。

（二）日本第二批GNT企业的样本分析

根据日本经济产业省发布的《日本全球高利基100强报告（2020版）》显

示,2020 年入选日本第二批 GNT 企业共有 113 家,入选企业的全球市场占有率为 43.4%,营业利润率为 12.7%,海外销售额占比为 45%。

表 13-5 《日本全球高利基 100 强报告(2020 版)》数据表 (单位:%)

行业分类	全球占有率	利润率	海外销售占比
机械·加工行业	39.8	11.2	41.4
材料·化学行业	50.6	13.9	47.4
电气·电子行业	42.9	11.6	55.8
消费品及其他行业	50.5	23.9	40.8
各行业平均	43.4	12.7	45.0

资料来源:《经济观察报》2020 年 10 月 22 日《日本企业的利基战略:从小冠军到大冠军》。

从行业来看,按照机械·加工、材料·化学、电气·电子和消费及其他这四大类来统计行业分布情况如下表 13-6 所示。其中,有 142 家机械·加工类企业报名,占比为 57%;在最后 113 家获得认定的企业当中,机械·加工类企业为 61 家,占比为 54%,也位列第一。而消费及其他类企业,候选数和获评数占比分别为 7% 和 9%。这与隐形冠军之父赫尔曼·西蒙提出的,德国隐形冠军中有超过 2/3 的企业活跃在工业领域,1/5 的隐形冠军涉及消费类产品,1/9 属于服务业,也大致相符。

表 13-6 日本第二批 GNT 企业行业分布情况 (单位:%)

业界	大企业	中型企业	小企业	合计
机械·加工行业	15(23)	13(17)	33(102)	61(142)
材料·化学行业	10(15)	6(12)	8(19)	24(46)
电气·电子行业	11(15)	0(1)	9(22)	20(38)
消费品及其他行业	1(2)	2(3)	5(18)	8(23)
合计	37(55)	21(33)	55(161)	113(249)

资料来源:根据《日本全球高利基 100 强报告(2020 版)》整理。

(三)日本 GNT 企业发展的主要做法

根据日本《2020 年度中小企业政策》归纳整理,政府层面的扶持政策有

230 多项,包括对事业传承、企业重组、创业等提供支援,促进企业更新,促进企业数字化转型,帮助企业国际化经营,改善企业经营环境等具体内容,且明确了资金来源和额度,尤其强调对"研究开发、人才培育、海外竞争"等科技关联政策,这些扶持中小企业发展的政策在促进 GNT 企业发展中发挥了积极的作用,有利于 GNT 企业的可持续发展。

一是表彰和推进 GNT 企业发展计划。日本政府先后实施了"朝气蓬勃的300 家产品制造中小企业评选项目""百家全球高利基企业评选项目""300 家优秀中小企业和微型企业评选活动"等一系列评选和表彰活动,对于评选出来的企业给予免贷款担保、吸引人才等优惠支持,并通过对评选和表彰的GNT 企业的经验加以整理和总结,如日本经济产业省在两次全球利基企业评选之后,都发布了《日本全球高利基 100 强报告》,用以作为指导其他企业经营和发展的指南。

二是支持中小企业开展海外业务的计划。具体做法包括:(1)协助中小企业谋求国际合作。日本政府制定了《中小企业海外发展支援大纲》等政策,通过日本贸易振兴机构、中小企业基盘整备机构等机构合作,为中小企业匹配有意对日投资的外国企业,同时支持中小企业出海发展。(2)日本贸易保险公司与民营保险企业合作提供海外投资保险(再保险方案)。日本中小企业厅在 2019 年 7 月修订了《出口信用保险法》,允许日本贸易保险公司从民营保险企业为海外投资的中小企业提供再保险。(3)实施重要技术管理体制强化项目。针对持有高精尖技术和产品的中小企业,展开专项调查,促进构建出口管理体制。

三是制定特支计划,激励企业创新。日本通过发放技术开发补助金的方法促进潜力型 NT 企业成长为 GNT 企业。同时各个地方为 GNT 企业出台了特殊的支援计划,鼓励企业开展创新。例如,东京都开展企业资助,对企业在知识产权方面的问题提供法律、资金等支持;京都府发布了扶持 GNT 企业补助金支付纲要,对相关税收进行减免等促进 GNT 企业持续发展的措施。

四是强调全球化对利基战略的作用。从日本全球高利基企业的经验来看,实施全球化战略已成为利基战略的重要支柱。日本政府对于中小企业国际化高度重视,制定了《中小企业海外发展支援大纲》等政策,通过加强政府与支援机构间的合作以支持中小企业出海发展。日本 GNT 企业也愈发重视全球化战略,通过在国际产业链布局,不断扩大自身在全球市场中的竞争优势。

第三节　韩国中坚企业

一、定义与起源

韩国的"中坚企业"是指处于中小企业和大企业之间的过渡期,并在技术、市场、投资、经营创新及人员招募等方面具有优势和国际竞争潜力的企业。在韩国《中小企业基本法》中将"中坚企业"定义为,企业的资产总额超过5000 亿韩元(3.86 亿美元)、3 年平均营业收入达到 1500 亿韩元(1.16 亿美元)以上,但不属于内部交叉投资限制范围内的公司。

韩国政府早在 1966 年就颁布了《中小企业基本法》,当时韩国经济发展的重点是社会基础设施、出口产业以及重化学工业,中小企业的发展并不顺利。随着韩国经济的发展,韩国政府先后对《中小企业基本法》进行了一系列的修订,并颁布了一系列的《中小企业基本法执行令》。在最初的韩国《中小企业基本法》中,仅是根据企业的总资产规模界定其概念,而且对于不同时期、不同行业的企业规模界定也有所不同。因此,中坚企业的概念最早仅是对企业规模的表述。

随着西蒙隐形冠军企业的概念提出和盛行,各国政府对专精特新类企业逐渐开始关注。韩国政府注意到韩国中坚企业在专业化水平、技术研发、盈利性、成长性、聚集性等方面表现出与其类似的特征,于是先后颁布和修订相关政策法规,积极推动和促进中坚企业发展。2011 年韩国《产业发展法》首次引入中坚企业标准的定义,2014 年 1 月韩国制定了《中坚企业促进增长和加强竞争力特别法》,为中坚企业发展提供了法律依据。

二、相关政策

在全球数字化格局及其产供链快速变革的背景下,韩国作为外向型经济体,对本国中坚企业在推动经济增长、稳定就业市场以及开拓新经济增长点方面的作用寄予厚望,并更加积极地寻求进一步激发中坚企业活力、整合具备竞争力的行业资源。值得注意的是,尽管直接针对中坚企业的专项政策可能尚待发掘,但韩国政府已出台了一系列旨在支持中小企业创新发展、市场拓展、金融扶持及人才培养的政策措施。鉴于中坚企业往往是从中小企业发展壮大而来,这些政策措施在很大程度上对中坚企业同样具有高度的适用性和支持效果。具体而言,这些政策包括创新发展、市场开拓、金融支持、税收优惠、人才培养等方面。

（一）创新发展政策

韩国政府高度重视中小企业的技术创新,通过多项政策措施推动中小企业的研发能力和创新能力的提升。自 20 世纪 60 年代以来,韩国政府通过一系列法律法规,如《中小企业技术创新促进法》《科学技术振兴法》《中小企业振兴法》和《中小企业人力支援计划特别法》,不仅为中小企业提供了研发经费资助、技术开发的人才援助,也为中小企业的技术创新提供了坚实的法律保障。2017 年,韩国将中小企业管理局升格为中小创业企业部,进一步强化了政策规划、保护和培育中小企业的职能,推动中小企业从初创阶段到全球"独角兽"的转型。近两年,韩国政府还通过《中小企业培育综合计划（2023—2025 年）》,中小创业企业部推出"中小创业企业 50+"计划,全面支持中小企业与初创企业,促进其在国内外市场的创新和发展。

（二）市场开拓政策

为了提升中小企业的市场竞争力,韩国政府采取了多方面的措施,既促进国内市场的稳步增长,又支持出口市场的扩大。在国内市场方面,政府采购优先政策规定公共部门在采购技术开发性产品或服务时,中小创业企业的采购额不得低于总采购额的 15%,通过政府采购试购制度帮助初创公司快速成长。在国际市场方面,韩国政府通过"全球创新中心"（KIC）支持中小企业的国际化战略,吸引国外投资。在 2022 年,韩国政府发布了《增强出口竞争力战略》,通过大幅提升贸易保险保障额度,从 50 亿韩元增加到中小企业 70 亿韩元、中坚企业 100 亿韩元,减缓中小企业的融资约束。除此之外,政府还追加支援 750 家中小、中坚出口企业的物流费,提供 600 亿韩元的特别低息融资,支持中小企业获得海外认证费用,并举办"Boom up 出口韩国"线上线下出口洽谈会,帮助中小企业拓展国际市场。

（三）金融支持政策

韩国政府通过多种金融支持政策,帮助中小企业解决融资难题,促进其创业、成长与发展。一是设立信用担保计划,1976 年成立的韩国信用担保基金（KCGF）涵盖普通中小企业、科技型中小企业以及地方性中小企业,帮助中小企业通过信用担保向银行获得贷款。1997 年亚洲金融危机后,韩国商业银行加大了对中小企业的贷款力度,2007 年中小企业贷款占银行总贷款的比例达到 87.9%。此外,韩国产业银行（KDB）和韩国中小企业银行（IBK）等政策性银行提供低于市场利率的政策性贷款,支持中小企业的创业和发展。二是通过创业投资基金支持中小企业融资,根据《韩国中小企业支援法》,韩国政府于 1986 年设立了中小企业创业基金,重点支持具有高新技术和出口潜力的中小企业。同时,政府启动了官民合作形式的投资基金,支持软件、机械等处于创业初期阶段的企业,且鼓励商业银行和国民银行设立创业资金,支持中小企业的创业活动。

（四）税收优惠政策

韩国政府在不同时期制定了一系列税收优惠政策以推动经济发展与企业成长。如 20 世纪 60 年代,《引进外资促进法》制定技术引进的外国投资减免公司税条款,《中小企业创业支援法》明确给予中小企业定期减免、降低税率、投资减免等税收优惠政策。1974 年后,陆续出台《新技术产业化投资税金扣除制度》《科研设备投资税金扣除制度》等税收系列制度,用以支持中小企业融资与产权保护等。70—80 年代,韩国政府规定技术开发准备金制度,依据企业类型差异,相关企业可按其收入总额的 3%、4%、5%提取技术开发准备年金,同时对企业支付的技术和人才开发费给予一定的法人税和所得税减免。进入 90 年代以来,进一步扩大技术开发准备金的提取标准和适用条件,同时又更新了技术及人才开发费用税金扣除、学术研究用品关税减免、研究实验设备投资税金扣除等优惠政策。从金大中政府开始,为扶持中小企业风险投资企业发展,在税收方面规定:技术密集型中小企业从获得收益日起算,前 3 年免征 50%的所得税,此后两年内再减征 30%。

（五）人才培养政策

为了确保中小企业拥有充足的人才支持，韩国政府大力推进人才教育。一是设立社内大学和特色职业教育机构，为中小企业培养了大量高技能人才。社内大学，如三星电子工科大学，专门培养符合企业需求的工程师和技术人员，90%以上的毕业生成为企业的核心技术人员。同时，政府投入大量资金支持特色职业学校建设，通过按技能模块开发教材、开设项目式课程和"就业定制班"支持等措施，培养理论与实践兼备的技术技能人才，促进中小企业与大型企业的人才联动。二是韩国通过多种长短期国际人才培训项目，支持中小企业的国际化发展。例如，KOTRA 全球化研修院运营的"海外投资学校"等短期项目，教授中小企业员工在目标国的经济、政治、文化及商业习惯等内容，支持中小企业的国际投资和经营。

（六）典型的支持计划

韩国政府为支持中小企业发展而制定了一些专项支持计划，旨在提升中小企业的国际竞争力，推动其快速发展，并为韩国经济的持续增长注入新的动力。主要的政策措施有以下几方面。

1. 中小企业培育综合计划（2023—2025 年）

韩国发布的《中小企业培育综合计划（2023—2025 年）》提出了三大主要课题及相应战略手段。其一是"中小风险企业 50+"计划，主要是提升中小企业的出口贡献，据此计划提出的目标，拟将韩国中小企业与风险企业在国内的出口占比提升至 50% 以上；其二是通过全方位支持风险与初创企业，推动韩国成为全球创业大国；其三是培养企业家型小工商业者，扩大政府安全网支持。为了实现这一目标，该计划提出了一系列具体措施。首先，将出口孵化器改编为全球商务中心，以更好地支持中小企业的国际业务拓展。同时，通过举办出口博览会的活动，提升韩国中小企业的国际知名度和影响力。此外，该计划还注重提升制造企业的数字化和高端化水平，推动生产流程的智能化和自动化，降低成本，提高生产效率。在供应链方面，计划提出构筑供应链内上下游企业间数据共享的集群型智能工厂，优化生产流程，提高中小企业的竞争力。同时，计划还提出提高全球基金规模，用于支持中小企业的国际化发展，并建设全球创新特区，为中小企业提供创新、创业、研发等方面的支持和服务。

此外,为了促进中小企业的市场拓展,该计划还构建了大数据平台,推进从商圈策划到商圈运营和管理等系统性支持手段,为中小企业提供全方位的市场信息和商业支持。

2. 韩国的中坚企业 3000Plus 项目

2012 年 8 月,韩国政府敲定了中坚企业 3000Plus 项目,即"中坚企业 3000Plus 工程",该计划目的最终目标是创造就业机会和减少两极分化,在 2015 年年底前培育超过 3000 家中坚企业。该计划的主要内容包括:一是税收优惠,将家族事业继承税减免政策适用上限由销售额 1500 亿韩元增至 2000 亿韩元;对销售额不足 3000 亿韩元的中坚企业减免 8% 的研发税额。二是金融扶持,在支付贷款期限、结算方式等方面对从事转包项目的中坚企业适用优惠扶持措施,帮助企业解决资金难题。三是提升创新能力,拟定专门措施,比如支持开发 300 项有前景的产业原创技术,设置企业难题解决中心,协助减少政府技术创新政策与企业实际所需技术的差异。四是人才培育,成立中坚专业人才综合雇用帮助中心,并出台支援自海外聘用专业人才与日本等先进国家退休技术人员的政策,吸引优秀人才加入中坚企业。

三、韩国中坚企业的发展特点与主要做法

(一) 韩国中坚企业规模及行业类型

根据工业和信息化部中小企业发展促进中心《韩国中坚企业发展简况》报道的韩国产业通商资源部在 2022 年 12 月 20 日发布的《2021 年中坚企业基本统计》数据来看,截至 2021 年年末,韩国中坚企业共有 5480 家,与 2021 年相比,小幅减少 46 家。主要减少原因是,中坚企业中有 205 家(8 家企业集团)成长为大企业。中坚企业从业人数为 159.4 万人,制造业从业人数为 63.1 万人,信息通信、物流运输等非制造业从业人数 96.3 万人。中坚企业整体营业收入达 6563 亿美元,与 2020 年相比,增长 10.7%,特别是电气设备、机械、化学等制造业的销售额带动了整体营业收入的上升。中坚企业整体总投入为 236.7 亿美元,同比增加 15.2%,其中研发投入为 70 亿美元,同比增加 3.41%。从行业类别来看,制造业中坚企业 1989 家,具体行业类别包括汽车、机械装备、化学制品、食品饮料、电子产品、钢铁制造、电气装备、生物健康、化

纤纺织等;非制造业中坚企业 3941 家,具体行业类别包括批发零售、房地产、信息通信、建筑、科学技术、物流等。

表 13-7　制造业中坚企业行业类别情况

制造业	汽车	机械装备	化学制品	食品饮料	电子产品	钢铁制造	电气装备	生物健康	化纤纺织	其他	合计
企业数量(个)	269	225	195	184	177	155	109	93	74	508	1989
从业人数(万人)	9	5.5	9.5	4.9	6.9	3.5	3.1	4.9	1.6	14.2	63.1
营业收入(亿美元)	458	269	372	409	296	376	195	168	121	639	3303

资料来源:工业和信息化部中小企业发展促进中心《韩国中坚企业发展简况》。

表 13-8　非制造业中坚企业行业类别情况

非制造业	批发零售	房地产	信息通信	建筑	科学技术	物流	其他	合计
企业数量(个)	932	465	419	394	287	260	735	3492
从业人数(万人)	15.4	3.5	11.3	14.9	7.8	10.1	33.3	96.3
营业收入(亿美元)	1504	144	256	484	156	297	420	3261

资料来源:工业和信息化部中小企业发展促进中心《韩国中坚企业发展简况》。

(二) 韩国中坚企业的发展特点

韩国中坚企业发展特色主要体现在专业化水平、技术研发、盈利性、成长性、聚集性等方面:一是专业化程度高,中坚企业聚焦细分的特定领域或产品,向较为固定的客户常年提供产品和服务,这些细分领域往往是有实力的大企业没有注意或者不愿进入的。中坚企业一般非常谨慎地进入新领域,较少进行跨界经营。二是技术研发能力突出,中坚企业大多专注于技术研发,通过掌握关键环节的核心技术来扩展市场。它们通常选择一项能够引领整个行业的难以掌握的关键技术,来突破某个细分领域,并在细分领域中进行长期投入、积累实力。三是保持较高的盈利能力,中坚企业是通过关键核心技术保持竞争优势和较高的利润率,因此盈利能力也较强,同时,人员结构也较为稳定,有利于形成稳定的、共同认同的企业文化,更利于企业持续地开展创新活动。四是企业的选址考虑行业聚集性、发展氛围、邻企量级等元素,中坚企业选址多位于大城市周围地区,或产业集聚区及其周围地区,这些地区知识溢出效应明显。也有选在大型企业周边,方便做零部件配套协调。企业与当地经济及就业紧密结合,建立长期稳定关系。

(三) 韩国中坚企业发展的主要做法

韩国培育中坚企业的目标和措施可以归纳为政府引导、政策支持、企业服务三个方面,政府引导是中坚企业发展的根本保证,政策支持是中坚企业发展的核心动力,企业服务是中坚企业发展的有力支撑。

一是政府引导主要体现在制定长远发展规划和专项支持计划上。韩国政府通过发布如《中小企业培育综合计划》等规划,明确了中小企业发展的目标和路径,为中小企业提供了清晰的发展方向。同时,专项支持计划如"中小风险企业 50+"计划和中坚企业 3000Plus 项目等,通过具体的政策措施,如提升出口贡献、支持风险与初创企业、培养企业家型小工商业者等,为中小企业提供了实质性的帮助。

二是政策支持则涵盖了创新、市场、金融、税收和人才培养等多个方面。在创新支持方面,韩国政府通过法律法规和专项计划,为中小企业提供了研发经费资助、技术开发的人才援助等;在市场支持方面,通过政府采购优先政策和"全球创新中心"等措施,帮助中小企业提升市场竞争力和拓展国际市场;在金融支持方面,设立信用担保计划和创业投资基金等,解决中小企业的融资难题;在税收优惠方面,制定了一系列税收优惠政策,减轻中小企业的税收负担;在人才培养方面,设立社内大学和特色职业教育机构,以及开展国际人才培训项目,为中小企业提供充足的人才支持。

三是韩国政府通过构建全方位的服务体系,为中小企业提供便捷、高效的服务。例如,设立全球商务中心,支持中小企业的国际业务拓展;构建大数据平台,为中小企业提供市场信息和商业支持;建设全球创新特区,为中小企业提供创新、创业、研发等方面的支持和服务。此外,韩国政府还注重提升制造企业的数字化和高端化水平,推动生产流程的智能化和自动化,降低成本,提高生产效率。

（四）韩国安山市以数字化推动中坚企业发展的主要做法

安山市是韩国中小企业最集中的地域，被誉为"韩国中小企业的摇篮"，在韩国的经济发展中起着非常重要的作用。安山市拥有半月、始华国家工业园区、京畿科技园、机器人综合支援中心、俄罗斯光学研究院、微处理器生物芯片中心、产业技术试验院、韩国生产技术研究院、电气研究院等众多研究机构以及12000多家中小企业，在风能、氢能、电力设施等方面发展迅速，形成了最尖端的产学研相结合的产业集群。

韩国安山市作为韩国的一个重要城市，其经济发展与国家政策紧密相连。在全球化与信息化快速发展的背景下，韩国政府推出了"数字新政"计划，该计划旨在通过数字化转型提升国家整体竞争力。安山市积极响应这一政策导向，致力于通过数字化手段促进产业升级、优化经济结构。韩国安山市以数字化推动中坚企业发展的政策和计划主要有"智能制造扩散和推进战略""数字服务凭证计划""基于AI数据的中小企业制造创新升级战略""共享电话会议室计划"等。此外，安山市政府设立了专项基金，用于支持中坚企业的数字化转型项目。这些基金涵盖了技术研发、设备购置、人才培养等多个方面，为中坚企业提供了全方位的资金支持。同时，安山市政府还积极推动产学研合作，鼓励中坚企业与高校、科研机构等开展深度合作，共同推动数字化技术的研发和应用。

第四节　美国利基企业

一、定义与起源

利基企业是指集中资源服务于某一特定细分市场，或者专注于经营某一类产品或服务的企业。"利基"一词源自法语，原指建筑物墙壁上的小龛。"利基企业"（Niche Company）源自"利基市场"，"利基市场"本身是营销学中的概念，意为在市场中找到适合且有利可图的定位。

第二次世界大战后的美国，经济迅速发展，工业生产力大幅提升，多元化企业战略在20世纪中期占据主导地位。在此背景下，企业寻求扩张，以利用不断增长的市场需求。但多元化战略可能使企业难以深耕某一细分市场,造成资源分散等挑战。到 20 世纪 70 年代,由于多元化战略未能取得预期效果,部分企业逐步回归核心业务,实施"归核化"战略。它们意识到了专注于特定细分市场的重要性,催生了利基企业的兴起。

与韩国、日本不同,美国政府在官方层面并未有针对利基企业的专项扶持政策,相关政策散落在中小企业的扶持政策中,其中包含了鼓励中小企业利用专业核心技术向利基市场或细分市场发展,扩大其市场份额等相关举措。其发展过程如下:

1953 年,美国总统德怀特·D.艾森豪威尔签署了《小型企业法案》,正式成立了小企业管理局(Small Business Administration,SBA)。SBA 的主要任务是为小型企业提供贷款担保、咨询和技术援助等服务。这标志着美国政府开始系统性地关注小型企业。1972 年,美国国会通过了《小企业投资公司法》(Small Business Investment Company Act),授权 SBA 设置小企业投资公司计划,促进风险资本向有潜力的小型企业流动。1982 年,美国推出了小型企业创新研究(SBIR)计划,鼓励小型企业参与联邦研究与发展项目,推动早期技术创新。20 世纪 90 年代,随着互联网技术的迅速发展,在信息技术、电子商务和生物技术等领域,涌现出大量新的利基市场。1994 年,克林顿政府推动了一系列促进高科技企业和初创企业发展的政策措施,包括扩大 SBIR 计划的支持,并创建了小型企业技术转移(STTR)计划。这些政策更加注重科技创新和高成长性的创业公司,为利基企业提供了良好的发展环境。21 世纪以来,美国政府继续加强对小型及创新型企业的支持,如增加 SBA 的贷款额度,扩大税收优惠范围,简化政府采购程序等。在全球化背景下,美国还加大了对出口导向型中小企业的扶持力度,通过国际贸易管理局(ITA)提供国际市场拓展服务,为美国利基企业扩大全球市场份额提供了有力支持。

二、相关政策

如前所述,美国政府虽没有明确提出针对"利基企业"的支持政策,但对中小企业的相关支持政策有力地促进了中小企业向"利基企业"发展,比较典型的支持政策主要体现在税收支持、融资支持和创新支持等方面。

（一）税收支持政策

美国政府出台《小企业税收减免法案》为年收入不超过500万美元的企业提供所得税收抵免。该法案旨在通过永久设定小企业的扣除规则来创造"小企业稳定,从而促进其增长和扩张"。其采用税率渐进制(应税收入不超过40万美元的部分税率18%,超过40万美元但不超过500万美元的部分税率21%)。并增强对企业自雇人士的税收抵免,对于调整后总收入(AGI)低于40万美元的自雇个人,允许其扣除应纳税款的75%,而非原先的50%。还通过提高公司股票回购的消费税的方式(从1%提高到1.5%),增加大公司在资本操作上的成本。

（二）融资支持政策

美国对中小企业的融资支持政策主要体现在小企业管理局(SBA)的系列贷款支持计划方面,如营运资金试点计划(WCP)为小企业提供监控的信用额度,以满足其营运资金需求。该计划的贷款最高额度为500万美元,期限最长可达60个月。504贷款计划则为小企业提供长期、固定利率的融资,主要用于购买或改进固定资产,提供10年、20年和25年的还款期限,贷款的50%由银行或其他贷款机构提供,40%由SBA通过认证发展公司(CDC)提供,剩余10%由借款人自筹。与传统商业贷款相比,SBA贷款由政府部分担保,降低了贷款机构的风险,并且会提供低于市场水平的固定利率。

（三）创新支持政策

美国政府通过实施SBIR与STTR计划,采用分阶段资助的方式,降低小企业在早期技术开发中的风险。SBIR和STTR计划提供了"不考核资金回报的""不要求股权的""不谋求专利或技术所有权的"财政资金作为小企业的种子基金。资助项目必须以开发新产品或新服务为目的,满足实际需求,并在全国范围内评选技术水平和商业化潜力排名靠前的小企业。其目的是刺激私营部门的技术创新、加强小企业在国家研发战略中的作用、促进研究成果的商业化并鼓励多元化群体的参与。自1983年以来,SBIR和STTR计划累计资助了19.4万个项目,资助总金额接近636亿美元。2022年美国国会通过《2022年SBIR和STTR延长法案》,让SBIR和STTR计划的有效期延长至2025年。

（四）政府咨询服务

美国政府各部门及其支持机构积极为中小企业提供各类咨询服务。美国国际贸易管理局(ITA)在全球 80 多个国家设有贸易专家,提供本地市场知识和联系,帮助美国企业识别出口机会并与国际买家和合作伙伴建立联系。中小企业可以参加政府组织的贸易代表团参观潜在市场或参加贸易展览,ITA 工作人员帮助美国出口商与潜在的外国买家建立联系。美国财政部则提供了资金支持,其在 2024 年 3 月根据州小企业信贷倡议(SSBCI)技术援助赠款计划向各州授予六项新奖励,向各地区授予两项新奖励,总额超过 2700 万美元。这些奖励将用于为申请 SSBCI 资本计划和其他政府小企业计划的合格小企业提供法律、会计和财务咨询服务。此外,美国进出口银行(Export-Import Bank of the United States)的小企业委员会(Council on Small Business)、美国专利商标局(USPTO)等政府机构也在提供类似帮助。而美国政府部门支持的机构中,由 SBA 支持的 SCORE 为美国中小企业提供免费的商业指导,由 SBA、国会与私人机构等支持的 SBDC 也在为新企业和现有企业提供免费的商业咨询和低成本培训。

三、美国利基企业发展的主要做法

一是建立完备的中小企业服务体系。美国中小企业管理局是美国的一个支持中小企业的代表性政府机构。它除了为中小企业提供政府担保贷款等金融支持外,还为中小企业提供各种咨询服务。美国中小企业管理局设立了 950 家全国小型企业发展中心和由 1.3 万名经验丰富的退休人员组成的管理服务公司。通过自愿和合同的方式为小企业家提供从公司设立到运营管理以及商业融资等全周期、各方面的咨询服务。此外,在美国联邦政府的支持下,各种专业协会、商会、联合会和其他社会组织经常聘请行业专家为本地的中小企业提供业务管理诊断和发展指导服务,其中 80% 的费用由联邦政府承担。

二是制定税收减免计划降低中小企业成本。美国政府对中小企业的支持,相较于其他国家,对税收更为注重。税费减免、研发(R&D)税收抵免以及加速折旧等措施直接降低了中小企业的支出,能够将更多资源投入到业务扩展和创新项目中。美国政府的《减税与就业法案》大幅降低了企业所得税率从 35% 降至 21%,《小企业税收减免法案》则采用渐进税率结构,这对于处于初创阶段的中小企业,将减轻其早期运营压力。

三是利用风险融资支持中小企业发展。美国风险投资机构对中小企业的支持作用大,为中小企业提供早期成长的资金支持,帮助企业克服融资难题。此外,纳斯达克证券交易所就吸引了大量科技创新型中小企业上市交易,使中小企业通过公开市场获取资金支持。

四是强化创业生态系统建设。美国提出了创造未来战略,并鼓励创新生态系统的构建。在该战略框架下,美国通过制定法律法规、建立研发创新平台、设立激励机制等措施鼓励企业开展创新。美国还通过建立创新基金、支持初创企业发展等措施来支持开放创新。如美国硅谷的投资机构通过提供种子资金、初期投资和后期融资等形式,帮助企业扩大规模、推动技术创新,并在企业成长过程中提供战略和运营支持。2022年,美国仅硅谷的整体风险投资总额为207亿美元,旧金山为285亿美元,硅谷和旧金山的风险投资总额占到了加利福尼亚(707亿美元)的69%,占到了美国(1504亿美元)的33%。

五是助力开拓海外市场。美国为帮助"利基企业"开拓海外市场,设立了小企业出口流动资本项目,使多数商业银行可以利用这个项目为"利基企业"提供短期出口信贷。

第十四章　国内典型地区专精特新企业
高质量发展的政策比较

专精特新企业是推动地区经济发展和新质生产力培育的重要力量,其数量规模、发展速度、质量效益情况是衡量一个地区经济活力和创新活力的核心指标之一。从全国情况看,北京、上海、深圳等地的专精特新企业发展走在了全国前列。根据工信部等公布的有关数据,北京、上海、深圳的专精特新城市引领指数分别位列全国前 3 位,专精特新"小巨人"企业数量高于其他城市,与这些地区经济发展水平高、创新资源密集、政策支持力度大有关。因此,本章系统梳理了北京、上海、深圳有关专精特新企业发展的支持政策,分析比较全国三大领先城市的政策特色,为全国各地加快推动专精特新企业发展提供借鉴启示。

第一节　北京、上海、深圳专精特新
企业支持政策比较

一、"专精特新"认定政策比较

根据工业和信息化部发布的《优质中小企业梯度培育管理暂行办法》规定,专精特新企业认定标准中的"特色化指标",由各省级中小企业主管部门结合本地产业状况和中小企业发展实际设定。对比北京、上海、深圳专精特新企业认定标准,其主要差异有:一是北京市突出上市导向。北京市在特色化指标设置中将"企业上市挂牌情况"赋值 9 分,在特色化指标 15 分的总分中占

60%,给予了较高权重。二是上海市强调创新绿色发展。上海在特色化指标中将"创新获奖情况、是否特色产品、绿色低碳发展和是否有改制上市计划"赋予相同分值进行评价,每满足一项加3分,最高不超过5分。三是深圳市将"符合产业发展定位"放在首位。深圳市在特色化指标设置中将"属于深圳市20个战略性新兴产业集群分类"此项评价标准赋予了较高分值3分,超过特色化指标中其他各项的得分(见表14-1)。

表 14-1　北京、上海、深圳专精特新企业认定标准中的
"特色化指标"差异比较表

城市	构成指标项目	该项目分值	该项目在特色化指标中得分占比(%)
北京	企业上市挂牌情况	9	60
	企业为北京市产业链龙头企业配套情况	3	20
	企业创新技术研发转化及海外市场拓展情况	3	20
上海	所属领域符合本市产业导向	4	26.7
	细分市场领先地位	6	40
	a.具有特色资源或技术进行研发生产,提供独具特色的产品或服务 b.实现绿色低碳发展,拥有绿色产品、绿色工厂称号,或获得能源管理体系等认证 c.企业或产品获得区级及以上技术创新、品牌、质量、人才等奖项、资金支持、称号认定,或市级及以上行业协会重大奖项和称号认定 d.企业有改制上市计划,已完成股份制改制	各项每满足一项加3分,最高不超过5分	33.3
深圳	属于深圳市20个战略性新兴产业集群分类	3	20
	属于入库"四上"企业	2	13.3
深圳	获得国家高新技术企业、国家技术创新示范企业、国家知识产权优势企业和知识产权示范企业等荣誉(均为有效期内)	2	13.3
	近3年获批复组建市级以上制造业创新中心、牵头承担市级以上科技计划项目	2	13.3
	近3年至少一项产品被认定为市级以上首台(套)、首批(次)或首版(次)	2	13.3

城市	构成指标项目	该项目分值	该项目在特色化指标中得分占比(%)
深圳	属于国家绿色制造名单(绿色园区除外)	2	13.3
	近3年进入中国(深圳)创新创业大行业决赛获奖名单	2	13.3

资料来源:根据互联网公开资料整理。

二、"专精特新"培育政策比较

(一)奖励政策有差异

北京市对于新认定北京市专精特新企业,可以享受各类奖励、补助300万—1000万元,对于获得国家专精特新"小巨人"企业给予一次性30万—50万元奖励,同时各区还有不同金额的直接奖励。上海市由各区根据政策不同对于新认定的市级专精特新企业给予5万—20万元的奖励,对于新认定的国家专精特新"小巨人"给予20万—50万元奖励。同时,上海市虹口区、长宁区、静安区、闵行区、普陀区和青浦区等区都对通过复评和复审的专精特新企业给予1万—5万元不等的奖励。深圳市针对被评选为市级、省级和国家级的专精特新企业,最高奖励金额分别为10万元、20万元和50万元。

(二)培育模式有差异

北京链式培育模式:通过产业链上中下游、大中小企业融通发展促进专精特新企业培育。2019年,北京市经信局发布《北京市促进大中小企业融通发展2019—2021年行动计划》,2022年,又发布《关于鼓励专精特新企业积极参与北京市专精特新融通发展的通知》,并于2022年8月正式上线了"专精特新融通发展"平台,为专精特新企业、单项冠军企业、隐形冠军企业与央企、市属大型国企、大型龙头民营企业提供融通对接服务。上海分层联动培育模式:构建市区两级联动的专精特新企业培育库,各区根据其产业基础和布局制定出台各自的培育激励政策,对于符合梯度培育的专精特新产品、企业,依托工业云平台,建立和完善专精特新企业运行监测体系,构建中小企业市场监测、风险防范和预警机制;市级层面着重于中小企业发展的生态环境整体布局。深圳市靶向培育模式:按企业发展成熟层次靶向培育,尊重企业发展规律激发产业活力。运用大数据分析判断专精特新企业在远、中、近期挂牌上市的成熟度以及市场定位和要求等,制作企业画像和企业标签,按照"潜在拟挂牌上市企业""重点拟挂牌上市企业""优先支持拟挂牌上市企业"等不同成熟度层次,实施靶向培育。

（三）要素支撑有差异

北京市通过"专精特新贷""专精特新保""专精特新险""专精特新园区贷"和集合债等多种金融产品满足企业不同阶段的资金需求,同时通过计划单列、多种方式多渠道筹集房源等方式保障专精特新企业的人才引进和人才住房。上海市通过推广专精特新企业"码上贷"、支持上海股权托管交易中心设立"专精特新"专板以及支持专精特新"小巨人"企业备案设立博士后科研工作站为专精特新企业提供要素支持。深圳市通过"金融驿站""金融超市"、设立金融服务专员等方式,为专精特新企业提供"一对一"金融服务,同时设立产业紧缺人才培训项目奖励,委托第三方开展产业紧缺人才培训和企业家培育工程,对第三方机构按照每人每次最高2万元予以资助,为专精特新"小巨人"企业的高级管理或技术职位的人员提供个人所得税补贴,金额最高可达到500万元。

表14-2　北京、上海、深圳专精特新主要相关政策

城市	发布时间	发布部门	政策名称
北京	2019年12月	北京市经济和信息化局	《关于推进北京市中小企业"专精特新"发展的指导意见》
	2021年8月	北京市人民政府	《北京市"十四五"时期高精尖产业发展规划》
	2021年12月	北京市经济和信息化局	《北京市关于促进"专精特新"中小企业高质量发展的若干措施》
	2022年7月	北京市经济和信息化局	《北京市优质中小企业梯度培育管理实施细则》
	2022年8月	北京市经济和信息化局	《关于鼓励"专精特新"企业积极参与北京市专精特新融通发展的通知》
	2023年6月	北京市经济和信息化局	《关于实施十大强企行动激发专精特新企业活力的若干措施》
	2024年11月	北京市人民政府办公厅	《北京市关于促进专精特新企业高质量发展的若干措施》

续表

城市	发布时间	发布部门	政策名称
上海	2022 年 1 月	上海市知识产权局	《关于推进知识产权服务"专精特新"中小企业高质量发展的工作方案》
	2022 年 9 月	上海市人民政府	《上海市助行业强主体稳增长的若干政策措施》
	2022 年 11 月	上海市经济和信息化委员会	《上海市优质中小企业梯度培育管理实施细则》
	2023 年 5 月	上海市服务企业联席会议办公室	《上海市助力中小微企业稳增长调结构强能力若干措施》
	2023 年 5 月	上海市人民政府	《上海市推动制造业高质量发展三年行动计划(2023—2025 年)》
	2023 年 7 月	上海市市场监督管理局等 18 部门	《上海市进一步提高产品、工程和服务质量行动方案(2023—2025 年)》
深圳	2020 年 10 月	深圳市工业和信息化局	《深圳市工业和信息化局专精特新中小企业遴选办法》
	2021 年 2 月	深圳市人民政府	《关于推动制造业高质量发展坚定不移打造制造强市的若干措施》
深圳	2022 年 4 月	深圳市人民政府	《关于加快培育壮大市场主体的实施意见》
	2022 年 10 月	深圳市中小微企业(民营经济)发展工作领导小组办公室	《深圳市为专精特新企业办实事清单(第一批)》
	2022 年 11 月	深圳市工业和信息化局	《深圳市工业和信息化局优质中小企业梯度培育管理实施细则》
	2023 年 2 月	深圳市工业和信息化局	《关于进一步支持中小微企业纾困及高质量发展的若干措施》

资料来源:根据互联网公开资料整理。

第二节 专精特新企业四个维度的政策比较

一、"专业化"政策比较

北京通过"融通入链"行动和"挂牌倍增"行动,激励专精特新企业在细分领域充分发挥补链强链的作用,并做强做大;上海市通过加强对专精特新等优质中小企业境外投资的指导和服务,对企业抢抓订单相关商务费用给予补贴,推动专精特新企业开拓国内外市场,同时推进质量基础设施"一站式"服务,提供全产业链的质量问诊、技术帮扶服务。深圳对专精特新企业实施的提升产品(服务)质量、构建质量管理体系,以及主导、参与标准制(修)订的项目依规予以资助,并为专精特新"小巨人"企业办理 APEC 商旅卡提供便利,开展 AEO 认证精准培育,加强政策解读和业务培训,支持专精特新企业质量提升的同时不断提升市场份额。

二、"精细化"政策比较

北京强调通过数字化提升精细化,并开展"数智转型"行动支持制造业专精特新企业开展数字化转型升级,且按照合同额的 20% 给予最高 100 万元的资金支持。上海逐步推进专精特新企业数字化转型全覆盖,且强调专精特新企业绿色化升级,最高支持 1000 万元,开展节能降碳"百一行动"和清洁生产改造。深圳同样强调通过绿色数字化提升专精特新"精细化"发展,比如一年内开展 20 场以上工业节能与资源综合利用培训活动,推动对专精特新企业的节能检测公益服务;支持工业互联网服务商、数字化服务机构针对专精特新企业推出低成本、快部署、易维护的服务应用产品,引导专精特新企业上云、上平台,率先实现数字化转型等。

三、"特色化"政策比较

、 三市的服务特色化政策主要集中在品牌建设方面:北京通过"品牌点亮"行动对上年度入选品牌强国工程等国际国内知名品牌榜单的专精特新企业,按照不超过品牌宣传推广费用的30%,给予最高30万元的资金支持。上海通过推进"四个一百"行动(即:制定一批外贸进口、出口、新业态和自主品牌百强企业名单作为重点服务对象,加大扶持力度,切实解决百个实际问题),支持外贸自主品牌建设。深圳对专精特新企业实施的以提升产品(服务)自主品牌影响力为核心的各类项目依规予以资助,对符合条件的质量品牌双提升项目给予最高500万元资助。

四、"新颖化"政策比较

北京通过"创新领航"行动支持专精特新企业加大技术产品创新和首制首试首用,给予集成电路"首流片"、新材料"首批次"、医药"首试产"、信创"首方案"等奖励支持,单个企业最高支持3000万元,同时开展"专利护航"行动,支持专精特新企业积极开展专利布局,对国内和国外发明专利授权费用以及前10年年费在享受国家减缴政策后按实际应缴金额予以资助。上海则支持专精特新企业建设和升级企业技术中心,建设全球技术供需对接平台,组织全球技术转移大会,加大对企业技术改造支持力度。深圳整合建立公办公共(技术)服务平台名录;纳入名录内的机构对专精特新企业开展的成果转化、小试中试、科技创新、示范应用、试验验证、检验检测、认证许可等事项,按50%比例收取服务费用,并鼓励其他公共(技术)服务平台减免对专精特新企业的服务费用。深圳同时用好"创客中国"(深圳)创新创业大赛品牌,对在大赛中荣获全国500强的企业,可直接认定为专精特新企业;对在大赛中荣获全国50强的企业,在推荐专精特新"小巨人"企业时给予"创新能力"指标直通资格;对获奖项目最高给予30万元奖励。

第三节　北京、上海、深圳数字化赋能
专精特新企业政策比较

一、数字化赋能专精特新企业政策的着力点有差异

在全球数字化转型加速的大背景下,专精特新企业面临着技术革新、市场

竞争加剧等多重挑战,数字化转型成为其突破困境、迈向高质量发展的重要路径。北京、上海、深圳三地先后出台了一系列相关政策支持引导专精特新企业开展数字化转型(见表14-3),通过对比三地在数字化支持政策制定上的差异,发现三地在数字化支持政策的着力点有所不同。北京着重于多维度协同推动数字化发展。在产业维度,重视制造业等实体经济的数字化重塑,提升产业数字化硬实力;在人才维度,积极构建数字人才培育体系,为数字化转型提供智力保障;此外,北京市还注重专精特新企业的数字化服务体系建设,从服务站搭建到区域企业扶持细则制定,全方位助力企业成长。上海聚焦在商业数字化转型和数据要素产业的创新发展上。以商业数字化转型为切入点,革新商业运营模式;同时出台综合措施助力中小微企业在数字化进程中稳增长、调结构,且在数据要素产业创新方面着力,抢占数字经济新赛道先机。深圳则凸显法治保障与资金助力特色。通过特区条例立法为数字经济营造良好法治环境,让各类数字化活动有法可依;并且针对中小企业数字化转型痛点,专门出台资金支持细则,为企业跨越资金门槛、加速数字化转型注入强大动力。

表 14-3　北京、上海、深圳专精特新企业数字化支持政策比较

城市	发布时间	发布部门	政策名称
北京	2022 年 1 月	北京市丰台区人民政府办公室	《北京市丰台区数字经济创新发展三年行动计划(2021—2023 年)》
	2024 年 1 月	北京市经济和信息化局 北京市财政局	《2024 年北京市支持中小企业发展资金实施指南(第一批)》
	2024 年 2 月	北京市经济和信息化局	《北京市制造业数字化转型实施方案(2024—2026 年)》
	2024 年 7 月	北京市人力资源和社会保障局	《北京市加快数字人才培育支撑数字经济发展实施方案(2024—2026 年)》
	2024 年 7 月	北京市通州区经济和信息化局	《关于北京城市副中心"专精特新"企业高质量发展的实施细则》
	2024 年 7 月	北京市经济和信息化局	《北京市专精特新企业服务站建设管理办法》

续表

城市	发布时间	发布部门	政策名称
上海	2021 年 12 月	上海市商务委员会	《上海市推进商业数字化转型实施方案（2021—2023 年）》
	2023 年 5 月	上海市服务企业联席会议办公室	《上海市助力中小微企业稳增长调结构强能力若干措施》
	2023 年 7 月	上海市人民政府办公厅	《立足数字经济新赛道推动数据要素产业创新发展行动方案（2023—2025 年）》
	2024 年 1 月	徐汇区商务委员会	《徐汇区关于支持中小企业发展及产业能级提升的扶持意见》
深圳	2022 年 4 月	深圳市人民政府办公厅	《深圳市人民政府关于加快培育壮大市场主体的实施意见》
	2022 年 9 月	深圳市人民代表大会常务委员会	《深圳经济特区数字经济产业促进条例》
	2024 年 11 月	深圳市中小企业服务局	《深圳市中小企业服务局中小企业数字化转型城市试点资金支持实施细则》

资料来源：根据互联网公开资料整理。

二、资金支持数额存在差异

北京市对专精特新制造业企业购买数字化赋能服务或产品,给予最高100 万元的补助。同时在区级层面也出台众多的扶持措施,如北京市通州区政府鼓励专精特新企业加速智能化升级和数字化转型,支持企业实施技术改造和创新成果产业化项目,最高支持300 万元。上海市对中小企业开展业务数字化、创新项目的单个企业奖励不超过100 万元。此外各区对数字化转型也给予相应的扶持政策,如徐汇区对实施信息化数字化智能化改造、生产线转型升级、能力建设提升等领域项目的中小企业,单个项目补贴最高不超过200万元;浦东新区在2024 中小企业数字化转型城市试点专项中,对中小企业进行数字化改造的予以最高50 万奖励。深圳市根据当年中央资金下达情况,安排不低于80%的奖补资金支持中小企业数字化改造工作。

三、政策支持范围存在差异

虽然北京、上海、深圳三地都强调了对企业数字化应用的支持,关注数字化产线改造、数字人才扶持、数字上云、工业互联网平台发展等领域,并大力支持数字商务服务企业发展。但在政策支持范围上北京市还设置了对专精特新制造业企业的数字化赋能专项补助。上海市重点关注高价值、高带动性场景的数字化转型,如产品生命周期数字化、产业链供应链数字化、智能管理决策等。深圳市对中小企业的数字化支持主要关注前沿制造领域,重点是智能机器人、半导体与集成电路、精密仪器设备三大试点行业。

第四节　相关政策建议

一、创新培育模式,推动专精特新企业深度嵌入产业链供应链

一是实施专精特新企业"卡位入链"专项行动计划。构建"链主+链长+专精特新"协同机制,推动专精特新企业"入链"与龙头骨干企业高效对接、协同发展,把产业链断点、堵点变为企业新的增长点,增强产业链供应链韧性和竞争力。二是搭建大中小企业融通发展平台。建立重点企业和重点项目的信息对接机制,探索龙头骨干企业与专精特新企业、中小企业设备共享、产能共享、技术共享等新模式,形成融合发展的产业群产业链。三是设置产业链强链补链协同奖励。鼓励专精特新企业与大型企业联合攻关,建立产业合作联盟,协同开展"卡脖子"技术和产品绘制入链攻关行动。

二、激发专精特新企业转型动能,加快构建创新生态圈

对比京沪深三地政策发现,"创新能力"提升是专精特新企业成长的关键。一是借鉴上海出台《知识产权服务"专精特新高质量发展的工作方案》,为专精特新企业提供专业指导服务。二是实施科技成果赋智中小企业专项行动。借鉴上海建设全球技术供需对接平台,组织全球技术转移大会,组织专精特新企业参会进行新产品推广。对于专精特新企业建设和升级企业技术中心的给予奖励。三是组织实施专精特新企业数字化转型攻关行动,对经认定的数字化攻关项目,按实际投资额给予补助。对"数智转型"服务数量和成效突出的服务机构,给予奖励。

三、强化要素保障,为专精特新企业提供全方位要素支撑

一是强化融资保障。建立专精特新企业融资需求工作清单,举办专精特新企业专场融资对接活动,优化再融资、并购重组、股权激励等制度;指导金融机构按照市场化原则加大对专精特新企业的信贷投放力度,提高专精特新企业的信用贷和续贷比例。鼓励金融机构对纳入白名单的专精特新企业开设专享的银行融资绿色通道服务,并提供优惠、快捷的专属融资产品。二是强化人才保障。加大对专精特新企业引进人才支持力度,优先引进国家级"小巨人"企业中的高级经营管理人才和高级专业技术人才。鼓励通过多种方式多渠道筹集房源,做好专精特新企业人才住房保障。三是强化用地保障。加快建设专精特新产业园。围绕杭州全市 16 个产业平台打造 1000 万平方米标准厂房,对专精特新企业用地项目采取灵活方式供地,为企业减少前期成本投入。

四、优化公共服务,提高专精特新企业服务的精准度和针对性

一是加大优质中小企业公共服务平台培育力度。围绕政策、研发、税费、用地、技改、融资、市场等企业重点需求,对专精特新企业开展普惠性服务和"点对点"精准化服务。二是设立专精特新企业服务专区,汇集市、区专精特新企业相关政策及服务资源,加快诉求办理,为专精特新企业提供便捷服务通道。将专精特新企业纳入市区干部挂点服务范围,配备服务专员,加强走访,协调解决企业困难问题。三是汇总各级最新出台的专精特新扶持政策对企业进行精准推送。筛选为专精特新企业提供针对性服务的部分优质第三方机构,编制印发专精特新工作手册和政策清单,引导企业全面了解各类专精特新支持政策。

第十五章　数字化赋能专精特新
企业的省域样本分析

从全国范围看,各地都贯彻落实新发展理念,把大力发展专精特新企业作为培育新质生产力和推动实体经济高质量发展的重要战略,加快推动产业基础高级化和产业链现代化。其中,浙江省、广东省、江苏省、山东省以及北京市、上海市等是我国专精特新企业发展的"省域示范",本章选择浙江省作为省域样本进行"解剖麻雀"。根据工信部有关工作计划,要推动形成100万家左右的创新型中小企业、10万家左右专精特新企业、1万家左右专精特新"小巨人"企业。[①] 截至2024年10月,工信部认定了14657家国家专精特新企业,其中,浙江有1803家企业入围工信部"专精特新"名单,省级专精特新企业12167家,企业数量位居全国前列。目前,专精特新企业已成为浙江省产业高质量发展的生力军、科技创新的动力源、补链固链延链强链的关键一环、促进共同富裕的重要力量。

表 15-1　全国各地专精特新"小巨人"企业数量比较

序号	省份	第一批	第二批	第三批	第四批	第五批	合计	合计
1	浙江	12	75	181	500	315	1083	1432
	宁波	4	48	127	101	69	349	

---

①　工业和信息化部印发《优质中小企业梯度培育管理暂行办法》,从制度上建立由创新型中小企业、专精特新中小企业和专精特新企业组成的优质企业梯度培育体系,分层明确培育措施和标准。《办法》从专、精、特、新四方面设置13个指标进行综合评分,满分100分,企业得分达到60分以上即符合专精特新中小企业标准。

序号	省份	第一批	第二批	第三批	第四批	第五批	合计	合计
2	广东	7	41	154	172	343	717	1459
	深圳	6	18	134	275	309	742	
3	山东	14	64	171	347	261	857	1032
	青岛	2	31	50	54	38	175	
4	江苏	10	73	172	424	795	1474	1474
5	北京	4	49	167	333	243	796	796
6	上海	12	43	182	243	205	685	685
7	安徽	11	51	149	256	129	596	596
8	湖北	7	31	121	303	216	678	678
9	湖南	3	41	162	174	116	496	496
10	河南	4	59	115	164	52	394	394
11	四川	7	38	133	138	107	423	423
12	福建	6	35	74	68	20	203	349
	厦门	0	30	30	64	22	145	
13	河北	8	76	102	135	62	383	383
14	辽宁	1	24	105	55	29	214	296
	大连	1	16	32	21	12	82	
15	重庆	5	38	53	137	53	286	286
16	江西	3	17	109	70	56	255	255
17	天津	4	28	89	64	59	244	244
18	陕西	7	29	60	52	40	188	188
19	山西	1	33	47	40	15	136	136
20	广西	0	15	54	22	10	101	101
21	吉林	1	6	21	25	15	68	68
22	贵州	3	8	36	17	9	73	73
23	云南	4	18	17	19	16	74	74
24	新疆	3	5	25	10	9	52	58
	新疆生产建设兵团	0	2	0	2	2	6	

序号	省份	第一批	第二批	第三批	第四批	第五批	合计	合计
25	黑龙江	1	5	22	19	12	59	59
26	甘肃	2	11	12	7	5	37	37
27	宁夏	0	11	8	3	3	25	25
28	内蒙古	1	6	10	5	5	27	27
29	青海	1	2	1	4	1	9	9
30	海南	0	2	3	4	1	10	10
31	西藏	0	0	2	1	0	3	3
	合计	155	1079	2930	4328	3654	12145	12163

资料来源:根据国家工信部以及各省(自治区、直辖市)公开报道信息整理。

第一节　专精特新企业培育措施

一、强化梯度培育,壮大专精特新企业梯队

聚焦专精特新四方面评价指标,积极开展专精特新"小巨人"企业申报动员,编制发布中小微企业专精特新发展产业领域目录,重点围绕经开区高新区、专精特新产业园、科创平台、创投平台等培育重点,持续筛选种苗企业,构建"筛选建库—诊断指导—对标提升—融通对接—精准服务—成长评价"机制,开展诊断服务,梳理企业个性化问题清单,形成"一企一策"帮扶举措,不断壮大专精特新企业梯队。2023 年,杭州市全年新增两批专精特新企业1706 家、累计2613 家,新增数、总数全省第 1 位;新增专精特新"小巨人"企业117 家、累计321 家,新增数全省第 1、全国第 6,总数全国第 6、省会城市第 1。

二、强化特色发展,推动形成产业集聚效应

立足各地资源特点和产业基础,以集群重大产业服务平台建设为支撑,积极搭建平台开拓市场,补齐关键领域及"卡脖子"技术短板,全面提升集群专

业化配套能力,推动产业基础高级化和产业链现代化,集群创新活力、治理水平明显提升,中小企业特色产业集群"龙头"舞动。杭州市专精特新"小巨人"企业行业分布集中,主要分布在计算机通信电子设备制造业(37家)、通用设备制造业(53家)、仪器仪表制造业(36家)、专用设备制造业(48家)、电气机械和器材制造业(19家)、化学原料和化学制品制造业(17家)等行业,合计210家,占比达到77%。宁波市"小巨人"企业数量排名前3的鄞州区、北仑区、慈溪市,占该市"小巨人"企业总量达44.32%,区域集聚行业集群效应明显。

三、强化创新驱动引领,加快前沿技术开展攻关

构建"链长+链主+专精特新"协同推进机制,加快促进大中小企业融通创新。围绕三大科创高地领域加强企业研发机构建设,支持专精特新企业联合优势创新力量组建创新联合体,围绕"卡脖子"问题和前沿技术开展攻关,掌握一批"杀手锏"技术。杭州市2023年规上工业研发投入达815.88亿元,同比提升11.6%;占营业收入比重达到3.9%,较2022年提升0.3个百分点。舟山市2023年享受研发费用加计扣除政策企业达504家,加计扣除额达39.27亿元,同比增长9.8%;享受高新技术企业所得税减免政策企业60家,减免所得税14.28亿元,同比增长7.5倍。

四、强化政策扶持,推动中小企业实现减负降本

制定出台《大力培育促进专精特新中小企业高质量发展的若干意见》,从创新、知识产权、人才、质量品牌、政府采购、市场拓展等方面对中小企业进行支持,形成立体式、全方位的政策体系,并发挥省级中小企业发展专项资金的引导撬动作用,在资金分配中向专精特新企业倾斜。坚持分层分类分级指导,推动土地、资本、技术、人才等要素资源集聚整合,提升质量效益,增强创新能力,助力中小企业向"专精特新"方向成长。温州市对"小巨人"、隐形冠军、省专精特新企业分别给予100万元、50万元、10万元奖励,2023年共奖补448家、落实财政奖补资金8300余万元。加大企业供地倾斜,提高优质企业拿地成功率,2023年为35家专精特新企业精准供地925亩。台州市出台《台州市

关于打造专精特新示范城市的若干意见》,打造政企通政策兑现平台,为专精特新企业提供创新、用地、用能等8个方面支持,大幅降低企业成本等,2022年涉企资金兑现率达100%,减轻企业各类负担225.6亿元。

第二节　专精特新企业发展现状

一、聚焦深耕主业,市场专业化程度高

专精特新企业深耕细分市场,掌握独门绝技,主导产品市场占有率稳步提升。比如,杭州市专精特新企业专注核心业务,在细分市场持续深耕。其中,86.7%的企业主导产品为国内外知名大企业直接配套,73.8%的企业主导产品市场占有率全省第一,41.3%的企业主导产品市场占有率全国第一(见表15-2)。

二、聚焦差异竞争,盈利能力强

专精特新企业把准专业化定位,突出差异化发展,在细分领域中建立竞争优势,在强链补链中实现协同发展。抽样调查显示,50.5%的企业营业收入同比增速超过15%,47.5%的企业净利润同比增速超过10%。比如,杭州市铖昌科技等23家"小巨人"企业保持高速增长,长川科技等6家企业业绩成倍增长,显示出强劲的发展势头。从上市情况看,25家专精特新企业和11家"小巨人"企业已成功上市,大多数企业都有上市计划。

三、聚焦核心优势,创新驱动力强

加快建设技术创新中心和制造业创新中心,搭建技术供需对接、工程技术人员交流、孵化服务等平台,加快新技术、新工艺、新装备、新材料应用,推动专精特新企业成为产业技术基础和共性技术研发的重要载体。截至2022年9月末,样本企业累计有效发明专利2630个,户均有效发明专利、获质量体系认证、制(修)订国际国家标准分别达26.6、3.9和2.3项。

表15-2　典型专精特新企业市场占有情况

企业名称	类型	所属行业	主导产品	产品技术先进性	全国市场占有率排名	应用领域
杰华特微电子股份有限公司	第三批"小巨人"	集成电路设计	电池管理，LED照明，DC/DC转换器	国内领先	全国前三	集成电路设计
杭州华澜微电子股份有限公司	第一批"小巨人"	软件和信息技术服务业	集成电路及应用产品设计，数据存储和信息安全产品的设计	进口替代	全国前三	应用于视频监控系统、大数据存储设备和军用特种装备
嘉兴斯达半导体股份有限公司	省专精特新	半导体分立器件制造	绝缘栅双极型晶体管、新型功率半导体	国际先进	全国第一	新能源电动汽车，环保节能，新能源领域
浙江铖昌科技有限公司	2018年隐形冠军培育企业，2019年隐形冠军企业	信息传输、软件和信息技术服务业	射频芯片	国内领先	全国前三	应用于探测、遥感、通信、导航等领域
浙江晶盛机电股份有限公司	省专精特新	制造业	高端半导体装备和LED衬底材料	进口替代	全国前三	半导体产业、光伏产业和LED产业领域
杭州中科微电子有限公司	第二批"小巨人"	软件和信息技术服务业	卫星导航定位芯片、导航模块、模拟安防类芯片	国内领先	全国前三	导航
浙江金瑞泓科技股份有限公司	2019年隐形冠军企业	计算机、通信和其他电子设备制造业	半导体硅片	进口替代	全省前三	应用于集成电路领域
天通瑞宏科技有限公司	省专精特新	其他电子器件制造	声表面波滤波器	国际先进	全国第一	电子基础材料和电子元器件制造领域

企业名称	类型	所属行业	主导产品	产品技术先进性	全国市场占有率排名	应用领域
杭州长川科技股份有限公司	第二批"小巨人"	专用设备制造业	半导体设备,光机电一体化	国内领先	全国前三	用于 SoC、数字逻辑、MCU 以及低速 Memory 的集成电路测试
杭州国芯科技股份有限公司	第三批"小巨人"	计算机、通信和其他电子设备制造业	集成电路设计,应用方案开发,芯片销售	国内领先	省内第一	家庭、车载和雾载场景
矽力杰半导体技术(杭州)有限公司	省专精特新	集成电路制造	集成电路 IC	国际领先	全国第一	固态存储、笔记本电脑、智能电表、LED 照明等多个领域
甬矽电子(宁波)股份有限公司	/	集成电路、半导体	以模块封装(滤波器(Filter)、射频前端模块(SIP)、电源模块(PSIP))、球栅阵列封装(BGA)和 Wifi、BT、物联网(QFN)为主的高端 IC 封装测试	国内领先	全国前三	高端 IC 的封装和测试
中芯集成电路制造(绍兴)有限公司	/	集成电路制造	提供模拟芯片及模块封装的代工服务	国内领先	全国前三	功率、传感和传输应用领域
浙江戈尔德智能悬架股份有限公司	省级隐形冠军	整车	减震器	国内领先	全国前三	汽车减震器

续表

企业名称	类型	所属行业	主导产品	产品技术先进性	全国市场占有率排名	应用领域
爱德曼氢能源装备有限公司	2021 年首台（套）	电池双极板	金属双极板、膜电极、质子膜燃料电池（PEMFC），以燃料电池系统为核心部件的氢燃料汽车动力系统	国际先进	全国第一	燃料电池领域
宁波舜宇车载光学技术有限公司	单项冠军	光学仪器制造	车载镜头	全球领先	全球第一	汽车领域
浙江科马擦材料股份有限公司	国家级专精特新"小巨人"、隐形冠军	汽车零部件制造	汽车用离合器面片	国内领先	全国前三	离合器面片
浙江盘毂动力科技有限公司	2021 年首台（套）	汽车零部件制造	新能源商用车分布式独立悬架轮边驱动系统	国际领先	全国第一	应用于各类型新能源汽车、AGV 等电动运输设备、割草机无人机等轻便机械、风机液压站等工业应用等种发电机等领域
浙江孔辉汽车科技有限公司	2021 年首台（套）	汽车零部件制造	电控空气悬架系统（ECAS）和电控阻振器系统（ECD）	国内领先	全省第三	乘用车电控悬架系统领域
温州长江汽车电子有限公司	/	汽车零部件制造	车用控制器	国内领先	全国前三	智能座舱系统、主动安全系统、新能源汽车电子系统、汽车电子电器开关
杭州申昊科技股份有限公司	2016 年隐形冠军企业	制造业—通用设备制造业	防疫消毒机器人、健康卫士 2 号机器人、室内操作机器人	省内领先	全国前三	电力、轨道交通、石油化工等工业领域的智能巡检

续表

企业名称	类型	所属行业	主导产品	产品技术先进性	全国市场占有率排名	应用领域
中翰盛泰生物技术股份有限公司	2017年隐形冠军企业,2016年隐形冠军培育企业	医疗器械	POCT、生化、免疫、分子诊断的体外诊断仪器/试剂/原材料	国内领先	全国前三	医疗体外诊断原材料开发,生产、销售,服务及科技孵化,分子诊断第三方检验和生物信息技术服务,第三方医疗器械冷链物流等领域
浙江石化阀门有限公司	第二批"小巨人"	日用化工专用设备制造	高温掺合阀	国际领先	全球第一	应用于石油、化工、冶金、电力等行业,并出口欧美、俄罗斯、非洲、东南亚、中东和日本等国家和地区
湖州太平微特电机有限公司	第二批"小巨人"	其他计算机制造	永磁同步电机	全省领先	全国前三	飞机雨刷用55ZWX002无刷电机及控制器
浙江国自机器人技术股份有限公司	第三批"小巨人"	工业机器人制造	巡检、智能物流及智能制造机器人	省内领先	全国前三	应用于电力、物流、石油石化、轨道交通
宁波方正汽车模具股份有限公司	单项冠军	模具制造	汽车燃油系统多层吹塑模具	国内领先	全国前三	汽车核心模具供应商

续表

企业名称	类型	所属行业	主导产品	产品技术先进性	全国市场占有率排名	应用领域
浙江水晶光电科技股份有限公司	单项冠军	制造业—光电子器件制造	光学低通滤波器（OLPF）、红外截止滤光片及组立件（IRCF）和窄带滤光片（NBPF）、3D深度成像光学元器件，增强显示（AR）组件、半导体封装光学元器件、微纳结构加工光学元器件等	国内领先	全国前三	在薄膜光学元器件、生物识别、薄膜光学面板、AR新型显示、汽车电子、半导体光学等领域
嘉兴新中南汽车零部件股份有限公司	2021年隐形冠军企业	制造业	军工商用重卡配套之离合器助力器、离合器总泵等	国内领先	全国第二	用于大重型汽车、客车和工程机械
浙江天马轴承集团有限公司	单项冠军	滚动轴承制造	深沟球轴承、角接触球轴承、双列调心滚子轴承等各类轴承	国际领先	全球前三	铁路货车、客车与轨道交通轴承、汽车轴承（新能源）、风电轴承、船舶轴承、机床轴承、机械轴承、冶金轧机轴承、电机轴承等领域
杭州福斯特应用材料股份有限公司	单项冠军	塑料薄膜制造	太阳能电池胶膜（EVA/POE膜）、太阳能电池背板	国内领先	全国前三	光伏、电子电路、锂电等新材料领域
宁波容百新能源科技股份有限公司	省专精特新	计算机、通信和其他电子设备制造业	动力电池正极材料	国际领先	全国前三	锂电池领域

续表

企业名称	类型	所属行业	主导产品	产品技术先进性	全国市场占有率排名	应用领域
杭州正银电子材料有限公司	/	电子材料、零部件、结构件行业	晶硅太阳能电池用正面银浆、背面银浆和背场铝浆等	国内领先	全国前三	光伏新材料领域
浙江凯华模具有限公司	第三批"小巨人"	模具制造	微发泡汽车注塑模具	省内领先	全国前三	塑胶模具领域
湖州久立永兴特种合金材料有限公司	省专精特新	钢压延加工	高品质特种合金新材料	省内领先	全国前三	合金新材料
浙江普利药业有限公司	/	生物医药	缓控释制技术、掩味制剂技术、难溶性注射剂技术	国内领先	全国前三	解热镇痛、抗生素、心脑血管、抗过敏消化系统和皮肤科领域
浙江大丰实业股份有限公司	单项冠军	其他专用设备制造业	冬奥主火炬地面核心装置系统	国际先进	全球前三	智能舞台

资料来源：根据企业有关公开信息和研究资料整理。

四、聚焦补链强链,融通发展"配套专家"

从所属行业看,310 家专精特新企业有 36 家为软件和信息技术服务业,占比 11.6%,其余专精特新企业平均分布在通用设备制造、计算机通信制造、仪器仪表、医药制造、专用设备制造等细分行业。53 家"小巨人"企业中,有 9 家为软件和信息技术服务业,有 42 家主导产品属于《工业"四基"发展目录》所列重点领域,拥有关键领域"补短板""填空白"的企业有 48 家。比如,宁波市 182 家"小巨人"企业中,属于《工业"四基"发展目录》所列重点领域的企业有 178 家,细分产品属于制造业核心基础零部件(元器件)的"小巨人"企业有 84 家、关键基础材料有 35 家、先进基础工艺有 34 家和产业技术基础有 25 家。主导产品属于关键领域"补短板"的企业有 126 家,属于填补国内空白的有 105 家,在完善我国制造业供应链体系上发挥重要作用。

表 15-3　浙江省专精特新"小巨人"企业数量　　　（单位:家）

地区	第一批	第二批	第三批	第四批	第五批	合计
浙江省	16	123	308	601	384	1432
杭州市	2	15	32	155	117	321
宁波市	4	48	127	101	69	349
温州市	2	18	31	55	34	140
湖州市	0	9	17	44	29	99
嘉兴市	2	6	23	70	51	152
绍兴市	1	6	18	56	26	107
金华市	1	8	22	35	10	76
衢州市	1	1	6	13	7	28
舟山市	0	3	7	0	2	12
台州市	3	8	19	58	28	116
丽水市	0	1	6	14	11	32

资料来源:根据各地公开报道信息整理。截止时间为 2024 年 6 月。

五、聚焦梯度培育,政策组合拳力度大

坚持培优和纾困并举,制定出台促进专精特新企业高质量发展的系列政

策措施,着力完善梯度培育体系,扩大财政支持规模和资助强度,提升精准服务水平,合力支持中小企业实施技术改造、产品研发和推广应用,促进专精特新企业量质并举、能级跃升。调研发现,72.7%的样本企业享受政策扶持,获财政资金支持51315万元,户均518.3万元;46.5%的样本企业享受土地、税收和信贷审批等方面优惠。

第三节 专精特新企业发展靶向

一、专精特新企业培育面临的挑战因素

(一)基于专精特新发展能力分析

从全国维度看,企业总量已被部分先进省份超越。2023年,浙江省新增专精特新"小巨人"企业384家、累计1432家,低于江苏新增795家、累计1474家,也低于广东新增658家、累计1459家,位居全国第3位。制造业单项冠军总数233家,低于山东237家,位居全国第2位。从省内分布看,区域之间存在较大差距。11个设区市中,宁波专精特新"小巨人"企业349家、杭州321家,数量领先但远低于深圳742家。90个县(市、区)中,49个县(市、区)少于10家,3个县尚未实现零的突破。制造业单项冠军中宁波104家,占全省总量的44.6%,杭州、嘉兴、温州等地相对较少,富阳、海宁、南浔、兰溪、路桥等5个工业大县还没有单项冠军。从产业基础看,专业性、独特性、创新性还不够强。浙江省产业结构偏传统,企业深耕工业"六基"领域数量不足,关键领域仅占4.4%,软件和信息技术服务业、专用设备制造业等战略性新兴行业所属的"小巨人"企业数量与江苏、广东差距较大。近1/3的企业尚未参与国家标准、国际标准等制定,54.6%上市"小巨人"企业研发强度不足5%,仅3.1%"小巨人"企业拥有国家级研发机构,"小巨人"企业户均发明专利15.7件,低于江苏的23件、德国隐形冠军平均水平31件。

(二)基于后备企业梯队建设分析

一是企业基数还不够大。广东、江苏在工业规模、体量、专精特新培育潜力上优势明显,而浙江省符合专精特新培育标准要求的中小企业还需要进一

步挖掘。截至 2023 年 7 月,浙江省规上工业企业总数为 56566 家,低于广东 70611 家、江苏 62562 家。高新技术企业 3.5 万余家,约是广东的 50%、江苏 的 80%;专精特新企业数量 1 万家,约是广东的 60%。二是链主型龙头企业 还不够强。2023 年"小巨人"企业 100 强中,浙江省上榜企业 8 家,低于广东 14 家、江苏 18 家。目前,浙江省"小巨人"企业平均注册资本为 9813 万元,明 显低于江苏省 13255 万元;仅 56% 的"小巨人"企业处于所属行业前 3 位。 2022 年,浙江省上市"小巨人"企业平均净资产 14.15 亿元,低于江苏的 15.53 亿元和广东的 14.85 亿元。三是推荐数量质量还不够优。2023 年第五批专 精特新"小巨人"企业,浙江省省级和宁波市分别申报推荐 1049 家和 342 家, 最终共有 384 家企业进入公示名单,通过率为 30%、20.2%,均低于上海 41%、 江苏 39.7%、北京 34.7%、广东 32.2%。同时第八批制造业单项冠军评选中, 央企下属企业可通过央企集团"条线"通道推荐而不占各省推荐数量限额。 浙江省央企资源相对较少,第八批通过央企通道推荐的企业江苏有 23 家、山 东 6 家、广东 2 家,而浙江省为零。

（三）基于创新生态分析

一是研发后专业服务支撑较弱。受各地创新资源开放共享机制建设、基 础技术服务机构建设、产学研平台建设等方面差异,部分地区与高校、科研院 所、专业服务机构合作途径较少,行业标准话语权弱、专利申请费时费力、研发 后投资不足、市场对接推广难等瓶颈突出,研究成果难以快速转化为市场产 品,企业投资回报周期被进一步拉长。二是新产品进入市场难度较大。"小 巨人"企业新产品处于初创期,存在质量不稳定性,短期内较难得到用户认 可,难以大批量进入市场使用,"国产替代"产品推进渠道需要进一步拓宽。 三是企业创新意愿不强。部分企业创新意识不够强,对企业发展所需的技术 创新问题研究深度不够,习惯依赖于大型企业或模仿技术等方式生存,缺乏拥 有自主知识产权的技术和产品。同时,囿于收益分配、风险共担机制不健全, 企业对开放创新资源可能造成的技术泄露等有所顾虑,科技创新与产业创新 融合度不够深入。四是产权保护意识不强。有的企业在研发或改良新产品、 技术后,缺乏及时申请专利的意识,竞争对手实施模仿行为,削弱企业的市场 竞争力和创新积极性。同时,专精特新企业专利知识产权运用活跃度不够高。

（四）基于要素精准保障分析

一是用地保障难。在土地指标十分紧缺的当下，工业用地指标主要供给重大产业项目和重大科创平台，"小巨人"企业拿地相对难度要大。某企业反映，虽已拿到土地指标，但又难以一次性完成计划项目建设，"拿地即开工"等政策反而对企业用地造成约束。二是企业融资难。部分专精特新企业研发资金需求量大，知识产权是其重要资产，但知识产权难以在短期内看到明确市场前景，融资市场认可度低，导致企业融资困难。三是人才引育难。受福利待遇、社会保障体系、未来发展空间等影响，高端人才不愿进入或长期留在专精特新企业发展的情况仍较为突出，导致企业"专精特新"发展缺乏人才支撑，直接影响技术研发能力提升。四是推荐申报难。根据近年相关文件要求，企业申报国家专精特新"小巨人"企业时，技术和产品有自身独特优势，主导产品在全国细分市场占有率达到10%以上。但部分细分市场目前暂无权威机构发布全国市场规模相关数据，导致企业难以统计其产品的市场占有率。

（五）基于企业创新研发能力分析

一是企业因产品市场规划缺失、行业对产品了解不足等因素导致研发成果转化难。比如，某生产硬脂酸镁的化学有限公司反映，其研发的干法生产工艺操作简单、生产成本低，但由于该技术面世时间不长，且公司本体规模较小，知名度较低，行业内大部分企业对该项技术了解非常不足，仍坚持使用传统生产方法。二是中小企业受自身创新能力制约，造成企业创新研发投入水平欠缺，致使企业冲击专精特新内动力不足。绝大多数企业生产仍以传统工业品为主，现代先进制造业和高新技术产业涉足较少，缺乏高附加值、高科技含量的新产品，自身创新能力不足，创新研发投入不够。三是传统产业在发展中已经形成了固定的格局，部分专精特新企业在细分领域实现创新突破后，大企业凭借较大体量和充足资本直接"破译"或"再造"中小企业的创新成果，又依靠庞大销售渠道和品牌知名度对中小企业形成市场挤压，导致中小企业创新成果利润变低甚至难以覆盖研发成本。

（六）基于专精特新企业产业链分析

一是部分专精特新企业因处产业链中下游，而且主要从事贴牌业务，导致业务单一、增长乏力、后劲不足。部分专精特新企业主要为大企业、大项目和产业链做配套,容易触到业务发展的天花板,仅满足于国产替代或者代工出口,缺乏自主品牌知名度,在国际市场高端价值链中缺乏竞争能力。二是专精特新企业在迈向"专业化、精细化、特色化、新颖化"发展过程中,一些"卡脖子"核心基础零部件、关键基础材料仍大量依赖进口,部分基础产品性能、质量难以满足整机用户需求,导致主机和成套设备、整机产品陷入"缺芯""少核""弱基"问题。

二、专精特新企业发展的靶向定位

（一）拓宽专精特新企业融入产业链渠道

一是支持专精特新企业加强产业链上下游协同,通过"建链、延链、补链、强链"与行业龙头企业协同创新。完善专精特新企业技术产品目录,推动符合条件的企业参与军民融合协作。二是为专精特新企业提供比较完善的产业链配套。针对专精特新企业发展需求,集聚产业链龙头企业、配套企业、科研团队、高端要素,助推更多优质的专精特新企业深度嵌入龙头企业主导的产业链供应链。设立针对专精特新企业"卡脖子"技术的攻关项目,积极支持专精特新企业建设企业技术中心、重点企业研究院、工程技术研究中心,通过"揭榜挂帅"方式组织高校、科研院所、企业联合攻关,突破技术堵点痛点。三是加大专精特新企业技术改造力度。对技术改造贷款项目进行贴息,对以自有资金建设的技术改造项目按照不超过设备类固定资产投资额的一定比例给予奖补。"零增地"技术改造项目先建后验,对符合要求的"零增地"技术改造项目,对其增加建筑面积部分不再增收市政设施配套费等各类费用。

（二）持续为专精特新企业精准注入金融"活水"

一是大力发展以知识产权为主的科技资源质押贷款,缓解专精特新企业在设备引进方面对资金的集中需求,广泛支持融资租赁发展,降低企业资金需求压力。二是发挥产业基金引导功能。积极对接国家中小企业发展基金,采取"母子基金"运作方式,即政府投资基金作为母基金,与各类社会主体合作设立子基金,并交由专业投资机构管理运营,通过股权投资等多种方式,带动社会资本聚力支持中小企业专精特新发展。三是加大信用贷款投放规模和范围,引导金融机构提高信用贷款投放比例,加强流动资金贷款支持,降低专精特新企业融资成本,对现金流面临较大困难的企业,合力协商还本付息方式,避免因贷款逾期产生罚息等额外成本。四是实施重点产业链中小企业上市培育计划,推动中小企业与多层次资本市场高效对接,在区域性股权市场设立"专精特新"专板,探索为专精特新企业申请在新三板挂牌开辟绿色通道。五是完善与专精特新企业融资相关的评估、担保、登记、公证、咨询等中介服务机构体系;引导商业性资金进入信用担保等服务专精特新企业的政策性机构,发挥市场的金融资源补充作用。

(三) 提高技术创新支撑能力,突破产业链配套依赖

一是鼓励企业积极与相关科研机构开展产学研结合。支持有条件的专精特新企业联合高校、科研院所,开展基础研究和应用基础研究。围绕"卡脖子"关键短板技术和产品,开展核心技术攻关,参与"工业强基"、产链协同创新项目。在全面执行企业研发费用税前加计扣除国家政策基础上,对高新技术企业和科技型中小企业再按25%研发费用加计扣除标准给予奖补。二是积极拓宽专精特新企业融入产业链渠道,促进产业链协同协作和深度延展,通过"建链、延链、补链、强链",培育壮大一批"链主"企业,推动产业链供应链优化升级,增强在高端产业链的话语权。集聚产业链龙头企业、配套企业、科技团队、高端人才,构建完善产业链,提升优势产业,从而带动更多优质的专精特新企业发展。三是支持专精特新企业建设企业技术中心、重点企业研究院、工程研究中心,参与技术创新中心、制造业创新中心、技术创新联盟和产业创新服务综合体建设。鼓励企业通过并购或自建方式在海外设立研发机构。四是畅通专精特新企业专利审查绿色通道。围绕数字产业、高端装备制造、节能环保、新能源新材料等战略性新兴产业,拓宽高价值专利培育通道,在快速预审、集中审查、优先审查等方面对专精特新企业和专精特新"小巨人"企业给予支持,开展"专精特新"等中小企业的知识产权专项辅导。积极向国家知识产权主管部门申请加大专利快速预审授权力度,优化专利审查协作机制,提高审查质量和效率,降低专利的申请和维护成本,提高专精特新企业申请专利的积极性。

(四) 推动专精特新企业数字化转型

一是设立数字化转型专项资金,主要用于企业数字化改造的技术补贴、贷

款贴息、政策补助等。利用基金、信托等金融工具,打造数字化转型金融服务平台,针对性开发特色信贷产品,突出对重大平台、重大项目及各类试点示范的支持。鼓励银行开发针对专精特新企业数字化改造的相关信贷产品,开设项目融资"绿色通道",为优质项目提供金融服务。二是加快"产业大脑+未来工厂"数字化赋能。对标国际"灯塔工厂""黑灯工厂",分行业、分区域、分类型探索企业数字化转型的推进路径,集聚一批工业信息工程服务机构,培育推广一批符合企业数字化转型需求的工业互联网平台、系统解决方案、产品和服务。大力实施智能化技术改造,积极探索"设备数字化→产线数字化→车间数字化→工厂数字化"改造路径,建设具有更加竞争力的数字工厂、未来工厂以及"灯塔工厂"。三是鼓励企业利用大数据、云计算、模拟仿真、知识图谱、数字孪生等新一代信息技术,开展专业细分领域的数字化研发创新,将"工匠经验"软件化、模块化、标准化。支持企业与上下游、高校科研机构开展合作,缩短产品研发周期、提升产品性能、优化材料工艺,对工艺设计环节的创新投入给予支持。

（五）精准加大对中小企业政策支持

一是加强资源要素差别化配置支持。改变针对专精特新企业的"天女散花式""撒胡椒粉式"的扶持方式,实施更加精准"滴灌式"的政策资源支持。对专精特新企业新增投资项目,优先纳入省重大产业项目库,按规定给予用地、排污指标等要素保障。在新增计划指标、批而未供土地、存量建设用地安排上向专精特新企业倾斜。积极保障专精特新企业项目用能。鼓励打造一批"专精特新"特色园区。二是继续推行阶段性减免中小企业养老保险、失业保险及工伤保险单位缴费,阶段性减征基本医疗保险单位缴费,和对企业住房公积金实行缓缴优惠政策,降低企业用工成本。三是继续加强对中小企业的税收优惠支持力度,继续减轻中小企业用电成本、加大对出口企业补贴等。四是加大政府采购力度。对专精特新企业产品进行重点推荐,首次投放市场的,政府采购率先购买,不得以商业业绩为由予以限制。鼓励采购单位通过政采云制造（精品）馆采购"专精特新"产品,提高预付款比例和加快资金支付。五是降低专精特新企业申报门槛。充分考量条件,适当降低专精特新企业申报标准,为企业提供发展空间。比如,针对不同产值规模企业,分档次科学设定研发占比条件,为其申报专精特新企业扫除顾虑。

（六）加强专精特新企业人才培养

一是通过发放新引进企业人才特殊津贴、优化企业人才住房保障、优化企业人才子女教育保障、建立企业刚性引才育才奖励机制、建立企业人才进修培训机制、建立企业人才表彰体系、支持校企合作等方式,吸引人才、培养人才、留住人才。二是鼓励支持专精特新企业柔性引才。建立专精特新企业人才引进绿色通道,引进培育高精尖缺人才和高水平科技研发团队,开展职业技能培训,引导本科专科院校加大专项人才的招生、培养力度,帮助企业在用工市场能有更多选择性。三是深化产教融合。围绕企业发展对人才和技术的迫切需求,深度推动产教融合,强化产业需求和人才供给对接,提高专业对产业需求的快速响应。① 探索人才培养模式改革,鼓励高校、职业院校和企业建立人才联合培养机制,共建生产实训基地。加大财政支持力度,建立劳动力资源引进财政补助机制,鼓励出台行业一线技术工人认定和引进补助政策。

---

① 德国是全球范围内拥有隐形冠军企业数量最多的国家,约占全球总量的47.8%,同时中小企业占全球相关市场份额比例高达70%—90%。这得益于其"专注聚焦——持续创新——客户导向"的发展模式和"职业教育——金融支持——技术创新"的保障体系。

第十六章　数字化赋能专精特新企业的战略进路

专精特新企业是中小企业"金字塔"的塔尖,代表着中小企业高质量发展的范式和方向。在新一轮科技革命和产业变革浪潮下,专精特新企业数字化转型已成为我国经济高质量发展的重大战略问题。习近平总书记强调,"要推动产业数字化,利用互联网新技术新应用对传统产业进行全方位、全角度、全链条的改造,提高全要素生产率,释放数字对经济发展的放大、叠加、倍增作用"①,为企业数字化转型指明了方向。近年来,国家先后出台《数字化转型伙伴行动倡议》《中小企业数字化赋能专项行动方案》等系列政策,旨在为中小企业开展数字化转型保驾护航,推动中小企业质量变革、效率变革、动力变革,探索符合中国实际的中小企业转型之路。

第一节　数字化赋能专精特新企业的战略意蕴

数字经济发展速度之快、辐射范围之广,正在重组全球要素资源、重塑全球经济结构、改变全球竞争格局。通过数字化赋能,将新技术、新模式、新生态基因源源不断地注入到专精特新企业发展过程中,为企业质量变革、效率变

---

① 中共中央党史和文献研究院编:《习近平关于网络强国论述摘编》,中央文献出版社2021年版,第136页

革、动力变革提供重要支撑。

数字化赋能专精特新企业高质量发展，有利于推动制造业高端化智能化绿色化、建设制造强国和质量强国。面对激烈竞争的国内外环境，专精特新企业的生存环境趋严趋紧，资源环境的刚性约束明显增强，适应制造业发展的高端化、智能化、绿色化趋势，企业的传统发展路径亟待变革与重塑。利用云计算、大数据、人工智能、数字孪生等数字技术，推动专精特新企业在细分领域、细分行业上深耕，有助于专精特新企业迈入创新驱动快速发展的轨道。为此，需要把发展的着力点聚焦于制造业的创新突破上，加速技术研发及成果产业化，缩短新技术、新产品研发周期，突破"卡脖子"关键技术，努力向产业链微笑曲线两侧发力，更好地支撑制造强国和质量强国建设。

数字化赋能专精特新企业高质量发展，有利于促进大中小企业融通、提升产业链供应链韧性和竞争力。大中小企业融通发展是产业集群发展的高端形态，影响产业链供应链的广度和深度，事关实体经济高质量发展。运用大数据、物联网、人工智能等数字技术，打造以龙头企业为引领的产业链供应链数字平台，能够进一步精准匹配大型企业和中小企业的需求与供给，打通行业龙头企业和配套的专精特新企业之间技术、供应、产品、金融等的堵点和瘀点，降低供应链上游生产波动对下游企业的断链风险，同时实现产业链和创新链之间的知识溢出、信息共享、技术协同，为产业链供应链韧性和安全提供支撑。

数字化赋能专精特新企业高质量发展，有利于数字经济和实体经济深度融合。数字经济和实体经济深度融合是新一轮科技革命和产业变革新机遇的战略选择。专精特新企业作为最为活跃的市场群体，具备数字技术赋能实体经济的潜力。一方面，专精特新企业运用数字技术，在数据分析基础上优化工艺和管理流程，创造出丰富的智能制造应用场景，进一步提升生产效率，赋能实体经济；另一方面，通过对大数据的积累、挖掘、利用，智慧化感知和驱动生产决策，迭代升级原有生产模式、组织架构和经营方式，重塑专精特新企业的发展形态，进一步创造新的价值增长点，从而反哺数字经济。

数字化赋能专精特新企业高质量发展，有利于企业更大范围参与国际分工合作、融入国内国际双循环体系。以数字科技为驱动，多领域交叉融合的第四次工业革命蓬勃开展，全球产业发展环境和产业生态正在经历深刻变革。

数字技术的快速发展促使全球贸易以及国际分工的门槛被降低,专精特新企业可以更广泛地参与到国际供应链合作之中,成为全球供应链竞争的重要力量。专精特新企业高质量发展需要以充分参与国际分工合作为战略导向,以网络化的生产方式提高组织协作效率,以数字贸易等新型流通方式加速资源要素配置,以集群化的产业组织方式拓展整体竞争力,深度嵌入国内国际双循环体系。

如何推动中小企业特别是专精特新企业数字化转型是现代经济体系建设迫切需要解决的重要命题。随着国际国内经济环境复杂变化,我国中小企业面临要素成本上升、创新发展动能不足、国内外市场竞争加剧等突出问题,影响了企业的平稳健康发展。在数字经济迅猛发展的背景下,以数字化转型为方向,激发专精特新企业发展新动能,是实现质量变革、效率变革、动力变革的必由之路,符合中国经济发展实际。

首先,数字化赋能专精特新企业"质量变革"。质量是专精特新企业的生命。专精特新企业把互联网、大数据、云计算、人工智能等新兴技术与制造融合起来,用数字化、智能化、标准化的生产方式提高企业产品质量和服务质量,实现企业高质量发展。专精特新企业数字化水平较高的汽车、电子、仪器仪表、运输设备、医药等行业,纷纷对设备、工艺、流程等进行了数字化改造,通过智能生产线、数字化车间实现了精益制造,解决了专精特新企业的产品质量问题。从未来看,专精特新企业需要应对快速变革的技术浪潮,不断提升数字化能力,通过数字化智能化赋能,确保企业不偏离高质量发展的航道。

其次,数字化赋能专精特新企业"效率变革"。效率是专精特新企业赢得市场竞争力的关键。企业生产全过程高效协作,以及与产业链上下游高效协同,有助于提高劳动生产率和全要素生产率。进入数字化时代,专精特新企业通过数字化平台与各类要素资源有效链接,以数据流驱动技术流、物质流、资金流、人才流,有效降低了企业运营成本。专精特新企业研发、采购、生产、设计、库存等数字化改造,尤其是工业互联网的应用打通了供应链上下游的数据通道,实现跨部门、跨企业、跨行业的资源优化配置,促进了供需精准对接和市场高效生产。例如,LOT 加速智能制造、智慧物流等行业的升级换代,AI 和区块链助推征信识别等效率提升。

最后,数字化赋能专精特新企业"动力变革"。对专精特新企业而言,数字化程度越高,生命力越强。数字化不仅帮助企业有效降低各类运营风险,而且推动企业技术创新和模式变革,催生新业态新动能,形成新的增长点。因此,推动专精特新企业数字化网络化智能化,提升企业创新能力、业务能力和市场能力,形成网络化协同、个性化定制等"互联网+制造"新模式,是培育新动能的关键之举。宏观经济承压明显背景之下,不少专精特新企业发展面临挑战,但也有大量专精特新企业抓住机遇,创新了移动办公、在线教育、直播带货、社交团购、云签约等新产品新服务,获得了发展壮大的机会。

第二节 数字化赋能专精特新企业的现实基础

随着新一代信息技术的飞速发展,数字化改造成为企业提升市场响应力、运营敏捷度、创新驱动力的必然趋势,也是企业蓄势发展、实现赶超、提升韧性,最终实现高质量发展和竞争力提升的关键手段。浙江省加快推进数字经济创新提质,大力支持专精特新企业数字化改造,编制企业数字化发展水平评估指标体系,从机器换人、智能化改造、企业上云、工业互联网到智能工厂、产业大脑,梯队推进、层层深化,大力推动企业开展数字化转型,走出了一条具有中国特色的专精特新企业"智改数转"之路。

一、数字化赋能专精特新企业的典型做法

一是强化顶层设计,建立一盘棋统筹推进数字化赋能专精特新企业的体制机制。按照党中央关于推进制造业发展的决策部署,坚持把数字化改造作为推进企业"智转数改"的主战场和重要抓手,制定实施细分行业中小企业数字化改造行动方案、产业数字化"三个全覆盖"实施方案,分类推进国家中小企业数字化转型城市试点,以未来工厂引领大企业智能化升级、以产业大脑迭代升级工业互联网平台,组建企业数字化改造工作专班,一盘棋推进该项工作。以浙江为例,遴选省级数字化服务商 452 家、省级工业互联网创建平台

535 个、工业领域行业产业大脑 56 个。经测算,浙江省规上企业数字化改造覆盖率达 80.6%,集成电路、智能光伏、智能物联、新能源装备、新能源汽车及零部件 5 个产业集群的数字化改造覆盖率超过 90%。

表 16-1 2022—2023 年浙江省工业企业数字化改造水平评估主要指标

(单位:%)

类别	指标	2022 年数值	2023 年数值	增幅
数字化基础	数字化人才占比	5.24	6.02	0.78
	网络基础普及率	97.10	97.82	0.72
	工业装备数控率	35.00	41.45	6.45
	工业装备联网率	15.38	20.66	5.28
业务环节数字化	研发设计数字化普及率	56.47	60.11	3.64
	运营管理数字化普及率	68.48	77.36	8.88
	计划排程数字化普及率	3.91*	5.24	1.33
	生产制造数字化普及率	25.03*	30.11	5.08
	物流仓储数字化普及率	33.95	37.83	3.88
	销售数字化普及率	4.80*	9.45	4.65
	采购数字化普及率	5.98*	8.64	2.66
	办公、财税和人事数字化普及率	84.49	90.03	5.54
集成和创新	数据和业务集成应用率	22.98	29.02	6.04
	业务模式创新比例	25.74	30.72	4.98

资料来源:根据有关公开资料整理而得。

表 16-2 2022—2023 年浙江省 38 个工业大类
工业企业数字化改造覆盖率

(单位:%)

序号	工业大类	2022 年	2023 年	增幅
1	电力、热力生产和供应业	100.00	100.00	0.00
2	煤炭开采和洗选业	0.00	100.00	100.00
3	医药制造业	89.92	94.82	4.90
4	计算机、通信和其他电子设备制造业	89.90	93.92	4.02

续表

序号	工业大类	2022 年	2023 年	增幅
5	汽车制造业	87.51	93.34	5.83
6	燃气生产和供应业	89.71	93.24	3.53
7	仪器仪表制造业	89.47	92.18	2.71
8	铁路、船舶、航空航天和其他运输设备制造业	83.10	91.99	8.89
9	化学纤维制造业	82.57	90.95	8.38
10	专用设备制造业	84.58	90.67	6.09
11	化学原料和化学制品制造业	82.00	90.06	8.06
12	其他采矿业	87.50	89.47	1.97
13	电气机械和器材制造业	83.00	89.19	6.19
14	酒、饮料和精制茶制造业	78.77	89.04	10.27
15	印刷业和记录媒介的复制	86.69	88.90	2.21
16	通用设备制造业	81.70	88.58	6.88
17	食品制造业	82.46	88.53	6.07
18	石油、煤炭及其他燃料加工业	85.00	88.24	3.24
19	造纸和纸制品业	83.12	88.24	5.12
20	非金属矿物制品业	82.25	87.66	5.41
21	纺织业	75.42	87.55	12.13
22	水的生产和供应业	81.82	86.79	4.97
23	家具制造业	81.46	86.24	4.78
24	文教、工类、体育和娱乐用品制造业	75.49	85.93	10.44
25	金属制品业	77.23	85.50	8.27

资料来源:根据有关公开资料整理而得。

二是强化政策集成,系统化推进数字化赋能专精特新企业。坚持降本增效导向,以高端化、智能化、绿色化、融合化为主攻方向,利用国家大规模设备更新和消费品以旧换新的政策机遇,聚焦企业重点、难点问题靶向攻坚实施技术改造,特别是推动企业进行数字化技术改造。按照企业数字化改造 1.0——

4.0 标准要求,对现有产业数字化政策、项目、载体等进行集成,引导数字化改造样本企业有序推进智能化技改、两化融合、企业上云、数字化车间、智能工厂、工业互联网平台、未来工厂等项目建设,科学推进数字化转型。比如,金华市建立"121N"数改政策体系(即 1 个总体方案、2 份配套文件、1 个实施方案以及 N 个激励政策),以《"十链万企"中小企业数字化改造攻坚行动方案》总体方案为总牵引,配套出台《"十链万企"中小企业数字化改造指南》《"十链万企"中小企业数字化改造指标体系》,细化制定《试点细分行业中小企业数字化改造实施方案(2023—2025 年)》,明确企业数字化改造推进思路、任务举措以及方法路径。

三是强化平台赋能,针对产业集群建立数字化平台。聚焦"一集群一平台",持续打造产业集群工业互联网平台体系,发挥龙头企业的引领带动效应,形成重点工业互联网平台梯队,赋能传统产业数字化转型。在国家智能制造体系的基础上,创新性提出建设未来工厂,发布未来工厂建设导则,累计建设 72 家,打造具有浙江辨识度的数字化新名片。比如,东磁磁性材料工业互联网平台梳理磁性行业统一物联标准及业务数据标准,构建集供应链协同、全流程生产管控、质量检测与溯源、设备健康管理和智能仓储等方面于一体的应用平台,目前该平台已连接设备 3800 台,实时采集关键控制点 16000 余个,配套上线了 15 个工业 APP,链接上下游产业链企业 150 余家;永嘉鞋革产业大脑集成 AIGC 创意设计、3D 数字化设计工具、好货通、好采通等全链路柔性数字化产品,助企成本下降 10%、销售提升 20%、设计效率提升近 170 倍,相当于"中国版的鞋履设计 GPT"。

四是强化技术支撑,为企业精准实施数字化赋能提供服务。探索创新细分行业企业数字化改造模式,将数字化服务商作为推进制造业数字化转型的重要支撑力量,在引进培育传统数字化服务商的同时,大力推动企业由"制造"向"制造+服务"转型。创新智能化技改免费诊断服务机制,遴选优秀产业数字化服务商,开发优秀解决方案,形成体系化推进机制,通过政府购买服务方式,为企业开展免费的智能化诊断。支持专精特新企业加快利用物联网、工业互联网、大数据、人工智能等数字技术对业务环节进行全方位改造,推动工业企业数字化迈向更高水平。以温州市长发祥鞋业有限公司数字化改造项目为例,通过数字化技术改造,使原本粗放式管理、物料管控乏力、成本核算不明晰的企业,数据收集率达 90% 以上、物料利用率提高了 30%、订单按时交货率提高了 30%、处理效率提升了 30%。

五是强化新兴基础设施支撑,夯实数字化赋能专精特新企业基石。以专精特新企业的实际需求为导向,有前瞻性地进行新兴技术设施布局,推进新基建与新制造、新模式、新业态等实体经济深度融合,最大化发挥新基建、新技术和新场景融合的价值。聚焦企业数字化转型,加快助推 5G 网络、千兆光网、数据中心、算力中心、高效能终端等新型基础设施建设,鼓励专精特新企业加快智能设备更新、数字化工艺升级、数据赋能管理创新、智能化升级改造,进一步提升专精特新企业数字化转型基础。

二、数字化赋能专精特新企业的影响因素

(一) 企业数字化赋能认识不到位、内生改造意愿不够强

一是部分企业对数字化转型的认识不够深化,发展思路转变难。部分企业把数字化简单地认为是一种互联网新技术的应用,以为在原有业务基础上安装管理软件就可以实现数字化转型,甚至认为数字化转型任务是信息部门或 IT 部门的事情,自身没有真正意识到数字化转型是需要从顶层设计出发,是优化资源配置、改进组织管理的大变革。二是企业效益下滑影响了数字化改造意愿。国际市场环境日益复杂,部分专精特新企业遭遇订单下滑、收入不稳、出口受阻等生产经营压力,企业发展更倾向于"保订单、稳生产、求生存",部分计划暂缓数字化改造。三是"不停机改造"存在难度。数字化改造过程中,需对无法实现状态数据自动提取、联网传输的生产设备进行二次改造。无间断生产型专精特新企业一般要求企业在设备不停机、短停机的状态下完成数字化改造,技术要求高、风险把控难度大,第三方服务商难以提供整体适配方案。四是企业数字化基础薄弱。不少企业处于半自动化生产阶段,硬件数字化程度低,设备改造和数据采集难度大,数字化基础薄弱。大量数字化项目处于数字化转型的初级探索阶段,主要是解决数据采集、连接及自动化控制等问题,真正实现产品全生命周期数据驱动和产业链协同的智能化应用还不多。

（二）企业数字化投入大、周期长，存在一定观望情绪

一是前期投入大，数字化转型推进慢。数字化转型过程中涉及高端硬件、软件投入，资金需求量大，但前期产出回报慢，短期内产出投入比难以达到预期。同时部分传统制造业企业多年积累了较为完整和成熟的生产线，依赖于传统销售渠道和代加工生产模式，数字化转型所需的大量成本投入及不甚明朗的发展前景，导致不少企业望而却步。二是中期维护成本高，数字化转型见效慢。数字化转型是一项长期、持续化的工程，而中小企业的资金实力较弱，前期巨额投资加上每年的维护成本，导致数字化发展难以持续。三是缺乏系统规划，数字化转型层次低。不少制造业企业的数字化转型过程是逐步推进的，相关系统和设备添置慢，由于缺乏系统规划，数字化系统间不兼容，最终导致数字化转型效果不佳。

（三）产业链供应链上下游协同数字化改造面临挑战

一是行业数据封闭，上下游同步改造较难。目前，部分数字化改造涉及信息共享、数据上云等要求，企业出于核心技术保护等考量，对于数字化改造态度较为谨慎，导致产业链上下游数字化改造难以有效贯通。二是技术标准不统一，改造底座薄弱。当前，工业企业数字化改造技术标准存在显著差异，不同系统建设由于开发方式、开发时期、开发主体不同，各类厂商生产的设备接口不够统一、通信协议不够兼容，应用系统标准和接口不够一致，不同业务条线间数据壁垒较为突出，导致设备联网、数据自动采集以及硬件之间通信存在困难。三是设备维修困难，面临技术锁定风险。数字化改造涉及的系统设备具有一定技术门槛，甚至部分还存在技术壁垒、设备依赖，售后维修需要设备厂商介入，特别是国外设备依赖性很强，技术替代十分困难。四是数字化改造4.0创新应用水平有待提升。当前，大部分专精特新企业数字化改造集中在1.0单项应用改造和2.0多项应用改造阶段，进入3.0集成应用阶段、4.0创新应用阶段的较少。

（四）企业数字化改造技术要求高，缺乏稳定可靠的技术支撑

一是缺乏针对性解决方案。专精特新企业的生产工序、管理模式、技术参数等各不相同，对数字化改造方案要求较高，需要服务商提供实施路径不同、形式多样的整体数字化改造方案。而目前大部分数字化改造服务商由软件企

业转型而来,在行业数字化改造经验上沉淀不足,经常出现与企业真实需求错配的现象,改造方案可配置性、可重构性、可延伸性不够。二是自主可控技术支撑力量不足。高端装备制造业领域存在较多关键核心技术"卡脖子"问题,数控机床领域缺少关键部件核心技术的企业;电子信息制造业关键核心技术、关键零部件、元器件大量依赖进口,尚不能满足产业快速发展和规模化应用的需求。三是数据安全风险高。在企业数字化转型中,数据要素是制造业数字化转型的重要驱动力和关键支撑力,其安全要求远高于消费数据。这些数据一旦在采集、存储和应用过程中泄露,会给企业和用户带来严重的安全隐患和巨大的经济损失。

（五）企业数字化转型标准不统一、技术赋能存在"中梗阻"

一是软硬件设备没有统一标准。制造业企业设备品牌多、型号杂、接口不一,有时即使是同一家企业,也没有统一标准,导致数字化转型困难重重。以某印染有限公司加装模块为例,公司原有设备品牌型号较多,老旧设备需进行数字化改装才能接入系统中,面临着"一机一方案"的难题。二是数据没有权威标准。制造业企业每天产生和利用大量数据,应用场景较为复杂,不同环节、不同工业协议数据格式差异较大,标准难以兼容,尤其是产业链间业务协同不理想。三是企业数字化系统和外部数据系统对接没有技术标准。企业的数字化改革基本是按照自身需求推进,系统由软件公司量身定制,技术框架不尽相同,后期如果要与政府数字化监管系统等外部数据系统对接,将面临资金、人力、时间等方面的再次投入,给企业增加负担。四是数字化技术改造没有标准模板。由于制造企业产品不同、标准不同、工艺不同,在推进数字化改造过程中,各领域缺少可参考借鉴的成功经验和范本,需要"一企一案"量身定制,导致企业改造成本偏高、过程较长。部分企业改造前期缺乏专业技术人员给予相关方面的指导,整个过程全凭多年经验和设想,改造过程中因经验缺乏走了很多弯路,改造成本也大大增加。

（六）与企业数字化需求匹配的专业化供应商和服务平台支撑不足

一是细分行业领域的专业化供应商少,符合行业升级需求、改造成本和门槛较低、可复制可推广的成套产品和解决方案较少。二是面向企业需求与智能制造供应商对接的公共服务平台支撑不够,现有的系统解决方案商很难满足企业个性化的智能制造改造需求。三是缺乏可对标的行业标杆。各领域门类之间差别较大,缺乏成功案例或行业典型参照,企业多是"摸着石头过河"。四是适配性的技术人才缺乏。由于缺乏数字化转型整体规划型人才和系统运营维护的应用型人才,部分企业虽有转型意愿,但受制于自身条件,应用型人才缺口较大,难以独立完成数字化转型。

第三节　数字化赋能专精特新企业的实现路径

从全球看,发达国家纷纷启动专精特新企业数字化转型战略,德国实施"专精特新企业数字化转型行动计划",日本实施"经济增长战略行动计划",法国投入财政专项资金支持专精特新企业数字化转型等,充分说明专精特新企业数字化转型已上升为各国抢抓推进的国家战略。当前和今后一段时期,是我国专精特新企业数字化转型的重要窗口期。数字化赋能高质量发展势在必行、迫在眉睫、如箭在弦,但难以一蹴而就、一步到位,需要按照新发展理念指引的方向,因地制宜、稳中求进,以提高质量和效益为目标,发挥企业主体作用,激发企业内在动力,同时加强政府的公共服务供给,健全数字化赋能专精特新企业生态体系,加快数字化赋能专精特新企业步伐。

一、以高效适配的数字化模式提升价值创造能力

针对专精特新企业变革动能强和创新能力强的特点,聚焦典型应用场景和企业内在需求,引导有基础、有条件、有意愿的企业加快制造设备联网、关键工序数控、业务系统"上云"等实践,支持企业探索建设"无人车间""黑灯工厂""未来工厂"和"小灯塔"企业等新模式,重塑生产运营过程,实现精益生产、精密制造、精细管理和智慧决策。针对行业特质和企业需求,推广平台赋能、"N+X"改造、PaaS数字中台、链式数字化、轻量微数改等模式,通过模式创新提升价值创造能力。由于专精特新企业以小规模、大协作方式提供配套,与龙头企业建立了十分紧密的配套协作关系,因此,应当推进以龙头企业为引领

的工业互联网平台等建设,将数字化重塑的要求精准导入企业研发和生产过程,鼓励平台以开源方式开放研发、生产、采购等环节,促进专精特新企业深度融入龙头企业的生产协作系统,实现数据信息共享、制造资源共用、转型过程协同,重塑企业竞争模式,提高产品的竞争力及其与市场的适配性。加强产业大脑能力建设,推广"产业大脑+未来工厂"新范式,加快基础工艺、控制方法、运行机理等工业知识的软件化、模型化,推动共性、高频的应用功能标准化、模块化,形成并输出可复用的能力组件。大力推进"平台+"应用创新,打造"平台企业+行业龙头企业+行业协会+服务机构+中小微企业"的云上伙伴关系,多方协作从串行向并行演进,促使供给能力与需求精准对接,构建多方参与、深度互动、快速迭代的产业生态。

二、借助产业集群数字化提升产业链供应链耦合能力

专精特新企业虽行业不同、产品各异,但在数字化转型方面存在大量基础需求,尤其是产业链上下游企业的改造任务同质性更高,以集群化方式推进企业数字化转型有利于实现更高效的资源共享、分工协作和要素配置,提升产业链供应链耦合能力,实现产业集群的价值共创共享。专精特新企业在产业链、供应链中起着穿针引线的重要作用,应充分利用这些独特优势,加强与大型企业的协作配套,推动上下游企业协同数字化。基于龙头骨干企业的数字化转型,构筑面向专精特新企业的数字化赋能平台,通过大企业"建平台"和专精特新企业"用平台"双向发力,推动大专精特新企业形成协作共赢的数字化生态。从研发设计、生产制造、能力共享、质量溯源等行业共性需求入手,满足专精特新企业小批量试制和定制生产需求,延伸产业链和价值链。聚焦细分行业共性和专精特新企业的个性需求,建设产业集群供应链对接平台,分行业制定数字化重塑专精特新企业价值创造力的行动指南,构建 N 个基础应用场景和 X 个个性化应用场景组成的"N+X"应用场景,推动产业链、供应链、信息链、数据链与资金链高效融合,提升要素配置效率和产业链供应链管理能力,进而提升整个产业集群内部的要素集成和协同创新能力。支持专精特新企业基于产业集群,与供应链上下游企业打通数据渠道,建设数字化园区和虚拟产业园,实现数据信息共享、制造资源共用、转型过程协同。做优平台泛在连接、

资源配置、云化服务、应用创新等功能,资源配置从单点、静态优化向多点、动态优化演进,打造多元网状分工的"云上产业集群""云上产业园",建设数字产业链供应链,实现企业间研发设计、技术攻关、订单产能、销售服务等领域高效协同共享。

三、建立符合行业共性和企业个性的数字化重塑机制

紧扣企业数字化重塑所面临的数字基础设施、通用软件和应用场景等共性难题,鼓励企业创新系统化、模板化、通用型的数字化变革模式,为同一类型的专精特新企业提供解决方案。针对不同专精特新企业的需求场景,组织数字企业服务专业团队,通过线上、线下方式对接企业需求,为企业提供门槛低、成本低、上手快、效果好的诊断工具和服务,帮助企业采取更具针对性的措施,推动研发、设计、采购、生产、销售和物流等业务数字化,实现产品开发、生产运营、技术研发和组织机制等价值创造过程重塑。遴选一批数字化重塑专精特新企业样本,总结典型样本企业成功经验和创新实践,在细分行业、产业园区等进行推广,引导专精特新企业进行全量数字化重塑,推动价值创造主体交互化、价值创造过程智慧化、价值创造方式开放化和价值创造载体生态化,实现企业提质增效和向行业高端跃迁。构建"链主+链长"机制,推动产业链整体转型改造,按照"链主企业建平台、链节企业用平台"思路,发挥链主型企业的行业优势,积极支持链主企业开展工业互联网建设,依托产业大脑相关模块对企业进行数字化改造,推动产业链供应链上下游企业业务协同、资源整合和数据共享,助力链节企业实现"链式"转型。健全企业数字化改造标准体系,以龙头企业牵引带动提升产业集群数改质效,重点围绕围绕工业工程、云平台+服务应用、监理验收等环节,进一步提炼总结合同示范文本推广应用。同时,大力支持大数据、云计算、人工智能、元宇宙等新一代信息技术赋能数字化改造。

四、通过市场主导的数字化改造方式提升企业内生动力

投入是影响专精特新企业数字化改造的重要因素,单靠政府补贴难以为继,必须发挥市场机制的主导作用。按照分行业制定的数字化重塑指南,充分

利用政府采购、价格补贴、税费减免和揭榜挂帅等政策工具,支持平台企业、核心服务商建设数字技术开源平台,培育一批专门提供"工具+服务"的数字化服务商,为数字化重塑专精特新企业价值创造力提供解决方案。对综合型、行业型、场景型服务商开展分类分级,市场化模式遴选优秀服务商,引培一批具备软件服务、硬件更新等优质且有丰富经验的数字化改造服务商,支持数字化改造服务商高质量发展。鼓励支持数字化服务商从线下转向线上、从提供标准化产品转向提供个性化解决方案,以"轻量化线上服务+线下设备智能化更新"方式,加快向 SaaS 化转型。探索技术改造新模式,遴选一批行业优秀数字化服务商,向产业链上下游输出系统性、集成性或定制性的解决方案,更好地实现数字化改造的供需对接。充分发挥市场的主导性,组织数字化服务商联合专精特新企业开展应用开发,面向产业链上下游企业提供专业市场化服务,对企业数字化改造诊断、优化、监测和评估等进行专业辅导,精准识别和锚定企业价值创造力重塑的核心需求、关键环节和突破方向,激发专精特新企业数字化重塑内生动力,有效推动其设备"上云"、流程"上云"、业务"上云",帮助专精特新企业广泛吸收外部资源,重塑企业跨界创新能力,实现专精特新企业产品创新和服务能力的延伸。

五、构建多元协同的数字化服务支撑系统

数字化重塑专精特新企业价值创造力涉及企业产品开发、生产运营、技术研发和组织管理等价值创造的全过程,需建立符合专精特新企业数字化趋势的政策"工具箱",打造基于"研发+生产+供应链"的数字化产业链生态圈,通过协同共享广泛利用产业链生态圈提供的信息、要素和资源,为企业数字化重塑提供全方位的保障。加强金融配套支持,引导金融机构设立数字化改造专项金融产品,为专精特新企业提供信用评估、融资租赁和贷款支持等优惠服务,降低企业融资增信成本,为企业数字化重塑提供资金保障。加强数字资源服务能力建设,加快推广 5G 和工业互联网应用,强化基础网络设施建设,提升企业数字化重塑的软硬件支撑能力。保障数据安全,规范引导平台企业、数字服务商等安全体系建设,强化企业数据全生命周期安全管理。聚焦适配人才供需矛盾,支持数字服务企业与各类院校联合培养,提高数字化专业人才的

供需适配性,夯实企业数字化重塑的人才保障。

六、加速专精特新企业的适配性数字化核心技术攻关

一是增强"卡脖子"技术支撑能力。积极引导企业、科研机构等加大核心技术研发投入,加强底层操作系统、嵌入式芯片、人机交互、工业大数据、核心工业软件、工业传感器等核心技术攻关。支持企业加大采购力度,从需求侧拉动技术发展,帮助新技术、新产品进入市场。发挥重点平台、试验区作用,引导重点项目、企业、技术、资金等向平台集中,培育具有核心竞争力的数字产业集群。

二是加强生产设备的智能化研发力度。引导高校院所、龙头骨干企业与优势传统产业加强对接沟通,精准掌握专精特新企业的数字化需求,以"揭榜挂帅"等方式合力研发适合柔性生产的绿色、智能机械设备,壮大首台(套)产品规模,助力国内制造在传统行业实现弯道超车,推动传统产业由"造得出"向"造得精""造得好"转变。

三是注重发挥数据价值。数据作为一种新型生产要素,凭借其诸多独特的属性,正在推动制造业要素资源重组、生产流程再造、企业组织重构,将大幅提升其他要素的生产效率。加快推进数据贯通,引导企业实现数字化全局协同,从支持单个环节延伸成为支持制造业企业整体贯通,即打通生产、供应和营销的通道,构建新型制造能力,从而提升整体运营效益。加强数据安全保障,进一步加强多云环境下对多类型数据应用及数据归总的统一管理,并给企业提供可自服务、自定义管理流程的数据管理框架,让其成为数据安全管理的坚强防线。

四是加大对新技术新模式的支持。为推进制造业企业实施数字化、智能化改造升级,聚焦新模式、新技术的应用推广,鼓励支持数字化车间、智能工厂、未来工厂等面向整体技术改造项目的生产模式变革,也包括个性化定制、网络化协同、服务化延伸等面向特定环节的生产模式变革。利用5G、工业互联网、人工智能、数字孪生等新一代信息技术在研发、生产、供应链、服务等环节的创新应用。通过鼓励支持不同行业、不同领域的试点项目和应用场景建设,并遴选具有典型示范效应和推广价值的示范项目和应用场景,总结提炼分

行业分领域的解决方案和标准细则,助力更广泛的制造业企业改造应用。

七、提升数字化赋能专精特新企业的基础能力

从专精特新企业高质量发展趋势看,数字化赋能已经不是选择题,而是必答题。未来,专精特新企业的生产运营需要推进"智能+",在智能化改造方面下更大功夫,推动新技术、新工艺、新装备在专精特新企业的广泛应用,加快向柔性化、智能化、精细化制造转变。从产业链配套看,需要建立共性技术研发、测试验证、咨询评估、创业孵化等公共服务平台,鼓励公共数据资源和行业数据资源开放共享,促进专精特新企业智能化改造升级。专精特新企业转型过程中,尽管数字化能够提升生产效益,但由于基础能力不强,转型过程漫长复杂,影响了企业数字化转型意愿。对此,需要加强数字化基础设施建设,降低专精特新企业数字化转型成本,激发企业转型的内生动力。同时,依托制造业创新中心、企业技术中心等载体,突破一批智能传感、分布式控制等关键软硬件产品,加强专精特新企业的推广应用,提升专精特新企业的数字化能力。对于技术密集型专精特新企业而言,还需要注意数据安全,构建自主可控的安全防护体系,加强网络安全、数据安全、软硬件安全,降低专精特新企业数字化转型的风险。

八、孵化专精特新企业数字化赋能新场景

"上云"是专精特新企业数字化的重要场景,但目前专精特新企业对云平台利用普遍不足。据抽样调查统计,25%的专精特新企业应用了采购云平台,23%的专精特新企业实现上云管理,设计、研发、运维等业务的云应用程度较低。对此,充分发挥市场主体作用,开发推广一批面向产业生态、新智造应用、共性技术等管用实用好用的应用场景,带动产业链上下游企业业务系统云端迁移,打造产业生态。关键是创新面向不同行业、不同场景的云服务,围绕产业链、供应链、创新链推出集成应用的数字化场景。例如,5G在电力、采矿、化工、装备制造等领域的场景融合应用已取得良好效果,呈现快速规模化应用趋势。专精特新企业数字化场景的潜力巨大,需要不断创新"互联网+制造"模式,尤其是在数据成为新生产要素的理念下,通过数据应用推动业务模式变

革,培育数字孪生、云制造、众包设计、虚拟仿真等新业态,打造越来越多的数字化应用新场景。

九、强化对企业数字化赋能一站式综合服务

一是全面梳理数字化改造企业清单。摸清企业数字化改造意愿,对规上工业企业数字化发展水平进行评估,梳理确定改造对象。优选数字化改造意愿强烈、生产经营稳定正常、经营管理基础好、人才资金有基本保障、复制推广价值大的企业作为数字化改造试点企业。实行"一对一"问诊,帮助企业制订一体化解决方案。

二是针对不同规模的企业分类开展数字化改造。梳理企业分类改造路径,将规上工业企业分为龙头、中坚、基底三类,分批次分层次推进企业数字化改造,加强行业共性解决方案研发和供给,指导龙头企业瞄准智能工厂、数字化车间建设目标,从技术人才、金融信贷等方面加大支持力度。引导中坚企业结合个性需求,从外部引入技术水平高、集成能力强、行业应用广的第三方数字化服务平台,进一步降低改造成本;引导基底企业采用轻量级解决方案,为企业提供使用便捷、成本低廉的产品和服务。

三是打造差异化平台发展体系。针对链主企业带动的产业集群,引导建设产业链级或区域级平台,推动大中小企业融通发展。针对骨干企业主导的产业集群,支持骨干企业建设企业级平台,带动供应链企业协同发展。针对中小企业集聚的产业集群,联合服务商打造行业级平台,满足企业基础共性需求。围绕特定工业场景,打造一批提供设备健康管理、智慧物流、能源管理、知识图谱等服务的特定环节型平台。

十、优化数字化赋能专精特新企业环境

专精特新企业数字化转型是系统性、长期性、复杂性工程,在充分发挥市场"无形之手"作用基础上,还应发挥政府"有形之手"的推力。结合专精特新企业发展实际,进一步深化"放管服"改革,简化涉及专精特新企业数字化转型的行政审批事项,降低新业态新模式企业的设立门槛,消除阻碍数字化的各种行业性、地区性壁垒。专精特新企业数字化转型需要大量研发投入,需要把

支持研发放在重要位置,落实各项税收扶持政策,确保简政放权和惠企政策应享尽享。同时,还要创新重大装备首台套、软件系统首用、固定资产加速折旧等政策,推动专精特新企业设备更新和新技术应用,加快转型提升步伐。

第四节　数字化赋能专精特新企业的政策保障

在新一轮科技革命和产业变革背景下,数字化赋能成为专精特新企业高质量发展的重要战略抉择。面对产业结构调整、资源环境约束、技术变革与创新带来的行业颠覆与机遇,特别是随着云计算、大数据、人工智能、5G 等数字技术的快速发展,以数字化、网络化、信息化和智能化为特征的数字化浪潮已经席卷全球。企业数字化转型是企业与数字技术全面融合,通过数字化的全方位赋能,提升企业生产效率和市场竞争力,这一过程中,有效的政策供给是企业数字化转型的催化剂和加速器,通过加大政策供给力度,有利于加快推动数字化赋能专精特新企业步伐。

一、数字化赋能专精特新企业的政策因素

数字化赋能专精特新企业是一个长期坚持和不断积淀的过程,从实地调研情况看,在数字中国、制造强国等战略背景下,为全面促进数实深度融合和制造业数字化转型,国家层面以及各地纷纷出台一系列支持政策,有力促进了数字化赋能专精特新企业,但同时实际调研也发现,相关政策支持力度和实际落实还存在一些差距。

(一)政策奖补和政策支持力度有待提升

在数字化转型过程中,为寻求发展壮大,往往会投入巨额资金进行数字化改造、智能化项目研发等。由于数字化转型产生效益需要一定的时间,企业在此过程中经常会面临较大压力,期盼得到更多政策上的帮扶支持。但是当前部分地区的奖补政策、金融政策等对数字化转型的支持力度相较于企业的投入占比还比较小。以某电梯制造企业为例,该企业为发展壮大需要,自主研发

了一条全自动厅门流水线,可以从原材料上线到产品焊接成型自动完成,是国内首条全自动厅门、电梯轿门生产线。启动该项目以来,该企业前期投入已达1亿余元,其间引进了钣金柔性生产线、自动喷粉线及上下线机器人等先进设备,并与研发单位共同研发了厅门自动钣金生产线、合成激光切割线、自动扶梯龙门工装定位线等。虽然获得了包括智能制造示范园区项目专项基金、机器人奖励、机器人市配套补助等多项补助,但总额160余万元的补助相比庞大的投入而言比较乏力,从而对后续项目进度造成了影响。

（二）政策设计需要系统化、配套化

一是数字化转型支持政策存在类别较多、认定范围难理解的问题;二是补助政策之间存在重复和不一致现象,导致企业获补比较有限;三是非自主研发税收优惠政策不健全,导致企业难以享受。根据研究开发费用税前加计扣除政策规定,企业委托外部机构或个人进行研发活动所发生的费用,按照费用实际发生额的80%计入委托方研发费用并计算加计扣除,受托方不得再进行加计扣除。实际操作过程中,受托方因保护商业秘密、申报手续繁复等原因,不愿意配合登记,导致委托企业无法享受研发费用加计扣除税收优惠。

（三）政策门槛和覆盖面需要优化

一是对企业投入门槛要求较高。部分行业企业智能化、数字化改造升级存在项目小、投入少、程度低等缺点,造成在技改项目奖励申报过程中,无法达到奖励门槛或者不符合申报条件等问题。二是对企业本身资质、性质有要求。某新材料科技有限公司反映,该公司引入自动化环保防火高档硅酸钙板装饰面板生产线,总投资2300万元,投入资金来源多为贷款。由于其属于新成立企业,尚未完成"小升规",其申请工业技术改造专项资金补助被驳回,减少约120万元的资金补助。三是对数字化设备、软件来源有要求。企业购买的设备若不在产业激励目录中或设备金额较低就无法获得奖励。此外,也没有关于自主研发设备、程序软件的相关奖励标准,企业就算自行研发了设备、程序软件,也无法获得奖励。

（四）政策奖补时间和兑现速度亟待优化

一是数字化改造政策多采用"先付后补"方式,相关奖励补贴需在企业智能化改造结束后发放,企业在前期改造升级过程中投入压力较大。尤其是部分中小企业底子薄、实力弱、资金缺，数字化改造升级过程中往往需按阶段先行支付项目费用，而单个改造项目投入资金往往高于企业经济负荷能力，因此即便企业有改造意愿但考虑到实际资金投入情况，对数字化转型难以下定决心，导致数字化改造提升工作进展缓慢。二是企业享受政策程序比较烦琐，某种程度上延长了政策兑现时间。由于财政资金规范性要求高，企业推进数字化转型后去享受政策还需要通过项目申报、评选、审计等环节，且材料多、质量要求高，需要专门人员进行整理。

（五）政策操作性和企业获得感需要强化

一是中小企业对政策了解程度不够。数字化转型涉及的环节较多，存在多部门实施政策奖补现象，政策复杂且集成度较低。大企业经常性有项目投入，政策获取渠道较多，对政策相对了解，但中小企业受关注度较小，到政府部门主动了解相关政策的积极性和沟通交流机会也较少，再加上部分企业主抓生产，人员流动性强，对政策的知晓程度和理解程度有待提高，影响整体政策运用效果。二是部分地区无能力支撑政策实施。当前，除一线城市外，大多数中小城市特别是部分县域地区受城市能级影响，当地的软件和信息服务业企业存在规模较小、层次低、核心竞争力弱等问题，难以对制造业数字化转型提供强有力的技术支持，对数字化转型的服务支撑能力不足，导致政策贯彻执行效果弱。三是数字化人才政策不够健全。数字化转型对人才的依赖程度较高，大量专精特新企业位于二三线城市，由于区位环境、资源等方面的限制，与一线城市存在一定的差距。中小专精特新企业自身缺乏相应的信息化专业人才，引进渠道单一，高层次数字化创新人才引不进、留不住，需要更完善的人才政策支持。

（六）数字化转型的配套法律法规需要健全

一是安全性保障法律法规不够完善。目前，企业数字化支撑保障体系在立法和制度层面还不完善，安全性政策与配套法律法规落后于数字经济发展，企业数字化发展、企业数据权益保护、数据产权使用规范等相关的专项政策指导还缺少，数字经济所引发的新情况、新问题缺乏法律约束，可能引起伦理道德问题以及数据安全问题，部分企业对数字化转型缺乏"安全感"。二是数字化转型缺乏统一的数据标准。专精特新企业产生和利用经营管理、设备运行、外部市场等大量数据,但由于工业设备种类繁多、应用场景较为复杂,不同环境有不同的工业协议,数据格式差异较大,不统一标准就难以兼容,也难以转化为有用的资源。

二、深化数字化赋能专精特新企业的政策建议

面对全球制造业竞争日趋激烈的格局,我国作为制造大国、数字大国、网络强国,应通过加快推动制造业数字化转型,释放新质生产力潜能,推动实体经济高质量发展。在这一战略思路之下,需聚焦发挥和释放政策的牵引、撬动和叠加效应,在规划、财政、税收、金融、要素、标准、安全等各方面对数字化赋能专精特新企业予以全方位的政策支持,形成政府"有形之手"和市场"无形之手"的合力,为制造业数字化转型和实体经济高质量发展注入动能。

（一）健全数字化赋能专精特新企业的扶持政策体系

一是科学合理整合和优化数字化转型相关政策,进一步细化智能化、数字化改造奖励标准,科学设定补助认定范围,减少政策之间重叠和不一致现象。从技改、金融、人才、审批等多方面完善政策支持体系,全方位加强对数字化转型的支持力度。从立法和制度层面建立健全企业数字化支撑保障体系,加大数据安全技术研发投入,保护企业数据权益。二是出台数字化改造专项奖励政策。进一步明确智能化、数字化改造奖励标准,增强企业自主改造积极性,切实维护专精特新企业的合法权益。加大对企业数字化转型专项资金、优惠信贷、税费减免在内的政策支持,鼓励专精特新企业加大数字化转型投入力度。三是健全数字化改造金融服务体系。引导和鼓励各类金融主体参与细分行业数字化改造工作的推广和应用,推动政府产业基金投向企业数字化改造,为企业量身定制融资租赁方案,向企业提供新设备,提高生产效率,在企业完成分期付款后,将设备所有权转移至企业,缓解企业更新设备的资金压力。四是在立法和制度层面建立健全企业数字化支撑保障体系。指导企业数字化发展,保护企业数据权益,支持企业加强数据安全保障。

（二）加大专精特新企业数字化的政策支持强度

突出企业数字化赋能的内在意愿和动力,按照"企业出一点、政策补一点、服务商让一点"的思路,将企业数字化列入政府专项资金重点支持范围,

切实提高企业数字化改造的自主性和积极性。一是适当降低政策补助门槛,形成"抓大不放小,扶强也帮弱"的数字化转型格局。进一步提高数字化建设项目的奖励和补助力度,特别是对数字化相关的软件系统(无形资产)方面的开发和实施投入,可以进一步提高补助比例。加大对重点企业开发具有国际、国内领先价值的项目支持帮扶力度,提高奖励补助金额。二是探索多元化补贴方式,进一步推动更多潜力型企业积极进行转型。创新推出专门的金融产品,如数字化改造的定向低息贷款,或发布本地服务商的"定额抵扣券",多措并举缓解企业的资金压力,以真金白银的政策对企业形成鼓励。三是对重点企业开发具有国际、国内领先价值的项目加大支持帮扶力度,将引进重大项目的专班、专人服务机制延伸扩展到重点企业生产、转型的全过程中。

(三)优化专精特新企业数字化的激励政策兑现方式

从实际情况看,政策兑现也是影响专精特新企业数字化的关键因素。目前,专精特新企业享受政策的程序不够简便,政策资金受规范性要求兑现速度不够快。企业推进数字化主要通过项目推动,享受政策需要通过项目申报、评选、审计等环节,且材料多、程序多,往往需要聘请专业人员进行整理,获得感不强。对此,应当探索多元化补贴方式,加强政策兑付的灵活性和效率,减轻滞后影响,如按季度、半年进行一次审核兑付;以企业实际完成投资额度为界限,适当分阶段补贴,提高企业转型积极性;补充对新成立未升规企业转型提升补助相关规定,进一步推动更多潜力型企业积极进行转型。优化政策兑现流程,加强对企业的兑现指导,加快兑现速度,帮助企业更方便、更快捷地兑现政策,减少因数字化转型而导致的资金周转压力。

(四)抢抓国家"两重""两新"战略实施窗口期,加强要素供给和保障

一是加快推动企业技术改造。发挥政策、金融、土地、能耗、排放等要素保障作用,引导有条件的企业在数字化软件部署的同时加快轻量级数字设备改造,优化企业工艺流程,提升企业数字化水平。二是加强数字化人才储备和培育。引导有条件的企业设立首席信息官和首席数据官制度,建立核心数字化高层人才队伍。设立数字化人才实训基地,完善应用型、创新型人才培养体系,培育一批高素质、复合型数字化改造人才。培育数字工匠人才,支持企业与国内外相关院校建立联合学院,通过产教融合、校企合作等方式,培养一批

数字工匠队伍。支持重点行业企业与高校和科研院所加强合作,推进数字化转型领域领军人才、创新团队、人才示范基地和人才培训平台建设。三是探索通用场景,有效降低试错成本。聚焦重点行业数字化改造项目需求,针对数字化改造设备型号多、接口不统一、系统不兼容等难题,前置开展公开招标等工作,对外招募行业改造总承包商,靶向梳理企业设备采购需求、适配设备型号等清单,探索开展"通用+个性"数字化改造场景,有效降低企业数字化改造试错成本。

（五）大力扶持和培育数字化专业服务商

一是引进和培育数字化服务商。开展面向重点行业、重点企业的智能制造单元、智能生产线、智能车间的技术研发和示范应用,为企业提供标准化、专业化的系统解决方案。实施数字化工程服务伙伴计划,制定数字化工程服务企业扶持政策,鼓励发展数字化工程服务产业。二是建设制造业数字化能力中心。加快建设全场景数字孪生生产线、"产业大脑+未来工厂"融合展示中心、未来工厂体验中心,打造沉浸式体验环境和输出服务。三是搭建"数字化诊断服务平台"。对照工信部《智能制造能力成熟度模型》,建立在线企业信息化成熟度评估系统,推行在线诊断,通过大数据检索、关键字匹配手段主动搜集推送解决方案及方案提供商。采取政府购买服务方式,分区域、分行业免费提供诊断咨询服务,为不同规模、不同发展阶段的企业实施数字化改造升级提出针对性的解决方案。四是规范行业通用的标准体系。深入推进产品主数据标准等贯标试点,减少设备数据采集、系统集成间互联互通难度。支持行业协会、产业联盟、高等院校、科研机构和企业等主导和参与基础通用标准、关键技术标准、行业应用标准等数字化标准制定。支持行业组织、大中型企业等开展两化融合管理体系试点示范与分级贯标评定,引导企业依据标准逐级提升融合发展水平。鼓励设备生产商、软件服务商等根据中小企业数字化改造需求提供标准化和定制化服务。

（六）推动数字化赋能技术标准制定出台

坚持标准引领,优先开展智能制造综合标准化建设,引导行业组织、企业研究制定制造业数据的行业标准、企业标准、人才标准,并适时将成熟的行业标准上升为国家标准。一是加快推动工业数据标准制定。完善工业数字化基础设施建设,引导行业组织、企业研究制定工业数据的行业标准、团体标准、企业标准,建立健全社会数据采集、存储、交易等制度,打通产业上下游数字壁垒,实现不同企业、不同服务商间的数据融合。二是推进制造业工业协议统一、设备系统接口等软硬件标准制定落地,加强标准体系与认证认可、检验检测体系的衔接。采用信息化手段开展工业协议标准落地检测评价工作,通过全省制造业工业协议标准实施信息收集,逐步完善评价体系。三是加强标准应用。针对制造业数字化改造存在行业间差异性、区域间共性的特点,深化分类指导,对行业企业数字化改造进行细分,建立一系列可复制可落地的改造样板,进而固化为改造标准,在全行业复制推广,让企业数字化改造有迹可循。

（七）加强数字化系统安全和数据安全保障

一是完善数据安全法律法规,明确数字资源的产权属性和隐私保护。围绕基本管理制度、数据利益分配机制、数据流通交易规则、数据审查机制、数据安全评估机制以及数据应用违规惩戒机制等方面,加强网络和数据安全制度建设。加强多云环境下对多类型数据应用及数据归总的统一管理,为企业提供可自服务、自定义管理流程的数据管理框架,让其成为数据安全管理的坚强防线。二是加强数据安全保护体系建设。强化工业数据和个人信息保护,明确数据在使用、流通过程中的提供者和使用者的安全保护责任与义务。加强数据安全检查、监督执法,提高惩罚力度,增强威慑力;严厉打击相关不正当竞争和违法行为,推动行业协会等社会组织加强自律。引导企业在转型过程中提升数据管理意识及水平,制定完备的数据保护方案和管理策略。三是加强对企业、平台数据安全的培训教育,提高企业、平台保护数据安全的意识和能力。

（八）强化企业数字化政策解读宣传

加快数字化赋能专精特新企业,关键是发挥企业的内生动力,让企业想转、敢转、能转、转好。目前,政策集成度、知晓度、覆盖面、惠及面有待提高。数字化转型涉及环节比较多,存在多部门实施政策奖补现象,专精特新企业经常性有项目投入,政策获取渠道较多,企业受关注度较小,存在找政策且难以享受到的现象。对此,应组建标准宣传应用小组、俱乐部、知名高校专家团队、高端科研机构顾问、专业智造服务商团队等涵盖"政产学研介"的新智造服务团队,加快建设并完善公共服务平台。积极对企业开展多层次、多维度的宣传培训,加强数字化转型相关政策解读,加快提升企业数字化发展理念。充分发挥行业协会、展会活动、第三方机构等在企业间的桥梁纽带作用,让企业及时跟进了解行业间数字化转型发展进度,提高企业对行业数字化转型的认识。组织企业家到数字化改造优秀先进企业参观学习,学习先进的数字化转型经验做法,打造数字化转型样板,鼓励有条件的地区积极探索形成案例并宣传推广,指导基层地区、企业等少走弯路,提高政策绩效。结合产业特点,精选优势行业,开展专精特新企业数字化转型试点示范,借鉴"灯塔工厂"理念,在不同行业、不同区域培育一批标杆,树立产业数字化转型标杆,支持智能制造试点示范企业联合优秀服务企业,共同推进5G、工业智能、工业互联网、数字孪生等最新技术在制造业各环节、各场景创新应用,探索批量化、规模化推进产业集群、块状经济数字化改造的新模式。

（九）强化数字化赋能专精特新企业服务保障

一是加快数字化公共服务平台建设,不断提升数据资源管理和服务能力,为不同规模、不同需求、不同行业的专精特新企业提供差异化服务。加强各地数字化服务能力,通过适当补助等形式推动数字化转型服务机构、龙头骨干企业等加大对制造业数字化的业务拓展、支持能力,更好地保障专精特新企业数字化转型需求。分行业建立智能制造诊断服务技术支撑体系,精准诊断企业数字化改造难点堵点,以降低奖励申报门槛、加大专项补贴力度等方式,重点支持企业以轻量化改造、工程化实施、平台化支撑等方式,分类实施"机器换人""平台+APPs"等改造模式,逐步推进生产、管理、供应等全链改造。二是研究出台相关地方法规及政策,加强数据信息安全监管,同时加大云平台安全防护和数据安全保护力度,切实保障企业数据信息安全。依托大型互联网企业技术,借鉴专精特新企业的优秀数字化成果,不断完善数字化监管平台,扩大监管平台对企业系统数据的包容性,真正实现便捷、高效以及安全。

主要参考文献

1. 埃森哲:《2024 中国企业数字化转型指数》,2024 年。

2. 柏培文、张云:《数字经济、人口红利下降与中低技能劳动者权益》,《经济研究》2021 年第 5 期。

3. 曹虹剑、张帅、欧阳崚、李科:《创新政策与"专精特新"中小企业创新质量》,《中国工业经济》2022 年第 11 期。

4. 曹裕、李想、胡韩莉、万光羽、汪寿阳:《数字化如何推动制造企业绿色转型?——资源编排理论视角下的探索性案例研究》,《管理世界》2023 年第 3 期。

5. 岑杰、李章燕、李静:《企业专利合作网络与共性技术溢出》,《科学学研究》2021 年第 5 期。

6. 曾德麟、蔡家玮、欧阳桃花:《数字化转型研究:整合框架与未来展望》,《外国经济与管理》2021 年第 5 期。

7. 曾伏娥、郑欣、李雪:《IT 能力与企业可持续发展绩效的关系研究》,《科研管理》2018 年第 4 期。

8. 陈冬华、范从来、沈永建、周亚虹:《职工激励,工资刚性与企业绩效——基于国有非上市公司的经验证据》,《经济研究》2010 年第 7 期。

9. 陈冬梅、王俐珍、陈安霓:《数字化与战略管理理论——回顾、挑战与展望》,《管理世界》2020 年第 5 期。

10. 陈国青、吴刚、顾远东、陆本江、卫强:《管理决策情境下大数据驱动的研究和应用挑战——范式转变与研究方向》,《管理科学学报》2018 年第 7 期。

11. 陈和、黄依婷:《政府创新补贴对企业数字化转型的影响——基于 a 股上市公司的经验证据》,《南方金融》2022 年第 8 期。

12. 陈剑、黄朔、刘运辉:《从赋能到使能——数字化环境下的企业运营管理》,《管理世界》2020 年第 2 期。

13. 陈劲、阳银娟：《协同创新的理论基础与内涵》，《科学学研究》2012 年第 2 期。

14. 陈蕾、马慧洁、周艳秋：《企业数字化转型的前因组态、模式选择与推进策略》，《改革》2024 年第 7 期。

15. 陈玲、王晓飞、关婷、薛冰：《企业数字化路径：内部转型到外部赋能》，《科研管理》2023 年第 7 期。

16. 陈敏、桂琦寒、陆铭、陈钊：《中国经济增长如何持续发挥规模效应》，《经济学（季刊）》2007 年第 1 期。

17. 陈庆江、王彦萌、万茂丰：《企业数字化转型的同群效应及其影响因素研究》，《管理学报》2021 年第 5 期。

18. 陈石、陈晓红：《"两化"融合与企业效益关系研究——基于所有制视角的门限回归分析》，《财经研究》2013 年第 1 期。

19. 陈武元、蔡庆丰、程章继：《高等学校集聚、知识溢出与专精特新"小巨人"企业培育》，《教育研究》2022 年第 9 期。

20. 陈小辉、张红伟：《数字经济如何影响企业风险承担水平》，《经济管理》2021 年第 5 期。

21. 陈晓红、李杨扬、宋丽洁、等：《数字经济理论体系与研究展望》，《管理世界》2022 年第 2 期。

22. 陈瑜、陈衍泰、谢富纪：《传统制造企业数据驱动动态能力的构建机制研究——基于娃哈哈集团数字化实践的案例分析》，《管理评论》2023 年第 10 期。

23. 陈耘、赵富强、周槿晗：《AUO-AHRP 对组织创新绩效的影响研究——知识转移与社会资本的作用》，《科研管理》2022 年第 5 期。

24. 陈运森、谢德仁：《网络位置，独立董事治理与投资效率》，《管理世界》2011 年第 7 期。

25. 陈志斌、王诗雨：《产品市场竞争对企业现金流风险影响研究——基于行业竞争程度和企业竞争地位的双重考量》，《中国工业经济》2015 年第 3 期。

26. 成琼文、丁红乙：《税收优惠对资源型企业数字化转型的影响研究》，《管理学报》2022 年第 8 期。

27. 池毛毛、叶丁菱、王俊晶、翟姗姗：《我国中小制造企业如何提升新产品开发绩效——基于数字化赋能的视角》，《南开管理评论》2020 年第 3 期。

28. 池仁勇、郑瑞钰、阮鸿鹏：《企业制造过程与商业模式双重数字化转型研究》，《科学学研究》2022 年第 1 期。

29. 单宇、许晖、周连喜、周琪：《数智赋能：危机情境下组织韧性如何形成？——基于林清轩转危为机的探索性案例研究》,《管理世界》2021年第3期。

30. 丁建军、王淀坤、刘贤:《长三角地区专精特新"小巨人"企业空间分布及影响因素研究》,《地理研究》2023年第4期。

31. 丁永健、吴小萌:《"小巨人"企业培育有助于提升制造业中小企业创新活力吗——来自"专精特新"政策的证据》,《科技进步与对策》2023年第12期。

32. 董志勇、李成明:《"专精特新"中小企业高质量发展态势与路径选择》,《改革》2021年第10期。

33. 杜晶晶、万晶晶、郝喜玲、张琪:《中国"隐形冠军"企业产业多元化战略的形成路径研究——基于模糊集的定性比较分析》,《研究与发展管理》2023年第3期。

34. 杜勇、曹磊、谭畅:《平台化如何助力制造企业跨越转型升级的数字鸿沟? ——基于宗申集团的探索性案例研究》,《管理世界》2022年第6期。

35. 杜占河、宋妍、姚亨远、廖貅武:《价值链理论视角下制造企业数字化赋能路径探析》,《科学学与科学技术管理》2024年第9期。

36. 敦帅、毛军权:《营商环境如何驱动"专精特新"中小企业培育? ——基于组态视角的定性比较分析》,《上海财经大学学报》2023年第2期。

37. 范合君、吴婷:《新型数字基础设施、数字化能力与全要素生产率》,《经济与管理研究》2022年第1期。

38. 方明月、林佳妮、聂辉华:《数字化转型是否促进了企业内共同富裕? ——来自中国a股上市公司的证据》,《数量经济技术经济研究》2022年第11期。

39. 高宇琳、王雪原:《我国隐形冠军制造企业技术阶梯优势提升机理》,《科学学研究》2023年第9期。

40. 葛宝山、赵丽仪:《创业导向如何影响专精特新企业绩效? ——创业拼凑和组织韧性的多重中介作用》,《科学学研究》2024年第4期。

41. 郭家堂、骆品亮:《互联网对中国全要素生产率有促进作用吗》,《管理世界》2016年第10期。

42. 郭嫱、蔡双立:《企业家冒险倾向对专精特新"小巨人"企业持续创新的影响及其作用机制》,《科技管理研究》2024年第10期。

43. 郭云南、姚洋:《宗族网络与村庄收入分配》,《管理世界》2014年第1期。

44. 国家信息中心:《中国产业数字化报告2020》,2020年。

45. 韩峰、姜竹青:《集聚网络视角下企业数字化的生产率提升效应研究》,《管理世界》2023年第11期。

46. 韩少杰、苏敬勤:《数字化转型企业开放式创新生态系统的构建——理论基础与未来展望》,《科学学研究》2023 年第 2 期。

47. 韩炜、杨俊、陈逢文、张玉利、邓渝:《创业企业如何构建联结组合提升绩效?——基于"结构—资源"互动过程的案例研究》,《管理世界》2017 年第 10 期。

48. 韩先锋、惠宁、宋文飞:《信息化能提高中国工业部门技术创新效率吗》,《中国工业经济》2014 年第 12 期。

49. 郝项超、梁琪、李政:《融资融券与企业创新:基于数量与质量的分析》,《经济研究》2018 年第 6 期。

50. 何帆、刘红霞:《数字经济视角下实体企业数字化变革的业绩提升效应评估》,《改革》2019 年第 4 期。

51. 何小钢、梁权熙、王善骝:《信息技术,劳动力结构与企业生产率——破解"信息技术生产率悖论"之谜》,《管理世界》2019 年第 9 期。

52. 贺小刚、李新春、方海鹰:《动态能力的测量与功效:基于中国经验的实证研究》,《管理世界》2006 年第 3 期。

53. 赫尔曼,西蒙:《隐形冠军——全球 500 佳无名公司的成功之道》,新华出版社 2001 年版。

54. 侯德帅、王琪、张婷婷、董曼茹:《企业数字化转型与客户资源重构》,《财经研究》2023 年第 2 期。

55. 侯林岐、程广斌、王雅莉:《国家级大数据综合试验区如何赋能企业数字化转型》,《科技进步与对策》2023 年第 21 期。

56. 胡鞍钢、周绍杰:《中国如何应对日益扩大的"数字鸿沟"》,《中国工业经济》2002 年第 5 期。

57. 胡宇辰、胡勇浩、李劼:《企业数字化能力:研究述评与展望》,《外国经济与管理》2023 年第 12 期。

58. 胡媛媛、陈守明、仇方君:《企业数字化战略导向、市场竞争力与组织韧性》,《中国软科学》2021 年第 S1 期。

59. 黄群慧、余泳泽、张松林:《互联网发展与制造业生产率提升:内在机制与中国经验》,《中国工业经济》2019 年第 8 期。

60. 黄速建、余菁:《国有企业的性质,目标与社会责任》,《中国工业经济》2006 年第 2 期。

61. 江艇:《因果推断经验研究中的中介效应与调节效应》,《中国工业经济》2022 年第 5 期。

62. 江伟、李斌:《制度环境,国有产权与银行差别贷款》,《金融研究》2006 年第 11 期。

63. 姜忠辉、李靓、罗均梅、孟朝月:《跨组织协同如何影响专精特新企业成长?——基于资源依赖理论的案例研究》,《经济管理》2024 年第 2 期。

64. 蒋志文、郑惠强:《基于实证的"专精特新"企业培育路径及政策影响分析》,《中国软科学》2022 年第 S1 期。

65. 焦豪:《双元型组织竞争优势的构建路径:基于动态能力理论的实证研究》,《管理世界》2011 年第 11 期。

66. 金碚:《网络信息技术深刻重塑产业组织形态——新冠疫情后的经济空间格局演变态势》,《社会科学战线》2021 年第 9 期。

67. 金帆、张雪:《从财务资本导向到智力资本导向:公司治理范式的演进研究》,《中国工业经济》2018 年第 1 期。

68. 孔东民、刘莎莎、王亚男:《市场竞争,产权与政府补贴》,《经济研究》2013 年第 2 期。

69. 寇宗来、刘学悦:《中国企业的专利行为:特征事实以及来自创新政策的影响》,《经济研究》2020 年第 3 期。

70. 李海舰、田跃新、李文杰:《互联网思维与传统企业再造》,《中国工业经济》2014 年第 10 期。

71. 李坤望、邵文波、王永进:《信息化密度,信息基础设施与企业出口绩效——基于企业异质性的理论与实证分析》,《管理世界》2015 年第 4 期。

72. 李玲、陶厚永:《数字化导向与企业数字化创新的关系研究》,《科学学研究》2023 年第 8 期。

73. 李平、孙黎:《集聚焦跨界于一身的中流砥柱:中国"精一赢家"重塑中国产业竞争力》,《清华管理评论》2021 年第 12 期。

74. 李瑞雪、彭灿、吕潮林:《双元创新协同性与企业可持续发展:竞争优势的中介作用》,《科研管理》2022 年第 4 期。

75. 李三希、张明圣、陈煜:《中国平台经济反垄断:进展与展望》,《改革》2022 年第 6 期。

76. 李树文、罗瑾琏、张志菲:《从定位双星到布局寰宇:专精特新企业如何借助关键核心技术突破实现价值共创》,《南开管理评论》2024 年第 3 期。

77. 李婉红、王帆:《智能化转型、成本粘性与企业绩效——基于传统制造企业的实证检验》,《科学学研究》2021 年第 3 期。

78. 李晓华:《制造业数字化转型与价值创造能力提升》,《改革》2022 年第 11 期。

79. 李晓梅、李焕焕、王梦毫:《人工智能时代"专精特新"企业高质量发展进化机制》,《科学管理研究》2023 年第 6 期。

80. 刘秉镰、朱俊丰、周玉龙:《中国区域经济理论演进与未来展望》,《管理世界》2020 年第 2 期。

81. 刘飞:《数字化转型如何提升制造业生产率——基于数字化转型的三重影响机制》,《财经科学》2020 年第 10 期。

82. 刘鹏飞、赫曦滢:《传统产业的数字化转型》,《人民论坛》2018 年第 26 期。

83. 刘生龙、胡鞍钢:《基础设施的外部性在中国的检验:1988—2007》,《经济研究》2010 年第 3 期。

84. 刘诗源、林志帆、冷志鹏:《税收激励提高企业创新水平了吗?——基于企业生命周期理论的检验》,《经济研究》2020 年第 6 期。

85. 刘淑春、闫津臣、张思雪、林汉川:《企业管理数字化变革能提升投入产出效率吗》,《管理世界》2021 年第 5 期。

86. 刘淑春:《中国数字经济高质量发展的靶向路径与政策供给》,《经济学家》2019 年第 6 期。

87. 刘武:《企业费用"粘性"行为:基于行业差异的实证研究》,《中国工业经济》2006 年第 12 期,。

88. 刘锡禄、陈志军、马鹏程:《信息技术背景 CEO 与企业数字化转型》,《中国软科学》2023 年第 1 期。

89. 刘洋、董久钰、魏江:《数字创新管理:理论框架与未来研究》,《管理世界》2020 年第 7 期。

90. 刘政、姚雨秀、张国胜、匡慧姝:《企业数字化、专用知识与组织授权》,《中国工业经济》2020 年第 9 期。

91. 卢宝周、尹振涛、张妍:《传统企业数字化转型过程与机制探索性研究》,《科研管理》2022 年第 4 期。

92. 鲁晓东、连玉君:《中国工业企业全要素生产率估计:1999—2007》,《经济学(季刊)》2012 年第 2 期。

93. 陆铭、陈钊:《分割市场的经济增长——为什么经济开放可能加剧地方保护?》,《经济研究》2009 年第 3 期。

94. 陆旸:《成本冲击与价格粘性的非对称性——来自中国微观制造业企业的证据》,《经济学(季刊)》2015 年第 2 期。

95. 吕铁、李载驰:《数字技术赋能制造业高质量发展——基于价值创造和价值获取的视角》,《学术月刊》2021 年第 4 期。

96. 马克和、刘晓梦:《税收优惠对专精特新企业创新的影响机制》,《税务研究》2024 年第 7 期。

97. 毛基业、王伟:《管理信息系统与企业的不接轨以及调适过程研究》,《管理世界》2012 年第 8 期。

98. 梅亮、陈劲、刘洋:《创新生态系统:源起、知识演进和理论框架》,《科学学研究》2014 年第 12 期。

99. 宁光杰、林子亮:《信息技术应用、企业组织变革与劳动力技能需求变化》,《经济研究》2014 年第 8 期。

100. 欧阳日辉、杜青青:《数据要素定价机制研究进展》,《经济学动态》2022 年第 2 期。

101. 裴长洪、倪江飞、李越:《数字经济的政治经济学分析》,《财贸经济》2018 年第 9 期。

102. 彭新敏、郑素丽、吴晓波、吴东:《后发企业如何从追赶到前沿?——双元性学习的视角》,《管理世界》2017 年第 2 期。

103. 戚聿东、肖旭:《数字经济时代的企业管理变革》,《管理世界》2020 年第 6 期。

104. 齐丽云、王佳威、刘旸、吕正纲:《高管团队异质性对企业绿色创新绩效影响研究》,《科研管理》2023 年第 4 期。

105. 齐昕、刘洪、李忻悦:《组织双元学习对"专精特新"企业韧性的适配效应——基于华东地区 297 家企业的调查数据》,《华东经济管理》2024 年第 4 期。

106. 邱君降、王庆瑜、李君、左越:《两化融合背景下我国企业工业管理基础能力评价研究》,《科技管理研究》2019 年第 7 期。

107. 任保平:《数字经济引领高质量发展的逻辑、机制与路径》,《西安财经大学学报》2020 年第 2 期。

108. 任晓怡、苏雪莎、常曦、汤子隆:《中国自由贸易试验区与企业数字化转型》,《中国软科学》2022 年第 9 期。

109. 阮添舜、屈蓉、顾颖:《数字平台生态系统下企业何以实现数字创新》,《科技进步与对策》2023 年第 23 期。

110. 申杰、昌忠泽:《产业协同集聚如何赋能中小企业专精特新发展——基于中小板和创业板企业的实证分析》,《科技进步与对策》2023 年第 1 期。

111. 申明浩、谭伟杰、杨永聪:《科技金融试点政策赋能实体企业数字化转型了吗?》,《中南大学学报(社会科学版)》2022 年第 3 期。

112. 宋华、陶铮、杨雨东:《"制造的制造":供应链金融如何使能数字商业生态的跃迁——基于小米集团供应链金融的案例研究》,《中国工业经济》2022 年第 9 期。

113. 宋敬、张卓、叶涛:《高管团队异质性与数字商业模式创新——基于 a 股上市公司的经验分析》,《技术经济》2022 年第 5 期。

114. 苏敬勤、武宪云:《数字化转型企业如何实现组织惯性重构》,《南开管理评论》2024 年第 2 期。

115. 孙伟增、毛宁、兰峰、王立:《政策赋能、数字生态与企业数字化转型——基于国家大数据综合试验区的准自然实验》,《中国工业经济》2023 年第 9 期。

116. 汤萱、高星、赵天齐、丁胜涛:《高管团队异质性与企业数字化转型》,《中国软科学》2022 年第 10 期。

117. 唐孝文、缪应爽、孙悦、董莉:《高端装备制造企业数字化成熟度测度及影响因素研究》,《科研管理》2022 年第 9 期。

118. 陶锋、王欣然、徐扬、朱盼:《数字化转型、产业链供应链韧性与企业生产率》,《中国工业经济》2023 年第 5 期。

119. 田秀娟、李睿:《数字技术赋能实体经济转型发展——基于熊彼特内生增长理论的分析框架》,《管理世界》2022 年第 5 期。

120. 王成园、王琼、罗彪、李军、梁樑:《关系视角下大客户地理距离对企业数字化转型导向的影响》,《中国管理科学》2023 年。

121. 王春云、王亚菲:《数字化资本回报率的测度方法及应用》,《数量经济技术经济研究》2019 年第 12 期。

122. 王海、闫卓毓、郭冠宇、尹俊雅:《数字基础设施政策与企业数字化转型:"赋能"还是"负能"?》,《数量经济技术经济研究》2023 年第 5 期。

123. 王核成、王思惟、刘人怀:《企业数字化成熟度模型研究》,《管理评论》2021 年第 12 期。

124. 王开科、吴国兵、章贵军:《数字经济发展改善了生产效率吗》,《经济学家》2020 年第 10 期。

125. 王垒、曲晶、赵忠超、丁黎黎:《组织绩效期望差距与异质机构投资者行为选择:双重委托代理视角》,《管理世界》2020 年第 7 期。

126. 王强、王超、刘玉奇:《数字化能力和价值创造能力视角下零售数字化转型机制——新零售的多案例研究》,《研究与发展管理》2020 年第 6 期。

127. 王伟光、韩旭:《国际化速度、双元创新与"专精特新"企业绩效——基于 115 家中国制造业单项冠军上市企业的实证研究》,《外国经济与管理》2023 年第 10 期。

128. 王伟楠、王凯、严子淳:《区域高质量发展对"专精特新"中小企业创新绩效的影响机制研究》，《科研管理》2023 年第 2 期。

129. 王雪冬、聂彤杰、孟佳佳：《政治关联对中小企业数字化转型的影响——政策感知能力和市场感知能力的中介作用》，《科研管理》2022 年第 1 期。

130. 王雪原、高宇琳：《我国隐形冠军制造企业技术阶梯优势提升机理》，《科学学研究》2023 年第 9 期。

131. 王一鸣：《百年大变局、高质量发展与构建新发展格局》，《管理世界》2020 年第 12 期。

132. 王益民、辛丽、周宪、宫启隆：《复利思维：中国隐形冠军修炼之道》，《清华管理评论》2019 年第 6 期。

133. 王永贵、汪淋淋、李霞：《从数字化搜寻到数字化生态的迭代转型研究——基于施耐德电气数字化转型的案例分析》，《管理世界》2023 年第 8 期。

134. 王永伟、李彬、叶锦华、刘雨展：《Ceo 变革型领导行为、数字化能力与竞争优势：环境不确定性的调节效应》，《技术经济》2022 年第 5 期。

135. 王宇、王铁男、易希薇：《R&D 投入对 IT 投资的协同效应研究——基于一个内部组织特征的情境视角》，《管理世界》2020 年第 7 期。

136. 魏冉、刘春红、张悦：《物流服务生态系统价值共创与数字化能力研究——基于菜鸟网络的案例研究》，《中国软科学》2022 年第 3 期。

137. 温湖炜、王圣云：《数字技术应用对企业创新的影响研究》，《科研管理》2022 年第 4 期。

138. 邬爱其、刘一蕙、宋迪：《跨境数字平台参与、国际化增值行为与企业国际竞争优势》，《管理世界》2021 年第 9 期。

139. 吴非、胡慧芷、林慧妍、任晓怡：《企业数字化转型与资本市场表现——来自股票流动性的经验证据》，《管理世界》2021 年第 7 期。

140. 吴江、陈婷、龚艺巍、杨亚璇：《企业数字化转型理论框架和研究展望》，《管理学报》2021 年第 12 期。

141. 伍中信、黄滢滢、伍会之：《专精特新政策会促进中小企业高质量发展吗？——来自全要素生产率的证据》，《中南大学学报（社会科学版）》2023 年第 3 期。

142. 夏清华、朱清：《"专精特新"企业突破式创新的组态分析与范式选择》，《外国经济与管理》2023 年第 10 期。

143. 肖静华、吴小龙、谢康、吴瑶：《信息技术驱动中国制造转型升级——美的智能制造跨越式战略变革纵向案例研究》，《管理世界》2021 年第 3 期。

144. 肖旭、戚聿东：《产业数字化转型的价值维度与理论逻辑》，《改革》2019 年第

8 期。

145. 谢富胜、匡晓璐、李直：《发展中国家金融化与中国的抵御探索》，《经济理论与经济管理》2021 年第 8 期。

146. 徐露允、曾德明、李健：《知识网络中心势、知识多元化对企业二元式创新绩效的影响》，《管理学报》2017 年第 2 期。

147. 许恒、张一林、曹雨佳：《数字经济、技术溢出与动态竞合政策》，《管理世界》2020 年第 11 期。

148. 许晖、李阳、刘田田、谢丹丹：《"专精特新"企业如何突破专业化"锁定"困境？——创新搜寻视角下的多案例研究》，《外国经济与管理》2023 年第 10 期。

149. 薛国琴、曲涵：《数字技术影响制造业升级的中介效应——基于区域异质性的分析》，《浙江社会科学》2023 年第 7 期。

150. 薛奕曦、张佳陈、张译、于晓宇：《中国制造业企业高质量发展的联动路径研究》，《科研管理》2024 年第 7 期。

151. 闫俊周、姬婉莹、熊壮：《数字创新研究综述与展望》，《科研管理》2021 年第 4 期。

152. 严子淳、李欣、王伟楠：《数字化转型研究：演化和未来展望》，《科研管理》2021 年第 4 期。

153. 杨德明、刘泳文：《"互联网+"为什么加出了业绩》，《中国工业经济》2018 年第 5 期。

154. 杨蕙馨、焦勇、陈庆江：《两化融合与内生经济增长》，《经济管理》2016 年第 1 期。

155. 杨金玉、彭秋萍、葛震霆：《数字化转型的客户传染效应——供应商创新视角》，《中国工业经济》2022 年第 8 期。

156. 杨林、徐培栋：《有无相生：数字化背景下"专精特新"单项冠军企业双元创新的前因组态及其效应研究》，《南开管理评论》2024 年第 2 期。

157. 杨其静：《企业成长：政治关联还是能力建设？》，《经济研究》2011 年第 10 期。

158. 杨善林、王建民、侍乐媛、等：《新一代信息技术环境下高端装备智能制造工程管理理论与方法》，《管理世界》2023 年第 1 期。

159. 杨书燕、宋铁波、吴小节：《企业数字化转型的制度动因及过程》，《科研管理》2023 年第 9 期。

160. 杨彦欣、高敏雪：《企业数字化转型：概念内涵、统计测度技术路线和改进思路》，《统计研究》2024 年第 3 期。

161. 尤尔根·梅菲特、沙莎:《从 1 到 N:企业数字化生存指南》,上海交通大学出版社 2018 年版。

162. 余传鹏、黎展锋、林春培、廖杨月:《数字创新网络嵌入对制造企业新产品开发绩效的影响研究》,《管理世界》2024 年第 5 期。

163. 余典范、王超、陈磊:《政府补助、产业链协同与企业数字化》,《经济管理》2022 年第 5 期。

164. 余可发、陈颖康:《资源编排、动态能力与"专精特新"中小企业迭代成长——以 t-Motor 公司为例》,《企业经济》2024 年第 4 期。

165. 袁淳、肖土盛、耿春晓、盛誉:《数字化转型与企业分工:专业化还是纵向一体化》,《中国工业经济》2021 年第 9 期。

166. 湛泳、马从文:《专精特新"小巨人"企业培育对突破式创新的影响研究》,《管理学报》2024 年第 4 期。

167. 张宝建、胡海青、张道宏:《企业创新网络的生成与进化——基于社会网络理论的视角》,《中国工业经济》2011 年第 4 期。

168. 张超、陈凯华、穆荣平:《数字创新生态系统:理论构建与未来研究》,《科研管理》2021 年第 3 期。

169. 张璠、王竹泉、于小悦:《政府扶持与民营中小企业"专精特新"转型——来自省级政策文本量化的经验证据》,《财经科学》2022 年第 1 期。

170. 张杰、张培丽、黄泰岩:《市场分割推动了中国企业出口吗?》,《经济研究》2010 年第 8 期。

171. 张米尔、任腾飞、黄思婷:《专精特新小巨人遴选培育政策的专利效应研究》,《中国软科学》2023 年第 5 期。

172. 张娜娜、蔡芸忆、张文松、臧树伟:《非数字原生企业创新生态系统构建机制研究——来自海尔的启示》,《科学学与科学技术管理》2023 年第 9 期。

173. 张新民、陈德球:《移动互联网时代企业商业模式、价值共创与治理风险——基于瑞幸咖啡财务造假的案例分析》,《管理世界》2020 年第 5 期。

174. 张勋、万广华、吴海涛:《缩小数字鸿沟:中国特色数字金融发展》,《中国社会科学》2021 年第 8 期。

175. 张延林、邓福祥、唐洪婷:《Cio 自身技能、需求方领导力与数字化创新》,《管理评论》2021 年第 11 期。

176. 张叶青、陆瑶、李乐芸:《大数据应用对中国企业市场价值的影响——来自中国上市公司年报文本分析的证据》,《经济研究》2021 年第 12 期。

177. 张媛、孙新波、钱雨:《传统制造企业数字化转型中的价值创造与演化——资源编排视角的纵向单案例研究》,《经济管理》2022 年第 4 期。

178. 张振刚、杨玉玲、陈一华:《制造企业数字服务化:数字赋能价值创造的内在机理研究》,《科学学与科学技术管理》2022 年第 1 期。

179. 赵宸宇、王文春、李雪松:《数字化转型如何影响企业全要素生产率》,《财贸经济》2021 年第 7 期。

180. 赵晶、孙泽君、程栖云、尹曼青:《中小企业如何依托"专精特新"发展实现产业链补链强链——基于数码大方的纵向案例研究》,《中国工业经济》2023 年第 7 期。

181. 赵涛、张智、梁上坤:《数字经济,创业活跃度与高质量发展——来自中国城市的经验证据》,《管理世界》2020 年第 10 期。

182. 赵晓阳、衣长军、廖佳:《供应链网络位置能否提升企业创新多样性水平?》,《中国管理科学》2023 年第 12 期。

183. 郑世林、周黎安、何维达:《电信基础设施与中国经济增长》,《经济研究》2014 年第 5 期。

184. 郑勇华、孙延明、尹剑峰:《工业互联网平台数据赋能、吸收能力与制造企业数字化转型》,《科技进步与对策》2022 年第 11 期。

185. 郑毓盛、李崇高:《中国地方分割的效率损失》,《中国社会科学》2003 年第 1 期。

186. 中国信通院:《全球数字经济新图景(2020 年)——大变局下的可持续发展新动能》,中国信息通信研究院报告,2020 年。

187. 周骊华、万国华:《信息技术能力对供应链绩效的影响:基于信息整合的视角》,《系统管理学报》2016 年第 1 期。

188. 周翔、叶文平、李新春:《数智化知识编排与组织动态能力演化——基于小米科技的案例研究》,《管理世界》2023 年第 1 期。

189. Abiodun, T., Rampersad, G. and Brinkworth, R., "Driving Industrial Digital Transformation", *Journal of Computer Information Systems*, Vol.63, No.6, 2023, pp.1345-1361.

190. Adomako, S., Amankwah-Amoah, J., Tarba, S.Y. and Khan, Z., "Perceived Corruption, Business Process Digitization, and SMEs' Degree of Internationalization in Sub-Saharan Africa", *Journal of Business Research*, Vol.123, 2021, pp.196-207.

191. Agrawal, A., Gans, J. and Goldfarb, A., *Prediction Machines: The Simple Economics of Artificial Intelligence*, Brighton, MA: Harvard Business Review Press, 2018.

192. AlNuaimi, B.K., Singh, S.K., et al., "Mastering Digital Transformation: The Nexus

between Leadership, Agility, and Digital Strategy", *Journal of Business Research*, Vol. 145, 2022, pp.636−648.

193. Andriole, S.J., "Five Myths About Digital Transformation", *MIT Sloan Management Review*, Vol.58, No.3, 2017, pp.20−22.

194. Annarelli, A., Battistella, C., Nonino, F., Parida, V. and Pessot, E., "Literature Review on Digitalization Capabilities: Co−citation Analysis of Antecedents, Conceptualization and Consequences", *Technological Forecasting and Social Change*, Vol.166, 2021.

195. Arias−Pérez, J. and Vélez−Jaramillo, J., "Ignoring the Three−Way Interaction of Digital Orientation, Not−Invented−Here Syndrome and Employee's Artificial Intelligence Awareness in Digital Innovation Performance: A Recipe for Failure", *Technological Forecasting and Social Change*, Vol.174, 2022.

196. Audretsch, D.B., Lehmann, E.E. and Schenkenhofer, J., "Internationalization Strategies of Hidden Champions: Lessons from Germany", *Multinational Business Review*, Vol.26, No.1, 2018, pp.2−24.

197. Battistoni, E., Gitto, S., Murgia, G. and Campisi, D., "Adoption Paths of Digital Transformation in Manufacturing SMEs", *International Journal of Production Economics*, Vol. 255, 2023.

198. Benner, M.J.´ and Waldfogel, J., "Changing the Channel: Digitization and the Rise of 'Middle Tail' Strategies", *Strategic Management Journal*, Vol.44, No.1, 2023, pp.264−287.

199. Benz, L., Block, J. and Johann, M., "Börsennotierte Hidden Champions", *Zfo−ZeitschriftFührung Und Organisation*, Vol.5, 2020, pp.291−295.

200. Browder, R.E., Dwyer, S.M. and Koch, H., "Upgrading Adaptation: How Digital Transformation Promotes Organizational Resilience", *Strategic Entrepreneurship Journal*, Vol. 18, No.1, 2024, pp.128−164.

201. Canhoto, A.I., Quinton, S., Pera, R., Molinillo, S. and Simkin, L., "Digital Strategy Aligning in SMEs: A Dynamic Capabilities Perspective", *The Journal of Strategic Information Systems*, Vol.30, No.3, 2021.

202. Cetindamar Kozanoglu, D. and Abedin, B., "Understanding the Role of Employees in Digital Transformation: Conceptualization of Digital Literacy of Employees as a Multi−Dimensional Organizational Affordance", *Journal of Enterprise Information Management*, Vol. 34, No.6, 2021, pp.1649−1672.

203. Chanias, S., Myers, M.D. and Hess, T., "Digital Transformation Strategy Making in Pre-Digital Organizations: The Case of a Financial Services Provider", *The Journal of Strategic Information Systems*, Vol.28, No.1, 2019, pp.17-33.

204. Dabić, M., Obradović Posinković, T., Vlačić, B. and Gonçalves, R., "A Configurational Approach to New Product Development Performance: The Role of Open Innovation, Digital Transformation and Absorptive Capacity", *Technological Forecasting and Social Change*, Vol.194, 2023.

205. Drechsler, K., Gregory, R., Wagner H.T. and Tumbas, S., "At the Crossroads between Digital Innovation and Digital Transformation", *Communications of the Association for Information Systems*, Vol.47, No.1, 2020, pp.521-528.

206. Einav, L. and Levin, J., "Economics in the Age of Big Data", *Science*, Vol.346, No.6210, 2014, pp.715-721.

207. Eller, R., Alford, P., Kallmünzer, A. and Peters, M., "Antecedents, Consequences, and Challenges of Small and Medium-Sized Enterprise Digitalization", *Journal of Business Research*, Vol.112, 2020, pp.119-127.

208. Enrique, D.V., Lerman, L.V., et al., "Being Digital and Flexible to Navigate the Storm: How Digital Transformation Enhances Supply Chain Flexibility in Turbulent Environments", *International Journal of Production Economics*, Vol.250, 2022, 108668.

209. Etienne Fabian, N., Dong, J.Q., Broekhuizen, T. and Verhoef, P.C., "Business Value of SME Digitalisation: When Does It Pay Off More?", *European Journal of Information Systems*, Vol.33, No.3, 2023, pp.383-402.

210. Firk, S., Hanelt, A., Oehmichen, J. and Wolff, M., "Chief Digital Officers: An Analysis of the Presence of a Centralized Digital Transformation Role", *Journal of Management Studies*, Vol.58, No.7, 2021, pp.1800-1831.

211. Gökalp, E. and Martinez, V., "Digital Transformation Maturity Assessment: Development of the Digital Transformation Capability Maturity Model", *International Journal of Production Research*, Vol.60, No.20, 2022, pp.6282-6302.

212. Gurbaxani, V. and Dunkle, D., "Gearing up for Successful Digital Transformation", *MIS Quarterly Executive*, Vol.18, No.3, 2019, pp.6.

213. Hanelt, A., Firk, S., Hildebrandt, B. and Kolbe, L.M., "Digital M&A, Digital Innovation, and Firm Performance: An Empirical Investigation", *European Journal of Information Systems*, Vol.30, No.1, 2021, pp.3-26.

214. Helfat, C.E. and Raubitschek, R.S., "Dynamic and Integrative Capabilities for Profiting from Innovation in Digital Platform-based Ecosystems", *Research Policy*, Vol.47, No.8, 2018, pp.1391-1399.

215. Holotiuk, F., Beimborn, D. and Hund, A., "Mechanisms for Achieving Ambidexterity in the Context of Digital Transformation: Insights from Digital Innovation Labs", *Journal of the Association for Information Systems*, Vol.25, No.3, 2024.

216. Hortovanyi, L., Morgan, R.E., et al., "Assessment of Digital Maturity: The Role of Resources and Capabilities in Digital Transformation in B2B Firms", *International Journal of Production Research*, Vol.61, No.23, 2023, pp.8043-8061.

217. Johann, M.S., Block, J.H. and Benz, L., "Financial Performance of Hidden Champions: Evidence from German Manufacturing Firms", *Small Business Economics*, Vol.1-20, 2021.

218. Kindermann, B., Beutel, S., et al., "Digital Orientation: Conceptualization and Operationalization of a New Strategic Orientation," *European Management Journal*, Vol.39, No.5, 2021, pp.645-657.

219. Kretschmer, T. and Khashabi, P., "Digital Transformation and Organization Design: An Integrated Approach", *California Management Review*, Vol.62, No.4, 2020, pp.86-104.

220. Li, G. and Shao, Y., "How Do Top Management Team Characteristics Affect Digital Orientation? Exploring the Internal Driving Forces of Firm Digitalization", *Technology in Society*, Vol.74, 2023.

221. Li, H.L., Yang, Z.Y., et al., "How an Industrial Internet Platform Empowers the Digital Transformation of SMEs: Theoretical Mechanism and Business Model", *Journal of Knowledge Management*, Vol.27, No.1, 2023, pp.105-120.

222. Li, L., Chen, L. and Liu, Y., "Digital Governance for Supplier Opportunism: The Mediating Role of Supplier Transparency," *International Journal of Production Economics*, Vol.275, 2024.

223. Li, L., F.Su, Zhang, W. and Mao, J.-Y., "Digital Transformation by SME Entrepreneurs: A Capability Perspective", *Information Systems Journal*, Vol. 28, No. 6, 2018, pp.1129-1157.

224. Li, T. and Chan, Y.E., "Dynamic Information Technology Capability: Concept Definition and Framework Development", *The Journal of Strategic Information Systems*, Vol.28, No.4, 2019.

225. Liang, H., Wang, N. and Xue, Y., "Juggling Information Technology (IT) Exploration and Exploitation: A Proportional Balance View of IT Ambidexterity", *Information Systems Research*, Vol.33, 2022, pp.1386-1402.

226. Mann, G., Karanasios, S. and Breidbach, C.F., "Orchestrating the Digital Transformation of a Business Ecosystem", *The Journal of Strategic Information Systems*, Vol.31, No.3, 2022.

227. Matarazzo, M., Penco, L., Profumo, G. and Quaglia, R., "Digital Transformation and Customer Value Creation in Made in Italy SMEs: A Dynamic Capabilities Perspective", *Journal of Business Research*, Vol.123, 2021, pp.642-656.

228. Mazumder, S. and Garg, S., "Decoding Digital Transformational Outsourcing: The Role of Service Providers' Capabilities", *International Journal of Information Management*, Vol.58, 2021.

229. Mishra, D.B., Haider, I., et al., "Better Together: Right Blend of Business Strategy and Digital Transformation Strategies", *International Journal of Production Economics*, Vol.266, 2023.

230. Monteagrelle, R., Iyengar, K. and Sweeney, J., "Understanding Ambidexterity: Managing Contradictory Tensions Between Exploration and Exploitation in the Evolution of Digital Infrastructure", *Journal of the Association for Information Systems*, Vol.20, No.5, 2019, pp.647-680.

231. Nadkarni, S. and Prügl, R., "Digital Transformation: A Review, Synthesis and Opportunities for Future Research", *Management Review Quarterly*, Vol.71, No.2, 2021, pp.233-341.

232. Nambisan, S., "Digital Entrepreneurship: Toward a Digital Technology Perspective of Entrepreneurship", *Entrepreneurship Theory and Practice*, Vol.41, No.6, 2017, pp.1029-1055.

233. Paklina, S. and Shakina, E., "Which Professional Skills Value More under Digital Transformation?", *Journal of Economic Studies*, Vol.49, No.8, 2022, pp.1524-1547.

234. Peng, Y. and Tao, C., "Can Digital Transformation Promote Enterprise Performance? —from the Perspective of Public Policy and Innovation", *Journal of Innovation & Knowledge*, Vol.7, No.3, 2022.

235. Piccoli, G., Grover, V. and Rodriguez, J., "Digital Transformation Requires Digital Resource Primacy: Clarification and Future Research Directions", *The Journal of Strategic*

Information Systems, Vol.33, No.2, 2024.

236. Poláková-Kersten, M., Khanagha, S., et al., "Digital Transformation in High-Reliability Organizations: A Longitudinal Study of the Micro-Foundations of Failure", *The Journal of Strategic Information Systems*, Vol.32, No.1, 2023.

237. Quinton, S., Canhoto, A., et al., "Conceptualising a Digital Orientation: Antecedents of Supporting SME Performance in the Digital Economy", *Journal of Strategic Marketing*, Vol.26, No.5, 2018, pp.427-439.

238. Senna, P.P., Barros, A.C., et al., "Development of a Digital Maturity Model for Industry 4.0 Based on the Technology-Organization-Environment Framework", *Computers & Industrial Engineering*, Vol.185, 2023, 109645.

239. Shen, L., Zhang, X. and Liu, H.D., "Digital Technology Adoption, Digital Dynamic Capability, and Digital Transformation Performance of Textile Industry: Moderating Role of Digital Innovation Orientation", *Managerial and Decision Economics*, Vol.43, No.6, 2022, pp.2038-2054.

240. Singh, A., Klarner, P. and Hess, T., "How Do Chief Digital Officers Pursue Digital Transformation Activities? The Role of Organization Design Parameters", *Long Range Planning*, Vol.53, No.3, 2020, 101890.

241. Sklyar, A., Kowalkowski, C., Tronvoll, B. and Sörhammar, D., "Organizing for Digital Servitization: A Service Ecosystem Perspective", *Journal of Business Research*, Vol.104, 2019, pp.450-460.

242. Soluk, J. and Kammerlander, N. "Digital Transformation in Family-Owned Mittelstand Firms: A Dynamic Capabilities Perspective", *European Journal of Information Systems*, Vol.30, No.6, 2021, pp.676-711.

243. Steelman, Z.R., Havakhor, T., Sabherwal, R. and Sabherwal, S., "Performance Consequences of Information Technology Investments: Implications of Emphasizing New or Current Information Technologies", *Information Systems Research*, Vol.30, No.1, 2019, pp.204-218.

244. Steiber, A., ÄLÄNGE, S., Ghosh, S. and Goncalves, D., "Digital Transformation of Industrial Firms: An Innovation Diffusion Perspective", *European Journal of Innovation Management*, Vol.24, No.3, 2021, pp.799-819.

245. Tekic, Z. and Koroteev, D., "From Disruptively Digital to Proudly Analog: A Holistic Typology of Digital Transformation Strategies", *Business Horizons*, Vol.62, No.6, 2019, pp.

683－693.

246. Verhoef, P.C., Broekhuizen, T.L., et al., "Digital Transformation: A Multidisciplinary Reflection and Research Agenda", *Journal of Business Research*, Vol.122, 2021, pp. 889－901.

247. Vial, G., "Understanding Digital Transformation: A Review and a Research Agenda", *Journal of Strategic Information Systems*, Vol.28, No.2, 2019, pp.118－144.

248. Wagire, A.A., Joshi, R., Rathore, A.P.S. and Jain, R., "Development of Maturity Model for Assessing the Implementation of Industry 4.0: Learning from Theory and Practice", *Production Planning & Control*, Vol.32, No.8, 2021, pp.603－622.

249. Wei, S., Xu, D. and Liu, H., "The Effects of Information Technology Capability and Knowledge Base on Digital Innovation: The Moderating Role of Institutional Environments", *European Journal of Innovation Management*, Vol.25, No.3, 2022, pp.720－740.

250. Wessel, L., Baiyere, A., Ologeanu－Taddei, R., Cha, J. and Blegind－Jensen, T., "Unpacking the Difference Between Digital Transformation and IT－Enabled Organizational Transformation", *Journal of the Association for Information Systems*, Vol.22, No.1, 2021, pp. 102－129.

251. Wu, J., Huang, L. and Zhao, J.L., "Operationalizing Regulatory Focus in the Digital Age: Evidence from an E－commerce Context", *MIS Quarterly*, Vol.43, No.3, 2019, pp. 745－764.

252. Xu, G., Li, G., Sun, P. and Peng, D., "Inefficient Investment and Digital Transformation: What Is the Role of Financing Constraints?", *Finance Research Letters*, Vol.51, 2023

253. Zeng, Guoyan, Lei, Linxing and Farouk, Ahmed, "Digital Transformation and Corporate Total Factor Productivity: Empirical Evidence Based on Listed Enterprises," *Discrete Dynamics in Nature and Society*, 2021, pp.1－6.

责任编辑：张　燕

封面设计：胡欣欣

图书在版编目（CIP）数据

数字化赋能专精特新企业研究 ／ 刘淑春,刘昱著.

北京 ：人民出版社，2024. 12. -- ISBN 978 - 7 - 01 - 027037 - 1

Ⅰ. F279. 243

中国国家版本馆 CIP 数据核字第 2024PC3210 号

数字化赋能专精特新企业研究

SHUZIHUA FUNENG ZHUANJINGTEXIN QIYE YANJIU

刘淑春　刘　昱　著

人民出版社 出版发行

（100706　北京市东城区隆福寺街 99 号）

北京中科印刷有限公司印刷　新华书店经销

2024 年 12 月第 1 版　2024 年 12 月北京第 1 次印刷

开本:710 毫米×1000 毫米 1/16　印张:34. 25

字数:510 千字

ISBN 978 - 7 - 01 - 027037 - 1　定价:136.00 元

邮购地址 100706　北京市东城区隆福寺街 99 号

人民东方图书销售中心　电话（010）65250042　65289539